郑州市文物局郑州黄河文化遗产研究丛书

郑州历史地理探索

郑州市文物局　主编
陈隆文　著

科学出版社
北京

内 容 简 介

《郑州历史地理探索》一书是继《郑州历史地理研究》之后，第二部探讨郑州历史地理问题的学术专著。全书共由五部分组成，围绕郑州古代河湖水系演变、郑州古都与中国古代文明的起源、郑州古城的选址变迁与中国商业文明、郑州古代关隘与交通路线、郑州黄帝与黄河文化发展、郑州行政区划变迁等郑州历史地理问题进行了全面、综合的探索与研究。本书将郑州及其城市发展过程中的历史地理问题放在特定的生态环境与社会背景之下进行了多学科、全方位的系统研究，为建构郑州历史地理研究的学术体系做了进一步的努力和尝试，丰富与完善了郑州历史地理研究的学术框架。

本书适合历史地理、考古等相关专业的高校师生，以及历史文化爱好者参考阅读。

图书在版编目（CIP）数据

郑州历史地理探索 / 郑州市文物局主编；陈隆文著. —北京：科学出版社，2023.10

（郑州市文物局郑州黄河文化遗产研究丛书）

ISBN 978-7-03-076823-0

Ⅰ. ①郑… Ⅱ. ①郑… ②陈… Ⅲ. ①历史地理–研究–郑州 Ⅳ. ①K926.11

中国国家版本馆CIP数据核字（2023）第207562号

责任编辑：闫广宇 / 责任校对：邹慧卿

责任印制：肖 兴 / 封面设计：北京有道文化传播有限公司

科学出版社 出版

北京东黄城根北街16号

邮政编码：100717

http://www.sciencep.com

北京中科印刷有限公司 印刷

科学出版社发行 各地新华书店经销

*

2023年10月第 一 版 开本：787×1092 1/16

2023年10月第一次印刷 印张：26

字数：615 000

定价：268.00元

（如有印装质量问题，我社负责调换）

“郑州市文物局郑州黄河文化遗产研究丛书”

编委会

序

隆文教授是我国历史地理学的开创者和奠基者之一——史念海先生的博士弟子，2004年自陕西师范大学中国历史地理研究所毕业后，来到郑州大学历史学院工作。在我的最初印象里，隆文博士为人低调，不事张扬，在学术上勤奋刻苦，潜心钻研，来校后的第三年就出版了《春秋战国货币地理研究》（人民出版社2006年）一书。当时隆文以书相赠，读后深感作者基础扎实，功底深厚，同时也看到隆文年轻有为，具有良好的发展潜质，前途不可限量。果然，在此后的十余年间，隆文身上蕴藏的科研能量像火山一样迸发出来，又相继出版了《中国历史地理简编》（河南大学出版社2007年）、《先秦货币地理研究》（科学出版社2008年）、《郑州历史地理研究》（中国社会科学出版社2011年）、《中原历史地理与考古研究》（中国社会科学出版社2016年）、《明清以来中原水运兴衰探索》（人民出版社2017年）5部著作，令人目不暇接，赞叹不已。特别是拜读《中国历史地理简编》一书得知，隆文博士是河南大学历史地理名家陈昌远先生哲嗣，此书即由陈老先生于1991年编著，由河南大学出版社出版。此次再版，仍由陈老先生编著，隆文修订。至此才进一步了解到隆文教授的学术背景，不仅有名师指导，而且有家学渊源，本人潜心向学，勤奋著述，并非偶然。

隆文教授是一位痴迷于学术、以历史地理研究为己任的学者。就其学术历程来看，2008年以前的研究领域主要是春秋战国货币地理和先秦货币地理，2008年以后开始关注郑州历史地理与中原历史地理。研究方向的转变，无疑是一个新挑战，而且也提出了更高的要求。令人欣喜的是，隆文教授在新开辟的研究领域稳扎稳打，一步一个脚印，继2011年出版《郑州历史地理研究》之后，又一部新著《郑州历史地理探索》已经完成，即将出版。隆文教授希望我来作序，考虑到自己的专业是中国古代史，我也只好勉为其难了。通读隆文教授的新著，我有以下几点感受。

首先，新著《郑州历史地理探索》一书，是对先前出版的《郑州历史地理研究》一书的深化，无论在研究体系的构建方面，还是在研究的广度和深度方面，都有全面提升和重大推进。郑州历史地理这一研究课题，是前人未曾开垦的处女地，作为拓荒者和开拓者，隆文教授在十年前出版的《郑州历史地理研究》一书，无疑也具有开创性和创新性。虽然该书是一部专题性的论文结集，但全书围绕郑州古都与中国古代文明的起源，郑州与中国商业文明，郑州古城与古国，郑州古代水系与湖泊，郑州古代交通，郑州行政区划变迁等重要问题进行深入的探讨与研究，初步构建了郑州历史地理研究的学术框架。与之相比，即将付梓的《郑州历史地理探索》一书，主要由郑州历史自然地理、历史都城地理、历史城市地理、历史交通地理、历史文化地理五章组成。仅从各章的标题来看，就涵盖了历史地理学科的历史自然地理和历史人文地理两大部分，而历史人文地理的不同分支，如历史都城地理、城市地理、交通地理、文化地理，也都明确地指向"郑州历史地理"这一研究主题。这表明经过多年的学术积累和学术思考，隆文教授关于郑州历史地理的研究思路更为明确，研究框架更为清晰，研究主题也更为突出。

此外，就研究内容来看，新著增加了"历史文化地理"一章，内容主要包括黄帝文化和黄河文化两部分，并对七个相关问题进行了考辨与论述，研究内容更为广泛，篇章设计也更为合理。即使是原来已有的一些专题研究，也都有进一步的扩展和更为深入的研究。如在第一章"历史自然地理：河湖水系的演变"部分，就增加了贾鲁河辨误，明代前期黄河南泛和贾鲁河的形成，生态环境恶化与贾鲁河水运的彻底丧失等重要内容，使读者对历史时期郑州水系的演变有了更多更深入的了解。在第二章"历史都城地理：天下第一都与夏商周都城"部分，也分别对禹都阳城、郑州小双桥商代遗址、郑韩故城、三河与早期中国王都等重要问题进行了探研，新见迭出。其他各章也都在原有的基础上提出了不少新问题，并对这些问题进行了深入的分析与论证，而且问题意识突出，引用资料丰富，并提出自己的独到见解。这些都表明经历了多年的学术积累，隆文教授对郑州历史地理的研究更为深入，视野更加开阔，研究思路和研究框架也更为清晰，无论在研究的广度和深度上，都是对以往研究成果的重大推进。

其次，传承和发扬历史地理研究注重实地调研、实地考察的优良学风。隆文教授长期从事历史地理研究，不仅有深厚的历史文献功底，而且还精通考古学，通过推动历史地理与考古学两大学科的结合，以深化郑州历史地理和中原历史地理研究。同时，他还遵循陈昌远老先生的教导："对中原古代河湖水系的研究不仅要原始察终，而且还要始终关注河湖水系的演变以及这种变化与社会经济发展的关系。这项工作的基本依据是历史文献，但仅此还远远不够；在研究中，还要征诸考古、古河道航拍、地层钻孔等多学科成果；最后还要到野外，用史先生终生倡导的实地考察的研究方法与之相印证。"隆文教授正是传承和发扬史念海先生一贯倡导的实地考察的研究方法，并将其付诸实践。如在撰写《郑州历史地理研究》一书时，他就不辞辛劳进行了大量野外实地考察，如对虎牢关城、汜县县城、轘辕古道以及圃田泽等都做了认真和仔细的考察。正因为如此，他在有关郑州的许多重要历史地理问题上，都有独到的见解。近年来，隆文教授又承担了河南省黄河历史变迁与大运河文化的研究工作，作为郑州大学黄河历史变迁与大运河文化传承研究团队、黄河生态保护与区域协调发展研究院首席专家，他的足迹更是遍布中原大地，为考察黄河历史变迁，为寻找隋唐大运河故道遗址做了大量卓有成效的工作。据《河南日报》2021年9月8日第5版报道：郑州大学陈隆文教授团队对隋唐大运河永济渠沁河古道又有重大收获。报道称，该团队"历时五年，在黄河、沁河交汇区域内运用多学科的研究方法与成果，初步确定了隋唐大运河永济渠沁河故道的基本走向、具体方位、河道遗址与标志性地物，获得了重大发现与突破性进展"。此外，隆文教授关于中原历史地理的研究成果，关于明清以来中原水运兴衰的研究成果，也都是通过文献资料、考古资料与实地考察相结合的研究方法取得的，这也是隆文教授从事历史地理研究所遵循的研究理路与学术风格。

最后，将学术追求与现实关怀紧密结合，对郑州乃至整个中原地区的未来发展具有一种使命感与责任感。隆文教授之所以倾心于郑州历史地理研究，是因为这一课题不仅具有重要的学术价值，而且具有重要的现实意义，体现出一名历史学家应有的现实关怀与人文关怀。传统的中国史学与现实政治息息相关，经世致用被看作是天经地义的事情。因此，在历史地理学的选题方面，除了考虑学术价值之外，也要考虑社会需要与现实关怀，这是社会发展需要对于史学工作者提出的重要任务。2011年10月，在《国务院关于支持河南省加快建设中原经济区的指导意见》中，已经明确将打造华夏历史文明传承新区作为中原经济区的五大战略定位之一。此后，在《河南省建设中原经济区纲要》中，也提出要传承弘扬中原文化，提升文化软实力，打造文化创新发展区。郑州地处中原，历史文化悠久，拥有深厚的文化底蕴和丰富的历史地理文化遗产。隆文教授对郑州历史地理研究情有独钟，正是基于他对郑州乃至整个中原地区的未来经济发展和文化发展怀有一种使命感和责任感。这正如他在《郑州历史地理研究》一书"后记"中所说：

> 来郑后，繁重的教学和科研工作之余，思考最多的就是如何进行郑州历史地理研究。在我看来，郑州在中华文明起源中的历史地位、地理条件在郑州城市兴起、发展中的作用，是郑州历史地理研究中不能回避的两个重大问题。系统研究这两个基本问题对未来郑州及中原地区的发展具有重要学术价值和现实意义，而这方面的工作我们做得还太少。就前一问题而言，可以帮助我们重新认识郑州在中华文明起源进程中的历史地位，而后一问题则关乎包括郑州在内的整个中原地区，在未来中国经济新格局形成中的现实取向。

> 我坚信：郑州及整个中原地区处天下之中的地理条件，决定了其在未来中国经济和文化地理格局中应占有一席之地。这就是我研究郑州历史地理问题的出发点和归宿。

“出发点”就是初心，“归宿”就是使命。观此，一名历史学家秉持的学术追求和现实关怀的初心与愿望，一名历史地理学家对于研究郑州历史地理及整个中原历史地理所具有的使命感和责任感，跃然纸上，令人动容。正是基于郑州大学历史地理学科发展的学术需要，也是基于郑州及整个中原地区在未来中国经济和文化地理格局中应有一席之地的现实需要，隆文教授在入职郑州大学以后，就把郑州历史地理和中原历史地理作为自己的研究课题，锲而不舍，持之以恒，在十余年间就奉献出多部学术论著。如今，隆文教授已经不是一个人在奋斗，作为郑州大学黄河历史变迁与大运河文化传承研究团队、黄河生态保护与区域协调发展研究院首席专家，他肩负的责任更大，承担的任务也更加繁重。我相信，隆文教授定会不忘初心、牢记使命、持续奋斗、久久为功，率领自己的科研团队奉献出更多的学术精品，为郑州及整个中原地区未来的经济和文化发展助力，在新的征程上取得新的更大的成就。

张旭华

2021年11月28日于郑州大学南校区

目　录

第一章

历史自然地理：河湖水系的演变

第一节　贾鲁河辨误

贾鲁河是豫东地区一条著名的河流。贾鲁河形成的历史虽然并不久远，但却对豫东地区经济社会发展发挥过重要作用。目前，伴随着贾鲁河河道整治工程的展开，对贾鲁河的认识也需要进一步提升。鉴于当前对贾鲁河的研究和文献梳理都较为薄弱，因此对这条与中原息息相关的大河产生了诸多错误认识。本文针对这些谬见，从历史与考古的角度来谈一谈贾鲁河河名的由来、河道的变迁等问题，不当之处，敬希指教。

一、贾鲁河非战国鸿沟水系的遗存

目前坊间出版有许多有关贾鲁河的宣传资料，这些资料在谈到贾鲁河的起源问题时都将贾鲁河归入战国鸿沟水系，认为今天的贾鲁河河道即是战国鸿沟水系的遗存，这种看法无非是要证明贾鲁河在中原地区有悠久的历史，其用意虽好，但却与历史事实相违，因此是一种错误的看法。贾鲁河非战国鸿沟水系的遗存，这一点应该予以澄清。

历史上的鸿沟显然并不是单指一条河流，而是以鸿沟水道为主干形成的沟通黄河下游与济、汝、淮、泗诸河之黄淮平原上的水道交通网[①]。鸿沟水系的主体工程由战国时期迁都大梁的魏惠王完成，《水经注·卷二十二·渠水》对于鸿沟水系的开凿时间有两条重要记载，这两条史料均引自《竹书纪年》，即“‘渠出荥阳北河，东南过中牟县之北’条下载”和“故《竹书纪年》，梁惠成王十年，入河水于甫田，又为大沟而引甫水者也”[②]。“甫田”即是指郑州东部中牟境内的圃田泽，“大沟”即鸿沟，由此可知，梁惠成王十年（公元前360年），魏国即着手开始开凿庞大的鸿沟水系引水工程。再结合《史记·河渠书》所载“荥阳下引河东南为鸿沟”[③]，此引水渠口当在今河南省荥阳市境。但因济水也是自汉代荥阳县境（即今荥阳市东北）由黄河分流，而济水分河比魏惠王十年所开之鸿沟渠口要早得多，且按《禹贡》叙述，济水由黄河溢出后潴为荥，即形成荥泽，荥泽在圃田泽西，即今之荥阳市与郑州市区之间；但前引《竹书纪年》所载开鸿沟事却未提及荥泽，仅提及“入河水于甫田”；由此再联系《汉书·地理志》记河南郡荥阳县狼汤渠“首受泲（济），东南至陈入颍”[④]与《水经·渠注》所述“渠水自河与济乱流”[⑤]，这里之“渠”即狼汤渠，西汉时之狼汤渠即战国时之鸿沟干渠；所以可进一步断定鸿沟实际上从引河水之渠口至圃田泽西一段是与济水同流，并注入荥泽，自荥泽流出后鸿沟干渠即与济水分流，济水分南济、北济两支向东北流去，而鸿沟干渠则东流入圃田泽。这既避免了鸿沟干渠直接从大河引水工程之难度，也保证了鸿沟干渠之水源[⑥]。魏惠王十年开凿的鸿沟水系工程，至魏惠王三十一年（公元前339年）三月仍没有停辍，故《水经注·卷二十二·渠水》“（渠水）东至浚仪县”条下又引《竹书纪年》说：

> 《竹书纪年》，梁惠成王三十一年三月，为大沟于北郛，以行圃田之水。《陈留风俗传》曰：县北有浚水，像而仪之，故曰浚仪。余谓故汳沙为阴沟矣。浚之，故曰浚。其犹《春秋》之浚洙乎？汉氏之浚仪水，无他也，皆变名矣。其国多池沼，时池中出神剑，到今其民像而作之，号大梁氏之剑也。渠水又北屈，分为二水。《续述征记》曰：汳沙到浚仪而分也。汳东注沙南流。其水更南流，迳梁王吹台东。《陈留风俗传》曰：县有苍（仓）颉、师旷城，上有列仙之吹台，北有牧泽，泽中出兰蒲，上多俊髦，衿带牧

① 陈桥驿主编：《中国运河开发史》，中华书局，2008年，第229页。

② （北魏）郦道元原著，陈桥驿、叶光庭、叶扬译注：《水经注全译》（下），贵州人民出版社，1996年，第764页。

③ （汉）司马迁：《史记·河渠书》，中华书局，1962年，第1407页。

④ （汉）班固：《汉书·地理志》，中华书局，1964年，第1555页。

⑤ 陈桥驿校证：《水经注校证》，中华书局，2007年，第525页。

⑥ 陈桥驿主编：《中国运河开发史》，中华书局，2008年，第234～235页。

泽，方十五里，俗谓之蒲关泽，即谓此矣。梁王增筑，以为吹台，城隍夷灭，略存故迹。今层台孤立于牧泽之右矣，其台方百许步，即阮嗣宗《咏怀诗》所谓驾车发魏都，南向望吹台，箫管有遗音，梁王安在哉？晋世丧乱，乞活凭居，削堕故基，遂成二层。上基犹方四五十步，高一丈余，世谓之乞活台，又谓之繁台城。渠水于此，有阴沟、鸿沟之称焉。项羽与汉高分王，指是水以为东西之别。苏秦说魏襄王曰：大王之地，南有鸿沟是也。故尉氏县有波乡，波亭，鸿沟乡，鸿沟亭，皆藉水以立称也。今萧县西亦有鸿沟亭，梁国睢阳县东有鸿口亭，先后谈者，亦指此以为楚、汉之分王，非也。[①]

由郦道元的注释可知，至魏惠王三十一年三月，魏国在大梁城北又疏通拓宽了自圃田泽以东至于大梁城北的鸿沟主干道，这条鸿沟主干河道经大梁城北后，再绕大梁城东北再向南延伸，经繁台城、古吹台向南，才被正式称为鸿沟，秦末项羽与刘邦分地称王，据鸿沟为界就是指此而言。由此看来，战国时期自圃田泽向东延伸至于魏国大梁城北的鸿沟水系的引水主渠道，虽然作用十分重要，但是不能被称为“鸿沟”或“大沟”，只有在大梁城东南繁台城以南的古水系才有“鸿沟之称焉”。这一点是学界必须明确的。

鸿沟水系是主干渠道绕过大梁城北再向东并折而南流，并分为数支，广布于古黄河与济、汝、淮、泗诸水流域之间、鸿沟水系的这数支分流计有沙水（又称渠水、狼汤渠）、睢水、涣水（又称濊水）、過水（又称涡水、阴沟水）、鲁沟水、汳水（又称汴水、获水、甾获渠、丹水）、濮水。这些河流连同附属于它们的支津共同组成了战国时代的鸿沟水系（图一）。这些水道，大多为原来就已形成的天然河道。大河与济水、淮水与淮水的一些支流如汝水、颍水、泗水、肥水等自不待说，就是汳水、睢水、涣水、過水、获水也都是原已形成的河道。只是自吴王夫差开通菏水之后，魏惠王又踵其后，先后开通了大沟（鸿沟），并开通了鸿沟下段沙水与汳水、睢水、涣水、過水、颍水等的运道，使上述诸水形成了一个支脉众多、相互沟通的运河网，遂成就了我国早期历史上这一厥功至伟的水运工程[②]。战国时代的鸿沟水系对加快中原地区经济社会发展与经济都会的兴起发挥过重要作用。史念海先生甚至认为鸿沟水系的开凿促成了当时“对于统一的要求”这种一统思想，对于结束诸侯封国并立的局面是有一定的促进力量的，也给统一局面的实现提供了相当重要的条件[③]。

---

① （北魏）郦道元原著，陈桥驿、叶光庭、叶扬译注：《水经注全译》（下），贵州人民出版社，1996年，第769～770页。

② 陈桥驿主编：《中国运河开发史》，中华书局，2008年，第238～239页。

③ 史念海：《中国的运河》，陕西人民出版社，1988年，第63～64页。

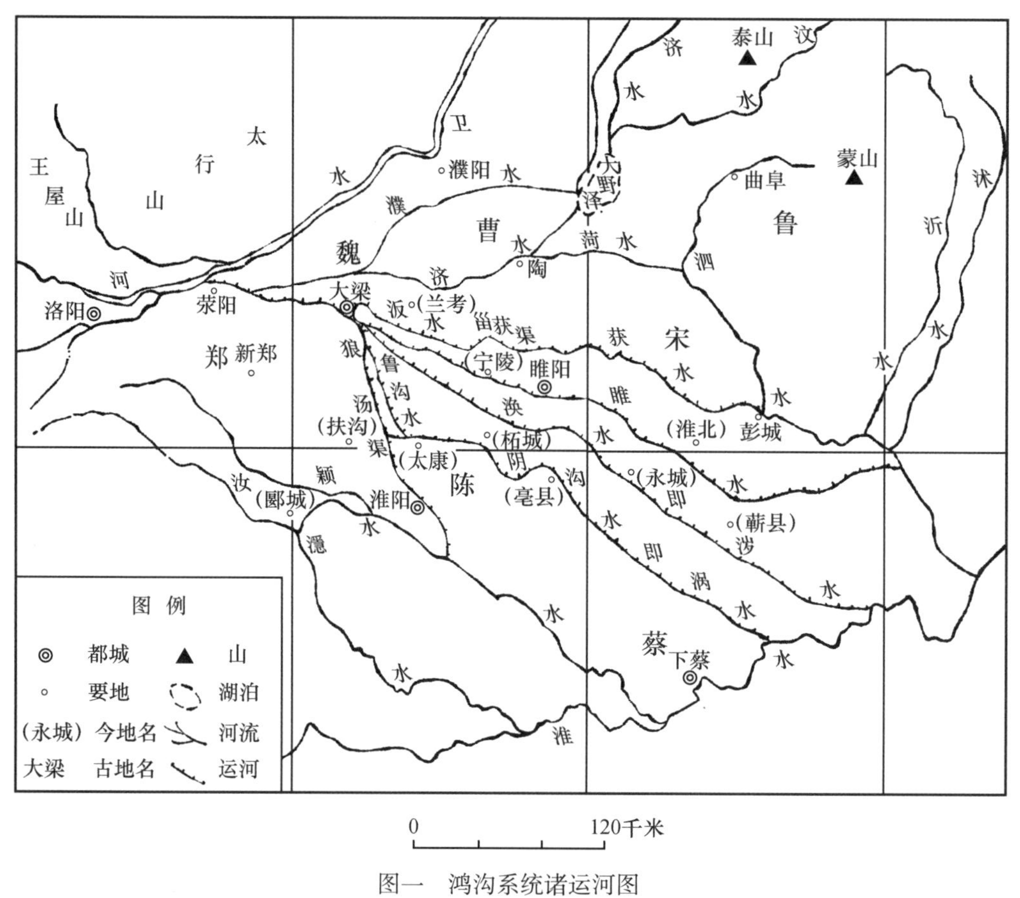

图一　鸿沟系统诸运河图

鸿沟水系在西汉以后才开始逐渐走向萧条。其中既有政治、战争、经济等人为因素，也有自然因素。汉武帝元光年间，“河决于瓠子，东南注钜野，通于淮泗”[①]，这一次黄河在今河南省濮阳市瓠子决口，黄河溃水向东南冲入大野泽后，又顺着菏水灌入泗水并继而南下流到淮河中去。不仅菏水和淮、泗受到了它的灌注，就是鸿沟的一部分也受到厄难。这几条运河因为是人工开凿，河身本来就不太深，所以最怕湮塞。它们的水源固然是由黄河流出的，实际上还要经过一段济水。济水由黄河流出后，流到荥泽（今河南荥阳市东）中。荥泽水流缓慢，可以沉沙，所以济水的水流和黄河不大一样，济水比较黄河为清。这几条运河经过这样的间接关系，自开凿成功以后，就没有听见湮塞过。此次黄河决口，情形完全不同，决口的地方相当深广，溢出水量非常巨大。黄河本来泥沙很多，如果所泛滥的地方不是十分平衍，还可以利用水力把泥沙冲走。可此次决口的地方正是广漠的平原，水中的泥沙就慢慢淤积起来。假若黄河的决口能早日堵塞成功，这黄水的灾害还不至于这么的严重。不料决口的堤坝过了二十多年

① （汉）司马迁：《史记》，中华书局，1959年，第1409页。

才告合龙。二十多年间，这几条运河就日趋湮塞了。虽然还有几段因为离得远一点，没受到太大影响，可是由于彼此联络的功用没有以前好了，效力自然不如往昔了[①]。

总之，西汉以后，鸿沟水系既受黄河决溢泛滥等自然灾害的影响，也受社会经济以及战乱纷争等人为因素的影响，鸿沟水系时通时断，漕运交通也时兴时衰。其间虽也经历过多次疏浚整治，但大多是出于一时军事、政治之需，概无全盘长远的计议。因而其巨大的功效只是一时在局部有所显现，始终未能充分发挥出来。到隋唐以后，鸿沟水系中的各个河道分别承担了新的功用，再也没能从整体上如战国时那样发挥其经济、社会作用[②]。现存于世的贾鲁河河道在中牟县城东北向南经韩寺镇北，再绕行东南进入开封尉氏县境内后作南北流向并进入周口扶沟县境，与战国鸿沟水系在大梁城东南古吹台一带分诸水东南的记载完全不相吻合。因此，贾鲁河河道与战国鸿沟水系没有任何关系，更非鸿沟水系的遗存，贾鲁河的历史不能追溯至战国时期的鸿沟。

二、贾鲁河非元代贾鲁疏凿

现今的贾鲁河虽以元代治河名臣贾鲁之名命名，但其河道并非元代贾鲁所开。元代建立，河患日重，终元一代最大规模的治河工程应该是至正年间由贾鲁主持的黄河治理。至正四年（1344年）五月，黄河先在白茅口（今山东曹县境内）决堤，后又决金堤。“（贾）鲁循行河道，考察地形，往复数千里，备得要害，为图上进二策：其一，议修筑北堤，以制横溃，则用工省；其二，议疏塞并举，挽河东行，使复故道，其功数倍。……十一年四月，命鲁以工部尚书、总治河防使，进秩二品，授以银章，领河南、北诸路军民，发汴梁、大名十有三路民一十五万，庐州等戍十有八翼军二万供役，一切从事大小军民官，咸禀节度，便宜兴缮。是月鸠工，七月凿河成，八月决水故河，九月舟楫通，十一月诸埽堤成，水土工毕，河复故道。”[③]经过贾鲁治理过后的黄河干流因水深岸固才被称为贾鲁河，在明代洪武以后又被作为黄河下游的一股一直保持到明代嘉靖后期，前后也有二百年之久[④]。

经元代贾鲁施工以后的黄河下游河道的流经路线，在《明史·河渠志》中记述得非常详尽：弘治七年（1494年）二月刘大夏负责治理黄河采取遏制北流、分水南下入淮的方策，乃浚仪封黄陵冈南贾鲁河四十余里，由曹出徐，以杀水势[⑤]。仪封在今开封

---

① 史念海：《中国的运河》，陕西人民出版社，1988年，第73～74页。

② 陈桥驿主编：《中国运河开发史》，中华书局，2008年，第245页。

③ （明）宋濂：《元史》，中华书局，1962年，第4290～4291页。

④ 邹逸麟：《元代河患与贾鲁治河》，《椿庐史地论稿》，天津古籍出版社，2005年，第50页。

⑤ （清）张廷玉：《明史》，中华书局，1962年，第2023页。

兰考东南，黄陵冈当指今兰考东北、曹县西鲁豫交界的一片岗地，大致即今太行堤水库北岸，而贾鲁河在其南二里，河道当已为水库淹没[①]。自今兰考向东，《明史·河渠志二·黄河上》：“（嘉靖）三十七年七月，曹县新集淤，新集地接梁靖口，历夏邑、丁家道口、马牧集、韩家道口、司家道口至萧县蓟门出小浮桥，此贾鲁河故道也。”[②]《明史·河渠志一·黄河下》：“（万历）二十七年春，东星上言，‘河自商、虞而下，由丁家道口抵韩家道口、赵家圈、石将军庙、两河口，出小浮桥下二洪，乃贾鲁故道也’。”[③]根据《明史·河渠志》中所提到的贾鲁故道所行经的地名，新集南去商丘三十里；丁家道口在商丘县北三十里，接虞城县界（《清统志》归德府堤堰），即今道口镇；马牧集即今虞城县治；司家道口、韩家道口均属夏邑，今图尚存；赵家圈在萧县西六十里；石将军庙无考；蓟门即冀门渡在萧县西北十三里；小浮桥在徐州城东北，大河经其下合于运河[④]。

综合文献中对明代贾鲁故道的记载，可大体复原元代贾鲁河的河道流经（图二）。大致为原武（今河南新乡市原阳县西南原武镇）黑洋山、阳武（今原阳）、封丘荆隆口、中滦镇至开封陈桥镇……经仪封、曹县一带的黄陵冈南后……以下又经曹县新集、商丘丁家道口、虞城马牧集，夏邑韩家道口、司家道口，经萧县赵

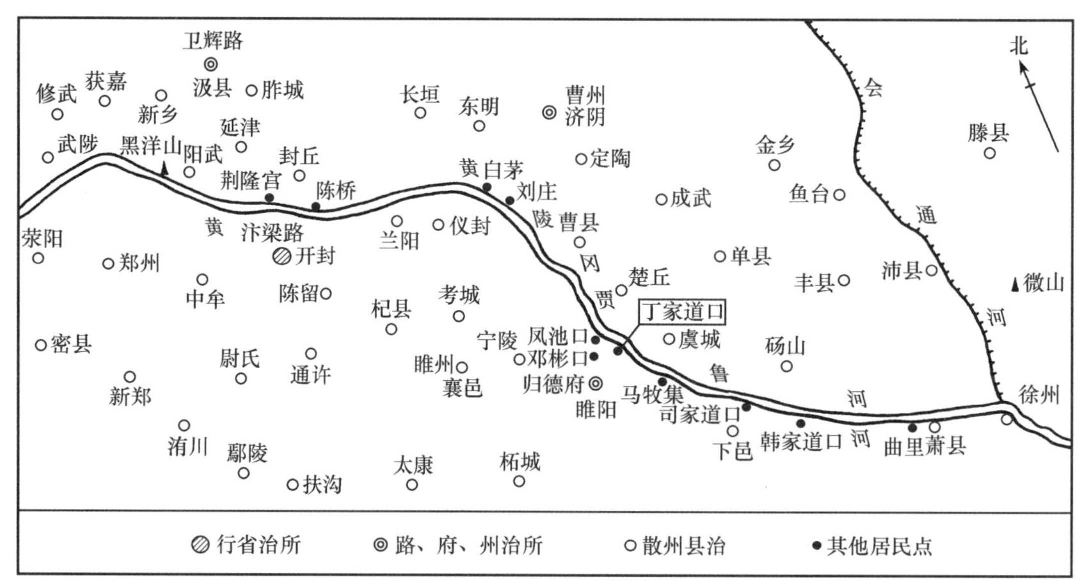

图二　元末贾鲁河流经示意图

① 邹逸麟：《元代河患与贾鲁治河》，《椿庐史地论稿》，天津古籍出版社，2005年，第59页。

② （清）张廷玉：《明史·河渠志一·黄河上》，中华书局，1962年，第2037页。

③ （清）张廷玉：《明史·河渠志一·黄河下》，中华书局，1962年，第2066页。

④ 邹逸麟：《元代河患与贾鲁治河》，《椿庐史地论稿》，天津古籍出版社，2005年，第59～60页。

家圈、石将军庙、两河口，出徐州小浮桥入运[①]。由此可见，元代被称为贾鲁的大河，是指起自仪封、曹县之间黄陵冈至于徐州运河之间的黄河主河道而言的。开封以上以北的黄河河道在元代并未得到过贾鲁的治理，因此，今天汇集了郑州地区索须河、魏河（贾鲁支河）、金水河、熊耳河、七里河、潮河、丈八河、石沟、小清河、东风渠、马河等诸多支流水系后，再向东南经开封朱仙镇、尉氏、西华、周口入淮河的贾鲁河，毫无疑问与元代贾鲁疏浚的作为黄河干流的贾鲁河完全是两条性质迥异的河流，是不能相提并论的。

关于现今贾鲁河的名称由来，本文限于篇幅不再赘述。但笔者想强调指出的是贾鲁河的形成时间并不久远，它是在明代前期“北岸筑堤，南岸分流”治黄策略影响下形成的一条黄河南岸支流或泛道。1494年明刘大夏治河，在主要疏浚前朝贾鲁大河的同时，又疏浚孙家渡河，自中牟另开新河导水南行，河长70里。这样，人为疏浚、沟通了黄泛形成的排水河道，郑州洪涝之水也得以汇此排泄，从双桥到中牟李胡桥—城关北—板桥—朱仙镇—尉氏闹店—金针—永兴—白潭，下再接北宋蔡河故道，通达周家口。开始接近今贾鲁河线，但当时的记载也未称其为贾鲁河。是年工程毕竟同时疏浚了元末的贾鲁大河和中牟黄泛水道，自此，人们开始把二者联系在一起，乃至混淆为一，统称贾鲁河，贾鲁河这一名称才被叫开[②]。由此看来，晚近贾鲁河的形成乃是明清以来黄、淮交汇地区水系演变重组的结果，此贾鲁河实非元代贾鲁所开。

三、贾鲁河下游非行蔡河故道

不仅明清两代以来的河南地方志文献记载，即便是现代文物、考古与地理学者在谈到明清贾鲁河下游河道问题时，都以贾鲁河下游乃行北宋蔡河故道。其说较有代表性者见于王文楷、毛继周、陈代光等先生编著《河南地理志》。此说在谈到贾鲁河下游河道时称：

> 元、明两代，为了沟通东南漕运，在汴、蔡河流的基础上，开通了贾鲁河。元至元二十七年（1290年），黄河在开封北面的仪塘湾决口，汴、蔡河流相继淤塞，江淮漕路断绝。加上开封以西的京、索、郑诸水不能宣泄，为害甚大，为了开通漕路并宣泄沥涝，工部尚书贾鲁主持疏通汴河、蔡河。明正统十三年（1448年），黄河决荥泽孙家渡口（今郑州西北）。弘治间，

---

① 邹逸麟：《元代河患与贾鲁治河》，《椿庐史地论稿》，天津古籍出版社，2005年，第58～59页。

② 于革等：《郑州地区湖泊水系沉积与环境演化研究》，科学出版社，2016年，第91页。

> 都御史刘大夏等人从孙家渡引黄河水东南流，沿宋代汴水的上游，下接蔡河故道，经郑州北之双桥北、张桥、姚店堤，入中牟县的张胡桥、毕桥、十里铺、中牟县城北、板桥、店里口入开封，下接西蔡河故道，经朱仙镇、腰铺、闹店，至夹河集入尉氏，经金针、十八里、张市、永兴西，由白潭入扶沟县，接东蔡河故道，至商水县汇颍水，称为贾鲁河。[①]

此说影响甚大，在这里笔者想进一步说明的是明清贾鲁河下游并非以宋代蔡河故道为指归。

蔡河又称惠民河，北宋一代形成以首都开封为中心的汴河、惠民河（蔡河）、五丈河、金水河四大漕渠体系，其中惠民河的地位仅次于汴河。京师开封赖有："惠民、金水、五丈、汴河四渠，派引脉分……所以无匮乏之忧，按《宋史·河渠志四》载：蔡河贯京师，为都人所仰，兼闵水、洧水、潩水以通舟。闵水自尉氏历祥符、开封合于蔡，是为惠民河。洧水自许田注鄢陵东南，历扶沟合于蔡。潩水出郑之大隗山，注临颍，历鄢陵、扶沟合于蔡。凡许、郑诸水合坚白雁、丈八沟，京、索合西河、褚河、湖河、双河、栾霸河皆会焉。犹以其浅涸，故植木横栈；栈为水之节，启闭以时。"[②]蔡河以开封为中心分为上、下两个河段，上段河道的开封城之西，又称闵河，下段河道出开封城向南至陈蔡之间，称为蔡河。邹逸麟先生据《宋史·河渠志》《宋会要辑稿》等文献考订认为惠民河上段，即闵河当由南北濮水故道引洧潩为上源，沿着丘陵地的边缘，东北经新郑东、尉氏县西二十里，再东北流入开封城内。由外城南面的戴楼门傍广利水门流入，东流折南，由陈州门傍普济水门流出，以下称为蔡河[③]。现在开封城自由路南段仍有东、西蔡河湾地名，应该就是宋代惠民河即蔡河河道的遗存。由宋初建隆二年（961年）"导闵水自新郑与蔡水合"的记载来看，蔡河上段河段是在新郑境内引洧水经尉氏自西南向东北流入开封城内的，这与明清贾鲁河上段在开封西完全相反。明清贾鲁河上段的开封西的中牟县境内作西北东南流向，经店李口再至朱仙镇，这段河道与"导闵水自新郑与蔡水合"的蔡河上段，不仅河道流向完全相反，而且河流的源头也迥然不同，因此，明清朱仙镇以上的贾鲁河不大可能行北宋西蔡河即蔡河上段故道。

宋代东蔡河在开封城西由戴楼门进入开封城内后，再向东南由陈州门流出开封城，故《东京梦华录·卷一·河道》："穿城河道有四，南壁曰蔡河，自陈、蔡由西

---

① 王文楷主编：《河南地理志》，河南人民出版社，1990年，第259页。

② （元）脱脱等：《宋史》，中华书局，1962年，第2336页。

③ 邹逸麟：《宋代惠民河考》，《开封师院学报》（社会科学版）1978年第5期，第64～72页。

南戴楼门入京城，辽绕自东南陈州门出。”[①]东蔡河流出开封陈州门外后，经今开封城南祥符区百亩岗东，过范村、大小关头村，经今赤仓南、通许北，由通许县向南流入今周口境内。之所以将出陈州门后的东蔡河推定在此线上，是因为李濂《汴京遗迹志·卷七》对宋代陈州门外蔡河上关闸口的记载甚确：“独乐闸在城东南白墓子岗之东，赤仓闸在城东南赤仓保之西，万龙闸在城东南赤仓保之南。以上诸闸，俱为蔡河而设，元末废坏，洪武初重修，二十四年（1391年），黄河南徙，蔡河及闸皆为淤塞，不复可见矣！”[②]“白墓子岗、赤仓，一在‘城东南十五里’，一在‘城东南三十里’。其地应即今开封市南和东南的百亩岗……今开封市东南、赤仓之西有大、小关头村，应是后周至金末临蔡关所在地，明洪武二十四年以前的赤仓闸当在此附近。”[③]

通许以下蔡河上，宋代多设拦河锁对过往商船征收商税。陈有忠、陈代光先生考订通许县至淮阳县北蔡河上的拦河锁计有数处，这几地置锁处分别在咸平，即今通许县，建平，即今太康县常营镇瓦子村，长平，故址即今西华县田口乡董城村，古粮城，即今淮阳县南二十里的平粮台。自淮阳县平粮台向东又南有蔡河口地名，应该就是《元丰九域志》陈州项城县条下的蔡口镇故址。蔡口当是蔡河入颍河的河口，宋代因水运的发达而形成了商业市镇。由此来看，东蔡河下段当在今通许县城向南进入周口太康境内，经太康县常营镇西南瓦子村向南至西华县，自西华县田口乡董村绕淮阳县城西、南，经淮阳县南平粮台再向东南入颍河。现在与淮阳县北邻的颍河左岸，沈丘县境内仍有老蔡河地名，沈丘县境内的这段老蔡河很可能是与淮阳平粮台下南流的河道。以上就是北宋蔡河故道的大致流经情况。

再比较光绪二十四年（1898年）《新修祥符县志·卷七·河渠志》中所记载的贾鲁河河道的流经情况来看，明清贾鲁河完全没有利用北宋蔡河故道，这一点是可以肯定的。光绪《新修祥符县志》载贾鲁河河道：

> 受京、索、须、郑诸水，经朱仙镇、吕蒙潭至扶沟者是也。《豫乘识小录》云：贾鲁河、汴河之南支也，汴河有二支，东注一支为汴，南注一支为沙，元至元二十七年黄河决始淤塞，东流一支今止存，南注一支经元臣贾鲁疏浚，经荥阳城东北流十余里折而东，曰“索河”，即古东索地，东经河阴南境有京河，西南自反确泉来会；又东经荥泽，南有须河，南自山中数源合而来，会折而东南流经郑州；北有东京河，西南自山中东北流，合一水来会，经中牟入祥符境之朱仙镇（距省东南四十五里）王家潭，至扶沟东北受

① （宋）孟元老：《东京梦华录笺注》，中华书局，2007年，第24页。
② （明）李濂：《汴京遗迹志》，中华书局，1999年，第105页。
③ 陈有忠、陈代光：《北宋时期的惠民河》，《史学月刊》1983年第2期，第52页。

双洎河；又东南入西华境，城西北东三面，又东南经李方口西，又东南和颍、汝二水入商水境，经周家口又东受清水及柳庄河水为白马沟。[①]

由光绪《新修祥符县志》中的贾鲁河流经可知贾鲁河自中牟经朱仙镇向南经吕家潭至扶沟县境，再由扶沟至西华县境内绕经西华县城的西、北、东三面，再向东南经过李方口与颍、汝二水合流，明清贾鲁河在周家口附近与颍、汝二水相汇在商水县北，这与古蔡口相距很远，因此，明清贾鲁河的下游并非利用北宋蔡河的故道。

（王琳研究员执笔）

第二节　明代前期黄河南泛与贾鲁河的形成

一、明代前期的黄河河势与贾鲁河形成的条件

明代前后黄河河势及治黄方略与措施存在着较大差别，其转折以正德元年（1506年）为分界。正德元年以前的130多年间，即洪武元年（1368年）到弘治十八年（1505年），这一期间的黄河变迁大致有以下两个特点。

第一，河患多发生在河南境内，尤其集中于开封上下，决溢次数极为频繁。据不完全统计，仅在"明实录"《明史》和《明史纪事本末》中，洪武至弘治年间有决溢记载的就有59年，其中十之八九都在兰阳、仪封以西的河南各地，仅开封（包括祥符县）一地决溢的记载就有26年之多。

第二，河道乱，黄河河道忽南忽北，极不稳定。在这100多年中，黄河大部分时间夺淮流入黄海，少部分时间东北流经寿张穿运河注入渤海。主流的经过地区，有时走元末贾鲁故道在徐州以下经清河县汇淮入海，有时经颍水至寿州正阳镇入淮，有时经涡河至怀远县入淮，有时又东北流至山东寿张冲入运河。而且在相当长的时间内，黄河多支并流，此淤彼决，在今豫东、鲁西南、皖北、苏北一带变化，形成了异常复杂的局面[②]。这些变迁特征加剧了黄河水患对黄淮平原水系的干扰，构成了豫东水系重新组合的前提条件。

根据《明史·河渠志》"明实录"记载，这一段时期黄河泛滥决口大体计有51

---

① 开封市祥符区地方史志办公室编：《新修祥符县志·河渠》，光绪二十四年整理本，第264页。

② 水利部黄河水利委员会《黄河水利史述要》编写组：《黄河水利史述要》，水利出版社，1982年，第234页。

次，其中绝大部分都是发生在以开封为中心的河南境内。

洪武八年（1375年）正月春，河决开封，“河决开封府大黄寺堤百余丈”[①]。

洪武十一年（1378年）河决兰阳、封丘，“丙辰，开封府兰阳县言河决伤稼”[②]，“开封府封丘县言河溢伤稼”[③]。

洪武十四年（1381年）七月，河决原武、祥符、中牟，“庚辰，河南原武、祥符、中牟诸县河决为患”[④]。

洪武十五年（1382年）七月，河决荥泽、阳武，“乙卯，河溢荥泽、阳武二县”[⑤]。

洪武十七年（1384年）八月，河决开封、杞县，“丙寅朔，开封府河决东月堤，自陈桥至陈留，横流数十里”[⑥]。

洪武二十年（1387年）河决原武，“原武府西北。北有黑阳山，下临大河。洪武二十四年，河决于此”[⑦]。

洪武二十二年（1389年）决仪封，“河没仪封，徙其治于白楼村”[⑧]。

洪武二十三年（1390年）河决归德、开封、西华，“春，决归德州东南凤池口，迳夏邑、永城……其秋，决开封西华诸县，漂没民舍”[⑨]。

洪武二十四年（1391年）河决原武，“河水暴溢，决原武黑洋山，东经开封城北五里，又东南由陈州、项城、太和、颍州、颍上，东至寿州正阳镇，全入于淮。而贾鲁河故道遂淤”[⑩]。

洪武二十五年（1392年）河决阳武，“复决阳武，汜陈州、中牟、原武、封丘、

---

① 台北“中央研究院”历史语言研究所校印：《明实录·太祖实录》，国立北平图书馆红格钞本，1962年，第1655页。

② 台北“中央研究院”历史语言研究所校印：《明实录·太祖实录》，国立北平图书馆红格钞本，1962年，第1956页。

③ 台北“中央研究院”历史语言研究所校印：《明实录·太祖实录》，国立北平图书馆红格钞本，1962年，第1961页。

④ 台北“中央研究院”历史语言研究所校印：《明实录·太祖实录》，国立北平图书馆红格钞本，1962年，第2182页。

⑤ 台北“中央研究院”历史语言研究所校印：《明实录·太祖实录》，国立北平图书馆红格钞本，1962年，第2291页。

⑥ 台北“中央研究院”历史语言研究所校印：《明实录·太祖实录》，国立北平图书馆红格钞本，1962年，第2533页。

⑦ （清）张廷玉：《明史》卷四十二《地理三》，中华书局，1974年，第979页。

⑧ （清）张廷玉：《明史》卷八十三《河渠一》，中华书局，1974年，第2014页。

⑨ （清）张廷玉：《明史》卷八十三《河渠一》，中华书局，1974年，第2014页。

⑩ （清）张廷玉：《明史》卷八十三《河渠一》，中华书局，1974年，第2014页。

祥符、兰阳、陈留、通许、太康、扶沟、杞十一州县”[①]。

洪武三十年（1397年）八月，河决开封，“决开封，城三面受水……冬，蔡河徙陈州。先是，河决，由开封北东行，至是下流淤，又决而之南”[②]。

永乐二年（1404年）河决开封，“十月，河决开封，坏城”[③]。

永乐八年（1410年）河决开封，“秋，河决开封，坏城二百余丈。民被患者万四千余户，没田七千五百余顷”[④]。

永乐九年（1411年）河决阳武，“决阳武中盐堤，漫中牟、祥符、尉氏”[⑤]。

永乐十二年（1414年）八月，河决开封，“辛亥，黄河溢，坏河南土城二百余丈，事闻命工部遣官修筑”[⑥]。

永乐十四年（1416年）河决开封，“决开封州县十四，经怀远，由涡河入于淮”[⑦]。

永乐十六年（1418年）十月，“甲申，行在工部言：河南黄河溢，决埽座四十余丈，命遣官修筑”[⑧]。

永乐二十年（1422年）黄河在开封等地决口，“户部尚书郭资言：河南开封府、归德、睢州、祥符、阳武、中牟、宁陵、项城、永城、泽荥（荥泽）、太康、西华、兰阳、原武、封丘、通许、陈留、洧川、杞县……去年夏秋淫雨，黄河泛溢并伤田稼”[⑨]。

永乐二十二年（1424年）九月，河决祥符，“庚辰，以河南黄河泛滥，溢洋祥符、陈留、鄢陵、太康、阳武、原武诸县，多伤禾稼”[⑩]。

宣德元年（1426年）河决开封，“淫雨，溢开封州县十”[⑪]。

---

① （清）张廷玉：《明史》卷八十三《河渠一》，中华书局，1974年，第2014页。

② （清）张廷玉：《明史》卷八十三《河渠一》，中华书局，1974年，第2014页。

③ （清）张廷玉：《明史》卷二十八《五行一》，中华书局，1974年，第446页。

④ （清）张廷玉：《明史》卷八十三《河渠一》，中华书局，1974年，第2014页。

⑤ （清）张廷玉：《明史》卷八十三《河渠一》，中华书局，1974年，第2015页。

⑥ 台北“中央研究院”历史语言研究所校印：《明实录·太宗实录》，国立北平图书馆红格钞本，1962年，第1776页。

⑦ （清）张廷玉：《明史》卷八十三《河渠一》，中华书局，1974年，第2015页。

⑧ 台北“中央研究院”历史语言研究所校印：《明实录·太宗实录》，国立北平图书馆红格钞本，1962年，第2107页。

⑨ 台北“中央研究院”历史语言研究所校印：《明实录·太宗实录》，国立北平图书馆红格钞本，1962年，第2379页。

⑩ 台北“中央研究院”历史语言研究所校印：《明实录·仁宗实录》，国立北平图书馆红格钞本，1962年，第47页。

⑪ （清）张廷玉：《明史》卷八十三《河渠一》，中华书局，1974年，第2015页。

宣德三年（1428年）河决郑州等地，“河南开封府之郑州、祥符、陈留、荥阳、荥泽、阳武、临颍、鄢陵、杞、中牟、洧川十县……今年七月八月久雨，江水泛滥，低田悉淹没无收”[①]。

宣德六年（1431年）河决开封，“巡抚侍郎于谦奏：今年七月黄河暴溢，淹没河南开封府所属祥符、中牟、阳武、通许、荥泽、尉氏、原武、陈留八县民居田稼”[②]。

正统元年（1436年）河决开封，“河南开封府……奏：淫雨连绵，河堤冲决，伤害稼穑”[③]。

正统二年（1437年）九月，河决开封、原武、荥泽，“乙酉，河南开封府阳武、原武、荥泽三县秋雨涨漫，决堤岸三十余处，有司请发民夫二万军余一千协力修筑，从之”[④]。

正统八年（1443年）七月，黄河、汴水决口，“甲子，久雨，黄河、汴水泛溢，坏堤堰甚多”[⑤]。

正统九年（1444年）河决开封，“河南开封、卫辉、怀庆……奏江河泛溢，堤防冲决，淹没禾稼”[⑥]。

正统十年（1445年）河决开封等多地，“河南睢州、磁州、祥符、杞县、阳武、原武、封丘、陈留、安阳、临漳、武安、汤阴、林县、涉县，皆以今夏久雨，河决，淹没民田、屋宇、畜产无算”[⑦]。

正统十二年（1447年）河决原武，“原武府西北。北有黑阳山，下临大河。洪武二十四年，河决于此。正统十二年复决焉”[⑧]。

正统十三年（1448年）河决陈留、新乡、荥泽，“河南陈留县奏：今年五月间，

---

① 台北“中央研究院”历史语言研究所校印：《明实录·宣宗实录》，国立北平图书馆红格钞本，1962年，第1149页。

② 台北“中央研究院”历史语言研究所校印：《明实录·宣宗实录》，国立北平图书馆红格钞本，1962年，第1891页。

③ 台北“中央研究院”历史语言研究所校印：《明实录·英宗实录》，国立北平图书馆红格钞本，1962年，第390页。

④ 台北“中央研究院”历史语言研究所校印：《明实录·英宗实录》，国立北平图书馆红格钞本，1962年，第667页。

⑤ 台北“中央研究院”历史语言研究所校印：《明实录·英宗实录》，国立北平图书馆红格钞本，1962年，第2153页。

⑥ 台北“中央研究院”历史语言研究所校印：《明实录·英宗实录》，国立北平图书馆红格钞本，1962年，第2396页。

⑦ 台北“中央研究院”历史语言研究所校印：《明实录·英宗实录》，国立北平图书馆红格钞本，1962年，第2666页。

⑧ （清）张廷玉：《明史》卷四十二《地理三》，中华书局，1974年，第979页。

河水泛涨，冲决金村堤及黑潭南岸"[①]，"黄河旧从开封北转流东南入淮，不为害。自正统十三年改流为二。一自新乡八柳树，由故道东经延津、封丘入沙湾。一决荥泽，漫流原武，抵开封、祥符、扶沟、通许、洧川、尉氏、临颍、郾城、陈州、商水、西华、项城、太康"[②]。

景泰六年（1455年）河决开封，"河决河南开封府高门堤二十余里"[③]。

景泰七年（1456年）河决开封，"夏，河南大雨，河决开封、河南、彰德"[④]。

天顺元年（1457年）十月，河决原武、荥泽，"庚子，河南开封府原武、荥泽二县各奏：今年六月以来，天雨连绵，黄河泛滥，田禾俱被淹没"[⑤]。

天顺二年（1458年）河决开封，"户部奏：河南开封府所属祥符等四县，天顺二年雨多河溢，淹没民田四千六百三十二顷"[⑥]。

天顺四年（1460年）河决开封，"河南开封、汝宁诸府各奏：六月间骤雨，河堤冲决，禾稼伤损"[⑦]。

天顺五年（1461年）七月，河决开封，"河决汴梁土城，又决砖城，城中水丈余，坏官民舍过半"[⑧]。

成化十三年（1477年）四月，"乙卯，巡抚河南右副都御史张瑄奏：今岁首，黄河水溢，淹没民居，弥漫田野，不得播种"[⑨]。

成化十四年（1478年）九月，河决开封，"癸亥，黄河水溢，冲决开封府护城堤五十丈，居民被灾者五百余家"[⑩]。

---

① 台北"中央研究院"历史语言研究所校印：《明实录·英宗实录》，国立北平图书馆红格钞本，1962年，第3233页。

② （清）张廷玉：《明史》卷八十三《河渠一》，中华书局，1974年，第2017页。

③ 台北"中央研究院"历史语言研究所校印：《明实录·英宗实录》，国立北平图书馆红格钞本，1962年，第5482页。

④ （清）张廷玉：《明史》卷八十三《河渠一》，中华书局，1974年，第2019页。

⑤ 台北"中央研究院"历史语言研究所校印：《明实录·英宗实录》，国立北平图书馆红格钞本，1962年，第6075页。

⑥ 台北"中央研究院"历史语言研究所校印：《明实录·英宗实录》，国立北平图书馆红格钞本，1962年，第6429页。

⑦ 台北"中央研究院"历史语言研究所校印：《明实录·英宗实录》，国立北平图书馆红格钞本，1962年，第6625页。

⑧ （清）张廷玉：《明史》卷八十三《河渠一》，中华书局，1974年，第2019～2020页。

⑨ 台北"中央研究院"历史语言研究所校印：《明实录·宪宗实录》，国立北平图书馆红格钞本，1962年，第2991页。

⑩ 台北"中央研究院"历史语言研究所校印：《明实录·宪宗实录》，国立北平图书馆红格钞本，1962年，第3282页。

成化十八年（1482年）五月决开封，“丁巳，河南开封府州县黄河水溢，淹没禾稼”[①]。

弘治二年（1489年），河决开封、封丘、中牟，“五月，河决开封及金龙口，入张秋运河，又决埽头五所入沁……三年正月，（白）昂上言：……南决者，自中牟杨桥至祥符界析为二支：一经尉氏等县，合颍水，下涂山，入于淮；一经通许等县，入涡河，下荆山，入于淮。又一支自归德州通凤阳之亳县，亦合涡河入于淮”[②]。

弘治四年（1491年）十月，河决兰阳，“戊午，黄河溢”[③]。

弘治五年（1492年），河决张秋、封丘，“秋七月，张秋河决，命工部侍郎陈政督治之。时河溢沛、梁之东，兰阳、郓城诸县皆被其患，复决杨家、金龙等口东注，溃黄陵冈，下张秋堤，入漕河，与汶水合而北，行张秋堤”[④]。

弘治九年（1496年）十月，河决中牟、兰阳、仪封、考城，“戊戌，户部奏：河南中牟、兰阳、仪封、考城四县，以河决，民田尽没”[⑤]。

从以上洪武至弘治年间的黄泛决口地点资料来看，这一时期的黄河主流仍走元代所形成的贾鲁河故道。但由于明初朝廷在治河策略上推行重北轻南，以保漕为主，为了防止黄河北决冲没运河，在这一时期多次在北岸修筑大堤，尽量使黄河南流，接济徐、淮之间的运河，同时在南岸多开支河，以分黄河水势。即所谓“北岸筑堤，南岸分流”的明代前期治河主要措施[⑥]。这一治理措施直接影响到作为黄河南泛通道之一的贾鲁河的形成。

除了明朝前期对黄河治理采取“南岸分流”的治黄策略外，此时的黄河决口尤以开封上下为集中之处。开封城沿黄东西一线的祥符、兰阳、仪封、中牟、荥泽、河阴、汜水诸县都是黄河决口后泛道所经之处，其中黄河决口尤以开封城以西的荥泽、中牟两县最多。洪武元年至弘治十八年，《明史·河渠志》“明实录”中有数次黄河在开封以西的荥泽、中牟两县决口，并形成规模较大的南流泛道，这些决口南泛记载大致如下。

---

① 台北“中央研究院”历史语言研究所校印：《明实录·宪宗实录》，国立北平图书馆红格钞本，1962年，第4906页。

② （清）张廷玉：《明史》卷八十三《河渠一》，中华书局，1974年，第2021页。

③ 台北“中央研究院”历史语言研究所校印：《明实录·孝宗实录》，国立北平图书馆红格钞本，1962年，第1086页。

④ （清）谷应泰：《明史纪事本末》卷三十四《河决之患》，中华书局，1977年，第505页。

⑤ 台北“中央研究院”历史语言研究所校印：《明实录·孝宗实录》，国立北平图书馆红格钞本，1962年，第2135页。

⑥ 水利部黄河水利委员会《黄河水利史述要》编写组：《黄河水利史述要》，水利出版社，1982年，第234页。

洪武十四年七月，“庚辰，河南原武、祥符、中牟诸县河决为患”[①]。

洪武十六年六月，“乙卯，河溢荥泽、阳武二县”[②]。

永乐九年，“决阳武中盐堤，漫中牟、祥符、尉氏”[③]。

宣德三年，“河南开封之郑州、祥符、陈留、荥阳、荥泽、阳武、临颍、鄢陵、杞、中牟、洧川十县……今年七月八月久雨，江水泛滥，低田悉淹没无收”[④]。

正统十三年，“黄河旧从开封北转流东南入淮，不为害。自正统十三年改流为二。一自新乡八柳树，由故道东经延津、封丘入沙湾。一决荥泽，漫流原武，抵祥符、扶沟、通许、洧川、尉氏、临颍、郾城、陈州、商水、西华、项城、太康”[⑤]。

天顺元年十月，“庚子，河南开封府原武、荥泽二县各奏：今年六月以来，天雨连绵，黄河泛滥，田禾俱被淹没”[⑥]。

另有弘治二年和九年两次记载前文已经提及，此不赘述。从上述资料来看，荥泽、中牟县一带，即今郑州东北地区，成为明代前期黄河南流泛道的起点。黄河溃决泛滥时虽属片状漫流，但各部流速不同，流速特别快的股流称为“大溜”。“大溜”经过的地面形成深槽。在离黄泛洪流稍远处，地面普遍淤高[⑦]，黄水过后，深槽便成新河发育的条件，加之这一地区地势低凹，嵩阴北侧的京、索、须、郑诸水都向这一区域汇聚，使该地区成为明代以后贾鲁河源头水系交汇地区。除了上述原因外，这一地区的地质构造条件对贾鲁河的形成也产生重要影响。在今郑州市区的东北部，东西走向的郑州—兰考断裂与穿越黄河的武陟断层、花园口断层、原阳东断层联合，可能控制着沿黄河南岸到广武山前、全新世中期豫北黄河古道以南、原阳—中牟赵口—中牟以西大片古黄河背河洼地的低洼区域沉降。该区域作为开封凹陷（以及明清以后贾鲁河，笔者注）的西端，孕育了前汴河、颍河泛道，也孕育了跨越现今黄河的河道及先秦文献记载中的荥泽。从更新世到全新世，这里始终是持续沉降区域[⑧]。由此区域东南

① 台北“中央研究院”历史语言研究所校印：《明实录·太祖实录》，国立北平图书馆红格钞本，1962年，第2182页。

② 台北“中央研究院”历史语言研究所校印：《明实录·太祖实录》，国立北平图书馆红格钞本，1962年，第2291页。

③ （清）张廷玉：《明史》卷八十三《河渠一》，中华书局，1974年，第2015页。

④ 台北“中央研究院”历史语言研究所校印：《明实录·宣宗实录》，国立北平图书馆红格钞本，1962年，第1149页。

⑤ （清）张廷玉：《明史》卷八十三《河渠一》，中华书局，1974年，第2017页。

⑥ 台北“中央研究院”历史语言研究所校印：《明实录·英宗实录》，国立北平图书馆红格钞本，1962年，第6075页。

⑦ 马程远：《从黄河河道迁徙看下游平原地貌的发育》，《河南师大学报》1981年第1期，第91页。

⑧ 徐海亮：《郑州古代地理环境与文化探析》，科学出版社，2015年，第125页。

而下的条形洼槽，既是黄泛“大溜”作用的结果，也受地质构造条件控制，这为明清以后贾鲁河的形成提供了地质基础。

二、黄河泛道与贾鲁河的形成

明清贾鲁河在黄河南流泛道的基础上形成，这是我们对贾鲁河的一个基本认识。对于贾鲁河河道经行，清代方志文献中有较为清晰的记载，《大清一统志·开封府》载：

> 贾鲁河又名小黄河，受京、须、索、郑诸水，经朱仙镇、吕家潭至扶沟者是也。①

光绪二十四年（1898年）《新修祥符县志》又记载：

> 贾鲁河，又名小黄河，受京、索、须、郑诸水，经朱仙镇、吕蒙潭至扶沟是也。《豫乘识小录》云：贾鲁河，汴河之南支也，汴河有二支，东注一支为汴，南注一支为沙，元至元二十七年黄河决始淤塞，东流一支今止存，南注一支经元臣贾鲁疏浚，经荥阳城东北流十余里折而东，曰“索河”，即古东索地，东经河阴南境有京河，西南自反确泉来会，又东经荥泽，南有须河，南自山中数源合而来，会折而东南流经郑州，北有东京河，西南自山中东北流，合一水来会，经中牟入祥符境之朱仙镇（距省东南四十五里）王家潭，至扶沟东北受双洎河（水以溱、洧合流而名），又东南入西华境，城西北东三面，又东南经李方口西，又东南合颍、汝二水入商水境，经周家口又东受清水及柳庄河水为白马沟。②

康熙《开封府志·卷五·山川》载：

> 贾鲁河，又名小黄河，受京、须、索、郑诸水，经朱仙镇、吕家潭至扶沟东北，受双洎河水。又东南入西华境，绕城西、北、东三面。又东南经李方口西，又东南合颍、汝二河，入商水境。径周家口，又东受清水及柳庄河

---

① （清）穆彰阿：《嘉庆重修一统志》卷一百四九《开封府》（四），上海古籍出版社，2008年，第748页。

② 开封市祥符地方史志办公室编：《新修祥符县志》，光绪二十四年整理版，第264页。

水为白马沟。其南为颍岐口。[①]

从这些方志记载来看，贾鲁河在接受郑州东北部京、须、索、郑诸水后，经朱仙镇、吕家潭、扶沟县，再东南绕西华县城西、北、东三面，又经李方口入商水县境，在周家口（即今周口市）入沙颍河。这样的河道经行很清楚地说明了贾鲁河的起始在明清荥泽一带，即今郑州东北；而下游尾闾则在明代商水县周家口，即今周口市。这一河道走向与明代嘉靖二十四年（1545年）李濂《汴京遗迹志》的记载相一致："今所谓孙家渡河者，亦自荥泽而下，引河为渠，由朱仙镇东南，达于淮、泗，似亦汴渠之遗意。特以不近都会，而转漕非其所资，故任其浅涸，而不为之疏浚耳。"[②]志书中专门提到了贾鲁河的上源有所谓自荥泽县一带分出的孙家渡河，李濂所称的"所谓孙家渡河者，亦自荥泽而下，引河为渠"的这条孙家渡，应该就是后来的贾鲁河。

弘治六年（1493年）刘大夏为副都御史，治张秋决河。弘治七年（1494年）五月，在太监李兴、平江伯陈锐的协助下，刘大夏采取分水南下入淮的治黄方略，在荥泽县孙家渡口浚河南下的同时，又在仪封黄陵冈南疏通了元代贾鲁所开旧河四十余里，"由曹出徐，以杀水势"[③]。对刘大夏所疏浚的这样一条黄河南泛通道，《明史·河渠志》中有明确记载：

> 七年五月命太监李兴、平江伯陈锐往同大夏共治张秋。十二月筑塞张秋决口工成。初，河流湍悍，决口阔九十余丈，大夏行视之，曰："是下流未可治，当治上流。"于是即决口西南开越河三里许，使粮运可济，乃浚仪封黄陵冈南贾鲁旧河四十余里，由曹出徐，以杀水势。又浚孙家渡口，别凿新河七十余里，导使南行，由中牟、颍川东入淮。又浚祥符四府营淤河，由陈留至归德分为二。一由宿迁小河口，一由亳涡河，俱会于淮。[④]

由此可知，弘治七年刘大夏分别在今天的开封东、郑州北、开封县东（祥符陈留县）挑浚了三条入淮泛道，此三条泛道分别利用了开封兰考元代的贾鲁旧河（元代贾鲁河与明清贾鲁河为两条河），明清孙家渡河和今开封县陈留镇东四府营河分泄黄河洪水。此次疏河除挑浚了明清贾鲁河上游孙家渡河外，还凿新河70里，导黄河水南行，由中牟、颍川东入淮，而这里所谓中牟以下的河道应该就是经过朱仙镇的明清贾

① 开封市地方史志办公室编：《康熙开封府志点校》，中州古籍出版社，2018年，第58页。

② （明）李濂撰，周宝珠、程民生点校：《汴京遗迹志》，中华书局，1999年，第87页。

③ （清）张廷玉：《明史》卷八十三《河渠一》，中华书局，1974年，第2023页。

④ （清）张廷玉：《明史》卷八十三《河渠一》，中华书局，1974年，第2023页。

鲁河。刘大夏治河是将元代贾鲁旧河与孙家渡河同时疏浚，两条河道一主一泛，互为表里，这同时也是孙家渡河擅贾鲁之名的真实原因。

在这里应该强调说明的是，由刘大夏在弘治七年疏浚固定的所谓的孙家渡河应非刘大夏一人所开，其很可能是在正统二年（1437年）黄河决荥泽县泛道的基础上挑浚而成的。嘉靖十四年（1535年）刘天和在写给嘉靖帝的奏折中说"孙家渡自正统时全河从此南徙"①，这说明正统时期作为南流泛道，贾鲁河的河道已初具雏形。

刘大夏在弘治七年又重新疏浚固定了作为黄河南流泛道的孙家渡河，即今贾鲁河前身，所以其流所经之扶沟、西华、商水诸县方志文献记载中都称其为"小黄河"。这里的"小黄河"是相对于贾鲁大河，即黄河主河道而言的。贾鲁河起自郑州，经中牟、尉氏、扶沟、西华、商水诸县，沿途所经诸县皆称"小黄河"，其见于县志记载者如下。

郑州："汴河今名贾鲁河，又名小黄河……而北与黄河相表里也。"②

中牟："贾鲁河，即汴水分派也。……西自郑州交界灰池口入中牟，东至店李口入祥符，在牟境顺长八十里，县东、西、南三异等十二里之水皆归之。"③

尉氏："惠民河，一名贾鲁河，一名小黄河，一名广济渠，俗又以为运粮河，即沙蔡之水也。"④

扶沟："贾鲁河，即汴水支流，一曰小黄河。自白家潭入境，由县北董家桥至吕家潭入蔡河故道直达西华。其后蔡河湮淤，泛滥为患。"⑤

西华："贾鲁河，俗名小黄河。环城东西北门，发源于郑州白沙坡，自中牟、祥符，由扶沟入境。北自郭家桥起，南至李方口抵淮宁县出境。"⑥

商水："小黄河，又名贾鲁河。自县北周家口归入颍河。"⑦

明代贾鲁河下游在陈州境内，陈州辖商水、西华、项城、沈丘四县，清代《陈州府志》中对贾鲁河也都称为小黄河，载：

> （贾鲁河）世谓此水为小黄河，盖亦渠与河通名犹存实耳。今汴沙自扶沟而下，非复水经之故道，惟由贾鲁河迳朱仙镇自白家潭入境，至扶沟县东北受溱洧二水，世谓双洎河。又东南过西华县，环城西北东而下，迳淮宁县

① （清）张廷玉：《明史》卷八十三《河渠一》，中华书局，2000年，第2035页。
② （清）何锡爵：《郑州志》卷二《山川》，康熙三十二年本，第19页。
③ （清）孙和相：《中牟县志》卷二，乾隆十九年本，第20页。
④ （清）沈溎：《尉氏县志》卷之三《河渠志》，道光十一年本，第12页。
⑤ （清）崔应阶、姚之琅：《陈州府志》卷四《山川·扶沟县》，乾隆十二年本，第18页。
⑥ （清）宋恂：《西华县志》卷之二《河渠志》，乾隆十九年本，第2页。
⑦ （清）崔应阶、姚之琅：《陈州府志》卷四《山川·商水县》，乾隆十二年本，第30页。

李方口，又南至周家口，入商水县境注于颍。[①]

由此来看，明清以来的贾鲁河是黄河泛滥的背景下黄淮交汇地区水系重新组合的自然结果。它既非战国鸿沟水系遗存，也非宋蔡河故迹，而是在黄河泛道基础上形成的中原地区沟通黄河、淮河两大流域间水运的一条新河，其形成应在明代前期。

三、黄河泛道断绝与贾鲁河水源条件的变化

自明初至嘉靖年间，治河者几乎大部分都主张分主流以杀水势。他们认为，黄河源远流长，洪水时期，波涛汹涌，下游河道过洪能力小，常常漫溢为患，“利不当与水争，智不当与水斗”，只有采取分流的办法，才能杀水势，消除水患[②]。明朝前期治河的能臣，如刘大夏、刘天和、徐有贞等都是主张分流论者。分流治黄强调“分则势小，合则势大”，但忽视了黄河多沙的特点。由于黄河多沙，水分则势弱，必然导致泥沙沉积，促使河道淤塞。这种情况的出现主要是由于河道的输沙能力与流速的平方成正比，多开支流虽能分水势，但当黄河涨水处于冲刷阶段时，如分水不当，反而变冲为淤，把河道淤塞[③]。故明代正德元年以后，前期“北岸筑堤、南岸分流”治黄策略便发生了根本性的变化。

明代后期，万恭、潘季驯等在总结前期治河经验后，提出了“筑堤束水，以水攻沙”的主张，强调利用大堤束水就范，增加水流的冲刷能力，以解决河床淤高后的黄河决溢。由于明代后期治黄策略发生了转折性的变化，因此，前期的黄河南泛通道基本断绝。荥泽孙家渡河长堤的修筑是在嘉靖九年（1530年），《明史·河渠志·黄河上》载：“八年六月，单、丰、沛三县长堤成。九年五月，孙家渡河堤成。”[④]孙家渡河堤筑成是黄河在荥泽即今郑州东北一带的南泛通道断绝之始。嘉靖十三年（1534年）以前，孙家渡河又被再次疏浚[⑤]。从弘治二年到嘉靖十三年间，孙家渡曾被疏浚十余次，共费公帑300万缗，只是随开随淤。嘉靖十四年（1535年），刘天和在写给嘉靖皇帝的奏议中明确地说：“孙家渡自正统时全河从此南徙，弘治间淤塞，屡开屡

① （清）崔应阶、姚之琅：《陈州府志》卷四《山川》，乾隆十二年本，第2页。

② 水利部黄河水利委员会《黄河水利史述要》编写组：《黄河水利史述要》，水利出版社，1982年，第281页。

③ 水利部黄河水利委员会《黄河水利史述要》编写组：《黄河水利史述要》，水利出版社，1982年，第283页。

④ （清）张廷玉：《明史》卷八十三《河渠一》，中华书局，1974年，第2031页。

⑤ （清）张廷玉：《明史》卷八十三《河渠一》，中华书局，1974年，第2033页。

淤。”[①]查正统二年（1437年）黄河曾在荥泽县决溢[②]，这是明代黄河在郑州东北部地区南泛入淮最早的记载，若从此时推算，孙家渡河，即贾鲁河就已作为黄河的南泛通道，其行河时间可达98年。这中间虽经白昂、刘大夏等人的疏浚，但由于泥沙沉积，河道淤塞，不得不在嘉靖年间淤废，贾鲁河即孙家渡河作为黄河泛道的历史宣告终结。由于贾鲁河上游与黄河毗邻，清代以后大凡黄河在郑州东北一带决溢，黄水仍会以贾鲁河为泛道。乾隆、嘉庆以前，虽然对疏浚贾鲁河下了很大工夫，但此时贾鲁河河势与明代前期相比已截然不同了。

明代后期开始，由于贾鲁河不再作为黄河南泛通道，其水源条件也发生了变化。贾鲁河的来水由原来浑浊的河水，开始转变为山水或泉水，河中泥沙开始大大减少，这对于贾鲁河的航运条件是一个极大的改善。此时贾鲁河“上受郑尉水，中受双洎河，北受李家沟、冯家沟、官清沟、朱家沟四水”[③]，其水量增大，航运条件大为改观。《陈州府志·西华县》说的郑尉水主要是指贾鲁河上游所汇聚的郑州、荥阳北侧的山泉诸水。康熙三十二年（1693年）《郑州志》对贾鲁河的源头水系记载颇为明确，《郑州志·山川》中称：

（贾鲁河）源发于郡之坤隅，离郡城五十余里。其源不一，有峪、有泉、有池。峪曰圣水峪，其水出黑龙庙前石窟中，深不可测，遇旱辄雩于其地，属密县。泉曰暖泉、冰泉，属荥阳王塔里。冰泉盛夏难亲，暖泉隆冬可浴，俱在黄帝岭下，相去不数武而冷暖不同。池曰胡家池、田家池、申家池，皆涌水如翻花。其外诸岩泉，或从高崖泻下，或从深谷流出，莫可悉举。南隔骆驼岭，另一派，其源有二：一出界牌砦，东北流为周家河；一出梅山西坡仙母洞，下流为李家河。二派合流，经石磴成瀑布。北流为九仙庙河，又北为邓通砦河，亦汴源之别支也。其出自圣水峪，与泉水、池水合流者，多在深谷石上。其石骨锁处，如水磨河之瀑布、时家砦之瀑布，皆自石级倾下，声可远闻。而其声又能或沸或息，高下不常，可占风雨，亦一异也。东北流至高龟砦，与邓通砦河会，土人谓之合河口。自是北流经冯家湾、郑家湾至京水砦。京水西来与之合，为官路东西渡口。又东北流至双桥，受索须已合之水，绕州西北境流至东北，折而南，渐转贯中牟，达祥符朱仙镇，此其大略也。[④]

① （清）张廷玉：《明史》卷八十三《河渠一》，中华书局，1974年，第2035页。
② （清）张廷玉：《明史》卷八十三《河渠一》，中华书局，1974年，第2015页。
③ （清）崔应阶、姚之琅：《陈州府志》卷四《山川·西华县》，乾隆十二年本，第25页。
④ （清）何锡爵：《郑州志》卷之二《山川》，康熙三十二年本，第4～5页。

按《郑州志》所载清代贾鲁河上源为今郑州西南地区嵩阴山地诸山泉，其水源构成大致有三部分：密县黑龙庙前的圣水峪，荥阳黄帝岭前的冰泉、暖泉与诸池水，郑州西南梅山九仙庙前的周家河、李家河。这些泉水顺山势而下，水量之大“声可远闻”，为贾鲁河提供了丰沛、清澈的水源。

清代河南巡抚李鹤年在《朱仙镇新河记碑》中曾提到过贾鲁河上游的水系构成主要是：

> “自荥阳西南诸山溪，合京、须、索、郑之水，东流至祥符，经朱仙镇达周家口，复合沙、颍诸水，委输于淮，以元臣贾鲁实治之，遂名贾鲁河。往时舟楫畅行，上可抵京水镇；以故，朱仙镇百货充牣会城，因之号繁富焉。”①

李鹤年把朱仙镇的繁富与京、须、索、郑诸山溪水联系在一起，并称“往时舟楫畅行，上可抵京水镇”。京水镇就在郑州东北一带。李鹤年所撰《朱仙镇新河记碑》中所提到的贾鲁河上游水源构成是在光绪年间，此时已在清末，这与明代前期贾鲁河以黄河泛水为源的状况大为不同。

贾鲁河中游又有双洎河汇入（图三）。双洎河上游有溱河、洧水两大支流。溱、洧二水在新郑代湾村西汇流后称双洎河。双洎河水量充沛，舟楫不断。明代成化以前，双洎河 “迳彭祖店东入小黄河”②，彭祖店即今天鄢陵县北彭店。双洎河“东迳鄢陵县北”③后在今鄢陵县北彭店东汇入贾鲁河，是贾鲁河中游的重要的补给水源。之后，贾鲁河再向东在扶沟县西北丁家桥进入扶沟县境。成化年间，双洎河入贾鲁河口曾发生过变化，乾隆《陈州府志》中记述：“迳（扶沟）县北东南流，至张会桥入贾鲁河。”④双洎河的这一次河道变迁乃是由扶沟知县李增所为。《陈州府志》载：“成化中，知县李增自吕家潭南地名张单口，另疏新河，迤逦西南至县东五里许，复东南至张会桥与双洎合流出境。江南商货皆由此通汴，每岁荒，江淮之粟藉以转输，百姓赖之。”⑤扶沟知县李增不仅向东开疏了一条“新河”分泄贾鲁河泛水，而且还将双洎河下游向东引水至张会桥与贾鲁河相会。由此，贾鲁河水运条件大大改观，贾鲁河水运上、下游的全线畅通，为沿岸地区的商业城镇的繁荣提供了不可或缺的交通条件，故“江南商货皆由此通汴，每岁荒，江淮之粟藉以转轮，百姓赖之”。

---

① 陈隆文：《从〈朱仙镇新河记碑〉看贾鲁河水运的历史价值——水利碑刻与中原水环境变迁研究之一》，《中原文物》2014年第1期，第101页。

② （清）何鄂联：《鄢陵县志》卷五《地理志上》，道光十二年刻本，第7页。

③ （清）崔应阶、姚之琅：《陈州府志》卷四《山川·扶沟县》，乾隆十二年本，第18页。

④ （清）崔应阶、姚之琅：《陈州府志》卷四《山川·扶沟县》，乾隆十二年本，第18页。

⑤ （清）崔应阶、姚之琅：《陈州府志》卷四《山川·扶沟县》，乾隆十二年本，第18页。

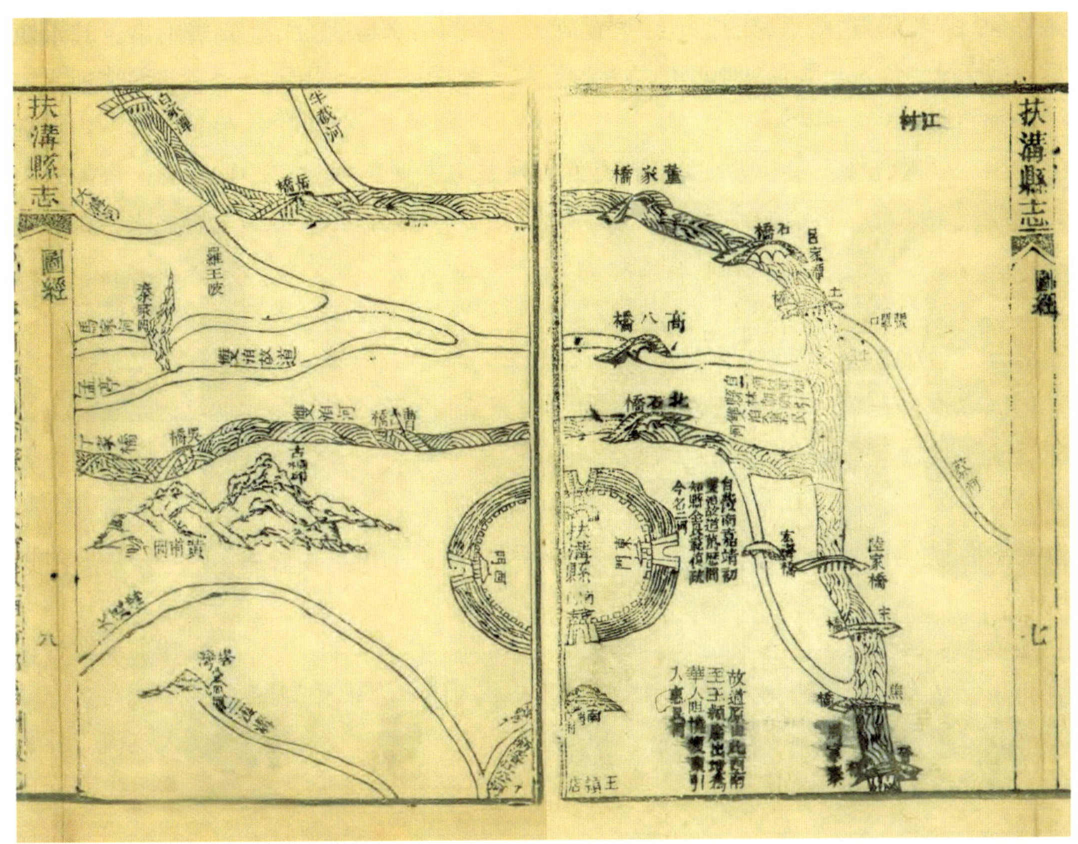

图三　双洎河与贾鲁河交汇图（见《扶沟县志·今河图》）[①]

双洎河以下，贾鲁河又“北受李家沟、冯家沟、官清沟、朱家沟”[②]四条河流，此四水中除冯家沟未见于方志记载外，其余三水均见诸文献。李家沟水在贾鲁河北，自西华县李家坡直入贾鲁河，“长三里，宽一丈五尺，深七尺”[③]。朱家沟水在贾鲁河东北，自西华县山子头坡起入贾鲁河，“长七里，宽一丈，深六尺”[④]。官清沟水自扶沟张单口入西华境，并在西华县窦家白坡入贾鲁河，“长三十二里，宽三丈，深六尺”[⑤]是贾鲁河下游较大的支流。贾鲁河下游的这些支流河最宽者三丈，约合10.35米，最窄者也有一丈，合3.45米；支流最深处有七尺，合2.42米，即使是最浅的支流也有六尺

① （清）张文楷：《扶沟县志·图经》，光绪十九年刻本，第7页。

② （清）宋恂：《西华县志》卷之二《河渠》，乾隆十九年版，第2页。

③ （清）宋恂：《西华县志》卷之二《河渠》，乾隆十九年版，第7页。

④ （清）宋恂：《西华县志》卷之二《河渠》，乾隆十九年版，第7页。

⑤ （清）宋恂：《西华县志》卷之二《河渠》，乾隆十九年版，第7页。

深，合2.07米[①]。这些水源的汇入大大提高了贾鲁河的水运能力，为贾鲁河沿岸的朱仙镇、吕家潭、周家口等商业城镇的不断发展和繁荣提供了必不可少的水运交通条件。

（与中国科技大学人文与社会科学学院科技史与科技考古系2019级博士生张睿文合著）

第三节　惠济桥与贾鲁河

为配合大运河申遗，郑州市文物考古研究院隋唐大运河考古队于2010—2011年在郑州地区做了较为全面的考古调查工作，惠济桥及其南北两侧的古河道的发现是这次调查的重要收获之一[②]（图四）。综合现有考古资料，围绕惠济桥的发现，至少有两个方面的问题应引起学术界的关注。

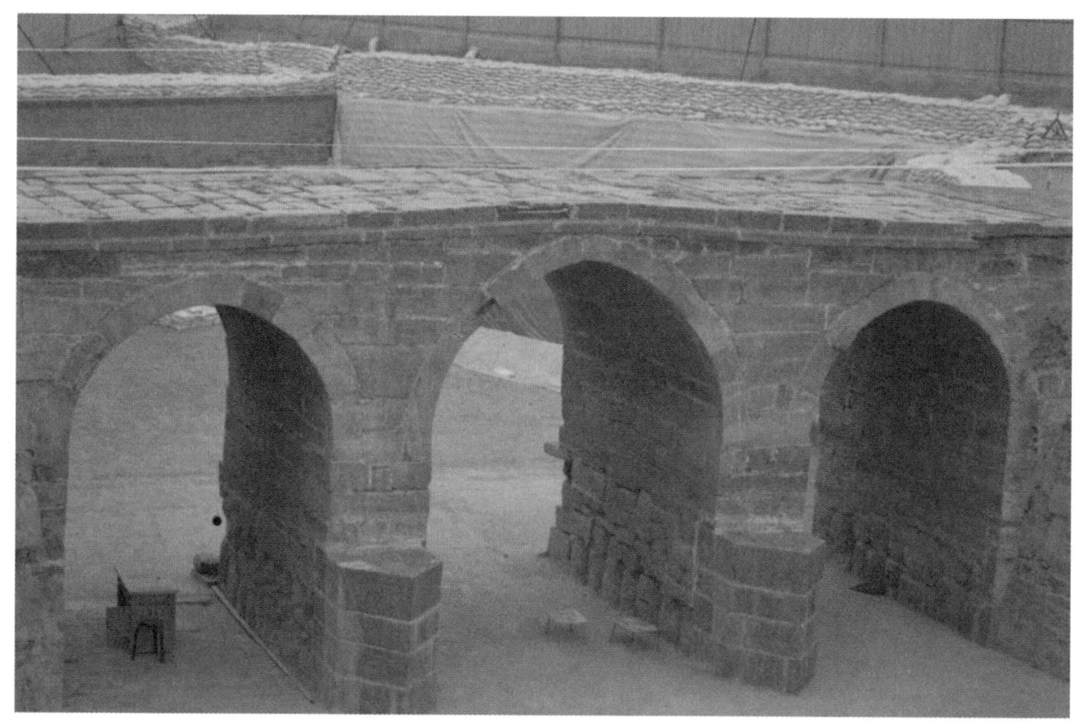

图四　惠济桥全景图

① 根据"康熙量地官尺34.50厘米"计算而成，陈梦家：《亩制与里制》，《考古》1966年第1期，第38页。

② 顾万发、汪松枝：《隋唐大运河郑州段调查——洛口仓、惠济桥段河道，水渍等遗迹是这次调查重要收获》，《中国文物报》2012年4月27日第8版。

其一，惠济桥位置、建造时间与价值的确定。原报告称，惠济桥位于今郑州西北惠济区古荥镇的惠济桥村。此桥是一座三孔石桥，桥面长14.44米，宽5.08米，建于元末明初。惠济桥建在惠济河上，惠济河在不同时期曾有通济渠、汴河、运粮河等叫法，由于黄河的多次泛滥，大运河故道大部分早已湮没在地下，地面多无存，部分河段因后期治理也变成了不同的名字[①]。也就是说主持考古发掘的顾万发、汪松枝二位先生认为惠济桥是建在隋唐通济渠或在汴河上的桥梁。其二，惠济桥南北两侧确实存在一条古河道。这条古河道经勘探所知，从黄河南岸大堤至丰硕桥段发现一段隋唐大运河河道，略呈西北至东南走向，在丰硕桥处向东折向索须河，河道宽150—200米，深15米不见底，两侧发现有路堤（河堤），宽4—8米。在惠济河南侧及南部河道经过试掘，出土有唐、宋、元、明、清时期堆积层及大量文化遗物，尤以元明时期遗物最为丰富。河道西侧河堤经过解剖，发现其时代最早到元代，晚至清代，元代以前河堤已不清晰[②]。对于惠济桥及其南北两端古河道的认识问题，不仅事关大运河申遗，而且对于隋唐以来黄、淮、海交界地区的水运分布格局和黄河、淮河、海河水系的关系问题也都具有重要价值，因此，本文拟围绕惠济桥及其南北两端古河道问题，谈谈自己粗浅看法，不当之处，敬希批评。

一、惠济桥的建造时间

惠济桥位于郑州西北惠济区古荥镇惠济桥村内，为三孔拱券式石桥，东西长约40米，桥宽5米，桥面上有清晰可见的深达5厘米的车辙，桥下三孔拱券已经被河泥淤埋大半，仅存不足两米高的桥体，拱券和桥体全部用大块青石砌筑而成，券面石精工细雕，券石规整并留有线脚。据村中老人回忆，原来桥面上立有壮观的栏板望柱，之上刻有各种精美图案，桥两头还建有壮观的桥楼，在桥南部约70米处原存有戏楼，现在都已毁坏荡然无存。惠济桥部分构件在“文化大革命”期间被严重破坏，另外自然风化造成桥体部分石块脱落等[③]。关于惠济桥的建造时间，学术界有不同认识。顾万发、汪松枝先生认为是在元末明初[④]。而河南省内有关专家初步鉴认，惠济桥主体应为明代

① 顾万发、汪松枝：《隋唐大运河郑州段调查——洛口仓、惠济桥段河道，水溃等遗迹是这次调查重要收获》，《中国文物报》2012年4月27日第8版。

② 顾万发、汪松枝：《隋唐大运河郑州段调查——洛口仓、惠济桥段河道，水溃等遗迹是这次调查重要收获》，《中国文物报》2012年4月27日第8版。

③ 河南省第三次全国文物普查领导小组办公室、河南省文物局编：《河南省第三次全国文物普查300项重要发现》，海燕出版社，2011年，第406页。

④ 顾万发、汪松枝：《隋唐大运河郑州段调查——洛口仓、惠济桥段河道，水溃等遗迹是这次调查重要收获》，《中国文物报》2012年4月27日第8版。

早期建造，清代维修[①]。综合有关考古、文献资料，我个人认为惠济桥的建造的上限应在明初较为可信，其根据大体有二。

其一，根据考古发现资料，在惠济桥南侧及南部河道经过试掘，出土有唐、宋、元、明、清时期堆积层及大量文化遗物，尤以元明时期遗物最为丰富。河道西侧河堤经过解剖，发现其时代最早到元代，晚至清代，元代以前河堤已不清晰[②]。根据惠济桥南侧元明时期遗物最为丰富的事实，由此推断，惠济桥的建造上限早不到隋唐或宋元，而应以明清之作的可能性最大。既然惠济桥的建造早不到隋唐或宋元，那么桥下的古河道也就很难一定是隋唐大运河通济渠的遗存了。

其二，惠济桥虽然擅"惠济"之名，但桥并不是在惠济河上，桥下发现的南北河道也并非惠济河或隋唐大运河汴河河道。根据《中牟县志》的记载："惠济河，源出贾鲁，因贾鲁河每逢伏秋大雨，山泉偶或并盛，宣泄不及，恒有泛滥旁溢之患，乾隆六年，邑令姚孔针奉巡抚雅公奏准，动币开河，分泄水势，自县西十五里堡起，至县东老湾嘴入祥符界，钦赐名曰惠济。二十二年重浚。"[③]由此看来，惠济河是因分泄贾鲁河洪水而开挖，其开挖时间在乾隆六年（1741年）。惠济河西端的起点在明清中牟县城西十五里堡，向东经老湾嘴进入今开封县（祥符县）界。今惠济桥西距中牟县城2公里，而乾隆初年开挖的惠济河在中牟西从贾鲁河中分水至省府开封城南后再回东流入涡河。因此，乾隆六年的惠济河是无论如何也流不到今郑州西北的惠济桥下的。不仅如此，从现存明代的文献资料来看，今考古发现的惠济桥的历史要远远早于从贾鲁河中分水向东流的惠济河。这一点是可以肯定的。早在明万历三十三年（1605年），湖广茶陵州知州范守己就向神宗皇帝建议利用贾鲁河，经朱仙镇、惠济桥两地，转输江南漕粮。范氏说："查荥阳之东，广武山南，一水东流经郑州中牟之北，祥符之西，由朱仙镇而南经尉氏、扶沟、西华之东，沈丘之南，在《元史》名为郑水。土人名为贾鲁河者也。南至周家口与颍水合流，名为沙河。至颍州正阳镇入淮，直抵淮安，今自正阳至朱仙镇，舟楫通行，略无阻滞。自朱仙镇而北而西至郑州西北惠济桥地方，不及二百里，河身略窄，稍当修浚。若于惠济桥，西开一支渠分水，一派北入黄河，不及二十里耳，渡河而北直入沁口，为道甚便。"[④]由此看来，早在明万历三十三年（1605年）以前，郑州西北（即所谓荥阳之东，广武山南地区）就已经有惠

---

① 河南省第三次全国文物普查领导小组办公室、河南省文物局编：《河南省第三次全国文物普查300项重要发现》，海燕出版社，2011年，第406页。

② 顾万发、汪松枝：《隋唐大运河郑州段调查——洛口仓、惠济桥段河道，水渍等遗迹是这次调查重要收获》，《中国文物报》2012年4月27日第8版。

③ （清）吴若烺：《同治中牟县志》，中州古籍出版社，2007年，第16页。

④ 台北"中央研究院"历史语言研究所校印：《明实录·神宗实录》，国立北平图书馆红格钞本，1962年，第7855页。

济桥存在了，它与乾隆六年始挖的惠济河并不能相提并论，惠济桥的始建年代要早于惠济河。故以惠济桥的建造时间推定在元末明初或明朝初应大体不错（图五）。

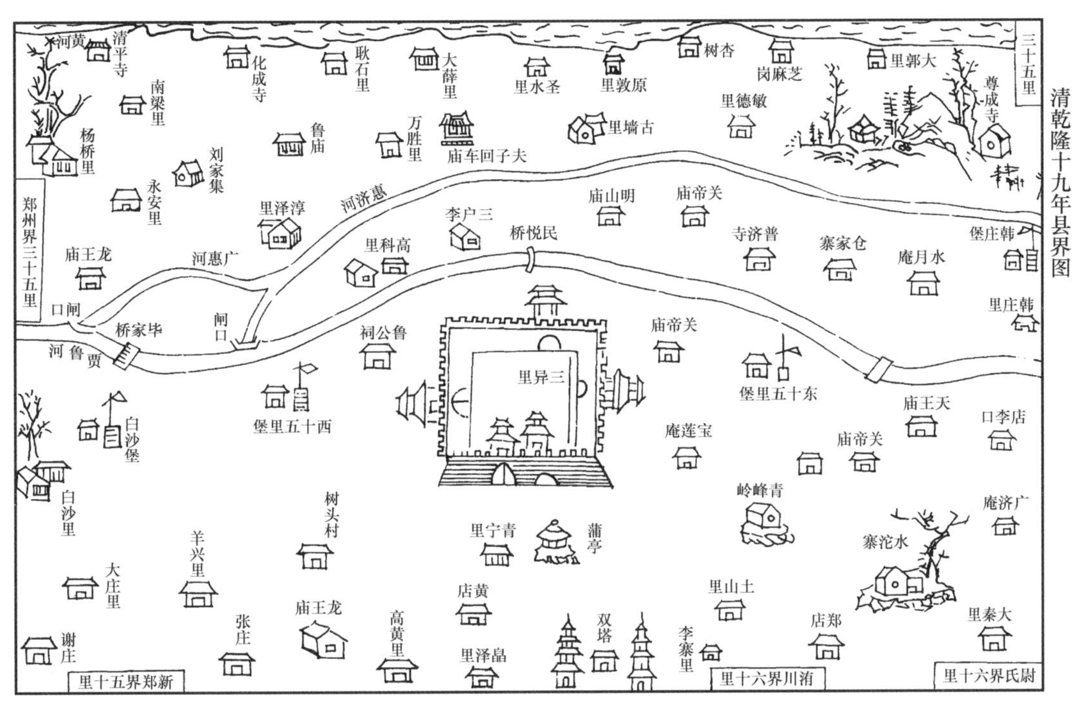

图五 中牟县境惠济河图[1]

二、惠济桥段古河道非隋唐大运河通济渠故道

按照顾万发、汪松枝先生《隋唐大运河郑州段调查——洛口仓、惠济桥段河道，水溃等遗迹是这次调查重要收获》一文记载，经由惠济桥下南北两端有一条古河道。这条古河道经过惠济桥下，而惠济桥建在惠济河上，“惠济河在不同时期曾有通济渠、汴河、运粮河等叫法。由于黄河的多次泛滥，大运河故道大部分早已湮没在地下，地面多无存，部分河段因后期治理也变成了不同的名字”[2]。这条被认为是隋唐大运河通济渠一段的古河道向北起自黄河南岸大堤，经惠济桥下向南至堤湾村西北索须河左岸，与索须河相汇，再顺索须河向东，至今天索须河与贾鲁河交汇的祥云寺，全长15公里。也就是说今天考古发现的惠济桥南北两端的古河道同其所汇入的索须河河道都被认为是隋唐大运河通济渠的故道（图六）。

① 图片来自：（清）吴若烺纂修，同治十年《中牟县志》，国家图书馆馆藏影印本。

② 顾万发、汪松枝：《隋唐大运河郑州段调查——洛口仓、惠济桥段河道，水溃等遗迹是这次调查重要收获》，《中国文物报》2012年4月27日第8版。

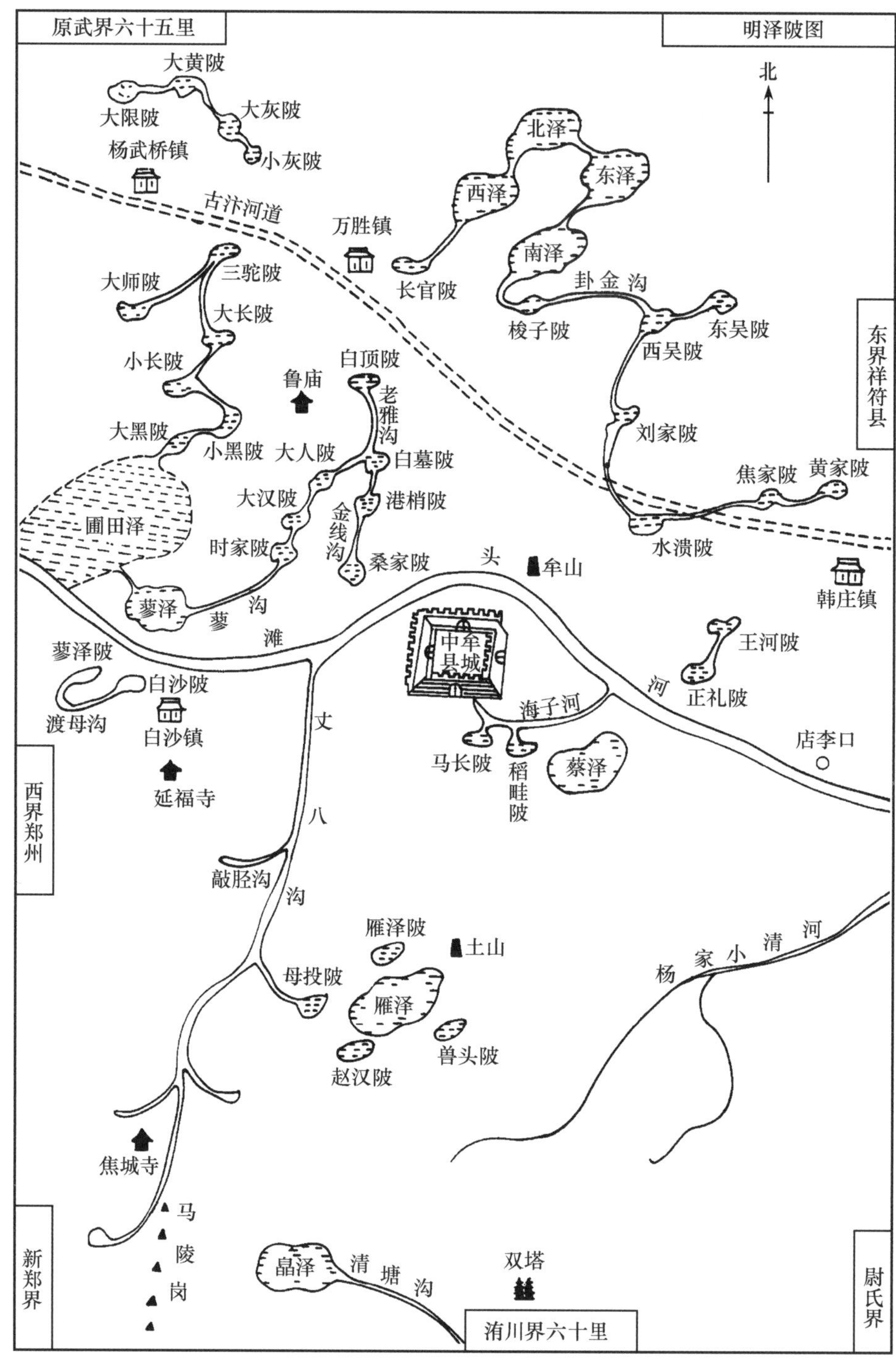

图六 隋唐大运河通济渠首段示意图①

① 图片来自：（清）吴若烺纂修，同治十年《中牟县志》，国家图书馆馆藏影印本。

隋唐大运河通济渠河道所经历史文献上并非没有记载。通济渠西段起点称为汴口，汴口是通济渠西段引水的口门。隋唐时，通济渠先是从黄河中引入水源；北宋时又从洛河中引水，后来洛水水量不足又不得不再复汴口。汴口的地理位置，《元和郡县志·河南道》载："汴口堰，在县西二十里。又名梁公堰，隋文帝开皇七年，使梁睿增筑汉古堰，遏水入汴也。"[①]《元和郡县志》中所说的"县西二十里"的"县"，实际上是指唐代河阴县而言，起自汴口的通济渠向东二十里后在河阴县"南二百五十步"继续向东"通于淮泗"。因此，汴口与唐代河阴县城便成为我们寻找通济渠走向坐标。

除了唐代河阴县西二十里的坐标参照外，《元和郡县志·河南道》"汜水县"条下对汴口位置的记载也很清楚，说："汴口，去县五十里。"[②]这里所说的"县"是唐代的汜水县，汜水县即今天的汜水镇，黄河正在汜水镇广武山北流经过，地理形势古今未变。而汜水镇"北五十里"约当在今邙山（即广武山）岭崖刘沟村以北的黄河中了。这一结论还可用唐代河阴县城的位置做参证。《河阴县志》中对唐"河阴县城"的位置记载说："唐河阴城，在广武山北滨河地。据赫连崇《通墓记》在神峪东北。"[③]赫连崇《通墓记》的制作年代在唐天宝二年，收录于《民国河阴县志》。赫连崇《通墓记》说唐河阴县城在"神峪东北"。"神峪即刘家沟。唐赫连崇《通墓记》即有神峪之名，其由来盖已久矣。"[④]刘家沟即今天广武山的刘沟，刘沟东北是滚滚的黄河，据此推测，唐代河阴县城位置当在今桃花峪村西北三四里，霸王城东北的黄河中。查旧陆军五万分之一地形图，这一带民国初年为黄河滩地，有一边长里许的方形洼地，此洼地西至刘沟村北汴口堰的推测位置正好二十里；又凡受黄河淹没之城，总是城外先淤高，城内较低洼。因此，这一方形洼地很可能就是唐代河阴县城旧址。据《元和志》，汴渠在县城之南二百五十步，则汴河从此洼地南端、又经敖山北，隋唐荥泽县城北，向东流去。这就是汴河（即通济渠）首部的东段[⑤]（图七）。由此看来，隋唐大运河通济渠的起首段应该是从今刘沟北向东经张沟北至汉霸二王城东北，再由汉霸二王城东北经韩洞—南裹头—花园口黄河南堤一线之北逶迤向东流去。而在此区域内，由于历史上黄河的剧烈南摆，因此隋唐大运河通济渠的此段河道早已为黄河所夺占，沦落到今天黄河南堤以北的大河中去，已不复存在了。惠济桥距今黄河南堤5余里，若其向北则与隋唐大运河通济渠段更远，而且桥下南北向河道北起今黄河南堤，南至索须河左岸，作南北走向。因此，也就不太可能是隋唐大运河通济渠的河道了。

---

① （唐）李吉甫：《元和郡县志》，中华书局，1983年，第137页。

② （唐）李吉甫：《元和郡县志》，中华书局，1983年，第147页。

③ 高延璋修，蒋藩纂：《民国河阴县志·卷之六·古迹》，国家图书馆馆藏影印本。

④ 高延璋修，蒋藩纂：《民国河阴县志·卷之六·古迹》，国家图书馆馆藏影印本。

⑤ 涂相乾：《宋代汴河行经试考》，《河南水利史料》（第三辑），河南省水利史志编辑室，1985年，第38页。

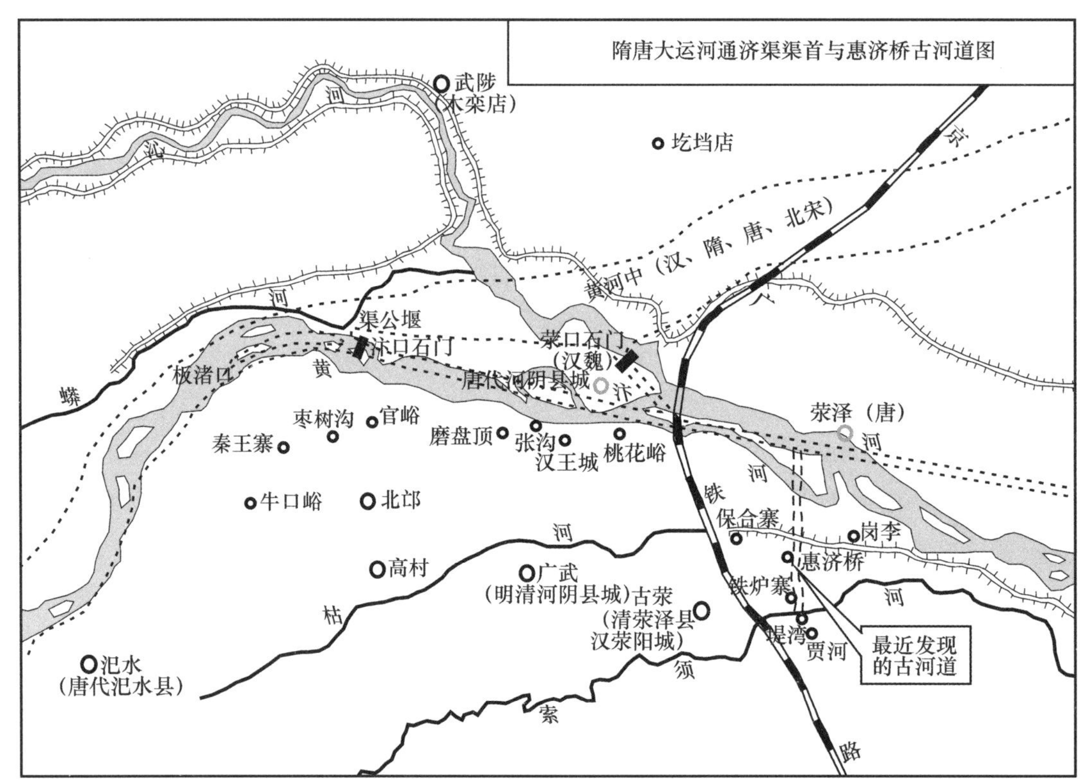

图七 隋唐大运河通济渠渠首与惠济桥古河道图①

三、惠济桥段古河道应为明代贾鲁河上游故道

明代万历年间，湖广茶陵州知州范守己在写给神宗皇帝的奏议中曾经提到过郑州西北的惠济桥。范氏的奏议对我们确定惠济桥的历史价值及其南北两端的古河道的性质有非常重要的价值，现将范氏奏议全文附录于下：

原任陕西参议今调湖广茶陵州知州范守己言：

国家漕挽仰给东南，岁运四百万石，止赖会通河一线之水耳，而壅塞无常，百十年来非止一次。往者议开胶莱河，议通海运，蒿目腐心，迄无成功，长虑却顾，卒无善策。迩因河流南徙，二洪浅涩。至廑皇上宵旰之忧，赖有智谋大臣议开泇河，自邳州至于夏镇，轶出彭城之左，舳舻无阻，厥功良多。乃不意河决单县，复有南阳之淤也。欲护漕渠，不得不急治黄河，欲治黄河不得不大费工力。闻河工之需用银八十万两，动夫数十万名，过计者

① 河南省科学院地理研究所周真制图。

不无意外之虑，况挑筑于此处，能保不横决于他所？河之迁徙无常，漕之艰阻莫测，何不别求便利以为永久之图也？

查嘉靖六年，河决丰、沛，东溢逾漕，漫入昭阳湖。左都御史胡世宁自南京赴召上疏言："国初，漕运自淮达河，由阳武起六百余里至卫水入舟，转达至京。又闻沁水至武陟县红荆口分流一派通卫，近年始塞，是河流因沁可以通卫也。宜遣官踏视，或红荆口，或阳武，上下开通一河，北达卫水，以备徐沛之间塞。"疏下工部祥议。因河道都御史盛应期主开昭阳湖左新渠，世宁之议不行。久之，新渠难成，复浚故道，因仍至今。

臣尝往来沁口诸处，见沁水自山西穿太行而南，至武陟县东南入河，十数年前河沙淤塞沁口，沁水不得入河，乃自木兰店东决岸奔流入卫，则世宁红荆口之说信矣。彼时守土诸臣塞其决口筑以坚堤，仍导沁水入河，而堤外遗有河形直抵卫浒，固至今犹存也。若于原决筑堤处建一石闸，分沁水一派东流入卫，为力甚易。再将原冲河形补加修浚，两岸培为缆道，为力亦易。计其工费用银不过二三万，用夫不过一万余名，而大功告成矣。乃引漕舟自邳州溯河而上，直抵沁口，因沁入卫，东达临清。则会通河可以不用也。若谓溯河数百里或有滩溜之险，无纤道之便，则又有一河可由者，查荥阳之东、广武山南，一水东流经郑州中牟之北、祥符之西，由朱仙镇而南经尉氏、扶沟、西华之东、沈丘之南，在《元史》名为"郑水"，土人名为"贾鲁河"者也。南至周家口与颍水合流，名为"沙河"。至颍州正阳镇入卫淮，直抵淮安。今自正阳至朱仙镇舟楫通行略无阻滞，自朱仙镇而北而西至郑州西北惠济桥，地方不及二百里，河身略窄，稍当修浚，若于惠济桥西开一支渠分水，一派北入黄河，不及二十里耳。渡河而北，直入沁口，为道甚便。如谓郑水微弱不任漕舟，则荥郑之间，又有京水、索水、须水诸泉皆可引入郑水以济漕挽。再每二十里建一石闸，如会通河之比。则蓄泄有时水自裕如，计其工费丁力亦不过四五万两耳。若此道既通，则漕舟出天妃闸，即由洪泽湖入淮。溯淮入颍水，溯颍水入卫郑水，牵挽尤稳，黄河又可不用矣。虽冲溢万变何虑焉？如河流安妥不至侵漕，则夏镇、南阳之间仍加修浚，两利而俱存之，分舟并进，可免守闸之困。如河流变迁，东道有梗，则专由郑水，而徐吕之道无问，便利之策无逾此者。

臣怀此已二十余年，因无会通河无阻，不敢轻言。今屡浚屡塞，而黄河又冲决无时，侵逼益甚。与其竭海内脂膏以填不测之壑，孰若改弦易辙，就此易竟之功绪也？伏乞敕下工部及督河大臣差官踏视，如果臣言可用，先将武陟迤东至于卫水之浒，东西百余里原有河身故道，发夫万余名及时挑浚，约深一丈阔十丈，却于木兰店东筑堤处所修建石闸一座，分导沁水，一派东

> 行入卫，舟至则启闸以通漕，舟尽则闭闸以掩水。明岁春末，其功可成，姑将漕舟溯河而上，繇沁入卫，以济目前之急。却议修浚朱仙镇迤北，至惠济桥迤西，分导郑水（州）以通漕舟，则帑藏民力可省百倍，而国家之利赖无穷矣。或虑沁水入卫，恐获嘉、新乡之间不无泛滥之虞，不知建闸启闭，节宣其流，止分十分之一二东行耳，而沁之洪流固自南入黄河也。如必思患预防，当多建闸三五处，相距或二十里或三十里，无事重重固闭以防东流，舟到递相启闭，以为蓄泄，又何泛滥之足虞耶？或又谓大挑黄河，欲除民害，工不容已，臣非欲止其役，但今日急在漕运，而民害次之。漕运一通，国家之命脉已通固，虽黄河徙迁无常，不过坍塌一二县一二乡之地耳，为筑长堤以捍其冲可也。如势不可遏，迁其城郭以避之，有何不可？何必与河争尺寸之地耶？下工部覆议行，总河及河南抚按勘议具奏。①

范氏向神宗皇帝奏议的目的主要是为解决协调明代以来京杭大运河与黄河的矛盾关系。在明初以来的一百多年中，黄河大部分夺淮流入黄海，少部分时间东北流经寿张穿运河注入渤海。主要的经过地区，有时走元末贾鲁故道在徐州以下经清河县会淮入海，有时经颍水至寿州正阳镇入淮，有时经涡河至怀远县入淮，有时又东北流至山东寿张冲入运河。而且在相当长的时间内，黄河多支并流，此淤彼决，在今豫东、鲁西南、皖北、苏北一带的变化，形成了异常复杂的局面②。嘉靖以后，黄河河患多集中于徐州附近，京杭大运河不是被凶暴的黄河冲毁，就是黄河脱离了运河。“运道淤阻”“徐吕浅涩”“粮艘阻不进”等在《明史·河渠志》中屡屡出现。一直到明末，京杭大运河受阻的问题始终悬而未决。万历三十三年（1605年），湖广茶陵州范守已向神宗皇帝上书，分析了京杭大运河，特别是徐州—临清间会通河转输漕粮的困难，指出明代一百多年来会通河壅塞无常已非止一次，这已成为皇上的“宵旰之忧”了，为避黄河之险，隆庆（1567年）—万历三十三年（1605年）间，在黄运交汇地区，明政府虽然通过开南阳新河和泇河的举措，使漕运状况得以改善，但未能从根本上解决黄河与运河的关系。况治理黄河靡费巨大，仅河工一项就需“银八十万两，动夫数万名”，而且“挑筑于此处”，还不能保证“不横决于他所”，因此，京杭大运河水运的困难就需要避开会通河段在京杭大运河之外再寻找一条能够承担沟通中国南北水上交通的新路线。

---

① 台北“中央研究院”历史语言研究所校印：《明实录·神宗实录》，国立北平图书馆红格钞本，1962年，第7853～7858页。

② 水利部黄河水利委员会《黄河水利史述要》编写组：《黄河水利史述要》，水利出版社，1982年，第234页。

范守己向神宗皇帝建议的“永久之图”，实际上早在嘉靖六年就已有左都御史胡世宁向中央建议过。胡世宁主张利用郑州西北地区黄河南岸的淮河水运诸支流与淮河的天然联通关系，开辟淮舟入黄河路线，再横渡黄河之后利用黄河支流沁水，溯沁水而上再转入卫河，之后再由卫河北上临清进入京杭大运河北段，最后到达北京。这条水运路线在明朝建立初年是发挥过作用的（国初，漕运自淮达河，繇武起六百余里至卫水入舟，转达至京。又闻沁水至武陟县红荆口分流一派通卫，近年始塞，是河流因沁河可以通卫也。宜遣官踏视，或红荆口，或阳武，上下开通一河，北达卫水，以备徐沛之塞）。由于此条水运路线在京杭大运河之西，开辟此条路线可以避开黄河与运河交汇、漕运艰阻的下游徐州一带，在水运条件相对优越的黄河中下游交界——郑州地区渡过黄河。充分利用郑州一带为淮河水系诸多支流源头的地理特点，以中原淮河水系支流替代黄河和京杭大运河实现利用淮河水系和海河水系诸支流向北京运输漕粮的目的。

郑州地区属伏牛山脉东北翼向黄淮平原过渡地带和褶皱带嵩箕山区。地形走势西高东低，地形呈阶梯状，由西向东坡降逐渐趋缓，西部和西南部为山丘区，东部及东南部为平原区。山地、丘陵和平原间分界明显[①]。这一区域北逾黄河与海河流域相邻，而区域内又地跨黄淮两大流域，发源于此区域内的河流要么向北流入黄河，要么随西高东低的地形大势由西北流向东南，在贯通黄淮平原后最终都注入淮河之中，贾鲁河就是黄淮交汇地区诸多河流中水运条件最为优越的一条。所以范守己在奏议中建议利用贾鲁河作为京杭大运河的“西道”，“专由郑水（贾鲁河）”，“分舟并进”输转漕粮。他说：“查荥阳之东、广武山南，一水东流经郑州中牟之北、祥符之西，繇朱仙镇而南经尉氏、扶沟、西华之东、沈丘之南，在《元史》名为‘郑水’，土人名为‘贾鲁河’者也。南至周家口与颍水合流，名为‘沙河’。至颍州正阳镇入淮，直抵淮安。今自正阳至朱仙镇舟楫通行略无阻滞，自朱仙镇而北而西至郑州西北惠济桥，地方不及二百里，河身略窄，稍当修浚，若于惠济桥西开一支渠分水，一派北入黄河，不及二十里耳。渡河而北，直入沁口，为道甚便。如谓郑水微弱不任漕舟，则荥郑之间，又有京水、索水、须水诸泉皆可引入郑水以济漕挽。再每二十里建一石闸，如会通河之比。则蓄泄有时水自裕如，计其工费丁力亦不过四五万两耳。若此道既通，则漕舟出天妃闸，即繇洪泽湖入淮。溯淮入颍水，溯颍水入郑水，牵挽尤稳，黄河又可不用矣。虽冲溢万变何虑焉？如河流安妥不至侵漕，则夏镇、南阳之间仍加修浚，两利而俱存之，分舟并进，可免守闸之困。如河流变迁，东道有梗，则专繇郑水，而徐吕之道无问，便利之策无逾此者。”范氏奏议中有两层含义必须强调说明。

首先，范守己明确指出贾鲁河水运与京杭大运河是“西道”与“东道”的关系。

---

① 郑州市水利志编辑委员会：《郑州市水利志》，河南省地矿厅印刷厂，1995年，第10页。

范氏认为贾鲁河就是《元史》上的“郑水”，土人名为“贾鲁河”。贾鲁河（郑水）的源头在“荥阳之东，广武山南”，东南流经朱仙镇、扶沟、西华之东、沈丘之南至周家口与颍水合流，名为沙河。沙河以下至颍州正阳镇入淮河向东可直抵京杭大运河枢纽淮安。利用贾鲁河漕运江南之粮可使“漕舟出天妃闸，即由洪泽湖入淮，溯淮入颍水，溯颍水入郑水（贾鲁河）”。利用贾鲁河水运最大的优点是“牵挽尤稳，黄河又可不用矣”。而且“如河流安妥不至侵漕，则夏镇、南阳之间仍加修浚，两利而俱存之，分舟并进……如河流变迁，东道有梗，则专由郑水，而徐吕之道无问，便利策无逾此者”。这样在京杭大运河之西又开辟了一条郑水（贾鲁河）通道，这条通道作为京杭大运河的辅助通道，在京杭大运河淤塞不同的情况下为漕运江南之粮北上和沿岸地区的经济发展，将会发挥不可替代的补充作用。

其次，惠济桥段河道在贾鲁河水运中具有重要价值。按照范守己所说，自淮河岸边颍州正阳镇到朱仙镇一段的贾鲁河自明初以来一直是“舟楫通行，略无阻滞”。朱仙镇向西北至郑州惠济桥段贾鲁河河道约有二百里长，这段河道与正阳镇—朱仙镇段贾鲁河相比只是“河身略窄”，如果将此段河道“稍加修浚”，再在惠济桥下，开挖“一支渠，分水一派北入黄河”，那么自惠济河桥向北“不及二十里”，便可使漕舟进入黄河。这样通过贾鲁河惠济桥段便会实现黄河、淮河两大水系统的沟通，漕船由惠济桥下的贾鲁河进入黄河后，其北正对沁河入黄河的沁口，淮舟溯沁而上向北便可进入卫河，然后再由卫河北上京师。由于惠济桥下的这段贾鲁河道还可以使江淮漕船“渡（黄）河而北直入沁口”，所以“为道甚便”。现在看来惠济桥下的这段古河道向南不仅成为联通黄淮水运的起点，而且向北还起到了沟通黄河、海河两大水系的作用，故范守已向神宗皇帝建议：“修浚朱仙镇迤北，至惠济桥迤西，分导郑水以通漕舟，则帑藏民力可省百倍，而国家之利赖无穷矣。或虑沁水入卫，恐获嘉、新乡之间不无泛滥之虞，不知建闸启闭，节宣其流，止分十分之一二东行耳，而沁之洪流固自南入黄河也。如必思患预防，当多建闸三五处，相距或二十里或三十里，无事重重固闭以防东流，舟到递相启闭，以为蓄泄，又何泛滥之足虞耶？”在范氏看来，沟通惠济桥下的贾鲁河河道，不仅“帑藏民力可省百倍，而国家之利赖无穷”，而且能够在中原郑州黄河南北两岸地区实现海河、黄河、淮河三大水系水运的相互沟通；使三大水系成为一个整体，这就不必担心黄河的泛滥造成京杭大运河的阻塞，从而从根本上解决明初以来黄河与运河的矛盾冲突。

明神宗是否采纳了范氏的建议，《明神宗显皇帝实录》中没有明确记载，不敢妄言。但在近年来隋唐大运河申遗调查中，在贾鲁河上游水系索须河左岸，今堤湾村西北确实发现了一条古河道，这条古河道大致呈西北—东南走向，河道宽150—200米，深15米不见底，两侧发现有路堤（河堤）宽4—8米。这条古河道经惠济桥下向北延伸至黄河南岸大堤，向南至今堤湾村西北与索须河相接。明清至当代的索须河都是贾鲁河的主要支流。明索须河河名的由来盖因索河和须水两河汇流而得名。索河源于今荥阳市崔庙乡竹园村石岭寨，在中原区大榆林村东北与须水汇流，《大清一统志·开封府》索须河条下载：“索河，源出荥阳县南。北流经县东。屈而东经河阴废县南。又东合京水。东经荥泽县。南汇于贾鲁河。”[①]“须河在荥阳县东四十里。郑州西二十里。源出县南万石山。东北流合京索二水。入贾鲁河。”[②]须水源于荥阳贾峪乡山谷山（古称嵩渚山）东麓汇蘼坑，在大榆林东北与索河汇流后，东流经师家河、铁炉寨、马寨跨东风渠至马庄，从祥云寺东南流入贾鲁河，贾鲁河以上的河段称索须河。考古发现的惠济桥下的这段古河道就是在师家河以下的铁炉寨与堤湾之间与索须河连接在一起，这一点对于我们认识惠济桥下古河道的性质尤为关键，也就是说无论是惠济桥下的古河道，还是索须河河道，他们都是明清以来贾鲁河上游的水系的构成部分，最终都以贾鲁河为指归。故《大清一统志·贾鲁河》条下载：“贾鲁河源出荥阳县东南。东北流至荥泽县西南合索水。东经荥泽县南。又东经郑州北。又东经中牟县北。又东南经祥符县之朱仙镇西。又南经尉氏县东。入陈州府扶沟县界。自郑州以上为京水。自中牟至祥符名为金水河。宋建隆初始开。后淤。元贾鲁治之。今自郑州以下。通名贾鲁河。”[③]贾鲁河自元代以来都有漕运之利，故《大清一统志·贾鲁河》条下又记：“贾鲁河有三源。西二源出荥阳界。东源出梅花山北麓合流于张家村。下流至京水镇为京水河。又北受索须二水为双桥。元季因漕运不便。令贾鲁疏治。起郑州下至朱仙镇。皆名贾鲁河。”[④]而今惠济桥南约6里又有贾河村，据说是贾鲁河村的简称，村中广场火神庙西壁墙上镌有古碑一通，上有“贾鲁河村”四字，贾鲁河村西南约4里有双桥村，《大清一统志》中所谓的“双桥村”应该就在此附近区域，由此看来，贾鲁河水运的上限应该不晚于贾鲁治河的元代末年，这一判断是与惠济桥的建造时间是相吻合的（图八）。据此，我个人认为惠济桥下南北两端的古河道不太可能是隋唐大运河的河道，联系明代文献记载，我认为这条曾被称为“隋唐大运河”的河道，究其实际应为明代贾鲁河上游河道的一段，惠济桥与其下南北两端古河道的形成之上限应不晚于万历三十三年戊午，即公元1605年底。这应该是我们对惠济桥及其古河道的一个基本认识。

---

① （清）穆彰阿等：《大清一统志·开封府》（四），上海古籍出版社，2008年，第748页。
② （清）穆彰阿等：《大清一统志·开封府》（四），上海古籍出版社，2008年，第747页。
③ （清）穆彰阿等：《大清一统志·开封府》（四），上海古籍出版社，2008年，第747页。
④ （清）穆彰阿等：《大清一统志·开封府》（四），上海古籍出版社，2008年，第747页。

图八　郑州北郊贾河村所存贾鲁河碑

四、惠济桥南北地区的水运格局

惠济桥之所以见重于明代正史文献是与其在中原水运网络中的重要地位分不开的，而这样的水运地位又是由其所在区域内的水运形式决定的。

惠济桥所在的郑州西北部地区是贾鲁河的上游，贾鲁河在此区域流向东南，经朱仙镇后再向南与淮河联通，关于此已不必过多赘述。我想强调说明的是朱仙镇—惠济桥间的贾鲁河大约有二百里，其间不仅有京、索、须诸水汇入，而且地下水资源非常丰富。清代《郑州志》在谈到贾鲁河水源时称："其源不一，有峪，有泉，有池峪曰圣水峪，其水出黑龙庙前石窟中，深不可测，遇旱辄雩于其地，属密县，泉曰暖泉，冰泉属荥阳王塔里，冰泉盛夏难亲，暖泉隆冬可浴，俱在黄帝岭下，相去不数武而冷暖不同，池曰胡家池、田家池、申家池，皆涌水如翻花，其外诸岩泉或从高崖泻下或从深峪流出，莫可悉举。南隔骆驼岭另一派，其源有二，一出界牌砦东北流为周家河，一出梅山西坡仙母洞下流为李家河，二派合流经石磴成瀑布北流为九仙庙河，又北为邓通砦河，亦汴源之别支也，其出自圣水峪、与泉水池水合流者，多在深谷石上，其石骨锁处如水磨河之瀑布、时家砦之瀑布皆自石级倾下，声可远闻，而其声又能或沸或息，高下不常，可占风雨，亦一异也。东北流至高龟砦与邓通砦河会，土人谓之合河口，自是北流经冯家湾、郑家湾至京水砦，京水西来与之合，为官路东西渡口，又东北流至双桥，受索须已合之水，绕州西北境流至东北，折而南，渐转贯中牟，达祥符朱仙镇，此其大略。”[①]这说明明清两代惠济桥所在的郑州西北地区水环境状况与今天完全不同，利用贾鲁河河道通漕行运水源条件是相当优越的。

惠济桥段的贾鲁河道不仅向南与淮河相通，更重要的是从惠济桥向北则直与黄河南岸大堤相衔接。元、明至清康熙二十二年（1683年）前，郑州西北地区的黄河南堤还未修筑，其间贾鲁河上游水盛之时，洪水可以直接泄入黄河，康熙二十二年（1683年）黄河南堤筑城，贾鲁河向北与黄河的联通自此断绝。原来北入黄河之水不得不都向东南汇流。也同时造成了朱仙镇—惠济桥段贾鲁河时常泛滥[②]。因此，元、明至清初康熙二十二年以前，由于贾鲁河向北可以直接注入黄河，这样的河道特点实际上就成为联系黄河、淮河和海河三大流域，特别是沟通黄河、海河水系水运的前提条件。惠济桥下的古河道向北与黄河南堤相接，这已为考古发现所证实，但更重要的是这一段河道所联接的黄河南堤正与黄河北岸的沁河河口相对应。沁河是黄河重要支流之一，发源于山西省沁源县羊头山，流经山西省安泽、沁水、阳城、晋城及河南省济源、沁阳、博爱、温县至武陟方陵入黄河。明代万历十八年（1590年）沁水下游河道改徙，在今武陟县南的南贾、方陵之间注入黄河，这一带被称为沁口，沁口距黄河南岸的惠济桥仅有40余里。而在历史上，沁河又与其东北的卫河相通，隋炀帝开永济渠引沁水作为水源，使沁河与卫河相通。《隋书·炀帝纪》记载：大业四年（608年），隋炀帝“开永济渠，引沁水南达于河，北通涿郡（治蓟，在今北京城区西南隅）”[③]。《水部备考》载：“沁水一支，自武陟小原村东北由红荆口（今获嘉红荆嘴）经卫辉府凡六十里，入卫河，昔隋炀帝引沁水北通涿郡，盖即此地也。”[④]《水部备考》是明代周梦旸编撰，其中关于沁水及其支流的记载证实自今武陟小原村东北经今获嘉红荆嘴，至新乡即明代卫辉府约六十里，其间确有一条“沁水支流”，这条“沁水支流”是隋炀帝开挖的永济渠的故道，至明代万历年间仍发挥着沟通沁、卫水系的作用。万历三十三年（1605年）范守己在给神宗皇帝的奏议中称“臣尝往来沁口诸处”，那条“经红荆嘴”直抵卫河的古河道“堤外遗有河形直抵卫浒，固至今存也”。并建议利用此河道经卫河转输南来之漕粮。他说：“臣尝往来沁口诸处，见沁水自山西穿太行而南，至武陟县东南入河，十数年前河沙淤塞沁口，沁水不得入河，乃自木兰店东决岸奔流入卫，则世宁红荆口之说信矣。彼时守土诸臣塞其决口筑以坚堤，仍导沁水入河，而堤外遗有河形直抵卫浒，固至今存也。若于原决筑堤处建一石闸，分沁水一派

---

① （清）张钺修，毛如诜等纂：《郑州志·卷之二·舆地》，乾隆十三年刊本，学生书局印行1968年版，第131页。

② （清）张钺修，毛如诜等纂：《郑州志·卷之二·舆地》，乾隆十三年刊本，学生书局印行1968年版，第131页。

③ （唐）魏徵等：《隋书》，中华书局，1973年，第70页。

④ 武陟县地方史志编纂委员会：《武陟县志》，中州古籍出版社，1993年，第265页。

东流入卫，为力甚易。再将原冲河形补加修浚，两岸培为缆道，为力亦易。计其工费用银不过二三万，用夫不过一万余名，而大功告成矣。乃引漕舟自邳州溯河而上，直抵沁口，因沁入卫，东达临清。则会通河可以不用也。”[①]而打通沁、卫水运的具体办法是：“先将武陟迤东至于卫水之浒，东西百余里原有河身故道，发夫万余名及时挑浚，约深一丈，却于木兰店东筑堤处所修建石闸一座，分导沁水，一派东行入卫，舟至则启闸以通漕，舟尽则闭闸以掩水。明岁春末，其功可成，姑将漕舟溯河而上，繇沁入卫，以济目前之急。”[②]按照范守己的提议，利用沁水在木兰店（即今天的武陟县）东“决岸奔流入卫”所形成的泛道，将沁水向东引入卫河，这样在黄河北岸就实现了黄河—沁河—卫河三河的联通，而在沁河—卫河之间的泛道只需“将原冲河形补加修浚”即可，这条“为力亦易”的河道实际上就是隋炀帝所开永济渠的旧道。如果这一段河道贯通，那么黄河流域的沁河与海河流域的卫河就实现了水运的沟通，漕舟自邳州溯河而上，可以直抵沁口，转入沁水，再因沁入卫，东达临清，这样就可以在临清再次进入京杭大运河中。京杭大运河会通河段常受黄河泛滥而使漕舟受阻的难题，也都会因惠济桥南北地区水运网络的构筑而被彻底解决。

嘉庆《长芦盐法志》不仅是研究长芦盐业的基本史料，而且是研究河南、河北、天津等地古代政治、经济、历史、地理的重要资料，其对于中原水运的记载亦有相当的参考价值。由刘洪升先生点校的《长芦盐法志·卷二十·图识》中载有《河南芦盐引地图》，该图标识了河南境内芦盐运销的水运路线，《河南芦盐引地图》中明确说：“长芦盐筴，统直隶全省及河南开、陈、彰、怀、卫五府，许、禹、郑三州，舞阳一县……舟车通利，转运为便。”[③]图中对于中原郑州黄河南北地区的水系标识也十分清楚，有些河流虽未标有河名，但宏观水运形势和水系构成一望便知（图九）。在黄河之南“郑”地之北有一条与黄河相通的大河，上源有三条支流皆在荥泽、新郑、郑三地之间，这条大河向东南经尉氏、通许之间，再经陈州、淮宁注入淮河，该河的源头与尾闾的特点都已清楚地表明，此河正是贾鲁河。而惠济桥就应在“郑”地西北的贾鲁河故道上。在贾鲁河入黄河之口的西北，又有一条大河自太行山发源，此河在河南武陟县、修武之间向东注入黄河，从其与武陟、修武的位置关系来看，这条源自太行山的大河毫无疑问就是沁河（图一〇）。沁河入黄河后又向东北方向分出一支，其支流经阳武北、卫辉府汲县南，最后再向东北流，然后出河南境，其间下游左岸又有淇河、漳河两条大河注入，以这样的源流水系特征来看，此河应该就是海河水系的

① 台北“中央研究院”历史语言研究所校印：《明实录·神宗实录》，国立北平图书馆红格钞本，1962年，第7854～7855页。

② 台北“中央研究院”历史语言研究所校印：《明实录·神宗实录》，国立北平图书馆红格钞本，1962年，第7856～7857页。

③ （清）黄掌纶等撰，刘洪升点校：《长芦盐法志》，科学出版社，2009年，第419页。

支流之一——卫河。尽管现在的卫河上游已不再经沁河与黄河联通，但《河南芦盐引地图》所描绘记载的黄河南、北两岸的水系构成进一步证明了：在“郑”地西北，至少在清代嘉庆以前，黄河与其南、北两岸的贾鲁河、沁河、卫河等曾经构成了一套完整的水运网络，经由贾鲁河、沁河、卫河，中原地区的水运网络联通黄河、淮河以及黄河、海河两大流域，这一点以往没有引起我们的关注。

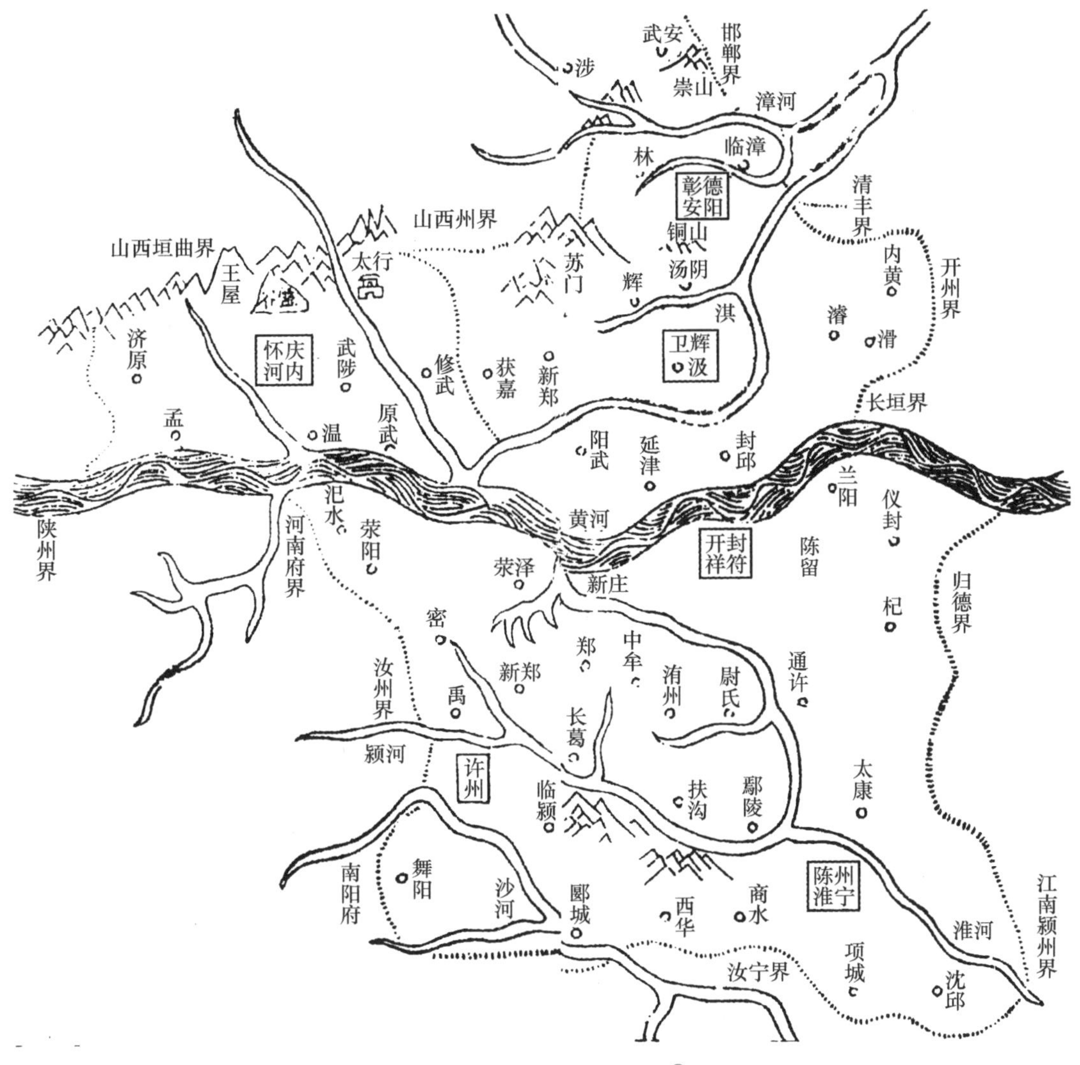

图九　河南芦盐引地图识[①]

① 据《长芦盐法志》制作。

图一〇　武陟县城西小原村沁河左岸大堤下的闸口旧迹

五、结　　语

由于朱仙镇—惠济桥段的贾鲁河在康熙二十二年（1683年）黄河南堤未筑以前可以直通黄河，因此，依托贾鲁河河道与黄河的天然联系，江淮漕舟不仅可能“出天妃闸，即由洪泽湖入淮，溯淮入颍水，溯颍水入郑水（贾鲁河）”，而且溯郑水向北至贾鲁河的最上游后，再经由惠济桥下南北两端的古河道便可顺利进入黄河之中，因此，黄河、淮河两大水系的水运便得以沟通。不仅如此，朱仙镇—惠济桥段贾鲁河的水上交通优势还在于，由于自惠济桥向北与黄河相联通的贾鲁河河口，距黄河北岸的沁河河口仅有40余里，经由贾鲁河（郑水）的入黄淮舟溯沁水北至木栾店（今武陟县城）后，再向东北，就曾有隋炀帝所开永济渠的旧道，这条旧道“堤外遗有河形”且“直抵卫浒”，这条自木栾店东“直抵卫浒”的永济渠旧道，揆诸今地应该是起自武陟县西小原村再向东经获嘉县红荆嘴便可与卫河相通，因此，在黄河两岸的中原腹地，南起淮河，北至海河，经由黄河南岸的贾鲁河水系和黄河北岸的沁河、卫河水系便构成了淮河—贾鲁河—黄河—沁河—卫河—海河的相互联通，这曾是一套完整的水运网络。这套完整的水运网络，不仅沟通了中原地区内部的区域经济文化交流，而且对实现淮河—黄河—海河三大水系的联通也有着重要价值和意义。惠济桥下南北两端的贾鲁河河道处在淮河上游向北，经由黄河水系进入海河流域诸水系的必经之地，因此在中原地区淮河—黄河—海河水系的水运网络中占据了核心地位，其价值也就不言而喻了。

第四节　生态环境恶化与贾鲁河水运的彻底丧失

明清以来的贾鲁河联通了黄河、淮河两大流域的水上交通，在区域经济发展过程中发挥过重大作用。但到了清代中后期，贾鲁河的水运条件彻底丧失了，其间盛衰的原因值得我们深入思考和认真研究。

贾鲁河的上游在今郑州市北部，就其地理位置而言，它流经黄河中下游之交的黄河右岸地区，而在郑州邙山以下的历次黄河决溢中，贾鲁河上游所经的中牟开封一带总是首当其冲。由于黄河在贾鲁河所处的郑州中牟开封一带多次决溢，夺贾入淮，贾鲁河河道从未幸免，多次改徙、淤垫、溃不成形已成不言而喻的事实。《中牟史志资料》中收录的明清以来黄河在中牟县决溢，造成了贾鲁河淤垫的水患大体如下表1所示。

表1　明、清以来黄河决溢中牟县受害概况①

朝代	年号	公元	决溢地点	被患梗概	史料资源
明	太祖洪武十四年七月	1381年	原武、祥符、中牟	田禾庐舍尽没	《中牟县志》
明	太祖洪武二十五年	1392年	阳武、原武、中牟等11县	浸及中牟县城	《中牟县志》
明	成祖永乐二十年	1422年	祥符、阳武、中牟	伤田稼	《明太宗实录》卷259
明	宣宗宣德元年七月	1426年	郑州、阳武、中牟	漂没田庐无算	《中牟县志》
明	宣宗宣德三年	1428年	郑州、阳武、中牟等10县	伤田稼免秋租	《明宣宗实录》卷47
明	宣宗宣德六年	1431年	祥符、中牟、尉氏等8县	黄河泛滥伤田稼	《豫河续志》卷6
明	英宗正统十三年	1448年	开竹口、大薛堡等地方	淹朱固村民田150余顷	《中牟县志》
明	英宗天顺五年	1461年	黄河北徙	淹县城、坍塌冬水、敏德、元敬、大郭等里民田270顷56亩，县城迁今址	《中牟县志》

① 中牟县志编纂委员会：《中牟史志资料》，1985年，第185～187页。

续表

朝代	年号	公元	决溢地点	被患梗概	史料资源
明	宪宗成化六年	1470年	中牟六月大雨大小河尽泛	伤田稼	《华北东北近五百年旱涝史料》
明	孝宗弘治二年	1489年	复决原武	支流为三：其一封邱、金龙口、漫祥符；其一出中牟下尉氏；其一泛滥于兰阳、仪封、考城	《中牟县志》
明	孝宗弘治六年	1493年	中牟	河水灌县城	《中牟县志》
明	孝宗弘治九年	1496年	中牟、兰阳、仪封、考城四县河决	民田尽没	（续《行水金鉴》）《明孝宗实录》
明	世宗嘉靖九年	1530年	河水泛涨	城西田禾尽没	《中牟县志》
明	世宗嘉靖三十一年	1552年	中牟	贾鲁河故道始淤田禾没	《中国历代天灾人祸表》
明	世宗嘉靖三十八年	1559年	7月河决原武判官村800丈	黄河泛滥县城，淹没民田，溺死甚众	《中牟县志》
明	思宗崇祯五年	1632年	黄河水决	没田禾	《中牟县志》
明	思宗崇祯六年	1633年	河决	水入县城	《中牟县志》
清	世祖顺治四年	1647年	黄河水决	伤稼无算	《中牟县志》
清	圣祖康熙元年	1662年	河决黄练集	淹没田庐无算、城西南北三面被水、城多崩决	《中牟县志》
清	圣祖康熙四十八年	1709年	夏大雨，黄河决中牟	伤田庐	《华北东北近五百年旱涝史料》
清	世宗雍正元年	1723年	6月河决十里店，7月复决杨桥	田禾尽没，县城四周皆水	《中牟县志》
清	世宗雍正二年	1724年	河决中牟拉牌寨司家口瓦子坡	民堤浸溢，官堤浸决巨甚	《朱批谕旨》
清	高宗乾隆二十六年	1761年	中牟杨桥河决数百丈	大流直趋贾鲁河。十一月塞、上闻大喜、命于工所立河神庙	刘统勋打口即此次《清史稿河渠志》
清	仁宗嘉庆二十四年	1819年	十里店决堤55丈	伤田稼	《历代黄河决口年、地概况表》

续表

朝代	年号	公元	决溢地点	被患梗概	史料资源
清	宣宗道光二十三年	1843年	河决李庄口（九堡）	县东北一带尽成黄沙、死人无算，村庄数百同时覆没	《中牟县志》
清	宣宗道光二十五年	1845年	河决荥泽	经郑州东北直趋中牟，大流夹城而过，凡四十里平原尽成泽国	《河南省历代涝情年表》
清	穆宗同治七年	1868年	7月河决荥泽	由大孙庄、小孙庄溢入中牟，口宽200余丈，东西田禾尽没	《中牟县志》
清	德宗光绪十三年	1887年	郑工石桥决口，宽547丈	大流直冲中牟县城，以下淹没四十余州县，人畜死者无算	《中牟县志》
民国	民国九年	1920年	中牟河溢	伤田稼	《河南省西汉以来历史灾情史料》
民国	民国二十七年六月	1938年	国民党军先扒中牟赵口，又扒郑州花园口	豫皖苏三省四十四县市被水患、中牟县首当其冲	《黄河下游溢决年表》

据不完全统计，明代黄河在贾鲁河上游的中牟一带的决溢有18次之多，清代至民国二十七年有13次之多，清代在中牟一带的黄河决溢虽略少于明代，但乾隆二十六年（1761年）和道光二十三年（1843年）的两次大水都属特大水。乾隆二十六年的大水，下游花园口洪峰流量为32000立方米每秒，12天洪量120亿立方米，是该区400年以来最大的一次洪水。道光二十三年（1843年）洪水也是一次特大洪灾，三门峡洪峰流量36000立方米每秒，12天洪量119亿立方米，潼关至小浪底河段出现近千年来的最高洪水位①。而最近一次黄河决溢是民国二十七年（1938年）黄河花园口扒口事件，花园口大堤扒口豫东损失最惨，扶沟县95%的土地被淹，91%的村庄冲毁，中牟“全县三分之二陆沉”，尉氏、通许、鹿邑、太康、西华、沈丘、鄢陵等县40%—60%的土地和村庄被淹。安徽泛区，黄淮合流并涨……淹地数最高达66.7万hm^2以上。苏北是泄水尾

① 黄河流域及西北片水旱灾害编委会：《黄河流域水旱灾害》，黄河水利出版社，1996年，第65页。

闸，由于宣泄不及，在高邮、宝应等6县泛滥，共淹地11.9万hm^2[①]。黄泛9年中，黄河带到淮河流域的泥沙大约有100亿吨。在豫东，“堆积黄土浅者数尺，深者逾丈，昔日房屋、庙宇、土岗已多埋入土中，甚至屋脊也不可见”。皖北的亳县、涡阳、蒙城一带淤厚2米左右，在正阳、阜阳可见到3—4米的淤积层，一般多在1.5米左右，由于水冲沙压，无数良田变成无法耕作的沙荒[②]。而黄淮平原上的每黄泛一次对于这一区域内河流的影响都会加剧，致使这一区域内的干支河流或河床改观或淤塞改道。贾鲁河就是其中一例（图一一）。

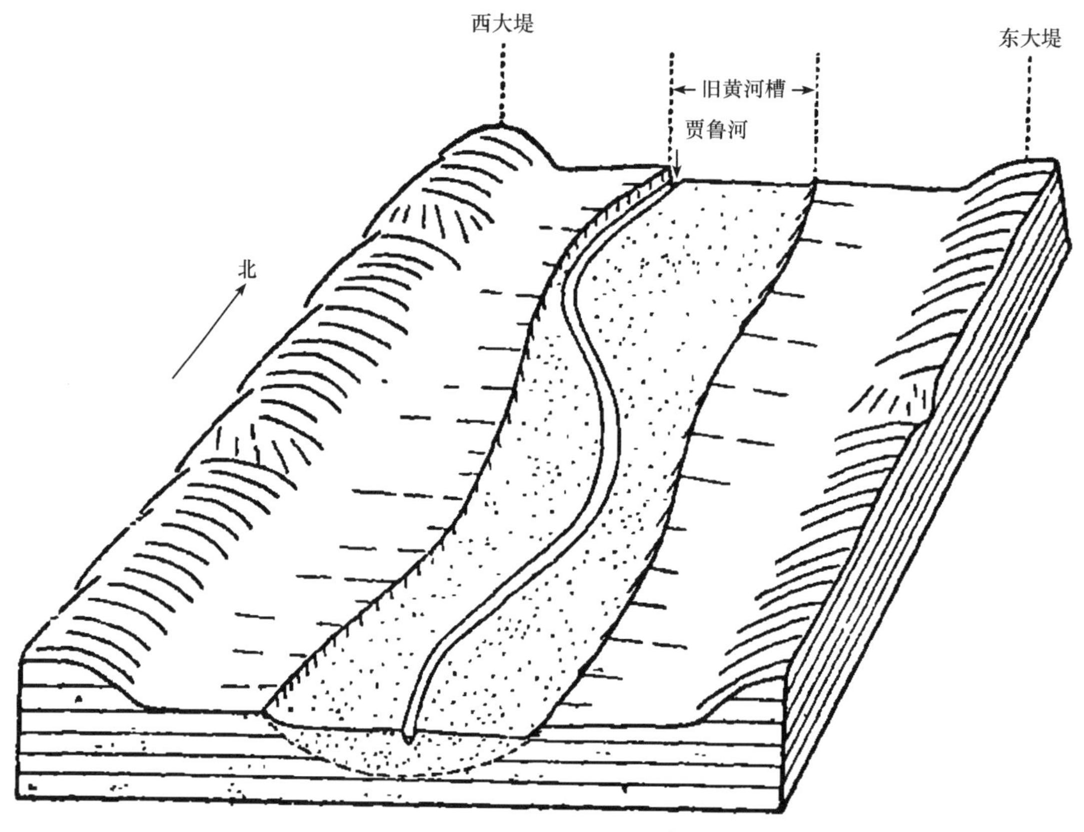

图一一　贾鲁河河谷概况[③]

就贾鲁河而言，旧河道在1938年的黄泛期间，整个被黄河侵据，原有河槽断面大增，至花园口堵口以后，河槽内仅有贾鲁河细流涓涓，河身与河谷极不相称，平均河

① 黄河流域及西北片水旱灾害编委会：《黄河流域水旱灾害》，黄河水利出版社，1996年，第68页。

② 黄河流域及西北片水旱灾害编委会：《黄河流域水旱灾害》，黄河水利出版社，1996年，第68页。

③ 夏开儒：《豫东贾鲁河流域黄泛沉积》，《地理学报》1953年第2期，第246页。

身与河谷约成1∶50之比。旧黄河槽内因系黄泛时径流所经，故河沙满布。泛区内普遍筑有人工堤，东西大堤距离不一，在尉氏东门外堤距约七公里。堤内地区系黄河泛滥时河水出槽后的河身，其间沉积较厚，堤外地区仅在大堤溃决后及未筑堤以前受灾，故沉积厚度较薄[①]。夏开儒先生对贾鲁河流域黄泛区沉积物的种类以及沉积规律所做的调查进一步证实贾鲁河道的淤塞完全是由黄河泛滥造成的。通过实地考究，夏开儒先生发现贾鲁河河槽内沉积均系充填式沉积，以河流的牵引质为主，也有一部分是悬游质。河流作用当洪水季节，刻蚀盛行；至水位下降以后，则沉积继起。由于刻蚀和沉积交互进行，河床易随之改变。黄河含沙量很大，黄泛期间河槽充填现象极为显著。黄水常分为数股，河道也时常改变，因此河槽沉积物分布相当普遍[②]。由此看来，由于黄河泛水的刻蚀和沉积作用交替进行，因此不仅使贾鲁河旧有河道发生沉积淤垫，同时也使原有的河床位置发生改变，形成新的河道。不仅如此，黄泛过程中泥沙沉积作用发生的区域较决口距离远近也有很大差异，因此不同河流的命运也就发生了重大变化。从贾鲁河河道中砂粒沉积来看，贾鲁河上游的砂粒较粗，下游的砂粒较细，花园口附近河槽中以中砂、细砂为主；中牟附近河槽中以细砂、中砂为主；扶沟以南河槽中则以细砂、极细砂为主。沙河中的砂粒系来自沙河上游，很少来自贾鲁河或双洎河，逍遥镇河砂以中砂、粗砂为主，周家口洋桥以东河砂则以细砂、极细砂为主[③]。贾鲁河上游自花园口，中牟、朱仙镇一线距决口距离的远近河槽中的沉积砂粒依次是较粗砂，粗、中砂和细砂（图一二、图一三）。而扶沟以南的贾鲁河河槽中沉积砂粒则以细砂、极细砂为主。周家口逍遥镇属于未被黄泛扰动的沙河水系。因此，沙河中砂粒系来自沙河上游而非黄河。而就整个贾鲁河流域而言，扶沟以上的贾鲁河河槽沉积厚度要远远大于下游沉积，黄泛区内沉积环境不同，沉积物厚度也有差异，大体上河槽及河槽附近地区沉积较厚，距离河槽远的地区沉积较薄。因筑堤关系，堤内沉积较厚，堤外沉积较薄；原地形低凹之地沉积较厚，尤其在废弃河道或局部洼地以内，往往充塞很厚的黏土和粉砂。据作者调查结果，最近一次黄泛各地的淤积厚度平均约2米，最薄的地方不足1厘米，最厚的地方达4米，河槽以内可能在4米以上[④]。

夏开儒先生在朱仙镇市区内测得贾鲁河（已淤塞）左岸淤积1.10米，右岸淤积0.85米[⑤]。这一沉积数据仅仅是最近一次（即1938年）黄泛时朱仙镇境内贾鲁河的沉积厚度，自明清以来黄河在贾鲁河上游流域大的洪水泛滥据不完全统计有31次之多，这成为彻底改变贾鲁河水运条件的主要力量，同时也是贾鲁河河道往复滚动多发生在京水

① 夏开儒：《豫东贾鲁河流域黄泛沉积》，《地理学报》1953年第2期，第245～246页。

② 夏开儒：《豫东贾鲁河流域黄泛沉积》，《地理学报》1953年第2期，第247页。

③ 夏开儒：《豫东贾鲁河流域黄泛沉积》，《地理学报》1953年第2期，第247页。

④ 夏开儒：《豫东贾鲁河流域黄泛沉积》，《地理学报》1953年第2期，第251页。

⑤ 夏开儒：《豫东贾鲁河流域黄泛沉积》，《地理学报》1953年第2期，第251页。

图一二　开封朱仙镇红石桥段贾鲁河（旧贾鲁河）

图一三　开封朱仙镇旧贾鲁河上的红石桥（始建于明代）

镇—中牟县城—朱仙镇一段的重要原因。

除了黄泛的沉积作用以外，风力的搬运作用也是改变贾鲁河水运条件的重要因素。黄泛后，贾鲁河流域内的风力搬运作用在加速贾鲁河河道不断萎缩的同时，更造成了流域内生态环境的根本变化。整个贾鲁河流域在冬春两季盛行强劲的西北风和东北风，尤其是朱仙镇西北位于今中牟地区的贾鲁河上游流域。来自蒙古高原的西北风越过太行山，进入平原，风力增强，向南受到邙山阻挡，顺河东下，越过邙山头，风向转南，直冲县西部、西南部出境。另有东北风顺黄河河道吹向西南，直冲县北、中和东南部。中牟县成为西北、东北两大风道的汇合处。因此，冬春季大风不来自西北，即来自东北，风势猛，危害大。贾鲁河上游受风灾影响尤为剧烈。据1958—1981年23年气象资料统计，超过17米/秒的八级风共出现409次，每年平均17.9次。其中3、4、5月份平均7.6次，12、1、2月份平均6次，6、7、8月份平均1.8次，9、10、11月份平均2.5次。一年中大风最多的为4月份，平均3.2次，最多的1969年4月份为8次；8月份大风次数最少，平均只有0.3次。大风以西北、东北风为主，23年中北风、东北风占37.1%，北风、西北风占34.3%，东、西、南风共占28.6%。以日数计，八级以上大风历年平均日数为12.2天。春季最多，平均为5.5天；春冬风速大，日数多。夏季最少，平均为1.0天；夏季风速小，但破坏力强，大的雷雨前大风多出现在夏季①。贾鲁河流域内风沙的母质，主要系黄泛时河槽沉积物。风力强大的时候，黄河槽内砂粒每被吹出槽外。一部分风沙平盖地面，破坏许多良田；另一部分风砂如在地面遭遇障碍，即堆积形成沙丘②。强劲的风沙使贾鲁河流域耕地遭受风蚀、沙压。以贾鲁河上游所经的中牟县为例，因风沙为害，贾鲁河流域良田变为废地的面积相当广大。如中牟白沙镇附近的新庄，黄泛期间淤积2米的黏质粉砂，本可复耕，但堵口以后又吹积一层“白砂”，致农田渐归荒废。“白砂”厚约2厘米，质地为极细砂，其中含石英成分颇高，故呈银灰色③。又据《中牟县志》载：“建国以后，一般年份耕地平均受害6万余亩，其中春季占4万余亩。每遇春季大风来临，严重影响小麦和春播作物幼苗正常生长，果树花蕾也要受危害。”④贾鲁河所经过的中牟中部地区时至今日仍有风沙土类35.3万亩，其中固定风沙土面积为29.8万亩，半固定风沙土4.9万亩，流动沙土0.3万亩，沙滩沙土0.3万亩，这些风沙土漏水漏肥，有机质含量降低，有些沙地，仍在随风流动，只能适宜种植耐旱、耐贫瘠、抗风沙的乔木、灌和草。土壤的肥力和生态环境大大降

---

① 河南省中牟县地方志编纂委员会编：《中牟县志》，生活·读书·新知三联书店，1999年，第89页。

② 夏开儒：《豫东贾鲁河流域黄泛沉积》，《地理学报》1953年第2期，第252页。

③ 夏开儒：《豫东贾鲁河流域黄泛沉积》，《地理学报》1953年第2期，第253页。

④ 河南省中牟县地方志编纂委员会编：《中牟县志》，生活·读书·新知三联书店，1999年，第89页。

低。风沙壅塞在贾鲁河河槽里就会淤积河道，在夏秋之际造成黄流溃溢，形成水灾。为分泄贾鲁河洪水，明清两代的中牟县地方官吏不得不一方面开凿新道，一方面疏浚旧河，“惟土性松浮，飞沙壅塞，乾隆间已多湮没，夏秋多雨漫溢，犹前知县孙和相或就故道开凿，或顺地势疏浚，尚存四十七道，一律深通。迄今又百余岁，黄流屡溢，有被淤而存旧迹者，有旧迹全淹者，农民苦阴雨害稼或就村疏浚或筑堤障蔽或仍原名而改其故道。然势有所限，姑苟且于目前，风急沙乘未堪久恃，诚酌其要者因民力而治之，使四境得安耕凿”[①]。贾鲁河的水运条件和通航能力都受到了严重的影响。

风力的搬运还在贾鲁河流域内堆积形成了许多沙丘。贾鲁河流域沙丘的南界，约在尉氏以北的歇马营，在歇马营的纬线以南，地面沙丘几乎绝迹。开封城西北角、中牟附近、朱仙镇西郊等地区，沙丘绵延不断，排列方向可分两组，西北—东南及东北—西南，以前者为较普遍，系因上述地区在冬、春两季东北风频数最多[②]。夏开儒先生推测，开封、中牟附近沙丘构成时的主要风速为每秒2—4米[③]。这些沙丘主要沿贾鲁河古河道旁呈带状分布，此外在近代河流决口主要地带及决口处的小型冲积堆上和近代河流的河漫滩上也有出现，特别是在近代黄河和贾鲁河古河道的两侧。两侧由于决口频繁，口门处多小型冲积扇、决口大溜经过的地方，形成大小不同的槽形洼地，其两旁具有大小不同的缓岗，缓岗间相对低洼、沙地经风力吹扬，形成流动及半流动的沙丘，地表形态起伏较大，极不平整[④]。这些沙丘在缺乏植被的情况下，易受风力吹扬，直接危害贾鲁河流域和豫东平原上的城镇、乡村和农田，特别是在寒冷干燥的冬季，黄淮平原上的北风强盛，在风力作用的影响下，许多被固定的沙丘也会出现复活的现象。由于黄河泛滥后黄泛沉积和风力搬运沉积的相互作用，包括朱仙镇在内的整个贾鲁河流域的生态环境发生了逆转，豫东平原上著名的城市（如开封等）和集镇失去了赖以存在的外部漕运水道，就连贯通东西、南北的陆路管道也被破坏，人走车运极为不便，水陆交通条件的丧失，如同使这一地区城镇的发展失掉了翅膀，从而造成了经济衰落。总之，清代中后期，朱仙镇商业之所以一落千丈成为“死镇”，其根本原因是黄泛引起的豫东平原，包括贾鲁河在内的整个河湖系统被彻底改变。这一改变不仅缩短了流域内河流的生命力，而且剥夺了区域内城镇经济赖以发展的水运条件，更重要的是还改变了原有生态条件，这才是导致清末以来朱仙镇商业衰落的决定性因素。

---

① （清）吴若烺修：《中牟县志·卷之一·舆地》，同治十年修，国家图书馆馆藏影印本。

② 夏开儒：《豫东贾鲁河流域黄泛沉积》，《地理学报》1953年第2期，第253页。

③ 夏开儒：《豫东贾鲁河流域黄泛沉积》，《地理学报》1953年第2期，第253页。

④ 马程远：《从黄河河道迁徙看下游平原地貌的发育》，《河南师大学报》1981年第1期，第96页。

第五节　黄河水患与圃田泽的湮没

圃田泽是古代黄河流域著名的九大湖泊之一，但今天已经湮没了。研究圃田泽的变迁对于我们复原中原地区历史环境，吸取环境被破坏的教训，都有重要的参考价值。不仅如此，由于历史上黄河在黄淮平原上不断决溢改道，带来了大量泥沙，引起了平原地貌的重大变化，其中，湖泊的变迁也是黄河流域环境变迁的一个重要方面，而对于此问题的研究，不但可使我们正确认识理解黄河流域生态环境演变的历史过程，而且对于今天实现黄河流域的可持续发展有着重要的借鉴意义。

一、圃田泽周边的生态环境

圃田泽最早见于《诗经·车攻》。《车攻》载："东有甫草，驾言行狩。"朱熹《诗集传》曰："甫草，甫田也，后为郑地，今开封府中牟县西圃田泽是也。宣王之时，未有郑国，甫田属东都畿内，故往田也。此章言将往狩于圃田也。"①因为这里水草茂盛，所以西周之时，圃田泽周围一带是周王田猎巡狩之处。这表明当时的生态状况与今天有着很大差别。除《诗经》之外，圃田泽还见于先秦秦汉的其他诸多文献。《周礼·职方》记载："河南曰豫州，其山镇曰华山，其泽薮曰圃田。"②《吕氏春秋·有始览》记载："九薮"之一，"梁之圃田"③。汉代完成的《尔雅·释地》一书也记，"郑有圃田"，"今荥阳中牟县西圃田泽是也"④。《汉书·地理志》"河南郡中牟县"条云："圃田泽在西，豫州薮。"⑤《淮南子·地形篇》也说："郑之圃田。"⑥从以上诸多文献记载来看，圃田泽确是中原地区较有影响的大泽。

圃田泽的得名，源于泽中多生长着茂盛的麻黄草。麻黄草又名龙沙、狗骨，其茎表面粗糙，干燥后成为黄色，味道麻辣。麻黄草为常绿小灌木，茎细长，丛生，叶子对生，鳞片状，带红紫色，它分布广泛，具有极高的生态价值，特别是在固定沙地，防止水土流失，保护草场，改善沙地生态环境等方面都可以发挥巨大作用，是坨沼风

---

① （南宋）朱熹：《诗集传》，中华书局，1958年，第117页。

② （清）阮元：《周礼注疏》卷三十三，清嘉庆刊本。

③ 陈奇猷校释：《吕氏春秋新校释》，上海古籍出版社，2002年，第663页。

④ 十三经注疏委员会：《尔雅注疏》，北京大学出版社，2000年，第213页。

⑤ （汉）班固：《汉书》，中华书局，1964年，第1555页。

⑥ 何宁：《淮南子集释》，中华书局，1998年，第316页。

沙区、黄土丘陵水土流失的沟壑区、山区及浅山区维持生态平衡、改善生态环境的卫士。麻黄草以其得天独厚的特色赢得了极高的生态价值，具有不可低估的固沙作用。它固沙能力很强，是改良沙荒的珍贵植物，因而可以增加植被覆盖率。经调查，有麻黄草分布的沙丘地段，植被总覆盖度为72.7%，而麻黄草的覆盖度达60%，占总盖度的82.5%，而同一地段没有麻黄草的沙丘地段，植被覆盖度仅有40%或更少；单纯麻黄草群落覆盖度可达80%。

麻黄草不仅能够增加植被覆盖率，而且它的成片生长反映了至少在唐宋以前，郑州地区的水资源环境是较为良好的，水量也是十分丰沛的。1986年，甘肃民勤一带曾做过麻黄引种驯化试验，试验区的中麻黄年灌溉三四次，中耕除草，生长良好，高度在58—64厘米；但近年来，由于每年只灌溉一次，区域内杂草丛生，中麻黄长势渐弱，整体衰退，其演化趋势为从试验区土地中心逐渐向边缘转移，并发现在有垄渠一侧的地埂上中麻黄聚集生长，而远离垄渠一侧的地埂上未发现有中麻黄生长，且整体向靠近垄渠一侧的地块迁移，高度15—25厘米，而相隔只有10多米试验区的膜果麻黄在同样的土壤和水分条件下生长旺盛，高达1.5米以上，区内几乎无杂草生长。以上说明水分对中麻黄的分布和生长发育有非常重要的影响①。这一研究成果表明中麻黄虽是强旱生植物，但在降水量较大或地下水位高的地域内生长良好，处于生存竞争中的强者。圃田泽的上源是古代的渠水，《风俗通》说："渠就是水所存积的地方，渠水从河水中分出，流经圃田泽，泽中长满了麻黄草。所以《述征记》说一踏进中牟县境，到处都可以看见这种草，待到草完了时，就知道过了县界了，即所谓'践县境便睹斯卉，穷则知逾界'。到了北魏时代，郦道元给《水经》作的注中仍说麻黄遍布的生态环境'谅亦非谬'。"②这样的状况说明，北魏时期圃田泽周围的生态环境与西周时相比仍无太大的变化。麻黄草在圃田泽周边地区的茂盛生长，从一个侧面证明历史上今郑州地区是比较湿润的，水量也是较为丰沛的。因此中牟一带能够适应喜湿植物麻黄草的生长，其生态环境也较今天为优。

二、圃田泽地理位置的推测

圃田泽的地理位置究竟应该在何地？在今天郑州市以东、中牟县以西仍有圃田地名，这里是不是就是古代圃田泽的旧地？

北魏迄于唐宋以来对于圃田泽地理位置的记述，主要见于郦道元的《水经注》和

---

① 张国中、满多清、王继和，等：《河西中麻黄地理分布与环境因子的关系》，《甘肃林业科技》2008年第4期，第11页。

② （北魏）郦道元撰，杨守敬等：《水经注疏》，江苏古籍出版社，1989年，第1871页。

唐代李吉甫《元和郡县志》。据郦道元《水经注》记载，圃田泽在中牟县西，西限长城，东极官渡，北佩渠水，东西四十许里，南北二十许里①。这是郦道元对圃田泽位置的最早记载。唐代李吉甫的《元和郡县志》中也说圃田泽："一名原圃，县西北七里。其泽东西五十里，南北二十六里，西限长城，东极官渡。"②从旧志的记载来看，圃田泽东、西两面的界限是很清楚的，也就是东边是官渡，西边是长城，官渡与长城应是我们确定圃田泽东西范围的重要坐标。这里的长城应该是指战国青龙山魏长城而言的，战国青龙山魏长城位于郑州东圃田乡李南岗村东岗，青龙山实为一圆形土岗，高约40米，系由带沙性的黄黏土分层夯筑而成，夯层厚8—12厘米，夯窝较平，包含遗物甚少。由此向东南有高低不一的山岗10余个，至潮河边，又沿河向西南方向，和史料记载的圃田泽西魏长城的位置相符，应为魏长城遗址③。其大体范围应在今郑州经济开发区以东不远。而圃田泽的东界在官渡台。官渡台俗称中牟台，是历史上官渡之战的战场之一。东汉末年，袁绍、曹操在此地隔渠水对峙，后来曹操击败了强大的袁绍。按照《元和郡县志》的记载，官渡台在唐代中牟县城北12里，也就是今天中牟县以东官渡镇西北一带，这里迄今仍有官渡桥等地名。

尽管圃田泽东西两面的界限已经确定，但其南北界限还要再作探讨。按照唐代《元和郡县志》所说圃田泽在"县西北七里"，这里的"县"毫无疑问应该是指唐代中牟县城而言的，也就是说圃田泽的南界距唐代中牟县城七里，唐中牟县城位于圃田泽的东南，大泽在唐中牟县城西北。在这里应该强调说明的是，历代中牟县治治所的选址是有过重大变迁的。除长城、官渡之外，唐代中牟县城是我们确定圃田泽方位的又一重要坐标。那么唐代中牟县城究竟应在何处？可以肯定的是今天陇海铁路以北的中牟县城绝非唐代中牟县城。按照《清一统志》的记载："（清）中牟县城，周六里，门四，池广一丈二尺。明天顺中改筑，崇祯七年甃砖。本朝顺治二年修。康熙十一年，乾隆二十六年、二十九年重修。"④也就是说，今天中牟县城是在明清中牟县城的基础上发展起来的，今天的中牟县城始建于明朝天顺年间，之后崇祯、顺治、康熙、乾隆年间屡有增筑。唐代的中牟县城，不在今天中牟县城址范围之内，因此圃田泽的地理位置不应在今中牟县城的西北方向寻找。

新中国成立以后，在今天中牟县管辖区域内以西的地区曾发现过圃田故城。此城位于中牟县芦医庙乡蒋冲村与白沙乡古城村之间。城址基本呈正方形，东西长1500米，南北宽1400米。夯层清晰。南门在刘家岗，北门在西古城，东门在韩庄西，西门

① （北魏）郦道元著，陈桥驿校证：《水经注校证》，中华书局，2007年，第525～526页。

② （唐）李吉甫：《元和郡县图志》，中华书局，1983年，第206页。

③ 郑州历史文化丛书编纂委员会编：《郑州市文物志》，河南人民出版社，1999年，第154页。

④ （清）穆彰阿、潘锡恩：《清一统志》（四），上海古籍出版社，2008年，第739页。

在蒋冲村西。城外发现古墓群和灰坑，出土遗物有石器、陶器、铜器等[①]。圃田故城虽然一度也曾做中牟县治，但其置县时间却早于《元和郡县志》中所说的唐中牟县治的设置时间。按照《太平寰宇记》的记载："后周保定五年，中牟县移于今县西三十里圃田城。"说明圃田故城作为中牟县治是在后周保定五年以后，也就是说圃田故城在唐代以前虽曾做过一段时间的中牟县治，唐代以后县治治所又发生过变化，《元和郡县志》中所说的"县西北七里"，应该是指圃田故城以后的唐代中牟县治而言的。因此圃田故城仍然不能作为寻找圃田泽地理位置的坐标。尽管如此，圃田故城的发现仍然为我们寻找圃田泽的地理位置提供了极有价值的参考。今圃田故城所在地有"西古城村"地名，西古城之西过潮河向西北方向，不远就是《水经注》中所说圃田泽的西界魏长城，所以圃田泽南界的西段，当不会越过圃田故城，即今天蒋冲、西古城、韩庄、冉庄一线向南。

唐代的中牟县城究竟在何地？《大清一统志》"中牟故城"条下载："中牟故城，在今中牟县东，《水经注》：'洙水经中牟县故城。'薛瓒注《汉书》云：'中牟在春秋时，为郑之堰也。及三卿分晋，则在魏之境内。'《元和志》：'中牟县西至郑州七十里，本汉旧县。县理即古中牟故城。'《寰宇记》：'后周保定五年，中牟移于今县西三十里圃田城。隋开皇十七年，于中牟旧城置郏城县。十八年，改圃田城曰圃田县。大业二年，废郏城县，移圃田县于中牟城。唐初复改中牟。'故城在今县东六里，明天顺中移今治。"[②]《大清一统志》中所说的今中牟县城，其实是指明清中牟县城而言的。此城以东也就是在今中牟县城址范围以东，说明唐中牟县治应在今中牟县以东的地区。至于唐中牟县城的具体方位与里数。《大清一统志》又说："在今县东六里。"此说与《元和郡县志》中所说圃田泽在"县西北七里"之说大体吻合。若以明清中牟县城，也就是今天中牟县城为坐标向东南六七里，约即韩寺镇一带。在韩寺镇南不远有南岗、小王庄、东古城村等地名，特别是位于韩寺镇南的东古城村的地名，与中牟县西的西古城遥遥相对，很可能就是唐《元和郡县志》中所说的唐中牟县城，若以此地向北或西北七里，正是今陇海铁路以北地区，包括今整个中牟县以北、贾鲁河南不远的地区，都应在古代圃田泽的范围之内。如此《元和郡县志》中说 "原圃，县西北七里"之说也便可以落实了。

在这里还有一个问题需要进一步研究，圃田泽的北界应该在何处？今中牟县北有万胜村，村庄的西、北、东三面，广泛分布着起伏不平的沙垅、沙埂及活动、半活动的沙丘。其间还夹杂着零星的盐碱洼地。唯东南一隅，是较为开阔、平坦的沙地。

---

① 郑州历史文化丛书编纂委员会编：《郑州市文物志》，河南人民出版社，1999年，第158页。

② （清）穆彰阿、潘锡恩：《清一统志》（四），上海古籍出版社，2008年，第754～755页。

这样的地理环境，无异于沙漠地区。然而，正是这个位于沙海之中的万胜村，在历史上，曾是豫东南平原上的重要城镇。

远在唐、宋时期，豫东南平原还是一片平原沃土。那时的万胜镇，西距虎牢，东临汴州（今开封市），北傍黄河，南濒汴河，地处东西、南北水路交通干线上。汴河，是中原地区沟通黄河、淮河的人工运河，唐、宋以前，长期是南北交通的主要航道。正因为万胜镇具有这样优越的地理条件，故而成为中原地区的一个重镇①。由于万胜镇的地理位置十分重要，所以成为拱卫汴州外围的重要据点。宋代东京城的西北门即称万胜门，《元丰九域志》记中牟有"白沙、圃田、万胜三镇。有汴河、郑河、圃田泽、中牟台"②。唐末蔡州军阀秦宗权攻汴州，命其将卢瑭率万余人在圃田泽以北的万胜镇屯戍，以期控制汴水运道，阻断汴州外围交通，史载此次行动卢瑭带领万余人在万胜镇以南的圃田泽一带夹汴水为营，扼断了汴河的漕运③。从中我们可以看到万胜镇应距圃田泽不远，圃田泽与万胜镇之间还有汴水，也就是隋唐的通济渠和《水经注》时代的渠水。今天万胜村就紧邻连霍高速公路，若以今万胜村为坐标，经连霍高速以南，至于岗赵以东、西刘集、盆窑、穆楼、郑岗、湾张、毛拐、张家庵、西吴一线南北地区应该是隋唐汴河或魏晋渠水河道所经之地，在西吴之东不远开封县境至今仍有汴河堤的地名，说明从此线再向南就应该是圃田泽的北界。

如果以上推论不错，那么圃田泽的地理位置大致应该是以今天中牟县城之西北的贾鲁河右、左两岸为中心，北至大孟镇南北地区，南不过西古城村—东古城村一线以南，西至青龙山魏长城一线，东至官渡镇以西，这一区域内应该是圃田泽的水盛之时的最大范围。

三、圃田泽湖面的盈缩

对于圃田泽湖面水体的面积，有的学者认为：水盛时估计在200平方公里以上④，这样的推算可能有些不准确，因为从中牟到郑州也没有达到200公里，只有60公里。对圃田泽记载较详细的应该是《水经·渠水注》："郑之有原圃，犹秦之有具圃。泽在中牟县西，西限长城，东极官渡，北佩渠水，东西四十许里，南北二十许里。中有沙

---

① 陈代光：《从万胜镇的衰落看黄河对豫东南平原城镇的影响》，《历史地理》（第二辑），上海人民出版社，1982年，第168页。

② （宋）王存：《元丰九域志》，中华书局，1984年，第3页。

③ 《旧五代史·梁太祖纪一》载："庚午，贼将卢瑭领万余人于圃田北万胜戍夹汴水为营，跨河为梁，以扼运路。"（宋）薛居正：《旧五代史·梁书》卷一，中华书局，1974年，第7页。

④ 张步天：《中国历史地理》，湖南大学出版社，1987年，第393页。

冈，上下二十四浦，津流径通，渊潭相接，各有名焉。有大渐、小渐、大灰、小灰、义鲁、练秋、大白杨、小白杨、散吓、禺中、羊圈、大鹄、小鹄、龙泽、蜜罗、大哀、小哀、大长、小长、大缩、小缩、伯丘、大盖、牛眠等浦，水盛则北注，渠溢则南播，故《竹书纪年》梁惠成王十年，入河水于甫（圃）田，又为大沟而引甫（圃）水者也。"[①]郦道元所记载魏晋时期圃田泽的规模仍然还是东西四十许里，南北二十许里，这应该说是正确的。战国时代，魏惠王迁都大梁之后，曾经引黄河水入圃田又引入鸿沟，使之成为黄河与鸿沟水系之间的调节水库。故《辞海》曰："圃田泽，古泽名，一作甫田，春秋时又名原圃，战国时又名圃中。故址在今河南中牟西，对古黄河下游及鸿沟水系的水量有调节作用。"[②]

这条鸿沟水系的开挖时间，大致是在魏惠王至魏襄王期间。《水经·渠水注》引《竹书纪年》曰："梁惠成王十年（公元前360年）'入河水于甫田，又为大沟而引甫水'。梁惠成王三十一年（公元前339年），三月，为大沟于北郛，以行圃田之水。"[③]甫田即圃田泽，"北郛"指大梁城北郭。由上可证魏惠王十年至三十一年间，鸿沟自引黄河水东到大梁城北一段已经凿成[④]。这些都表明圃田泽的水量充足，与黄河水有密切的关系。所以圃田泽的水一直保持到魏晋时期，湖泊的范围面积都没有缩小。

唐宋时期圃田泽的情况如何？有的学者认为"北朝和唐、宋时泽面东西约五十里，南北二十余里"[⑤]，似乎泽的面积有些扩大。《元和郡县图志》记载比较清楚，说："圃田泽一名原圃，县西北七里。其泽东西五十里，南北二十六里，西限长城，东极官渡。上承郑州管城县界曹家陂。又溢而北流为二十四陂。小鹄、大鹄、小渐、大渐、小灰、大灰之类是也。"这时泽东西是五十余里，南北二十六里，表明泽的面积有所扩大，这个记载应该说是可信的。唐宋时代圃田泽水面面积有所扩大的原因很可能与汴河的水量调节作用有密切的关系。如前所述，汴河（通济渠）就是《水经注》中的渠水，无论渠水还是后来的汴河之水都是取自黄河，其水量自然十分丰富。不仅如此，北宋时宋人又以为汴口（汴河入河之口）和洛水入河之口距离不远，洛水和黄河相比泥沙更少……所以又将洛水引入汴河，从此汴河就有了清汴的名称了[⑥]。洛水的引入自然又增加汴河的水量，汴河东去，在万胜镇之南很可能与圃田泽相串通，因此不仅造就了万胜镇的繁华，而且使圃田泽的水体也有所增加。所以《元和郡县

---

① （北魏）郦道元撰，杨守敬等疏：《水经注疏》，江苏古籍出版社，1989年，第1871～1872页。

② 辞海编委会：《辞海·历史地理》（修订本），上海辞书出版社，1982年，第216页。

③ 范祥雍编：《古本竹书纪年辑校订补》，上海人民出版社，1957年，第65页。

④ 屈弓：《浅谈汴河沿革》，《运河访古》，上海人民出版社，1986年，第138页。

⑤ 复旦大学历史地理研究所、《中国历史地名辞典》编委会：《中国历史地名辞典》，江西教育出版社，1986年，第719页。

⑥ 史念海：《中国的运河》，陕西人民出版社，1988年，第230页。

志》在谈圃田泽时说“圃田泽……上承郑州管城县界曹家陂，又溢而北流，为二十四陂”[①]。说明这时的汴河对调整圃田泽的水量起到了很大的作用。除了渠水、汴河的水量调节以外，这时注入圃田泽的河流还有郑水。宋王存的《元丰九域志》中明确记有流经中牟的河流除汴河以外还有郑河，郑河之水是直接进入圃田泽的。因此《清一统志》“郑河”条下说：“郑河，在郑州东二十五里，源出梅山东北，流至中牟县入贾鲁河。溉田甚广，《水经注》：汴家沟出京县东南梅山北溪，其水自溪东北流经管城西，俗又谓之管水。东北分为二水，一水东北流注黄雀沟，谓之黄渊，渊周一百步。其一水东越长城东北流，水积为渊，南北二里，东西百步，谓之百尺水，北入圃田泽。”[②]总之，唐宋时期由于水量充沛，圃田泽的水源补给自应较为丰裕。因此，湖面的扩大应该说是很自然的事情。到明末清初之际，顾祖禹《读史方舆纪要》“圃田泽”条下也记载了此时的湖面盈缩情况。《读史方舆纪要》记载：“圃田泽在县西北七里，《周礼·职方》载，豫州薮曰圃田。《史记》魏公子无忌曰：秦七攻魏，五入囿中，边城尽拔。刘伯庄曰：囿，读圃，即圃田泽，中多产麻黄，《诗》所谓东有甫草也。东西五十里，南北二十六里，西限长城，东极官渡，高者可耕，洼者成汇。今为泽者八，若东泽、西泽之类；为陂者三十六，若大灰、小灰之类，其实一圃田泽耳。”[③]顾祖禹《读史方舆纪要》虽然记载泽面东西五十里，南北二十六里，但其中已有变迁：高者可耕，洼者成汇，今为泽者八，为陂者三十六。这说明圃田泽到清代已有很大的变化，已分割为大小不等的八个泽面和三十六个陂，已经露出泽面的还可以耕田。

到了清代，泽面积显然是缩小了。《大清一统志》记圃田泽虽然仍是“西限长城，东极官渡”，但“东西四十余里，南北二百里许，中有沙岗，上下四十四浦，津流径通，渊潭相接，各有名焉”[④]。这说明清代圃田泽已经在缩小，中间已形成许多沙岗。乾隆《郑州志》曰：“圃田泽在州东三里……东西五十里，南北二十六里，西限长城，东极官渡，高者可耕，洼者成汇，今为泽者八，若东泽、西泽之类，为陂者三十六，若大灰、小灰之类，其实一圃田泽耳。”[⑤]乾隆二十六年《中牟县志》也载：“（圃田泽）高者出而可耕，下者散而成汇，今为泽者八，为陂者三十六，实圃田一泽所分也。”[⑥]说明圃田泽是在缩小，到清朝乾隆时代，已经缩小成为“东西十里，南北二十六里”。大概到清代中叶，圃田泽就不复存在了。只存其名，有些地方虽还

① （唐）李吉甫：《元和郡县图志》，中华书局，1983年，第206页。
② （清）穆彰阿、潘锡恩：《清一统志》（四），上海古籍出版社，2008年，第748页。
③ （清）顾祖禹：《读史方舆纪要》，中华书局，2005年，第2163页。
④ （清）穆彰阿：《大清一统志》（四），上海古籍出版社，2008年，第751页。
⑤ （清）张钺修、毛如诜纂：《郑州志（乾隆）·舆地志》，乾隆十三年刻本。
⑥ （清）孙和相修：《中牟县志·古迹》，乾隆十九年刻本。

能见其低洼地面，但已没有任何水域面积可供研究。圃田泽完全成为陆地大概是在清代中叶，那么圃田泽为什么会干涸如此之快？其中变迁的原因是我们应该认真研究的（图一四）。

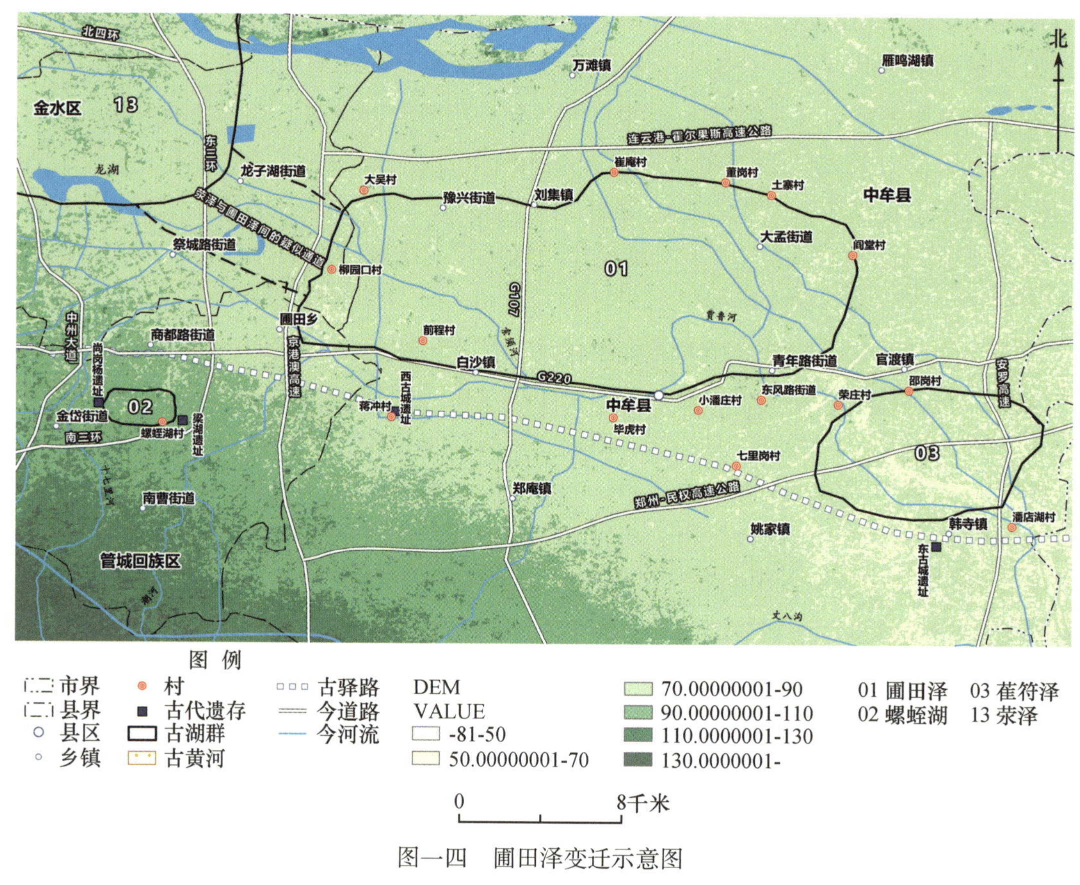

图一四 圃田泽变迁示意图

四、黄河水患与圃田泽旱涸

陈桥驿先生曾经说过：“河南省的圃田泽、黄泽、荥泽、蒙泽、孟诸（涿者）、乌巢泽等，都是《水经注》记载的较大湖泊，但现在有的已经完全湮废，有的也只残存极小部分。此外，皖北和苏北地区，历史上湖泊的湮废也很普遍。当然，这些地区的湖泊湮废，除了毁湖为田的广泛存在外，黄河在历史上的多次决溢改道，也是十分重要的原因。”①现在我们可以肯定回答，历史上黄河改道、决口是圃田泽旱涸的直接原因。历史上黄河改道、决口频繁，以“善溢、善决、善徙”著称于世。据历史记

① 陈桥驿：《〈水经注〉研究》，天津古籍出版社，1985年，第75页。

载，黄河大小决口多达1500余次，最早的河道叫“禹河”，是春秋战国时代记述的一条古河道，据考证“禹河”从孟县以下经今新乡、浚县、广平、广宗、束麓、沧县、青县、静海等地从天津以北注入渤海①。从周定王五年到新中国成立前2500多年中，黄河决口泛滥一千五六百次之多，河道曾多次作较大幅度的改道②。可是从北宋末年以后，黄河下游的改道，变为夺泗入淮，从此以后黄河不再进入河北平原，下游河道干流的流势逐渐南摆。元代以后，黄河下游分成数股在今黄河以南，淮河以北，贾鲁河、颍河以东，大运河以西的黄淮平原上不断泛滥、决口和改道……入明以后决溢改道更为频繁、紊乱③。尤其是清代以来河患更为严重。据有的学者统计：“清一代在豫泛滥共七十三次。”④ 明、清两代黄河的决口、泛滥，造成河、淮间许多河流淤塞，水运交通中断，原先地处水运交通要道的万胜镇，变成了“死镇”⑤。

元、明、清以来，黄河在郑、中牟决溢的情况如表2。

表2　元明清以来郑州、中牟间黄河决溢情况表

年代	决溢地点	决溢情况
延祐二年（1315年）	郑州	“六月，河决郑州，坏汜水县治。”（《元史·五行志》）
泰定三年（1326年）	郑州	“七月，河决郑州，漂没阳武等县民一万六千五百余家。”（《元史·五行志》）
洪武十四年（1381年）	中牟等地	“七月庚辰，河南原武、祥符、中牟诸县河决为患。”（《明太祖实录》）
永乐九年（1411年）	中牟等地	“决阳武中盐堤，漫中牟、祥符、尉氏。”（《明史·河渠志》）［注：《明太宗实录》作永乐十年］
永乐二十年（1422年）	中牟等地	“二十一年五月癸未，户部尚书郭资言：河南开封府……中牟、宁陵……去年夏秋霖雨，黄河泛滥，并伤田稼。”（《明太祖实录》）
宣德三年（1428年）	郑州等地	“九月丙子，河南开封府之郑州……中牟……等十县河水泛滥。”（《明宣宗实录》）

① 马程远：《从黄河河道迁徙看下游平原地貌的发育》，《河南师大学报》1981年第1期，第90页。

② 邹逸麟：《黄河下游河道变迁及其影响概述》，《复旦学报》（社会科学版）1980年第S1期，第12页。

③ 邹逸麟：《黄河下游河道变迁及其影响概述》，《复旦学报》（社会科学版）1980年第S1期，第15页。

④ 张了且：《历代黄河在豫泛滥纪要》，《禹贡》1935年（四卷）第6期，第19页。

⑤ 陈代光：《从万胜镇的衰落看黄河对豫东南平原城镇的影响》，《历史地理》（第二辑），上海人民出版社，1982年，第169页。

续表

年代	决溢地点	决溢情况
宣德六年（1431年）	中牟等地	“七年六月乙卯，巡抚侍郎丁谦奏：开封祥符、中牟……去年七月黄河泛滥，冲决堤岸，淹没官民田五千二百二十五顷六十五亩。”（《明宣宗实录》）
弘治二年（1489年）	中牟等地	“南决者，自中牟杨桥至祥符界分为二支。”（《明史·河渠志》）
弘治九年（1496年）	中牟等地	“十月戊戌，户部奏：河南中牟、兰阳、仪封、考城四县，此河决，民田尽没。”（《明孝宗实录》）
康熙元年（1662年）	中牟等地	“五月，决曹县石香炉、武荥大村、睢宁孟家湾。六月，次开封黄练集、灌祥符、中牟……”（《清史稿·河渠志》）
雍正元年（1723年）	郑州、中牟等地	“九月，决郑州来童寨民堤，郑民挖阳武故堤泄水，并冲决中牟杨桥官堤。”（《清史稿·河渠志》）
乾隆二十六年（1761年）	中牟等地	“七月，沁黄并涨，武陟、荥泽、阳武、祥符、兰阳同时决十五口，中牟之杨桥决数百丈，大溜直趋贾鲁河。”（《清史稿·河渠志》）
嘉庆二十四年（1819年）	中牟等地	“七月，溢仪封及兰阳，再溢祥符、陈留、中牟……”（《清史稿·河渠志》）
道光二十三年（1843年）	中牟等地	“六月，决中牟，水趋朱仙镇，历通许、扶沟、太康入涡会淮。”（《清史稿·河渠志》）

资料来源：见水利部黄河水利委员会《黄河水利史述要》编写组《黄河水利史述要》，水利出版社1982年版。

旧志记载黄河之分合迁徙最为详备，显示中牟之河患则元明清以来尤甚。据清同治《中牟县志·山川》载，自明正统十三年（1448年）至道光二十三年（1843年）的390多年中，黄河仅在中牟境内较大的决口改道就有9次。元至元二十三年（1286年），河决祥符、中牟等15州县，诏发南京夫20万人，分筑堤防。明洪武十四年七月河决祥符、中牟诸县。康熙元年（1662年）河决黄练集，雍正元年（1723年）决十里店，九月决中牟杨桥，乾隆二十六年（1761年）又决杨桥。嘉庆二十四年（1819年）漫十里店，中牟皆备受其灾，庐舍人民，漂没殆尽。所以《中牟县志》在总结黄河在中牟的决溢时明确指出，黄河最大的决口、泛滥有两次：一是雍正元年（1723年），一为道光二十三年（1843年）。两次黄河决口泛滥，直接影响到了万胜镇与圃田泽的变迁。

雍正元年（1723年）八月，黄河决中牟县北十里店（万胜镇西北），九月，又决杨桥（西杨桥，万胜镇西北），黄河决口后，“泙湃浩荡，横无际涯，牟邑四境，东至韩庄，西抵白沙，南经水沱，北自万胜，数百村庄，尽在波沉之内”。水退沙留，“牟邑西北地方，大半变为沙碱”[①]。

① （清）吴若烺修，路春林等纂：《中牟县志》，同治九年刻本。

道光二十三年（1843年），黄河决万胜镇附近的九堡，万胜镇首当其冲，汹涌的黄河波涛，不但摧毁了万胜镇，还淹没了600多个村庄和无数田园沃野。镇上居民十死八九。幸存者已无立锥之地，只好外出谋生。经过此次黄河水淹后，昔日巨镇，尽埋沙底，面目全非，“万胜镇，在圃田泽北……（清）道光二十三年没于水，片瓦无存”①。同治《中牟县志》又云：“道光二十三年决九堡，中牟县正当其冲，大溜所经，深沙盈丈，县境东北膏腴之壤，皆成不毛之地矣。”②由于黄河河水含有大量泥沙，特别是洪水期间流量大，含沙量高，同时也影响其他水系，所以与圃田泽有关的河水“带沙流，每遇夏秋涨发势甚汹猛，沙积渐高，水复转经他处，数十年来河形并无一定，南曹稻田及圃田集阴家庄、燕家庄等十余村均受其害，附近旱田竟成淤沙，宽长七八里，风飙一起，沙飞蔽天。居民深以为患”③。故有的学者指出：“明清黄河经常南决入郑州、中牟一带，圃田泽积成大片浅水坡塘，以后不断淤积湖泊缩小，较高的地方被垦为农田，随着垦田的扩展，清中期才逐渐成为平地。”④

由于历代黄河的泛滥和改道，不仅影响圃田泽，而且对黄河下游的地形地貌也有特大影响，黄河多次决口和泛滥，轮回沉积，沉积物交错分布，再加上风力和人类活动的影响，致使平原地表和缓起伏，变化十分复杂。改道泛滥使横冲直撞的洪水在平原上来回滚动，于是构成了平原上岗坡起伏的地貌，形成了复杂的沙土和黏土交替沉积。尤其是泛滥和决口“大溜”一带地表往往是一片沙地。在缺乏植被的情况下，易受风力吹扬，危害农田村舍。所以黄河的决口、改道不仅影响到郑州、中牟一带的土壤，而且直接影响到黄河下游地区的农业生产，这个历史的经验教训不得不引起我们高度重视。

第六节　《禹贡》中的黄河与济水

阅读何幼琦先生的大作《古济水钩沉》⑤一文，该文运用大量的历史文献资料考证了古黄河与古济水，提出很多值得注意的研究意见，颇有启发性与创意性，但对其中某些观点我们有不同的看法，今提出请教于何先生，并望海内外专家指正。

---

①　（清）吴若烺修，路春林等纂：《中牟县志》，同治九年刻本。

②　（清）吴若烺修，路春林等纂：《中牟县志》，同治九年刻本。

③　刘瑞璘修，马云从等纂：《郑县志》，民国二十年八月重印，1983年郑州市郊区志编纂委员会复印。

④　马程远：《从黄河河道迁徙看下游平原地貌的发育》，《河南师大学报》1981年第1期，第92页。

⑤　何幼琦：《古济水钩沉》，《新乡师范学院学报》1983年第2期，第100～108页。

一、《禹贡》的性质

何先生在文中提出："《禹贡》历来被经学家奉为古代地学的经典，至今还是如此。它由于被尊为经，引起了学者研究地学的兴趣，在这一点上有其历史的积极意义，又由于它记载的内容有若干失真，再经过后人的牵强附会和武断曲解，在历史地理方面制造了严重的混乱。最重要的一点，就是把上古的济水和黄河，都说得面貌全非；要澄清这点，必须认识《禹贡》的性质，排除后人对其性质的误解。"他又说："战国后期，全中国统一的政治、经济形势已经到来。诸子百家，对于如何实现统一和如何管理统一后的国家，都从思想体系、政治纲领、社会制度以及伦理、道德等各个方面，分别提出了自己的主张，有的还提有行政区划的设计方案。在传世的文献中，《吕氏春秋·有始览》和《淮南子·地形篇》的'九州'是杂家的方案；《禹贡》，《周官·职方氏》和《尔雅·释地》的九州，是儒家不同派系的方案。"因此，何先生认为如果硬是奉《禹贡》为地学经典就不能不说它是"七真三假，名实不副了"。在这里何先生给我们提出一个重大问题，即应如何认识《禹贡》一书的性质。

首先，如何认识《禹贡》的性质，这个问题很重要。《禹贡》是《尚书》的一篇，它是我国最早最系统同时也较为全面地记载中国早期古代地理的专著。《说文》曰："贡，献功也。"贡冠以禹，记禹功也。《史记·五帝本纪》云："唯禹之功为大，披九山，通九泽，决九河，定九州，各以其职来贡，不失厥宜。"①《史记·匈奴传》赞云："尧虽贤，兴事业不成，得禹而九州宁"②，"水土既平，万民乐业，怀帝之德，念禹之功，史官记之，以章厥功，命曰《禹贡》"③。这是《禹贡》的由来，《禹贡》全文分为三段，首述禹治九州之功，次述禹治山水之功，末述禹统一中国之功。

根据当今考古学家的研究："九州实为黄河、长江流域公元前三千年间龙山时期即已形成，后历三代变迁仍继续存在的一种人文地理区系。"④这一认识主要是根据"迄今所发现的7000多处中华史前遗址，确定了30多个考古学文化，以C^{14}断代法测出了数百个史前年代数据，由此大体上建立起中国境内（主要是黄河、长江流域）史前

---

① （汉）司马迁：《史记》卷一《五帝本纪第一》，中华书局，1959年，第43页。

② （汉）司马迁：《史记》卷一百一十《匈奴列传第五十》，中华书局，1959年，第2919页。

③ 周秉钧：《尚书易解》，岳麓书社，1984年，第47页。

④ 邵望平：《〈禹贡〉"九州"的考古学研究》，《邵望平史学、考古学文选》，山东大学出版社，2013年，第17页。

文化发展的时空框架”[①]。以为这一“龙山文化圈作为中国古代文明的基地，而这一基地与《禹贡·九州》的范围虽不是完全吻合却大体相当”[②]。所以顾颉刚先生说：“既然《禹贡》作者是根据自然地理区划九州，而实际上已存在着长期形成的这一人文地理区系，当然就客观地据以反映这一区系而写成《禹贡》了。”顾先生又说：“《禹贡》是客观地按经过长期形成的人文地理区系为依据，完全撇开了三代实际的政治地理区域来写成的。”[③]由上我们完全可以看出《尚书·禹贡》篇并不是何先生所说的：“战国后期，全中国统一的政治、经济形势已经到来。诸子百家，对于如何实现统一和如何管理统一后的国家，都从思想体系、政治纲领、社会制度以及伦理、道德等各个方面，分别提出了自己的主张，有的还提有行政区划的设计方案。”

其次，《禹贡》写成的时代，有人主张春秋说，而何先生主张战国说，认为是战国后期的作品。

保利艺术博物馆新购藏一件失盖的有铭铜盨。其铭如下：天命禹敷土，随山浚川，乃差象（地）设征，降民监德，乃自作配享民，成父女。生我王，作臣，厥顋（贵）唯德，民好明德，顾才在天下。用厥（绍）好，益□懿德，康亡□不懋。孝友，恬明经齐，好祀无废。心好德，婚媾亦唯协。天嫠（厘）用考，神复用祓禄，永御于霝（氓）。燹公曰：民唯克用兹德，亡侮。

“盨”为这件青铜器皿的名称。这种礼器，流行于西周晚期[④]。盨的作器者为某公，李学勤先生释为“遂”[⑤]，裘锡圭先生释为豳，认为“燹公似为燹地的一位封君，燹即为邠，在陕西”[⑥]。释为豳可能是正确的。

值得注意的是盨铭同《诗》《书》等传世文献有着非常密切的关系，铭文的“天命禹敷土，随山浚川，乃差象（地）设征”与《书序》“禹别九州，随山浚川，任土作贡”相近，所以这使李学勤先生感到“非常令人惊奇”[⑦]。

《书序》用“任土作贡”概括《禹贡》的主要内容，盨铭与此相当的内容是“厘

---

① 邵望平：《〈禹贡〉“九州”的考古学研究》，《邵望平史学、考古学文选》，山东大学出版社，2013年，第6页。

② 邵望平：《〈禹贡〉“九州”的考古学研究》，《邵望平史学、考古学文选》，山东大学出版社，2013年，第6页。

③ 顾颉刚、刘起釪：《尚书校释译论》，中华书局，2005年，第522页。

④ 朱凤瀚：《古代中国青铜器》，南开大学出版社，1995年，第82页。

⑤ 李学勤：《论燹公盨及其重要意义》，《中国古代文明研究》，华东师范大学出版社，2009年，第170页。

⑥ 裘锡圭：《中国出土古文献十讲》，复旦大学出版社，2004年，第62页。

⑦ 李学勤：《论燹公盨及其重要意义》，《中国古代文明研究》，华东师范大学出版社，2009年，第171页。

方设征”。“征”《左传》僖公二十五年注“赋也”。“差方”是区别不同的土地，“设征”是规定各自的贡赋。

记录有禹的金文在豳公盨出现以前，一直只限于春秋时代，而且内容都仅涉及禹，没有直接叙述禹的事迹。像豳盨铭文这样讲禹，且与《诗》《书》对应乃是第一次。

李学勤先生认为盨：“这种礼器，于西周中期偏晚的时期开始流行。”又说：“盨的字体也有西周中期的特征，更支持这一判断。”[①]裘锡圭先生也认为：“从器形和铭文字体看，其时代当属西周中期后段。”[②]

从以上豳公盨铭文的判断，该铜器为西周中期或稍晚时期的作品，其中铭文开头内容与《尚书·禹贡》开头相同，证明《尚书·禹贡》并不是战国后期学术家不同派系提出的统一方案，不应是战国后期的作品，这一点几乎可以肯定，因此《禹贡》很可能是西周时期的作品。

最后，大禹治水的事迹是否存在呢？对于大禹治水的事迹有考古发掘材料可以证实，河南省考古工作者在辉县孟庄发现了一座龙山文化时期的城址，城址的平面略呈方形，东、西、南、北四面墙的直墙，东城墙最长，为375米，北墙残长260米，复原长度340米；西城墙在20世纪60年代初农民挖孟庄渠将墙体的西部全部挖去，并堆在孟庄渠的西岸，人为移动50米左右，城墙内面积约为12.70万平方米，外围有一周护城河。城址东城墙中部发现有城门，西墙中北部有大的缺口，已探出部分宽约15米，从发掘看此段龙山文化城墙在二里头文化之前已被洪水冲毁[③]。《辉县孟庄》发掘报告还称：从孟庄遗址发掘的资料分析，洪水发生的初期是从龙山文化晚期开始的。中原地区这一时期受洪水袭击的还有登封王城岗遗址。王城岗为东西排列的两座城，其西城被来自西北部王尖岭下的山洪冲毁，城内冲沟及城墙基槽被洪水冲毁的痕迹十分清楚，东城是被五渡河河水暴溢冲毁的[④]。又说：“《淮南子·本经训》记载：‘共工振滔洪水，以薄空桑’，共工氏所处的时代大约在氏族社会的末期，因为他的名字多与大禹的父亲鲧联系在一起，而且同鲧一样也曾有过治水的经历。”[⑤]

气象学家研究表明：“中原地区在距今5000年—距今4000年前的龙山文化时期正是降雨量较多的时期。”[⑥]

---

① 李学勤：《论豳公盨及其重要意义》，《中国古代文明研究》，华东师范大学出版社，2009年，第162页。

② 裘锡圭：《中国出土古文献十讲》，复旦大学出版社，2004年，第24页。

③ 河南省文物考古研究所编：《辉县孟庄》，中州古籍出版社，2003年，第87页。

④ 河南省文物考古研究所编：《辉县孟庄》，中州古籍出版社，2003年，第381页。

⑤ 河南省文物考古研究所编：《辉县孟庄》，中州古籍出版社，2003年，第381页。

⑥ 王邨：《中原地区历史旱涝气候研究与预测》，气象出版社，1992年，第61页。

从以上科学考察的事实中，可以看出，中国古代确实存在大禹治水的气候背景事实，并非史学家的虚构，因此，《尚书·禹贡》确是我国古代地学的经典著作，其真实性毋庸置疑。

二、古黄河问题

何幼琦先生还认为："《禹贡》的严重错误，在于河水、济水以及河、济关系的记载。"[①]

《禹贡》说："导河、积石，至于龙门，南至于华阴；东至于底柱，又东至于孟津；东过洛汭，至于大伾，北过降水，至于大陆，又北，播为九河，同为逆河，入于海。"何先生认为《禹贡》导河节中错误有三[②]，现分别叙述，加以辩证如下。

1."导河、积石，至于龙门"

何先生说："编者是如何知道这个积石呢？很成问题。"又在雍州条说："浮于积石，至于龙门。"何先生认为："这个积石又成了水名。……连积石到底是山、是水也拿不准。"这就有点为难《禹贡》的作者了。我们认为《禹贡》中两处都说积石，这两处积石，并不是像何先生说的一为山，一为水。我们认为《禹贡》中的两处积石都应释为积石山，关于此，曾运乾《尚书·正读》说得很清楚。"《汉志》金城郡河关县云：'积石山在西南羌中，河水行塞外，东北入塞内。'按在今西宁之西南。河水由星宿海东南流，绕大积石山之东麓，折而西北流，复折而东北流至甘肃临夏。经积石山南，则小积石山，非禹导河之积石山也。"[③]黄河河源究竟在哪里？新中国成立后曾经有过调查和讨论，黄委会勘测设计院的张先生主张黄河应为多源，有的先生认为卡日曲定为黄河正源更为适宜，元清两代三次查勘黄河源头也多以卡日曲为河源。可是有的同志提出应以玛曲作为黄河正源[④]。不管怎么样，黄河流经大积山这是毫无疑问的。故顾颉刚、刘起釪先生说："积石——山名。《汉志》金城郡河关县（今青海同仁县）下云：'积石山在西南羌中。河水行塞外，东北入塞内。'其山即今青海阿尼玛乡山。"[⑤]自东晋时吐谷浑占积石山，俗称小积石山，而以原山为大积石山。小积石山时代较晚。并非《禹贡》原来之积石山，仍当以阿尼玛卿山当《禹贡》

---

① 何幼琦：《古济水钩沉》，《新乡师范学院学报》1983年第2期，第101页。

② 何幼琦：《古济水钩沉》，《新乡师范学院学报》1983年第2期，第101～102页。

③ 曾运乾：《尚书正读》，中华书局，1964年，第77页。

④ 《黄河河源究竟在哪里》，《光明日报》1983年11月1日第2版。

⑤ 顾颉刚、刘起釪：《尚书校释译论》，中华书局，2005年，第786页。

之积石。在这里顾颉刚先生对《禹贡》作者，给予很高的评价，顾先生说：“《禹贡》只就自己所确知的黄河上游积石山谈起，自是其谨严处。”[①]在这里我们要问为什么顾颉刚、刘起釪先生在《尚书校释译论》书中没有把雍州“积石”理解为水，而唯独何幼琦先生理解为积石水，那显然是何先生的解释错误，而不是《尚书·禹贡》的错误。

2.“至于大伾，北过降水，至于大陆”

对于《禹贡》大伾山的地望，历代学者主大伾山在成皋，即今荥阳市境内者居多。但却是何幼琦先生指责《禹贡》的第二个错误。何先生说：“其北有大陆。《左传》昭公元年：‘魏献子田于大陆，焚焉，还，卒于宁。’大陆也见于《淮南子》，高诱注谓即《禹贡》之大陆，在今河南修武县境。”何先生又说：“宋儒尊经护短， 硬是指派黎山（在今浚县境）为大伾，漳水为降水，钜鹿为大陆，都是毫无根据的。”我们认为何先生的这些说法都是值得商讨的。

首先谈大陆。在这里何先生引用《淮南子》高诱注，谓《禹贡》之大陆，在今河南境修武县境，恐有些不确切。因为《尔雅·释地》十薮，有大陆而无钜鹿，说明钜鹿即是大陆，所以顾颉刚、刘起釪先生在《尚书校释译论》中说：“大陆，古湖泽名，又称钜鹿泽。《锥指》云：‘大陆，地也，非泽也。以地为泽，自班固始。’其言不确。”[②]《淮南子》高诱注沿用其说是不当的，《译论》又说：“据近年地下水探测，今河北省巨鹿、南官、冀县、束鹿、宁晋、隆尧、任县间有一古大湖泽遗址，由西南斜向东北，长约六十七公里，钜鹿、隆尧二县间东西最宽处约二十八里。”[③]（见河北省地理研究所《河北平原黑龙港地区古河道图》）。证实古有此大湖，自即大陆泽遗址。古大陆泽秦以后渐缩为二泊，北泊名宁晋，南泊仍名大陆，现在大部分淤成平地[④]。说古大陆即钜鹿。曾运乾《尚书正读》曰：“大陆，泽名。在钜鹿北。”[⑤]应该是没有问题的，而何先生认为在今河南修武县境，则是不当的，因为此地没有任何遗迹可考察。

其次看降水。何先生认为：“降水，郑玄谓‘降，声转为共，河内共县，淇水出焉。’他以淇水当之。《禹贡》的编者对这一带的地理不明，把大陆摆在降水之北，好像是颠倒了二者的位置，其实，这个降水应系济水之误。”

---

① 顾颉刚、刘起釪：《尚书校释译论》，中华书局，2005年，第786页。

② 顾颉刚、刘起釪：《尚书校释译论》，中华书局，2005年，第790页。

③ 顾颉刚、刘起釪：《尚书校释译论》，中华书局，2005年，第790页。

④ 刘起釪：《禹州冀州地理二考》，《文史》（第25辑），中华书局，1985年，第25页。

⑤ 曾运乾：《尚书正读》，中华书局，1964年，第78页。

对何先生这个看法我们实在不敢苟同，济水就是济水，怎么能说《禹贡》的降水就是济水呢?

《水经·漳水注》说得很清楚，“漳水东经屯留县南，又屈迳其城东，东北流，有降水注之”。自是漳水亦称降水，胡渭《禹贡锥指》指出漳水经屯留、襄垣、栾城、涉县以迄曲周，即降水所经。《汉志》广平国斥章县（今曲周、肥乡）注引应劭说漳水在此入河，即《禹贡》所记河入大陆泽前“北过降水”之处。可知降水或漳水原在今曲周县境注入大河（所谓禹河）。《锥指》指出《禹贡》之漳水、降水尽于此。此说甚是[①]。故顾颉刚、刘起釪先生认为，“据《水经·漳水注》及《锥指》所载，知降水原为出自山西屯留县西发鸠谷（又名方山，盘秀岭，盘石山，鹿渎山）的一条小水，其上源原名滥水（一作蓝水）。至屯留注入自长子县西南来之浊漳水。自是浊漳水亦名降水。东行至林县交漳口与源于山西昔阳自北南来的清漳水合为漳水，出太行山东行，周时以降水之名在今河北肥乡、曲周二县间注入古大河。《通典·州郡八》漳水横流而入河，在今（唐）广平郡肥乡界”，“故篇中言自大伾来之河水，北过降水”[②]。

由上可见《禹贡》所说的“北过降水”与济水根本不能混淆。

3.“播为九河，同为逆河”

何先生说：“本来是黄河首徙以后下游的实况，就是漫溢横流，反复承合的状态，九言其多，逆言其横。”何先生又指责：“《禹贡》的编者又把‘九’误为成数之九，九股河身在兖州摆不下来，不说明而有倾向性地把它移到冀州。”如此解释《禹贡》“播为九河，同为逆河”，恐怕有些不妥。

“播”，《诗·般》疏引郑玄注云：“播，散也。”伪孔：“北分为九河，以杀其溢。”颜师古注《汉志》此句云：“播，布也。”苏轼《书传》：“播，分也。”总之，播为散布意[③]。九河，应是指黄河自大陆泽北出后，向东北分散成为九条河道。战国时期盛行禹疏九河之说，而自汉以来，很多人不知有九河，且不知其确切位置。在这里何先生认为九言其多，不是指九条河道，可能与《禹贡》作者的原意不相吻合。“九河”实应是指九条河道。

现代科学工作者在河北省黑龙港地区确实发现了地下九条河道带。1978年2月28日《光明日报》刊登了一篇题为《河北省黑龙港地区地下水综合科学考察取得重大成果》的文章。文章说：“黑龙港地区包括：衡水、沧州、廊坊、邢台、邯郸5个地区

① 顾颉刚、刘起釪：《尚书校释译论》，中华书局，2005年，第534～535页。

② 顾颉刚、刘起釪：《尚书校释译论》，中华书局，2005年，第790页。

③ 顾颉刚、刘起釪：《尚书校释译论》，中华书局，2005年，第790页。

的46个县市，耕地面积占河北全省总耕地面积三分之一。……所以《禹贡》的九河，就是黑龙港地区的地下九条古河道带，应是无问题的。”河北省地理研究所于1972年绘成《河北平原黑龙港地区古河道图》，其说明书说，黑龙港地区有九条古河道带。这九条古河道带大致按自南至北排列。各河道带的名称所依据的河道，虽其时代有先后，但大体由地势决定河道的形成，有些古河移徙后，后起的河实际循归旧河故道，有些则此河夺彼河道。

最后顾颉刚、刘起釪先生说：“按衡水至邢台间即古大陆泽地区，而汉人所说的九河区域，完全就在黑龙港地区之内。所以体认《禹贡》九河，就是黑龙港地区的地下九条古河道带，应是无问题的。”[①]这个论断应该说是科学的，有根据的。

如何看待“九河”，“同为逆河”的问题？何幼琦先生说：“本来是黄河首徙以后下游的实况，就是漫溢横流，反复承合的状态，九言其多，逆言其横。”如此解释，恐有不妥。曾运乾《尚书正读》曰：“名曰逆河，言相向逆受也。入于海者，入于渤海也。”[②]周秉钧《尚书易解》曰：“郑玄云：‘同，合也。下尾合名为逆河，言相逆受也’。”[③]《古汉语常用字字典》曰：“逆，向相反方向活动。”郦道元《水经注·江水》：“水逆流百余里，涌起数十丈。”顾颉刚、刘起釪先生在《尚书校释译论》中解释得最为清楚，说：“逆河之正确解释，指海水涨潮时倒灌入河，使临海口的河段受海水因而都成咸水。”所以王充耘《读书管见》释逆河为：“以海潮逆入而得名。”明夏允彝撰《禹贡古今合注》云：“今九河以下，即为逆河，殆谓自此而下，即海潮逆入矣。”清初王夫之《稗疏》云：“水之入海……近海必平。且潮落则顺下，潮生则逆上。……受潮之逆上，故曰逆河。……九河之尾皆逆，非合而为一可知已。”这些学者都正确地解释了逆河的地理现象。所以“同为逆河，是说都是逆河。程氏《禹贡论》引或说：同者，九河一故。即九条河下游都一样成为逆河”[④]。

河北平原黑龙港地区的考察报道说：“查清了河北平原地下水按照水质可分为两大区。除黑龙港和安平县一部分外，其余全部是淡水区。”这就说明黑龙港濒海地是咸水区，与海水同质。此即为《禹贡》所说的逆河之作用。九条河的入海处都叫逆河，取义于海水逆入，因而逆河之水是咸水。现在科学考察获知黑龙港东北地区的水是咸水证实了这点[⑤]。这样看来何幼琦先生把《禹贡》“同为逆河”解释成“逆言其横”是错误的，曲解了《禹贡》作者的原意。

最后谈一下《禹贡》的碣石。碣石在何处？何幼琦先生说：“碣石一名积石之

① 顾颉刚、刘起釪：《尚书校释译论》，中华书局，2005年，第792页。

② 曾运乾：《尚书正读》，中华书局，1964年，第78页。

③ 周秉钧：《尚书易解》，岳麓书社，1984年，第70页。

④ 顾颉刚、刘起釪：《尚书校释译论》，中华书局，2005年，第796页。

⑤ 顾颉刚、刘起釪：《尚书校释译论》，中华书局，2005年，第796页。

山，今名大山，在山东无棣县境。它本来是河水入海的显著标志。”何先生指责：《禹贡》的编者无知，把它同太行、恒山连在一起，在导山说：“太行、恒山，至于碣石，入于海。”《禹贡》作者在这里把太行山、恒山，与碣石连在一起。应该说是没有错误的。碣石，它就是一座山，被称为碣石山。曾运乾《尚书正读》曰：“碣石山在右北平骊成县西南……今河北抚宁、昌黎二县界也。”周秉钧《尚书易解》也说：“太行、恒山、碣石，皆冀州山，太行山在今山西、河南、河北交界处，绵延千余里。恒山，在河北曲阳县西北，又名常山。碣石山，在今河北抚宁、昌黎二县界。入海，谓由此道可涉海也。”顾颉刚、刘起釪先生在《尚书校释译论》一书中也说：“碣石，作为渤海北岸供航海作标志之石。在今河北乐亭县南的海岸边。作为可以观沧海而招致后世一些帝王（秦皇、汉武、魏武等）登临的碣石山，在今河北昌黎县。”[①]我们认为《禹贡》中的碣石是不应在山东无棣县境的。

三、古济水问题

《禹贡》中说：“导沇水，东流为济，入于河，溢为荥；东出于陶丘北，又东至于菏。又东北，会于汶，又北，东入于海。”何先生认为《禹贡》的编者，在这一段文字上做了错误的修改，给后人造成了极大的困难。参考《水经》，可以看出，原本有几句该是“会于河，出荥泽北，东至于陶丘”，被编者改成上述文字。改“会”为“入”，还只是小疵。而把“出荥泽北”改为“出陶丘北”，问题就严重了。何先生还认为：错误的文字经过了汉儒的曲解，就变成了离奇的神话。怎么知道“溢为荥”的是济水而非河水呢？于是制造出“截河横济”说：“济（上声，水名）者，济（去声，训渡）也。”它的水性劲疾，有渡过河水的本领。怎么又“出陶丘北”呢？又制造了“伏流潜出”说，在荥泽至陶丘之间，似乎有一条地下水道，供济水流通。这两种无知的妄言，居然在经学中支配了两千多年，至今还有它的余毒。

在这里何先生的说法首先把《禹贡》的本身记载说成编者改变了文字。改“会”为“入”，又把“出荥泽北”，改为“出陶丘北”。这种随意曲解《禹贡》作者原意的做法，应该说是不恰当的。关于济水，“三伏三见”水性的特点，我们在《郑州历史地理研究》一书中曾有过详细的探讨，可见第四章第五节：《释〈禹贡〉济水“三伏三见”》，在此不再赘述。不过需要说明的是，《禹贡》所记载济水的材料，充分证实“三伏三见”之说，并不是唐宋学者的妄说。

济水为古代四渎之一。《尔雅·释水》曰：“江、河、淮、济为四渎，四渎者，

---

① 顾颉刚、刘起釪：《尚书校释译论》，中华书局，2005年，第775页。

发源注海者也。”[①]《礼记·王制》曰：“其时淮济犹独流入海，故得与江河并列。”《说苑》卷十八《辨物》曰：“四渎者何谓也？江、河、淮、济也。四渎何以视诸侯？能荡涤垢浊焉，能通百川于海焉，能出云雨千里焉。为施甚大，故视诸侯也。”[②]这些记载说明济水是独流入海的。故《史记·殷本纪》曾记载说：“古禹，皋陶久劳于外，其有功乎民，民乃有安。东为江，北为济，西为河，南为淮，四渎已修，万民乃有居。”[③]说明早在商代以前就已有四渎的概念。《周礼》曰：“天子祭天下名山大川，五岳视三公，四渎视诸侯。”[④]说明四渎在历史发展过程中，不仅是一种地理概念，而且也成为一套象征王朝正统性的文化符号，所以我们认为《尚书·禹贡》的记载不能轻易否定和随意曲解。

济水，《禹贡》曰：“导沇水，东流为济。” 导“沇”作“沇”，而“沇州”作“兖州”，“沇”为“兖”的原字。钱大昕《史记考异》曰：“沇州，本以沇水得名。”《尚书》作兖州。《汉书·地理志》“河东郡垣县”下云：“《禹贡》王屋山在东北，沇水所出，东南至武德入河。”[⑤]垣县，今山西垣曲县东南，王屋山在其东，正在山西、河南两省交界处。沇水出其东南麓，正在河南省北边境上。武德在今河南武陟县东境。秦置县，在今县城东南大城村。如此看来，济水还应该经孟县、温县入武陟县境入黄河。故《水经注》：“济水出河东垣县东王屋山为沇水，又东至温县西北为济水。”故伪孔云：“泉源为沇，流去为济。”东流后沇水既为济水，故沇水所出王屋山所在之地，后遂成为济源县。《水经注·济水注》已述及济源城，今为济源市。按“济”字原作“泲”[⑥]。

“入于河”，出于王屋山的济水南入大河。《汉志》说是从武德入河。《水经注·济水注》则叙述入河处有几次变迁。并云：“其后水流径通，津渠势改，寻梁脉水，不与昔同。”胡渭《禹贡锥指》说：“济水入河之道凡再变。”顾颉刚、刘起釪先生指出：“今清理诸变异，简为述之如下。济水自济源分而为二，一为支津，自济源西南流注溴水。一为主流，自济源东出，古时经温县东北，折而东南合奉沟水，历沙沟南入于河，河南岸为今汜水镇。王莽时此道干涸，称为济水故渎。济水改由温县南入河。河南岸即今巩县。后其道又陷河中。而由济水另入溴水的支津为主流在孟县

① 李勇先主编：《诗礼春秋四书尔雅地理文献集成》，上海交通大学出版社，2009年，第66页。

② （汉）刘向撰，向宗鲁校证：《说苑校证》，中华书局，1987年，第448页。

③ （汉）司马迁：《史记》，中华书局，1959年，第97页。

④ （汉）郑玄注，（唐）孔颖达正义，吕友仁整理：《礼记正义》，上海古籍出版社，2008年，第520页。

⑤ （汉）班固：《汉书》，中华书局，1962年，第1550页。

⑥ 顾颉刚、刘起釪：《尚书校释译论》，中华书局，2005年，第801页。

南境入河。今济水又东循温县东行，至汜水镇东广武镇北岸入河。”[①]

在这里顾颉刚、刘起釪先生并不承认“伏流”说。

第一，我们认为济水源头在王屋山。自太乙池而下应为一伏。到以后出现东西二源应为一现。这就是顾颉刚、刘起釪先生所说的一为支津，一为主流。古济水自王屋山顶太乙池发源后，随即潜流于地下，而在济源县西北的平地上复出，流至今温县西南，这应是“一伏一现”。所以《史记·正义》引《括地志·卷二·王屋县》：“沇水出怀州王屋县北十里王屋山顶，崖下石泉渟不流，其深不测。既见而伏，至济源县西北二里平地，其源重发，而东南流为沛水。”也就是说，唐朝司马贞认为济水的源头是重发“既见而伏”的，所以《山海经·北次三经》曰：“王屋之山多石，湵水出焉，而西北流于泰泽。”袁珂《山海经校注》曰：“湵水，在今山西省阳城县西南。经首太行山，则起自河南省济源县，北入山西省境，与王屋山遥遥相对。《列子》谓之太形。”“泰泽”，我们认为有人提出湵水就是沇水即济水。因为济水的济古音在脂部精母与古沇（沛）古音应相同，而泰泽应是王屋山上的太乙池，太乙池之下应即是今济源济渎庙中的小北海——济渎池。济渎池，也叫北海池，分为东西二池。这里就是济水的源头……西池边一块山石上刻着“济水之源”四字，旁边是白虎亭，亭中有水，水位比北海池中的水位高，千百年来亭中的水不见进也不见出，据说可以治眼病，因此又叫眼光池[②]。值得注意，《汉书·地理志》所记：“王屋山在东北，沇水所出，东南至武德入河。”这里就是最早记载古沇水的入黄河口是在武德。有学者认为沇水入黄河处应在今河南武陟东南圪垱店乡大城村附近，恐有些不准确[③]。圪垱店为武陟县圪垱乡人民政府驻地，在本城镇东11公里，而大城村在武陟县本城镇东南约7公里处，属圪垱乡，为秦武德县、隋武陟县治所在地。《水经注·沁水》中，“又东过武德县南”即此。清代名城子，后更今名。村址建在东西向的土岗上[④]。根据地形看，古沇水入黄河处应在沁水以西。

第二，“入于河，溢为荥”。济水入黄河，沉伏，再向南岸溢出荥泽当为一现。对于这种现象应如何解释，古往今来有多种不同的看法。

顾颉刚、刘起釪先生说：“事实是古大河在南岸的广武（今荥阳北境）分出一条支津向东南流，其北岸斜对着济水入河处。古人误以为是济水横过大河南流（遂有济与河斗而南出，或入河后伏流南出诸语），因而把南面这条水接着称济水。其南出大

---

① 顾颉刚、刘起釪：《尚书校释译论》，中华书局，2005年，第801页。

② 李玲玲：《济渎庙访古》，《寻根》2007年第4期，第78页。

③ 李宗昱：《“河北之济”的变迁》，《华北水利水电学院学报》（社科版）2011年第3期，第19页。

④ 河南省地名词典编纂委员会新乡地区分会编：《河南省新乡地区词条》（送审稿），1985年，第46页。

河南岸处，古时是一沼泽，称荥泽。”[①]顾、刘二位先生的解释实在不能令人满意。因为顾、刘之说对荥泽的地理位置应在何处都没有弄清楚，古荥泽并没有位于济水入河口之南。《水经注·济水注》叙述济水在汇合荥渎之后，东流经荥阳县北，又东南会砾石溪水，又东会索河，再东就是荥泽了。砾石溪水就是今天的索河北的枯河。根据郦道元这个说法，则荥泽应该在索河流下高崖处的东南了。这应是我们今天对荥泽地理位置的一个基本认识[②]。在这里应该看到古荥泽与古济水入河处，是不相对应的。

根据孔安国注《尚书·禹贡》记载："济水入河，并流十数里而南截河，又并流数里，溢为荥泽。在敖仓东南。"[③]敖仓在广武东，皆在荥阳北。胡渭《禹贡锥指》曰："济水既入于河，与河相乱，而知截河过者，以河浊济清故可知也。"[④]这个现象说明了什么问题呢？古代的济水入黄河后，济水的水流量很大，显示河清的特点，而没有与黄河相混在一起。因此，才能出现溢流，形成了荥泽。溢，满也，由于黄河水与济水两股水相汇合后，潴水的流量增大。所以才溢为荥泽。荥泽的出现应该是与济水有关的，所以济水从武德入河后与黄河同流一段后，由于济水与黄河合流后水势很猛，因此在荥阳又汇合嵩阴的山水和泉水，才积为荥泽，这就是所谓"二伏二见"，故胡渭曰："泰泽之水有上源，与盐泽相似，但至此停而不流，人识其为潜行地下耳。荥泽则异于是，其水似井泉，自中而满，不可指一路为源。故吴幼清云无来处也。"[⑤]其实，荥泽之水应是由太行山之南和嵩山之阴两股水汇合而成。

第三，"东出陶丘北，又东至于菏，又东北，会于汶，又北，东入于海"。《禹贡》所记济水从荥泽往东，又不现了，再到陶丘之北，又现出地面。此又是一现，从此往东北，一直入海。胡渭在《禹贡锥指》中说："溢者自中而满，无上源亦无下流，颇与阿井相似。出者自下而涌，源在地中，流在地上，如趵突泉之流而为泺水，济自此不更伏矣。"胡渭又说："自荥口至陶丘，皆后世荥渎之所经，非禹迹也。今曹州定陶界中并有济水故道，禹时则济水伏流，涌自陶丘之北，而东注于菏泽，无上源也。"[⑥]这就是说在今荥阳东北的荥泽以东，济水又伏流地下，向东潜行至陶丘（今山东定陶西）之北，从地下溢出，这就是胡渭所说的"三伏三见"。

在这里值得注意的是《禹贡》所言"东出"的"出"字，当可证明胡渭的"三伏三见"之说，应是《禹贡》的原始记载。"出"，曾运乾《尚书正读》曰："出者，出

---

① 顾颉刚、刘起釪：《尚书校释译论》，中华书局，2005年，第802页。

② 陈隆文：《古荥泽考》，《郑州历史地理研究》，中国社会科学出版社，2011年，第111～112页。

③ （清）王先谦：《尚书孔传参正》卷六《夏书·禹贡第一》，中华书局，2011年，第341页。

④ （清）胡渭著，邹逸麟整理：《禹贡锥指》，上海古籍出版社，2006年，第590页。

⑤ （清）胡渭著，邹逸麟整理：《禹贡锥指》，上海古籍出版社，2006年，第591页。

⑥ （清）胡渭著，邹逸麟整理：《禹贡锥指》，上海古籍出版社，2006年，第598页。

于地也。”[①]周秉钧《尚书易解》曰：“陶丘，在今山东定陶县。”《尔雅·释丘》：“再成为丘。”郭璞注：“今（晋）济阳定陶中有陶丘。”故顾颉刚、刘起釪先生《尚书校释译论》指出：“按济水自荥泽东流，东北经今原阳、封丘、兰考东之古济阳，直至陶丘北。《禹贡》时陶丘为其地地名，无论其在后来定陶之北或南或中，济水都是经陶丘之北向东北流去。”[②]陶丘就是今天山东定陶。

“又东至于菏。”菏，《史记》《汉书·地理志》皆误作“荷”，颜师古注明即菏泽之水。大抵济水至定陶西会菏水后，经过定陶东北汇为菏泽，故说：“又东至于菏。”菏水自菏泽东出流入泗水，济水则继续东北流入大野泽[③]。郦道元《水经注》、胡渭《禹贡锥指》，近人顾颉刚、刘起釪等诸位先生的著作皆言济水自此分为南济、北济。此说法，不应是《禹贡》的原意。“又东北会于汶。”汶水在今山东东平县安山入济水，其地在东北，故云“东北会于汶”。济水入大野泽后，复自泽北出，过寿张（即东平境），遇汶水来注。

“又北东入于海”，《史记》作“又东北入于海”，周秉钧《尚书易解》也说：“《地理志》‘济水自荥阳东至琅槐，入海’。琅槐，在今山东广饶县东北。”[④]曾运乾《尚书正读》谓：“王鸣盛云，以《水经注》、《元和志》、《寰宇记》诸书考之，今小清河所经皆古济渎，而大清河所经自历城以上至东阿，亦古沸渎也。”顾颉刚、刘起釪二位先生在《尚书校释译论》一书中说得很清楚。《史记》作“又东北入于海”。《汉志》与本篇同。“其实此不必计较，寻之济水实际，会汶后，基本向北过今东阿，平阴，齐河，然后东过济南，即自历城向东北经邹平、高青、博兴诸县以入海。则言北而东或统言东北，皆无不可。东汉黄河大体以济水河道入海。宋庆历间河决商胡（濮阳境）而离济水，其后济水分为大、小清河。清咸丰时黄河复夺大清河河道以入海，自后不复有济水（从此古济水自历城以上成为黄河下游河道，历城以下为小清河）。”[⑤]

2009年7月笔者曾随中央电视台《话说济水》摄制组沿济水故道进行实地考察，重新思考济水的“三伏三见”。根据《尚书·禹贡》以及近现代该地区的水文资料，不难看出古代济水流经区域的地下水资源是相当丰富的。《禹贡》所记济水的特征是“三伏三见”，济水的这一特征保留在中国古代最早最原始的文献材料《禹贡》之中，《禹贡》的记载不能轻易否定。因此我们认为《尚书·禹贡》应是中国古代地学经典著作，其价值并非如何幼琦先生所说是“七真三假，名实不副”。对待古代地理文献的记载我们应努力做出认真思考，科学解释，这才是我们对待古代文化的基本态度。

---

① 曾运乾：《尚书正读》，中华书局，1964年，第81页。

② 顾颉刚、刘起釪：《尚书校释译论》，中华书局，2005年，第802页。

③ 顾颉刚、刘起釪：《尚书校释译论》，中华书局，2005年，第803页。

④ 周秉钧：《尚书易解》，岳麓书社，1984年，第73页。

⑤ 顾颉刚、刘起釪：《尚书校释译论》，中华书局，2005年，第803页。

第七节　释《禹贡》济水“三伏三见”

《尚书·禹贡》是中国古代最早的历史地理文献。《禹贡》导水中有关于古济水的记载：“导沇水，东流为济，入于河，溢为荥；东出于陶丘北，又东至于菏，又东北，会于汶，又北，东入于海。”[①]简短36字描述了济水的发源、流向，尽管古代济水的河道已经不复存在，但如何理解古代文献中的济水却是一个值得关注和研究的问题。

一、《禹贡》中的济水

根据《禹贡》对济水的记载，我们可以进行如下解释，以得出古代文献中所述济水的特点。

第一，“导沇水，东流为济”，济水自太乙池而下为一伏，到东西二源，为一现。古济水自王屋山顶的太乙池发源后，随即潜流于地下，至今济源县北的平地上复出，流至今温县西南，这是“一伏一见”。《史记》《正义》引《括地志》记载：“沇水出怀州王屋县北十里王屋山顶，岩下石泉渟不流，其深不测，既见而伏，至济源县西北二里平地，其源重发，而东南流，为汜水。”[②]也就是说，唐朝张守节认为济水的源头是“重发”且“既见而伏”的。

第二，“入于河，溢为荥”。济水穿入黄河，直沉到底，为一伏，再向南岸溢出为荥泽，是为一现。济水又自今温县东南潜流地下越过黄河以后，在荥阳以北复出，潴积为荥泽，这是“二伏二见”。胡渭曰：“泰泽之水有上源，与盐泽相似。但至此渟而不流，人识其为潜行地下耳。荥泽则异于是，其水似井泉，自中而满，不可指一路为源。故吴幼清云无来处也。”[③]可见，荥泽之水是没有上源而从地下涌出的。

第三，“东出于陶丘北，又东至于菏，又东北，会于汶，又北，东入于海”。从荥泽往东，又不现了，再到陶丘之北，又出来了，又是一现，从此往东北，一直到海。《禹贡锥指》中记载：“溢者自中而满，无上源亦无下流，颇与阿井相似。出者自下而涌，源在地中，流在地上，如趵突泉之流而为泺水，济自此不更伏矣。”渭按：自荥口至陶丘，皆后世荥渎之所经，非禹迹也。今曹州定陶界中并有济水故道，

---

① （清）胡渭著，邹逸麟整理：《禹贡锥指》，上海古籍出版社，2006年，第587～602页。

② （汉）司马迁：《史记》卷二《夏本纪》，中华书局，1959年，第73页。

③ （清）胡渭著，邹逸麟整理：《禹贡锥指》，上海古籍出版社，2006年，第591页。

禹时则济水伏流，涌自陶丘之北，而东注于菏泽，无上源也[①]。这就是说在今荥阳东北的荥泽以东，济水又伏流地下，向东潜行至陶丘（今山东定陶西）之北，从地下溢出，这是“三伏三见”（图一五）。

关于济水的纷争一直没有明确的定论，许多人认为济水是一条神秘的河流。但是我们现在所探寻的是一条真实的河流，一条曾经在历史中真实存在并产生过重大影响的河流。

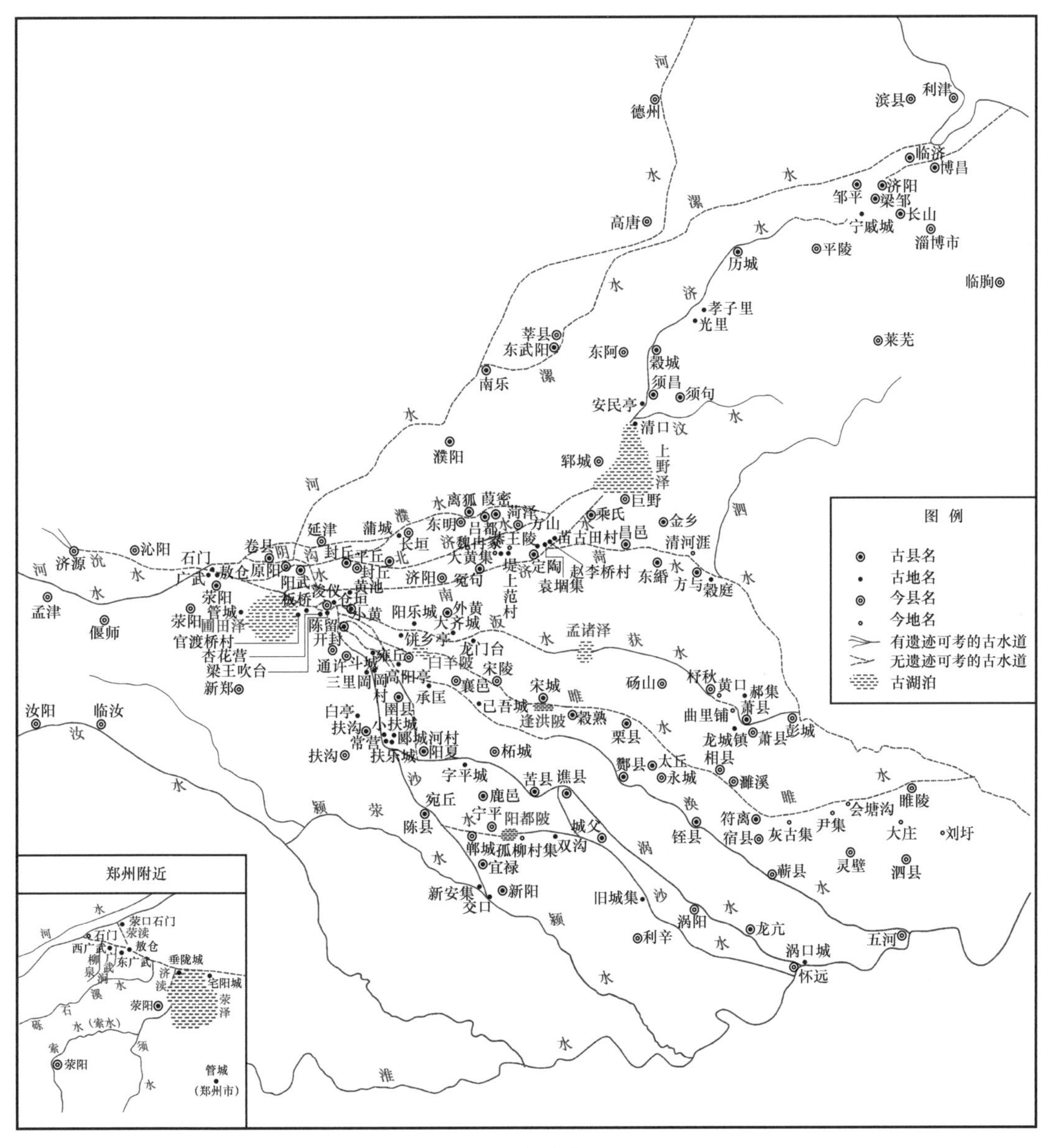

图一五 济水水系图

① （清）胡渭著，邹逸麟整理：《禹贡锥指》，上海古籍出版社，2006年，第598页。

二、古代文献中济水的特点

很多学者根据《禹贡》对济水的论述得出济水有“三伏三见”的特性，认为它是一条与众不同的河流。关于济水的“伏见”、济水与黄河的关系，在中国古代直至近代一直是一个引人争议的问题，历史上许多朝代的大家对此均有不同的看法。乾隆《历城县志》云：“或曰济水之旁出者，或曰非也。”其中对山东济南的诸泉水成因并没有定论。胡渭曰：“济水有三伏三见之说，或谓出于近世之俗学，殊不可信……或以为河中截流而过（孔安国）。或以为河底穴地而来（蔡沉）。或以为河、济相乱，南出还清（孔颖达）。或以为适会河满，溢出南岸（程大昌）。各持所见，终非定论。”[①]因此，对于济水的特性历朝学者各执己见，众说纷纭。

一部分学者认为济水的“伏见”是存在的。宋代学者郑樵在《通志》中记济水“伏流隐见无常，乃其本性，非真涸竭也。济水既伏流地中，则发地皆泉，又不特历下诸邑为然。是故一见为济源，再见为荥水，又见为山东诸泉水，而溢为大小清河，其实皆济水也”。沈括在《梦溪笔谈》中明确记载：“济水自王屋山东流，有时隐伏地下，至济南冒出地面而成诸泉。”其中还有“古说济水伏流地中，今历下凡发地下皆是流水，东阿亦济水所经，取井水煮胶，谓之阿胶”[②]的叙述。明代胡缵宗在其所作《咏趵突泉》中有“王屋流来山下泉，清波聊酌思泠然”的诗句，认为趵突泉水源自王屋山。清郝植恭在《济南七十二泉记》中记：“济水伏流地中，经历下溢而出者，遍地皆泉，其称名者盖七十二焉。”胡渭亦云：“盖济渎所经之地，其下皆有伏流，遇空窦即便涌出。故一见于荥泽，再见于陶丘，不必以入河之济为上源，亦不必并泰泽、东丘数之为三伏三见也。”[③]《水经注》引郭璞（景纯）曰：“潜行地下，至共山南，复出于东丘。”[④]郑晓在《禹贡图》中甚至认为济水“三伏四见”，即“济水凡三伏而四见，一见于王屋，而遂伏；再现为济，再伏而入于河；三见为荥，三伏而穴地；四见而出陶丘之北，自是不再伏矣”[⑤]。总之，很大一部分学者认为济水具有“三伏三见”的特性，并且指出了济水“伏”“见”的具体地点和所在区域。

---

① （清）胡渭著，邹逸麟整理：《禹贡锥指》，上海古籍出版社，2006年，第600～601页。

② （宋）沈括：《梦溪笔谈》，转引自（清）胡渭著，邹逸麟整理：《禹贡锥指》，上海古籍出版社，2006年，第591页。

③ （清）胡渭著，邹逸麟整理：《禹贡锥指》，上海古籍出版社，2006年，第601页。

④ （北魏）郦道元著，陈桥驿、叶光庭、叶扬译注：《水经注全译》（上），贵州人民出版社，2008年，第244页。

⑤ （北魏）郦道元著，陈桥驿、叶光庭、叶扬译注：《水经注全译》（上），贵州人民出版社，2008年，第244页。

而另有相当多的学者对济水的“伏见”持怀疑态度。曾巩云：“泰山诸谷之水，自渴马崖潜流地中，至历城西复出为趵突，旁溢十数泉。”[①]也就是说，曾巩认为山东济南地区的诸多泉水都源自泰山，而非济水所经。宋代著名地理学家程大昌在《禹贡山川地理图》中指出，许敬宗的伏流说“独不思济其果能伏流，则当高宗之世，荥口虽不受河，犹有溢流汩出地底，则伏流之说信矣。今其河水不入荥口，则荥泽遂枯，尚言伏流，不其诬耶”[②]。清代胡渭引林少颖之语：“济清而河浊，济少而河多，以清之少者，会浊之多者，不数步间，则清者皆已化而为浊矣。既合流数十里，安能自别其清者，以溢为荥乎？”[③]胡渭引王纲振之言：“如时以东流为济，溢为荥为见。则漾东流为汉，汇为彭蠡，亦可为见乎。又若以入于河为伏，则渭入于河，洛入于河，亦可为伏乎。况《经》明言浮于济、漯，达于河。河、济本通，而此曰流、曰溢、曰入、曰出、曰至、曰会，亦并无间断，不知三伏三见何据？”[④]顾祖禹《读史方舆纪要》记载：“至于三伏三见之说，出于近代俗儒，自孔、郑诸家以迄于宋世诸儒，未有主此说者。盖发源之处，或有伏见之分；入河而后，未尝伏而复出也。且经文已明言之矣。曰‘浮于汶，达于济’，又曰‘浮于济、漯，达于河’，岂有伏见不常，而可为转输之道者哉！”[⑤]大学士彭元瑞、纪昀敬释之曰“顾祖禹《方舆纪要》云：‘三伏三见，汉唐诸儒无有此说。’盖发源之处或有伏见之分，入河之后未尝伏而复出也。此言非是”。近代地质学家翁文灏批判说：“无论《禹贡》原文应如何解释，而济水绝河，三伏三见，在地理上绝不可能。”[⑥]因此，古代的很多学者都认为济水“三伏三见”纯属臆说。

劳干在其论著《古代中国的历史与文化》中认为，按地理上的性质来说，河内的济水与济南的济水，完全是不相干的两条河流。济南的济水，古代入海，当然为四渎之一，而河内的济水，流入黄河，却不是四渎之一。至于铜瓦厢决口以前的大清河诚然是济水，但九河时代的济水却不是这样。九河时代的济水因为历城以西的各水都被九河所截取，济水的正源，实为泺水。泺水并非像现今的小清河直流羊角沟入海，而是据《水经·济水注》所说，泺水自历城北流在泺口入济，然后纳南方流入诸河，一直至海[⑦]。

---

① （清）胡渭著，邹逸麟整理：《禹贡锥指》，上海古籍出版社，2006年，第601页。

② 王育民：《中国历史地理概论（上册）》，人民教育出版社，1985年，第89页。

③ （清）胡渭著，邹逸麟整理：《禹贡锥指》，上海古籍出版社，2006年，第590页。

④ （清）胡渭著，邹逸麟整理：《禹贡锥指》，上海古籍出版社，2006年，第600页。

⑤ （清）顾祖禹：《读史方舆纪要》，中华书局，2005年，第5375页。

⑥ 翁文灏：《锥指集·中国地理学中几个错误的原则》，《水经注全译》（上），贵州人民出版社，2008年，第244页。

⑦ 劳干：《论齐国的始封和迁徙及其相关问题》，《古代中国的历史与文化》，中华书局，2006年，第163页。

在历史时期人们对济水特性的认识不一而足，对济水的争议使其具有了神秘性，让人们不可理解，无法辨析。但事实上，我们可以通过梳理历史文献中对济水的描述理解济水，将其复原并进行分析。

三、济水的流经区域

济水河道的中游河段经过千百年的演变已不复存在，但根据文献的记载，我们还可以恢复其河道的经由，在这方面史念海先生《论济水和鸿沟》已经作了详细的论述，此处不再赘述。根据文献记载，我们可以将济水流经地区分为三个部分来进行分析。

第一，济水发源自王屋山上的太乙池，从发源至温县的上游河段。济源位于太行山南麓，王屋山在河南济源市西北45公里处。济源位于河南省西北部豫北山地与豫东平原的交接地带。顾祖禹曰："济水，出河南怀庆府济源县西八十里之王屋山……今自王屋山下伏流而东，至济源县城西北三里重源双发而为东西二泉，并流而东南，合为一川，谓之济水。"[①]济源这个城市名称的由来即在于此。源水以地下河向东潜流70余里，到济渎和龙潭地面涌出，形成珠（济渎）、龙（龙潭）两条河流向东。《史记》《索隐》引《水经》云："自河东垣县王屋山东流为沇水，至温县西北为济水。"[②]也就是说源水自王屋山东流称为沇水，至温县西北始名济水。

第二，"入于河"至荥泽。郦道元引《晋地道志》曰："济自大伾入河，与河水斗，南泆为荥泽。"《水经注》引《竹书纪年》："晋出公六年，齐、郑伐卫，荀瑶城宅阳。俗言水城，非矣。济水自泽东出，即是始矣。王隐曰：河决为荥，济水受焉。故有济堤矣。谓此济也。"[③]《禹贡锥指》引吴氏曰："济既入河，其伏者潜行地下，绝河而南，溢为荥泽，再出于陶丘北。溢者言如井泉，自中而满，非有来处。如菏泽被孟豬之被，出者言在平地，自下而涌，非有上流，如某水至某处之至。荥泽后既填塞，陶丘亦无窦，济渎故道不可复寻矣。"渭按："书'溢'书'出'仅一见，乃《禹贡》之特笔，当与他水导源首受者不同，吴氏义最精。"[④]据史料记载，荥泽在两汉时期就已干涸变为平陆。虽然荥泽现已被淤为平地并被农民开垦为农田耕种，但是此地的地势依然较为低洼。胡渭有言："河与荥渎相乱，其来已久，而荥泽在西汉时依然无恙，故班固云：'济水轶出荥阳北地中'，谓荥泽也。至东汉乃塞为平地，

---

① （清）顾祖禹：《读史方舆纪要》，中华书局，2005年，第5374页。

② （汉）司马迁：《史记》，中华书局，1959年，第73页。

③ （北魏）郦道元著，陈桥驿校证：《水经注校证》，中华书局，2007年，第185页。

④ （清）胡渭著，邹逸麟整理：《禹贡锥指》，上海古籍出版社，2006年，第589页。

不知何故。”[①]《后汉书·明帝纪》永平十三年，诏言：“自汴渠决败，六十余岁，加顷年以来，雨水不时，汴流东侵，日月益甚，水门故处，皆在河中，漭瀁广溢，莫测圻岸，荡荡极望，不知纲纪。”[②]胡渭由此解释荥泽湮塞之因：河水泛滥，必至其处，历六十年而后已，填淤之久，空窦尽窒，地中伏流，不能上涌，荥泽之塞，实由于此[③]。古代荥泽以现在的地理方位来看，荥泽位置应在今广武山、大伾山以北，黄河北岸御坝、秦厂、老田庵、大茶堡一线黄河大堤之南的区域之内求之[④]。也就是在今郑州地区西北的荥阳、古荥镇一带。郑州北临黄河，西依嵩山，东南紧连黄淮平原，自古就有“十省通衢”之称，位居中国大陆的腹地。济水在此溢为荥泽。过荥泽后济水的中游河段分为南济和北济，但济水中游河段地区因为古代至近代的黄河多次决口改道使历史时期的遗迹多被冲毁，无法找到具有明显古代济水河道特征的地点和遗迹。胡渭认为：“河北之济因旱而枯，旱止则复出。河南之济为浊河所侵，空窦尽室，河去不复能上涌，故遂绝。自东汉以迄唐初，凡行济渎者，皆河水也，而犹目之曰济，是鹊巢而鸠居，觚名而圜实也。”[⑤]因此，在胡渭看来，由于黄河的泛滥南摆，夺占了这一带济水的河道，这是济水难以复现的原因。但这一带济水所经之处位于华北平原西南部的边缘地带；就河南省范围来说，处于豫西山地与豫东平原的交接地带，地势总体上是西南高东北低。

第三，在山东地区的济水“东出于陶丘北，又东至于菏，又东北，会于汶，又北，东入于海”。有学者根据“东出于陶丘”解释为济水在陶丘由地下出，认为山东诸泉水是济水的第三次现出地表。顾祖禹认为：“陶丘，在今山东定陶县西南七里。”[⑥]《汉书·地理志》颜师古注：“陶丘，丘再重也，在济阴定陶西南。”[⑦]即陶丘在今山东定陶。至于荥阳至陶丘这一段济水的流向和流经地点，《禹贡》中都没有明确的记载，但今定陶县境有南济故道的所在。“根据《水经·济水注》所载，则济水在经过冤句县故城南之后，再东流经秦相魏冉冢南，又东流经定陶恭王陵南，然后东北经定陶县故城南，侧城东注。”[⑧]史念海先生考察济水时认为，在宋代时这里的济水故道还没有湮没，而且济水故道旁边还有旧河堤。明清时期，故道已经湮废，故堤

---

① （清）胡渭著，邹逸麟整理：《禹贡锥指》，上海古籍出版社，2006年，第595页。

② （宋）范晔：《后汉书》，中华书局，1965年，第116页。

③ （清）胡渭著，邹逸麟整理：《禹贡锥指》，上海古籍出版社，2006年，第596页。

④ 陈隆文：《古荥泽考》，《陕西师范大学继续教育学报》2007年第3期，第49页。

⑤ （清）胡渭著，邹逸麟整理：《禹贡锥指》，上海古籍出版社，2006年，第608页。

⑥ （清）顾祖禹：《读史方舆纪要》，中华书局，2005年，第5374页。

⑦ （汉）班固：《汉书》，中华书局，1962年，第1536页。

⑧ 史念海：《论济水和鸿沟》（上），《陕西师大学报》（哲学社会科学版）1982年第1期，第74页。

却还存在，定陶和曹县都有部分遗迹可寻。济水从陶丘北流出后又向东，流至又一个较大的湖泊——菏泽。菏泽即为今天山东菏泽市名称的由来。在今菏泽市还存有济渎庙，虽然是后代人们仿造的古代建筑，但是这一历史建筑很明显地体现了当地人民对济水的崇拜。据史念海先生在《论济水和鸿沟》中的论述，现在定陶县东北的万福河是南济在山东境内的一段，大体上就是由济水分流出来的菏水，而在菏泽北的赵王河则是山东境内北济的一段。但是万福河与赵王河的河水早前都已干涸，现在的河水都是引黄河水而入，赵王河也已经成为一个供游人垂钓的风景区。

济水从菏泽出，往东北方向入巨野泽，又名大野泽，即后来的梁山泊。梁山泊是由大野泽演变而来，因湖内的梁山而得名。也就是大野泽湖区从上游向下游迁移至梁山东南一带的洼地，在黄河决水和汶水源源不绝地汇入下，湖区扩大形成著名的梁山泊①。今天的梁山泊虽已经成为平陆，但梁山依然耸立，梁山周围都是低洼之地。明代于慎行曾有言："石晋开运元年（944年），滑州河决侵汴、曹、濮、单、郓五州之境，环梁山合于汶水，此注河南徙之始也。……则宋之所谓梁山泺也。"②宋朝时黄河决口，河水大量泻入梁山泊，水域增大，不时泛滥成灾。后来，黄河改道向南，水量陡减，水泊大量干涸淤结，到明朝代宗时，湖面只残存不足百里。根据学者考证，大都认为宋朝时的梁山泊位于今山东阳谷县、梁山县、郓城县之间③。而今山东梁山县的梁山则是梁山泊中的制高点。古济水在此通过，向东与古泗水相接。至东晋桓温、刘裕时，由于累年淤积，济水淤塞变浅。历数百年沧海桑田之变，至今水泊已成平陆，但梁山依旧耸立，它是我们寻找历史上所存在过的梁山泊与济水的一个极其重要的地理坐标。

济水再北流，经东阿，至济南。在今天的东阿县城丝毫没有与济水相关的痕迹，唯一与济水有联系的是著名的东阿阿胶。东阿人认为从古至今熬制阿胶的阿井水就是源自济水的地下潜流。胡渭《禹贡锥指》引沈存中《梦溪笔谈》"古说济水伏流地中，今历下凡发地下皆是流水，东阿亦济水所经，取井水煮胶，谓之阿胶。其性趣下，清而且重，用搅浊水则清，故以治淤浊，及逆上之痰也"④。又有"世传济水经过其下，东阿之井乃济水所为"。济南因位于济水之南而得名。现济南地区所存小清河与大清河即为济水故道。《禹贡锥指》中记载："今者小清所经自历城以东，如章丘、邹平、长山、新城、高苑、博兴、乐安诸县，皆古济水所行；而大清所经，自历

① 王乃昂：《梁山泊的形成和演变》，《兰州大学学报》（社会科学版）1988年第4期，第76页。

② 刘德岑：《从大野泽到梁山泊》，《西南师范大学学报》（哲学社会科学版）1990年第2期，第24页。

③ 杨剑宇：《〈水浒传〉中梁山泊的原型在何处？》，《章回小说》2003年第8期。

④ （清）胡渭著，邹逸麟整理：《禹贡锥指》，上海古籍出版社，2006年，第591页。

城以上至东阿，固皆济水故道。”[①]也就是说，山东境内历城以西的大清河即现在的黄河是济水故道，因此有人认为今天的黄河就是古代济水河道的说法是有一定道理的，而历城以东的济水故道就是小清河。总体来看，济水在山东地区是经今定陶、梁山、东阿、济南等地入海，大致流向为西南往东北方向。

四、济水“伏见”地区的水资源环境

一次“伏见”地区——今济源地区。据史籍记载，济水的源头在今济源市境。济源位于太行山南麓的山前台地上，没有能够大范围蓄积地下水的有利地形条件。济源所在地区为山前盆地，是早中三叠世沉积盆地基础上继承性发展起来的晚三叠世煤盆地，充填有晚三叠世及早中侏罗世陆相陆源碎屑沉积物。济源地区的地质分析显示，济源断块上以湖泊沉积为主，完成了湖泊由逐渐形成到最后淤平的发展过程[②]。如今济源已经没有济水存在，也没有比较大的河流，但是济源是中原地区水源比较充足的城市，是中原少有的能够种植水稻的地区。现在的济源还存在大量的河瓦地，这是从远古时代遗留下来的一种耕作方式，据说济水从这里伏流潜行，大量的地下水涌出地面，人们根据泉眼的不同位置把瓦片扣在一起组成丫字形、甲字形、非字形等不同形状。地面的水通过连起来的河瓦流进济水的主河道。天降大雨之时雨水渗入地下，顺着河瓦排进济水的河道；天气干旱之时济水又可以蒸发到地表，滋润生长在上面的庄稼。济源市水资源年均总量4.4亿立方米，其中年均地表径流为3.12亿立方米，地下水储量为1.28亿立方米，但其区域总面积仅为1893.76平方公里[③]。相比较其他地区而言，济源市的地下水资源是相当丰富的。

“二伏二见”地区——今郑州地区。古代荥泽的位置如前所述，位于今郑州地区的西北部。而现今的这一地区虽地表水受黄河的影响较大，其地下水资源也是很丰富的。河南省地矿局水文二队在完成郑州市地下水资源调查评价工作后，计算出郑州市浅层地下水天然资源量为83191.14万立方米，其中平原区为55330.42万立方米，山丘为27860.72万立方米[④]。这是对郑州地区地下水资源的一个全面调查和分析，足见郑州地区包括荥阳、古荥镇在内的广大范围内都有着丰富的地下水资源。但是现今的郑州地

---

① （清）胡渭著，邹逸麟整理：《禹贡锥指》，上海古籍出版社，2006年，第606页。

② 陈传诗、苏现波：《断块运动与中生代济源盆地的演化》，《岩相古地理》1995年第1期，第18～20页。

③ 济源市人民政府：《济源市土地利用总体规划（2006—2020年）》，济源市国土资源局（网站）2009年7月。

④ 周强：《郑州地下水底细摸清》，《中国矿业报》2006年10月24日。

下水资源在逐渐地被人们污染和破坏中已显减少，由于地下水开采严重，郑州地下已出现了严重的漏斗区，专家分析认为，到2010年郑州可利用的浅层地下水可开采量将降为零[①]。这也是人们在利用地下水资源时应该引起注意的问题。济水流经此地为“二伏二见”其原因也就在于此，这一带丰富的地下水很可能就是黄河南岸古济水河流的源头。

“三伏三见”地区——今山东地区定陶、梁山、东阿、济南等地。梁山县位于山东省西南部，隶属济宁市。济宁位于鲁南泰沂低山丘陵与鲁西南黄淮海平原交接地带，地质构造上属华北地区鲁西南断块凹陷区。全市地形以平原洼地为主，地势东高西低，地貌较为复杂。东部山峦绵亘，丘陵起伏。济宁是山东省地下水资源较丰富的地区，区内主要有松散岩类孔隙含水岩组与碳酸盐岩类裂隙岩溶含水岩组两种类型地下水[②]。全市天然水资源总量水平年为55亿立方米，其中地表水34亿立方米，地下水天然补给量21亿立方米；可利用地下水资源12.93亿立方米。在梁山，虽然现在的梁山县已经没有历史时期所存在的大范围的水泊，县域总面积964平方公里，而现在的水域面积仅为11187公顷。据梁山县委宣传部的人员介绍说，梁山现在的饮用水都是从地下抽取的，并且梁山县禁止使用碘盐，因为地下水中已经有足够人体所需的含碘量。南四湖周围地区主要为石灰岩低山丘陵区[③]，是地下水形成的有利地质条件。这足以证明在梁山有丰富的地下水资源。

阿胶是自古至今有名的中药，《梦溪笔谈》载：“东阿济水所经，取井水煮胶，谓之阿胶。”[④]从东阿地质水文剖面沙盘中我们了解到，东阿地下水是由发源于太行山地区的济水伏流地下而成的。清初医学家陈念祖在《神农本草经读》中记载，“此清济之水，伏行地中，历千里而发于此井，其水较其旁诸水，重十之一二不等”[⑤]。在山东地区的小赵庄地下水深70米，刘集井深70米，而东阿县井深达300米。阿胶的质量是与其用水有着密切关系的，传统工艺熬胶需用阿井水。《水经注》中有“大城（东阿县城）北门内西侧皋上，有大井，其巨若轮，深七丈，岁常煮胶入贡”的记载。此井就是熬制阿胶所用地下水的提取之井，即阿井。《本草纲目》记载：阿井“在今山东

---

① 王海圣：《郑州地下水受污染 市内已无地表水可作饮用水源》，《中国改革报》2008年7月7日。

② 姬永红、张海江、张良鹏：《山东济宁北部地下水系统铀同位素研究》，《勘察科学技术》2008年第1期，第26～27页。

③ 张祖陆、沈吉、孙庆义，等：《南四湖的形成及水环境演变》，《海洋与湖沼》2002年第3期。

④ （清）穆彰阿、潘锡思等纂修：《大清一统志》（四），上海古籍出版社，2008年，第299页。

⑤ （清）陈念祖：《神农本草经读》，中国医药科技出版社，2011年，第28页。

兖州府阳谷县东北六十里”，即在今阳谷县阿城镇西北。阿井水经地下岩石和沙砾层滤过，水质纯净同时也融合钙、钾、镁、钠等对人体有益的丰富的矿物质。这也在一定程度上证实了历史上部分学者对济水“三伏三见”的说法。

东阿的地下水资源储量大，而且水质中含有丰富的矿物质元素。在本区岩溶地下水水质经10个钻孔取样送水质检测部门分析，其化学类型均为重碳酸盐型地下水，矿化度0.5—0.52g/L，pH值7.4—7.9，总硬度272—291mg/L，永久硬度30.7—35.6mg/L，属低矿化度水；未检出有毒物质，水清澈透明，优于国家规定Ⅰ类水水质及饮用水标准；经省矿泉水测试中心分析，含偏硅酸18.46mg/L，锶（Sr）含量超过矿泉水命名标准，达到0.47—0.48mg/L；另外还含有Ba、Li、Zn、Se、Mn、Cu、Co、Ni、Mo等微量元素，是良好的矿泉水天然饮料[①]。由此可见，东阿的地下水不仅水量丰富，水质纯净，还含有对人体有益的矿物质，对人体健康是极其有利的，东阿阿胶扬名于世也就不足为奇了。

济南市中心的趵突泉是一处有名的泉眼，为济南七十二泉之冠，被誉为“天下第一泉”。济南素有“泉城”的美誉，全市遍布着大大小小700多处天然涌泉。众泉汇流到景色秀丽的大明湖，构成济南独特的泉水景观。地表的泉水源自地表下深层的地下水系统。济南泉域地下水主要是岩溶水，济南南部山区广泛分布巨厚的寒武—奥陶系石灰岩，石灰岩的可溶性为地表、地下岩溶发育创造了条件。在地表可见溶洞、溶沟、溶槽和密布于石灰岩表面的溶蚀裂隙。地表岩溶为地下水接受大气降水直接入渗补给河流、沟谷的渗漏创造了极为有利的条件……良好的地下裂隙、岩溶为岩溶地下水的储存运移提供了巨大的空间[②]。所以济南岩溶地下水补给条件良好，储存空间很大，因此而有极其丰富的地下水资源。泉流不断涌出，最终泉水都汇入大明湖，然后又由大明湖入济水。在趵突泉公园的南门有一块木制牌匾，上书王羲之所辑“泺源门”三个大字，由此可知趵突泉是泺水的源头，而泺水最终是注入济水的，也可以说趵突泉是济水的地表水供给源。这也是地下水与地表水互相补给的一个过程。

2009年7月，笔者随中央电视台《话说济水》摄制组沿着济水故道进行实地考察，重新思考了济水的“三伏三见”问题。根据古代文献《尚书·禹贡》中的记载，并结合古代以及近现代以来的地质水文资料和数字，对济水“伏见”地区济源、郑州和山东梁山、东阿、济南等地水资源环境的分析，我们不难看出，这几个地区的地下水资源是相当丰富的。因此，《禹贡》中所记济水“三伏三见”的特性极有可能是存在的。

---

① 秦绪臣、刘鲁坡、白炳旭：《东阿岩溶水源地地下水资源评价》，《山东水利》1999年第6、7期，第26页。

② 徐军祥、邢立亭、佟光玉，等：《济南泉域地下水环境演化与保护》，《水文地质工程地质》2004年第6期，第69页。

第二章

历史都城地理：天下第一都与夏商周都城

第一节　夏族起源与活动区域探索

历史学界对于夏族兴起活动区域与禹都阳城问题有以下三种不同的说法。

第一种观点，沈长云先生曾在王国维与杨向奎先生关于夏族起源论点的启发下，先后撰写过《夏后氏居于古河济之间考》《禹都阳城即濮阳说》《夏族兴起于古河济之间的考古学考察》等文章。认为夏后氏早期居住的地域在古代的黄河及济水流域一带。禹所都的阳城即古河济地区中心——濮阳。文章在《历史研究》《中国史研究》上发表后，曾引起学术界的广泛关注。沈先生还说："对于这个论点，个人至今坚持不渝者，以文献记载确实只能得出这个结论。"①

第二种观点，王玉哲先生认为："传说上的禹都阳城是否就在河南登封，清代学者陈逢衡于其所著《竹书纪年集证》中早就提出了异议。他说尧舜皆都河东，禹不应在河南。所以，他主张禹所居之阳城应当也在河东。"并认为"这个说法是不能忽视的"②。"夏代初期建都的'阳城'所在地，旧有河南登封与山西河东两说。我们赞成后说。"③

---

① 沈长云：《夏族兴起于古河济之间的考古学考察》，《历史研究》2007年第6期，第5页。

② 王玉哲：《夏文化研究中的几个问题》，《夏史论丛》，齐鲁书社，1985年，第3页。

③ 王玉哲：《夏文化研究中的几个问题》，《夏史论丛》，齐鲁书社，1985年，第7页。

第三种观点，即主张禹都阳城应在河南登封境内。夏族兴起于伊洛流域。我们完全赞成此说，夏族兴起于河南伊洛流域。

对以上诸说，我想谈一点自己的不同看法与意见，不当之处，敬请批评指正。

一、如何认识王国维等先生的观点与二里头文化

早在20世纪初王国维先生在《殷周制度论》中曾提出："夏自太康以后以迄于后桀，其都邑及（其）他地名之见于经典者，率在东土，与商人错处河济间盖数百岁。"[①]以后20世纪30年代初 "古史辨派"代表顾颉刚又表示与王国维先生相同的观点。他在1933年所写的《春秋战国史讲义》考证了文献所提到与夏有关的地名后指出："夏王国的政治中心在河南；他们的势力范围，大部分在山东，小部分在河北、山西。他们享有了黄河流域的下游和济水流域的全部。"[②]与顾颉刚先生相对立的是傅斯年先生的《夷夏东西说》，其主张兼具晋南与豫西两说。后来杨向奎先生反对傅斯年先生的说法，认为三代政治中心并非永远固定在一个点上。"中夏以前，夏之政治中心在今山东，其势力及于河北河南，晚夏则移居于河东及伊洛，东方仍有孑遗。"[③]其基本主张与顾、王二氏仍大致相同。在当时的学术条件下，由于考古发现没有发掘出更多材料，因此，他们的说法都有一定的权威性，这是可以信从和理解的。可是新中国成立后，考古学的发展并介入历史研究，历史学界、考古学界对夏文化投入了更多的研究。大家都遵循王国维先生所倡导的"二重证据法"，提出"地下之新材料"（主要指甲骨文、卜辞和金文以及地下出土的文物）印证"纸上之材料"（指古书记载）的研究方法，才使夏史的研究获得了新的突破。王国维先生也曾说："吾辈生于今日，幸于纸上之材料外更得地下之新材料。由此种材料，我辈固得据以补正纸上之材料。亦得证明古书之某部分全为实录，即百家不雅训之言亦不无表示一面之事实。此二重证据法惟在今日始得为之。虽古书之未得证明者不能加以否定，而其已得证明者不能不加以肯定可断言也。"[④]

当时王国维先生由于发现甲骨文卜辞证实殷先公先王见于卜辞大率如此。"可知《史记》所据之《世本》全是实录。而由殷周世系之确实，因之推想夏后氏世系之确实，此又当然之事也。"[⑤]

---

① 王国维：《观堂集林》第10卷，中华书局，1959年，第451～452页。

② 王煦华：《顾颉刚关于夏史的论述》，《夏文化研究论集》，中华书局，1996年，第126页。

③ 杨向奎：《夏民族起于东方考》，《禹贡》（第7卷）1937年第六七合期，第61页。

④ 王国维：《古史新证——王国维最后的讲义》，清华大学出版社，1994年，第2～3页。

⑤ 王国维：《古史新证——王国维最后的讲义》，清华大学出版社，1994年，第52页。

王国维先生所倡导的“二重证据法”在先秦史学界是具有重大影响的，包括有些学者对夏史的研究所得出的结论，也应该说是有一定根据的。在这里我们应该如何看待王国维等先生对夏史的研究与判断呢？由于在当时缺乏地下考古材料的证实，因此，王国维先生所作出的结论是具有其一定局限性的。对当时所提出古史传说的怀疑而被证实有夏的世系，应该说是正确的，并具有一定的进步性。

可是由于新中国成立后考古发掘材料的不断出现，现在看来包括王国维等先生在内的诸多大学者，由于历史时代条件的限制，其认识是有其局限的，他们所作出的学术判断与结论也是有不足之处的。其理所当然地印上历史的烙印，这并不足为怪，也不能苛求。但是历史在发展，社会在前进，我们不能以过去时代所做的旧结论来否定今天研究的新成果。

20世纪50年代以来中国科学院考古研究所徐旭生先生对夏文化有目的地进行了调查与发掘。1959年徐旭生先生率队前往豫西进行“夏墟”考古调查，徐旭生先生认为，在目前所见有关夏都邑所在的近30年来自《左传》《国语》《古本竹书纪年》的史料中，只有两个区域与夏的关系特别密切：一是河南洛阳平原及其附近，尤其是颍水谷的上游的登封、禹县地带，另一个即是山西西南汾水下游一带①。

1949年后，由于考古不断发现新的材料，值得重视的就是二里头文化曾被称为“洛达庙类型文化”。20世纪60年代初考古工作者在偃师二里头遗址进行了大规模的发掘，获得比洛达庙类型文化更丰富的同类大量实物材料。由于二里头遗址比洛达庙遗址面积大，堆积夏文化内涵也较洛达庙遗址丰富而典型，因此，原来的洛达庙类型文化，根据夏鼐先生的提议，自此正式命名为“二里头文化”。通过对二里头遗址的多次发掘②，发现遗址存在三层文化堆积，可分为早、中、晚三期。“三期之间有一定的区别，但属于一个文化类型”③，这个类型应该说是在继承中原河南龙山文化的基础上，吸收了山东龙山文化一些因素发展而成为早于郑州二里岗文化的一种新型文化遗存。值得注意，在二里头遗址中发现大型宫殿遗址和小件铜器以及大小不同的墓葬，表明这个时期已进入青铜器时代，已处于阶级社会。大型宫殿遗址的发掘也可说明二里头遗址可能是一座都邑所在地，原发掘《简报》又说：“有些考古工作者认为河南龙山文化之后，郑州二里岗商文化之前的这一阶段，时间上大致相当历史上的夏

---

① 徐旭生：《1959年夏豫西调查“夏墟”的初步报告》，《考古》1959年第11期，第593页。

② 中国科学院考古研究所洛阳发掘队：《1959年河南偃师二里头试掘简报》，《考古》1961年第2期，第82页。

③ 中国科学院考古研究所洛阳发掘队：《河南偃师二里头遗址发掘简报》，《考古》1965年第5期，第218页。

代，因而推测这一类型的文化遗址可能属于夏文化。”[①]在此之后继续发掘研究，将二里头文化又分为四期，因而有的认为河南龙山文化晚期和二里头一至四期文化为夏文化。

为什么说二里头文化是夏文化，邹衡先生提出二里头文化绝不可能是商文化[②]，其理由是常见的酒器封口盉，乃是文献记载的夏文化鑵器无疑。据此把二里头文化说成是夏文化这一点是正确的。可沈长云先生却把二里头文化与夏文化割裂开，认为“二里头文化早不过公元前1850年，夏族的兴起是前21世纪的事情，二者在时空两个方面都是扯不到一起的”[③]。这完全从表面现象看问题，没有从考古文化与夏文化的实质方面去探索。还有一些学者也说，二里头文化非夏文化[④]。认为山东境内的“龙山文化”“岳石文化”和历史上的“东夷文化”才是真正的夏文化。真是张冠李戴，不同的概念非要拼凑在一起，当成学术问题讨论，实难成立。

笔者认为，河南龙山文化中晚期和二里头1—4期都为夏文化的观点，仍是考古学界所得到的共识，龙山中晚期和二里头1—4期为夏文化从考古发掘看其代表应是王湾类型。王湾类型后来直接发展到二里头文化。从地层上观察，二里头早期之下，直接叠压着王湾类型的地层，应该说在这里同一文化有先后承袭关系，这一点是很重要的。表明河南龙山王湾类型与二里头文化有着密切的关系，所以我们说河南龙山中晚期可以作为夏文化的起源。这个认识应该说是非常正确的。这些考古学上的证据只有在河南地区能得到有力的证实和说明，而河济之间怎么能找到以上考古学上的证据呢？“多年的考古发现与研究证明，二里头文化的核心类型是在豫西地区龙山时代王湾三期文化的基础上经由新砦期发展而来。”[⑤]这一认识应该是中肯的。

再从二里头文化的分布来看，截至目前的材料，可以看出二里头一期的分布范围为东至郑州附近，西到渑池，南至豫中，北不过黄河。主要分布在嵩山南北的伊洛河和颍河上游地区，以及豫西地区。“其范围比新砦期扩大了许多，主要是向西、南方

---

① 中国科学院考古研究所洛阳发掘队：《1959年河南偃师二里头试掘简报》，《考古》1961年第2期，第81页。

② 邹衡：《关于探讨夏文化的几个问题》，《文物》1979年第3期，第66页。

③ 沈长云：《夏族兴起于古河济之间的考古学考察》，《历史研究》2007年第6期，第5页。此数据不很确切，据仇士华、蔡莲珍、冼自强，等《有关所谓“夏文化”的碳十四年代测定的初步报告》（《考古》1983年第10期，第928页）认为“二里头遗址的时代应不早于公元前1900年，不晚于公元前1500年，前后延续300多年或将近400年”。

④ 王宁：《“夏居河南说”之文献考辨——兼说二里头文化非夏文化》，《枣庄师范专科学校学报》2003年第1期，第48～56页。

⑤ 中国社会科学院考古研究所：《中国考古学·夏商卷》，中国社会科学出版社，2003年，第45页。

向大大拓展了分布空间。”[①]

值得注意：“郑州以东至商丘杞县境内的二里头文化，自该文化第二期开始不见一期遗存，这里是二里头文化与岳石文化的交汇地带。”[②]

驻马店杨庄遗址的发掘表明“豫西二里头文化第一期时，驻马店一带仍属杨庄二期类型的分布区”，“至豫西二里头文化一、二期之交，二里头文化才代替了本地的杨庄二期类型”[③]。可见，二里头一期的南界到不了驻马店一带。

著名考古学家邹衡先生认为二里头一期（夏文化早期）“其分布面仅局限于比较小的范围之内；尤其是第一段的遗址，目前还只在嵩山周围半径百里左右的地区内发现”[④]。

李维明先生也认为二里头一期遗存主要分布在豫西地区，可划分为嵩山丘陵区，伊洛平原区和豫西山地区，比较而言，三个区中以嵩山丘陵区和伊洛平原区二里头文化一期遗存分布密集，以伊洛平原区二里头文化一期遗存水平最高，最具有代表意义[⑤]。

郑光先生认为：“二里头一期文化在河南的分布地点有临汝煤山，伊川白元，郾城郝家台，沈丘乳香台，密县新砦、黄寨，商丘坞墙，淅川下王岗，渑池郑窑等遗址。”[⑥]

从以上二里头文化的分布看出安徽、商丘、淅川应分别属于二里头文化的下王岗类型和豫东类型，只是在龙山文化末期当中包含有二里头一期因素。因此，“不能把它们视为二里头一期文化遗址”[⑦]，这个认识应该是正确的，笔者表示同意。

以上二里头文化分布地域特点，它充分说明二里头文化主要在豫西地区和嵩山丘陵、伊洛平原、豫西山地。这里的考古发掘材料完全可以证实夏族不应兴起在河济之间，而是在豫西伊洛流域。

---

① 赵春青：《关于新砦期与二里头一期的若干问题》，《二里头遗址与二里头文化研究：中国·二里头遗址与二里头文化国际学术研讨会论文集》，科学出版社，2006年，第292页。

② 郑州大学文博学院等：《豫东杞县发掘报告》，科学出版社，2000年，第139～141页；郑州大学历史系考古专业、开封市博物馆考古部、杞县文物保管所：《河南杞县牛角岗遗址试掘报告》，《华夏考古》1994年第2期，第6～26页。

③ 北京大学考古学系等：《驻马店杨庄中全新世淮河上游的文化遗存与环境信息》，科学出版社，1998年，第206页。

④ 邹衡：《试论夏文化》，《夏商周考古学论文集》，文物出版社，1980年，第166页。

⑤ 李维明：《二里头文化一期遗存与夏文化初始》，《中原文物》2002年第1期，第36页。

⑥ 郑光：《二里头陶器文化略论》，《二里头陶器集粹》，中国社会科学出版社，1995年，第22页。

⑦ 北京大学震旦古代文明研究中心、郑州市文物考古研究院编：《新密新砦 1999—2000年田野考古发掘报告》，文物出版社，2008年，第539页。

在这里值得注意，邹衡先生和李伯谦先生都把二里头文化分为二里头和东下冯两个类型。东下冯第一期相当于二里头类型的第二期①。

有的学者明确指出：晋南地区二里头文化的二里头类型和东下冯类型以中条山为界，南北对峙。二里头文化向晋南的扩张在二里头早晚期是不断发展的，而且扩张的路线也不同。二里头文化东下冯类型是二里头文化向晋南扩张的产物。二里头文化向晋南扩张和移动，既有扩张领土的需求，也是以对铜矿、木材等资源的攫取为目的②。这一考古学的结论表明夏族兴于晋南之说应是没有任何考古材料根据的。至于山西崇山等传说，那是夏人为探夺盐业物资以后在晋南的发展，为纪念其祖先而把夏族兴起的一些传说也移植于晋南的结果，它不是原生形态，只能是次生形态。

二、从文献上看禹家世及其治水活动区域

沈长云先生认为："中原一带也是有很大范围的，不可能到处都有洪水。我们认为古代洪水只是发生在河、济之间，即《禹贡》十三州的兖州及其附近地区。"③为了正确回答夏禹治水问题的地域不在河济之间，我们应该把夏禹治水有关事迹辨析清楚。

第一，文献中有鲧化熊的传说。《左传》昭公七年曰："昔尧殛鲧于羽山，其神化为黄熊，以入于羽渊，实为夏郊，三代祀之。"④杨伯峻《春秋左传注》认为："羽山亦有数说，江永《考实》云：'要之，此山在沂州（今山东省临沂市）之东南，海州（今江苏海州，即东海县旧治）之西北。赣榆（江苏赣榆县新治西北之赣榆城）之西南，郯城（今山东郯城县）之东北'，实一山跨四州县之境。"杨先生又说："而四县之间实无此大山。《寰宇记》谓在今山东蓬莱县东南三十里。然此本传说，不必实指何处，姑略引二说。"⑤

根据《山海经·中次三经》说："萯山之首……又东十里，曰青要之山，实惟帝之密都。是多驾鸟、南望墠渚，禹父之所化。"⑥此处的"帝"，按照郭璞在《山海

① 邹衡：《试论夏文化》，《夏商周考古学论文集》，文物出版社，1980年，第133～137页；李伯谦：《东下冯类型的初步分析》，《中原文物》1981年第1期，第27页。

② 杜金鹏、许宏、王学荣：《群贤雅集，百花齐放——"中国·二里头遗址与二里头文化国际学术研讨会"综述（代前言）》，《二里头遗址与二里头文化研究：中国·二里头遗址与二里头文化国际学术研讨会论文集》，科学出版社，2006年，第6页。

③ 沈长云：《论禹治洪水真象兼论夏史研究诸问题》，《学术月刊》1994年第6期，第71页。

④ 杨伯峻：《春秋左传注》，中华书局，1981年，第1290页。

⑤ 杨伯峻：《春秋左传注》，中华书局，1981年，第1290页。

⑥ 袁珂校注：《山海经校注》，上海古籍出版社，1980年，第124～125页。

经·海内西经》中所注之例，应是指“黄帝”说的。此处所说的“禹父之所化”就是鲧化黄熊入水的地方，其地望应在大河之南。所以杨国勇先生说：“《山海经·中山经》中多次提到伊、洛、河、虢水，又有‘熊耳之山’等山名，显然是豫西一带的山河名称。而‘禅渚水’，《水经注·伊水》云：禅渚水，水上承陆浑县东禅渚……即《山海经》所望‘南望禅渚，禹父之所化’，郭景纯注云：‘禅，一音暖，鲧化羽渊而复在此！’陆浑在今河南嵩县东北，此地有陆浑山。”①

以上《中次三经》提到的“萯山之首”的敖岸山，就是文献中所说的首阳山。首阳山在今河南巩义市北，黄河南岸。而青要山，即在今河南新安县境内。这说明鲧化黄熊之处，应是在今嵩县东北的陆浑县。

第二，在古文献中还有鲧化成三足鳖的传说。《史记·夏本纪·正义》曰：“鲧之羽山，化为黄熊，入于羽渊。熊音乃来反，下三点为三足也。束皙《发蒙纪》云‘鳖三足曰熊’。”②《国语·晋语八》：“昔者鲧违帝命，殛之于羽山，化为黄熊，以入于羽渊，实为夏郊。”韦昭注曰：“帝，尧也。殛，放而杀也。”又曰：“羽山之渊鲧既死而神化也。”又曰：“禹有天下而郊祀也。”③

《尔雅·释鱼》曰：“鳖三足，能。”④《左传·释文》也说“熊，亦作能……三足鳖也”⑤。邢昺《疏》曰：“鳖之三足者名能。”⑥《山海经·中次十一经》中说：“曰从山，其上多松柏，其下多竹。从水出于其上，潜于其下，其中多三足鳖，枝尾，食之无蛊疫。”⑦闻一多先生在《天问疏证》中认为：“从山即崇山。”⑧此崇山即今河南之嵩山，说明豫西地区与禹的活动有密切的关系。

《汉书·武帝纪》颜师古注引《淮南子》曰：“禹治洪水，通轘辕山，化为熊，谓涂山氏曰：‘欲饷，闻鼓声乃来。’禹跳石，误中鼓。涂山氏往，见禹方作熊，惭而去，至嵩高山下化为石，方生启。禹曰：‘归我子。’石破北方而启生。”《汉书·武帝纪》又曰“朕用事华山，至于中岳……见夏后启母石”⑨。此石乃保留在今嵩山，称为启母阙，所有建筑构件及画像浮雕保存完好。

---

① 杨国勇：《夏族渊源地域考》，《夏史论丛》，齐鲁书社，1985年，第281页。

② （汉）司马迁撰，（南朝·宋）裴骃集解，（唐）张守节正义：《史记第一册》，中华书局，1959年，第50页。

③ 徐元诰撰，王树民、沈长云点校：《国语集解》，中华书局，2002年，第437页。

④ 李学勤主编：《尔雅注疏》，北京大学出版社，2000年，第298页。

⑤ 李学勤主编：《春秋左传正义》，北京大学出版社，1999年，第1244页。

⑥ （宋）邢昺：《尔雅疏》，四库丛刊续编本。

⑦ 袁珂校注：《山海经校注》，上海古籍出版社，1980年，第168页。

⑧ 闻一多：《天问疏证》，上海古籍出版社，1985年，第21页。

⑨ （汉）班固撰，（唐）颜师古注：《汉书》卷六《武帝纪》，中华书局，1962年，第190页。

启母阙是启母庙前的神道阙，位于嵩山万岁峰下山坡上，为颍川太守乐庞于汉安帝延光二年（123年）建造。阙身画像保存完好，其中就有“夏禹化熊”图。启母阙铭记夏禹治水的功绩和三过家门而不入的忘我精神。其活动区域均在豫西。近年来发现的《遂公盨》是一件十分珍贵的西周中期偏晚的青铜器，李学勤先生认为：“文字风格确同《尚书》接近，其有特殊价值可想而知。”①铭文曰：“天命禹敷土，随山浚川。”与《尚书·禹贡》“禹敷土，随山刊木，奠高山大川”，又《书序》“禹别九州，随山濬川，任土作贡”，内容是完全一致的，他的治水主要是在有山川的地方，其活动地区也都是在豫西山河相间之地。这些文献与考古材料，说明禹治水不是在河济流域。故有些学者认为：“禹治洪水的传说在伊洛流域也要多一些。”②这个看法是正确的。笔者同意并赞成杨国勇先生对“九山”“九州”的考释，还要提出一个很重要的问题就是禹治水与“九山”“九州”有密切的关系，“九山”“九州”都离不开“九”字。“九”是言其多也。

《书序》曰：“禹别九州，随山浚川，任土作贡。”③

《尚书·益稷》（原合于《皋陶谟》）：“予决九川，距四海。”④

《山海经·海内经》云：“禹鲧是始布土，均定九州。”⑤

《山海经·海内经》云：“帝乃命禹卒布土以定九州。”⑥

《大戴礼记·五帝德》：“（禹）巡九州，通九道，陂九泽，度九山。为神主，为民父母。”⑦

《国语·周语下》曰：“封崇九山，决汩九川，陂鄣九泽。”韦昭注曰：“封，大。崇，高也。除其壅塞之害，通其水泉，使不堕坏，是谓封崇。凡此诸言九者，皆谓九州之中山川薮泽也。”⑧何谓九州？从有关古文献考察，有的学者认为“九山”“九河”“九州”均在伊洛流域⑨。这个看法可能有些不很准确之处，但总的说来是正确的。《淮南子·地形训》提出“九山”。“何谓九山？会稽、泰山、王屋、首山、太华、岐山、太行、羊肠、孟门。”⑩朱熹在《楚辞集注》里提出“九河”，

---

① 李学勤：《中国古代文明研究》，华东师范大学出版社，2009年，第162页。

② 杨国勇：《夏族渊源地域考》，《夏史论丛》，齐鲁书社，1985年，第282页。

③ 曾运乾：《尚书正读》，中华书局，1964年，第49页。

④ 曾运乾：《尚书正读》，中华书局，1964年，第39页。

⑤ 袁珂校注：《山海经校注》，上海古籍出版社，1980年，第469页。

⑥ 袁珂校注：《山海经校注》，上海古籍出版社，1980年，第472页。

⑦ （清）王聘珍：《大戴礼记解诂》，中华书局，1983年，第124~125页。

⑧ 徐元诰撰，王树民、沈长云点校：《国语集解》，中华书局，2002年，第95页。

⑨ 杨国勇：《夏族渊源地域考》，《夏史论丛》，齐鲁书社，1985年，第282~283页。

⑩ 何宁：《淮南子集释》，中华书局，1998年，第313页。

即“徒骇、太史、马颊、覆鬴、胡苏、简、洁、钩盘、鬲津也。禹治河至兖州分为九道，以杀其溢”[①]。《淮南子》与朱熹《楚辞集注》把“九河”“九山”的范围说得更大，若仔细考察起来恐怕是不符合历史实际的，这种看法仅仅是代表西汉人所提出的观点。所谓“天地之间，九州八极。土有九山，山有九塞”，一般是指禹贡所说九个州，是指“神州”，即中国之内的九个州。但是“九州”的起源甚早，它最初是指禹治水活动的地理区域为九州之地。胡阿祥提出“考九州的原始涵义是指洪水中的许多块陆地”[②]。我认为还是有具体的方位可言的。所谓夏代“九州”所在地应以徐中舒[③]等先生所说以《左传》司马侯所说的“九州”为准。《左传》昭公四年曰：“（司马侯）对曰：‘恃险与马，而虞邻国之难，是三殆也。四岳、三塗、阳城、大室、荆山、中南，九州之险也，是不一姓。’”[④]“四岳”杜预注为“东岳岱，西岳华，南岳衡，北岳恒”，此说不符合实际。岳与嶽应是相通的，顾颉刚先生说，“四嶽者，姜姓之族之原居地”[⑤]。徐旭生先生认为四岳实指大岳，大、太相通，故也称之为太岳，可取。《尚书·禹贡》曰：“既修太原，至于岳阳。”[⑥]孔传曰：“岳字又作獄，太岳，山名。”孔颖达疏曰：“下文导山云：‘壶口，雷首，至于太岳。知此岳即太岳也，属河东郡，在太原西南也。’”《汉书·地理志》记载河东郡：“彘，霍大山在东，冀州山，周厉王所奔。”[⑦]《周礼·职方氏》“河内曰冀州，其山镇曰霍山”[⑧]，即此太岳是也。《史记·夏本纪·正义》引《括地志》云：“霍太山在沁州沁原县西七八十里。”[⑨]《尚书·禹贡》顾颉刚注释云：“岳是太岳，即今山西霍县东三十里的霍山。”[⑩]霍山今称太岳山，位于山西省的西南部南临古夏墟，是古代九州险要地之一。所以《逸周书·度邑篇》记武王之言曰：“自雒汭延于伊汭，居易毋固，其有夏之居。我南望三塗，北望嶽鄙，顾詹有河，粤詹雒、伊，毋远天室。”“所谓嶽鄙，

---

① （宋）朱熹：《楚辞集注》，上海古籍出版社，1979年，第43页。

② 胡阿祥：《“茫茫禹迹，画为九州”述论》，《九州》（第三辑），商务印书馆，2003年，第38页。

③ 徐中舒：《再论小屯与仰韶》，《安阳发掘报告》1931年第3期；辛树帜：《禹贡新解》，农业出版社，1964年，第51～54页。

④ 杨伯峻：《春秋左传注》，中华书局，1981年，第1246～1247页。

⑤ 顾颉刚：《史林杂识》，中华书局，1963年，第45页。

⑥ 曾运乾：《尚书正读》，中华书局，1964年，第49页。

⑦ （汉）班固撰，（唐）颜师古注：《汉书》卷二十八《地理志》，中华书局，1962年，第1550页。

⑧ 李学勤主编：《周礼注疏（下）》，北京大学出版社，1999年，第875页。

⑨ （汉）司马迁撰，（南朝·宋）裴骃集解，（唐）张守节正义：《史记第一册》，中华书局，1959年，第53页。

⑩ 侯仁之：《中国古代地理名著选读（第一辑）》，科学出版社，1959年，第9页。

即霍山之南鄙，是亦以嶽名霍山，与《禹贡》同。”[①]

三塗，杨伯峻《春秋左传注》曰：“杜注在河南陆浑县南。”[②]如杜注，则今河南嵩县西南十里伊水北之三塗山，俗名崖口，又名水门者也。“《周本纪》云：‘我南望三塗’，当即此。服虔则谓太行山、轘辕、崤渑，总名曰三塗。”[③]此说不可信。三塗应在陆浑县南。郦道元力主此说，《水经・伊水》：“又东北过陆浑县南。”郦注云：“伊水迳其下，历峡北流，即古三塗山也。”杜预《释地》曰：“山在县南。”阚駰《十三州志》云：“山在东南。今是山在陆浑故城东南八十许里。”京相璠《春秋土地名》曰：“（三塗）山名也。”[④]《清一统志・河南府・山川》云：“三塗山在嵩县西南……旧志在今县西南十里伊水北，俗呼为崖口，又曰水门。”[⑤]嵩县即今河南嵩县，陆浑县即今嵩县东北的陆浑镇。三塗与四岳南北相对，应为禹时九州之地的又一险要地带。

阳城，杜预注“在阳城县东北”，西晋阳城县在今河南登封市告成镇考古调查所得的古阳城遗址，城东北，山岭起伏即古代的阳城山。《水经・洧水》“洧水出河南密县西南马领山”[⑥]，郦道元注曰：“水出山下。亦言出颍川阳城山，山在阳城县之东北，盖马领之统目焉。”[⑦]可知阳城山又称马领山，位于阳城县东北，与杜预所注正相吻合。1977 年曾数次考古勘查遗址发现大小二城应为禹都阳城，可详见后。

大室，杨伯峻《春秋左传注》曰：“即今河南登封县北之嵩山。”[⑧]《史记・封禅书》曰：“太室，嵩高也。”[⑨]

荆山，杨伯峻《春秋左传注》“今湖北南漳县西八十里之荆山”[⑩]不确，应在今河南灵宝市。《史记・封禅书》曰“黄帝采首山铜，铸鼎于荆山下”[⑪]。“在黄帝铸鼎原

---

① 顾颉刚：《史林杂识》，中华书局，1963年，第38页。

② 杨伯峻：《春秋左传注》，中华书局，1981年，第1246页。

③ 杨伯峻：《春秋左传注》，中华书局，1981年，第1246页。

④ （北魏）郦道元著，陈桥驿校证：《水经注校证》，中华书局，2007年，第374页。

⑤ （清）穆彰阿、潘锡恩等纂修：《大清一统志》（五），上海古籍出版社，2008年，第237页。

⑥ （北魏）郦道元著，陈桥驿校证：《水经注校证》，中华书局，2007年，第517页。

⑦ （北魏）郦道元著，陈桥驿校证：《水经注校证》，中华书局，2007年，第518页。

⑧ 杨伯峻：《春秋左传注》，中华书局，1981年，第1246页。

⑨ （汉）司马迁撰，（南朝・宋）裴骃集解，（唐）张守节正义：《史记・封禅书》，中华书局，1959年，第1371页。

⑩ 杨伯峻：《春秋左传注》，中华书局，1981年，第1246页。

⑪ （汉）司马迁撰，（南朝・宋）裴骃集解，（唐）张守节正义：《史记・封禅书》，中华书局，1959年，第1394页。

对面八公里的地方，就是横亘在灵宝西部的小秦岭——荆山。”[①]

中南，《诗·秦风》：“终南何有，有条有梅。”[②]毛传曰：“终南，周之名山，中南也。”[③]《括地志》说：“终南山，一名中南山。”[④]宋朱熹《诗经集解》曰：“终南、山名，在今京兆府南。”[⑤]柳宗元《终南山祠堂碑》也说：“惟终南据天之中，在都之南，西至于褒斜，又西至于陇首，以临于戎，东至于商颜，又东至于太华，以距于关。实能作固，此屏王室。”[⑥]顾祖禹《读史方舆纪要》曰：“终南脉起昆仑，尾衔嵩岳。”[⑦]其山脉横贯陕西南部，东端入河南省至陕县，西端入甘肃省至天水县，即秦岭也，主峰在长安县南。

上面所述司马侯所说的九州之险，如果考释不错的话，可知作为九州之险的四岳、三途、阳城、太室、荆山、中南六山所在。大致都位于今豫西黄河两岸以及伊、洛、颍、汝河谷盆地的周围，而这个区域内应是当时夏代最早活动的区域范围，也是夏王朝统治的中心区，夏禹治水的活动范围也应在此区域内及其附近，不会远至河济之间。

第三，《史记·夏本纪》曰：“禹行自冀州始”。《正义》曰：“按：理水及贡赋从帝都为始也。”说明禹治水从冀州开始。《集解》引郑玄曰：“两河间曰冀州。”[⑧]《淮南子·地形训》云“正中冀州曰中土”[⑨]，又“少室、太室在冀州”。高诱注：“少室、太室在阳城，嵩山之别名。”[⑩]说明禹治洪水应是在晋南或豫西开始治水的。冀的得名与古冀国有关。《战国策·燕二》“我下枳，道南阳、封、冀。”[⑪]冀本古国名。春秋时并于虞，虞亡入晋。《左传·僖公三年》晋荀息称“冀不为道”即此。按：今山西河津县东北15里有冀亭，即冀国故地。或谓在山西稷山县北，地亦相近[⑫]。

---

① 许永生：《黄帝铸鼎原与中华文明起源》，《灿烂的仰韶文化》，2003年，第364页。

② 程俊英、蒋见元：《诗经注析》，中华书局，2010年，第349页。

③ 阮元：《毛诗正义》，中华书局，2009年，第242页。

④ （唐）李泰等著，贺次君辑校：《括地志辑校》，中华书局，1980年，第8页。

⑤ （宋）朱熹：《诗集传》，中华书局，1958年，第77页。

⑥ （唐）柳宗元：《柳宗元集》，中华书局，1979年，第127页。

⑦ （清）顾祖禹撰，贺次君、施和金点校：《读史方舆纪要（五）》，中华书局，2005年，第2460页。

⑧ （汉）司马迁撰，（南朝·宋）裴骃集解，（唐）张守节正义：《史记（一）》，中华书局，1959年，第52页。

⑨ 何宁：《淮南子集释》，中华书局，1998年，第312页。

⑩ 何宁：《淮南子集释》，中华书局，1998年，第362页。

⑪ 刘向集录：《战国策》，上海古籍出版社，1985年，第1079页。

⑫ 缪文远：《战国制度通考》，巴蜀书局，1998年，第202页。

《汉书·武帝纪》颜师古注引《淮南子》曰："启，夏禹子也。其母塗山氏女也。禹治鸿水，通轘辕山，化为熊。谓塗山氏曰：'欲饷，闻鼓声乃来。'禹跳石，误中鼓。塗山氏往，见禹方作熊，惭而去。至嵩高山下化为石，方生启。禹曰：'归我子。'石破北方而启生。"《汉书·武帝纪》又有："朕用事华山，至于中岳……见夏后启母石。翌日亲登嵩高。"①

《史记·封禅书》又说："黄帝采首山铜，铸鼎于荆山下。鼎既成，有龙垂胡髯下迎黄帝。…… 故后世因名其处曰鼎湖。"②《水经注·河水篇》曰："湖水又北迳湖县东，而北流入于河。《魏土地记》曰：'弘农湖县有轩辕黄帝登仙处。'"③汉之湖县为今河南灵宝阌乡县。首山在今山西永济市，隔河相望。故传说中之黄帝可采铜于彼而铸于此。1999年10月中华炎黄文化研究会等五家学会和灵宝市人民政府联合召开了"黄帝铸鼎原与中华文明起源"的学术研讨会，集中对黄帝铸鼎问题进行过讨论。《通鉴外记》曰："帝采首山之铜，铸三鼎于荆山之阳，鼎成崩焉。其臣左彻取其衣、冠、几、杖而庙祀之。"在黄帝铸鼎原对面8公里的地方，就是横亘在灵宝西部的小秦岭——荆山。荆山脚下有三座并列的山峰，自左至右，分别是蚩尤山、轩辕台、夸父山④。因此，《左传》所记九州的荆山当在灵宝黄帝铸鼎原下的荆山。顾颉刚先生在《尚书·禹贡》篇注释曰"荆山，即雍州，荆、岐既旅"为北条荆山。有的专家认为"《汉书·地理志》曰：'左冯翊怀德，禹贡北条荆山在南，下有疆梁原。'汉怀德县即今陕西朝邑县，荆山在朝邑县西南三十二里"，"朝邑县即今陕西大荔县东朝邑镇。此山南与太华山相望，二山中间夹潼关古道，因此九州的荆山当指此山为宜"⑤，此说不可取。

《淮南子·人间训》说"古者沟防不修，水为民害，禹凿龙门，辟伊阙，平治水土，使民得陆处"⑥。此龙门不是陕西韩城县西北和山西河津县之间黄河两岸的龙门山，应是今洛阳的龙门山，因与伊阙相连，伊阙山名，又称龙门山。西有龙门山，东有香山，夹伊河对峙如阙门。

禹治水通轘辕山，后设关，为洛阳八关之一，八关见《后汉书·皇甫嵩传》。轘辕关在今偃师市府店镇韩庄东沟村，设有轘辕关。在府店镇内的轘辕山上，设关为控

---

① （汉）班固撰，（唐）颜师古注：《汉书》卷六《武帝纪》，中华书局，1962年，第190页。

② （汉）司马迁撰，（南朝·宋）裴骃集解，（唐）张守节正义：《史记·封禅书》，中华书局，1959年，第1394页。

③ （北魏）郦道元著，陈桥驿校证：《水经注校证》，中华书局，2007年，第111页。

④ 许永生：《黄帝铸鼎原与中华文明起源》，《灿烂的仰韶文化》，2003年，第364页。

⑤ 郑杰祥：《试论夏代历史地理》，《夏史论丛》，齐鲁书社，1985年，第271页。

⑥ 何宁：《淮南子集释》，中华书局，1998年，第1254页。

制轘辕古道。此道可能是与禹治水有关而形成的古关道[①]。

值得注意，《淮南子·人间训》《修务训》中的龙门、伊阙均正在洛阳南四十余里。而轘辕古道，在偃师县东南55里，一名鄂岭也，在登封县西北28里。

《左传》昭公元年："天王使刘定公劳赵孟于颍，馆于洛汭。刘子曰：'美哉禹功！明德远矣。微禹，吾其鱼乎！'"[②]

杨伯峻《春秋左传注》引曰"杜注：'见河、洛而思禹功。'此倒装句，言禹功美哉"[③]。

《淮南子·本经训》又曰："舜之时，共工振滔洪水，以薄空桑。……舜乃使禹疏三江五湖，辟伊阙，导廛涧，平通沟陆，流注东海，鸿水漏，九州干，万民皆宁。"[④]在这里把"三江五湖"与伊阙、廛、涧并提，说明其重要，"三江五湖"仍然是笼统的说法，而伊阙、廛、涧是具体的，说明禹治水是离不开伊洛地区。故《水经注·谷水》曰"昔洛水泛泆，漂害者众"[⑤]，说明伊洛流域经常有水灾。

总之新中国成立以来长时期，大量考古工作发掘，结合古代文献记载，说明夏禹的治水区域与夏族的统治活动地区是相重叠的，夏禹及夏族的主要活动区域是在河南西部伊洛流域，而山西省西部地区确实为夏代统治地域的一部分，但在那里不是禹最初统治的区域，它是唐虞族的活动区域而非夏族，以后商族兴起，夏族在山西的势力自然最后被商族所灭。因此钱穆先生在《周初地理考》一文中说："禹之治河，上不及龙门，下不及碣石，当在伊阙底柱之间耳。"[⑥]此说可信可从。

第二节　有夏之居考辨

沈长云先生在《说"夏族"——兼及夏文化研究中一些亟待解决的认识问题》[⑦]一文中提出："先秦文献无有言及太康居于洛汭一带者。其所引《周书·度邑》篇亦有问题，篇中所称的'有夏之居'并非夏后氏之居，实指周人自己的居易（周人自称有夏）。"其说在沈先生《上古史探研》一书《说〈逸周书·度邑〉"有夏之居"非夏

① 陈隆文：《轘辕古道的变迁》，《史学月刊》2010年第12期，第5～13页。

② 杨伯峻：《春秋左传注》，中华书局，1981年，第1210页。

③ 杨伯峻：《春秋左传注》，中华书局，1981年，第1210页。

④ 何宁：《淮南子集释》，中华书局，1998年，第578～579页。

⑤ （北魏）郦道元著，陈桥驿校证：《水经注校证》，中华书局，2007年，第400页。

⑥ 钱穆：《周初地理考》，《燕京学报》1931年第10期，第1973页。

⑦ 沈长云：《说"夏族"——兼及夏文化研究中一些亟待解决的认识问题》，《文史哲》2005年第3期，第61～68页。

后氏之居》一文中，进行了详细的辨析与论证。

《逸周书·度邑》篇原文抄录如下。

“王曰：呜呼！旦，我图夷兹殷，其惟依天。其有宪今，求兹无远……自雒汭延于伊汭，居阳无固，其有夏之居。我南望过于三涂，我北望过于有岳，丕顾瞻过于河，宛瞻于伊雒，无远天室。”①

对于这一段话，《史记·周本纪》也曾加以引用说：“王曰：‘定天保，依天室，悉求夫恶，贬从殷王受。日夜劳来，定我西土，我维显服，及德方明。自洛汭延于伊汭，居易毋固，其有夏之居。我南望三涂，北望岳鄙，顾詹有河，粤詹雒、伊，毋远天室。’营周居于雒邑而后去。”②

在这里沈先生首先反对《史记》《集解》、徐广和《索隐》《正义》之注释，他说：“目前，多数学者对‘有夏之居’的解释，是将‘有夏’简单地同于过去的夏后氏王朝。这种解释可以上溯到过去为《史记》作注的裴骃、司马贞等人。其中裴骃《史记集解》在《周本纪》所引《度邑》一文的‘有夏之居’句下云：徐广曰：‘夏居河南，初再阳城，后居阳翟。’司马贞《史记索隐》亦认为这句话是‘言自洛汭及伊汭，其地平易无险固，是有夏之旧居’。清人潘振所作的《周书解义》于此处的注解则经称：‘有夏，指太康也。’以上诸家认为，武王于此处谈到的‘有夏之居’是‘有夏之旧居’，即夏后氏，尤其是夏后太康所居住过的都邑。照此理解，武王不过是在选择周都新址时，想到了过去夏后氏的旧都在这一带，表示自己欲因袭夏朝旧居的意图。”③对于这样的解释，沈长云先生表示极力反对，认为：“按《度邑》文字本来的意义。其实并不能得出周武王想因袭夏后氏旧居的意思。这里关键的一个问题，是人们忽略了对‘有夏之居’前面的一个‘其’字的解释。按‘其’字在古汉语中常见的用法，是作第三人称代词，此于本句显然不适用；‘其’亦可用作连词，表示‘如果’、‘假设’的意思，此亦无法用作本句的解释。通读上下文，可知‘其’在这里应是作副词用，表期望，祈使之语气，约相当于古汉语中的‘将’的意思。”④在这里将“其”字解释成“将”。劳干、屈万里校注《史记今注》《周本纪》注，早就已经提出这个问题，说：“周人自谓其国曰夏，《尚书》……区夏，有夏皆谓周也。此有夏，亦当指周言。其，将然之词，言此地将为周之居处（意谓京都）也。”⑤这个解释得到杨宽先生的赞许，他认为：“这个解释是正确的。周人自称‘我有夏’（见《尚书》的《君奭》《立政》），‘有夏之居’即是‘周居’，所以《史记·周本

① 黄怀信等：《逸周书汇校集注》，上海古籍出版社，1995年，第511～513页。

② （汉）司马迁：《史记》，中华书局，1959年，第129页。

③ 沈长云：《上古史探研》，中华书局，2002年，第22页。

④ 沈长云：《上古史探研》，中华书局，2002年，第122页。

⑤ 劳干、屈万里校注：《史记今注》第一四卷，《周本纪注》，台湾中华丛书委员会，1963年。

纪》下又接着就说：‘营周居于洛邑而去。’”[①]此说也得到了有些学者的赞同[②]。应该指出沈长云、劳干、屈万里等先生将《逸周书·度邑篇》“其有夏之居”的“其”字解释成“将”字，是值得商榷的。在古代书籍中，“其”字有多种用法。王引之在《经传释词》中说，“其，犹将也”，“其，犹若也”，“其，犹乃也”，“其，犹宁也”，“其，犹殆也”，“其，犹尚也”[③]。从这里可以看出，“其”字为指事之词，然后结合《逸周书·度邑篇》全文综合进行考察，可以看出，“其有夏之居”不能理解为周人的自己的称号，因为这是武王伐纣后，从长远利害看周人是在考察地形，是如何建立国都选址，周人之所以选址在洛邑是因为这里便于对东方进行直接统治。更重要的是，这里自洛汭延于伊汭，不仅是一片广阔的平原，而且地势平易无险固，“其有夏之居”（乃是夏王国建都的地方）。这个“其”字，不能解释成“将”字，“有夏之居”是夏王朝建都的地方，怎么能解释成“将”是夏王朝的居地呢？只能解释成“乃”是夏王朝的“居”地才较为妥当，在这里“居”有“都”的含义。所以《史记·封禅书》说：“昔三代之居，皆在河洛之间。”[④]故《正义》引《世本》云：“夏禹都阳城，避商钧也。”[⑤]《帝王世纪》云：“殷汤都亳，在梁，又都偃师，至盘庚徙河北，又徙偃师，周文、武都丰、镐，至平王徙都河南。据之，夏商周三代之居皆在河洛之间也。”[⑥]很明显，武王在这里选择的是周人国都的地址，夏人也曾在这里建过都，是作为周人把国都选择在洛邑的一个重要条件。这一点对我们理解《逸周书·度邑篇》的内涵至关重要。

“其有夏之居”的“有夏”，这里应是夏人的专称。其证据《国语·周语下》第三曰：“赐姓曰姒，氏曰有夏，谓其能以嘉祉殷富生物也。”徐元浩《国语集解》（修订本）注释曰：“尧赐禹姓曰姒，封之于夏。祉，福也，殷，盛也。赐姓曰姒，氏曰有夏者，以其能让善福殷富天下，生育万物也。姒，犹祉也。夏，大也。以善福殷富天下为大也。”徐元诰的《国语集解》注释，主要根据是三国韦昭《国语》注解，该书曰：“‘尧赐禹姓曰姒，封之于夏’。又曰：‘祉，福也，殷，盛也。赐姓曰姒，氏曰有夏者，以其能以善福殷富天下，生育万物也。姒，犹祉也。夏，大也。以善福殷富天下为大也’。”[⑦]《国语·周语下》第三又曰：“祚四岳国，命以侯伯，

① 杨宽：《西周史》，上海人民出版社，1999年，第508页。

② 王宁：《“夏居河南说”之文献考辨——兼说二里头文化非夏文化》，《枣庄师范专科学校学报》2003年第1期，第48～56页。

③ （清）王引之：《经传释词》，岳麓书社，1985年，第108～113页。

④ （汉）司马迁撰，（唐）张守节正义：《史记》，中华书局，1959年，第1371页。

⑤ （汉）司马迁撰，（唐）张守节正义：《史记》，中华书局，1959年，第1371页。

⑥ （晋）皇甫谧：《帝王世纪》，辽宁教育出版社，1997年，第30～41页。

⑦ 徐元诰：《国语集解》（修订本），中华书局，2002年，第97页。

赐姓曰姜，氏曰有吕。”在这里很明显表明：“有夏”“有吕”是尧赐禹姓曰姒，姜炎帝之姓，氏曰有吕，以上为氏也。从这里可以看出“有夏”应是尧赐姓曰姒，氏曰有封，而因封之于夏。所以《史记·夏本纪》曰：“帝舜荐禹于天，为嗣。十七年而帝舜崩。三年丧毕，禹辞辟舜之子商均于阳城。天下诸侯皆去商均而朝禹。禹于是遂即天子位，南面朝天下，国号曰夏后，姓姒氏。”①

故《古本竹书纪年》曰：“禹居阳城。”②《世本·居篇》：“禹都阳城。”③

《太平御览》三十九《嵩山》条，又引韦昭注：“崇嵩自古通用，夏都阳城，嵩山在焉。”④《国语·周语上》又说：“昔伊洛竭而夏亡。”韦昭注：“伊出熊耳，洛出冢岭，禹都阳城，伊洛所近。”⑤

以上将阳城看作在伊洛一带是可信的，不仅如此，伊洛地区也是夏族兴起之地。“阳城”在河南登封有两个意思。一是山名。王先谦《汉书补注》卷上一曰：“《一统志》阳城山在今登封县东北，旧志俗名车岭山。”《左传》昭公四年：“四岳，三涂，阳城太室，九州之险也。”说明阳城山应是伊洛流域的一个重要山险之地。二是地名。王先谦《汉书补注》曰：“《一统志》‘（阳城）故城今登封县东南三十五里，俗名之为告成镇’。”⑥值得注意的是，今天考古工作在告成镇王城岗确实发现大小两个城址，应与禹都阳城有关，这一点现在看来不用怀疑，在这一带还发现了许多夏文化遗址。如登封的告城、八方村、石羊关、巩县稍柴、伊川白元，洛阳孙旗屯，偃师夏后寺等⑦。闫若璩《四书释地》、《清一统志》、顾祖禹《读史方舆纪要》均认为阳城在告成镇，为禹都所在。因此，根据目前所见文献与考古资料的印证，阳城应在伊洛颍地区。

另外还有禹都阳翟之说。《汉书·地理志·颍川郡》“阳翟”，班固自注：“夏禹国。”王先谦《汉书补注》曰：“颍水（注）夏禹始封于此，为夏国。故武王至周曰：‘吾其有夏之居乎？’遂营洛邑。”⑧《后汉书·郡国志·颍川郡》：“阳翟禹所都。”刘昭补注：“《汲冢书》：‘禹都阳城’。”⑨《史记·周本纪》《集解》引徐

---

① （汉）司马迁：《史记》，中华书局，1959年，第82页。

② 范祥雍编：《古本竹书纪年辑校订补》，上海人民出版社，1957年，第8页。

③ （汉）宋衷：《世本》，时代文艺出版社，2008年，第83页。

④ （宋）李昉：《太平御览》，中华书局，2000年，第185页。

⑤ 徐元诰撰，王树民点校：《国语集解》，中华书局，2002年，第27页。

⑥ （清）王先谦补注：《汉书补注》，上海古籍出版社，2012年，第2304页。

⑦ 中国科学院考古研究所洛阳发掘队：《河南偃师二里头遗址发掘简报》，《考古》1965年第5期，第223页。

⑧ （清）王先谦：《汉书补注》，上海古籍出版社，2012年，第2296页。

⑨ （宋）范晔：《后汉书》，中华书局，1965年，第3421～3422页。

广曰："夏居河南，初在阳城，后居阳翟。"其他李吉甫的《元和郡县志》也主张此说[①]。徐广之说可信，禹居阳城也是可信的，有夏之居在伊、洛、颍流域是符合历史事实的。

《逸周书·度邑》篇曰："自雒汭延于伊汭，居易无固，其有夏之居。"[②]朱右曾也曰："雒汭，雒水入河之处，在河南府巩县北；伊汭，伊水入雒处，在河南府偃师县西南五里。"这个说法表明"有夏之居"就在伊洛地区应是正确的。如果将"有夏"解释成周人自称之词，是绝对不能成立的。在《尚书》中有些篇章的句子也是无法理解的。如《尚书·召诰》曰："相古先民有夏，天迪从子保，面稽天若，今时既坠厥命。"又曰："我不可不监于有夏，亦不可不监于有殷。我不敢知曰，有夏服天命，惟有历年；我不敢知曰，不其延。惟不敬厥德，乃早坠厥命。"[③]

顾颉刚《尚书校释译论》曰"我不可不监于有夏，亦不可不监于有殷"，即是说："我们不可不把夏国看作榜样，也不可不把殷国看作榜样。我不敢说夏王受天命的年数长久，我也不敢说他们不长久，可以确定的是他们不能注意德行，所以早失掉了天命。"[④]王世舜《尚书译注》也都译为以上的话，"有夏"应指古代的夏人，"我们不能不以夏为鉴戒，也不能不以殷为鉴戒"。其他曾运乾《尚书正读》、周秉钧《尚书易解》等书均以"有夏"作为"夏国"的代称。

沈长云先生在文中又提出，周代的贵族仍有以"有夏"或"夏"为自称的情况，并举出《尚书》中三条材料作为依据。《尚书·康诰》："惟乃丕显考文王，克明德慎罚，不敢侮鳏寡……用肇造我区夏。"《尚书·君奭》："惟文王尚克修和我有夏。"《尚书·立政》："帝钦罚之，乃伻我有夏，式商受命，奄甸万姓。"沈先生认为："以上三篇均出自周人之手，且为周公之辞。由这些可靠文字，知'有夏'、'区夏'都属于周人的自称。"[⑤]

那么如何理解沈先生所说有夏、区夏都属周人自称的问题呢？沈先生以"有夏""区夏"为周人自称之说固然符合历史的事实，但更应注意到在先秦史上周人不仅崇夏，而且常常是以夏人之后自居的。所以，后世史家有"周人尊夏"之说。"周人尊夏"在文献上不仅有《尚书》中《康诰》《君奭》《立政》3条资料可证，《国语·周语上》也有材料可资补证。其文载，祭公谋父劝周穆王征犬戎时说："昔我先

① 邹衡：《夏文化分布区域内有关夏人传说的地望考》，《夏商周考古学论文集》，文物出版社，1980年，第224页。

② 黄怀信等：《逸周书汇校集注》，上海古籍出版社，1995年，第512页。

③ 曾运乾：《尚书正读》，中华书局，1964年，第193～197页。

④ 顾颉刚、刘起釪：《尚书校释译论》，中华书局，2005年，第1447页。

⑤ 沈长云：《说〈逸周书·度邑〉"有夏之居"非夏后氏之居》，《上古史探研》，中华书局，2002年，第123页。

王世后稷，以服事虞、夏。及夏之衰也，弃稷弗务，我先王不窋用失其官，而自窜于戎、狄之间，不敢怠业，时序其德，纂修其绪，修其训典，朝夕恪勤，守以敦笃，奉以忠信。奕世载德，不忝前人。”[①]从祭公谋父之语，可以推知：一、所谓“昔我先王世后稷，以服事虞、夏”，说明夏与周之始祖后稷有着十分密切的关系，这种关系主要是由夏、周两族曾同属一个族源决定的，也就是说，周、夏之先皆属黄帝之部落联盟[②]。二、所谓“不敢怠业”“修其训典”说明周代的农业是直接从夏代传授下来的，周保持着夏的文化[③]。由此亦可知，周代的其他制度或多或少也都是直接从夏代继承下来的。因此周人往往以夏人之后自居。除了上述文献佐证之外，李民先生也从周、夏之族源关系、周之先民与夏本在同一地区，周人宣传夏、周关系的意义三方面，详尽论证了周人尊夏并以夏人之后自居的原因，在此不一一赘述[④]。应该强调指出的是，“周人尊夏”的旗帜，在西周初年确曾发挥过重要作用。周王朝以“小邦周”猝然夺取了“大邦殷”的统治，本不是一件容易办到的大事，怎样去巩固周的统治，就更为不易。周人除采取了一系列的经济、政治和军事手段外，还展开了宣传攻势。他们一方面宣传自己的统治与殷朝的“古先哲王”同样“有德”，另一方面，面对广大的中原地区，特别是面对原来夏王朝的中心地区，也尽量抓住人们追念夏王朝政绩的心理，拼命宣传自己是夏的后代，一时说“我有周”，一时又称“我有夏”，一再表明夏、周关系非常密切。应该看到，周人的宣传如果毫无任何历史根据，那就骗不过“有册有典”的殷人。因而这种宣传的本身基本上反映了夏、周族源关系的某些原始面貌[⑤]。因此，在研治先秦史时，只有理解了特殊时代背景和条件下的夏、周关系，才能真正对古文献中特别是《尚书》中周人自称“我有夏”“我区夏”的含义做出正确的解释。

明白了周人尊夏的史实之后，又怎样理解“有夏”“区夏”的内涵呢？曾运乾《尚书正读》对“区夏”的解释就很有见地。他将《康诰》中“用肇造我区夏，越我一二邦，以修我西土”解释为“肇，始也。区，区域也。夏，中国也。越，及也。修，治也。西土，言岐镐。言文王始造区夏，渐及一二邦，以至三分天下有其二，修和我西土也”[⑥]。王世舜《尚书译注》解释“用肇造我区夏”时说：“用，因此。肇读照，开始。区，小。夏，指中国。”又说：“因而缔造了我们小小的周国。影响逐渐

① 徐元诰：《国语集解》，中华书局，2002年，第3～5页。

② 李民：《中国古代文明的起源与进程》，线装书局，2008年，第301页。

③ 顾颉刚、王树民：《“夏”和“中国”——祖国古代的称号》，《中国历史地理论丛》（第一辑），陕西人民出版社，1981年，第7页。

④ 李民：《中国古代文明的起源与进程》，线装书局，2008年，第300～305页。

⑤ 李民：《中国古代文明的起源与进程》，线装书局，2008年，第305页。

⑥ 曾运乾：《尚书正读》，中华书局，1964年，第160页。

扩大，从我们一两个小国，逐渐扩大到天下的三分之二。”[①]很显然，在这里“区夏”应是代表“中国”之意。周秉钧《尚书易解》则认为：“夏，中夏。指今山西南部陕西东南与河南西部。”[②]在这里有些学者只把“区夏”解释为“周本国”是有些不很恰当的。李民先生《尚书译注》引杨筠如《尚书核诂》云：“盖区以别之，则有小意。然则用肇造我区夏，犹《大诰》‘兴我小邦周’矣。夏，中国，这里指周朝。”[③]李民先生将此句解释为：“这样，才造就了我们小小的周国，和我们的友邦一起来治理好我们西方。”[④]这样的解释可能白璧微瑕。那么《尚书·康诰》中的“区夏”究竟应如何解释呢？我认为顾颉刚先生说的很正确。他说：“实际上‘区夏’就是‘夏区’，即保持夏文化的地方，周人是以夏文化继承者自居。”[⑤]所以在古代很早称“夏”和“中国”，《说文·五下·夊部》曰：“夏，中国之人也。从夊从页，从臼。臼，两手。夊，两足也。”[⑥]夏的统治范围最初是很狭小的，就是指夏族最初活动的区域，伊洛河流一带，以后到夏王朝晚期才扩展到山西南部或陕西东部。再后来，“夏”，即今“中国”的地域范围随着历史的发展，而又有演变。其含义也都变化，但它的根始终都与夏、夏族活动的区域有密切关系，由于夏文化是代表中国的正统文化，所以周的建国者文王，是以正统文化的继承人自居的。因此在《尚书·君奭》提出：“惟文王尚克修和我有夏。”对于此“有夏”王世舜《尚书译注》曰：“夏，古人称中国曰夏。”又说：“只有像文王这样的有道德的人，才能把中国治理好啊！”周秉钧《尚书易解》也说：“修，治也。有夏，中国。”因此《尚书·君奭》篇曰：“惟文王尚克修和我有夏”，不能解释成周人的目标。在这里顾颉刚和王树民先生的看法认为：“‘夏’和‘中国’都是西周初年周人对其本国人的称法。”[⑦]认为自己是代表正统的中国文化，这个意思是不能用周人自称之词表达出来的。

关于“中国”一词的含义及其地域概念的演变亦有助于相关问题的理解。许慎《说文解字》曰：“夏，中国之人也。”[⑧]此后，历代学者均有类似阐述。如《汉

---

① 王世舜：《尚书译注》，四川人民出版社，1982年，第225、227页。

② 周秉钧：《尚书易解》，岳麓书社，1984年，第168页。

③ 李民、王健：《尚书译注》，上海古籍出版社，2004年，第258～259页。

④ 李民、王健：《尚书译注》，上海古籍出版社，2004年，第258～259页。

⑤ 顾颉刚、王树民：《“夏”和“中国”——祖国古代的称号》，《中国历史地理论丛》（第一辑），陕西人民出版社，1981年，第7页。

⑥ （汉）许慎：《说文解字》，中华书局，1963年，第112页。

⑦ 顾颉刚、王树民：《“夏”和“中国”——祖国古代的称号》，《中国历史地理论丛》（第一辑），陕西人民出版社，1981年，第8页。

⑧ （汉）许慎撰，（清）段玉裁注：《说文解字注》，上海古籍出版社，1981年，第233页。

书·地理志》颜师古注："夏，中国。"[①]《后汉书·班彪传》李贤注："夏，中国也。"[②]《战国策·秦策》鲍彪注："夏，中国也。"[③]皆为其例。在这里为什么把"夏"解释成中国呢？《史记·天官书》曰："及秦并吞三晋、燕、代，自河山以南者中国。"《史记正义》曰："河，黄河也。山，华山也。从华山及黄河以南为中国也。"[④]这正表明了古代中国最初的地域概念正是夏人兴起的地方，同时也是夏文化最初兴起分布的地区。所以古人所称的"中国"最初就是指夏人居住和活动的地区，故《说文》说"夏为中国之人"，同时也是中国传统文化血脉之根所在地区。因此生活在这个地区的民族又称为华夏族。西周初年，武王灭商后，要选定都城作为周政治权力的统治中心。1983年陕西宝鸡出土的青铜器《何尊》铭文曰"惟武王既克大邑商，则延告于天，曰'余其宅兹中国，自之辟乂民'"。唐兰曰："中国指周王朝疆域的中心，即指洛邑，后来就建立成周。"[⑤]所以《逸周书·度邑篇》中记武王的话说："自雒汭延于伊汭，居易无固，其有夏之居。我南望过于三涂，我北望过于岳，鄙顾瞻过于河，宛瞻于伊、锥，无远天室。其曰兹曰度邑。"正是这个道理，如果将"有夏"解释成周人的自称，那就失去夏为中国的含义。

《逸周书·度邑》篇主要是记武王决定让周公继承大位以及规度洛阳，确定天保之事。所以黄怀信先生在注释以上这段文意说："武王道：'唉呀，姬旦！……从洛水以北一直到伊水以北，地势高阳，没有屏障，那里曾是夏人居住的地方。我从那里向南望望过三塗，向北望望过太岳，回头向后望望过黄河，顺着向前望望过伊水、洛水，而且离天室嵩山不远，就叫这为度邑吧！'"[⑥]从以上《逸周书·度邑篇》的内容可以看出，只有把"有夏之居"解释成夏人曾经居住过的地方才比较切题，因而上下文意才能符合原意。沈先生将"有夏之居"解释成周人自称之词，或恐有进一步探讨的余地。沈先生还认为："如果将'有夏'认作过去的夏后氏，将'有夏之居'，当作夏后氏王朝的旧居，则全句显然无法通读。"[⑦]这一观点也有待商榷，只有把《逸周书·度邑》篇中"有夏之居"解释成夏人建都之地。才可能真正说明周人认为自己是正统文化的继承者的历史事实，否则是无法说明这一点的。

---

① （汉）班固：《汉书》，中华书局，1962年，第1646页。

② （宋）范晔：《后汉书》，中华书局，1965年，第1367页。

③ （西汉）刘向：《战国策》，上海古籍出版社，1985年，第260页。

④ （汉）司马迁撰，（唐）张守节正义：《史记》，中华书局，1959年，第1347页。

⑤ 唐兰：《西周青铜器铭文分代史徵》，中华书局，1986年，第76页。

⑥ 黄怀信：《逸周书校补注译》，三秦出版社，2006年，第220页。

⑦ 沈长云：《上古史探研》，中华书局，2002年，第122页。

第三节 禹都阳城与天下第一都

一、禹都阳城

20世纪70年代末至80年代之初，在河南郑州地区的登封王城岗发掘一座城址。该城址位于河南登封市告城镇西北约500米的五渡河与颍水交汇处的岗地上，雄踞于中岳嵩山南麓和豫中名川颍水之滨。王城岗龙山文化古城遗址东西两城并列，东城的西墙就是西城的东墙，西城所在地势略高于东城。东城破坏严重，仅存的南墙西段残长约30米，西墙残长约65米。二者相交处的角度为88°，近乎直角。西城保存的情况较好，城垣的长度为：南墙82.4米，西墙92米，北墙西段残长29米，东墙南段残长约65米，西南城角为直角，西北城角为89°，也近似直角。这两个城角建筑形制，均与东城的西南角相同，即内角呈凹弧形。东南两城的面积，共约1万平方米，都是在王城岗龙山文化二期修筑和使用的。东城始建时间略早于西城。两城修筑之所以有早晚，可能是由于东城被五渡河西移冲毁后，才利用东城的西墙作为西城的东墙而又修筑起西城①。

对于王城岗遗址的性质问题，学术界曾展开过热烈讨论，以安金槐先生为代表的发掘者提出："登封告城镇的王城岗龙山文化中晚期城址，可能是'禹都阳城'或'禹居阳城'的夏代阳城遗址。"②林沄先生指出："王城岗古城所保护的可能只是中心邑之中的一群重要的祭祀建筑（城内只发现夯土基址和祭祀坑）。……这样的中心邑，便具有'都'的雏形，是形成国的核心。"③严文明先生也指出："王城岗则发现有用多人奠基的情况，应也是宫殿或宗庙一类礼制性建筑的遗迹。"④许宏先生认为王城岗种种迹象表明："城内居民的成分已较为复杂，有了较大的阶层分化，已形成多层次的社会结构。修筑数百米乃至上千米长的夯土城垣这样庞大的工程，绝对不是该聚落自身所能完成得了的，这些城邑的人们为其筑城。筑城者不是该城邑使用和

---

① 河南省文物研究所、中国历史博物馆考古部编：《登封王城岗与阳城》，文物出版社，1992年，第28、31页。

② 安金槐：《试论登封王城岗龙山文化城址与夏代阳城》，《中国考古学会第四次年会论文集（1983年）》，文物出版社，1985年，第1～6页。

③ 林沄：《关于中国早期国家形式的几个问题》，《吉林大学社会科学学报》1986年第6期，第3～4页。

④ 严文明：《东方文明的摇篮》，《农业发生与文明起源》，科学出版社，2000年，第163页。

受益者，正反映了这类城邑作为统治权力象征的实质。方正的城圈等显出较强的规划性，说明中国初期城市不是随着经济发展自然形成的，而是政治行为、军事设防的结果。”[①]马世之先生又认为：“在王城岗龙山文化二期之时，已经出现了原始城市与礼仪性建筑，三期有了文字，四期发现了金属器具。尽管在时间上有早晚之别，它却表明了以王城岗遗址为代表的中原龙山文化时期，已经步入城邑文化阶段，进入文明时代。”[②]以上说明王城岗遗址很可能就是夏代的都邑——禹都阳城。

二、禹都阳城为天下第一都

文献上夏都的所在地应在何处？《汉书·地理志》说：“颍川郡阳翟，夏禹国。”这是大禹始封于夏较早的记载，《史记·夏本纪·正义》引《括地志》说：“阳翟又是禹所封，为夏伯。”傅振伦先生说：“考《汉书·地理志》于偃师云殷汤所都，于朝歌则云纣所都，惟于故侯国则皆称为国。今阳翟不云夏禹所都，而曰夏禹国，可知阳翟是禹的封国而不是禹都。《汉书》注阳翟，应劭曰，‘夏禹都也’，臣瓒曰，‘《世本》言禹都阳城，汲郡古文亦云居之，不居阳翟也’……《水经注·颍水篇》也说夏禹始封于阳翟为夏国。这些说法是正确的。”[③]

从上古以至清代，禹都阳城已成定论。故《世本·居篇》曰：“禹都阳城。”《孟子》说：“舜荐禹于天，十有七年舜崩。三年之丧毕，禹避舜之子于阳城，天下之民从之。”《史记·夏本纪》与此也略同，这一传说接近历史事实，金鹗在《求古录·礼说·夏都考》也据《夏本纪》立论说：“盖即所避之处以为都也。”惟《通志·都邑略》注独云：“禹在阳城者避商均之地，而非都也。”此说傅振伦先生言“似欠考究”[④]，傅先生的批评应是正确的。以阳城不为夏都之说，是不符合历史实际的。禹居（都）阳城，古无异说，故《古本竹书纪年》曰：“夏后氏，禹居阳城。”[⑤]此居乃都也。故《史记·封禅书》记：“昔三代之居皆在河洛之间。”[⑥]阳城在何处？虽然说法很多，唯颍川阳城最为可靠，刘熙以为在汉颍川阳城，此说见《史记集解》。韦昭《国语注》则笼统地说“禹都阳城，伊洛所近”。应劭注《汉书》，以为在阳翟。赵岐注《孟子》则以为在嵩山下。今案《史记·夏本纪·集解》引《括地

---

① 许宏：《先秦城市考古学研究》，北京燕山出版社，2000年，第34～35页。

② 马世之：《王城岗遗址的再探讨》，《中原文物》1995年第3期，第56页。

③ 傅振伦：《文献上的夏都所在》，《史学月刊》1984年第1期，第7页。

④ 傅振伦：《文献上的夏都所在》，《史学月刊》1984年第1期，第7页。

⑤ 范祥雍编：《古本竹书纪年辑校订补》，上海人民出版社，1957年，第8页。

⑥ （汉）司马迁：《史记》卷二十八《封禅书》，中华书局，1959年，第1371页。

志》云："嵩山在阳城县西北廿三里。"可知阳城当在嵩山之东南，即今河南登封市境[①]，这一看法应是比较接近历史实际的。故《史记·夏本纪》曰："禹辞辟舜之子商均于阳城。"《集解》引刘熙曰："今颍川阳城是也。"[②]《水经注》颍水下载，（颍水）东合五渡水，经阳城县故城南，"昔舜禅禹，禹避商均，伯益避启，并于此也。亦周公以土圭测日景处"[③]。颍川阳城即今之登封市告城镇，从镇出西门半里余即北—南方向奔流的五渡河，出南门约一里，即西—东方向奔流的颍水，五渡河在镇之西南与颍水相汇合。地理位置与历代文献所记符合无疑。

王城岗遗址的西城平面基本呈方形，面积近1万平方米，发现多处夯土基址遗存，对其同期灰坑木炭进行C^{14}测定绝对年代距今约4000±65年，属于龙山文化中晚期城址。这一遗址的所在地理位置与有关文献记载的"夏代阳城"地望正相吻合。再加上该城址与五渡河之隔的告城镇附近又发现了一座战国时期的"阳城"遗址和印有"阳城仓器"戳记的陶器（共计13件，其中战国早期10件，战国晚期1件，汉代2件）。可以证实，这里应是战国时代韩国的阳城遗址。当然，我们不能拿战国时代的"阳城"当成夏禹夏都的阳城，但是从地名学来看，地名是历史文化现象的重要标志之一，它具有牢固的历史继承性。因此，王城岗龙山城址和战国韩阳城遗址的发现，为我们寻找"禹都阳城"至少说是可以提供一条重要线索。从已发表的《登封王城岗与阳城》一书的资料分析，完全可以确定龙山文化晚期的小城堡，应是属先夏文化的范围，我们不能因东城范围较小就否认它的原生形态，其为禹都阳城的一部分应属无疑。故李伯谦先生说："我们不能排除禹受舜禅之前阳城已经存在的可能。如果允许作这种推测，那么将王城岗古城使用期的晚期遗存作为最早的夏文化，便不无道理。"[④]至于夏代的积年我们同意赵芝荃先生的意见，认为龙山文化晚期和新砦二里头文化为夏代的早期文化。新砦期的发现的重要学术意义，在于填补河南龙山文化与偃师二里头遗址第一期之间的空白，将河南龙山文化晚期与偃师二里头遗址第一期之间的缺环联系起来，这是非常重要的[⑤]。由此看来，禹都阳城在今登封告城镇王城岗遗址。这一结论，从考古和文献资料都可以得到证实。

有的学者提出春秋郑国阳城和战国韩国阳城是有区别的，这个意见应也是正确

---

① 傅振伦：《文献上的夏都所在》，《史学月刊》1984年第1期，第7～8页。

② （汉）司马迁：《史记》卷二《夏本纪》，中华书局，1959年，第82页。

③ （北魏）郦道元著，陈桥驿校证：《水经注校证》卷二十二《颍水》，中华书局，2013年，第491页。

④ 李伯谦：《关于早期夏文化——从夏商周王朝更迭与考古学文化变迁的关系谈起》，《中原文物》2000年第1期，第14页。

⑤ 赵芝荃：《试论二里头文化的源流》，《考古学报》1986年第1期，第1～19页。

的[①]。在告城镇东北发现的阳城遗址为战国韩国阳城遗址，在八方村东部王城岗一带发现大量的春秋文化遗存，特别是最近发现有春秋时期的大壕沟，为寻找春秋郑国阳城提供了重要资料。1995年考古工作者发现一处东周墓地，其中三号墓是一座春秋前期的中型墓葬，从其中两件铜鼎上的铭文看来，墓主人应是郑伯公子子耳[②]。值得注意，该墓地距八方王城岗遗址的直线距离约2000米，由此可以看出八方王城岗有可能就是春秋郑国阳城之所在[③]。所以在该《报告》中研究人员明确指出："假如春秋郑国阳城即位于八方王城岗一带，那么所谓'禹都阳城'说的阳城当指春秋郑国之阳城，在王城岗发现龙山文化晚期大城为禹都阳城的推测，也从另一方面说明春秋郑国阳城说的'阳城'称谓，实在是源于'禹都阳城'之'阳城'的。反过来讲，春秋郑国阳城的证实也为禹都阳城的确定提供更加有力的支持。"[④]值得注意的是，在这个区域内，我们发现春秋时铸有阳城铭文的铜戈，这就更证实了阳城的存在，而郑国阳城与禹都阳城有着非常紧密的渊源关系，这一点绝对不能否定。

在这里有一问题，值得深入讨论，王城岗阳城遗址究竟是军事性质的城堡还是禹都阳城所在地呢？我们在登封王城岗遗址内发现有祭祀的建筑。在西城内较高处的夯土建筑基址下面，发掘出王城岗龙山文化二期奠基坑13个，坑内填埋完整的人骨架17具，不完整的人骨1具，人头骨6个以及部分肢解的盆骨和下肢骨等，仅1号奠基坑（WT48H760）内，就填埋人骨架7具，死者为男女青年和儿童等。已知这些坑上的建筑基址共10处，其中有的大型建筑基址面积达150平方米左右。关于这些基址的性质，可能与祭祀有关，由此，我们不能简单地把王城岗阳城遗址看成是军事性质的城堡，故有的学者说"王城岗古城所保护的可能只是中心邑之中的一群重要的祭祀建筑（城内只发现夯土基址和祭祀坑）"[⑤]，说明这时已经有一定的祭祀礼仪。这种祭祀礼仪的出现绝对不是偶然的，如果我们在王城岗龙山文化四期灰坑（H617）内，出土一件铜鬶的腹与袋状足的部分残片，残宽6.5厘米，残高5.7厘米，壁厚0.2厘米，器表锈蚀严重，经北京科技大学冶金史研究室用原子发射光谱、金相和扫描电子显微镜检验，断

---

① 李京华：《许由·箕山·阳城考》，《李京华文物考古论集》，中州古籍出版社，2006年，第69～72页。

② 郑州市文物考古研究所、登封市文物局：《河南登封告城东周墓地三号墓》，《文物》2006年第4期，第4～16页。

③ 北京大学考古文博学院、河南省文物考古研究所：《登封王城岗考古发现与研究（2002～2005）》，大象出版社，2007年，第793页。

④ 北京大学考古文博学院、河南省文物考古研究所：《登封王城岗考古发现与研究（2002～2005）》，大象出版社，2007年，第794页。

⑤ 林沄：《关于中国早期国家形式的几个问题》，《吉林大学社会科学学报》1986年第6期，第3～4页。

定此铜器残片系由锡铅青铜铸造而成。“王城岗为构造复杂的容器鬶，用复杂的合范铸造，对外范、内范（芯）制作、套合、榫接与范芯固定要求都较高，必须准确、紧合、稳定；其次，器壁很薄，要在极狭的0.17—0.28厘米的范腔中使铜液畅通而均匀，除了高温溶解外，还要掌握浇铸技术的冷热度。”[①]故马世之先生认为：“要铸造鬶这种复杂的青铜容器，没有达到高超的冶铸技术是办不到的，与该鬶同一灰坑出土木炭测定的年代数据为距今3555±150年，树轮校正年代为3850±165年，正好在夏代积年范围之内。”[②]近来有学者根据考古发掘材料与文献记载提出：“王城岗小城有可能为‘鲧作城’，而王城岗大城有可能即是‘禹都阳城’。”[③]不管怎样，它都说明王城岗遗址为禹都阳城的说法是不能否定的，也无法否定的历史事实。

值得重视在王城岗遗址的北边正是古观星台即古“周公测景台”，测景台建筑于何时？文献记载是在唐开元十一年（723年）。《新唐书·地理志》“河南府河南郡”阳城条下的记载：“有测景台，开元十一年，诏太史监南宫说刻石表焉。”[④]这说明我们现在见到的石表，的确建立于开元十一年。

除此之外，《通典·职官》也载：“仪凤四年五月，太常博士、检校太史姚玄辩奏于阳城测影台，依古法立八尺表，夏至日中，测影有尺五寸，正与古法同。”[⑤]这说明，不仅在南宫说刻立石表之前，而且在唐仪凤四年（679年）之前，阳城即建有测影台。至于这座测影台是不是早到周公的时代，是否就是周公的原物，可以讨论，也可以怀疑。但北京大学东方文学研究中心王邦维先生认为：“如果说，姚玄辩提到的阳城测影台，是南宫说‘刻石表’的基础，也就是今天我们见到的‘周公测景台’的前身，我想应该可信。支持这一点的，还有一个证据。《周礼注疏》的作者贾公彦对上引《周礼·地官·大司徒》测影以定‘地中’的一段话以及郑司农注。”[⑥]

这段话见于《周礼·地官·大司徒》，且被反复征引，“以土圭之法测土深，正日景，以求地中。日南则景短多暑；日北则景长多寒；日东则景夕多风；日西则景朝多阴。日至之景尺有五寸，谓之地中”。郑玄注则引郑司农的话作进一步的说明：“土圭之长尺有五寸。以夏至之日立八尺之表，其景适与土圭等，谓之地中。今颍川

---

① 黄盛璋：《中国青铜时代最早形成的地域和年代初论》，《传统文化与现代化》1994年第1期，第37页。

② 马世之：《王城岗遗址的再探讨》，《中原文物》1995年第3期，第56页。

③ 方燕明：《登封王城岗城址的年代及相关问题探讨》，《考古》2006年第9期，第23页。

④ （宋）欧阳修、（宋）宋祁：《新唐书》卷三十八《地理志》，中华书局，1975年，第983页。

⑤ （唐）杜佑撰，王文锦等点校：《通典》卷二十六《职官八》，中华书局，1988年，第739页。

⑥ 王邦维：《“洛州无影”与“天下之中”》，《四川大学学报》（哲学社会科学版）2005年第4期，第98页。

阳城地为然。”[①]郑司农云：“颍川阳城地为然者，颍川郡阳城县是周公度景之处，古迹犹存。”[②]这里“古迹犹存”四字，无疑是指姚玄辩提到的阳城测景台。贾公彦撰《周礼注疏》约在唐高宗永徽年间（650—655年），时间比姚玄辩阳城测影还稍早一点。贾公彦和姚玄辩的时代，都比南宫说早。

测影台又叫“测景台”，学名“八尺表”，俗称“无影台”。既是我国古代立八尺表土圭测影的遗制，同时又是测量日影验证时令季节的仪器，周文王四子（周公姬旦）为营建洛阳曾在此测验日影。唐开元十一年（723年），太史监南宫说等人仿以周公土圭之制换以石圭石表，意思是当年周公测影就是在这个地方，故在南宫说“刻石表”之前，这个地方应当有表，有遗迹可寻，因此我们相信，在南宫说建石表和石台时，如果没有特殊的理由，是不会选择新址的，这些古代的遗制都明确说明周公“地中”“天下之中”就在这个地方——颍川阳城。今观星台正在古王城岗遗址的北边，且与王城岗遗址都在一条中轴线上，这绝非历史的偶然巧合。这同时也说明中华第一都“禹都阳城”遗址在这里绝对不是偶然的。

中国自古以来即以豫州即洛阳一带为“天下之中”，如果从建表观天而言，阳城则更被认为是中心的中心。正因为古人以阳城为“地中”，所以禹建都于此，绝对不是偶然的巧合。所以《吕氏春秋·审分览·慎势篇》云：“古之王者，择天下之中而立国。”[③]《周礼·大司徒》云：“地中，天地之所合也，四时之所交也，风雨之所会也，阴阳之所和也，然则百物阜安，乃建王国焉。”[④]远古时期的王城是国家权力象征，城在国在，城亡国亡，这里所说的“建王国”实际指的就是都城。所以王城岗阳城遗址是我国进入阶级社会以后建立的第一座王城。所以后来叫王城岗，不能因为其城址规模小一些，就否认其王都地位。故《新书·属远》云：“古者天子地方千里，中之而为都。”[⑤]而为什么要建都“天下之中”？《周礼》说得很清楚，《周礼》说是“因阴阳之所和也，然则万物阜安”，班固《白虎通》说是“处中以领四方”，谯周《法训》说是“顺天地之和而同四方之统”，左思《魏都赋》说“宅中图大”，

① 李学勤主编：《十三经注疏·周礼注疏》卷十《大司徒》，北京大学出版社，1999年，第250～253页。

② 李学勤主编：《十三经注疏·周礼注疏》卷十《大司徒》，北京大学出版社，1999年，第254页。

③ 许维遹：《吕氏春秋集释》卷十七《慎势篇》，中华书局，2009年，第460页。

④ 李学勤主编：《十三经注疏·周礼注疏》卷十《大司徒》，北京大学出版社，1999年，第252～253页。

⑤ （汉）贾谊撰，阎振益、钟夏校注：《新书校注》卷三《属远》，中华书局，2000年，第116页。

《五经要义》说是“总天地之和，据阴阳之正，均统四方，以制万国”[①]，关键是一个“中”字，居“中”一句话就是便于统治天下，使国泰民安。

正因为古人以阳城为“地中”，阳城的日影一尺五寸，土圭于是也就设计为同样的尺度。但让“测景台”在夏至正午整体看来是“无影台”古人确是费了一番心思与考究的，可见当时祖国天文知识的丰富与发展。

2004年6月21日，北京大学东方文学研究中心王邦维先生和河南省文物局孙英民副局长和文物处张斌远副处长专程到河南登封市告城镇的古观星台，实地观测“无影”的情况。天公作美，是日万里晴空，是观察“无影”的最好机会。虽然气温高达37度，王先生亲自观察到了“无影”的奇景。“无影台”为什么称为“无影”，此时终于得到验证。王先生在文中还特别提出观察“无影”的同时，还发现一个现象，在正午时分，阳光照射下的这座观星台的主体建筑，也是“无影”[②]。

对于古人在阳城建立“测影台”，王先生说：“无论最早是不是周公，在当年都不是随意所为，而且这在历史上自然还会有一个前后继承的关系。在这个地方测过日影的，我们知道的，唐代至少有姚玄辩、南宫说和一行，元代有郭守敬。既然阳城自古以来就是测影的重要地点，同时唐初就有明确记载，在这里已经建有测影台，我们又没有其他的理由，为什么不可以相信，在唐以前，阳城的测影台也是建在现在观星台的这个位置的呢？”[③]因此，我们完全可以认为王城岗就是古阳城，其应为禹都的所在地，其应是中国历史上最早的都城。我们不能以今天的眼光去看待中国早期历史上的都城，王城规模的大小，是不能否定其作为都城存在的价值的。

第四节　天下之中与禹都阳城探索

一、“天下之中”、“土中”与“地中”

“天下之中”是一个古老的历史概念，“天下”原意是指天子统治下的国土，“天下之中”最初的含义是指国土的中心位置。

“天下”“四海”等词汇的具体含义，古代思想家进行了阐释。《中庸》解释

① 李琳之：《山西笔记》，北京日报出版社，2018年，第5页。

② 王邦维：《“洛州无影”与“天下之中”》，《四川大学学报》（哲学社会科学版）2005年第4期，第94～100页。

③ 王邦维：《“洛州无影”与“天下之中”》，《四川大学学报》（哲学社会科学版）2005年第4期，第98页。

“天下”为“天之所覆，地之所载”[①]。《礼记·曲礼》有“君天下曰天子”，郑玄的笺注曰：“天下，谓外及四海也。”[②]

“天下之中”也算是我国最早的宇宙观。

上古时期先民认识宇宙存在着两种天地说，即浑天说和盖天说。被称为地方性的宇宙论。这种学说在《山海经》中都有反映。

浑天说是把大地想象为平圆形状，“天下之中”“土中”与“地中”就是华夏族的居地，具体地说就是夏王朝都城阳城附近为中心的地域，此为“天下之中”的地区，从这个中心地区向外，直达四海。

求“地中”之说，它的缘由是因周人灭商以后，到底应把国家建立在什么地方，“天下之中”的理论应运而生。有人认为是周公首创了“天下之中”的概念，实际上是周公总结了前人的宇宙观和理念，而在新时代应用，成为周代建都的理论和原则。“天下之中”是由“天下”与“中”一系列空间概念构成。在这里有两层意思：一是指受命于天，二是指天下之中的土地。“中”是对“天下”这一空间中心的划分。天下只有与“中”的概念联系在一起，“天下之中”理论才会完整地表达出来。由此可见“中”是这一理论最核心的概念。在先民中有“尚中”与“择中”的意识。相传黄帝即居“天下之中”。《淮南子·天文训》曰：“中央土也，其帝黄帝，其佐后土，执绳而制四方。”[③]这种以“土”居中央，以黄帝为统领四方之帝的理论，在思想上所遵循的即“尚中”原则。据现代学者研究，在夏代就已表现有“尚中”与“择中”的意识。所以有的学者认为“天下、中国、四方、九州岛、四夷”似乎在夏代以前就已存在。《左传》僖公二十四年引《夏书》曰：“地平天成。”[④]在甲骨文中有“立中”一词，各家解释不一。有的认为应将“立中”与商代的圭表测量联系起来，认为“商人树立测量日景的‘中’相当于《周礼》上所记载的‘圭表测景’的表”[⑤]。按“中”字在甲骨文和金文中都是一个象形字，象征着一根带旗子的竿，垂直立在地面上，杆子上有二根、四根、六根或在金文中是许多根带状物或者绳子，而不是面积较大的旗帜[⑥]。《周礼》上所述圭表测景之法，就是在一块平地的中央，立一根杆，杆子上挂着

---

① 李学勤主编：《十三经注疏·礼记正义》卷五十三《中庸》，北京大学出版社，1999年，第1460页。

② 李学勤主编：《十三经注疏·礼记正义》卷四《曲礼》，北京大学出版社，1999年，第122页。

③ 何宁：《淮南子集释》卷三《天文训》，中华书局，1998年，第186页。

④ 杨伯峻：《春秋左传注·僖公二十四年》，中华书局，1981年，第427页。

⑤ 萧良琼：《卜辞中的“立中”与商代的圭表测景》，《科技史文集》（第十辑），上海科技出版社，1983年，第27～44页。

⑥ 萧良琼：《卜辞中的“立中”与商代的圭表测景》，《科技史文集》（第十辑），上海科技出版社，1983年，第28页。

八根绳子，绳子如果都附在杆子上，就表示杆子是正的，也就是垂直的，然后在日出和日落时观察杆子的影长，以此来定东南西北方向。《毛诗正义》的孔颖达疏，就曾对《诗经》中《定之方中》里对圭表测景的解释与《考工记》不同加以分析，这些都是古代对天体运行一年四季的测定很宝贵的科技成果，值得重视。所以萧良琼先生认为“中”是一种最古老最原始的天文仪器，通过它可以测定方位和四时变化，所以也很神秘，这种神秘观念在古书中也有某些痕迹。此说正确可取[①]。在这里有的学者把“中”字简单地解释为旗，“可见中之本意为旗”[②]。此说不妥，值得商榷。有的学者认为卜辞的“立中”是占卜平息大风的一种礼仪。不管怎样解释，它是用太阳的日晷的指针表示其中心位置这一点是很重要的[③]。有了中心，自然方位就很明确，所以商代有“中商”“东土受年”“南土受年”“西土受年”等观念的产生。而且特别重视方位与天气变化的关系。在这里周公总结前人的“尚中”理念，在新形势下创建了王都的理论与原则。这里至少有三方面的内容。第一，“居天下之中以统领四方”的政治统治思想，突出了都城作为政治统治中心的性质和功能，是谓“天下之中”理论的政治意义。第二，“天下之中”是“为天下之凑”的经济中心思想，突出了都城作为经济中心的性质和功能，是谓“天下之中”理论的经济意义。第三，“定天保，依天室”为均教化的文化中心思想，突出都城作为文化中心的性质和功能，是谓“天下之中”理论的文化意义。在这里必须指出的是上述“天下之中”不仅是“宇宙观”，而且也是一种建都理论与原则，同时也是一种施政理念和治国方略。远古王者幻想，只要居一个具体天地阴阳和谐的位置施行政令，就可以轻而易举地达到人君和谐之治。由于这样王者可以不偏不倚地均统天下，于民则可以衷心地服侍天子，从而达到长治久安的和谐之治。这是“天下之中”产生的思想背景，也是最初为什么与建都联系在一起的根本原因，也是择“天下之中”建都的一个原则，还是一条治国方略。总之，它是远古“天人合一”的和谐的人治思想的产物。所以《左传》昭公三十二年云：“昔成王合诸侯城成周，以为东都，崇文德焉。”[④]它是先民“宇宙观”的具体发挥与运用。所以“天下之中”涵盖了宇宙观、政治理论和实践方法三方面的内容，同时也表现出三者的统一，成为中国早期比较成熟的建都理论与原则。

《史记·周本纪》曰：“成王在丰，使召公复营洛邑，如武王之意。周公复卜申

---

① 萧良琼：《卜辞中的“立中”与商代的圭表测景》，《科技史文集》（第十辑），上海科技出版社，1983年，第27～44页。

② 赵诚：《甲骨文简明词典：卜辞分类读本》，中华书局，1988年，第219页。

③ 〔美〕吉德炜，马保春翻译、整理：《晚商的方舆及其地理观念》，《九州》（第四辑），商务印书馆，2007年，第133～175页。

④ 杨伯峻：《春秋左传注·昭公三十二年》，中华书局，1981年，第1517页。

视，卒营筑，居九鼎焉。曰‘此天下之中，四方入贡道里均’。”[①]《尚书·召诰》曰：“王来绍上帝，自服于土中。”孔《传》：“于地势正中。”[②]《逸周书·作雒》：“俾中天下……乃作大邑成周于土中。”[③]《汉书·地理志》谓：“昔周公营洛邑，以为在于土中，诸侯蕃屏四方。”[④]文中的“土中”即“天下之中”。为什么建都于天下之中，这是古人建都的一个基本原则。《吕氏春秋·审分览·慎势篇》云：“古之王者，择天下之中而立国。”[⑤]《新书·属远》曰：“古者天子地方千里，中之而为都。”[⑥]为什么要都中央，《周礼》说是“阴阳和中，百物阜安”。班固《白虎通》说是“处中以领四方”。谯周《法训》说是“顺天地之和而同四方之统”。左思《魏都赋》说是“宅中图大”。《五经要义》说是：“总天地之和，据阴阳之正，均统四方，以制万国。”[⑦]荀子也说：“故王者必居天下之中，礼也。”[⑧]《盐铁论·地广》云：“古者天子之立于天下之中……夫治国之道，由中及外，自近者始。近者亲附，然后来远；百姓内足，然后邮外。”[⑨]所以古人“择天下之中而立国”，这是一条建都的基本原则。《吕氏春秋·十二纪序意》又曰：“上揆之天，下验之地，中审之人，若此则是非可不可无所遁矣。天曰顺，顺维生。地曰固，固维宁。人曰信，信维听。三者皆当，无为而行。”[⑩]基于此，所以古人择“天下之中”而立国。

在历史上我国之所以称“中国”，就是与“择天下之中而立国”的传统思想分不开的。如《周礼·载师》称“天下之中”为“国中”，“以廛（民居之通称）里任国中之地”[⑪]。周公更是直接称“天下之中”为“中国”。此说见“何尊”铭文。故

---

① （汉）司马迁：《史记》卷四《周本纪》，中华书局，1959年，第133页。

② 李学勤主编：《十三经注疏·尚书正义》卷十五《召诰》，北京大学出版社，1999年，第397页。

③ 黄怀信、张懋镕、田旭东撰，李学勤审定：《逸周书汇校集注》卷五《作雒解》，上海古籍出版社，1995年，第559～560页。

④ （汉）班固：《汉书》卷二十八《地理志》，中华书局，1962年，第1650页。

⑤ 许维遹：《吕氏春秋集释》卷十七《慎势篇》，中华书局，2009年，第460页。

⑥ （汉）贾谊撰，阎振益、钟夏校注：《新书校注》卷三《属远》，中华书局，2000年，第116页。

⑦ 李琳之：《山西笔记》，北京日报出版社，2018年，第5页。

⑧ （清）王先谦撰，沈啸寰、王星贤点校：《荀子集解》卷十九《大略篇》，中华书局，1988年，第485页。

⑨ 王利器校注：《盐铁论校注（定本）》卷四《地广》，中华书局，1992年，第207～208页。

⑩ 许维遹：《吕氏春秋集释》卷十二《序意》，中华书局，2009年，第274页。

⑪ 李学勤主编：《十三经注疏·周礼注疏》卷十三《地官司徒下·载师》，北京大学出版社，1999年，第329页。

《毛诗》曰："中国，京师也。"[①]具有"中央之国"的含义。"中国"在古人天下观中，位居中央，是"王"或"天子"施政的核心区域，据有此地是"正朔"的重要表现。也是对王权为"天下"权力中心的经典表述，实际上是"天下"权力中心和王朝的政治格局演变在人们观念中的反映。"王畿"在京师所在地，故也称"中国"。"中国"的范围，在这里应该指出的最早的范围，是与夏代建立我国第一个奴隶制王朝禹都阳城分不开的。最早许慎《说文解字》曰："夏，中国之人也。"[②]以后《汉书·地理志》颜师古注："夏，中国。"[③]《后汉书·班彪传》李贤注："中夏，中国也。"[④]《战国策·秦策》鲍彪注也说："夏，中国也。"[⑤]在这里为什么把夏解释成中国呢？《史记·天官书》曰："及秦并吞三晋、燕、代，自河山以南者中国。"《史记》正义曰："河，黄河也。山，华山也。从华山及黄河以南为中国也。"[⑥]这正表明了中国的地域概念。也正是夏人兴起的地方。夏文化最初兴起分布的地区就是"中国"之地。所以古人称"中国"最初就是夏人居住的地区。故《说文解字》曰"夏为中国之人"，同时也是中国传统文化的根本所在地区。所以这种民族又称华夏族。因此西周初年武王灭商后，要选定都城作王都周的政治统治中心。《史记·周本纪》记载："王曰，'定天保，依天室，悉求夫恶，贬从殷王受。日夜劳来定我西土，我维显服，及德方明。自洛汭延于伊汭，居易毋固，其有夏之居。我南望三涂，北望岳鄙，顾詹有河，粤詹雒、伊，毋远天室'。营周居于雒邑而后去。"[⑦]

1983年陕西宝鸡出土的青铜器"何尊"铭文曰："惟武王既克大邑商，则廷告于天，曰'余其宅兹中国，自之乂民'。"唐兰曰："中国指周王朝疆域的中心，即指洛邑，后来就建立成周。"[⑧]而以后到汉代已有演变。中国的范围更广大，《汉书·郊祀志》曰："天下名山八，而三在蛮夷，五在中国。中国华山、首山、太室山、泰山、东莱山，此五山黄帝之所常游，与神会。"[⑨]"中国"为天下核心，据有可以成为号令四夷的正统王朝。因此，我们说"天下之中"思想观念的运用最初应是在夏代。

---

① 李学勤主编：《十三经注疏·毛诗正义》卷第十七（十七之四）《民劳》，北京大学出版社，1999年，第1138页。

② （汉）许慎撰，（宋）徐铉校定：《说文解字·文部》，中华书局，2013年，第107页。

③ （汉）班固：《汉书》卷二十八《地理志》，中华书局，1962年，第1646页。

④ （宋）范晔撰，（唐）李贤等注：《后汉书》卷四十下《班彪列传第三十下》，中华书局，1965年，第1367页。

⑤ （西汉）刘向集录：《战国策》卷六《秦四·或为六国说秦王》，上海古籍出版社，1985年，第260页。

⑥ （汉）司马迁：《史记》卷二十七《天官书》，中华书局，1959年，第1347页。

⑦ （汉）司马迁：《史记》卷四《周本纪》，中华书局，1959年，第129页。

⑧ 唐兰：《西周青铜器铭文分代史徵》，中华书局，1986年，第76页。

⑨ （汉）班固：《汉书》卷二十五《郊祀志》，中华书局，1962年，第1228页。

而西周时期就已正式被确立为建立王都的原则。

所以《逸周书·作雒》云："乃作大邑成周于土中，城方千七百二十丈，郛方七百里，南系于雒水，地因于郏山，以为天下之大凑。"[①]《太平御览》云："成王即位而营洛邑，以天下中，四方贡职道理均。"[②]《汉书·地理志》："昔周公营洛邑，以为在于土中，诸侯蕃屏四方，故立京师。"[③]《后汉书·杜笃传》云："成周之隆，乃即中洛。"[④]

《尚书·召诰》："王来绍上帝，自服于土中。"[⑤]周秉钧《尚书易解》注："土中，谓洛邑，在九州之中也。"[⑥]曾运乾《尚书正读》注："土中谓洛邑，为天下中也。"[⑦]

《周礼·大司徒》曰："以土圭之法测土深，正日景，以求地中……日至之景尺有五寸，谓之地中。"[⑧]《尚书正读》："言王勤问上帝，考之于龟，拟用事于土中也。"[⑨]王世舜《尚书译注》："土中，谓天下之中，指洛邑。"[⑩]李民《尚书译注·召诰》："土中，即中土、中国，当时的洛邑一带居天下之中，故称土中。"[⑪]顾颉刚《尚书校释译论》土中曰："谓王于土地之中央听从上帝之指示也。"[⑫]孙星衍《尚书今古文注疏》："土中，谓王城，于天下为中也。"引《论衡·难岁篇》云："儒者论天下九州，以为东西南北，尽地广长，九州之内五千里，竟三河土中，周公卜宅，经曰：'王来绍上帝，自服于土中'。雒则土之中也。"《水经·河水注》引

---

① 黄怀信、张懋镕、田旭东撰，李学勤审定：《逸周书汇校集注》卷五《作雒解》，上海古籍出版社，1995年，第560～564页。

② （宋）李昉等：《太平御览》卷一五六《州郡部二》，中华书局，1960年，第757页。

③ （汉）班固：《汉书》卷二十八《地理志》，中华书局，1962年，第1650页。

④ （宋）范晔撰，（唐）李贤等注：《后汉书》卷八十《文苑列传》，中华书局，1965年，第2595页。

⑤ 李学勤主编：《十三经注疏·尚书正义》卷十五《召诰》，北京大学出版社，1999年，第397页。

⑥ 周秉钧：《尚书易解》卷四《召诰》，岳麓书社，1984年，第204页。

⑦ 曾运乾：《尚书正读》卷五《召诰》，中华书局，1964年，第195页。

⑧ 李学勤主编：《十三经注疏·周礼注疏》卷十《大司徒》，北京大学出版社，1999年，第250～252页。

⑨ 曾运乾：《尚书正读》卷五《召诰》，中华书局，1964年，第195页。

⑩ 王世舜：《尚书译注·召诰》，四川人民出版社，1982年，第188页。

⑪ 李民、王健：《尚书译注·召诰》，上海古籍出版社，2004年，第290页。

⑫ 顾颉刚、刘起釪：《尚书校释译论》第三册《召诰》，中华书局，2005年，第1440页。

《孝经援神契》曰："八方之广，周洛为中，谓之洛邑。"[①]《帝王世纪》云："周公相成王……卜居洛水之阳，以即土中。"[②]南朝陈后主《洛阳道》诗云："建都开洛汭，中地乃城阳。"[③]唐高宗《建东都诏》云："此都中兹宇宙，通赋贡于四方。"[④]等，不一而足，可谓洛阳为天下之中的源远流长。

在这里有一问题，就是在陈后主《洛阳道》诗中提到"中地乃城阳"。所谓"中地"即"地中"，即周公择"地中"。"城阳"就是"阳城"。如何认识在阳城求"地中"与周初营建洛邑问题？《史记·周本纪》记载：武王灭商后，"武王至于周，自夜不寐"。后武王告诉周公旦"定天保，依天室"。又说"'自洛汭延于伊汭，居易毋固，其有夏之居，我南望三涂，北望岳鄙，顾詹有河，粤詹雒、伊，毋远天室。'营周居于雒邑而后去"[⑤]。

《史记·周本纪》这一段话，在《逸周书·度邑》也有同样的记载。《逸周书·度邑》曰："叔旦恐，泣涕共手。王曰：'……自洛汭延于伊汭，居阳无固，其有夏之居。我南望过于三涂，我北望过于有岳，丕顾瞻过于河，宛瞻于伊洛，无远天室。其曰兹曰度邑。'"[⑥]有岳山名，即太岳，在今山西霍州市，三涂地名，在今河南嵩县西南。在这里武王考察灭商后周初的地理形势，要建立周的统治中心应在什么地方，得出一个初步想法，内容有两点，第一是有夏之居，夏文化的中心地，第二是离天室不远，可以依靠"天室"，保佑成周王朝。对天室，在金文里《天亡簋》有明确记载："王凡三方，王祀于天室。"[⑦]天室即太室，天，太，大古为一字。铭文中的天室指嵩山。《左传》昭公四年："四岳，三涂，阳城，大室，荆山，中南，九州之险也，是不一姓。"[⑧]《逸周书·度邑》王曰："旦！予克致天之明命，定天保，依天室。"[⑨]天室即天祭之室，应在中央。故《汉书·五行志》引左氏曰："前堂曰太

---

① （清）孙星衍撰，陈抗、盛冬铃点校：《尚书今古文注疏》卷十八《召诰》，2003年，第398页。

② 徐宗元辑：《帝王世纪辑存·周第四》，中华书局，1964年，第78页。

③ 《四库提要著录丛书》编：《四库提要著录丛书》集部第307册卷12《古乐苑》，北京出版社，2010年，第169页。

④ （清）董诰等编：《全唐文》卷十二《高宗》，中华书局，1983年，第147页。

⑤ （汉）司马迁：《史记》卷四《周本纪》，中华书局，1959年，第128～129页。

⑥ 黄怀信、张懋镕、田旭东撰，李学勤审定：《逸周书汇校集注》卷五《度邑解》，上海古籍出版社，1995年，第510～514页。

⑦ 中国社会科学院考古研究所编：《殷周金文集成（修订增补本）》，中华书局，2007年，第2589页。

⑧ 杨伯峻：《春秋左传注·昭公四年》，中华书局，1981年，第1246～1247页。

⑨ 黄怀信、张懋镕、田旭东撰，李学勤审定：《逸周书汇校集注》卷五《度邑解》，上海古籍出版社，1995年，第502～503页。

庙，中央曰太室；屋，其上重屋尊高者也。”[①]由于天室在嵩山阳城，为求天保佑，而后周公才有此求“地中”之事。而求“地中”，也是在周公营洛邑之时，如何求“地中”？《周礼·大司徒》有如下的记载：“以土圭之法测土深，正日景，以求地中。”《疏》曰：“地中者为四方九服之中也。”[②]

《荀子·大略篇》云：“欲近四旁，莫如中央，故王者必居天下之中，礼也。”[③]

《白虎通义·京师篇》云：“王者必择土中何？所以均教道，平往来，使善易以闻，为恶易以闻，明当惧慎。《尚书》曰：‘王来绍上帝，自服于土中。’”[④]

《史记·周本纪》曰：“成王在丰，使召公复营洛邑，如武王之意。周公复卜申视，卒营筑，居九鼎焉。曰：‘此天下之中，四方入贡道里均’。”[⑤]

《太平御览·皇王部》引《帝王世纪》云：“周公相成王，以丰、镐偏处西方之贡不均，乃使邵公卜居洛水之阳，以即土中。”[⑥]

所谓地中者，乃二中也，此惟赤道下，二分天中，天地之中气谓之地中，天地所合，地之中气与天之中气合也。以上《周礼·大司徒》的话原文很长，现抄录如下：“以土圭之法测土深，正日景以求地中。日南则景短，多暑；日北则景长，多寒；日东则景夕，多风；日西则景朝，多阴。日至之景尺有五寸，谓之地中。”郑玄注则引郑司农的话作进一步说明：“土圭之长，尺有五寸。以夏至之日，立八尺之表，其景适与土圭等，谓之地中，今颍川阳城地为然。”[⑦]以上郑玄这段话肯定周公以圭求地中，应是在颍川阳城，而不是在其他地区。

中国自古以来以豫州即洛阳一带为天下之中，如从建表观天而言，阳城则又视为中心的中心。“地中”亦即“天下之中”，所以《周礼正义》所说：“地中者，为四方九服之中也。”[⑧]今登封阳城为当时天下的中心所在。

在这里要说“阳城周公测景台”应在何时建造。有的学者认为是在唐代，这个说

---

① （汉）班固：《汉书》卷二十七《五行志》，中华书局，1962年，第1375页。

② （清）孙诒让撰，王文锦、陈玉霞点校：《周礼正义》卷十八《大司徒》，中华书局，1987年，第715、721页。

③ （清）王先谦撰，沈啸寰、王星贤点校：《荀子集解》卷十九《大略篇》，中华书局，1988年，第485页。

④ （清）陈立撰，吴则虞点校：《白虎通疏证》卷四《京师》，中华书局，1994年，第157～158页。

⑤ （汉）司马迁：《史记》卷四《周本纪》，中华书局，1959年，第133页。

⑥ （宋）李昉等：《太平御览》卷一五五《州郡部一》，中华书局，1960年，第754页。

⑦ （清）孙诒让撰，王文锦、陈玉霞点校：《周礼正义》卷十八《大司徒》，中华书局，1987年，第715、721页。

⑧ （清）孙诒让撰，王文锦、陈玉霞点校：《周礼正义》卷十八《大司徒》，中华书局，1987年，第721页。

法不确切。周公为什么在登封设测景台求地中与在洛邑求地中是一致的。这实与我国第一个奴隶制王朝在此出现有密切关系。它与周王朝武王灭商后在此建都有密切的关系。所以周王朝在登封求地中。

《新唐书·地理志》的“河南府河南郡”阳城条下记载“有测景台，开元十一年，诏太史监南宫说刻石表焉”[①]。这说明我们现在看到的石表的确建立于开元十一年（723年），这也是大家公认的看法，但在这里应该注意在阳城这个地方，在开元十一年以前，并不是没有测景台，而是早已建有一座测景台，南宫说所做的事，就是奉诏在这里刻一个新石表而已。

《周礼注疏》的作者贾公彦对上引《周礼·地官·大司徒》测景以定“地中”的一段话，以及郑玄注又有一段疏解：“郑司农云‘颍川阳城地为然者’，颍川郡阳城县是周公度景之处，古迹犹存。”[②]贾公彦撰《周礼注疏》约在唐高宗永徽年间（650—655年），时间比姚玄辩阳城测景还稍早一点，所以贾公彦和姚玄辩的时代，都比南宫说早。

在这里应注意比《新唐书·地理志》、贾公彦《疏》记载还要早的还有郦道元《水经注》。《水经注》卷二十二：“颍水经其县故城南，昔舜禅禹，禹避商均，伯益避启，并于此也。亦周公以土圭测日景处。”杨守敬按：《周礼》，大司徒以土圭之法测土深，正日景，以求地中，日至之景尺有五寸，谓之地中。《注》，郑农云，土圭之长，尺有五寸，以夏至之日，立八尺之表，其景适与土圭等，谓之地中，今颍川阳城地为然。《疏》：颍川郡阳城县是周公度景之处，古迹犹存。《元和志》，测景台在告成县城内西北隅，高一丈，唐告成即旧阳城县治[③]。

《水经注》卷二十二又曰：“县南对箕山，山上有许由冢，尧所封也。……《春秋左传》曰：夏启有钧台之飨是也。杜预曰：河南阳翟县南有钧台。……颍水自堨东经阳翟县故城北，夏禹始封于此为夏国，故武王至周曰：吾其有夏之居乎？遂营洛邑。徐广曰：河南阳城、阳翟，则夏地也。”[④]

“周公测景台”又叫“测影台”，学名“八尺表”，俗称无影台。它是我国古代立八尺表土圭测影的遗制，是测量日影、验证时令季节的仪器。周文王四子（周公姬

---

① （宋）欧阳修、（宋）宋祁：《新唐书》卷三十八《地理志》，中华书局，1975年，第983页。

② 李学勤主编：《十三经注疏·周礼注疏》卷十《大司徒》，北京大学出版社，1999年，第254页。

③ （后魏）郦道元注，（清末）杨守敬、熊会贞疏：《水经注疏》卷二十二《颍水》，江苏古籍出版社，1989年，第1805页。

④ （北魏）郦道元注，陈桥驿校证：《水经注校证》卷二十二《颍水》，中华书局，2007年，第512～513页。

旦）为营建洛阳曾在此测验日影。唐开元十一年（723年），太史监南宫说等人以周公土圭之制换“石圭石表”。意思是当年周公测影，是在这个地方，在南宫说“刻石表”之前，这个地方曾立有日表。为了证明阳城是“天下之中”，对做太阳观测用的测景台和测景表做出这样特殊的设计，造出“无影”的奇观。这种情形，科学工作者认为这“大概古今中外是绝无仅有”。可见“周公测景台”在天文学上的地位，它的出现不是偶然的。

在二里头遗址与二里头文化国际学术研讨会上，大家“较为一致地认为二里头遗址是迄今可以确认的中国古代文明和国家形成时期年代最早的王都遗址”。还认为：“二里头文化结束了万邦时期，即氏族社会在万邦时期解体。二里头文化证明了国家的统一，二里头遗址是统一王朝的中心。夏王朝统治的中心区域位于伊洛河地区。”还认为“二里头文化是中华文明形成历史上最早出现的核心文化，其与后来的商周文明一道，构成早期华夏文明发展的主流，确立了华夏文明的基本特质”。还认为：“二里头遗址是迄今可确认的中国最早的王朝都城遗址，堪称‘华夏第一都’。”[①]因此我认为周代的周公测影台设在登封阳城山处，实与我国第一个奴隶制王朝在这里出现有关。

二、崇山与禹都阳城地望

鲧、禹为夏后氏先人，他们的居处与活动应在何处？目前史学界流行一种说法，认为在崇山，阳城之间的濮阳，并认为“禹都阳城即濮阳说”[②]。

《古本竹书纪年》与《世本》称“禹居阳城”。如何理解这个“居”字。这个“居”，我认为就是“都”的含义。《史记·封禅书》曰：“昔三代之居，皆在河洛之间。”《正义》：《世本》云：“夏禹都阳城，避商均也。”《帝王世纪》云：“殷汤都亳，在梁，又都偃师，至盘庚徙河北，又徙偃师也。周文、武都丰镐，至平王‘徙都河南’案：三代之居皆在河洛之间也。”[③]所以《世本·居篇》云：“夏禹都阳城，避商均也。”《汉书·地理志》注、《续汉书·郡国志》注，均引用此说。在这里应该如何理解《古本竹书纪年》的记载？王国维先生在《古史新证》中指出，《竹书纪年》是战国时魏人作，今书非原本[④]。但是它应该是早于《世本》的。王国维

① 王学荣、许宏：《“中国·二里头遗址与二里头文化国际学术研讨会”纪要》，《考古》2006年第9期，第83～90页。

② 沈长云：《禹都阳城即濮阳说》，《中国史研究》1997年第2期，第11～18页。

③ （汉）司马迁：《史记》卷二十八《封禅书》，中华书局，1959年，第1371页。

④ 王国维：《古史新证——王国维最后的讲义》，清华大学出版社，1994年，第4页。

先生又说："《世本》今不传，有重辑本汉初人作，然多是古代材料。"[①]在这里如果我们引用《世本》的材料，尤其是汉宋衷的注，恐不能为据。所以《世本》中又有"禹居阳城，在大梁之南"之说[②]。而此说是据《太平御览》卷一五五，从王应麟《地理通释》所引，因此，禹居阳城在大梁之南不应作为主要根据。

王国维先生还认为"《左氏传》《国语》为春秋后战国初作，至汉始行世"[③]。应该说是比较早、可靠的历史文献。而《尚书》，王国维先生又认为"《禹贡·甘誓》，《商书》中如《汤誓》文字稍平易简洁，或系后世重编，然至少亦必为周初人所作"。其他诸篇"皆当时所作也"[④]时间越早其可信程度越高，越晚其可信程度愈小。因此，我认为汉宋衷所注"禹都阳城"在"大梁之南"的说法，只能是代表他个人的意见，不应是对历史实际情况的真实记录。但这里有一点应该说是正确的，即"禹都阳城"确应是事实。

关于禹都阳城的地望，《国语·周语》曰："夏都阳城，嵩山在焉。"又曰："昔夏之兴也，融降于崇山。"现在结合有关材料可以看出，嵩山，又名崇山，而对"融降于崇山"，徐元诰撰《国语集解》认为："融，祝融也。"[⑤]关于古代文献怎么把祝融与夏兴起于崇山联系在一起呢？《山海经》中关于夏族的始祖是这样记载的："黄帝生骆明，骆明生白马，白马是为鲧。"[⑥]《山海经》又认为黄帝是夏鲧始祖，从族系上应是黄帝之后的一支，因此夏禹应在中原地区。所以《大荒南经》又记"鲧妻士敬，士敬子曰炎融，生欢头"[⑦]。据袁珂先生考证，欢头即欢兜；丹朱，为鲧的另一支后裔。这说明夏族的兴起应在中原地区，不应在河济之间。这里明明白白说明，鲧妻士敬，士敬子曰炎融，降生炎融的地方应是崇山。为什么叫崇山？《国语·周语》："夫宫室不崇。"徐元诰《国语集解》曰："崇，高也。"[⑧]"崇"，徐元诰又注曰："崇高山也。夏居阳城，崇高所近。"黄丕烈曰："嵩，崇古今字。今各本国

---

① 王国维：《古史新证——王国维最后的讲义》，清华大学出版社，1994年，第4页。

② （汉）宋衷注，（清）秦嘉谟等辑：《世本八种·茆泮林辑本》，中华书局，2008年，第95页。

③ 王国维：《古史新证——王国维最后的讲义》，清华大学出版社，1994年，第4页。

④ 王国维：《古史新证——王国维最后的讲义》，清华大学出版社，1994年，第3页。

⑤ 徐元诰撰，王树民、沈长云点校：《国语集解·周语上第一》，中华书局，2002年，第29页。

⑥ （清）郝懿行撰，栾保群点校：《山海经笺疏》第十八《海内经》，中华书局，2019年，第390页。

⑦ （清）郝懿行撰，栾保群点校：《山海经笺疏》第十五《大荒南经》，中华书局，2019年，第344页。

⑧ 徐元诰撰，王树民、沈长云点校：《国语集解·周语下第三》，中华书局，2002年，第103页。

语皆为后人删去嵩、崇通用之语。”汪远孙曰：“嵩山在今河南登封县北十里。”[①]在河济之间，其他地区是找不到崇山的，以上徐元诰的《国语集解》说明崇山就是嵩山，而以高著称，自然是采用《国语》韦昭注：“嵩，高也。”而崇山之名与《国语·周语》“有崇伯鲧”是有密切关系的。三国韦昭注曰：“有虞，舜也。鲧，禹父。崇，鲧国。伯，爵也。尧时在位，而言有虞者，鲧之诛，舜之为也。”鲧为“崇伯”，《国语·周语》有“有崇伯鲧，播其淫心”，是也[②]。所以“禹”又称为“崇禹”。《逸周书·世俘》曰“籥人奏《崇禹生开》三终”是也[③]。在这里崇与嵩相通，所以最早韦昭提出《国语·周语》“昔夏之兴也，融降于崇山”，韦昭注曰：“崇，崇高山也。夏居阳城。崇高所近。”[④]

《史记·封禅书》又曰：“以三百户封太室奉祠，命曰崇高邑。”[⑤]《汉书·郊祀志》作“以山下户凡三百封崈高，为之奉邑”。颜师古注：“崈”，古“崇”字是也[⑥]。“崈”亦作“嵩”。《汉书·地理志》颍川郡“崈高”：“古文以嵩高为外方山也。”[⑦]顾颉刚先生说：“《尚书·禹贡》《正义》‘嵩高山在颍川、嵩高县’，古文以为外方山是也。”《史记》以嵩高为中岳，即传说中鲧、禹之故封。汉武帝以封禅东幸缑氏，礼登中岳、太室，所以特尊“嵩为岳者”[⑧]之说正确可取。

我们从历史地理角度进行考察，崇山，即以后嵩山。《史记·封禅书》《正义》引《括地志》曰：“嵩山，亦名曰太室，亦名曰外方也。在洛州阳城县西北二十三里。”[⑨]在这里王玉哲先生认为“崇山”或“有崇”原始的崇应来源于山西[⑩]，恐不确。《诗经·大雅·崧高》诗曰：“崧高维岳，骏极于天。维岳降神，生甫及申。”“崧”字，《礼记》《韩诗外传》及《初学记》所引《诗》皆作“嵩”。《尔

---

① 徐元诰撰，王树民、沈长云点校：《国语集解·周语上第一》，中华书局，2002年，第29页。

② 徐元诰撰，王树民、沈长云点校：《国语集解·周语下第三》，中华书局，2002年，第94页。

③ 黄怀信、张懋镕、田旭东撰，李学勤审定：《逸周书汇校集注》卷四《世俘解》，上海古籍出版社，1995年，第455页。

④ 徐元诰撰，王树民、沈长云点校：《国语集解·周语上第一》，中华书局，2002年，第29页。

⑤ （汉）司马迁：《史记》卷二十八《封禅书》，中华书局，1959年，第1397页。

⑥ （汉）班固：《汉书》卷二十五《郊祀志》，中华书局，1962年，第1234页。

⑦ （汉）班固：《汉书》卷二十八《地理志》，中华书局，1962年，第1560页。

⑧ 顾颉刚：《史林杂识》四《“四岳”与“五岳”（附地图二）》，中华书局，1963年，第39页。

⑨ （汉）司马迁：《史记》卷二十八《封禅书》，中华书局，1959年，第1356页。

⑩ 王玉哲：《夏文化研究中的几个问题》，《夏史论丛》，齐鲁书社，1985年，第5页。

雅·释山》“山大而高崧”，宋朱熹《诗集传》也说：“山大而高曰崧。”又曰：“岳，山之尊者。”[①]在这里王先生把《诗经·大雅·崧高》嵩高维岳的“岳”，说是山西的太岳，霍山，因而嵩高也说成是山西的有嵩，是值得研究的，山西太岳从来没有称为嵩高的。因为只有河南省登封的中岳嵩山才称为嵩高。《史记·封禅书》记：汉武帝“东幸缑氏，礼登中岳、太室。从官在山下闻若有言万岁云。问上，上不言；问下，下不言。于是以三百户封太室奉祠，命曰嵩高邑”[②]。王先生认为“崈高中岳”是由汉武帝登礼颍川郡之太室山之后，“于是河南始有嵩高山，所以，崇山、有崇本在山西，而大河以南有嵩高、崇山、有崇等名皆以后从山西古地名层化而来”[③]。这完全是颠倒了历史的真相。此说不符合实际，“有崇伯鲧”崇山最早是见于《国语》记载，而且附近有“阳城”。在山西有阳城与崇山，但又不能与太室联系在一起。因此王玉哲先生之说是没有根据的。这里还应明确指出，山西的阳城县，有二说，早年丁山先生在《由三代都邑论其民族文化》一文中，由于汤字在金文中作唐，推论“阳城”故名曰“唐城”，又说“谓唐城在翼城西者较确”[④]。丁氏之说只能说成唐即成汤，只能与商史发生关系，但却不能与夏史发生联系。阳城即唐城，这也只是一种推论，并无更多的证据来说明古阳城就在山西。其二是汉濩泽县说。《路史》卷十二注、罗泌《路史》说“禹避舜子于阳城”说的诬罔[⑤]，濩泽之阳城是说它属泽州（今晋城市），所指为汉朝的濩泽县，自唐以后，才取为阳城县，可见汉濩泽县在汉以前并不能叫阳城，这样禹兴起于山西说就落空了。故《山西历史地名通检》曰：“濩泽县，西汉置，属河东郡，东汉不改。”“唐初属泽州，天宝元年（742年）改名阳城，天祐二年（905年）朱全忠避父（诚）讳，复曰濩泽。五代唐仍名阳城。故治初在今阳城县西三十里泽城村。”[⑥]在这里应该指出，阳城县在东，属今山西晋城市辖区，而太岳吕梁山在西，空间方位无论如何是难以对应的。

值得肯定的是，《古本竹书纪年》最早记载：“夏后氏禹居阳城。”[⑦]《汉书·地理志》颍川郡阳翟下，臣瓒曰：“‘《世本》禹都阳城。’《汲郡古文》亦

---

① （宋）朱熹注，赵长征点校：《诗集传》卷十八《大雅·崧高》，中华书局，2011年，第283页。

② （汉）司马迁：《史记》卷二十八《封禅书》，中华书局，1959年，第1397页。

③ 王玉哲：《夏文化研究中的几个问题》，《夏史论丛》，齐鲁书社，1985年，第6页。

④ 丁山：《由三代都邑论其民族文化》，《历史语言研究所集刊》（第五册），中华书局，1987年，第89页。

⑤ （宋）罗泌：《路史·后记》，《四时备要·史部》排印本，中华书局，1936年，第143页。

⑥ 刘纬毅：《山西历史地名通检》，山西教育出版社，1990年，第244页。

⑦ 范祥雍编：《古本竹书纪年辑校订补》，上海人民出版社，1957年，第8页。

云‘居之’。”[①]《后汉书·郡国志》颍川郡阳翟下李贤注引《汲冢书》曰：“禹都阳城。”[②]《孟子·万章上》云：“禹避舜之子于阳城。”赵岐注：“阳城在嵩山下。”[③]《史记·夏本纪》谓：“禹辞辟舜之子商均于阳城。”《集解》引刘熙曰：“今颍川阳城是也。”[④]《史记·五帝本纪》记载：“禹亦乃让舜子。”《正义》引《括地志》云：“禹居洛州阳城者，避商均，非时久居也。”[⑤]其他一些历史著作，如《太平御览》卷八二载：“禹避舜之子商均于阳城。”[⑥]《通志》卷三上记：“禹避舜之子于阳城。……益避禹之子居于箕山之阴。”[⑦]卷四一又谓：“禹在阳城者，避商均之地而非都也。”[⑧]从以上记载看来，到底是禹避商均之地，还是禹都呢？应该统一起来，不管是都还是避商均之居地，都与禹发生联系，证明禹的活动皆与阳城有关。最早提出“禹避舜之子于阳城”是战国时的孟子。而《古本竹书纪年》为战国时魏人所作，提出“夏后居阳城”。“居”应有都的含义，所以《世本》明确提出“禹都阳城”。

顾祖禹《读史方舆纪要》卷四八“登封县”载：“古阳城也，禹避舜之子于阳城即此。《世本》言禹都阳城，误也。”[⑨]此说不确。我们不能把禹都阳城与避商均割裂开来看，这是不恰当的，应该纠正。清人阎若璩《四书释地》曰“阳城箕山之阴”，系谓“阳城山名。汉颍川郡有阳城县，以山得名……五代周省入登封”[⑩]。阳城山即今东岭山，在告城镇东北。章炳麟在《神权时代天子居山说》明确指出：“夏禹所居曰嵩山，夏都阳城，即嵩山所在，古无‘嵩’字，但以‘崇’字为之，故《周语》称鲧为崇伯鲧，《逸周书》称禹为崇禹。”[⑪]此说正确可信（图一）。

---

① （汉）班固：《汉书》卷二十八《地理志》，中华书局，1962年，第1560页。

② （宋）范晔撰，（唐）李贤等注：《后汉书》志第二十《郡国二》，中华书局，1965年，第3422页。

③ 焦循撰，沈文倬点校：《孟子正义》卷十九《万章上》，中华书局，1987年，第647页。

④ （汉）司马迁：《史记》卷二《夏本纪》，中华书局，1959年，第82页。

⑤ （汉）司马迁：《史记》卷一《五帝本纪》，中华书局，1959年，第44～45页。

⑥ （宋）李昉等：《太平御览》卷八二《皇王部七》，中华书局，1960年，第380页。

⑦ （宋）郑樵：《通志》卷三上《三王纪上》，中华书局，1987年，第39～40页。

⑧ （宋）郑樵：《通志》卷四十一《都邑略》，中华书局，1987年，第553页。

⑨ （清）顾祖禹撰，贺次君、施和金点校：《读史方舆纪要》卷四十八《河南三·河南府》，中华书局，2005年，第2262页。

⑩ 阎若璩：《四书释地》，《经部·四书类》，四库全书本。

⑪ 姜义华编：《中国近代思想家文库·章太炎卷》，中国人民大学出版社，2015年，第348页。

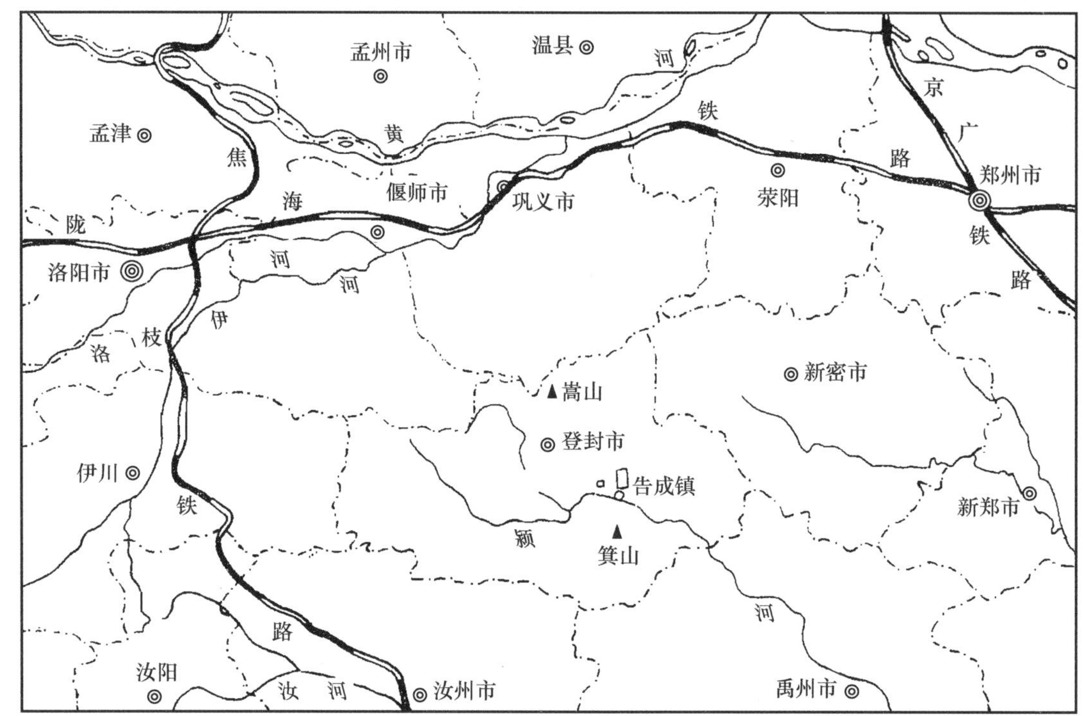

图一　河南登封市告成镇王城岗遗址位置图[①]

值得注意的是，作为上古政治、宗教的中心，是离不开山的。钱穆先生曾撰《中国古代山居考》[②]，全面揭示了古人山居的事实，并指出“穴处即岩居，穴在岩旁，不在地下”。《孟子·尽心下》云“是故得于父民而为天子”，直接用“父民”泛指人民，正说明古人是山居的，大量的考古材料也证实：“我国新石器文化遗址都是沿小河的黄土台地或小丘冈。”[③]章炳麟在《神权时代天子居山说》载：“综考古之帝都，则颛顼所居曰帝丘，虞舜所居曰蒲阪，夏禹所居曰嵩山。”[④]从这里可以看出禹都阳城在嵩山脚下，应该是有其特殊地理条件和历史宗教含义的，它不是随意假设的。

根据文献材料和地下考古发掘相结合，证实“王城岗龙山文化二期东西相连的两个城址的发现和城内龙山文化二期许多重要遗迹与遗物的发现，对探索夏文化是一个重大的突破。这两座龙山文化二期城址的位置，和文献记载的夏代阳城地望十分吻合，所以我们初步认为王城岗的两座龙山文化城址有可能就是夏代城址，而且很有可

① 北京大学考古文博学院、河南省文物考古研究所：《登封王城岗考古发现与研究（2002～2005）》，大象出版社，2007年，第1页。

② 钱穆：《中国古代山居考》，《中国学术思想史论丛》，东大图书公司，1977年，第31～82页。

③ 何炳棣：《黄土与中国农业的起源》，香港中文大学出版社，1969年，第116页。

④ 姜义华编：《中国近代思想家文库·章太炎卷》，中国人民大学出版社，2015年，第348页。

能就是夏代的阳城城址”[①]。

马世之先生结合文献记载与有关历史传说认为“王城岗龙山文化晚期小城与大城均称‘阳城’，小城大约是鲧作之城和禹所避居的阳城，大城则应为夏建国后禹所都的阳城”[②]，这个结论应该说是正确的。不过还应该补充说明，河南省著名考古学专家安金槐先生最早提出王城岗是禹都阳城，其理由至少有四点。

1. 王城岗城址的文化内涵是属于豫西文化类型，豫西龙山文化中期与晚期文化遗存有可能属夏文化的范畴。因而这座城址可能属于夏代城址。

2. 王城岗城址的年代距今四千二三百年，大体上是在夏代纪年的早期或接近早期。

3. 王城岗城址的地理位置，基本上和有关文献记载夏代早期阳城的地望相吻合。王城岗的名字由来已久（王都所在地才称王城）。从地名学这个角度考察，只有王都所在地才能称王城，这绝对不是偶然的。

4. 登封告城镇一带发现东周到汉代时期的阳城遗址，也是确定夏代阳城遗址位置的重要凭证[③]。

在这里我想补充说明，确定王城岗遗址为禹都阳城，不仅有文献材料，而且更重要的还有考古发掘材料[④]。

1977年考古工作者在告城镇的东北发现了东周“阳城”遗址，一般地说是春秋、战国至秦汉时阳城遗址，出土了大量遗物[⑤]。其中出土一批陶文，以阴文为主（阳文很少），以钤印者居多，大多施印于明显易见之处，陶文的内容，有官印，也有私印。“其时代包括春秋、战国、秦和汉代，而以战国时期为主。”据初步统计，陶文大多是一个字，最多的也仅四个字。二至四字的有八种，可识的字共计三十七个。值得重视的是出土有“阳城仓器”。共发现十三件，其他还有以“阳城”为姓氏的陶文，在口沿上竖向钤印“阳城”阴文的字。上述陶器上的“阳城”与“阳城仓器”上的“阳城”二字很相似，亦属于战国时期。完整的战国的陶量器，过去发现不多，这次发现既有明确的出土地点，又有地名的印证，这就为度量衡史的研究提供了重要资料（图二）。故李先登先生认为：“由于‘阳城仓器’、‘阳城’等陶文的发现，最终

---

① 河南省文物研究所、中国历史博物馆考古部编：《登封王城岗与阳城》，文物出版社，1992年，第321～322页。

② 马世之：《登封王城岗城址与禹都阳城》，《中原文物》2008年第2期，第26页。

③ 马世之：《登封王城岗城址与禹都阳城》，《中原文物》2008年第2期，第25页。

④ 安金槐：《试论登封王城岗龙山文化城址与夏代阳城》，《中国考古学会第四次年会论文集（1983年）》，文物出版社，1985年，第1～6页。

⑤ 中国历史博物馆考古调查组、河南省博物馆登封工作站、河南省登封县文物保管所：《河南登封阳城遗址的调查与铸铁遗址的试掘》，《文物》1977年第12期，第52～65页；河南省博物馆登封工作站：《东周阳城地下输水管道和贮水池的初步发掘》，《中原文物》1980年第1期，第33页。

有力地确定了这次在告城镇东北发现的古代城址是春秋、战国至汉代的阳城之所在，解决了多年来文献记载的分歧。”①

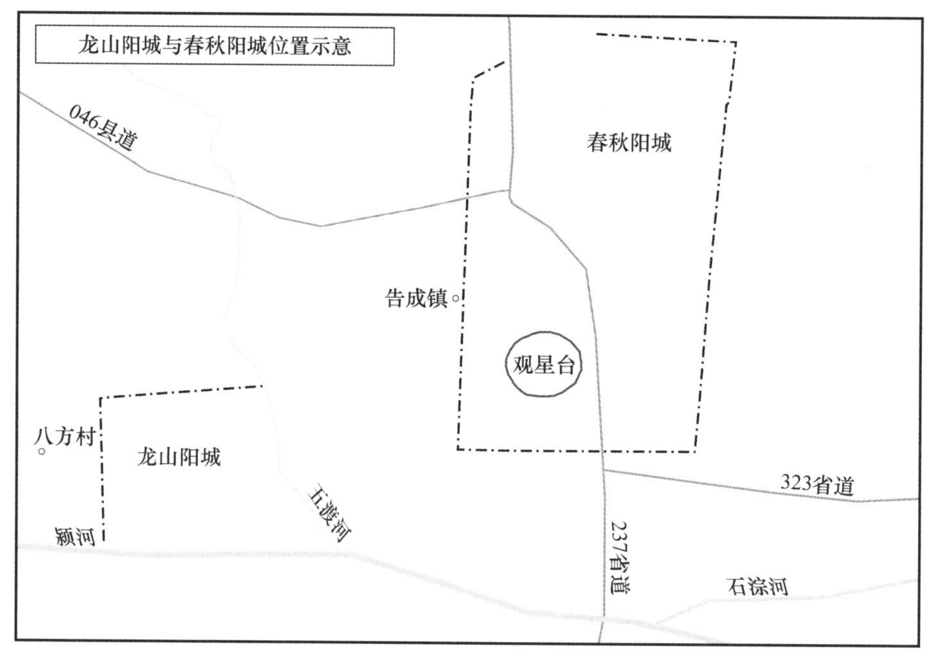

图二 龙山阳城与春秋阳城位置示意②

但在这里有一个问题应注意，上述阳城遗址，我认为是战国时期的阳城遗址，因为出土有贮水管道，为东周阳城，这点是毫无疑问的。但有的学者似乎提出东周阳城应有春秋郑邑阳城和战国韩邑阳城之分③。这个意见我认为很正确，具有启发性。在告城镇东北发现的阳城遗址内主要为战国时期的遗存，加之出土带有“阳城仓器”铭文的战国陶器，证明此处应为战国韩邑阳城。所以《史记·韩世家》：“文侯二年（前385年）伐郑，取阳城。”④《史记·周本纪》：“（赧王）五十九年（前256年）秦取韩阳城负黍。”⑤因此，公元前385—前256年之间，阳城原是韩地。这个结论可信。

---

① 李先登：《河南登封阳城遗址出土陶文简释》，《古文字研究》第七辑，中华书局，1982年，第218页。

② 改绘自方燕明、郝红星：《追寻“禹都阳城”——河南登封王城岗遗址考古发现历程》，《大众考古》2017年第2期，第25页。

③ 李京华：《许由·箕山·阳城考》，《李京华文物考古论集》，中州古籍出版社，2006年版，第70页。

④ （汉）司马迁：《史记》卷四十五《韩世家》，中华书局，1959年，第1868页。

⑤ （汉）司马迁：《史记》卷四《周本纪》，中华书局，1959年，第168页。

20世纪70年代，在河南省新郑“郑韩城”也曾发现一件“八年阳城令戈”，其铭文：“八年，阳城命（令）口口，工师（合文）口尚（？）冶趣。”①已有学者考证应属“韩”②。

但1987年3月，在河南省登封县告城乡八方村，又发现一件阳城令戈③，这两件铜戈与何先生所讨论的八年阳城令戈考的阳城应是一地，也认为“均属韩国”④。我认为此看法有值得商榷之处。

在登封县告城镇八方村东部王城岗一带，发现有大量的春秋文化遗存，特别是近年来发现有春秋时期的大壕沟，为寻找春秋时期郑国阳城提供了重要资料。《史记》《郑世家》《韩世家》与《六国年表》都记载韩文侯二年（前385年），“韩伐郑，取阳城”，说明春秋时应有郑国阳城的记载。因此，徐旭生先生认为在《孟子》《竹书纪年》中亦有阳城的记载，告城镇古阳城应是一种最普遍的说法，为直接证实禹都阳城的存在找到重要证据（图三）。

1995年，考古工作者在与八方村王城岗相对的颍河南岸的箕山北麓属告城镇袁窑村北的坡地上，发现了一处东周墓地，其中三号墓是一座春秋前期的中型墓葬。葬具为一椁二棺，单人葬，墓室下有腰坑，内埋一狗。墓内出土了大量铜礼器，有鼎5件，簋4件，方壶2件，以及甗、扁壶、盘、盒各1件。从其中两件铜鼎上的铭文来看，墓主人应是郑伯公子子耳⑤。值得注意的是，该墓地距八方王城岗春秋遗址的直线距离约2000米，由此可以断定八方王城岗可能是春秋时期阳城之所在。如果我们再结合1987年在河南登封县告城乡八方村所发现那件阳城令戈来看。共两件铭文分别为：

八年，阳城命（令）口口，工师［合文］口尚（？），冶趣。（新郑出土）

七年，阳城命（令）韩禾，工师［合文］口宪，冶弋卪（？）。（八方村出土）⑥

---

① 郝本性：《新郑“郑韩故城”发现一批战国铜兵器》，《文物》1972年第10期，第32～37页。

② 黄盛璋：《试论三晋兵器的国别和年代及其相关问题》，《历史地理与考古论丛》，齐鲁书社，1982年，第89～99页。

③ 河南省文物研究所：《河南登封县八方村出土五件铜戈》，《华夏考古》1991年第3期，第29～32页。

④ 何琳仪、焦智勤：《八年阳城令戈考》，《古文字研究》第26辑，中华书局，2006年，第213～215页。

⑤ 郑州市文物考古研究所、登封市文物局：《河南登封告成东周墓地三号墓》，《文物》2006年第4期，第4～16页。

⑥ 何琳仪、焦智勤：《八年阳城令戈考》，《古文字研究》第26辑，中华书局，2006年，第215页。

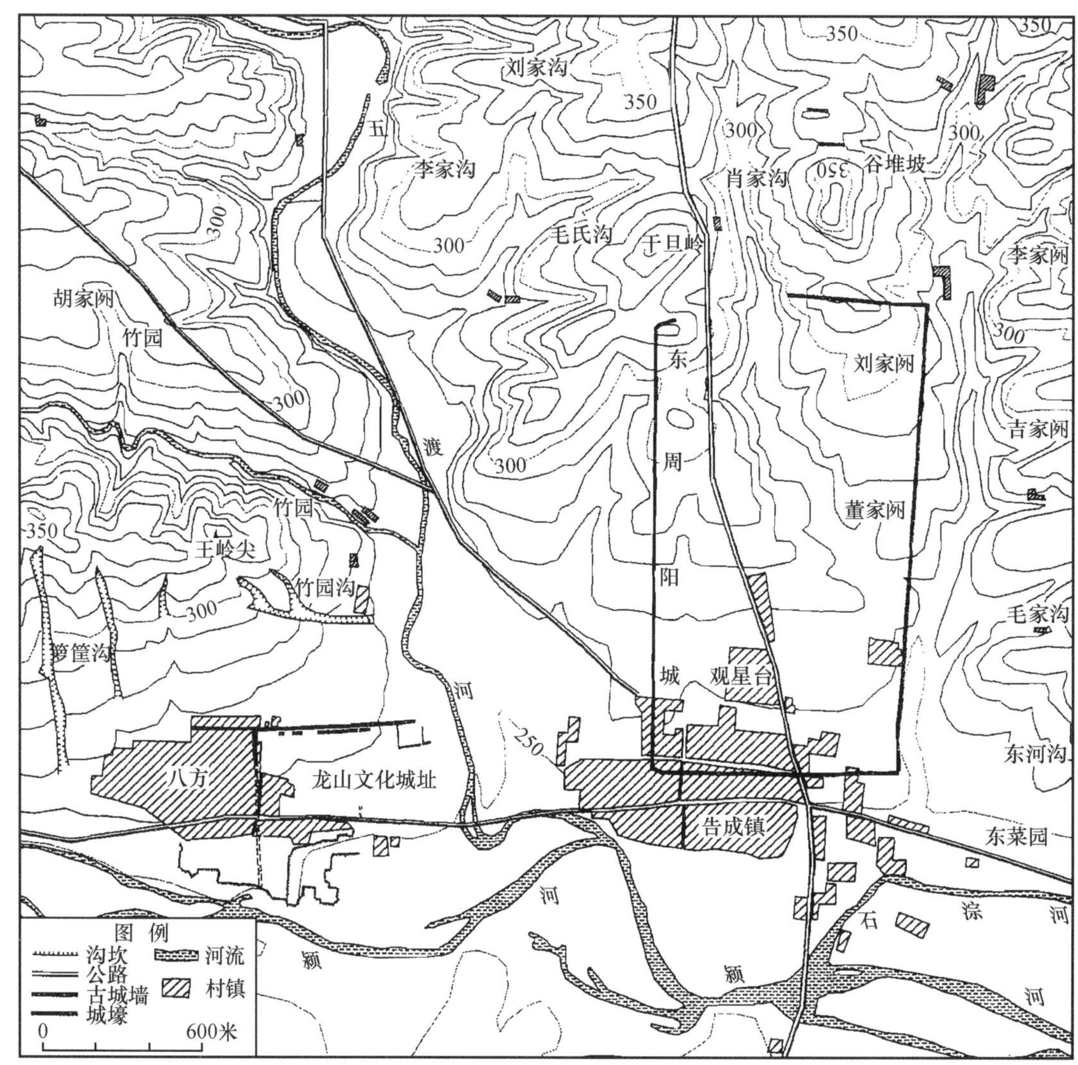

图三　王城岗遗址与东周阳城遗址位置图[①]

这两件铭文文字古朴，笔画工整，从款式上看与新郑郑韩故城发现的一批战国铜兵器字体略有不同[②]。因此我认为应是春秋郑国阳城的真实证据。最近新发现的八年阳城令戈，同样应是春秋战国时郑国的兵器。何琳仪先生把八方村出土的郑国兵器断定为韩国兵器[③]，此说欠妥，应为郑国阳城兵器，春秋战国时器物。

---

① 北京大学考古文博学院、河南省文物考古研究所：《登封王城岗考古发现与研究（2002～2005）》，大象出版社，2007年，第25页。

② 郝本性：《新郑"郑韩故城"发现一批战国铜兵器》，《文物》1972年第10期，第32～37页。

③ 何琳仪、焦智勤：《八年阳城令戈考》，《古文字研究》第26辑，第213～215页。

以上这些重要材料在北京大学考古文博学院、河南省文物考古研究所合编的《登封王城岗考古发现与研究（2002～2005）》一书中没有具体反映出来，甚是遗憾。此书只是说："联系到在此地新发现的大壕沟，是否为春秋郑国阳城的城壕呢？不过至今为止尚未发现春秋时期的夯土城壕，这也为春秋郑国阳城的确定蒙上一层迷雾。"应该指出的是："八方王城岗早期大壕沟（城壕）的发现和丰富的春秋文化遗存，以及袁窑春秋时期'郑伯公子子耳'墓的发现，似可以推定春秋郑国阳城的存在，同时可以推定其应距离郑伯公子子耳墓不远。八方王城岗一带或许就是春秋郑国阳城之所在。"[①]在这里作者留有余地，没有肯定八方村为春秋时期阳城遗址，现在看来八方王城岗一带虽然没有发现城墙，但我们可以肯定应为春秋时期的古阳城遗址之所在。至少有三条理由：第一，出土有"阳城"铭文的铜戈；第二，出土有一条深大的壕沟；第三，出土大量的春秋时代文化遗存，尤其是郑伯公子子耳的墓出土。这三条证据，完全可以证实春秋古阳城，就在告城镇八方王城岗。值得重视的是在王城岗我们发现龙山文化晚期大城为禹都阳城，这一推测应是没有错误的。从另一个方面说明春秋时期郑国"阳城"的称谓，实质上应是源于"禹都阳城"之"阳城"的。所以春秋郑国阳城的发现直接为禹都阳城之确定提供了可靠有力的证据。现在一些考古工作者还期盼春秋时郑国阳城夯土城墙的发现和春秋时期"阳城"铭文之陶器[②]。实际上是用不着陶文与城墙夯土的发现来证实。因为"从八方王城岗春秋遗址以早期为多、晚期少见的情况看，告城镇东北的阳城的修筑当始于春秋晚期"[③]，这个论断是正确的，战国时期将阳城迁至告城镇东北的高岗处，可能是为了避水患，这完全是真实的，不需用更多的考古材料来证实，因为五渡河的水，已经把王城岗古城遗址冲毁一个口。这也反映了古代黄河流域水患与城市变迁之间的相互关系，同时也证明登封王城岗古城就是禹都阳城的所在。

三、天下之中在郑洛间

从历史上看，河洛地区是早期人类繁衍生息理想的地理区域，所以三代之都皆在河洛地区。

---

① 北京大学考古文博学院、河南省文物考古研究所：《登封王城岗考古发现与研究（2002～2005）》，大象出版社，2007年，第793～794页。

② 北京大学考古文博学院、河南省文物考古研究所：《登封王城岗考古发现与研究（2002～2005）》，大象出版社，2007年，第794页。

③ 北京大学考古文博学院、河南省文物考古研究所：《登封王城岗考古发现与研究（2002～2005）》，大象出版社，2007年，第794页。

第一，伊洛河流域的景观生态系统具有多重过渡性特征，气候处于北亚热带向暖温带的过渡带，地形处于二级阶梯向三级阶梯的过渡带，纬度处于中纬度向高纬度的过渡地带。它地处黄河和伊、洛河之间，属暖温带气候区，西部丘陵起伏，东部平原沃野，地形复杂，土壤适宜于农耕。尤其是嵩山周围处于黄土高原的东南边缘，土壤多为第四纪形成的黄土。黄土中的主要矿物有石英、云母、长石等，其他矿物有高岭石、蒙脱石、蛭石和重矿物[①]。黄土不易风化，结构疏松，有利于毛细现象的形成，可以把下层的肥力和水分带到地表，形成黄土特有的自行肥效。所以这种土壤有利于旱地粟作农业的发展。因此，经济类型处于粟作物和轮作农业的过渡带。地形的复杂，为人类提供了适宜的生态环境和多种多样的生活资料来源。

从人文地理上看，这里的文化特征是处于四方文化的辐辏之地。如颍水流域就位于南北交通的要冲，也是东西方人们频繁接触的地区。在这里发现有石家河文化的因素。东方的大汶口文化也早已传播到该地区，因而在这里发现了众多丰富的文化信息。

以上这些过渡性特征及其具有的多重边缘效应，使伊洛河流域不仅具有多重的生态适宜性，也具有很强的环境承载力。所以，优越的地理环境加上人们的勤奋，使这里的经济、文化都比较发达，从而使这里成为早期王朝建立国都之地。伊洛河流域先后出现禹都、阳城、二里头夏都、偃师商城、西周成周、东周王城、汉魏故城、隋唐洛阳城等举世闻名的王朝都邑。这一片面积不过数万平方公里的土地上，上下3000年间先后成为13个王朝的政治、经济、文化中心。夏王朝早期在这里建立国都，绝对不是偶然的。它显示出这里在中国人类文明史和世界城市发展史上都占有独特的地位。它表明伊洛河流域的城市文明演进过程具有显著的稳步性、兼容性和可持续性发展的特征。

根据文献记载，伊洛河流域是夏族兴起的地区。具体地说，颍水上游一带是夏族活动的中心地区，我国历史上第一个奴隶制国家政权产生在这里，首先出现在当时伊洛文化最发达的颍河上游地区，表明颍河上游地区的自然环境在各个方面都优于周围地区，这是夏王朝首先在该地区产生并称得上发展的一个重要间接因素。

第二，作为中原核心的伊洛—郑州地区是我国考古工作开展得最早的地区，历年发现的新石器时代遗址众多。当学术界对仰韶文化和龙山文化关系认识还很模糊的时候，1954年，洛阳孙旗屯的发掘，首先提出了从仰韶文化向龙山文化过渡的问题。严文明先生在为赵春青著的《郑洛地区新石器时代聚落的演变》一书写序时说：“1959—1960年，北京大学考古专业的师生在洛阳地区进行田野考古基础实习，大规

---

① 郑洪汉、B. K. G. Theng、J. S. Whitton：《黄土高原黄土—古土壤的矿物组成及其环境意义》，《地球化学》1994年增刊，第121页。

模地发掘了王湾遗址，几次实习的资料极为丰富。当仰韶文化被划分为半坡类型和庙底沟类型为时不久，对两个类型孰早孰晚还争论不休的时候，我们却在进行更加细密的文化分期和发展谱系的研究工作。经过初步整理，我们认识到那里的新石器时代文化自成体系，从仰韶到龙山至少可以分为八个时期。如果细致划分，甚至可以分到十期以上，发展脉络十分清楚。可惜这批资料至今没有整理发表，以至于学术界难以充分利用。”①又说：“龙山时期在郑州——伊洛地区是一个大发展时期……在那里除发现有许多中原龙山文化和二里头文化的遗存外，还获得了一大批由龙山向二里头过渡的被称为新砦期的遗存。从而把中原地区文明起源以及夏文化的探索又向前推进一步。”②这些充分表明我国第一个奴隶制国家诞生在这里绝对不是偶然的，是历史发展的必然结果。伊洛河平原成为中原文明的诞生地，它应是环境和人类活动相互选择的结果，是人类长时期自身劳动创造活动所积淀的经济文化发展的结果。这应是在伊洛河流域产生国家的直接原因。

而禹都阳城的出现，应该是标志着我国第一个奴隶制国家的出现，我们应该把伊洛河流域与禹都阳城结合起来，不能把颍河与伊洛河平原割裂来看，中国古代文明诞生的整个豫西地区，或称伊洛河流域，也应包括颍河及嵩山周围一带。从新密发现的新密古城寨遗址就位于嵩山东麓的开阔地带。作为中国古代国家产生的核心区域——伊洛河流域，具备了优越的地理条件。伊洛河流域所在的洛阳盆地，其面积较山南的告成盆地大10倍以上，而且地势坦荡，河流密集，所以成为周人建都之地。把“有夏之居”作为周人选都洛邑地区的重要条件，由于伊洛流域四通八达、可攻可守，是比较理想的建都之地。所以作为“天下之中”的洛阳盆地更有利于控制黄河南北广大地区和经济、文化交流，因此，周人灭商后势力的发展要求建都洛邑作国都的一个重要原因。

第五节　郑州小双桥商代城址非隞都说

一、问题的提出

作为夏商周断代工程·商前期年代学研究的重要课题，郑州小双桥遗址年代的确定和文化性质的认识具有重要的学术价值。由河南省文物考古研究所编著的《郑州

① 赵春青：《郑洛地区新石器时代聚落的演变·序》，北京大学出版社，2001年，第2页。
② 赵春青：《郑洛地区新石器时代聚落的演变·序》，北京大学出版社，2001年，第4～5页。

小双桥：1990～2000年考古发掘报告》被认为是一部全面系统总结郑州小双桥商代遗址考古发掘收获的专题性学术报告，该报告在总结小双桥遗址的考古发掘收获时一再强调指出，“综合近十年考古工作者在小双桥遗址考古工作的收获，我们认为：从目前揭露部分即该遗址的中心部位看，小双桥遗址的确可以说是一处具有神秘宗教色彩的宗庙祭祀遗址，是商代中期——郑州小双桥期的宗教政治中心。这不仅可从众多的遗迹现象得到证明，如‘周勃墓’高台型夯土建筑基址、宗庙建筑基址、人祭坑、牛头坑、牛角坑等，而且从种类齐全、数量丰富的祭祀用器也可得到佐证，如制作讲究的原始瓷尊，内外壁遍涂朱砂的陶簋、陶盆，表面有朱书文字的陶缸，长方形穿孔石器，青铜建筑饰件等；从事祭祀活动的就是当时最高统治者商王或由高级贵族构成的巫师阶层，祭祀对象则可能是祖先或其他神灵。但就整个小双桥遗址而言，其宏大的规模，重要且高规格的文化内涵等都是除郑州商城、偃师商城、安阳洹北商城和安阳殷墟以外的其他商代前期遗址所无法比拟的，结合其独特的地理位置和征伐蓝夷这种特定历史事件在遗址中的体现等，使我们完全有理由相信小双桥遗址即商王仲丁所迁之隞都”[①]（图四）。在这里作者清楚地认为，小双桥遗址的性质就是商代仲丁迁隞的隞都。无论是从小双桥遗址的规模，还是从遗物的内容上看，我们完全可以推断小双桥遗址所具备的是古代王都的性质，这一点是无可否认的。

在这里应该强调说明的是，我们既不能因小双桥遗址中心发现了高台夯土建筑基址、人祭坑、牛头坑、牛角坑等祭祀遗迹，而将遗址性质简单地归纳为具有神秘宗教色彩的宗教祭祀遗址，亦不能过分强调小双桥遗址的宗教神秘性。所谓的宗教是社会意识形态之一，是现实世界在人们意识里虚幻扭曲的反映，要求人们敬仰上帝、神教、精灵等，把希望寄托于所谓天国或来世。宗教最初产生于原始社会里人们对自然力量的崇拜，在阶级社会里，宗教被剥削阶级用来麻痹人民以维护其统治，而宗庙是祭祀先人的密室。《礼记·中庸》：“宗庙之礼，所以祀乎其先也。”[②]《孝经》：“为之宗庙，以鬼享之。”[③]疏：“《礼记·祭法》天子至士皆有宗庙”，又引旧解云：“宗，尊也，庙，貌也，言祭宗庙，见先祖之尊貌也。”[④]称所自出之祖曰宗，则宗庙即祖祢之庙也。后世自大夫以下皆称家庙。我们知道在安阳殷墟出土的商代甲骨文中有相当数量的祭祀卜辞。这些卜辞都是商王及贵族在宗庙祭祀祖先和山、川、风、云、雨等自然神和先公、先王、先妣等宗主神。以这些遗留下来的大量祭祀卜辞

---

① 河南省文物考古研究所：《郑州小双桥：1990～2000年考古发掘报告》，科学出版社，2012年，第738页。

② （清）朱彬撰，饶钦农点校：《礼记训纂》卷三十一《中庸》，中华书局，1996年，第775页。

③ 李学勤主编：《十三经注疏·孝经注疏》，北京大学出版社，1999年，第59页。

④ 李学勤主编：《十三经注疏·孝经注疏》，北京大学出版社，1999年，第61页。

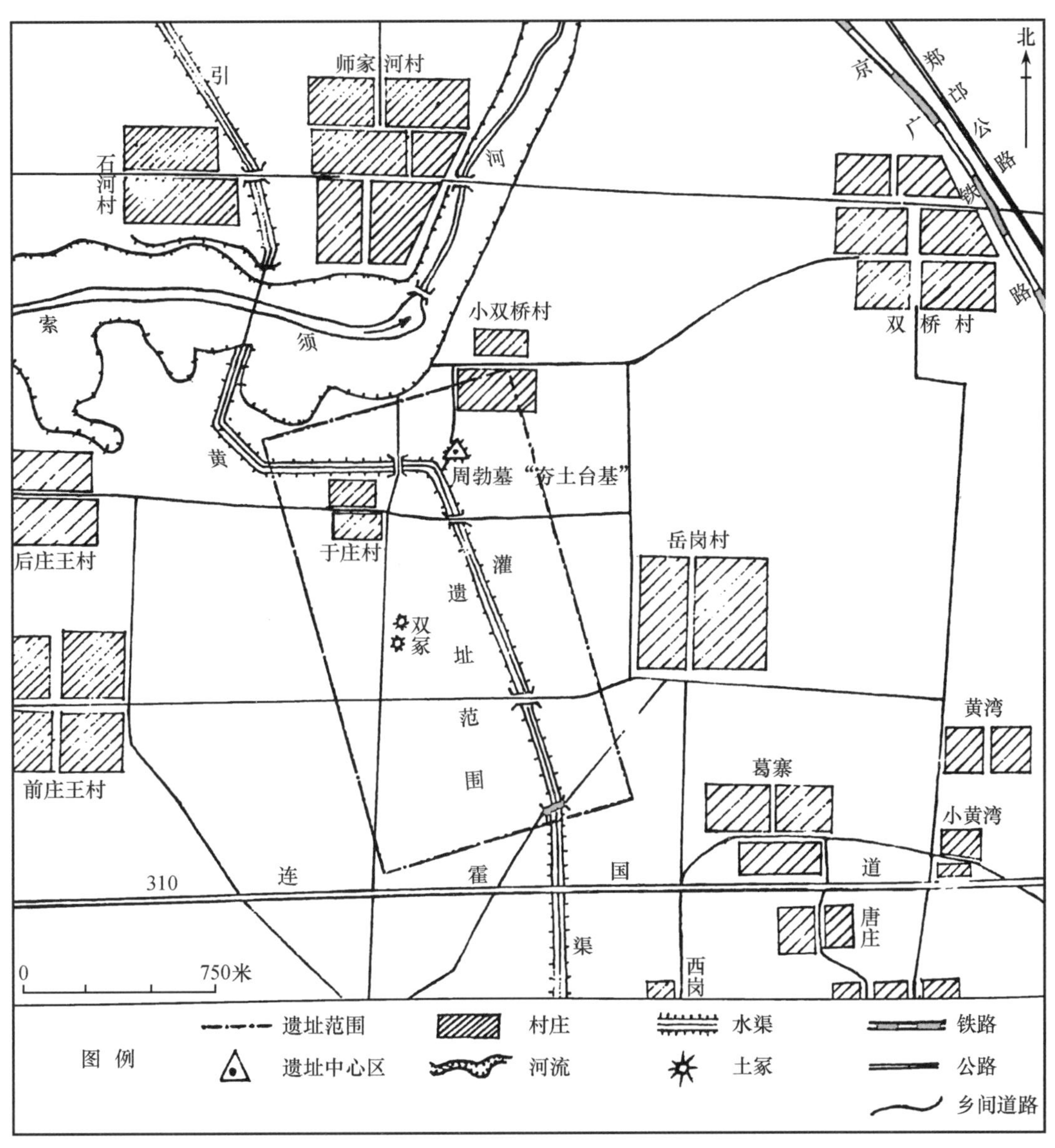

图四　小双桥遗址平面形状及遗址范围图①

资料为基础，董作宾先生曾对卜辞分期断代以及五种祭祀制度进行了开创性的探索工作，之后陈梦家、许俊雄、岛邦男等先生又研究过卜辞中的周祭，常玉芝先生明确指出："周祭研究对探讨商代的世系、礼制、宗法、历法等制度，以及判定某些卜辞的时代等都关系极大，所以实有再进一步研究的必要。"②因此，我们不能把商代的祭祀

① 河南省文物考古研究所：《郑州小双桥：1990～2000年考古发掘报告》，科学出版社，2012年，第4页。

② 常玉芝：《商代周祭制度》，中国社会科学出版社，1987年，第7页。

制度简单地归纳成宗教迷信，更不能将作为商王朝政治中心的王都遗址——小双桥遗址归入宗教政治中心，这一点应该引起我们的关注。

二、小双桥商代遗址非隞都

陈旭教授是较早对小双桥遗址性质进行系统研究的学者，她先后撰有《商代隞都探寻》《郑州小双桥商代遗址即隞都说》等数篇长文，对郑州小双桥遗址所具备的都邑遗址的条件和性质进行了阐述，陈教授认为郑州小双桥商代遗址即商代之隞都[①]。这一说法影响很大。《郑州小双桥：1990～2000年考古发掘报告》不仅完全承继了陈旭先生的隞都说并有所推进，《郑州小双桥：1990～2000年考古发掘报告》还明确指出："结合其独特的地理位置和征伐蓝夷这种特定历史事件在遗址中的体现等，我们完全有理由相信小双桥遗址即商王仲丁所迁之隞都。"[②]在这里有一个问题值得深入研究，即为什么仲丁迁隞就会有利于征伐蓝夷。我们知道小双桥遗址是在郑州市西北郊石佛乡小双桥村与于庄村之间的河旁台地上，依索须河，南边是贾鲁河。它的位置正好是在两河之间的一个高地上，遗址中心被当地群众称为"周勃墓"。

我们注意到郑州小双桥遗址为隞都说的立论根基是邹衡先生的郑州商城为"汤始居亳"的始居之亳，正如陈旭先生所论，依据郑州商城乃早商的亳都说，则小双桥商文化的发展兴盛年代与郑州商城的废弃和文化衰退的年代前后衔接，就与仲丁自亳迁隞的历史相合。且小双桥的商文化延续时间短亦与隞都的历史相符，而在白家庄期年代，商文化与岳石文化之间的关系中反映出的战争信息，又与仲丁伐蓝夷的历史对应[③]。现在的问题是郑州小双桥遗址如果是为伐蓝夷而建，那么仲丁从今天郑州东部的商城遗址迁往郑州东北部的小双桥遗址，其意义何在？郑州商城与郑州小双桥两处遗址，南北相距二十公里左右，能够起到"伐蓝夷"的历史作用吗？这一结论颇令人疑惑。

关于仲丁迁隞的地望与原因，文献上有明确的记载。《古本竹书纪年》曰：

> 雍己
> 雍己伷即位，居亳。

---

① 陈旭：《夏商文化论集》，科学出版社，2000年，第137～144、163～170页。

② 河南省文物考古研究所：《郑州小双桥：1990～2000年考古发掘报告》，科学出版社，2012年，第738页。

③ 陈旭：《夏商文化论集》，科学出版社，2000年，第169页。

仲丁即位，元年，自亳迁于嚣。

仲丁即位，征于蓝夷。[①]

在这里需要说明的是商汤居亳的地望问题。我们认为商汤始居之亳都在山西垣曲商城，商人灭夏后越过黄河先向南发展营建了偃师商城，之后商人为征服东方才向东发展，故有征蓝夷之举。蓝夷是东夷的一支，根据《古本竹书纪年译注》载：“蓝夷，东夷的一支，即春秋时的‘滥邑’，居地在今山东滕县东南。”[②]根据《后汉书·东夷传》记载：“桀为暴虐，诸夷内侵，殷汤革命，伐而定之。至于仲丁，蓝夷作寇。自是或服或畔，三百余年。武乙衰敝，东夷寖盛，遂分迁淮、岱，渐居中土。”注曰：“仲丁，殷大戊之子也。《竹书纪年》曰‘仲丁即位，征于蓝夷’也。”[③]说明蓝夷是居住在东方的民族。所以《后汉书·东夷传》曰：“《王制》云：‘东方曰夷。’夷者，柢也，言仁而好生，万物柢地而出。”认为“夷有九种，曰畎夷，于夷，方夷，黄夷，白夷，赤夷，玄夷，风夷，阳夷”[④]。唐杜佑《通典》也说：“桀为暴虐，诸夷内侵。商汤革命，伐而定之。至于仲丁，蓝夷作寇。自是或服或叛，三百余年。武乙衰弊，东夷寖盛，遂分迁淮、岱，渐居中土。”[⑤]田继周先生在《先秦民族史》一书中也说：“在甲骨卜辞中，也有不少‘正尸方’、‘伐尸方’、‘伐儿方’、‘正夷方’的记载，‘正’和‘伐’当然是一种战争关系。”[⑥]帝乙十祀曾征夷方，经时甚久。夷方者山东半岛之岛夷及淮夷也。同时曾征盂方，其地当在河南睢县附近。又其廿祀、曾远赴上[illegible]，征讨蘆林、[illegible]爵等国，经时半载有几。上[illegible]者，余疑即是上虞。其地距殷京甚远……路程在四旬以上。是知殷时疆域似已越过长江而南，而其东南之敌，亦即平定于帝乙之世[⑦]。这些事实说明商代对东方的经营是经过一段艰苦奋斗的历程，既然是为征伐位于山东境内的蓝夷，那么商人如果把都城从郑州东边的郑州商城迁到郑州北边的小双桥遗址，此举于理难以理解。所以，我们认为商人欲适应征蓝夷这一政治斗争的需要，最合理的解释应该是从位于偃师商城的西亳向东迁至荥泽以西的敖地，即今郑州地区。仲丁之后，河亶甲为征蓝夷，再向东迁

---

① 李民、杨择令、孙顺霖，等编：《古本竹书纪年译注》，中州古籍出版社，1990年，第40～41页。

② 李民、杨择令、孙顺霖，等编：《古本竹书纪年译注》，中州古籍出版社，1990年，第41页。

③ （宋）范晔撰，（唐）李贤等注：《后汉书·东夷传》，中华书局，1965年，第2808页。

④ （宋）范晔撰，（唐）李贤等注：《后汉书·东夷传》，中华书局，1965年，第2807页。

⑤ （唐）杜佑撰，王文锦等点校：《通典》卷185《边防一》，中华书局，1988年，第4984页。

⑥ 田继周：《先秦民族史》，四川民族出版社，1988年，第277～278页。

⑦ 郭沫若：《卜辞通纂·序》，《郭沫若全集·考古编》第二卷，科学出版社，1983年，第12～13页。

徙到河南内黄相地。只有这样认识，从地理上看才是顺理成章的事情，有些学者把仲丁迁嚣的隞都说成在小双桥遗址，这是错误的判断。

关于敖山与隞都地望问题，陈昌远先生作过深入的考察，陈先生认为敖山、隞都、敖仓都在今荥阳市北，这个说法才是正确的。可是有些文章均言敖山、隞都在东西广武城以东郑州市区或西北的小双桥，自然是很不恰当的。如果把小双桥商代遗址与郑州商城遗址说成了隞都，那是与古文献记载敖山、隞都的地理位置不相吻合的[①]。而仲丁所迁的隞都由于建在敖山之上，而敖山又濒临黄河，黄河主泓往复摆动，经常改道，不仅冲毁了西广武到敖仓的甬道，而且也冲毁了敖山上的隞都与敖仓。这一点应该引起我们的充分关注，所以，小双桥遗址并非隞都。

三、敖山与隞都地望探索

对于仲丁自亳迁隞之隞都地望，《郑州小双桥：1990～2000年考古发掘报告》载："关于隞都的地望，历史上却有不同说法：有'河北说'、'河南敖仓说'、'陈留说'等，三说中后人多主'河南敖仓说。'《水经注·济水》云：济水又东迳敖山北，《诗》中所谓'薄狩于敖'者也，其山上有城，即殷帝仲丁之所迁也。皇甫谧《帝王世纪》曰：'仲丁自亳徙嚣于河上者也，或曰敖矣。秦置仓于其中，故亦曰敖仓城也。'有学者认为，仲丁迁隞'其地在黄河南岸的敖山附近'，并认定'商王仲丁确曾迁都于敖（嚣）地，此地不在郑州，而应在河南荥阳以北的敖山，即今邙山地区'。邙山即古之敖山，敖山周围地区即属敖地。《括地志》云：'荥阳古城，在郑州荥泽西南十七里，殷时敖地也。'《元和郡县图志》卷'荥泽县'条下：'敖仓城，县西十五里，北邻汴水，南带三皇山，秦所置。仲丁迁于嚣，此也。'由此可知，小双桥遗址的地理位置正处在敖地范围之内，与文献所记隞都地望基本吻合，可见，仲丁迁隞（嚣）的隞都就在此地。"[②]《发掘报告》依据《水经注·济水》中"济水又东迳敖山北，其山上有城，即殷帝仲丁之所迁也"的记载来判断敖山的地望应该说是有文献根据的，但其所得结论认为商王仲丁确曾迁都于敖地，此地不在郑州，而应在河南荥阳北的敖山，即今邙山地区，邙山即古之敖山的看法却是应该仔细推敲的。

文献上对于敖山地望的记载是较为明确的。《嘉靖荥阳县志》卷之上地理曰："敖山在县东北五十里，《诗》云：搏兽于敖，是也。商仲丁迁都于此，吕东莱曰：

① 陈隆文：《郑州历史地理研究》，中国社会科学出版社，2011年，第51页。

② 河南省文物考古研究所：《郑州小双桥：1990～2000年考古发掘报告》，科学出版社，2012年，第738页。

敖山之下平旷可以屯兵，翳荟可以设伏。”[①]

《清一统志》卷186又说：“敖山在荥泽县西北，河阴废县境内。《尚书序》：仲丁迁嚣，《史记》作隞，《诗·小雅》：搏兽于敖。《左传》宣公十二年，晋师在敖鄗之间，《史记》汉三年，汉王军荥阳，筑甬道属之河，以取敖仓粟，孟康曰：敖，地名，在荥阳西北山上，临河有大仓，《水经注》：济水东迳敖山北，其山上有城，即仲丁所迁，秦置仓其中，故曰敖仓。《括地志》敖仓在荥泽县西北十五里，石门之东，北临汴水，南带三皇山。《河阴县志》：敖山沿河入境，约二里许，峰峦特起，两岸壁立，中仅容轮蹄，盖怀河之门户也。”[②]《嘉靖荥阳县志》与《清一统志》已将敖山的位置状况说得非常清楚了，敖山是沿黄河的走向而突起的，由于这样特殊的地理位置，使得山体常遭黄河冲刷，现在山体只残存部分在地面上。

对于隞地地名的由来及其演变情况，荥阳名士陈万卿先生有过论证。陈先生认为：“敖，古作嚣。页为人头，人头四侧皆口成嚣，头有四口，则喻声大，以声大命名山名，必有其因，古时敖山与今之广武山、大伾山约相连又相对独立，其山势走向约在荥阳北部向东北延伸，山体阻挡黄河使其折向东北流。黄河洪水时节能漫过山之鞍部东泻，形成荥泽。河水自高处跌下，声传甚远。此山有声，故以‘嚣’名之。山原古为通向东北方向帝都濮阳等之唯一大道（因直线向东有荥泽阻隔，无路可通），此地被称作‘地肱’、‘地喉’。广武、阳武、原武、武德、武陟等带‘武’字古地名，皆为此大道之信息遗留。半步为武，武与路、走路、交通有关。春秋时期，在这条道路附近发生了许多战争和历史事件。此‘武’或与武事有关。张良椎秦始皇于博浪沙中之事件表明，这条道路至秦时仍然在使用。仲丁迁隞之目的，一则为避水患，一则为征蓝夷。隞都建于敖山可以避水患，也可以‘监视震慑蓝夷’。”[③]殷人迁隞都于敖山才能实现避水患与镇蓝夷之目的。商王仲丁若将隞都建立在荥泽旁边的小双桥遗址处，那完全是违背征蓝夷的政治目的，所以我们认为仲丁迁嚣的都城隞都不太可能是今小双桥商代遗址。

荥阳市文物工作者对敖山与隞都地望的实地调查也说明了这一点。隞都在殷之敖地所在的敖山之上，而敖山又在古代黄河和济水南岸。根据现在实地考察，三皇山居中，名字由来应是商代仲丁、外壬、河亶甲三帝在此为王，合称三皇，山因皇名，是三皇山；东有岳山，现在岳山寺，建筑尚有，坐山之阳，前有陡涧，是否汴水从中东南流，有待考证，西有东、西广武城即今所谓汉、霸二王城，商代第十一王仲丁所迁隞都就在今之三皇山主峰之北的山上，大部分已塌入黄河，应合文献隞都“在山上，

---

① 陈万卿：《嘉靖荥阳县志》卷之上《地理》，广陵书社，2006年，第3页。

② （清）穆彰阿等：《嘉庆重修一统志》卷186《开封府一》，四部丛刊续编本，第13页。

③ 陈万卿：《嘉靖荥阳县志》（校注），广陵书社，2006年，第151～152页。

南戴三皇山”之两种记载。现三皇山有三皇山风景区，区内有三皇庙。第三次文物普查时发现黄河游览区大禹像后的山上，有一古代城墙遗址，地理坐标：北纬34度57分274秒，东经113度29分113秒，海拔190米。城址北临黄河南岸断崖，西与荥阳市搭界，东抵黄河铁路大桥。依山而建，平面呈不规则形。城墙北墙全部、东墙大部、西墙北部均已塌入黄河。现存南城墙残长400多米，西墙400多米。东墙百余米，残墙最高处约6米，以黄土夯筑而成，夯层厚8至12厘米，圜底圆夯，夯径9厘米左右，夯层内含粗绳纹板瓦片，内饰方格纹，从夯层夯窝及城墙夯筑情况看，与郑州地区春秋战国时期的城址相同。据《水经注》载，该城所在的山为敖山，“其山上有城，即殷帝仲丁之所迁也。皇甫谧《帝王世纪》曰：仲丁自亳徙嚣于河上者也。或曰敖矣。秦置仓于其中，故亦曰敖仓城也”[①]。荥阳市文物工作者根据考古调查分析，断定其城遗址应为仲丁所迁的隞都遗址的东南部[②]。

四、敖山非邙山

对敖山的地望，在古代历史地理文献中说得很清楚。揆诸今地，敖山应该是今天郑州广武山北侧山体，也就是黄河南岸自今荥阳汜水入黄河处向东至今郑州京广铁路的山脉，今郑州广武山之北缘。

《括地志辑校》卷三曰：“敖仓在郑州荥阳县西十五里，石门之东，北临汴水，南带三皇山，秦时置仓于敖山。故名敖仓云。”《校注》曰：“《史记·项羽本纪》‘以取敖仓粟’《正义》引，又《通鉴》卷十《汉高帝纪》‘以取敖仓粟’注引……又《史记·郦生陆贾列传》‘据敖仓之粟’《正义》。”[③]

《括地志辑校》又曰：“荥阳故城在郑州荥泽县西南十七里，殷时敖地，周时名北制，在敖山之阳。”[④]

《太平寰宇记》卷之九曰：“敖山，在县（荥泽县）西十五里。春秋时，晋师救郑在敖、鄗之间。二山名。宋武《北征记》曰：‘敖山，秦时筑仓于山上，汉高祖亦因敖山筑甬道，下汴水。’即此地也。”又曰：“敖仓城，在县西十五里。北临汴

---

① （北魏）郦道元著，陈桥驿校证：《水经注校证》卷七《济水》，中华书局，2007年，第191页。

② 张振明主编：《古荥镇与荥阳故城》，广陵书社，2008年，第10页。

③ （唐）李泰等著，贺次君辑校：《括地志辑校》卷三《郑州·荥阳县》，中华书局，1980年，第176页。

④ （唐）李泰等著，贺次君辑校：《括地志辑校》卷三《郑州·荥泽县》，中华书局，1980年，第177页。

水，南带三皇山，殷仲丁迁于嚣。《诗》曰：‘搏兽于敖’，皆此地。秦置城，以屯粟。《汉书》曰：郦生说高祖曰‘东据敖仓’，即此也。”①

《读史方舆纪要》卷四十七曰：“敖山，在县（河阴县）西二十里。皇甫谧曰：‘殷仲丁自亳徙嚣，即敖也。’《水经注》：‘济水又东经敖山北，山上有城，即仲丁所迁。’周宣王薄狩于敖。《左传》宣十二年：‘晋师在敖、鄗之间。’秦时立敖仓于此。二世二年陈胜将田臧自荥阳西迎秦军于敖仓，败死。汉二年汉王军荥阳，筑甬道属之河，以取敖仓粟，郦生说汉高‘据敖仓之粟’是也。惠帝六年修敖仓。武帝曰：‘洛阳有武库、敖仓，天下冲阨。’”又曰：“《括地志》：‘敖仓在荥阳县西北十五里石门之东，北临汴水，南带三皇山。’”②

《清一统志》卷186曰：“敖山在荥泽县西北，河阴废县境内。《尚书》序：‘仲丁迁嚣’，《史记》作隞，《诗·小雅》：‘搏兽于敖’。《左传》宣公十二年：‘晋师在敖、鄗之间’，《史记》：‘汉三年，汉王军荥阳，筑甬道属之河，以取敖仓粟。’孟康曰：‘敖，地名，在荥阳西北山上，临河有大仓。’《水经注》：‘济水东迳敖山北，其山上有城，即仲丁所迁，秦置仓其中，故曰敖仓。’《括地志》：‘敖仓在荥泽县西北十五里，石门之东，北临汴水，南带三皇山。’《河阴县志》：‘敖山沿河入境，约二里许，峰峦特起，两岸壁立，中仅容轮蹄，盖怀河之门户也。’”③

从以上文献记载可以看出敖山的地理位置应该是没有多大问题的。文献中记载所不同者唯距离而已，有的文献说在河阴县西二十里，有的文献说在荥阳县西十五里。汉时的荥阳县在今天的古荥镇，值得注意，郦道元《水经注》很清楚地记载：“济水又东迳敖山北，《诗》所谓薄狩于敖者也。其山上有城，即殷帝仲丁之所迁也。”④这已经把仲丁迁嚣的地理位置说得很确定了。

但是《郑州小双桥：1990～2000年考古发掘报告》中却认为仲丁迁隞，其地在黄河南岸的敖山附近，并认定：“商王仲丁确曾迁都于敖（嚣）地，此地不在郑州，而应在河南荥阳以北的敖山，即今邙山地区。邙山即古之敖山，敖山周围地区即属敖地。”而后又引《括地志》云：“荥阳古城，在郑州荥泽西南十七里，殷时敖地也。”《元和郡县图志》“荥泽县”条下：“敖仓城，县西十五里，北邻汴水，南带

① （宋）乐史撰，王文楚等点校：《太平寰宇记》卷之九《河南道九·郑州》，中华书局，2007年，第169页。

② （清）顾祖禹撰，贺次君、施和金点校：《读史方舆纪要》卷四十七《河南二·开封府》，中华书局，2005年，第2204～2205页。

③ （清）穆彰阿等：《嘉庆重修一统志》卷186《开封府一》，四部丛刊续编本，第13页。

④ （北魏）郦道元著，陈桥驿校证：《水经注校证》卷七《济水》，中华书局，2007年，第191页。

三皇山，秦所置。仲丁迁于嚣，此也。”“由此可知，小双桥遗址的地理位置正处在敖地范围之内，与文献所载隞都地望基本相合，可见，仲丁迁于隞（嚣）的隞都就在此地。”[①]这一论断似颇值得推敲。在这里，作者混淆了地理概念，将古之敖山与今之邙山混为一谈，认为“邙山即古之敖山”，并以此为立论出发点，将本不在敖地的小双桥遗址说成了古之隞都，从而没有正确地阐释清楚小双桥遗址的性质及重大价值所在。

没有任何历史文献记载今之邙山即古之敖山。《太平寰宇记》卷之三曰：“芒山，一作邙山，在县北十里；一名平逢山，亦郏山之别名也。都城所枕。又有光武陵，魏明帝欲平北邙山，令登台便观，见孟津。廷尉辛毗谏曰：‘天地之性，高高下下，今而反之，既非其理。若九河盛溢，洪水为害，丘陵皆夷，何以御之？’帝乃止……又戴延之《西征记》云：‘邙山西岸东垣阜相属，其下有张母祠，即永嘉中此母。有神术，能愈病，故元帝渡江时，延圣火于丹阳，即此母，今祠存。’伊尹、苏秦、张仪、扁鹊、田横、刘宽、杨修、孔融、吴后主、蜀后主、张华、嵇康、石崇、何晏、陆倕、阮籍、羊祜皆有冢在此山。后汉梁鸿登芒山，作五噫之歌曰：‘陟彼北芒兮，噫！顾览帝京兮，噫！宫室崔巍兮，噫！人之劬劳兮，噫！辽辽未央兮，噫！’”[②]可见古之邙山在洛阳。

《读史方舆纪要》卷四十八曰：“北邙山，在府北十里，山连偃师、巩、孟津三县，绵亘四百余里，古陵寝多在其上。邙一作‘芒’。《左传》昭二十二年：‘王田北山’，即邙山也。魏明帝尝欲平北邙，于上作台，观望孟津，以辛毗谏而止。晋太安二年成都王颖自邺举兵内向，帝军于芒山以拒之。明年帝自邺还，济河至芒山。永和十二年，姚襄为桓温所败，奔洛阳北山，即北芒也。”[③]从这里可知历史上称为“北山”，又称为“北邙”“北芒”“北邙山”。可是从来没有把芒山叫作敖山的，这应是历史文献的真实记载，不能涂改。

《清一统志》卷205又曰：“北邙山，在洛阳县北，东接孟津、偃师、巩三县界，亦作芒山。《府志》：‘一名郏山’，周营王城，北枕郏山，即此。《左传》昭公二十二年：‘王田北山。’杜预注：‘洛北邙也。’后汉建武十一年，城阳王祉葬于北邙，其后王侯公卿多葬此。章帝时，梁鸿登北邙，作五噫之歌。三国魏明帝尝欲平北邙，令登台望见孟津，以辛毗谏而止。后魏太和二十年，命代人迁洛者悉葬邙

① 河南省文物考古研究所：《郑州小双桥：1990～2000年考古发掘报告》，科学出版社，2012年，第738页。

② （宋）乐史撰，王文楚等点校：《太平寰宇记》卷之三《河南道三・西京一・河南府》，第47～48页。

③ （清）顾祖禹撰，贺次君、施和金点校：《读史方舆纪要》卷四十八《河南三》，第2225页。

山。《水经注》：‘洛阳谷门，北对邙阜，连岭修亘，包总众山，始自洛口，西踰平阴，悉邙垄也。’《元和志》：‘北邙山在偃师县北二里，西自洛阳县界，东入巩县界。旧说云，此山是陇山之尾，乃众山总名，连亘四百余里。’《寰宇记》：‘邙山在河南县北十里，洛阳县二里，一名平逢山，别阜曰佩印山。汉诸陵并在此。’《金志》：‘正隆六年，更北邙山名太平山。’《旧志》又有翠云山，在洛阳县西北三里，即邙山最高处，其南有避暑城，又有凤凰山，在县东北三十里。上有骆驼岭，亦邙山之支阜也。又邙山在孟津县南二里，西自横水，东至叩马屯，延亘百余里，又在巩县北三里。”[①]从以上历史文献记载来看，邙山并非古之敖山，邙山之尾闾在今巩义市北，伊洛河入黄河河口以西。在黄河、洛河交汇的洛汭，邙岭被洛水切断，这一带的黄土山岭海拔高程一般在230米左右。故乾隆十年《巩县志》卷二《山川》中说：“邙山在（巩义）县北三里，西拥峪峣，当河洛之间，为神堤之障，古号秦头魏尾，即此山之尾。”[②]因为是邙山之尽处，当地又有神尾山之称，自此向东至汜水入黄河的汜口为黄河南岸的一系列黄土岭，称为大伾山；从汜口一直向东到今郑州京广铁路以西的黄土阜岭今天称为广武山，在古代又称作敖山，因此，小双桥遗址的地理位置并非正处在敖地范围之内，这一点应该是可以肯定的。

五、敖、鄗二山与敖仓地望

对于《左传》“晋师在敖、鄗之间”应如何理解，鄗山在何地？荥阳名士陈万卿先生主编的《嘉靖荥阳县志》引陈子怡先生之说认为鄗山就是广武山。“广武山古为鄗山。《左传》‘晋师在敖、鄗之间’之敖、鄗应为两山。陈子怡先生在《河阴县志·山川考》（复校本）中认为鄗，即今广武山，后又称三皇山、三室山、皇室山、武济山。魏晋以后又有人称作荥阳山。有学者认为此山与今大伾山古为一体，为商兴之地。广武山高而上平，古人称为广武原，甚有道理，近人称此山为邙山，不确。此山西起汜水入黄河处，东至郑州北部今黄河游览区处。而今荥阳北牛口峪以西之广武山，春秋时期又名伯牛山。《左传》‘晋师伐郑，次于伯牛’者即此山。愚以为广武山为中国最东端之黄土原。广武山上古迹甚多，楚汉对垒之东、西广武城（今名霸王城、汉王城）即在此山上。”[③]敖山与鄗山应该同为今广武山的支阜，从现代自然地貌学的角度来看，广武山连同其西的大伾山同为黄土丘陵地貌，呈现出西高东低之连绵

① （清）穆彰阿等：《嘉庆重修一统志》卷205《河南府一》，四部丛刊续编本，第10页。

② 河南省地方史志办公室：《河南历代方志集成·郑州卷六》，大象出版社，2017年，第446页。

③ 陈万卿主编：《嘉靖荥阳县志》（校注），广陵书社，2006年，第153页。

起伏状，上部为晚更新统浅色黄土，下有较厚的钙质结核层，冲沟发育明显，沟谷多为“U”字形，深度一般为40—60米，北侧沟谷多为南北向，与黄河谷地连通，晋师自北越过黄河，选择易于通行广武山间的南北沟谷地带作为行军道路，自然可以理解，而文献中所谓“敖、鄗之间”者盖极有可能是指广武山中的“U”字形沟谷而言的，从这个意义上看，敖、鄗之间应该是相对于广武山的支阜而言的。

秦汉时，黄河尚未南摆至敖山脚下，商代隞都旧址犹存，故至秦因城设仓，就是著名的敖仓。敖仓，秦置，筑成时间当在秦灭韩不久。此仓为秦置之国家粮仓，故人称太仓。秦统一天下，徙天下豪富十二万户于关中，关中人口骤增，粮食匮乏，遂利用鸿沟水道运东南之粟以济关中。东南之粟利用鸿沟水道运至敖仓附近，再转乘黄河大船溯流而上，一时不能运走者，则贮于敖仓之中，唐设之河阴仓与此相仿佛。鸿沟水道是秦朝国都与东南富庶诸郡间之重要通道，为秦之经济命脉。秦末楚汉战争间，楚汉双方屡争敖仓之粟，故敖仓之名屡见《史记》《汉书》。郦食其力劝刘邦据敖仓之文详见《史记·郦生陆贾列传》及本志《史文》，敖仓在敖山上，北临鸿沟水道，其地望在今荥阳市广武镇桃花峪北①。

对于敖山上因商代隞都城所置的敖仓，其地理位置历代地理文献都有较为一致的认识。臧励龢先生主编的《中国古今地名大辞典》说得也都清楚：“敖山在河南河阴县西。《书序》：‘仲丁迁嚣。’《史记》作隞，《诗·小雅》：‘搏兽于敖。’《史记·高祖纪》：‘汉三年，汉王军荥阳，南筑甬道属之河，以取敖仓。’《孟康》曰：‘敖，地名，在荥阳西北山上，临河有大仓。’《水经注》：‘济水东迳敖山北，其山上有城，即仲丁所迁，秦置仓其中，故曰敖仓。’”②以上文献说得很清楚，与《汉志》所记是完全相吻合的。中华人民共和国成立后史为乐先生主编的《中国历史地名大辞典》则曰：“敖山：在今河南荥阳市北。《尚书·序》：‘仲丁迁嚣。’《史记·殷本纪》：‘帝仲丁迁于隞。’《索隐》：‘隞亦作嚣，并音敖字。’《诗经·小雅·车攻》：‘搏兽于敖。’《左传》：宣公十二年，‘晋师在敖、鄗之间。’《水经·济水》：‘济水又东径敖山北……其山上有城，即殷帝仲丁之所迁也。’秦置敖仓于此。”又曰：“敖仓：秦置，在今河南荥阳市东北敖山。《史记·项羽本纪》：‘筑甬道属之河，以取敖仓粟。’又，《黥布列传》：布‘据敖庾之粟’。《索隐》：‘案《太康地记》云：秦建敖仓于成皋。’”③从这里可以知道在古今有关地名的著作中都认为敖山、隞都及后来秦置的敖仓都在今荥阳市北或古荥阳的西北，从来没有学者认为小双桥遗址是古殷之隞都的，这一点是可以肯定的。

---

① 陈万卿主编：《嘉靖荥阳县志》（校注），广陵书社，2006年，第166页。

② 臧励龢主编：《中国古今地名大辞典》，商务印书馆，1931年，第807～808页。

③ 史为乐主编：《中国历史地名大辞典》，中国社会科学出版社，2005年，第2040页。

楚汉战争中，刘邦汉军所筑通往敖仓取粮的甬道是否仍有遗迹可寻？陈万卿先生认为："甬道，为汉据荥阳时所筑。时刘邦退守荥阳，项羽围之，久则粮乏，乃筑甬道以取敖仓之粟。何谓甬道？韦昭言：'起土筑墙，中间为道。'应劭言：'恐敌抄辎重，故筑垣墙如街巷。'平地起墙，必挖壕沟，墙挡沟阻，乃是甬道。时间既久，车辗人行，雨水冲流，墙倒而沟存，项羽自东来攻，纪信出东门诈降，刘邦自西门出逃，故汉筑甬道，必在荥阳城西。以今荥阳故城西部地形地貌度之，荥阳故城西北砾石溪北岸焦家湾向北，有一南北走向之山谷，一直通向今桃花峪附近。因桃花峪北正是敖仓所在，朱成本先生首先调查认为此沟即汉筑之甬道。广武山土质疏松，二千余年山洪冲刷，甬道已成沟壑，正所谓十年道路成壕沟者。"[①]这个说法是很有道理的。同时也都可以证明商代之隞都应在古敖山上，现已沦于水中，只剩下一部分残存城墙。以上所论与文献记载完全可以证明小双桥遗址绝对不可能是隞都。

六、小双桥遗址的年代与仲丁居敖时间不相吻合

关于郑州小双桥遗址的年代，《郑州小双桥：1990～2000年考古发掘报告》明确指出："小双桥遗址的年代合于仲丁之时。小双桥遗址的主体文化堆积延续时间短，也恰好与隞都历史相对应，仲丁所迁之隞都，仅居仲丁、外壬二王，不到一代，年代最多也不过二三十年，小双桥遗址的延续时间与隞都这一时段大致相当，这也是断定该遗址属隞都的重要依据之一。"[②]如此论述，小双桥遗址的年代恐怕与考古发掘的实际情况有些不相吻合，这一结论恐不能说明小双桥商都遗址就是隞都，其理由大致有如下三端。

第一，《郑州小双桥：1990～2000年考古发掘报告》载："小双桥遗址的商代文化遗存堆积薄，分布不太均匀，多呈片状分布。遗址中心区的堆积一般在1.50～2.00米，个别区域达2.30米。而在Ⅳ区东部，由于村民取土，仅残余不足一米厚的文化层。其他区的文化堆积因没有系统发掘而无法详细了解，结合调查和试掘资料可知，于庄村西及于庄村南路东两区，发现有厚度在60厘米左右的文化层堆积。"《郑州小双桥：1990～2000年考古发掘报告》又载："这里有一座尚未被破坏的砖窑在营造过程中直接打破了耕土、扰土和商代堆积，因此保留了零星的商代地层，其厚度也是在一米左右。综合小双桥遗址各个不同地点的文化堆积状况，我们可以看出其地层序列自上而下依次为：耕土层、扰土层、东周文化层、商代文化层。""发掘区内的地层堆

---

① 陈万卿主编：《嘉靖荥阳县志》（校注），广陵书社，2006年，第166～167页。

② 河南省文物考古研究所：《郑州小双桥：1990～2000年考古发掘报告》，科学出版社，2012年，第739页。

积自上而下依次为：①农耕地层；②近代扰土层；③东周文化层；④、⑤为商代文化层。②、③层下均发现有时代相当于战国末期——西汉初期的墓葬，并有大批的沟状堆积纵横交错，偶见唐代墓葬。”[①]根据《郑州小双桥：1990～2000年考古发掘报告》中所记载的商代地层来看，小双桥遗址中的商代局部文化层的厚度多在1米左右，这一厚度不能算太薄，二三十年的时间不太可能形成如此厚度的堆积，因此，这与仲丁居隞的时间不相吻合。

第二，小双桥遗址中的水井与灰坑遗迹也可证明遗迹年代与仲丁居隞的时间不相吻合。编号为98ZXⅣJ1的水井位于小双桥遗址北部，西北—东南向土岗的西南侧，大致相当于遗址中心区域的西南部，98ZXⅣJ1口部形制为不规则长方形，东西稍长，南北稍窄。《郑州小双桥：1990～2000年考古发掘报告》中附有该水井1.60米、1.80米、2.00米、3.70米深处的平面图与剖面图（图五～图八）。在讨论该水井的年代与性质时，《郑州小双桥：1990～2000年考古发掘报告》明确指出，从层位关系看，J1开口于⑤层下，该层堆积为红褐色黏土堆积，土质细腻，结构紧密，包含物较少，从出土的文化遗物分析，⑤层的年代应为商代中期早段——郑州白家庄期，由此可知，J1的年代应不晚于白家庄期。从相邻区域的文化遗迹平面布局综合分析，J1年代应为商代中期早段。在J1的东南侧发现有商代居住遗址，在其南侧发现有夯土建筑基址，夯土基址以南发现的祭祀场以及场内的大小不同形制特征各异的祭祀坑，都应与J1在时间、空间上存在着内在的联系，它们之间应是一个有机的整体，是在前后相距不太长的时间内形成的同一组文化遗存[②]。又说：“在岳岗西南试掘的三个商代灰坑，性质相同，均属于当时堆弃生活垃圾而形成的；年代一致，相当于商代白家庄期，文化内涵与小双桥遗址十分近似，灰坑分布区域应归入小双桥遗址。”[③]而且在小双桥遗址中发现灰坑或窖藏有183个，其中按开口形状为A、B、C、D四种形状。李维明先生通过对“白家庄期”商文化的分析，认为可以确定商代白家庄期考古学文化处于郑州早商文化编年末端，时代接近于商代中期，自身年代跨度至少可以区分为三个阶段，绝对年代不少于50年，大致包括了仲丁迁隞及其前后这一段历史时期的遗存[④]。以上判断可能与历史事实有些出入。按历史文献记载与《郑州小双桥：1990～2000年考古发掘报告》的比对，仲丁迁隞的时间不太可能被包括在白家庄期内。根据董作宾先生《殷商

---

① 河南省文物考古研究所：《郑州小双桥：1990～2000年考古发掘报告》，科学出版社，2012年，第53页。

② 河南省文物考古研究所：《郑州小双桥：1990～2000年考古发掘报告》，科学出版社，2012年，第130、131页。

③ 河南省文物考古研究所：《郑州小双桥：1990～2000年考古发掘报告》，科学出版社，2012年，第48页。

④ 李维明：《郑州青铜文化研究》，科学出版社，2013年，第226页。

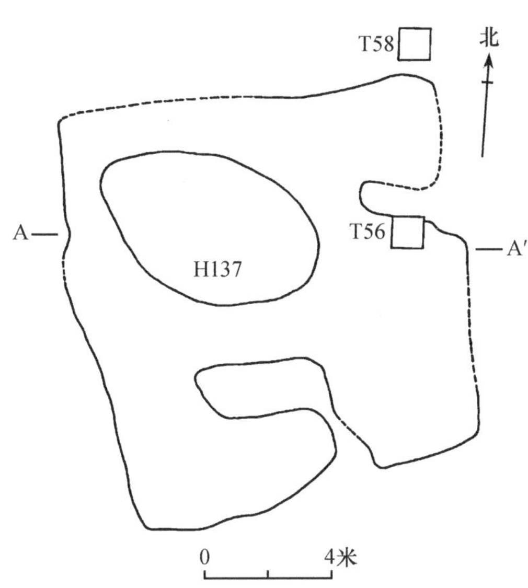

图五　小双桥遗址98ZXⅣJ1平面图
（1.60米深处）①

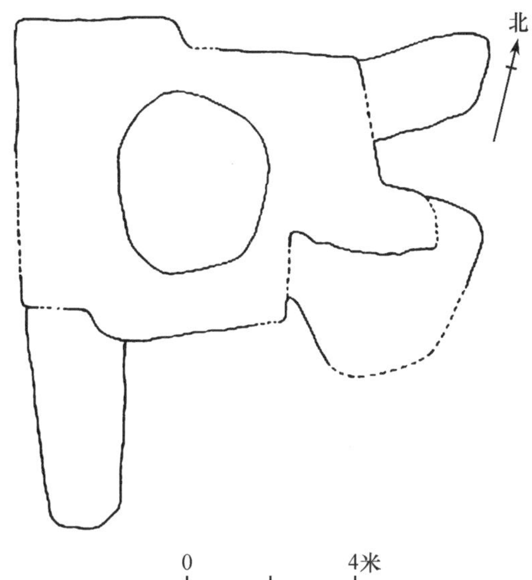

图六　小双桥遗址98ZXⅣJ1平面图
（1.80米深处）

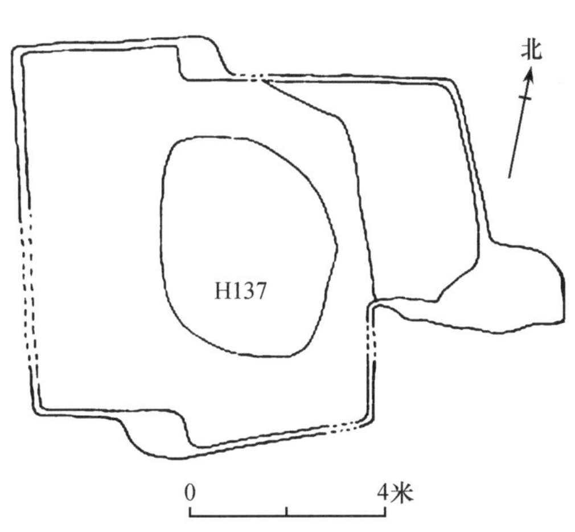

图七　小双桥遗址98ZXⅣJ1平面图
（2.00米深处）②

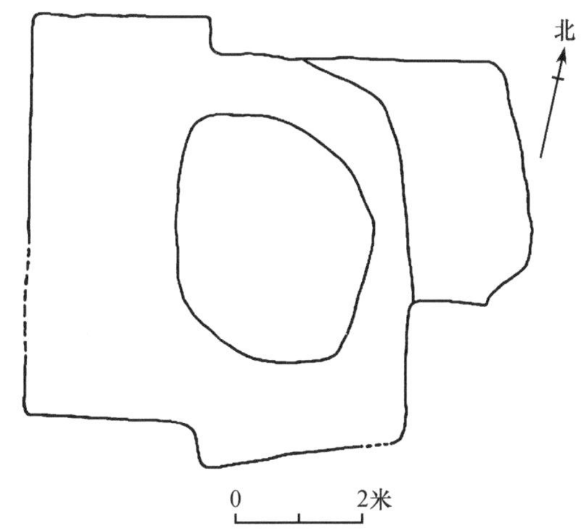

图八　小双桥遗址98ZXⅣJ1平面图
（3.70米深处）③

---

① 河南省文物考古研究所：《郑州小双桥：1990～2000年考古发掘报告》，科学出版社，2012年，第128页。

② 河南省文物考古研究所：《郑州小双桥：1990～2000年考古发掘报告》，科学出版社，2012年，第129页。

③ 河南省文物考古研究所：《郑州小双桥：1990～2000年考古发掘报告》，科学出版社，2012年，第130页。

疑年》中商代各王在位年数的统计，仲丁即位计算只有11年，外壬只有15年，二人均不到20年。这是《御览》的计算。仲丁在位其年代数据，据《竹书纪年》记载只9年，《皇极经世》记载只有13年，《通鉴外纪》记载只有26年，都不到30年，这样看来，不能把仲丁迁隞包括在白家庄时期内，因为白家庄期考古文物绝对年代是50年，而仲丁在位最多仅有10余年，这与小双桥遗址文化层的堆积厚度不太相符。

第三，根据董作宾《殷商疑年表》的统计，祖乙在位至少19年，而按《尚书·无逸篇》的记载，“肆中宗之享国，七十有五年”[①]，关于中宗，文献中有数说，一说太戊。郑玄注谓太戊，商汤的玄孙太甲之孙，太庚之子，是商代第五世贤王。《史记·殷本纪》说太戊以前：“殷道衰，诸侯或不至。”太戊称帝后：“殷复兴，诸侯归之，故称中宗。”[②]一说是指祖乙，《太平御览》引《竹书纪年》曰：“祖乙胜即位，是为中宗。”[③]祖乙为中宗，是商代第七世贤王。杨筠如《尚书核诂》：“按卜辞有‘中宗祖乙牛吉’之文，而又每以太甲、祖乙同祭，不及大戊，是中宗当为祖乙。”[④]杨说甚是，应以杨说为准。中宗在位75年，根据《古本竹书纪年》记载：以后“帝开甲（沃甲）逾，即位，居庇”，“祖丁即位，居庇。”[⑤]祖辛《古本竹书纪年》没有记载，不计算在内。沃甲在位至少20年，因各书记载不同，以平均数计算，祖丁32年，如此计算看来，商王居庇的时间，至少在百年，这一定都时间而言，比白家庄期50年时间要长，而与小双桥遗址的灰坑堆积物的年代大致相吻合，完全可以证明商王在小双桥王都时期的生活至少有百年，才可能有这样多的堆积物，二三十年的使用期，是不符合考古发掘的实际的，因此，小双桥遗址不太可能是仲丁所迁的隞都。

第六节　郑州小双桥遗址青铜建筑构件纹饰新释

小双桥商代遗址位于郑州市惠济区西南部的后庄王、岳岗、葛寨、于庄、小双桥五个自然村之间，“周勃墓”是小双桥村西南的一座高12米左右的封土冢。2019年河南省文物考古研究院对该区域考古发掘，确定了小双桥“周勃墓”实为一处商代的夯

---

① 李学勤主编：《十三经注疏·尚书正义》卷十六《无逸》，北京大学出版社，1999年，第430页。

② （汉）司马迁：《史记·殷本纪》，中华书局，1959年，第100页。

③ （宋）李昉：《太平御览》卷八三《皇王部八·帝祖乙》，中华书局，1960年，第391页。

④ 杨筠如著，黄怀信标校：《尚书核诂》卷四《周书下》，陕西人民出版社，2005年，第349页。

⑤ 李民、杨择令、孙顺霖，等编：《古本竹书纪年译注》，中州古籍出版社，1990年，第43页。

土台基，现存面积约2000平方米，在夯土台基的顶部发现了大量的商代建筑遗迹。在这一区域内曾经发现过三件青铜建筑饰件，其中有两件资料较详细，可供研究使用。

这两件青铜建筑饰件均整体呈方形、平面呈“凹”字形，且大小相当（图九）。《郑州小双桥：1990～2000年考古发掘报告》（下称《报告》）中认为编号为河南省博物馆藏铅0003的青铜建筑饰件“器体及两侧已变形，估计与火烧及建筑倒塌后挤压有关。器物正面图案为饕餮面（单线阳纹），而两侧面则用一组龙、虎搏象图装饰于长方形孔洞四周”[①]。而编号为标本89ZX采：01的青铜建筑饰件“其正面图案为饕餮面（单线阴纹），两侧所饰的龙、虎搏象图：龙、虎纹饰动感强烈，形象逼真，象纹则有些艺术变形，其头部的眉、目及长卷鼻等清晰可辨，尤其是那只明显上卷的长鼻，更给人栩栩如生的感觉”[②]。

1　　2

图九　小双桥遗址出土商代青铜建筑饰件[③]

1. 89ZX采：01　2. 河南省博物馆藏铅0003

---

① 河南省文物考古研究所：《郑州小双桥：1990～2000年考古发掘报告》，科学出版社，2012年，第16页。

② 河南省文物考古研究所：《郑州小双桥：1990～2000年考古发掘报告》，科学出版社，2012年，第17页。

③ 河南省文物考古研究所：《郑州小双桥：1990～2000年考古发掘报告》，科学出版社，2012年，彩版二六、二七。

对于这两件器物上的纹饰，韩鼎先生认为其以“人虎蛇”为主题，表现了巫师作法时的动态形象[①]。顾万发先生认为该纹饰为“龙虎蹲踞式帝喾神祖组合图像”，是一件代表了龙虎阴阳和之精气动物化的标准化饕餮图像的青铜饰件[②]。而冯时先生直接指出该青铜建筑饰件侧面所绘的龙、虎图案是“中国传统天文学之四象体系中东、西两宫的象征”[③]。

综合小双桥遗址所发现的这两件青铜建筑饰件，笔者发现它们具备了如下三点特征。

其一，就整体形制而言，两个青铜建筑饰件虽在大小轻重、尺寸长短方面略有差异，但两件器物的主体部分均由正面和两侧面这三个部分组成，且两侧面各有一长方形孔洞；且俯视平面都略呈“凹”字形；器物的上沿中间都铸有一道“U”形凹槽；上、下均向内折出一个小平沿。

其二，就所饰纹样而言，两个青铜建筑饰件正面均为“饕餮面”，只不过一为单线阳纹，一为单线阴纹；两侧长方形孔洞的四周各装饰一组龙、虎搏象图[④]。

其三，就纹饰细节而言，两件青铜建筑饰件各面所铸纹饰的眼部皆为“臣”形目，且以凸出器面的手法来表现眼目的形态。

一、青铜建筑饰件的正面纹饰

据《报告》称小双桥遗址所出的两件青铜建筑饰件，正面纹饰一个是“单线阳纹装饰的饕餮面”，另一个为“单线阴纹饕餮面”[⑤]。总之，小双桥遗址所出土的编号为河南省博物馆藏铅0003号、89ZX采：01的两件青铜建筑饰件，其正面纹饰都被认定为饕餮面纹。

饕餮一词最早见于《左传·文公十八年》：“不知纪极，不分孤寡，不恤穷匮，天下之民以比三凶，谓之饕餮。”[⑥]周代青铜器上饕餮纹的特征常常体现为：有头无身、吃人未及下咽，《吕氏春秋·先识览》“周鼎著饕餮，有首无身，食人未咽”的

---

① 韩鼎：《郑州小双桥商代青铜建筑饰件纹饰研究》，《三代考古》（七），科学出版社，2017年，第91～99页。

② 顾万发：《新论饕餮的本质、商周青铜器图像意义主题及有关问题（一）——从商末周初一件青铜尊的特殊图像论起》，《黄河·黄土·黄种人》2021年第10期，第61页。

③ 冯时：《文明以止：上古的天文、思想与制度》，中国社会科学出版社，2018年，第361页。

④ 河南省文物考古研究所：《郑州小双桥：1990～2000年考古发掘报告》，科学出版社，2012年，第16～18页。

⑤ 河南省文物考古研究所：《郑州小双桥：1990～2000年考古发掘报告》，科学出版社，2012年，第16～17页。

⑥ 杨伯峻：《春秋左传注·文公十八年》（修订本），中华书局，1990年，第640页。

记载即是如此[①]。青铜器上铸有头无身、吃人未及下咽、祸己害身的形象表明了恶有恶报的含义。对此，容庚、张维持先生在《殷周青铜器通论》中曾有质疑："这显然都是后世儒者的伦理说教。饕餮之名虽是后人所定，其意义也是后人的附会传说，不足取信。但这并不妨碍我们仍沿用这个名称，来作为这种纹饰的标识。"[②]《报告》中对铅0003号青铜饰件正面纹饰的定名显然是以此为依据的。

饰件正面纹饰应为动物头部的正视图案，这种较为原始的构图形式在商周青铜器动物纹饰图案中占比较高。自宋时起，这种纹饰常被称作饕餮纹。马承源先生认为将商周青铜器上常见的动物头部正视的兽面纹误定为饕餮纹"乃是宋代金石学家观察不够缜密之故……不应将兽面纹一概称为饕餮纹"[③]。纵观商周时代兽面纹，其特点综合起来往往具备以下的要素：兽面纹的目纹常常以兽鼻为准线呈轴对称形状，目上饰有眉、眉上是额，额头处常有兽角作突出状、目侧为兽耳、目下部为兽的口和腮；在兽面的两侧，各有一段带有兽足的、呈向上弯曲状的兽身。不仅如此，商代早期青铜器的纹饰多是象征性的，兽面的形态相当抽象，这一时期青铜器兽面纹的表现多以兽目为主[④]。

根据上述兽面纹的纹饰特征，再与小双桥两件青铜器建筑饰件正面纹饰相比较，笔者认为饰件上的目纹以兽鼻为准线呈轴对称形状，两双兽目居于整个图案的中部，兽目上饰兽眉、眉上是额、额顶有突出的兽角，除了没有兽足以外，其他特征均与商代早期青铜器中兽面纹饰相符合。因此，笔者认为郑州小双桥遗址中出土的两种青铜建筑饰件的正面纹饰虽可以采取传统定名方式将其称为饕餮纹，但依据该青铜饰件正面纹饰的表现方式与形状特点，将其称为兽面纹可能更为妥帖，两者并不矛盾。而且其时代应属于商代早、中期，这与小双桥遗址大致相当于商代中期早段的时间相符合。

二、青铜饰件的侧面纹饰中的龙、虎图案

仔细观察青铜建筑饰件的侧面纹饰。首先，饰件上部的曲身卷尾龙纹占据了整个侧面面积的一半，该龙纹双目突出、眼角上扬，是典型的"臣"形目。其次，侧面纹饰的底部为虎纹，虎背弯曲，虎尾上卷，虎口大张且口中衔有一物，虎目突出且眼角上扬，亦为"臣"形目，虎纹占据了青铜建筑饰件侧面纹饰的四分之一。最后，除龙、虎纹之外还有一纹饰，该纹饰整体与虎纹大小相当，在龙首侧应为纹饰上部，可观察到一眼目外凸、眼角上扬的"臣"形目。《报告》中认为该纹饰为象纹，象纹则

---

① 许维遹撰：《吕氏春秋集释》卷十六《先识览》，中华书局，2009年，第398页。

② 容庚、张维持：《殷周青铜器通论》，文物出版社，1984年，第112页。

③ 上海博物馆青铜器研究组编：《商周青铜器文饰·序》，文物出版社，1984年，第3页。

④ 上海博物馆青铜器研究组编：《商周青铜器文饰·序》，文物出版社，1984年，第3～4页。

有些艺术变形，其头部的眉、目及长卷鼻等清晰可辨，尤其是那只明显上卷的长鼻，更给人栩栩如生的感觉①，故《报告》中将青铜饰件两侧面长方孔周围的图案认定为龙虎搏象图。韩鼎先生认为若将该纹饰“臣”形目及周围图案顺时针旋转90°后，应是一蹲踞状人像的侧视图，故该建筑饰件侧面的整体图案应作“人虎蛇”。顾万发先生认为该纹饰应是蹲踞式帝喾神祖。但因该纹饰的躯体及尾部纹样繁复，较为抽象故难以辨认，学界对其所代表的内涵争议也较大，本文主要讨论龙、虎图案的天文含义。

郑州小双桥青铜建筑饰件侧面龙、虎星象图的细节纹饰，能够进一步证实青铜饰件纹饰的天文学意义与内涵。以编号为河南省博物馆藏铅0003号青铜建筑饰件为例，《报告》称其两个侧面左、右长方孔上方均有龙形纹饰，龙“身上装饰各式各样的三角形纹样和大、小回字方格纹，龙身两侧为卷云纹，龙尾上卷”，这些三角形纹样、回字方格纹以及卷云纹恰是诠释龙纹图案天文学内涵的关键所在。

《报告》中所述的“回字方格纹”即菱形纹，菱形与三角形相互搭配作为辅助纹饰在商代器物中是十分常见的。在殷墟妇好墓中就曾出土过数件带有菱形纹、三角形纹的玉器或青铜器。例如编号为标本935、345的两件玉璜背部就饰有菱形纹与三角形纹（图一〇）。编号为标本408的圆雕玉龙，眼珠微凸呈圆形，眼目间可见一双层的菱形纹；不仅如此，龙身通体刻有三角形纹及菱形纹，还有扉棱状的中脊。除上述玉璜及圆雕玉龙外，还有数件玉佩带或镶嵌玉饰件上也可见到菱形纹、三角形纹。

不光在玉器上可见龙身饰有菱形、三角形的组合纹饰，在妇好墓中出土的数件青铜重器上也可找到这样的搭配组合。例如妇好三联甗上三条蟠龙龙身环绕圈口的同时饰满了菱形纹与三角形纹②（图一一）。在妇好墓中出土的玉器、青铜器之上多次出现菱形纹与三角纹的组合纹样，且皆为龙形图案的辅助纹饰，可见龙形纹饰与菱形纹、三角纹之间的关系。这样的纹饰组合并非孤例，在殷墟侯家庄1001号墓中出土的龙纹骨柶及石龙、陕西高家堡出土的商代方鼎及铜卣提梁、殷墟小屯出土的白陶罍盖面及铜铲等诸多器物之上都可见到这样的组合搭配③。冯时先生认为龙所具有的阴、阳属性被三代的先民们以菱形和鳞形的纹样来区分：在天为阳的升天之龙背饰菱形；而降地为阴的潜龙则装饰着鳞纹④。通过与商代其他与龙有关的图案或器物上菱形纹、三角纹的对比，加之周身特殊的卷云纹、火纹等辅助纹样，均可证明青铜建筑饰件侧面上部的纹饰应为龙，而非其他。

---

① 河南省文物考古研究所：《郑州小双桥：1990～2000年考古发掘报告》，科学出版社，2012年，第17页。

② 中国社会科学院考古研究所：《殷墟妇好墓》，文物出版社，1980年，第46页。

③ 冯时：《文明以止：上古的天文、思想与制度》，中国社会科学出版社，2018年，第363～365页。

④ 冯时：《文明以止：上古的天文、思想与制度》，中国社会科学出版社，2018年，第293页。

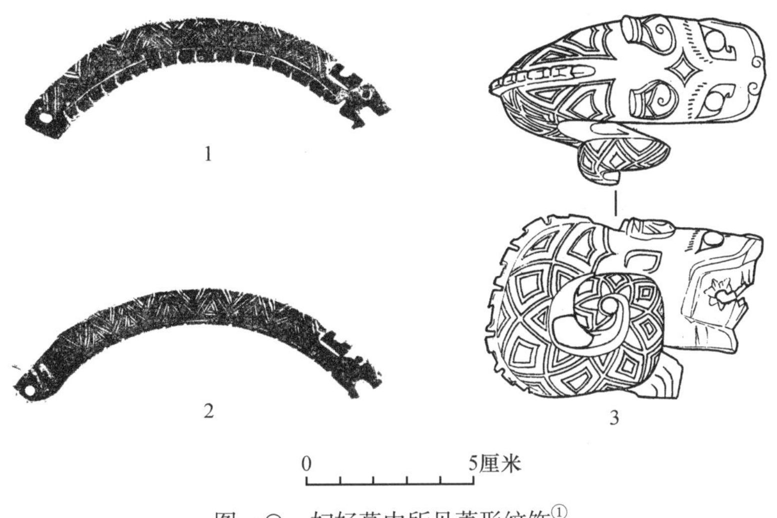

图一〇　妇好墓中所见菱形纹饰①
1. 标本935　2. 标本345　3. 标本408

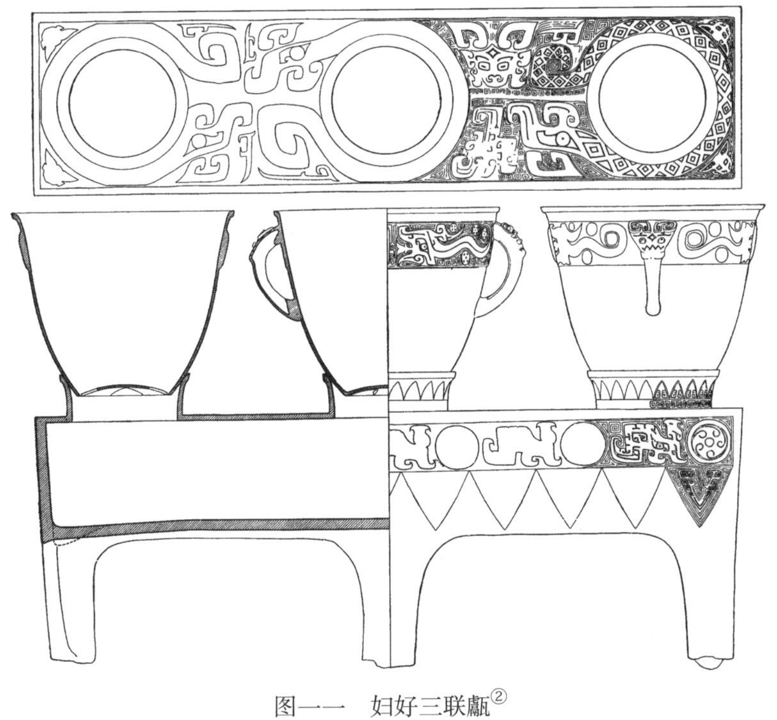

图一一　妇好三联甗②

① 中国社会科学院考古研究所：《殷墟妇好墓》，文物出版社，1980年，第126、157页。
② 中国社会科学院考古研究所：《殷虚妇好墓》，文物出版社，1980年，第45页。

小双桥遗址两件青铜建筑饰件侧面下部的纹饰为虎形纹是没有争议的，但值得注意的是虎口中之物。《报告》描述编号为89ZX采：01饰件上的虎纹时说："虎纹列于长方孔下方，整体虎纹造型威猛，形神兼备，老虎双目圆睁，张开血盆大口作撕咬状，口中一蛙形物或许是一块肉食或一只其他动物的象征，虎身条纹清晰，长尾拖地而微卷，与龙尾上下呼应，尾部则饰变形斑纹，虎身周围多有云纹样线条，前后虎爪蓄力扣地，为衬托虎扑的动感效果。"①考古工作者将虎口中之物形容为"蛙形物"，且"或许是一块肉食或一只其他动物的象征"。仔细观察虎口之物，似乎并非"蛙形物""一块肉食""一只其他动物"。

四象中西宫所配的动物形象是白虎，而"奎、娄、胃、昴、毕、觜、参"则是其中的七个星宿。对于觜、参两宿构成的白虎之形，张守节《史记正义》说："觜三星，参三星，外四星为实沈，于辰在申，魏之分野，为白虎形也。"②冯时先生对于构成白虎之形的觜、参诸星有过解释：对比觜、参两宿星图，参宿一至参宿三状似秤衡、东西直列，古人称其为衡石；参宿一至参宿三这三星之下还存在三颗垂直的小星，即为罚（伐）；六星之外的四颗大星应该是参宿四至参宿七，其形状类似白虎四肢；还有三颗小星在参宿四、五两星之间，这三颗小星恰好位于虎首的位置，应该是觜宿。觜与嘴相同，是"嘴"的古字，所以"觜宿"宿名的意义有可能正是因为觜宿作为虎口这一事实。很明显，早期的白虎形显然仅含觜、参这两个星宿③。《史记·天官书》就有"参为白虎，三星直者，是为衡石"的记载，而且在其下还有三颗下垂的星，被称作"罚"，掌管的是杀伐之事。参宿周围的四颗星，则体现了白虎的左、右肩背和腿；不仅如此，在《史记·天官书》中：在参宿的顶端还另有三颗小星，叫作"觜觿"，是虎头，掌管饥荒之事④。参宿的七颗星中有四颗星是二等以上的亮星，这些星宿的形态在夜空中非常亮眼，身处黄河流域的古人很轻易就能观测到这些星宿的样子。仔细观察，编号为89ZX采：01的青铜建筑饰件侧面虎纹的口中之物，此物呈扁圆实体状，且有三条直列弧线，这一形状在其他器物上也有发现。例如妇好墓中出土的编号为标本799的大型钺。该器通长39.5厘米，钺身两面的靠肩处均饰两虎扑人头图案（图一二）。该图案的主体部分表现为两虎侧身相对，虎口之间有一人头，作欲吞噬状，仔细观察可在虎口与人耳之间见"一侧为圆底略方，另一侧为三条卷曲的细线"的图案存在。该图案与小双桥建筑饰件上虎纹口中的图案颇为类似，整体形似"火"字的初文，出土于妇好墓中的各类虎形器共16件（组），按材质可分为孔雀石

① 河南省文物考古研究所：《郑州小双桥：1990～2000年考古发掘报告》，科学出版社，2012年，第18页。

② （汉）司马迁：《史记·天官书》，中华书局，1959年，第1307页。

③ 冯时：《中国天文考古学》，社会科学文献出版社，2001年，第311～312页。

④ （汉）司马迁：《史记·天官书》，中华书局，1959年，第1306～1307页。

虎1件、骨虎1件、石虎2件、铜身玉首虎共4件（组）、玉虎8件；在这16件器物上有编号为标本358、标本359、标本366、标本405、标本991以及孔雀石虎标本401共6件虎形器的颈部也可见到（图一三～图一五）。在甲骨文中，火字多作（合集2874）、（合集11503）或（合集17067）形。

龙、虎图案的组合在考古发现中并不稀见，其中最有影响的当属河南濮阳西水坡45号墓出土的蚌塑遗迹。在中国天文学体系中东、西两象的排列方式，与河南濮阳西水坡45号墓在墓主东侧排出蚌龙、西侧排出蚌虎是完全相同的。而墓主脚侧的图案，则十分明确地表现出了北斗的星象图。两象与北斗的结合，直接决定了河南濮阳西水坡45号墓蚌塑龙虎图像的星象意义。不仅如此，该遗迹所反映的星象与天象的实际位置关系是非常切合的[①]。按照墓主人的葬卧方向能够推测出：蚌塑龙虎的星象图是按上南下北、左东右西的方位设置的，这与早期地图、天文图的方位恰好相吻合（天文图又有投影图与仰视图之别，从而造成东西方位互易，如曾侯乙星图呈上南下北、左西右东）。西汉天水放马滩纸地图、马王堆帛地图也同样采取了这种形式。这样的布列方式，最早起源于古代先民对南中星和太阳的周日视运动的观测，并且这种方位的设置形式，在一段时间内成为制作天文图、地图时经常使用的方法[②]。

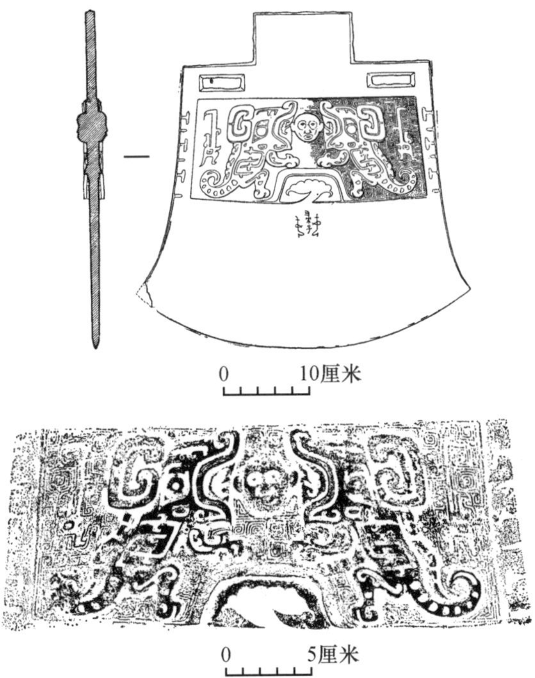

图一二　妇好墓出土大型铜钺及花纹拓片[③]

① 冯时：《中国天文考古学》，社会科学文献出版社，2001年，第282页。

② 冯时：《中国天文考古学》，社会科学文献出版社，2001年，第282页。

③ 中国社会科学院考古研究所：《殷墟妇好墓》，文物出版社，1980年，第106页。

图一三　妇好墓出土玉虎[①]

1. 标本359　2. 标本358　3. 标本366

图一四　妇好墓出土孔雀石虎（标本401）[②]

图一五　妇好墓出土玉虎（标本405）[③]

由此可以断定郑州小双桥遗址所出土的青铜建筑饰件上的龙、虎饰纹也应该是与濮阳西水坡45号墓中龙虎蚌塑图案内容相同的星象图（图一六、图一七）。在明晰了龙纹的菱形纹饰、环绕周身的火纹以及虎纹等纹饰细节所代表的含义后，我们得以进一步诠释小双桥青铜建筑饰件的天文学内涵。

中国古代的天文体系中，赤道附近的星空由四象统辖，共分二十八个宿，四个赤道宫的象征便是后来的四象。在二十八星宿中，每七个为一组，依照东南西北四个方位与四种颜色、四组不同的动物形象相对应组成固定的搭配，最终形成了东宫青色为

---

① 中国社会科学院考古研究所：《殷墟妇好墓》，文物出版社，1980年，第161页。

② 中国社会科学院考古研究所、广东省博物馆：《妇好墓玉器》，岭南美术出版社，2016年。

③ 中国社会科学院考古研究所、广东省博物馆：《妇好墓玉器》，岭南美术出版社，2016年。

图一六 河南省博物馆藏铅0003号青铜饰件花纹拓片[①]

图一七　89ZX采：01青铜饰件花纹拓片[②]

苍龙、西宫白色为白虎、南宫红色为朱雀、北宫黑色为玄武的说法[③]，而四象之中出现最早的是东宫苍龙和西宫白虎。在古代中国，有一种被称作月望法（又叫观察昏见星法）的观测星象的方法。这种方法的依据是：早在“火历”时代，古代先民们便已熟知“角七宿为春为东”的规律，这是万物复苏、时间起始的象征；而包括参星在内的将落或已落的众星宿，则与此前“角七宿”的规律相对应，成为秋季黄昏时分西方天际的代表，是万物凋零、结束的象征。因此，东边天际的角宿被赋予龙的形象、标示农事起始；西边天际的参宿被赋予虎的形象标示农事结束[④]。庞朴先生所说的“火历”时代大约是新石器时代晚期至商代前期，在阴阳历产生之前，我们的祖先曾以星象——大火星（即天蝎座α）为主体来记示时间，并且形成了一套较为粗略的历法作为指导生产、生活的节令根据，这套以星象记时的历法又被称为“火历”[⑤]。在“火历”中，苍龙七宿的心宿二又叫大火星，是商人授时的主星，大火星和人类的关系不像太阳那样简略，它与地球的间隔较大，无法像太阳一般稳定；在一年中大火星有半年都隐没在白天，所以古人只有一半的时间能在晴朗的夜空中观察到这颗遥远的恒星。春分前后阳光明媚、万物复发，天气逐渐转暖、雨水增多是春天的起始，这时的大火星将在黄昏时分出现在东方，昭示着农事的开始；而秋分时节暑热渐渐消退，天气转凉，大火星的西没告诉人们冬天将要来临。春分、秋分之间明显的区别，使得以大火星为授时主体的这套历法，在早期对于生产的指导作用比太阳的帮助更为直接[⑥]。青铜建筑饰件侧面龙、虎图案以及龙身、虎口周边的细节纹饰有可能是商人对“大火星”崇拜的体现。

---

① 河南省文物考古研究所：《郑州小双桥：1990～2000年考古发掘报告》，科学出版社，2012年，第18页。

② 河南省文物考古研究所：《郑州小双桥：1990～2000年考古发掘报告》，科学出版社，2012年，第19页。

③ 冯时：《中国天文考古学》，社会科学文献出版社，2001年，第302页。

④ 庞朴：《火历钩沉——一个遗失已久的古历之发现》，《中国文化》1989年第1期，第3～23页。

⑤ 庞朴：《火历钩沉——一个遗失已久的古历之发现》，《中国文化》1989年第1期，第3～23页。

⑥ 庞朴：《火历钩沉——一个遗失已久的古历之发现》，《中国文化》1989年第1期，第3～23页。

三、结　　语

在仔细研究小双桥遗址中所见青铜建筑饰件的纹饰、形制等特征后，结合相关文献记载，笔者认为郑州小双桥遗址中出土的青铜建筑饰件应是商代早、中期之物；其正面纹饰应为兽面纹，而侧面纹饰则体现了古人最早辨识出的白虎星象中的衡石三星与苍龙星象中的心宿三星。青铜建筑饰件的纹饰不仅体现了浓重的天文学元素，也是展示商人天文观的直接证据。小双桥遗址青铜建筑饰件饰纹的天象构图，说明此遗址不太可能是商代的一般遗址，很可能是商王的王都所在[①]。

（陈东川执笔　复旦大学历史地理研究中心2022级博士生）

第七节　郑州小双桥遗址与商代庇都地望新论

商朝建立以来，作为政治中心的都城多次发生变化。商人都城的变迁，不仅给商王朝政治、军事、经济、文化产生了深远的影响，而且对探索中国早期都城制度的有关问题也具有重要意义。《古本竹书纪年》中载："仲丁自亳迁于嚣""河亶甲自嚣迁于相""祖乙居庇""南庚自庇于奄""盘庚旬自奄迁于北蒙，曰殷"，是说商人建国之后都城的设置有过五次大的变化，而商人五都中亳、嚣、奄、殷四都的地望问题，自汉唐以来，数说并存，层出不穷。唯独庇都的地望问题鲜有人论述。那么文献中"祖乙居庇"的庇都究竟在何处？这是殷商史研究中无法回避而至今仍未能很好解决的问题。近年来，随着郑州小双桥遗址的发现以及对其认识的不断深化，为我们解决商史中一直无法解决的庇都地望问题提供了有益的帮助。在这里，笔者认为郑州小双桥遗址，是一处具有都邑性质的商代遗址，其地理位置与文献中庇都相符合。

---

① 以小双桥遗址为商代王都的主要观点可见：陈旭：《小双桥遗址的发掘与隞都问题》，《夏商文化论集》，科学出版社，2000年；陈旭：《郑州小双桥商代遗址即隞都说》，《夏商文化论集》，科学出版社，2000年；陈隆文：《郑州小双桥遗址与商代庇都地望新论》，《郑州历史地理研究》，中国社会科学出版社，2011年，第38～45页。

一、郑州小双桥是具有都邑性质的商代遗址

小双桥商代遗址位于河南郑州市西北20公里左右石佛乡小双桥村西南部，北依索须河，处于小双桥、于庄、岳岗三个自然村之间的河旁台地上。中部地势较高，将几处文物出土联系起来看，遗址面积约12万平方米，东西800米，南北1200米。在1989年和1995年先后两次发掘的1800平方米的范围内，发现了商代二里岗上层白家庄期的夯土建筑台基、夯土基址、灰坑、壕沟、灶面、墓葬、祀坑等遗迹，以及铜构件、石祖、石圭、特制大型石磬、原始瓷器、人骨架、牛头、象头、象牙、猪骨、狗骨、虎骨、鹤骨，以及朱书文字（缸片）等遗物①。

如何认识郑州小双桥遗址的性质，学术界有不同的看法。裴明相先生在《论郑州市小双桥商代前期祭祀遗址》一文中认为："小双桥遗址的内容丰富，范围辽阔，是商代早期（商代白家庄期）少有门类齐全的祭祀遗址"，"是探讨商代礼制的罕见的资料"②。杨育彬先生在《郑州商城考古新发现与研究（1985—1992）》一书的序言中则指出：小双桥遗址是商王朝的"离宫别馆"③。陈旭先生在《商代隞都探寻》中认为郑州小双桥遗址很可能就是隞都遗址。陈先生列举了三点理由：小双桥商代前期都邑遗址的位置，与文献记载的隞都地望相近；小双桥宫殿遗址的文化年代与隞都的年代相近；石佛乡小双桥商代前期宫殿遗址的文化内涵单纯，与隞都的历史年代也相吻合④。

首先，从小双桥遗址发掘的考古资料来看，该遗址不应单纯地看成是祭祀场所。因为从发掘中发现有较多的红烧土堆积和灰烬土，出土有丰富的孔雀石（铜矿石）块、铜炼渣、炼铜炉、陶缸、外范残块、小件铜器、铜器残片等遗物；在灰坑和地层堆积中还出土有丰富的红烧土块，这些足以证明附近应当存在有冶铸青铜的作坊遗址⑤。众所周知，商代考古发现的青铜容器属完整器者或出于墓葬或为窖藏品，在遗址中很少发现完整的青铜器和容器残片。而小双桥遗址不仅出有完整的大型青铜建筑饰件，而且还有青铜容器残片。如果把这里出土的青铜器装饰品以及青铜冶铸遗存联系

---

① 河南省文物研究所编：《郑州商城考古新发现与研究（1985—1992）》，中州古籍出版社，1993年，第242～271页。

② 裴明相：《论郑州市小双桥商代前期祭祀遗址》，《中原文物》1996年第2期，第4～8页。

③ 河南省文物研究所编：《郑州商城考古新发现与研究（1985—1992）·序言》，中州古籍出版社，1993年，第5页。

④ 陈旭：《商代隞都探寻》，《郑州大学学报》（哲学社会科学版）1991年第5期，第85～89、68页。

⑤ 宋国定等：《郑州小双桥遗址发掘获重大成果》，《中国文物报》1995年8月13日第1版。

起来看，这就有力地说明小双桥商代遗址不是单纯的祭祀场所，它是与都邑连在一起的王都遗址。

其次，小双桥遗址作为商王的离宫别馆的可能性似乎也不很大。在该遗址中发现有人祭坑一处，牲祭坑多处。在人祭坑中发现9个人同埋于一个不规则椭圆形坑内，分两层堆积，上层三个个体，其中两个仅残留头盖骨的顶骨部分，另一具为侧身屈肢葬，右小臂以上部分缺失，左腿骨部分也未发现，下层为一具俯身屈肢葬。经专家鉴定，两个骨架均为女性，年龄15—17岁。值得注意，兽祭坑数量较多，可分为大型不规则祭祀废弃堆积坑、牛头（角）坑、狗坑等几种。大型祭祀废弃堆积坑共发现两个，平面呈不规则形，其中包含有大量的牛头或牛角以及象头、象牙、猪、狗、鹿、鹤等动物骨骼[①]。有如此众多的祭祀坑和动物骨头，说明小双桥遗址的性质，并非仅属单纯的离宫别馆；应与祭祀、宗庙、王都遗址有密切关系。在这里必须强调说明的是小双桥遗址牛头坑内的牛头数量多少不等，一坑内少则一个牛头，多者达30余个牛头。牛角坑内埋有1—13只牛角不等。有的摆放规整，有的堆放无规律，牛头、牛角均属黄牛。像这样众多的祭祀坑并用大量黄牛作祭祀的现象在商代考古中实属罕见。根据文献记载：国之大事，在祀与戎。祭祀是商王朝政治活动的大事之一。小双桥遗址有大量祭祀遗存的发现，反映出该遗址是商王朝王都内举行国家大事的活动场所。

最后，陈旭先生认为小双桥应属都邑性质的遗址，这一点应该是较为可信的。在郑州西北郊的惠济区一带。近年来发现不少商代遗址，比较重要的遗址除小双桥遗址外，还有岳岗西地遗址、郑庄遗址、西连河遗址、祥营遗址、洼刘遗址、赵村遗址、兰寨遗址、关庄遗址等。1978年，在石佛乡岳岗村就出土一件饕餮纹铜钺（原说是铜铲）。1980年，在石佛乡境内发现有早商晚期的铜戈、铜刀和铜器残片[②]。南城村遗址出土有商代前期的青铜鬲。以上这些重要发现说明郑州市西北邙山居民点的分布密集，而其中小双桥遗址位于其中心地带。从这些居民点的分布与布局可以判断，小双桥商代遗址应为都邑，这一点是毫无疑问的。

关于中国古代都城的特征，《说文》曰："有先君之旧宗庙曰都。"[③]《左传·庄公二十八年》："凡邑，有宗庙先君之主曰都。"[④]《释名》曰："都者，国君所居，人所都会也。"[⑤]这就是说，作为古代国家都邑的政治象征重要标志应是宗庙遗址。

---

① 宋国定等：《郑州小双桥遗址发掘获重大成果》，《中国文物报》1995年8月13日第1版。

② 陈旭：《郑州小双桥商代遗址的年代和性质》，《中原文物》1995年第1期，第3页。

③ （汉）许慎撰，（宋）徐铉校定：《说文解字》第六下《邑部》，中华书局，2013年，第127页。

④ 杨伯峻：《春秋左传注·庄公二十八年》（修订本），中华书局，1990年，第242页。

⑤ （东汉）刘熙撰，（清）毕沅疏证，王先谦补，祝敏彻、孙玉文点校：《释名疏证补》第二卷《释州国》，中华书局，2008年，第58页。

而宗庙遗址的特色，就是夯土高台建筑基址。小双桥遗址基址上面应有宗庙建筑，但由于历史久远，建筑物已荡然无存。1995年曾发现此类台基共四处。位于遗址的西半部，其中规模较大的一处，面积约300平方米，台高1—1.5米，夯层清楚，每层厚0.08—0.12米，夯窝皆圆形圜底。在平滑的夯面上都遗存有排列整齐的柱础坑、柱洞和础石。夯土基址上亦发现有柱础槽、柱洞和柱础石。夯土基址附近有一条壕沟，壕沟内曾发现三件大型青铜建筑饰件，铜饰件铸工精细，花纹线条细密，经古建筑专家鉴定，认为应属商代王室重器，“推测是安装在宫殿正门两侧枕木前端的装饰性构件，从结构形制可推断该建筑规模宏大，非商王莫属”①。上面所有这些都说明小双桥遗址高台建筑与宗庙建筑是有密切关系的。因为商人祖先是居于高台的。《楚辞·天问》说：“简狄在台，喾何宜（仪）。”②除《楚辞·天问》外，《楚辞·离骚》也还记有：“望瑶台之偃蹇（高貌）兮，见有娀之佚女……凤皇既受诒兮，恐高辛之先我。”③《吕氏春秋·音初篇》亦曰：“有娀氏有二佚女，为之九成之台。”④可见商人祭祀祖先是建有高台建筑的，因此今小双桥商代前期遗址发现有夯土高台建筑基址，应当为王都。值得注意的是，小双桥遗址中所谓周勃墓与发现的三处建筑基址相距较近，经多方调查和钻探，基本上否定了周勃墓是一座大型汉墓的可能。周勃墓之上有大量与商代建筑有关的堆积，其南侧的灰土堆积中有商代白家庄期的陶片，而且夯土的夯层、夯窝形状、结构与郑州商城的夯土建筑相近⑤。因此，我认为周勃墓实际上是一庙祭高台的基址，是王都所在的政治活动中心所在地。经过这次发掘，进一步证实该遗址商文化内涵单纯，主要是白家庄期遗存，时间延续较短。小双桥遗址是最丰富的一处白家庄期遗址，该遗址揭示出浓重的商文化色彩，与郑州二里岗上层文化一脉相承，但又有区别，表现出一种发展演变的关系⑥。

二、小双桥遗址的地理位置与早商晚期庇都相符合

小双桥商代遗址是商代的都邑，这一点是毫无疑问的。故发掘者认为：“它很可能是商代前期的又一都邑遗址。该遗址的文化年代晚于郑州商城，而早于安阳殷

① 陈旭：《郑州小双桥商代遗址的年代和性质》，《中原文物》1995年第1期，第2页。

② 林家骊译注：《楚辞·天问》，中华书局，2010年，第94页。

③ 林家骊译注：《楚辞·离骚》，中华书局，2010年，第22页。

④ 许维遹：《吕氏春秋集释》卷第六《音初》，中华书局，2009年，第141～142页。

⑤ 河南省文物考古研究所、郑州大学文博学院考古系、南开大学历史系博物馆学专业：《1995年郑州小双桥遗址的发掘》，《华夏考古》1996年第3期，第1～56页。

⑥ 河南省文物考古研究所、郑州大学文博学院考古系、南开大学历史系博物馆学专业：《1995年郑州小双桥遗址的发掘》，《华夏考古》1996年第3期，第1～56页。

墟。”[①]究竟是属商代何王之都呢？有的学者根据“小双桥遗址的地理位置和文化年代，结合文献记载进行综合考察，小双桥遗址的性质应该是仲丁之隞都”[②]。

《古本竹书纪年》记：“仲丁即位，元年自亳迁于嚣。”[③]《史记·殷本纪》亦曰：“帝中丁迁于隞。”[④]隞、嚣音相通。隞都的地望在哪里？最早记载见于《水经注》“济水”条：“济水又东迳敖山北，《诗》所谓‘薄狩于敖’者也。其山有城，即殷帝仲丁之所迁也……秦置仓于其中，故亦曰敖仓城也。”[⑤]其他如唐人《括地志》与清《荥泽县志》也都说敖都在县西南，此说是靠不住的。郦道元《水经注》比《括地志》《荥泽县志》均早，且比较可信，《水经注》明确指出隞都是在敖山上，可是今郑州小双桥商代遗址，却不在敖山上，而是在敖山的东南，远离山（敖山），这怎么能说是隞都呢？有些学者认为其（隞）山上有城，早就被人否定，这是靠不住的。其实成皋城就在汜水大伾山上，至今在地面上仍然保留着成皋城的遗址。在广武山上仍然保留着汉王城和霸王城，认为在古敖山上不可能建城，此说是不可信的。根据历史地理学家史念海先生的考察，古黄河在郑州地区附近有很大的变迁：“敖山只是三皇山的一个支峰，以前是在三皇山和汴水之间。现在已沦到楚王城与桃花峪之间往北的今黄河中。其故地距南岸广武山麓大约在一点五公里到两公里间。”[⑥]所以文献中所记仲丁所迁的隞都城，已被黄河所侧蚀掉，不复存在，所以其遗迹至今已很难找寻了。

现在根据小双桥遗址的地理位置与文献记载，考古发掘所断定的小双桥遗址的年代正是与早商晚期的殷代庇都相符合。

小双桥遗址位于河南省郑州市西北约20公里的石佛乡小双桥村西南部，因邻近小双桥村而得名。遗址分布于小双桥、岳岗、于庄三个自然村之间，恰好在索须河转弯处东南侧的河旁台地之上。遗址正处在邙山以南的平原地带，地势高亢开阔，交通方便，水源充足，土地肥沃，适宜人类居住；附近古文化遗址很多，仅商周遗址达十多处。遗址发现于1989年，1995年初又进一步调查发掘。陈旭先生研究认为：“小双桥遗址，各文化层和诸灰坑出土的陶器，皆多属白家庄期，据此，该遗址文化堆积的年代，当是白家庄期。”又说：“更为重要的是该遗址中的夯土台基亦属白家庄期，而且从出土的青铜建筑饰件的纹饰看，与白家庄期铜器纹饰风格相同，由此可见，断定

---

① 宋国定等：《郑州小双桥遗址发掘获重大成果》，《中国文物报》1995年8月13日第1版。

② 陈旭：《郑州小双桥商代遗址的年代和性质》，《中原文物》1995年第1期，第1～8页。

③ 李民、杨择令、孙顺霖，等编：《古本竹书纪年译注》，中州古籍出版社，1990年，第40页。

④ （汉）司马迁：《史记》卷三《殷本纪》，中华书局，1959年，第100页。

⑤ （北魏）郦道元著，陈桥驿校证：《水经注校证》卷七《济水》，中华书局，2007年，第191页。

⑥ 史念海：《历史时期黄河在中游的侧蚀》，《河山集·二集》，生活·读书·新知三联书店，1981年，第148页。

该遗址年代属白家庄期才是符合实际的。”[①]而郑州商城正废弃于白家庄期。小双桥遗址“晚于郑州商城，而早于安阳殷墟”[②]。因此它的发现与发掘，填补了殷代历史考古上的空白，补上了安阳殷墟以前商代这段历史。1995年的小双桥遗址调查发掘报告中明确指出：这次调查以试掘时调查为基础，向四周辐射。通过调查可知小双桥遗址的实际范围比原来划定的范围更大，遗址北部到索须河南岸的砖瓦窑，东北部则到小双桥北约200米处，东边从地形地势分析，应该达到岗岭的边缘，大体以小双桥村东向南延伸到岳岗村的道河为界，南边可达岳岗村西南，葛寨村西一带，向西越过于庄村窑场，达于庄村西300米左右。在这一范围内基本上不存在连片现象。出土的商代陶片均较单纯，特征基本一致，当属一个遗址。

对于殷代庇都的记载，各家所论颇有异词。《古本竹书纪年》记载：“帝开甲踰即位，居庇”，“祖丁即位，居庇”，“南庚自庇迁于奄”[③]。《古本竹书纪年》记载：“祖乙胜即位，是为中宗，居庇。”[④]到底“庇”在何处？丁山先生早年在《由三代都邑论其民族文化》一文中以费、比声音相通，以为庇乃鲁西南疆之费邑，即今山东兖州鲁台县西南之费亭，晚年又修正其说在山东定陶县境[⑤]。陈梦家先生也说在山东费县西南70里春秋鲁国季氏之费地[⑥]。顾颉刚、刘起釪两位先生也谓“庇”地近山东费县，又以为系春秋时鲁国之比蒲与毗一带，在今山东鱼台费县之间，大体认定庇在鲁西[⑦]。可是根据近年来的考古发掘材料除了在山东菏泽地区有先商文化分布外，其他在山东费县、鲁台县都没有发现早商文化的遗址。有些学者更认为“山东地区的商文化，并非土生土长的，它是外来的，是在商强大之后，从山东以西的地区突发性地进驻过来的”[⑧]。这样看来，丁山、陈梦家、顾颉刚、刘起釪诸先生之说落空，无考古材料证明，故不能成立。

甲骨文中常见有“弜”字，丁山先生认为即庇，“且丁召，在弜，王受又”[⑨]。夏渌先生也认为“弜”即比，说明庇的存在，其字像二水相邻，谓济水与汴水相比相邻

---

① 陈旭：《郑州小双桥商代遗址的年代和性质》，《中原文物》1995年第1期，第4页。

② 宋国定等：《郑州小双桥遗址发掘获重大成果》，《中国文物报》1995年8月13日第1版。

③ 李民、杨择令、孙顺霖，等编：《古本竹书纪年译注》，中州古籍出版社，1990年，第43～44页。

④ 李民、杨择令、孙顺霖，等编：《古本竹书纪年译注》，中州古籍出版社，1990年，第42页。

⑤ 丁山：《商周史料考证》，中华书局，1988年，第32～33页。

⑥ 陈梦家：《殷虚卜辞综述》，中华书局，1988年，第252页。

⑦ 顾颉刚、刘起釪：《尚书校释译论》第二册《商书·盘庚》，中华书局，2005年，第971页。

⑧ 邹衡：《论菏泽（曹州）地区的岳石文化》，《文物与考古论集》，文物出版社，1986年，第114～134页。

⑨ 丁山：《商周史料考证》，中华书局，1988年，第31页。

也[①]。此说颇有价值。从音韵学来看，比、庇古音均在质部，两字是可以相通假的。而今郑州小双桥遗址，正在古邲地。春秋时晋楚邲之战的战场，就在小双桥以北地区。《左传》宣公十二年记邲之战“及昏，楚师军于邲，晋之余师不能军，宵济，亦终夜有声”。这说明楚师军于邲是在古黄河的南岸。因古之黄河是在今郑州市以北入海。因此，“邲”在黄河南岸。杜注“邲，郑地”。邲之得名，实与邲水有关。古邲水当在郑地。《吕氏春秋·至忠篇》云：“荆兴师，战于两棠，大胜晋。”《贾子·先醒篇》亦云：“庄王围宋，伐郑，南与晋人战于两棠，大克晋人。”《说苑·尊贤》篇云：“又有士日上解于，王将杀之，出亡走晋，晋人用之，是谓两堂之战。”可见棠、堂声通。孙人和《左宧漫录·两棠考》亦曰：“两棠即邲地也。邲本为水名，即汴河，汴河亦曰汴渠。”京相璠《春秋土地名》曰：“邲在敖北。”值得注意古邲地在帝辛时期还有邲其卣等共三件青铜器[②]，邲其为作器者名，在四祀邲其卣铭中有“才（在）榛，邲其易（赐）贝”。李学勤先生在《殷代地理简论》中指出这些地名均在今河南省黄河南北地区。由此可见，古邲地的存在与黄河有密切的关系，古邲地当是古代中原地区重要的交通要口，地理位置十分重要。杨伯峻《春秋左传注》曰：“邲，本为水名，即汴河，汴河亦曰汴渠。其上游为荥渎，又曰南济，首受黄河，在荥阳曰蒗荡渠，两棠即蒗荡，文异音同。”[③]从历史地理角度进行考察，古之荥泽即在今之古荥镇东北方向，故王隐《地道记》曰：“济自大伾入河与河水斗南，溢为荥泽。”汴河即从在古荥泽之东北黄河汴口处流水。汴水起源于鸿沟，鸿沟开凿于战国时代，它的具体走向，据《水经·渠水注》，是在荥阳之北引黄河水东入圃田泽，经过中牟县北部，至大梁城（今开封市）北，绕城折向南流，经汉代的扶沟县（今扶沟县东北约二十公里之东），阳夏（今太康县）之西，至今淮阳北，屈而东流，经淮阳东面南流入颍水。即《汉志》所谓的“东南至陈入颍”这是鸿沟的正流。

鸿沟名称繁多。《竹书纪年》称大沟，《史记》作鸿沟，《汉书·地理志》称蒗荡渠，《水经注》称蒗荡渠，也称为阴沟、洪沟、渠水。其中鸿沟、蒗荡渠是渠水的总称。《荥阳县志》说：“汴水源出荥阳大周山，合京、索、须、郑四水东南流……春秋时谓之邲水。宣公十三年，晋楚之战楚军于邲即是水也。秦汉曰鸿沟，志谓之蒗荡渠。”又据杨太鈊编著《禹贡地理今释》豫州之域有汴水，杨先生引《史记·河渠书》说：“禹功施于三代，自是之后。荥阳下引河东南为鸿沟，以通宋、陈、蔡、曹、卫……然自此水开通后，于历史关系颇重，春秋时谓之邲水。（邲音汳，即汴

① 夏渌：《释弜——张宗骞〈卜辞弜、弗通用考〉的商榷》，《武汉大学学报》（社会科学版）1981年第3期，第65～72页。

② 李学勤：《邲其三卣与有关问题》，《全国商史学术讨论会论文集》（《殷都学刊》增刊），殷都学刊编辑部，1985年，第453～463页。

③ 杨伯峻：《春秋左传注·宣公十二年》（修订本），中华书局，1990年，第717页。

字，后避反字改为卞）。晋楚之战，楚军于邲即是水也。刘项所分之鸿沟，东汉王景所修之渠堤皆在此。……亦即《汉志》所称狼荡渠，首受济，东南至陈入颍者也。其至陈入颍之流域淮河，即狼荡渠自中牟东流，至浚仪分二水，南流曰沙水，东注曰汴水。"[①]应从杨说为确。故《水经注》曰："济水于此，又兼邲目，春秋宣公十三年，晋、楚之战，楚军于邲。即是水也。"[②]汴河的故道有的学者认为是从鸿沟开始，其实上游应从古邲水开始。以今荥阳河水为上源，会京河、索河经广武南、郑县北又东南经中牟合于沙河，这是古汴水的河道。明白古汴水的河道，自然就可以知道，今小双桥商代前期遗址正在古汴河之南，为古邲地，根据明成化《河南总志》记载，郑州有邲城："在郑州东六里，《左传》晋荀林父帅师与楚子城于邲即此。"《河南通志》也采取此说，江永《春秋地理考实》曰："郑州东六里有邲城，今按《水经注》邲在敖北，济水至此有邲名。"表明邲在郑州东六里说不可信。《清一统志》认为古邲在"郑州东"没有具体的方位。《元和志》谓邲在管城东。《郑州志》谓古邲城在州东十里铺。今小双桥遗址的发现可以证实古邲城应在郑州的西北，应为古庇都地。邲城由来已久是由殷商的庇都演变而来的，同时由此也可以证实古庇都的存在。这一点是无可怀疑的。而邲之战在荥阳东北进行。所以古庇都也正是处在这一重要的交通地段之中。由于古今黄河的变迁及古水系的变化，自然影响古庇都的地理环境，因此今郑州小双桥商代遗址的发现，更加证实这个区域在历史上所占的重要地位，并使商史中无法解决的问题得以解决。

第八节　从郑韩故城出土陶文看先秦乡遂制度

1984年前后，在河南省文物研究所新郑工作站同志们的辛勤努力下，进行了大规模的考古发掘，新发现一批商周至汉代的文化遗址。其中"郑韩故城"曾获得一批陶文。蔡全法先生在《近年来新郑"郑韩故城"出土陶文简释》一文中，对所出土的陶文进行了全面诠释，很有意义。不过其中有些问题还需进行进一步研究，今略补充说明。

据蔡全法先生不完全的统计，这批陶文总计140字。其中单字为27种，45字，双字为38种，88字，三字与四字各1种。可识文字为131个，未识文字1个，另有残缺不全的文字8个[③]。我们把有关属于古郑国乡里制度的陶文集中起来，结合古文献资料进行考察，可以看出战国时期郑国的乡遂制度还没有彻底瓦解。

---

① 杨大鈊：《禹贡地理今释》，正中书局，1944年，第71页。

② （北魏）郦道元著，陈桥驿校证：《水经注校证》卷七《济水》，中华书局，2007年，第192页。

③ 蔡全法：《近年来新郑"郑韩故城"出土陶文简释》，《中原文物》1986年第1期，第76页。

一、“井”字陶盆，一件，泥质灰陶，战国时器。1984年9月“郑韩故城”西城（又称内城）T22 井9出土。“井”阴文，竖向刻写于盆沿上，字中间刻有数道水的波纹。《说文》井部曰：“八家为一井。”段玉裁注：《谷梁传》曰，“古者公田为居井灶，葱韭尽取焉”。《风俗通》曰：“古者二十亩为一井，因为市交易，故称市井，皆谓八家共一井也。”[①]可是《考工记》又说：“九夫为井，井间广四尺深四尺谓之沟。”[②]《孟子·滕文公》曰：“方里而井。”[③]《周礼·小司徒》曰：“四井为邑。”[④]《诗·信南山》毛公传曰：“六十四井为甸，甸方八里，居一成之中，成方十里，出兵车一乘，以为赋法。”[⑤]出土陶文结合郑国子产的改革。“田有封洫，庐井有伍。”[⑥]可见此陶文应是古代村社共同体的区域组织单位。“故金鹗《求古录礼说》卷九《邑考》曰：‘孟子云，乡里同井，出入相友，守望相助，疾病相扶持，则百姓亲睦。此可见一井亦可为邑矣。《论语》谓十室之邑，即一井之邑。’这个说法很有见地，所谓‘十室之邑’应该是当时普遍存在的小村社。”[⑦]

二、“芧邑”字陶瓮一件，为泥质灰陶。战国时器。1984年12月在西城T22井9出土。蔡全法先生认为：“芧字古文字中习见。《说文》：‘芧，大叶实根骇人……’这里与植物无关，当是以芧为姓，又以姓命邑，即芧姓之邑。”[⑧]我们认为芧即豫的假借字，因芧、豫古音均在鱼部，可以通用。芧邑即战国时代九州豫州之邑。邑与甲骨文、金文相近。邑，《说文解字》曰：“邑，国也。”段玉裁注曰：“郑庄公曰，吾先君新邑于此。《左传》凡称人曰大国，凡自称曰敝邑，古国邑通称。《白虎通》曰：夏曰夏邑，商曰商邑，周曰京师。《尚书》曰：西邑夏，曰天邑商，曰作新大邑于东国雒皆是。《周礼》四井为邑。《左传》凡邑有宗庙先君之主曰都，无曰邑。此又在一国中分析言之。”[⑨]

《左传》庄公二十八年曰：“凡邑，有宗庙先君之主曰都，无曰邑。”又说建造

---

① （清）段玉裁：《说文解字注》，上海古籍出版社，1981年，第216页。

② 李学勤主编：《十三经注疏·周礼注疏》卷四十二《匠人》，北京大学出版社，1999年，第1158页。

③ 杨伯峻译注：《孟子译注》卷五《滕文公章句上》，中华书局，1960年，第108页。

④ 李学勤主编：《十三经注疏·周礼注疏》卷十一《小司徒》，北京大学出版社，1999年，第279页。

⑤ 李学勤主编：《十三经注疏·毛诗正义》卷十三《信南山》，北京大学出版社，1999年，第825页。

⑥ 杨伯峻：《春秋左传注·襄公三十年》，中华书局，1981年，第1181页。

⑦ 杨宽：《古史新探》，中华书局，1965年，第124页。

⑧ 蔡全法：《近年来新郑“郑韩故城”出土陶文简释》，《中原文物》1986年第1期，第81页。

⑨ （清）段玉裁：《说文解字注》，上海古籍出版社，1981年，第283页。

邑叫“筑邑”，建造都叫“都城”[①]。《周礼·小司徒》曰：“九夫为井，四井为邑，四邑为丘，四丘为甸，四甸为县，四县为都。”[②]

《公羊传》桓公元年曰：“此邑也，其称田何？田多邑少称田，邑多田少称邑。”[③]

《尔雅·释言》曰：“里，邑也。”[④]

如果按照《周礼》和《尔雅》的解释来看，邑应是社会的一个基层区域组织单位，比井大一些。相当于乡里之里。《战国策·秦策》：“赐之二社之地。”鲍本曰：“邑皆有社，二社，二邑也。”[⑤]这就是近人所讲的农村公社共同体的基层单位，多指的这种邑[⑥]。

《公羊传》把邑与土田地分开。其实邑和田地是分不开的。因为古代鄙野的邑是古代公社残存的遗迹。在春秋战国时期邑就成为当时农村基本组织单位，也就是社会的基层组织。土地是居住在该邑的人耕种的。《周礼》所讲的“里宰”的职能就是“掌比其邑之众寡，与其六畜兵器，治其政令，以岁时合耦于锄，以治稼穑，趋其耕耨，行 其秩叙，以待有司之政令而征敛其财赋”。这就不难看出邑与土田是分不开的。因此丁山先生认为：“邑者城堡，人所居也，田者郊野，人所耕也。”[⑦]古文邑字象人看守着一块土地，文献上把那种边界的标志设施称为“垧”。故《尔雅·释地》曰：“邑外谓之郊，郊外谓之牧，牧外谓之野，野外谓之林，林外谓之垧。”[⑧]《说文》和《尔雅》所讲的邑，仍然只把住人的聚居点才算作邑，所以他们都把邑与郊、牧、野以及边界上的林木和垧划分开来了。春秋战国时期齐、鲁、卫、吴、越诸国先后都采用了二十五家为一社的“书社”制度，故《礼记》郑玄注有“古者方十里，其

---

① 杨伯峻：《春秋左传注·庄公二十八年》，中华书局，1981年，第242～243页。《春秋》中也多把修筑城郭叫城，如《春秋》隐公七年有“城中丘”。桓公十六年“城向”。

② 李学勤主编：《十三经注疏·周礼注疏》卷十一《小司徒》，北京大学出版社，1999年，第279页。

③ 李学勤主编：《十三经注疏·春秋公羊传注疏》卷四《桓公元年至六年》，北京大学出版社，1999年，第69页。

④ 李学勤主编：《十三经注疏·尔雅注疏》卷三《释言》，北京大学出版社，1999年，第76页。

⑤ （西汉）刘向集录：《战国策》卷四《秦策二·陉山之事》，上海古籍出版社，1985年，第164页。

⑥ 杨宽：《古史新探》，中华书局，1965年，第82～86页。

⑦ 丁山：《甲骨文所见氏族及其制度》，科学出版社，1956年，第42页。

⑧ 李学勤主编：《十三经注疏·尔雅注疏》卷七《释地》，北京大学出版社，1999年，第196～197页。

中六十四井出兵车一乘，此兵赋之法也"[①]之说，即具体地说明古代农村公社共同体的基层区域组织性质。《战国策·齐策五》说："通都、小县、置社有市之邑。"[②]说明我国古代村社共同体的土地大小不一致，最普通的十家，所说"十室之邑"，也还有百家的、千家的，但极少。单位名称在各个地区也有所不同，所以商鞅变法，曾经把乡、邑聚合并成为县。

三、在陶文中多有"吕雔"字陶盆，"吕佗"字陶盆、陶釜，"吕雔"字陶鬲，"吕冈"字陶盆，"吕宪"字陶釜，"吕穆"字陶盆，"吕回"字陶盆。这些带吕字的陶器，蔡全法同志多释"吕""为姓氏"，是陶工的私名印。可是在这里有一个问题，就是为什么每一件陶盆、陶釜、陶鬲都有吕字呢？为什么有这样多的吕姓氏的陶器呢？如果这里是古吕国的封地，那自然就可以解释得通。可是这里是郑国的土地，因此，不能单纯作为姓氏解。因"吕"与"闾"古音均在鱼部，故"吕"字应释为"闾"字。"闾"《说文》曰："里门也。从门吕声。《周礼》五家为比，五比为闾。闾，侣也。二十五家相群侣也。"段玉裁注："周制二十五家为里，其后则人所聚居为里，不限二十五家也。"又说："里门曰闾。"[③]因为古代在"保"或"都"的两头有门叫作"闾"。在"闾"旁有个门房叫作"塾"，在农忙季节，父老和里正就坐在"塾"里监督人们早出晚归。所以《公羊传》宣公十五年何休注说："民春夏出田，秋冬入保城郭。田作之时，春，父老及里正旦开门坐塾上，晏出后时者不得出，莫（暮）不持樵者不得入。五谷毕入，民皆居宅，里正趋缉绩，男女同巷，相从夜绩，至于夜中，故女功一月得四十五日作，从十月尽正月止。"[④]《汉书·食货志》也有相同的说法，唯"男女同巷"作"妇人同巷"。这时村公社共同体的周围有墙，称为"堡"或"都"，所以《月令篇》说孟夏之日，"命农勉作，毋休于都"。[⑤]又说："四鄙入堡。"[⑥]这"保"和"都"的两头都有门叫闾，故《说文》曰："闾，里门也。"

---

① 李学勤主编：《十三经注疏·礼记正义》卷五十一《坊记》，北京大学出版社，1999年，第1400～1401页。

② （西汉）刘向集录：《战国策》卷十二《齐策五·苏秦说齐闵王》，上海古籍出版社，1985年，第436页。

③ （清）段玉裁：《说文解字注》，上海古籍出版社，1981年，第587页。

④ 李学勤主编：《十三经注疏·春秋公羊传注疏》卷十六《宣公十年至十八年》，北京大学出版社，1999年，第361页。

⑤ 李学勤主编：《十三经注疏·礼记正义》卷十五《月令》，北京大学出版社，1999年，第494页。

⑥ 李学勤主编：《十三经注疏·礼记正义》卷十五《月令》，北京大学出版社，1999年，第497页。

《逸周书·大聚篇》也说："发令以国为邑、以邑为乡，以乡为闾，祸灾相恤，资（助）丧比服（服事），五户为伍，以首为长，十夫为什，以年为长，合闾立教，以威为长，合旅同亲，以敬为长，饮食相约，兴弹相庸，耦耕俱耘。"朱右曾《逸周书集训校释》谓："闾二十五家也，资助比合服事也，比服犹云通力合作。"[①]这里闾，也是讲的一个基层组织的单位。故《周礼·大司徒》云："令五家为比，使之相保；五比为闾，使之相受；四闾为族，使之相葬；五族为党，使之相救；五党为州，使之相赒；五州为乡，使之相宾。"[②]可见"闾"也是共同体的基层区域组织单位，与里相当，故有的称闾里。《汉书·食货志》记载战国时李悝变法言农民一家每年"社闾尝新春秋之祠，用钱三百"[③]。说明闾是由村公社的个体农民组成的。这种闾在以后汉代还仍然保存下来。《春秋繁露》卷十六《求雨》曰："春旱求雨，令县邑以水日，祷社稷山川……。凿社通之于闾外之沟。"[④]《汉书》颜注："沟，街衢之旁通水者也。"[⑤]《礼记·月令》曰："天子乃祈来年于天宗，大割，祠于公社及门闾。"[⑥]说明闾也是农村公社共同体的组织形式的基层单位。今"郑韩故城"出土陶文"吕"字之后加一字"宪""穆""囟"，"吕"乃居住闾里的名称。

四、"里久"字陶盆一件。泥质灰陶残片，战国时器，1982年11月东城（YN）H60出土。长方形无框阴文印，二字上下排列，竖向钤印于盆沿上。"里"古文字中常见。在战国时期陶文秦都咸阳常见。高亨《文字形义学概论》曰："里，居也。从田，从土。金文里形略同。"[⑦]《说文》段玉裁注曰："《传》曰：里，居也，二十五家为里。《周礼·载师》廛里郑云：廛里者，若今云邑居矣。里，居也。县师郊里，郑云：郊里，郊所居也。遗人乡里，郑云：乡里，乡所居里，遂人曰，五家为邻、五邻为里。《谷梁传》曰，古者三百步为里。"[⑧]可见里也应是农村公社共同体一个聚居单位。它是比邑、闾更小的基层组织单位。故《尔雅·释言》曰："里，邑也。"[⑨]"里"就是小邑。也就是"十室之邑"。里作为长度的距离单位，也应由此产

---

① 朱右曾：《逸周书集训校释》，商务印书馆，1937年，第63页。

② 李学勤主编：《十三经注疏·周礼注疏》卷十《大司徒》，北京大学出版社，1999年，第264页。

③ （汉）班固：《汉书·食货志》，中华书局，1962年，第1125页。

④ （汉）董仲舒：《春秋繁露》卷十六《求雨》，上海古籍出版社，1989年，第88页。

⑤ （汉）班固：《汉书·公孙刘田王杨蔡陈郑传》，中华书局，1962年，第2882页。

⑥ 李学勤主编：《十三经注疏·礼记正义》卷十七《月令》，北京大学出版社，1999年，第550页。

⑦ 高亨：《文字形义学概论》，《高亨著作集林》（第八卷），清华大学出版社，2004年，第167页。

⑧ （清）段玉裁：《说文解字注》，上海古籍出版社，1981年，第694页。

⑨ 李学勤主编：《十三经注疏·尔雅注疏》卷三《释言》，北京大学出版社，1999年，第76页。

生。所以《谷梁传》曰“三百步为里”[①]。到汉代，“里普遍立社，穷乡僻壤，乃至边远地区都有里社，即以里名为社名，称某某里社，里的全体居民不论贫富都参加”[②]里的规模有多大？历来有百家、八十家和二十五家等数说。其实并无严格的限制[③]。

先秦时期，里设有宰。《周礼·小司徒》记设有里宰。但汉代不见有里宰的称谓，而称里正。宰一般亦指宗教职司。《汉书》有关陈平任宰的记载均明言：“里中社，平为宰。”[④]“社宰”“社下宰”亦即专司祭社活动的宗教职司。陶文“里回”“里久”，“里”字后边一字应是居里的名称，以示区别。

五、“田”“廌”字陶瓮一件。泥质灰陶，为战国时器。1984年12月，西城T20井8出土。“田”“廌”阴文，均横向，前者刻于瓮肩部，字体草率粗大，后者钤印田字内，字体工整精细。蔡全法同志认为：“‘田’甲骨文亦有与此近同的，作田。《说文·田部》：‘田，陈也。……十阡陌之制也。’王国维释《不嬰敦盖铭》田字云：‘即经之甸字。《周礼·小司徒》四井为邑，四邑为邱，四邱为甸。……《诗》：信彼南山，维禹甸之。甸六十四井，出车十乘，为邑四十。’（《观堂古今文考释》）王说田、邑有同性质不同面积之义，考释极为正确。”[⑤]我们认为此“田”即指“田社”之田，当有传统的“田祖”“田主”之义。《睡虎地秦墓竹简》第二十九页曰：“民或弃邑居野。”[⑥]《汉书·食货志》曰：（殷周之制）“在野曰庐，在邑曰里”。师古注曰：“庐各在其田中，而里聚居也。”[⑦]《公羊传》宣公十五年何休云：“在田曰庐，在邑曰里。”[⑧]在这里把邑和野、庐、里相对，可以看出当时人把田野散居与邑里聚居加以区别的意思。则此“田”即“田社”“田主”。因为古代普遍设置“社”“田主”。《周礼》：“大司徒之职……辨其邦国都鄙之数，制其畿疆而沟封

---

① 李学勤主编：《十三经注疏·春秋谷梁传注疏》卷十二《宣公元年至十八年》，北京大学出版社，1999年，第204页。

② 宁可：《汉代的社》，《文史》第九辑，中华书局，1980年，第8页。

③ （晋）司马彪：《后汉书·百官志》云汉制一百家，但实际无此严格。《汉书》卷五九《张安世传》：“（宣帝）遂下诏曰：其为故掖庭令张贺置守冢三十家。上自处置其里，居冢西斗鸡翁舍南。”《汉书》卷六三《戾太子传》：“故皇太子谥曰戾。置奉邑二百家。……目湖阌乡邪里聚为戾园。”可知一里有三十家或二百家。则里社的建立当如沈钦韩《汉书疏证》所说的“各自逐便置社”，并无严格限制。

④ （汉）班固：《汉书·张陈王周传》，中华书局，1962年，第2039页。

⑤ 蔡全法：《近年来新郑“郑韩故城”出土陶文简释》，《中原文物》1986年第1期，第81页。

⑥ 睡虎地秦墓竹简整理小组：《睡虎地秦墓竹简》，文物出版社，1990年，图版第29页。

⑦ （汉）班固：《汉书·食货志》，中华书局，1962年，第1121页。

⑧ 李学勤主编：《十三经注疏·春秋公羊传注疏》卷十六《宣公十年至十八年》，北京大学出版社，1999年，第360页。

之，设其社稷之壝而树之田主。”[①]在大树下设有一土坛，土坛上陈列着石块或木块作为社主、祭社时男女齐集、杀牛杀羊祭祀，奏乐歌舞。既有群众性的文娱活动，也是男女交际的场所。民间许多动听优美的音乐都在这里表演。所以到汉代《淮南子·精神训》还说：“今夫穷鄙之社也，叩盆拊瓴，相和而歌，自以为乐矣。”[②]在这里应指出祭土地神的风俗起源是很早的。来源于原始社会的祭祀土之神，即后世的土地庙。所以社与杜、土古本一字[③]，为了保证粮食丰收，人们经常祭祀“田主”，“漏”应为祭祀者的名。《说文》曰：“社，地主也。”[④]每年仲春季节要祭社，故《礼记·月令》曰：“仲春之月……择元日，命民社。”[⑤]《诗经·小雅·甫田》也说：“以我齐明，与我牺羊，以社以方。我田既臧，农夫之庆。琴瑟击鼓，以御田祖，以祈甘雨，以介我稷黍，以穀我士女。”[⑥]陶文“鳫”字，蔡全法先生把它作“有可能是陶器的拥有者的自铭。疑为掌管田土和生产的官名，即‘田畯’的简称”[⑦]。此说不恰当。因为田字，在瓮上写得很大，它与马字并不相称，因此，它不可能是“田畯”之官。由于“田”字写得很大，因此，田应为“田主”，以求保佑。“鳫”是祈求田主保佑的名字，由泥质灰陶罐上刻有“鳫斤”字，可知当与“鳫”字为一人，是祭祀者留下的名字。斤为祈字的简化。

六、在新郑“郑韩故城”出土的陶文中，有“徒”字陶豆一件，泥质灰陶，也是战国时器。“徒”阴文，位于豆盘内底中部。蔡全法同志认为：“‘徒’，字刻写于陶器上，很可能为刑徒用器或刑徒被用于制陶手工业劳动有关。”[⑧]此说值得研究。“徒”字在金文中常见。“《禹鼎》‘禹目（以）武公徒驭至于噩。’此‘徒驭’即武公之族兵。与本铭（史密簋）‘族土（徒）’十分接近。禹鼎铭告诉我们，由于西

① 李学勤主编：《十三经注疏·周礼注疏》卷十《大司徒》，北京大学出版社，1999年，第241～242页。

② 张双棣：《淮南子校释》，北京大学出版社，1997年，第778页。

③ 戴家祥：《“社”、“杜”、“土”古本一字考》，《古文字研究》第十五辑，中华书局，1986年，第192页。

④ （清）段玉裁：《说文解字注》，上海古籍出版社，1981年，第8页。

⑤ 李学勤主编：《十三经注疏·礼记正义》卷十五《月令》，北京大学出版社，1999年，第470、472页。

⑥ 李学勤主编：《十三经注疏·毛诗正义》卷第十四（十四之一）《甫田》，北京大学出版社，1999年，第838页。

⑦ 蔡全法：《近年来新郑“郑韩故城”出土陶文简释》，《中原文物》1986年第1期，第81页。

⑧ 蔡全法：《近年来新郑“郑韩故城”出土陶文简释》，《中原文物》1986年第1期，第79页。

六师、殷八师临战怯场，打不赢噩侯驭方，遂改派禹以武公之族兵征伐噩侯。”[①]说明“徒”字应是军事组织的性质，不应释为刑徒或被用于制陶手工业劳动。

《周礼·地官·遂人》曰：“五家为邻，五邻为里，四里为酂，五酂为鄙，五鄙为县，五县为遂，皆有地域，沟树之，使各掌其政令刑禁，以岁时稽其人民，而授之田野，简其兵器，教之稼穑。”注云：“遂之军法，追胥起徒役，如六乡。”孙诒让曰：“云遂之军法，追胥起徒役，如六乡者，明六遂七万五千家，亦家出一人，为六军之副，是军制遂与乡亦不异，不徒居之比伍也。”[②]《周礼·地官·小司徒》所记周代兵制度，贾公彦疏云：“凡出军之法，先六乡，赋不止，次出六遂，赋犹不止，征兵于公邑及三等采。”[③]由此可见周代六遂六乡，乡也有征兵、出征的资格。此战国陶文“徒”字的发现，反映战国时期仍然存在这种军事制度没有很大的改变。

自汉代以来，学者们都着重探讨西周的乡遂制度，因为它和当时的行政区域制度、土地制度、军事制度有非常密切的关系。有关西周乡遂制度文献记载很少，较为详细的是《周礼》，可是它被人们视为伪书，置而不信。有学者认为“《周礼》又名《周官》，成书于战国后期或者更晚一些时期。《周礼》虽然有某些周代社会的史影，但其内容多为后人的杂凑或设想，因此，用《周礼》来研讨周代社会的历史，需持十分谨慎的态度”[④]。新郑“郑韩故城”陶文的发现，对于研究周代乡遂制度有着十分重要的意义。

一、郑国是否存在《周礼》所说的乡遂制度。有的学者认为：“无论是齐国的‘参其都而伍其鄙’宋国的‘隧正’，或者是鲁国的‘三郊三遂’，郑国的乡校，这些尚且不是春秋时期有乡遂制度的证据。”[⑤]根本否认古代存在《周礼》所说的乡遂制度。张懋镕先生在《史密簋与西周乡遂制度——附论“周礼在齐”》[⑥]一文中对齐国乡遂制度的存在作了有力的剖析，非常正确。但是在这里需要进一步探讨的是郑国在春秋时期是否存在乡遂制度。自然我们仅根据《左传》所记子产毁乡校，不能说明郑国

---

① 张懋镕：《史密簋与西周乡遂制度——附论“周礼在齐”》，《文物》1991年第1期，第27页。

② 孙诒让：《周礼正义》卷二十九，《续修四库全书》，上海古籍出版社，2002年，第83册，第41页。

③ 李学勤主编：《十三经注疏·周礼注疏》卷十一《小司徒》，北京大学出版社，1999年，第283页。

④ 晁福林：《如何分析周代的社会结构》（试评“乡遂制度说”），《史学评林》（1～2期），北京师范大学历史系，1984年，第62页。

⑤ 晁福林：《如何分析周代的社会结构》（试评“乡遂制度说”），《史学评林》（1～2期），北京师范大学历史系，1984年，第62页。

⑥ 张懋镕：《史密簋与西周乡遂制度——附论“周礼在齐”》，《文物》1991年第1期，第26～31页。

乡遂制度的存在，但是我们结合其他文献和考古资料完全可以证实郑国仍然存在《周礼》所说的乡遂制度。

《左传》襄公三十年记载子产改革时有一段话说："子产使都鄙有章。上下有服，田有封洫，庐井有伍，大人之忠俭者，从而与之，泰侈者因而毙之。"[①]这里所说的子产改革，使都鄙有章，是郑国存在乡遂制度的有力证明。其中"都"有数义。

《说文》曰："有先君之旧宗庙曰都。"[②]

《左传》庄公二十八年曰："有宗庙先君之主曰都，无曰邑。"此为狭义的都义[③]。

《公羊传》僖公十六年何休注曰："人所聚曰都。"[④]故隐公元年《左传》有"大都，不过参国之一；中，五之一；小，九之一"[⑤]的话。中都、小都未必有宗庙先君之主，犹《孟子・公孙丑》下亦谓平陆为都，平陆仅侯国小邑耳。此广义的都的含义。"都"总的说来，就是统治者集聚居住的地方。

啚与都相对的，就是"鄙"。"鄙"作边鄙讲，金文常见。唐兰先生解释金文啚字是都鄙的鄙字，引《左传》昭公十六年"公子皆鄙"。使金文文义豁然畅通[⑥]。西周青铜器《沫司徒𨒅簋》："王来伐商邑，延（诞）令（命）康侯啚（鄙）于卫。沫司徒𨒅眔啚（鄙），乍（作）氏（厥）隣（尊）考彝。"不少人都把啚作为康侯之名，唯唐兰先生释为都的啚。这样文义自然通达。铭文大意是说："王来征伐商邑，命康侯在卫地防守边境，沫司徒协助防守。"[⑦]自古以来，国与国之间发生战事，首先是在边鄙地区。

都和鄙，乡和遂，邑和野，里和庐。在《周礼》乡遂制度中都是相对的。结合"郑韩故城"陶文"井""邑""里""闾""徒"等陶文，可以证明郑国是存在乡遂制度的。

二、《周礼》把王畿划分为"国"与"野"两大区域，也就是"都"与"鄙"。《汉书・食货志》曰："在野曰庐，在邑曰里。"[⑧]庐中有井所以称"庐井"。故杨伯

---

① 杨伯峻：《春秋左传注・襄公三十年》，中华书局，1981年，第1181页。

② （清）段玉裁：《说文解字注》，上海古籍出版社，1981年，第283页。

③ 杨伯峻：《春秋左传注・庄公二十八年》，中华书局，1981年，第242页。

④ 李学勤主编：《十三经注疏・春秋公羊传注疏》卷十一《僖公八年至二十一年》，北京大学出版社，1999年，第234页。

⑤ 杨伯峻：《春秋左传注・隐公元年》，中华书局，1981年，第11页。

⑥ 唐兰：《西周青铜器铭文分代史徵》，中华书局，1986年，第28页。

⑦ 唐兰：《西周青铜器铭文分代史徵》，中华书局，1986年，第27页。

⑧ （汉）班固：《汉书・食货志》，中华书局，1962年，第1121页。

峻《春秋左传注》曰："庐，庐舍。庐井一词，为田野之农舍。"[①]今"郑韩故城"出土陶文有"里""井"正显示郑国诸侯国，亦划分为都与鄙、国与鄙两大部分，证明《周礼》所言是有所根据的。西周有国野之分，战国时期仍然存在。也说明郑国存在乡遂制度。

三、《左传》襄公三十一年记载："郑人游于乡校，以论执政，然明谓子产曰：'毁乡校何如？'子产曰：'何为？夫人朝夕退而游焉，以议执政之善否。其所善者，吾则行之；其所恶者，吾则改之，是吾师也。若之何毁之？'"[②]对这段话，我们不能孤立地看它，联系郑国其他文献和考古资料，可以判断此"乡"，应是指《周礼》所说的乡遂制度。《国语·齐语》曰："昔者圣王之治天下也，参其国而伍其鄙，定民之居，成民之事。"所谓齐国的治国方针是"参其国而伍其鄙"[③]。"制国以为二十一乡，工商之乡六，士乡十五。"[④]此与《周礼》所言 "六乡"相仿佛。《国语·齐语》又言："制鄙三十家为邑，邑有司；十邑为卒，卒有卒帅；十卒为乡，乡有乡帅；三乡为县，县有县帅；十县为属，属有大夫。"[⑤]"五属"即相当于《周礼》之六遂。以上是言齐国的乡遂制度。今"郑韩故城"出土陶文有"里"，有"邑"。《左传》襄公三十年子产改革使"都鄙有章，上下有服"[⑥]。《左传》昭公四年郑子产作"丘赋"与鲁国的作"丘甲"，当是同意[⑦]。《周礼·小司徒》与服虔注引《司马法》皆云："九夫为井，四井为邑，四邑为丘，四丘为甸。"[⑧]则"丘"也是地方基层组织的单位。杜注曰："丘，十六井，当出马一匹，牛三头。今子产别赋其田，如鲁之田赋。"[⑨]结合出土陶文有"井"也可证明郑国存在乡遂制度。

"郑韩故城"出土陶文进一步证实郑国实行乡遂制度，而这种乡遂制度必定很早就存在。与西周其他制度一样，其形成都在早期或中期。《尚书·费誓》所说"鲁人三郊三遂"[⑩]当非虚构之词。《费誓》的真实性可以确定，到鲁国已推行乡遂制度，既

---

① 杨伯峻：《春秋左传注·襄公三十年》，中华书局，1981年，第1181页。

② 杨伯峻：《春秋左传注·襄公三十一年》，中华书局，1981年，第1191～1192页。

③ 徐元诰：《国语集解·齐语》，中华书局，2002年，第219页。

④ 徐元诰：《国语集解·齐语》，中华书局，2002年，第222页。

⑤ 徐元诰：《国语集解·齐语》，中华书局，2002年，第228页。

⑥ 杨伯峻：《春秋左传注·襄公三十年》，中华书局，1981年，第1181页。

⑦ 杨伯峻：《春秋左传注·昭公四年》，中华书局，1981年，第1254页。

⑧ 李学勤主编：《十三经注疏·周礼注疏》卷十一《小司徒》，北京大学出版社，1999年，第279页。

⑨ 李学勤主编：《十三经注疏·春秋左传正义》卷四十二《昭公二年至四年》，北京大学出版社，1999年，第1203页。

⑩ 李学勤主编：《十三经注疏·尚书正义》卷二十《费誓第三十一》，北京大学出版社，1999年，第565页。

然齐、鲁、郑在春秋时期存在有乡遂制度，那么乡遂制度在西周存在是不能否认的。所以顾颉刚先生曾经指出“《周官》（即《周礼》）中最重要的部分是地方制度”，其核心是乡遂制度，“它规定：王国百里内为‘乡’，共六乡，百里外为‘遂’，共六遂，是直属于王的；遂以外唤作‘稍’‘县’‘都’，是卿、大夫及王子、弟的采邑”[①]。这个论断是非常正确的。今“郑韩故城”出土陶文不仅可以证实郑国存在乡遂制度，同时也可证实《周礼》的可靠性。

（王琳研究员执笔）

第九节　三河与中国早期王都

一、引　　言

伟大的史学家司马迁在《史记·货殖列传》中说：“昔唐人都河东，殷人都河内，周人都河南。夫三河在天下之中，若鼎足，王者所更居也，建国各数百千岁。土地小狭，民人众，都国诸侯所聚会。”[②]司马迁在总结了西汉以前东亚大陆政治中心区域的变迁与嬗递后明确指出，在西汉以前中国古代都城的空间演变历程是：唐人建都的河东，殷人建都的河内，周人建都的河南共同构成了黄河流域古代政治文明的核心地区——三河，这三个相对独立但又互相联系的区域位于当时天下的中心，三河地区就像是鼎的三只脚，乃是西汉以前帝王们更迭与居住的地方，这三个区域所构成的黄河流域之核心地带，虽然土地狭小、人口众多，但却是古代都城、封国、诸侯聚会的地方，建国立都的历史已各有数百上千年之久，是天下的中心（图一八）。司马迁对三河历史地位的称道，在当今看来乃是在总结仰韶、龙山、二里头以来迄于西汉之际，东亚大陆古代文明与国家起源、发展的历史事实而得出的客观结论，这一观点有助于我们认识黄河流域以都城为核心的中国古代文明起源和国家发展的地域特征。

---

①　顾颉刚：《“周公制礼”的传说和〈周官〉一书的发现》，《文史》第六辑，中华书局，1979年，第30页。

②　（汉）司马迁：《史记》卷一百二十九《货殖列传》，中华书局，1959年，第3262～3263页。

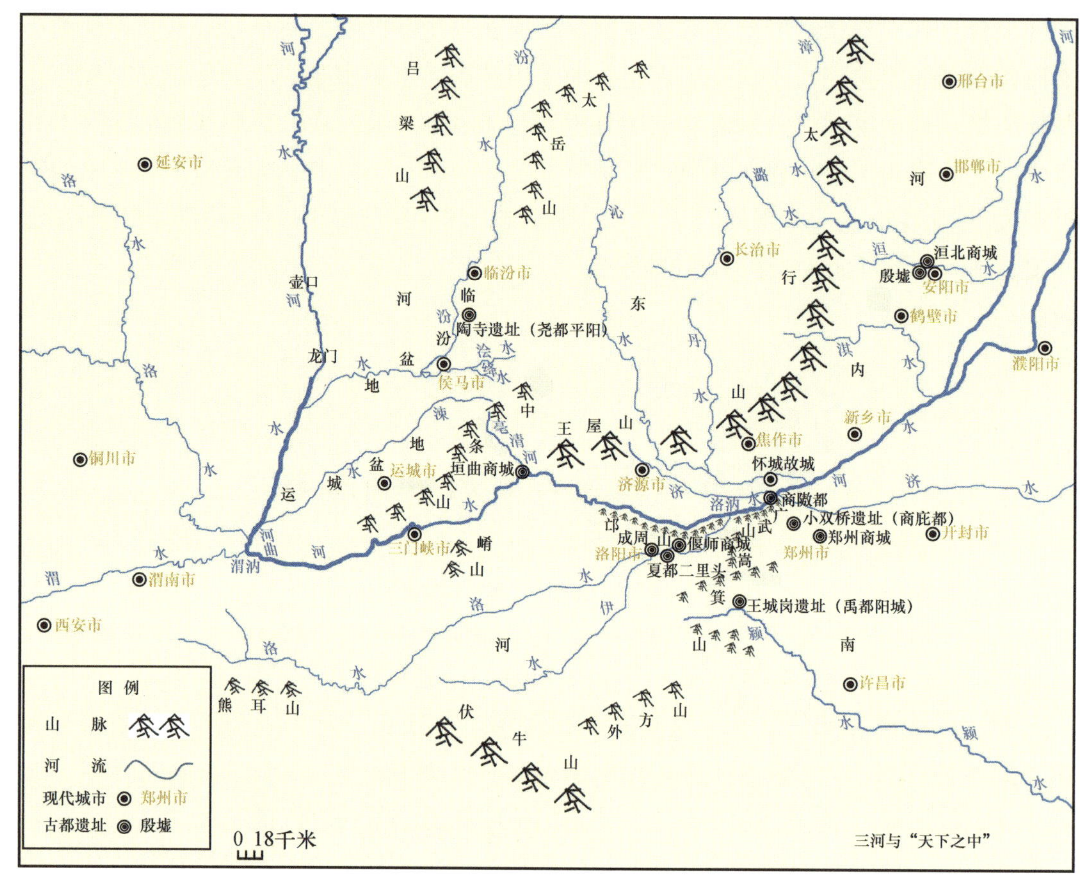

图一八　三河与“天下之中”①

二、唐人都河东

河东是指山西壶口、龙门以下，南至河曲段黄河以东的地区，即今山西南部。山西境内多山，主要山体多呈东北—西南方向延伸。东部太行山，为高山地区；西部吕梁山，为高原区；中部为盆地。而河东地区主要包括今临汾、运城两个盆地。河东地区地理上的总特点是处黄土高原的东部，境内山岭峪谷纵横交错，北面与长城、阴山大漠相连，南面以黄河、中条山与河南为界，西面又有山陕间的黄河，东面则有重峦叠嶂、连绵不断的太行山。从华北平原看山西，有“危乎高哉”之感，而对河南、河内以及关中地区来说，山西则处于居高临下之势。占据了河东，左可以控制河南，右可以牵制关中。

① 作者自绘。

山西虽多山，唯独汾河两岸为广原，古泛称为太原，太原即原之大者。到了春秋末期，今天的太原地区才当太原之名。汾浍的流水径直，流势通畅，可以较好地排除污秽杂物，减少疾病的发生，所以汾河河谷土地肥沃，又有汾浍之水可以浸灌，发展农业生产的自然条件较好，有利于人们的生息繁衍，“土厚水深”是这一区域的自然优势所在。

河东地区是黄河流域诸夏各族活动和开发较早的地区之一。刘宋时《史记音义》的作者徐广是最早对“唐人都河东”进行解释的学者，他认为唐人在河东所都之地，应该是指“尧都晋阳”[①]而言的。晋阳也即平阳，实指汾河下游两岸广平的大原。龙山时代汾河下游有古老的陶唐氏部族，帝尧是陶唐氏族的领袖，故文献上把生活在汾河下游山西南部地区，即古唐地的古老部族称为唐人。晋国六卿之一的范宣子谈起自己的先祖时，曾说：“昔丐之祖，自虞以上为陶唐氏，在夏为御龙氏，在商为豕韦氏，在周为唐杜氏。”[②]范宣子述及家族史时，虽然有些夸大其词，但基本上将古唐国的历史发展过程清楚地讲述给人们，大致经历了陶唐氏、虞、御龙氏、豕韦氏、唐杜氏几个历史阶段，时间跨度长达1000余年。陶唐氏的由来，《说文》以为“陶丘有尧城，尧尝居之，后居于唐，故尧号陶唐氏”[③]。《汉书·律历志》引《世经》曰：“帝尧封于唐。盖高辛氏衰，天下归之。木生火，故为火德，天下号曰陶唐氏。”[④]据上述有关文献记载，大致可以有这样的认识，陶唐氏是一个部族名，帝尧是陶唐氏族的领袖，陶唐氏兴起于高辛氏之后，居住于唐地[⑤]。唐地应在汾河下游山西南部的河东地区，与古代文献中处“汾、浍之间”[⑥]的大夏，“封于夏墟，启以夏政，疆以戎索”[⑦]的夏墟都在同一区域范围之内，这一区域在以后的历史进程中，成为夏人活动的重要地区之一。

20世纪50年代，在襄汾县城东北陶寺村发现了总面积在300万平方米以上的陶寺遗址，其地理位置不仅与文献“尧都平阳”相一致，而且早期遗存年代经碳十四测定为公元前2400—前2200年，与帝尧陶唐氏的年代相当。以帝尧为首的陶唐氏集团是夏代之前中原地区重要的氏族集团之一，这时期开始进入文明社会初期，各氏族部落首领跃跃欲试，同时称王，唐尧集团逐渐独树一帜，逐渐壮大，唐尧通过政治和战争手

---

① （汉）司马迁：《史记》卷一百二十九《货殖列传》，中华书局，1959年，第3263页。

② 杨伯峻：《春秋左传注·襄公二十四年》，中华书局，1981年，第1087～1088页。

③ （汉）许慎撰，（宋）徐铉校定：《说文解字·𠂤部》，中华书局，2013年，第307～308页。

④ （汉）班固：《汉书·律历志》，中华书局，1962年，第1013页。

⑤ 杨国勇主编：《华夏文明研究——山西上古史新探》，中国社会科学出版社，2002年，第57页。

⑥ （汉）司马迁：《史记》卷四十二《郑世家》，中华书局，1959年，第1773页。

⑦ 杨伯峻：《春秋左传注·定公四年》，中华书局，2009年，第1539页。

段争取到盟主的地位[①]。大约在高辛氏集团衰落之际，陶唐氏集团才迅速崛起，唐尧是一位伟大而具创造性的历史人物，“其仁如天，其知如神”[②]。《尚书·尧典》记载唐尧集团时说：“克明俊德，以亲九族。九族既睦，平章百姓，百姓昭明，协和万邦，黎民于变时雍。”[③]尧以贤德将同族人亲密地团结起来，各邦族之间呈现团结无间、亲如一家的和睦景象。尧的晚年将自己的部落联盟与虞舜部落结成盟友，另外通过战争手段获得盟主地位，对外进行了一系列战争。《尚书·舜典》记载：“流共工于幽州，放欢兜于崇山，窜三苗于三危，殛鲧于羽山，四罪而天下咸服。”[④]经过残酷的战争，通过“流”“放”“窜”“殛”等手段，渐使活动于黄河两岸的部落首领或“诚服”或屈服[⑤]。特别应说明的是，公元前2500年前后，以唐尧部落为首的陶寺文化活动在晋南一带，与黄河流域和长江流域及其他地区的古文化遥相呼应，彼此碰撞和融合。唐尧文明开始独树一帜，以“尧都平阳”的邦国形式出现在中原地区，“天下万国”的局面已经形成，晋南逐渐被视为中心地带，“中国”一词出现在这个时期。《史记·五帝本纪》记载：“尧崩……舜曰天也，夫而后之中国践天子位焉，是为帝舜。”[⑥]舜由虞部落来到“中国”即位，多元一体的格局逐渐定型。从某种意义上可以解释，唐尧文化代表了“中国”文化，所创造的唐国社会代表着中国社会的缩影。当时铜石并用时代进入鼎盛，农业生产增长，社会发生急剧变化，“尧都平阳”成为邦国盟主，文明化因素不断被邻近邦国采纳和吸收[⑦]。

陶寺遗址中有大、中、小三座城址，城内有大型建筑区、祭祀区、手工业作坊区、仓储区、公共墓地与平民居住区等。陶寺遗址中的大城属陶寺文化中期建筑，位于遗址中心区域，平面大体为圆角长方形，总面积复原后约为280万平方米，为中国迄今最大面积的史前城址（图一九）。

中型城位于大城东北角，属于陶寺文化早期建筑，面积约为56万平方米，宫殿区、贵族居住区、大型夯土建筑基址都位于中城之内。小城位于大城的东南角，平面呈刀把形，东西长1000米，面积约10万平方米。在小城中出土了三大块篦点戳印纹白灰墙皮

① 杨国勇主编：《华夏文明研究——山西上古史新探》，中国社会科学出版社，2002年，第67页。

② （汉）司马迁：《史记》卷一《五帝本纪》，中华书局，1959年，第15页。

③ 李民、王健：《尚书译注》，上海古籍出版社，2004年，第1页。

④ 李民、王健：《尚书译注》，上海古籍出版社，2004年，第14页。

⑤ 杨国勇主编：《华夏文明研究——山西上古史新探》，中国社会科学出版社，2002年，第68页。

⑥ （汉）司马迁：《史记》卷一《五帝本纪》，中华书局，1959年，第30页。

⑦ 杨国勇主编：《华夏文明研究——山西上古史新探》，中国社会科学出版社，2002年，第97页。

和一大块带蓝彩的白灰墙皮，这些彩绘建筑遗迹的发现说明小城中当年不仅存在着华丽的宫殿建筑，而且其主人必定拥有非同一般的地位和权力。陶寺小城中还发现过一处“大型建筑基址”。基址平面呈大半圆形，外缘半径25米，共有3道圆弧形夯土挡土墙，第三层台基上有呈半圆形排列的13处夯土柱基础，13根夯土柱组成12道缝隙，各缝之间缝中线夹角分别为6.5度、7度、7.5度、8度，其中以7.5度为最多，中心有生土台芯，应该是观测基点。陶寺小城中的大型建筑基址，毫无疑问是用来进行天文观测的（图二〇）。

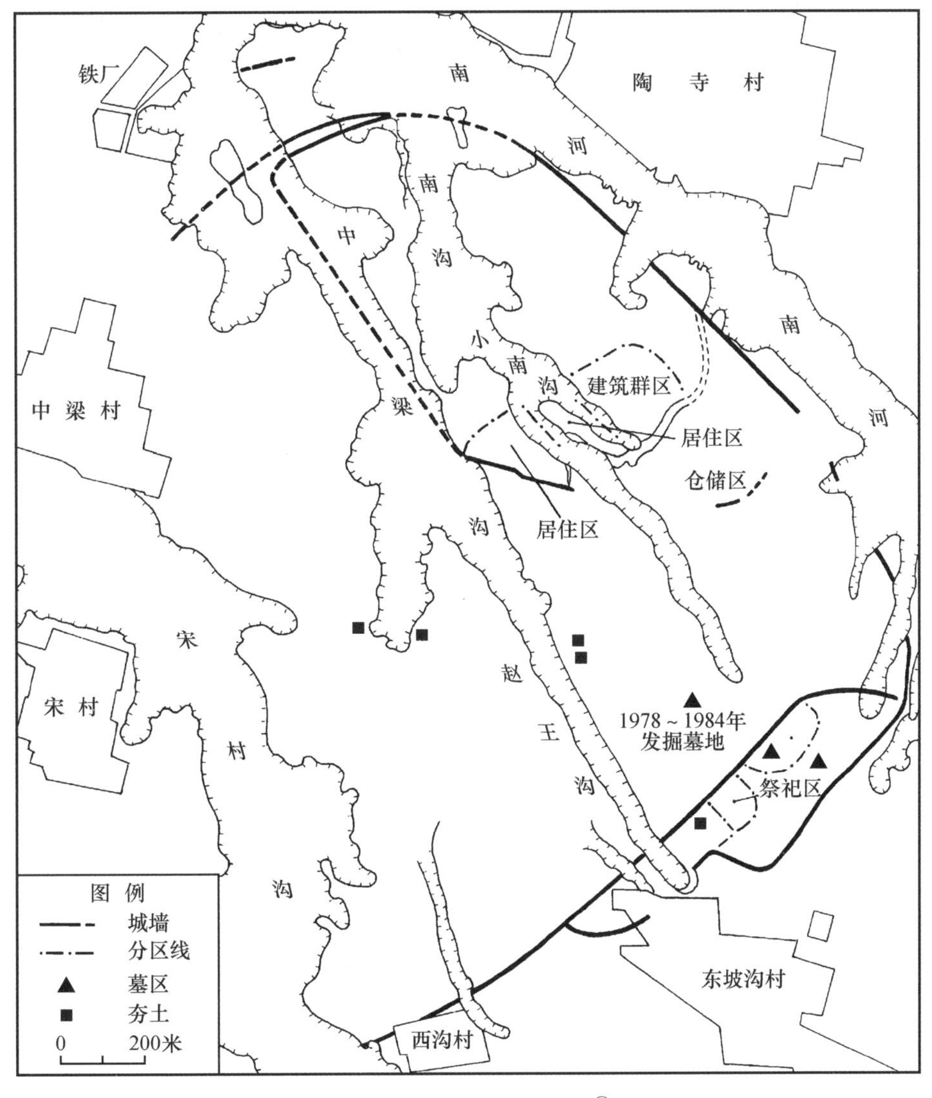

图一九　陶寺城址平面图①

① 中国社会科学院考古研究所：《中国考古学·新石器时代卷》，中国社会科学出版社，2010年，第569页。

图二〇 陶寺观象台遗址①

这一遗迹与《尚书·尧典》《史记·五帝本纪》中记载的帝尧“敬授民时”②相吻合。陶寺城址中这些高规格的宫殿建筑遗迹，与王权授时相关的天文观测设施是区别于其他普通聚落遗址的标志性建筑。从陶寺城址的宏大规模及其内部结构来看，我们完全可以认为陶寺城址是一座具有王都气魄与规模的特大型聚落，它完全可以作为中国早期王国权力中心形成的标志，从这个意义上来看，在黄河所流经的古河东地区，生活在晋南的陶唐氏部族在公元前2400—前2200年之际，就已经冲决了氏族制度的躯壳，站在了文明与国家门槛的边缘。

三、殷人都河内

河内地区是指太行山东南麓为大河所环绕的地区。西汉以前，大河到郑州广武山以下河身有变动，河道古今有所不同。汉时大河斜向东北，而今黄河斜向东南。河内，背倚太行山，面向黄河，地理形势十分险要。太行山脉绵延不断，“凡数千里，始于怀（河南省武陟县西南）而终于幽（北京市），为天下之脊”③。太行山是山西高

① 作者自摄。

② 李民、王健：《尚书译注》，上海古籍出版社，2004年，第3页；（汉）司马迁：《史记》卷一《五帝本纪》，中华书局，1959年，第16页。

③ （清）顾祖禹：《读史方舆纪要》卷四十六《河南一》，中华书局，2005年，第2095页。

原与河北平原之间的天然屏障，太行山南隔南河与河南地相望，东凭东河俯视河外，山河怀抱之间有一略带弯弓形的狭长缓平坡地，即为古之河内。河内背倚太行山，太行山东面、南面山势平缓，西面的山崖陡峭，因而，民间流行有太行山“东面面善，西面面恶”的谚语。太行山东侧的整个山麓坡地向东南延伸并逐渐趋于缓平，当其抵达大河岸边时，大河流经此地也就顺此山势，由南河转折而为东河。在这一段大河所环绕之内的河岸和山麓地带，是最好的耕作地区。大河以西、太行山以南、大河以北即为春秋晋国所辟之南阳。南阳前接河外，后连巩洛，南与嵩高隔河相望，适当“地喉”[①]的北侧，为由河南东出兖、冀的孔道口，又是溯少水（今名沁水）谷道或其隘口北上太行山之必经之处。河内之地，还西通河东，东拒上党，南与河南嵩高相望，河内太行与河南嵩箕正如两扇大门，而大河正从中间奔流而出。

河内处山河之间，居向阳之地，土地肥沃，地势高亢，很早以前就有人类活动。殷人即商人，殷商王朝就是在河内发展壮大起来并建立政权的王朝。商族起源于晋南，考古工作者在垣曲县古城镇发现一座相当于早商文化的古代夯土城址。初步进行钻探和试掘，城垣平面为平行四边形，城内面积约12万平方米，四面城墙中以北墙较为完整，迄今仍保存在地上，长约330米，高3—5米，宽5—12米。其余三面均存在于地下。以西墙保存较好，长约395米，东墙仅存北段45米，南墙中段及东段外侧则被黄河冲毁，墙基和墙体为夯土筑成，土色棕红、细密坚硬，夯窝为圆形尖孔，排列十分紧密。城垣内部布局为：东南部有密集的灰坑和窖穴等遗迹，文化层堆积较厚，可能是居住区。中部偏东有一组夯土建筑基址，分为六块，较大的一块为长方形，长约50米，宽约20米，还有的为曲尺形，可能是宫殿区。从地层关系和墓群判断，当属于商代二里岗时期[②]。根据邹衡先生研究，郑州二里冈时期相当于成汤时期，称为殷商早期文化。因此，我们可以初步判定此遗址当为“汤始居亳”的最早“亳”都[③]。

商汤灭夏后，随着商族势力的不断发展扩大，地处山西垣曲县的汤都，东面是太行山，北面是历山，隔河与洛阳、偃师相望，没有多大的发展余地。这时只有考虑隔河相望的洛阳、偃师这块开阔的平原地带。因此，商族势力随着统治地位变化，很容易考虑向南发展并考虑迁都。故《史记·殷本纪》谓：“汤既胜夏，欲迁其社，不

---

① 《尚书·禹贡》曰：“（大河）过洛汭，至大伾者也。”郑玄注曰：“地喉也，沇出伾际矣。在河内修武、武德之界，济沇之水与荥播泽出入自此。”（陈桥驿校证：《水经注校证》，中华书局，2007年，第130页。）所谓地喉，是指大河流至大伾山，正是由峡谷地带流入大平原之口。与大伾相对的大河北岸，还有沇水、丹水、沁水等乱流入河，济水于荥播由此分出。相对于大河下游来说，这里具有咽喉之势。

② 刘汉屏、佟伟华：《山西垣曲县古城镇发现一座商代城址》，《光明日报》1986年4月8日第2版。

③ 陈昌远、陈隆文：《商族起源与商史探微》，人民出版社，2020年，第54页。

可，作夏社。伊尹报，于是诸侯毕服。汤乃践天子位，平定海内。”[①]所谓夏社，即夏人祭祀的土地神和五谷神，汤自命“致天之罚”[②]伐桀，胜利后自然考虑到把夏代国家的权力机构社稷，变为商族供奉的那一套神灵机构。随着商族统治范围的不断扩大，必然要迁都以适应新政治形势的需要。但又考虑到变置夏社不成，于是才采取一种办法，这就是《今本竹书纪年》所说的：“王即位，居亳，始屋夏社。”[③]屋者以屋覆盖也。这就是说商汤使人在夏社稷的旧址上建立起自己的新社稷，而新社稷自然沿用汤的居地“亳”名称，这样既表示商族对夏族的统治，同时又可以表示新王朝权力机构的连续性与正统性。今偃师既出现商城遗址，与二里头三、四期文化共存，相距的地理位置又如此近。

因此，我认为偃师商城是商汤灭夏后所建立的第一个都城，它不是“商汤始居亳”的亳都，而是迁都后的汤亳都，历史上有关汤都西亳偃师的材料达二十多条，不再重复。商人逾黄河南下在偃师建立西亳后再向东方发展，为此建立了郑州商城。垣曲、偃师、郑州三座商城遗址的发现，不仅证实了《尚书·立政篇》中记载的“三亳阪尹”之说是符合历史事实的，因此也是可靠的。同时，垣曲、偃师、郑州三座商城，就其规模来看是从小到大；就时间来看，由早到晚；就其区位特征来看，先在黄河以北，后在黄河以南，但都未离开过黄河流域。商人以晋南垣曲商城为起点，即“汤始居亳”，在晋南完成灭夏大业后，又向南发展自己的势力，先越过晋、豫之间的黄河在偃师建立了商都，即今天的偃师商城。而后又向东方国土发展，“大其亳邑”为郑州商城，由于郑州商城位于商代大河以南，故为南亳；而偃师商城又因位于郑州商城之西，故又称西亳。殷人早期都城设置由小到大的过程，实际上是伴随着殷人政治、经济力量由弱到强而形成的，这样的先后顺序才符合历史发展的基本规律，而就垣曲、偃师、郑州三座商城来看，位于黄河以北今晋南境内的“北亳”——垣曲商城显然是“汤始居亳”的亳都，是“三亳”的根源所在[④]。商代早、中期的都城设置都没有离开过黄河中、下游地区。

商王朝中后期以后，河内成为商人的重要活动中心区域，其都城也随之迁入河内。商汤以后至于盘庚，商人迁都有五次之多。河亶甲所居之相，在今内黄县东南。祖乙圮于邢，邢当在温县东北。盘庚迁于殷，此殷地当在今安阳洹河北岸的洹北商城。洹北商城平面近方形，边长2100—2200米，面积470万平方米，方向大体与郑州商

---

① （汉）司马迁：《史记》卷三《殷本纪》，中华书局，1959年，第96页。

② 李学勤主编：《十三经注疏·尚书正义》卷八《汤誓》，北京大学出版社，1999年，第191页。

③ 王国维撰，黄永年校点：《古本竹书纪年辑校·今本竹书纪年疏证》，辽宁教育出版社，1997年，第62页。

④ 陈隆文：《“汤始居亳”与垣曲商城探索》（待刊著作）。

城、偃师商城一致，城墙基槽宽9米左右。城内分布着多处夯土基址。洹北商城内，中部偏南发现有规模较大的夯土建筑基址群，排列密集有序，应为宗庙、宫殿类建筑遗存。洹北商城遗址的东南就是殷墟的范围，殷墟东西长约6公里，南北长约5公里。殷墟遗址内分别以洹河以南的小屯、花园庄宗庙宫殿区与洹河以北的侯家庄、武官村北的王陵区为中心，总面积近30平方公里（图二一）。对于河内地区洹北商城与商王盘庚所迁殷都之间的相互关系，《史记·殷本纪》曰："帝盘庚之时，殷已都河北，盘庚渡河南，复居成汤之故居，乃五迁，无定处。殷民咨胥皆怨，不欲徙。盘庚乃告谕诸侯大臣……乃遂涉河南，治亳。"[①]《史记·殷本纪》所说的"河"到底指的是哪条

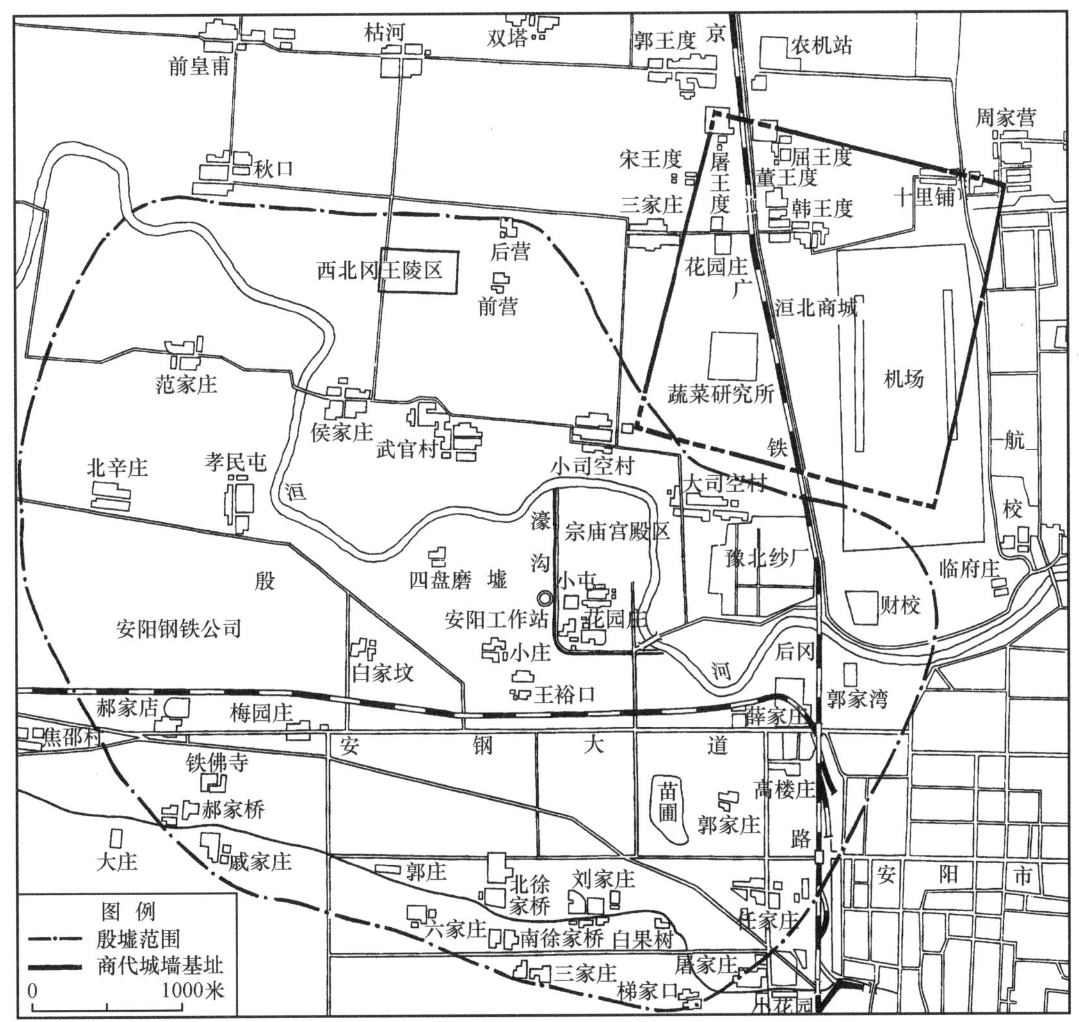

图二一 安阳殷墟与洹北商城位置图[②]

① （汉）司马迁：《史记》卷三《殷本纪》，中华书局，1959年，第102页。

② 中国社会科学院考古研究所：《中国考古学·夏商卷》，中国社会科学出版社，2003年，第285页。

河？值得研究。多数学者都认为指的是古黄河。这些学者认为，《史记·殷本纪》所说“盘庚渡河南，复居成汤之故居”，指1983年发现的偃师商城为“盘庚之亳殷”[①]，或指偃师商城的晚期为盘庚之都[②]。这里有一个问题，那就是盘庚为什么要从河北迁到路途如此遥远的河南？《史记·殷本纪》又说：“帝武乙立，殷复去亳，徙河北。”[③]这又是什么原因？这些都是无法解释清楚的。而偃师商城是汤都西亳，这一点是可以肯定的。该城的废弃时间同二里岗上层文化二期即白家庄期接近，已进入中商时期。若以该城为盘庚始建，未免与考古实际相去太远。若将偃师商城第三期视为盘庚时的遗存，同武丁时的遗存又不相衔接，存在着明显的缺环，所以从文献上或考古文化发展序列上看，这种推测也都是难以成立的。

《史记·殷本纪》所说的“盘庚渡河南”，此“河”是不是指安阳的“洹河”呢？今黄河自三门峡向东流经洛阳、郑州、开封，在兰考附近向东北流，至山东利津入海。商代黄河并非如此，那时的黄河从河南武陟西北行，经滑县、浚县过安阳与内黄之间，至河北省中部又东北，在天津附近入海，有的学者称之为禹河[④]。此河经过安阳地区是南北流向，只有河东、河西之分，没有河北、河南的概念，由此看来，《史记·殷本纪》所谈的“河”，指的不是黄河，而应是指洹河。洹河、洹水之名“自殷至清皆用之”[⑤]。这样“盘庚渡河南”指的就是小屯这一片地区。成汤及其先公都曾活动于漳水、洹河流域，故称为“复居成汤之故居，行汤之政”。盘庚先居北蒙为殷，后渡洹河而南，又将殷的地名带到安阳小屯，称为殷墟。由此看来，殷的地名最初应是指漳水南、洹河北的“北蒙”，至于小屯称为殷墟，那应该是在“渡河南”以后的事。故《古本竹书纪年》曰：小辛“居殷”，小乙“居殷”，武丁、祖庚“居殷”，“自盘庚徙殷，至纣之灭，七百七十三年（二百七十三年），更不徙都”[⑥]。故河内是商人立都之地。

---

① 郑光：《试论偃师商城即盘庚之亳殷》，《商文化论集（上）》，文物出版社，2003年，第162～190页。

② 彭金章、晓田：《试论偃师商城》，《全国商史学会讨论会论文集-殷都学刊（增刊）》，殷都学刊编辑部，1985年，第415页。

③ （汉）司马迁：《史记》卷三《殷本纪》，中华书局，1959年，第104页。

④ 王青：《试论史前黄河下游的改道与古文化的发展》，《中原文物》1993年第4期，第63～72页。

⑤ 许作民：《安阳古今地名考》，中州古籍出版社，1992年，第169页。

⑥ 王国维撰，黄永年校点：《古本竹书纪年辑校·今本竹书纪年疏证》，辽宁教育出版社，1997年，第9页。

四、周人都河南

晋陕间黄河河曲、渭汭以东，大河直向东流，中经三门、砥柱之险，大河过孟津、洛汭，流出大伾山，开始溢为荥泽，这段大河之南的地区历史上称为河南。自河曲、渭汭以东至于荥泽的大河之南区域，西有崤岭接于太华，崤岭以南东出于伊洛为熊耳山，伊河以东为嵩高蜿蜒蟠结，临大河则为险要的大伾山与广武山。这一群山环绕的河南地，就地势而言，其四周除环以小秦岭、崤山、熊耳山、伏牛山、嵩箕诸山外，自西向东逐渐降低为平原，山脉之间不仅有奔流的水系，而且每条较大的河流所经由的山间盆地或平原又往往成为发展农业生产的绝佳之地。

河南地区的仰韶、龙山文化分布非常广泛。河南洛阳王湾遗址三期文化层的叠压和发展演变就说明了远古时期以河南为中心所形成的人类文化与古代文明具有悠久的历史，这为夏王朝的建立奠定了坚实的基础。再从地望上看，夏族起源于晋南，而后发展到河南地区并建立夏王朝。因此，从禹父鲧治水、启母石、禹都阳城等一系列有关夏族的传说来看，夏族的活动中心区域当在大河以南。直至夏桀末年，由于商族势力的发展，夏的活动区域为商族所占有。商族虽起源于河东晋南，以后又向河南发展，河南偃师商城即为商之西亳。从商族早期活动与商汤建国立都后屡迁都城来看，商人的活动有相当长的一段时间也都在河南地区。周族起源在晋南，后来逐步移入关中，再后来又向东发展到河南。武王灭商伐纣以及周公东征以后，周人为了加强对广大东土的统治和控制，于是在大河以南嵩山之侧的伊洛河流域营建了洛邑成周与王城。周公在雒水北，瀍水东、西两岸分筑成周与王城两座新城，这两座新城合称雒邑。周人以瀍水西岸的王城为东方诸侯朝会和周王驻跸之所，又迁殷顽民于瀍水东岸的成周城中，西周统驭四方的开国大业遂最终告成。自成周建成之后，西都宗周的丰镐与东都成周就联结起来，而所谓“邦畿千里”[①]的西周广袤国土，正是以大河之南的这一区域为核心才最终形成的，故曰周人都河南。建都于河南使周人实现了远大的政治抱负，成周的营建对于统一的西周王朝的巩固与发展更产生了重大作用，并深刻地影响了中国历史的进程。《史记·周本纪》载：“成王在丰，使召公复营洛邑，如武王之意。周公复卜申视，卒营筑，居九鼎焉。曰‘此天下之中，四方入贡道里均’。作召诰、洛诰。成王既迁殷遗民，周公以王命告，作多士、无佚。”[②]司马迁记载得很清楚，早在武王时期，周初的政治家就考虑在中原地区洛邑兴建新都的问题，周武王对此问题甚至达到了夜不能寐的程度。到周公时开始在“天下之中，四方入贡道里

---

① 程俊英：《诗经译注》，上海古籍出版社，2004年，第564页。

② （汉）司马迁：《史记》卷四《周本纪》，中华书局，1959年，第133页。

均”的中原河洛一带营建新都。由此看来，成周洛邑自成王五年开始兴建，至七年周公“又复卜申视”。《尚书》中的《召诰》《洛诰》《多士》都是这段时间的作品。

成周的营建对于周朝统一大业的完成和西周政治新格局的最终形成具有重大意义。杨宽先生认为东都成周的营建至少有以下四个方面的价值：第一，建设成周是为了居住许多周贵族，并集中迁移殷贵族到成周东郊，以便加强监督、管理和利用，从而巩固新建的周朝政权。第二，成周建成以后，东西两都并立，两都的京畿连成一片，形成统治四方的政治中心，巩固了全国的统一。第三，成周成为征收全国贡赋的中心，粮食财物积储的中心，从而成为全国经济的中心。第四，成周是举行四方诸侯及贵族“殷礼”的地点，“殷礼”是集合内外群臣大会见和对上帝、祖先大献祭的礼仪，具有对群臣奖励、督促、考核的作用①。杨宽先生特别强调，成周洛邑是周代举行群臣大会见和共同大献祭的“衣祭”或“殷礼”的所在地。杨宽先生认为，自从成王在成周“肇称殷礼”以后，此后成周便成为举行殷礼的主要地点，都由主持东都政务的辅佐大臣主持。当周公奉命为“四辅”，开始主持东都政务时，就曾举行这种殷礼②。成周洛邑营缮完成，周公便在新邑开始“制礼作乐”，即所谓“五年营成周，六年制礼作乐”。根据现存文献资料来看，周公“制礼作乐”是在中原的成周洛邑完成的。《尚书大传》曰：“周公……营洛以观天下之心，于是四方诸侯率其群党各攻位于其庭。周公曰：‘示之以力役且犹至，况导之以礼乐乎？’然后敢作礼乐。”③这说明周公制礼作乐是在合天下诸侯营建洛邑之后。除此之外，《尚书·洛诰》中的记载明确告诉我们周公在新都洛邑“制礼作乐”，不仅是他个人对西周新政权的重大贡献，而且“制礼作乐”本身也是奉周成王之命所为。《洛诰》主要记载周公与成王的对话，周成王在新都洛邑营建完成之后，请周公继续居洛、治理东方并完成“制礼作乐”的大事。（周成）王曰：“公，予小子其退，即辟于周，命公后。四方迪乱未定，于宗礼亦未克敉，公功，迪将其后，监我士师工，诞保文武受民，乱为四辅。”王曰：“公定，予往已。公功肃将祗欢，公无困哉！我惟无斁其康事，公勿替刑，四方其世享！”④这段话的意思是，成王说：“周公啊，我就要返回，在宗周镐京亲政，请您留守洛邑。现在四方没有完全治理好，宗人主持的礼仪也没有完成，您的大功还未告成，您还要继续监督我们的百官大臣，安定好文王武王从上帝那儿接受的臣民，统率周朝的辅佐大臣们。”⑤成王说：“周公啊，您留下吧，我要回去了，您要迅速恭敬地努力主持大政，您不要再拒绝我了，我只有不懈怠地学习政务，您只有不废弃大

---

① 杨宽：《西周史》，上海人民出版社，1999年，第540～546页。
② 杨宽：《西周史》，上海人民出版社，1999年，第547页。
③ 陈乔枞：《今文尚书经说考》，清刻左海续集本：卷二十《周书》十八。
④ 李民、王健：《尚书译注》，上海古籍出版社，2004年，第300页。
⑤ 李民、王健：《尚书译注》，上海古籍出版社，2004年，第301页。

法，主持政务，四方民众才会世世代代地朝享我们。”[①]曾运乾《尚书正读》认为此节“成王在洛，受摄政复辟之命。欲即大位于周，命周公留后监师制礼之言也”[②]。由此看来，周公在新都洛邑“制礼作乐”，用新的制度规范肯定了完善了西周初年刚刚建立起来的统治秩序，此举不但标志着西周的国家体制走上了正轨，上层建筑初步完善，也标志着我国的早期国家上了一个新台阶[③]。

周公制礼作乐是在全社会范围内，树立了意识形态和行为方式的新准则。而周公制礼作乐的真正意义则是把礼仪制度推广到政治社会生活中去，把礼乐作为社会各项活动和道德行为的准则，用这些规定去规范教育广大人民，为巩固其周初的政治统治服务。因此，周公是起着总结、开拓、创新、改造的作用的[④]。周公在洛阳的制礼作乐不仅使中华礼乐文化粲然齐备，而且还在以后的历史发展进程中成为中国古代国家和社会的制度性规定，影响并主导了整个国家的政治生活和社会习俗，这一点我们不能忽视[⑤]。

五、结　　语

黄河流域古代都城的产生不仅是历史发展的产物，同时也是特定社会形态的物化载体。都城是从城发展而来的，而城又是从史前聚落演进而成。聚落是人类各种形式居住地的总称，我们完全可以通过聚落形态、结构层级的变化来研究它所反映的特定的社会形态。当社会发展到一定阶段，原始聚落的分化与阶级、阶层的出现相呼应，聚落出现等级，内部结构也开始复杂化，这些都是社会分化在聚落这一物质形态上的反映。因此，聚落分级结构复杂，不仅是社会分化即出现阶级的反映，同时也是文明形成与国家产生的前提。东亚大陆的古代王都首先出现在黄河流域的三河地区就证明了这一点。

李伯谦先生强调依据聚落形态演变与文明国家起源之间的密切关系，以考古资料中所发现的大型、特大型聚落为对象，综合判断这些大型、特大型聚落内部结构所反映出的社会形态方面的变化。李先生认为这些新变化不仅反映了当时社会已经产生的阶级分化和斗争，而且也预示了王权统治与管理机构的出现。如果这些新变化在大型

---

① 李民、王健：《尚书译注》，上海古籍出版社，2004年，第302页。

② 曾运乾：《尚书正读》，中华书局，1964年，第208页。

③ 郭绍林：《周公在洛阳制礼作乐是儒学的开山之举》，《洛阳师范学院学报》2013年第10期，第20页。

④ 陈昌远：《陈昌远学术文集》，军事谊文出版社，2012年，第293页。

⑤ 姜建设主编：《华夏历史文明传承创新区建设研究》，河南人民出版社，2017年，第148页。

或特大型聚落中有考古学上的物化反映，那么，我们就可以认为当时的社会已经进入到了阶级社会，已经具备了国家机器，文明与国家时代已经到来[①]。因此，古代黄河流域聚落、城与都城的发展演进历程，不仅是与中国早期国家从“邦国”到“王国”的历史进程相统一，而且更与中国古代文明形成与国家最早出现在黄河流域——“三河地区”相一致。从这个角度来看，司马迁应该是最早关注到龙山文化以来黄河流域大型与特大型聚落与一般聚落之间具有巨大差异的历史学者，司马迁以黄河流域古代王城的出现为标准，认为这一区域自龙山时代以来由于成为历代帝王更迭居住、建国立都的区域，因此，毫无疑问成为“天下之中”的核心区域，这一核心区域在中国历史进程中，发挥过引领历史发展潮流的重大作用，这是对黄河古代都城与古代文明起源、国家形成关系的最早概括与总结。因此，把古代三河地区大型与特大型聚落——都城的出现作为判断中国古代文明起源与国家产生的标志，不仅有助于我们进一步认识中国古代都城作为中华民族与国家认同的这一物化载体所具备的重大政治、历史和科学意义，而且也更有助于深入阐释黄河流域在中国古代文明起源、发展过程中所具有的不可替代的核心作用。

---

① 李伯谦：《关于文明形成的判断标准问题》，《文明探源与三代考古论集》，文物出版社，2011年，第71～75页。

第三章

历史城市地理：中国最早城址的选择与城市变迁

第一节　郑州西山古城遗址与中国早期商业文明

一、引　　言

郑州西山仰韶文化古城址是近年来历史、考古学界关注的问题，为“八五”期间十大考古新发现之一。如何评价西山古城址？《中国文物报》1995年9月10日明确指出：“这是迄今我国发现已知时代最早、建筑技术最为先进的古城。”“对于探讨中国早期城市的起源、早期文明的形成和发展具有非常重要的意义。”可是有的学者却对此提出怀疑：“该遗址是否能被看作是一处城市或城址，可能还有待于更深入的区域性田野工作和考古学、人类学与历史学的理论探讨。”①也有学者认为：“就目前的发现来看，中国早期城址，并不具有市的功能，也很难看出其他什么中心聚落的特征，西山古城墙与取土壕的规划方式，城墙的修筑方式以及城中出土物的规模和特点，都再一次证明了这样的推测。”②总之，他们否认西山古城址的发现为中国最早的城市，否认西山古城遗址对于探讨中国文明起源以及城市起源的重要意义，这种看法使人感到不安，故就这个问题，再谈谈我们不成熟的看法。

---

① 陈淳：《“墙”与“城”的关系、内涵与起源》，《中国文物报》1995年11月12日第3版。

② 曹兵武：《关于郑州西山古城的一点思考》，《中国文物报》1995年11月12日第3版。

二、中国早期城市的基本特征

对于中国早期城市或原始城市这个概念应如何理解，这是要首先弄明白的问题，然后才可能进一步探讨西山古城址能否被视为中国古代早期城市。

陈淳先生提出，中国早期城市“有以下几个基本特点：1. 等级社会成形。少数人如统治阶层、贵族、地主、商人聚居在城市，他们由底层农民的剩余农产品所供养。2. 城往往是一处统治和管理中心，即政府所在地。3. 手工业专门化。一批有特种手艺的工匠居住在城里，生产供上层人物使用的奢侈品或商品如陶器和青铜器等。4. 存在市场和贸易中心。有些古城的出现往往与商贸活动密切相关。5. 防卫功能。城市内可能驻有军队。6. 宗教中心。存在供上层人士和平民从事祭祀活动的地点”①。

张学海先生对中国早期城市则提出如下四项标准：1. 人口相对集中，居民达3000人以上，居民具有多种成分。2. 存在手工业者阶层，具有高于一般的手工艺技术水平，是区域的手工业生产中心。3. 是政治中心和行政管理中心。4. 区内具有明显的金字塔形等级社会结构②。

许宏先生在其文章中，又特别强调中国早期城市应具有这样几个重要特征：1. 作为邦国的权力中心出现，具有一定地域内的政治、经济和文化中心的职能，王者作为权力的象征产生于其中，在考古学上表现为大型夯土建筑工程遗迹（包括宫庙基址、祭坛等礼仪性建筑和城垣、壕）的存在。2. 因社会阶层分化和产业分工而具有居民构成复杂化的特征，非农业生产活动的展开使城市成为人类历史上第一个非自给自足的社会。政治性城市的特点和商业贸易欠发达，又使城市作为权力中心而派生出的经济中心的职能，主要地表现为社会物质财富的聚敛中心和消费中心。3. 人口相对集中，但处于城乡分化不甚鲜明的初始阶段的城市，其人口密集程度不构成判别城市与否的绝对指标③。

以上几种说法，我们认为都没有完整地表达出中国早期城市或称原始城市的基本特征和基本概念。以上几位学者所提出的标准只能说明进入阶级社会之后中国城市的特征，而中国初期城市的基本概念和基本特征并没有反映出来。判断一个遗址是否为“城市”应以俞伟超先生提出的关键要看这个遗址的内涵是不是达到了进行城市活动的条件，同时也必须考虑到当时社会生产力的发展水平是不是具有出现城市的可能。

---

① 陈淳：《“墙”与“城”的关系、内涵与起源》，《中国文物报》1995年11月12日第3版。

② 张学海：《环壕聚落，土围聚落，城堡，早期城市》，《中国文物报》1996年4月21日第3版。

③ 许宏：《关于城市起源问题的几点思考》，《中国文物报》1997年1月26日第3版。

俞先生又说："当然还必须了解其居民的生产与交换情况，是否已形成为这个地区的集中点。"[①]也就是说要看遗址是否作为邦国权力中心出现，而具有一定区域性政治、经济、文化中心的职能，这一点才算是最初原始城市的本质特征和基本特征。正由于西山古城遗址是早期城市或称原始城市，因此，其中有些因素正在孕育发展过程中。不能以现在城市的标准职能去衡量中国早期城市或称原始城市。作为中国早期城市或称原始城市，其中重要一点，还应该看到"城"或"市"的结合。按照张光直先生的观点，认为中国早期城市不是经济起飞的产物，而只能看成是一个军事城堡。有的学者还直接说："城与市的合一，只能是很晚近的人文景观。"[②]我们认为这种看法并不符合中国早期城市的实际。作为中国早期城市或称原始城市的特点，只强调军事城堡而忽略它的经济内容，是很片面的。以上诸位学者在探讨中国早期城市或称原始城市时以西欧一些早期城市的标准和现代城市标准去要求衡量，是脱离中国古代历史实际的。环壕聚落与具有城墙的城市遗址的主要区别，一是防御野兽的设施与人们长时间或永久性地居住在一地点；一是由于私有制农业定居的出现，时常因资源紧缺发生冲突和战争，因此出现了城墙，比土围聚落更坚固，并设有城门，便于坚守。所以中国早期城市出现"城"的原因，就是由于掠夺财富，彼此不断发生冲突战争。筑城自守显得十分必要，"城"便应运而生。故《说文》曰："城，以盛民也。从土成，成亦声。"段玉裁注曰："言盛者，如黍稷之在器中也。"[③]《墨子·七患》曰："城者，所以自守也。"[④]根据防卫的需要和生产力水平的提高，环壕变成围墙，环壕聚落也就变成城市。故恩格斯说："只要村一旦变作城市，也就是说，只要它用壕沟和墙壁防守起来，村制度也就变成了城市制度。"[⑤]

有的学者把城墙与城市分割开来，说"由于我国古代的城市大多筑有城墙，因此一旦发现较为坚固的墙常易使人推断可能为一处城址"，"墙的出现也应远远早于城市的起源"。实际上是把城墙与城市分割开来，这是不恰当的。有城墙城址，一定是古代城市。因为它不是防御野兽的围壕聚落，已换成了防卫战争掠夺财富需要的城墙。这时私有制已经出现，简单的商品交换、经济贸易也都开始在城内活动。所以中国原始城市的出现，并不是简单的一座围墙，西山古城址就是如此。

---

① 俞伟超：《中国古代都城规划的发展阶段性——为中国考古学会第五次年会而作》，《文物》1985年第2期，第52～60页。

② 曹兵武：《关于郑州西山古城的一点思考》，《中国文物报》1995年11月12日第3版。

③ （清）段玉裁：《说文解字注》第十三篇下《土部》，中华书局，2013年，第695页。

④ 吴毓江撰，孙启治点校：《墨子校注》卷一《七患》，中华书局，1993年，第37页。

⑤ 恩格斯：《马尔克》，《马克思恩格斯全集》第十九卷，人民出版社，2006年，第361页。

三、西山古城址的区域中心地位

西山古城址具有区域性的政治、经济、文化中心的职能。

我们知道，郑州西山古城遗址属于仰韶文化秦王寨类型（即大河村类型）。河南仰韶文化，或者称中原仰韶文化，根据不同特征可以分为四个地区类型：一是以陕县庙底沟为代表的豫西类型；二是以郑州大河村为代表的豫中类型；三是以安阳大司空村为代表的豫北类型；四是以淅川下王岗为代表的豫西南类型[①]。张忠培先生也主张把分布于豫西地区的“庙底沟类型”称为“庙底沟文化”，把豫北地区的“后岗类型”称为“后岗一期文化”[②]，又把分布于豫中地区的“大河村类型”以最早的发现地秦王寨遗址命名为“秦王寨文化”[③]。作为仰韶文化秦王寨类型文化其主要分布区域，西起洛阳，东抵中牟，南起许昌，北部被黄河改道所湮没，无法统计，以黄河为界。杨育彬先生主编的《中国文物地图册·河南分册》称，至少有100处遗址。其中郑州地区70处，市郊11处，荥阳14处，新郑9处，登封9处，密县8处，巩义17处，中牟2处。与郑州市辖区临近的还有禹州市3处，长葛4处，尉氏6处，总共83处[④]。

从以上遗址分布情况来看，西山仰韶文化古城址并不是孤立的，在它的周围至少有100多个同时期的氏族聚落存在。在这么多秦王寨类型文化遗址中，都没有发现城址，唯独在郑州西山遗址发现古城址，这难道是偶然的吗？我们认为这座古城遗址，应该说就是氏族部落的中心，也是领导中心，同时更是权力中心，否则是无法解释的。“城”不是少数人能修筑的，必须有一定的组织和权力机构，才能完成如此巨大的工程。同时由于建筑技术的进步，也表现出王者作为权力机构的象征，王权也就产生其中。这些都足以说明西山古城址，是豫中政治、文化中心。

四、从祝融作市看西山古城的商业贸易

有关中国早期城市的起源，许多学者都反复强调中国早期城市职能中的政治、军事性质，而否认中国初期城市的经济内容。中国何时出现城市？历史文献有多种说

① 安金槐：《对河南境内仰韶文化的浅见》，《中原文物》1986年特刊《论仰韶文化》，中原文物编辑部，1986年，第11页。

② 张忠培：《原始农业考古的几个问题——为纪念〈农业考古〉创刊四周年而作》，《农业考古》1984年第2期，第18～20页。

③ 张忠培：《客省庄文化及其相关诸问题》，《考古与文物》1980年第4期，第78～84页。

④ 许顺湛：《郑州西山发现黄帝时代古城》，《中原文物》1996年第1期，第2页。

法。《汉书·食货志》引晁错的话："神农之教曰'有石城十仞，汤池百步'。"[①]《事物纪原》引《轩辕本纪》曰："黄帝筑城邑，造五城。"[②]《史记·封禅书》和《汉书·郊祀志》都说："黄帝时为五城十二楼。"[③]《黄帝内传》曰："帝既杀蚩尤，因之筑城阙。"[④]《世本·作篇》曰："鲧作城郭。"[⑤]《吕氏春秋·君守》曰："夏鲧作城。"[⑥]《太平御览》卷一百九十二引《博物志》曰："处士东里块责禹乱天下，禹退作三城，强者攻，弱者守，敌者战，城郭，禹始也。"[⑦]从以上征引材料可以看出，有关中国古代城市出现的观点基本上可分为两种说法：一说黄帝，一说夏禹时代出现城。今郑州西山古城遗址的发现，说明黄帝时代出现城是可靠的记载。因此许顺湛先生认为，郑州西山古城在整个仰韶文化分布范围内，目前可以称为第一座古城，或称为中原第一城[⑧]。虽然目前有关与城址同时期的城内外遗迹的分布情况仍在进一步分析和探寻，但根据文献记载，仰韶时代中原地区古城中经济交换和商业活动确实是存在的。故《汉书·食货志》曰："日中为市，致天下之民，聚天下之货，交易而退，各得其所，而货通。"[⑨]金少英撰《汉书食货志集释》曰："按《世本》云'祝融为市'。"[⑩]《初学记》引谯周《古史考》云："神农作市。高阳氏衰，市官不修，祝融修市。"[⑪]以上这些材料都表明市的出现很早，大概应在神农时代。到祝融时代所谓修市，就是城市内已有市，所以《世本》曰："祝融作市。"[⑫]市的初期正如谢肇淛《五杂俎》云："岭南之市谓之虚。言满时少虚时多也。西蜀谓之亥。亥者，痎

---

① （汉）班固：《汉书》卷二十四上《食货志》，中华书局，1962年，第1133页。

② （宋）高承撰，（明）李果订，金圆、许沛藻点校：《事物纪原》卷八《城市藩御部》，中华书局，1989年，第447页。

③ （汉）司马迁：《史记》卷二十八《封禅书》，中华书局，1959年，第1403页；（汉）班固：《汉书》卷二十五下《郊祀志》，中华书局，1962年，第1246页。

④ （宋）高承撰，（明）李果订，金圆、许沛藻点校：《事物纪原》卷八《城市藩御部》，中华书局，1989年，第447页。

⑤ （汉）宋衷注，（清）秦嘉谟等辑：《世本八种（王谟辑本）·作篇》，中华书局，2008年，第40页。

⑥ 许维遹：《吕氏春秋集释》卷十七《君守》，中华书局，2010年，第443页。

⑦ （宋）李昉等：《太平御览》卷一九二《居处部二十·城上》，中华书局，1960年，第928页。

⑧ 许顺湛：《郑州西山发现黄帝时代古城》，《中原文物》1996年第1期，第4页。

⑨ （汉）班固：《汉书》卷二十四《食货志》，中华书局，1962年，第1117页。

⑩ 金少英集释，李庆善整理：《汉书食货志集释》，中华书局，1986年，第5页。

⑪ （唐）徐坚：《初学记》卷第二十四《居处部·市第十五》，中华书局，2004年，第591页。

⑫ （汉）宋衷注，（清）秦嘉谟等辑：《世本八种（茆泮林辑本）·作篇》，中华书局，2008年，第115页。

也；痎者，痁也，言间日一作也。山东人谓之集，每集则百货俱陈，四远竞凑，大至骡、马、羊、牛、奴婢、妻子，小至斗粟、尺布，必于其日聚焉，谓之赶集。”[①]《盐铁论·本议》曰：“市朝以一其求，致士民，聚万货，农商工师各得所欲，交易而退。”[②]从这里可以进一步判断“祝融城”内是有经济内容的，也就是说中国早期城市内涵中应存在着经济因素。中国古代城市的产生也与经济的起飞发展有着密切关系，不单纯是政治、军事的功能。而张光直先生认为中国初期城市不是经济起飞的产物的说法是不可靠的。

这里有一个值得注意研究的重要问题，郑州西山古城遗址的建筑是采用先进的方块版筑法，系在经过修整的生土基面上分段逐层块夯筑起来的。在城墙建筑过程中，局部地段可能采用中间立柱固定夹板，四面同时逐块夯筑的方法，这些都足以反映当时人们的经济生活是在已初步发展的经济基础上采取比较先进的方法建筑城墙，它集中反映了当时的经济发展水平和建筑技术水平。故有的学者说：“明确采用‘方块夯’技术，是我们从洛阳东周王城的发掘报告中得到启发的，而二者年代相差两三千年。全国发现的数十处略晚于西山的龙山时代的夯筑城垣和夯土台基，还未见有类似的报道。”[③]因此，我们认为采用此方法筑城不应简单地理解为筑城技术的进步，应看成是当时经济发展的结果。1992年首次小面积的发掘，已揭露47万平方米，共清理房基120余座，灰沟20多条，墓葬200余座，瓮棺130多座。出土大量的陶器、石器、骨器等人工制品及兽骨、种子等动植物遗骸，表明当时农业生产与畜牧业生产的发展已达到一定的水平。

学术界在讨论中国城市起源时，普遍认为无论从生产力水平还是遗址的形态来看，黄河中游及其附近的龙山阶段，应当已经出现了最初的城市[④]。有的学者也认为：从考古发现来看与文献记载的时代大体一致，至迟在龙山文化时期，我国的城已产生，根据目前公布的资料，有城子崖、边线王、后岗、王城岗与平粮台五座土城，阿善和老虎山两座石城，共七座城邑[⑤]。根据近年来的考古发掘，在四川成都地区发现六处史前城邑——新津宝墩古城、都江堰芒城、崇州双河古城、崇州紫竹古城、温江鱼凫城、郫县古城，初步证实这些城址多数为早于三星堆古城的史前城址，相当于中原

---

① （明）谢肇淛：《五杂俎》（上）卷三《地部一》，远方出版社，2005年，第80页。

② 王利器校注：《盐铁论校注（定本）》卷一《本议》，中华书局，1992年，第3页。

③ 张玉石：《探索者的足迹——郑州西山仰韶时代城址发掘纪实》（二），《中国文物报》1996年3月31日第4版。

④ 俞伟超：《中国古代都城规划的发展阶段性——为中国考古学会第五次年会而作》，《文物》1985年第2期，第52～60页。

⑤ 马世之：《黄河流域新石器时代的“村”与“城”》，《中原文物》1986年特刊《论仰韶时代——纪念仰韶村遗址发现六十五周年学术讨论会论文集》，中原文物编辑部，1986年，第153页。

地区龙山时代古城址的发现，在长江上游地区尚属首次，对探索这一地区文明起源有重要意义。通过对三星堆一期、绵阳边堆山和汉源狮子山的遗物类比，推测它们的年代应基本相近。三星堆一期，边堆山和狮子山的^{14}C数据分别距今4500—4000年、距今4900—4000年、距今4500—4000年，宝墩遗址年代也应在上述年代范围之内①。在湖北还发现一处阴湘城古城址，这是属于屈家岭文化的古城。近年来在长江中游地区也发现不少屈家岭文化古城，其中著名的除阴湘城古城外，还有石家河古城、马家院古城、走马岭古城、鸡鸣城古城和城头山古城②。这些都为研究屈家岭文化古城的分布及当时社会形态、生活状况等提供了非常重要的实物资料。

从以上黄河流域和长江流域均属于龙山文化时代的古城相较可知，尽管黄河、长江两大流域都存在着数量不同的龙山时代的遗址，但在长江流域却没有发现比龙山时代更早的仰韶文化的古城。今郑州西山古城的发现，距今5300—4800年，算是目前我国最早的初期城市，它的发现为我国初期城市找到了一个切实可靠的资料，为中国初期城市起源于仰韶文化晚期找到了准确答案。仰韶文化应是中国文明的源头。远古文明产生在黄河流域，绝对不是偶然，它是在远古时期原始农业文化——仰韶文化的基础上不断发展起来的③。

有的学者认为直到秦汉乃至更后的中国古代城市，都首先是作为政治中心存在的，这构成了中国古代城市发展的一个显著特色。过分强调城市的商贸职能，是不符合中国古代社会发展的实际情况的④。根据现在考古发掘的材料来看，中国古代城市是具备商贸职能的。中国古代城市的起源，从“祝融作市”算起，可以看出政治、军事中心与商贸经济是不可分离的，最初城市的产生是有其经济内容的，古代城市的商贸活动从其初期开始就存在着。中国早期城市中由于商业的分工而导致与农业生产结合的商业活动是存在的，这时的商业活动虽然规模不大，但从古代文化之间的交流内容来看，当时人们经济生活交流活动是频繁的，这一点绝对不能轻视。所以，在郑州西山古城遗址中发现有大汶口文化和屈家岭文化的因素，这是经济频繁交往的反映。因此，只有存在一定的经济交往，在西山古城中才会有大汶口文化的影响和屈家岭文化的影响。

郑州西山古城址的发现，表明郑州地区很早以前就成为中原地区的商业贸易中心，郑州地区的优越地理环境和区位优势，为古代商贸经济的发展提供了便利的条件，因此才能产生“祝融作市”。“祝融作市”表明郑州成为商贸中心具有很早的历

① 《成都平原发现一批史前城址》，《中国文物报》1996年8月18日第1版。

② 《阴湘城古城址发掘获重大成果》，《中国文物报》1996年11月24日第1版。

③ 陈昌远：《仰韶文化是中国文明的源头》，《先秦史论集》，中州古籍出版社，1989年，第181页。

④ 许宏：《关于城市起源问题的几点思考》，《中国文物报》1997年1月26日第3版。

史渊源，其历史萌芽可追溯至仰韶时代。

在这里还要强调指出的是，中国早期城市或者说原始城市，是区域的政治、经济、文化中心，虽然它的军事功能比一般城堡更重要[①]。它是在环壕聚落、土围聚落、城堡的基础上发展起来的，并且已向前推进了一步。它在政治、经济、文化方面的地位与作用，远非一般城堡能与之相比。它的出现已标志着城乡分离的实现。这种原始城市，不能简单地用城与市的结合来表达。它的基本特征，正如马克思、恩格斯所概括的："城市本身表明了人口、生产工具、资本、享受和需求的集中这个事实。"[②]

中国初期城的出现绝非偶然，它最早出现在黄河流域经济和社会发展水平较高的农业部落地区。这些发达的农业部落及其聚落，当其发展达到一定阶段之后，便成为这个区域的政治、经济、文化中心，因此也就很快转变为早期城市。

五、西山古城址与中国早期商业文明

对西山古城址经济中心与经济内容应如何理解？柴尔德的城市观是把城与市结合在一起考虑的。可是有的学者认为："在特定的历史条件下两者不必一定相关，市是经济功能十分发达的聚落，而城是防御功能特点明显的聚落，它们是按照两条完全不同的路线发展起来的。"[③]有的学者直接说："中国初期的城市，不是经济起飞的产物，而是政治领域中的工具。"[④]这两种说法，均值得进一步探讨。

西山古城遗址属于仰韶文化秦王寨类型，这一类型文化分布的地区，正与历史上祝融部落集团活动的范围相适应。所以有的学者撰文说："大河村类型文化的主人，应当是祝融部落先民。"[⑤]这个意见是正确的。西山古城址应视为"祝融城"。据历史文献，《世本》曰："祝融作市。"宋衷注曰："祝融，颛顼臣，为高辛氏火正。"[⑥]《说文》曰："起也，从人乍声。"段玉裁注曰："《秦风·无衣》传曰：作，起也。《释言》《谷梁传》曰：作，为也。《鲁颂·駉》传曰：作，始也。《周颂·天

---

① 张学海：《环壕聚落，土围聚落，城堡，早期城市》，《中国文物报》1996年4月21日第3版。

② 马克思、恩格斯：《德意志意识形态》，《马克思恩格斯选集》第三卷，人民出版社，2002年，第57页。

③ 曹兵武：《关于郑州西山古城的一点思考》，《中国文物报》1995年11月12日第3版。

④ 张光直：《关于中国初期"城市"这个概念》，《文物》1985年第2期，第63页。

⑤ 王震中：《大河村类型文化与祝融部落》，《中原文物》1986年第2期，第89页。

⑥ （汉）宋衷注，（清）秦嘉谟等辑：《世本八种（茆泮林辑本）·作篇 》，中华书局，2008年，第115页。

作》传曰：作，生也。”[①]孙诒让《周礼正义·地官》《疏》曰“《说文门部》：市，买卖所之也”[②]。《周礼·遗人》：“十里有庐，庐有饮食；三十里有宿，宿有路室，路室有委；五十里有市，市有候馆，候馆有积。”[③]这些说明“祝融作市”在城内是有其经济内容的。《初学记》引谯周《古史考》：“神农作市，高阳氏衰，市官不修，祝融修市。”[④]说明历史上市的出现较早，在神农时代。而到祝融时代，市、买卖场所，内容整治更加完备，并得到发展。所以，今天在郑州发现祝融时代的古城址，其城市内当自有其经济活动的内容。故《汉书·食货志》曰：“日中为市，致天下之民，聚天下之货，交易而退，各得其所，而货通。”[⑤]但孙诒让《周礼正义·地官》《疏》曰：“日中为市，市之最盛时也。云朝市朝时而市，商贾为主，夕市夕时而市，贩夫贩妇为主者，朝谓平旦至食时，夕谓下侧至黄昏也。”[⑥]这些记载都表明市的起源很早，而其内容随历史的发展而不断增添。这些都反映出“祝融修市”的说法应是正确的。我们认为“祝融修市”是可靠的记载。今西山古城址的发现，是表明“城”与“市”结合的原始形态。发掘者张玉石先生叙述说：“西山古城的发掘仍在继续，对它的探索也在继续进行。最近发掘的东北角城门及贯通城门内外的1号道路，道路东西两侧分布颇具特色的建筑遗存，都提出了一系列新的问题。”[⑦]这些内容很值得注意，它表明郑州西山古城址应是一座中国初期原始城市，并不是像曹兵武先生所说：“中国的早期城址并不具有市的功能。”[⑧]应该看到中国早期城市“城”的出现，是其经济发展的结果，并不是单纯的军事城堡。我们知道商品交换在仰韶时期就已存在，所以在仰韶晚期必然出现城市，到龙山时期更以不可遏止的态势发展，出现很多的城。由于生产力的发展，交换的发达，就必然在一定地区内形成共同的原始市场或商品集散地。这就是《汉书·食货志》所说的：“日中为市，致天下之民，聚天下之

---

① （清）段玉裁：《说文解字注·人部》，中华书局，2013年，第378页。

② （清）孙诒让撰，王文锦、陈玉霞点校：《周礼正义》卷十七《地官·叙官》，中华书局，1987年，第661页。

③ （清）孙诒让撰，王文锦、陈玉霞点校：《周礼正义》卷二十五《地官·遗人》，中华书局，1987年，第990页。

④ （唐）徐坚：《初学记》卷第二十四《居处部·市第十五》，中华书局，2004年，第591页。

⑤ （汉）班固：《汉书》卷二十四上《食货志》，中华书局，1962年，第1117页。

⑥ （清）孙诒让撰，王文锦、陈玉霞点校：《周礼正义》卷二十七《地官·司市》，中华书局，1987年，第1060页。

⑦ 张玉石：《探索者的足迹——郑州西山仰韶时代城址发掘纪实》（五），《中国文物报》1996年4月21日第4版。

⑧ 曹兵武：《关于郑州西山古城的一点思考》，《中国文物报》1995年11月12日第3版。

货，交易而退，各得其所。”[①]《管子·揆度篇》曰：“北用禺氏之玉，南贵江汉之珠。”[②]交换的扩大必然与私有财产的日益发展互相促进，相得益彰。掠夺性的战争以及随之而来的征服亦与商品交换的发展并行不悖。可能在各聚落或聚落群中，更可能在不同的聚落群之间产生“市”，同时也就产生“城”，“城”与“市”的结合，就是中国早期城市的基本特征。所以有的学者说：商品交换“无疑是促成从聚落到城市、从聚落形态到国家形态的演变中极为重要的因素，因为它能够冲破史前社会中血缘组织的樊篱，而将人们按照富于地缘色彩的经济性质的关系加以组织，或者按照一定范围在各血缘集团之间逐渐地形成共同的经济生活”[③]。

由于郑州西山古城址位于黄河南岸，同时也在济水之南、邙山余脉处，是古代重要的一个交通要口。也就是说，它与其他部落相互之间的联系十分密切，所以在西山古城遗址内反映出与“周边地区的大汶口文化、屈家岭文化的交流明显增强并受到来自后者的强烈影响”[④]。因此，我们没有理由认为在同时存在的史前部落之间是处于《老子·道德经》中所言“鸡犬之声相闻，民至老死不相往来”的隔绝状态。大量考古事实已经证明，古代氏族部落是相互交流来往的。渭河的网状水系和上下贯通的黄河河谷，为聚落间的频繁接触和文化交流提供了十分便利的条件。关中地区与陇东、豫西地区史前文化常常富于一致性而隶属于同一文化系统之内[⑤]，一定程度上正是由于互相交流所致。前仰韶时期黄河流域的先民便已越过秦岭，开发了陕南山区，并顺江而下，与长江流域的史前聚落发生了联系[⑥]。这也说明原始社会时期，氏族部落之间经济、文化是相互交流的。从这里也可以看出秦王寨类型文化与四周有着密切的经济文化交流，说明郑州西山古城址的出现绝不是偶然的，它是中原地区经济、文化相互交流的必然产物。所以，有的学者认为城邑的出现“在中国至少是六千年前后的仰韶文化时期”[⑦]，这种看法应该说是正确的。

---

① （汉）班固：《汉书》卷二十四上《食货志》，中华书局，1962年，第1117页。

② 黎翔凤撰，梁运华整理：《管子校注》卷二十三《揆度》，中华书局，2004年，第1371页。

③ 周星：《黄河中上游新石器时代的住宅形式与聚落形态》，《中国考古学研究论集——纪念夏鼐先生考古五十周年》，三秦出版社，1987年，第150～151页。

④ 张玉石、杨肇清：《新石器时代考古获重大发现——郑州西山仰韶时代晚期遗址面世》，《中国文物报》1995年9月10日第1版。

⑤ 周星：《黄河中上游新石器时代的住宅形式与聚落形态》，《中国考古学研究论集——纪念夏鼐先生考古五十周年》，三秦出版社，1987年，第139页。

⑥ 商洛地区考古调查组：《丹江上游考古调查简报》，《考古与文物》1981年第3期，第27～32页。

⑦ 于希贤：《对中国城市历史地理两个问题的探讨》，《中国古都研究》（第十辑），天津人民出版社，1997年，第38页。

第二节　郑州仰韶西山古城城址选择及其地理条件

一、引　　言

西山古城址位于郑州市西北郊，它的发现不仅证实了中国古代的城最早可能发生于仰韶文化中晚期这一推断，而且还说明仰韶晚期的城垣建筑已经采用了夯打、版筑和挖槽筑基等多种技术或方法①，这在中国古代城市发展史上具有重要意义。

不仅如此，在距今5300—4800年的仰韶时代，位于中原地区的郑州西北郊一带出现了中国古代最早的夯土城垣，这一考古事实不仅反映了中国史前城址的地域差异和地域特点，同时也进一步阐释了中国史前城址选择与演变过程中的地理背景。因为，中国历史上城的出现，不仅是社会经济发展的结果，更是地理环境孕育的必然产物。仰韶西山古城址诞生在中原郑州地区，首先要具备一个足以满足其兴起和发展要求的固定空间位置，这个空间位置就是城址选择的地理条件。而对于西山古城城址选择原因与地理特点的系统认识及阐释，毫无疑问会反过来进一步深化郑州地区在中国古代文明与中国古代城市发展中历史地位的认识，因而这项探索具有重要的学术意义和学术价值。应该强调说明的是，郑州仰韶西山古城址的选择与这一区域内特殊的地理条件与地理环境相联系，系统研究两者之间的因果关系，是前人和今贤未做尝试的。本文围绕此问题谈谈自己的看法，不当之处，敬希指正。

《郑州西山仰韶时代城址的发掘》（下称《发掘》）对西山遗址的地理位置有记述，该报告说："西山遗址位于郑州市北郊23公里处的古荥镇孙庄村西，北距黄河约4公里。它北依邙山余脉——西山，南面有一条季节性河流——枯河。遗址坐落在枯河北岸二级阶地的南缘，正是豫西丘陵与黄淮平原的交界处。"②《发掘》对于西山遗址周边环境的叙述虽有些简单，但对遗址"处豫西丘陵与黄淮平原交界处"的地貌特征给出了明确的说明。在这里应该进一步指出，仰韶西山古城虽处"豫西丘陵与黄淮平原交界处"，但其准确位置却在交界处西侧豫西丘陵的广武山上，西山古城址所在的郑州西北地区位于华北平原西南部的边缘地带，地势西高东低，具有典型的山区向平原过渡的地形地貌特征。

---

① 钱耀鹏：《关于西山城址的特点和历史地位》，《文物》1999年第7期，第44页。

② 国家文物局考古领队培训班：《郑州西山仰韶时代城址的发掘》，《文物》1999年第7期，第4页。

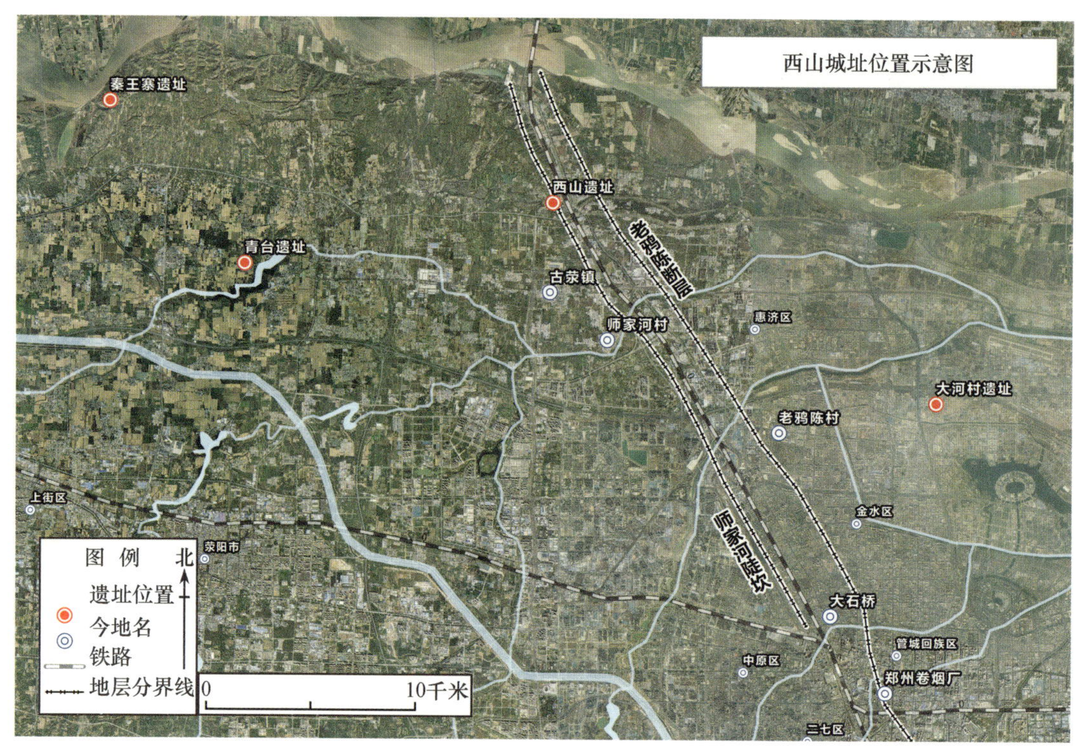

图一　西山城址位置示意图①

正是由于西山古城遗址地处山区向平原的过渡地带，所以其周边的地质构造条件存在较大差异。就在西山遗址东侧不足1公里处，根据卫星影像和航拍资料，在郑州市北部存在着一条明显的第四系地层分界线，这条分界线在京广铁路的西侧表现为地貌陡坎的发育，这条地貌陡坎始于黄河老桥，经郑州市北郊的古荥镇—老鸦陈村，止于大石桥附近，长约22公里，与老鸦陈断层近似平行（图一）。陡坎以西为邙山黄土区，以东则为黄河泛滥平原。由北向南陡坎高差越来越小，渐变为斜坡。在进入郑州市区后，该陡坎已经不很明显。与这条地貌陡坎几近平行的是其东侧不远的老鸦陈断层，老鸦陈断层虽然也是西北—东南向，但是其位置北段在京广铁路附近，南段则在铁路的东侧，并且斜穿市区向东南方向延伸②。具体地讲，老鸦陈断层北起邙山，经老鸦陈村、省体育馆、郑州烟厂一线向新郑方向延伸，全长40多公里，贯穿了郑州市南北全境。该断层倾向东北，倾角60—70度，西盘上升，东盘下降，为一正断层形态，垂直断距在400米以上。郑州市区基本上以该断层为界，东部为一望无垠的黄河泛滥平

① 国家文物局考古领队培训班：《郑州西山仰韶时代城址的发掘》，《文物》1999年第7期，第4页。

② 鲍继飞：《郑州市北部近北西向地貌陡坎的成因分析》，中国地质大学（北京）硕士学位论文，2008年，第7页。

原，西部为丘陵岗地及倾斜平原，地质构造条件有较大差异①。不仅如此，由于自古以来郑州市域内的地质构造受制于此地貌陡坎和与之平行的老鸦陈断层，所以陡坎与断层东、西两侧区域的构造活动自第四纪以来也存在着明显的差异（图二）。自新生代以来整个郑州地区一直处在沉降活动之中，但沉降幅度在空间上分布是不一致的。钻探资料揭示，西部的贾峪钻孔上第三系底板埋深仅70米；向东至郑州热电厂，钻孔显示其底板埋深达670米，再东，在东郊西柳林钻孔资料显示其底板埋深已达1051米，这些地质资料充分说明地貌陡坎与断层东部的沉降幅度远远大于其西部地区②。历史上这条地貌陡坎与老鸦陈断层东、西的沉降差异，还可以在这一区域内商代古墓的埋藏情况找到佐证。郑州市区西南部黄岗寺商代墓埋深仅几十厘米，陇海路五中校内的商墓埋深为1.5—2.0米，而二七路商墓埋深达3米左右，经三路商墓群则达4米。考虑到下葬时人为挖掘的深浅差异，但这样有规律的自东向西愈来愈浅的现象，似乎不能排除地区性下降的原因。

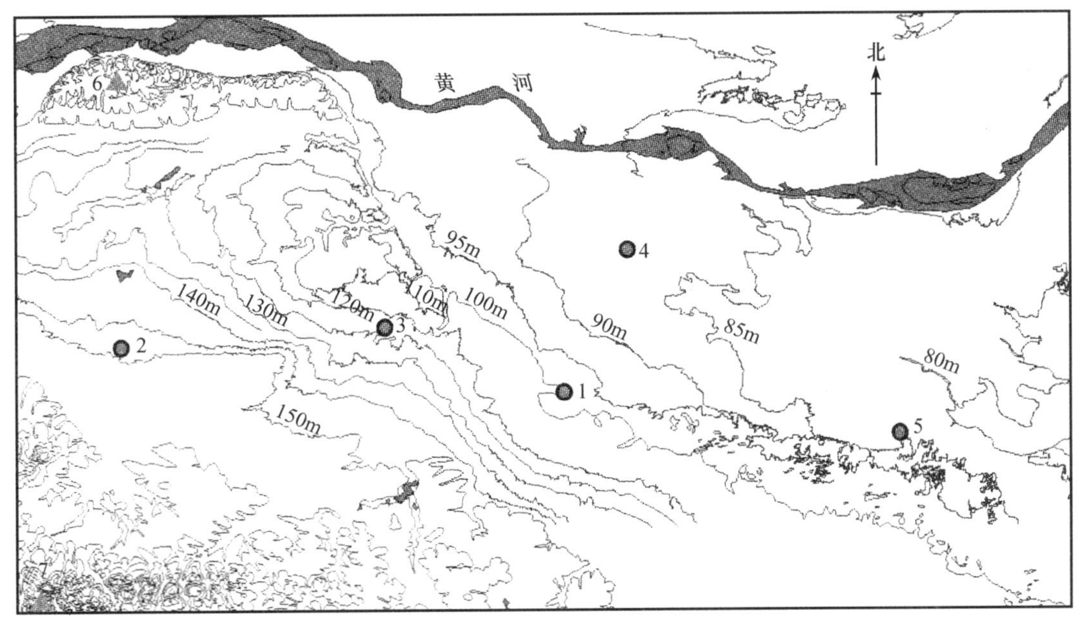

图二　郑州附近地貌等高线图③

① 董晓光、田洪礼：《从环境地质角度议郑州市城建发展布局》，《河南地质》2000年第2期，第153页。

② 董晓光、田洪礼：《从环境地质角度议郑州市城建发展布局》，《河南地质》2000年第2期，第153页。

③ 于革等：《郑州地区湖泊水系沉积与环境演化研究》，科学出版社，2016年，第16页。

郑州仰韶西山古城就选择在地貌陡坎与老鸦陈断层以西的广武山上，这里不仅位于郑州第四系地层分界线的西侧，地势高亢，而且较之第四系地层分界线东侧区域而言，其构造运动的主要趋势是抬升而非沉降，这一环境条件对郑州地区，特别是郑州北部、西部地区古代聚落分布、城址的选择起到了决定性的作用，仰韶以来，这一区域内的人类活动大多分布于这条第四系地层分界线以西就是证明，而西山古城址的选择就是受制于这一独特的地理条件。

二、黄河主泓、泛流与西山古城城址

黄河是影响郑州地区古代聚落与城址选择最重要的水环境因素，就现在黄河与西山城址的位置关系而言，考古报告称“（西山城址）北距黄河仅4公里”，这里所说的黄河是指距西山城址以北约4公里的今广武山官庄峪、桃花峪至花园口一段的黄河河道而言的，需要说明的是，这一段黄河是经清代雍正初年的系列治理后才稳定下来的，现存于武陟县的嘉应观御碑、御坝，都是这个时期治黄的遗迹。经清初的系列治理才奠定了现代黄河濒临郑州市的基本格局，黄河主泓自明天顺朝之前基本行武陟、新乡河线[①]。所以，仰韶时代黄河并不从西山城址以北4公里的今黄河河道行河。由于仰韶西山城址距黄河主泓相当遥远，所以西山城址不会在西北或北面的两个方向受到黄河泛水侵夺的袭扰。

先师筱苏（史念海）先生对黄河与西山城址所在广武山的位置关系的考订也说明了这一点。史先生认为至迟在唐宋以前，黄河距广武山麓还是相当遥远的。再往前追溯，这里黄河之南还曾经有一条济水流过。济水的河道也并非紧濒广武山麓。就是济水和广武山之间也还有一些地方见之于记载。可以想见，在以前广武山的北侧并不像现在这样陡峻。而这样的陡峻乃是历年已久的河流冲刷的结果。山坡愈退缩，河水愈南移，原来的济水故道不仅被黄河夺去，黄河的河道甚至还在济水故道之南[②]。史先生明确指出在济水故道之南还有古敖山，由于对历史上敖山的地理位置和南北范围还没有搞清楚，以致对考古发现的郑州商城和小双桥遗址的性质均产生了错误的认识，这一点必须辨识清楚。

首先，是敖山的北界。关于敖山的北界，《水经注·卷七·济水》讲得极为明确：“济水又东，迳敖山北，《诗》所谓‘薄狩于敖’者也。其山上有城，即殷帝仲丁之所迁也。皇甫谧《帝王世纪》曰：仲丁自亳徙嚣于河上者也，或曰敖矣。秦置仓

① 于革等：《郑州地区湖泊水系沉积与环境演化研究》，科学出版社，2016年，第88页。

② 史念海：《黄土高原历史地理研究》，黄河水利出版社，2001年，第83页。

于其中，故亦曰敖仓城也。”[①]按《水经注》所言，敖山在济水的南面，《诗经》上说的去敖山打猎捕兽，就指此地，敖山上所筑之城，就是殷帝仲丁迁都的地方。现在考古发现的无论是郑州商城还是小双桥商代遗址，均不在古敖山上，故两座遗址均非商代仲丁所迁的隞都，商代仲丁所迁的古隞都早已为黄河所圮毁而崩坍于黄河主泓之中了。史念海先生在探讨广武山北坡的变迁时，还专门谈到了敖山的崩坠和东、西广武城的残破，史先生认为敖山只是三皇山（三皇山就是今天的广武山[②]）的一个支峰，以前位于三皇山和汴水之间。现在受黄河冲刷，已沦到楚王城与桃花峪之间往北的今黄河中。其故地距南岸广武山麓大约在1.5公里到2公里间[③]。由此来看，西山古城址的选择应该就在隞都南侧的古敖山上。

其次，敖山的南界在哪里？《水经注·卷七·济水》说“济水又东，砾石溪水注之。水出荥阳城西南李泽。泽中有水，即古冯池也。《地理志》曰：荥阳县冯池在西南是也。东北流，历敖山南。《春秋》：晋、楚之战，设伏于敖前，谓是也”[④]。这里所说的“历敖山南”且“东北流”的砾石溪水，就是今天西山古城址前面的枯河，枯河的源头在今广武镇西南一带，即《水经注》中的古冯池。由此可见，敖山的南缘就在西山古城南侧的砾石溪水（现在的枯河）沿河一线。郑州西山城址不仅选择在古敖山的南侧，并且仰韶时代自西山城址向北，古敖山的面积相当广阔，而现在西山城址所在的所谓邙岭，仅是古敖山崩坠后残存的南部山岭。据王法星先生测算，如果从魏惠王十年（公元前361年）开挖鸿沟至明代天顺六年（1462年），经历了1823年的山塌水移，陷落泯灭的大伾山诸山体底面总计约100平方公里，它西南从洛口之下，至东北的修武、武德之界；东南从郑州黄河游览区起，亦向东北至黑羊山一带；北宽三四十里；南宽达百里之遥。其山峰高程达200米以上，一般百余米，现在这一带地面高程均不足百米[⑤]。仰韶之际，由于黄河主泓距西山城址还相当遥远，古敖山的南缘又不可能受到黄河侵夺，西山城址也就摆脱了崩坍于黄河主泓的命运而得以保全。

尽管仰韶之际，西山城址距离其北侧的黄河主泓相当遥远，但城址东南二十公里左右曾存有黄河泛水和河湖发育的遗迹则是毫无疑问的。其实，单就西山城址东侧贯穿郑州北部的地貌陡坎而言，其形成就很有可能与黄河泛滥有关，故有学者认为地表断层陡坎虽已成为识别活动断裂的一种地貌标志，但地表陡坎并非都是断层造成的，

---

① （北魏）郦道元原著，陈桥驿、叶光庭、叶扬译注：《水经注全译》，贵州人民出版社，1996年，第249页。

② 《元和郡县图志》：广武山，在（荥阳）县西二十里，一名三皇山。

③ 史念海：《黄土高原历史地理研究》，黄河水利出版社，2001年，第86页。

④ （北魏）郦道元原著，陈桥驿、叶光庭、叶扬译注：《水经注全译》，贵州人民出版社，1996年，第250页。

⑤ 王法星等：《河洛及其右山的历史变迁》，《黄河史志资料》1995年第2期，第57页。

河流侵蚀就是一种常见的外力形式。自然状态下，河流的流路受地形、地貌的控制，同时河道也反作用于其两岸的地形、地貌，因此，紧邻西山城址的郑州北部发育的近北西向的黄土陡坎很可能与黄河或其支流冲刷切割有关[①]，这不仅是对西山城址东侧地貌陡坎形成原因所做的大胆推测，同时也从另一侧面诠释了西山古城址的东南确实存在着黄河泛水和湖泊发育的环境条件。

根据近年来郑州地区水文地质环境研究所取得的多学科成果来看，在西山城址的东侧，自全新世以来存在着一条黄河泛道。这条黄河泛道大致起自岗李—柳林—祭城—白沙北部一线，从郑州市全新世早中期岩相古地理分析（河南省地质局区域地质测量队，1980年）看，该线系黄河冲积扇体南翼的一条主脊，晚近时期，主脊沉积厚度最大可达15米以上，相应泛道沙层透镜体宽度可达4—8公里。从郑州大河村、柳林、杓袁村到郑州森林公园带状分布的中细沙沉积，显示了该泛道史前多次大规模行黄，掠过乃至深入市境[②]。再根据西山城址东南20公里左右大河村剖面中样品的热释放光和AMS^{14}C年代测定资料，我们可以推断这一区域内，12030—9720aBP沉积的灰黄色中细砂系洪水沉积，9720—8980aBP沉积灰黄色粉砂为河漫滩沉积，8980—5430aBP灰黑色黏土沉积为沼泽层，5430—4740aBP黏土质粉砂为河漫滩沉积，4740—3590aBP灰黄色黏土系湖沼沉积（其中缺失龙山中期的河流相沉积层），3590—2890aBP含红色土块的灰褐色粉细砂为文化层堆积（AMS^{14}C和释光测年，中国科学院南京地理与湖泊研究所沉积室测定，2011年、2012年）。大河村南侧森林公园剖面显示，其河流相沉积样品年代在距今11200aBP前后、8740aBP前后，最后一层为4620—4200aBP。而在8500—5500aBP，该地湖沼发育（TL测年，国家地震局地壳所热释光室测定，2011年），说明其间有数个黄河泛流高潮时期，相间泛流细微，甚至为湖沼发育的时期[③]。徐海亮先生还对西山古城址以东黄河泛流的分黄地点做过推测，他认为在桃花峪冲积扇顶点横扫分泻黄河部分泛流的可能性最大。在处于该泛道边的郑州老107国道东侧的森林公园钻孔，分层取样测年，结果证实了这一推测。参阅其他工作位置钻孔测年，数据也支持这一推测。

徐先生绘制的黄河泛道典型剖面图显示，地表下第3层浅黄色细砂，大致是龙山时期的黄泛沉积物，第5层棕黄色粉砂大致是裴李岗时期的黄泛沉积物，第6层深黄色中细砂大致是全新世初期大洪水的泛流沉积[④]（图三）。西山城址的绝对年代为距今

---

① 鲍继飞：《郑州市北部近北西向地貌陡坎的成因分析》，中国地质大学（北京）硕士学位论文，2008年，第35页。

② 于革等：《郑州地区湖泊水系沉积与环境演化研究》，科学出版社，2016年，第86页。

③ 于革等：《郑州地区湖泊水系沉积与环境演化研究》，科学出版社，2016年，第86～87页。

④ 徐海亮：《郑州古代地理环境与文化探析》，科学出版社，2015年，第32页。

5300—4800年间，历时约500年之久[①]。这一时期黄河泛流高潮已过，其间正是泛流细微甚至湖沼发育之际，然就西山城址其东黄河泛流区域的海拔高程而言，西山城址所在的广武山（古敖山）上的海拔为135米，其东南20公里黄河泛流区域的海拔仅有80米，两地虽然比邻较近，但海拔高程却相差55米，黄河泛流虽从西山城址的东南汹涌而过，但绝不致影响西山人的生存环境，更绝难湮没选址于古敖山上的西山古城。而当黄河泛流过后，泛流区内的湖泊发育条件良好，良好的湖泊发育条件又为西山渔猎经济繁荣提供了必要的水环境基础，促进了西山古城的不断繁荣。

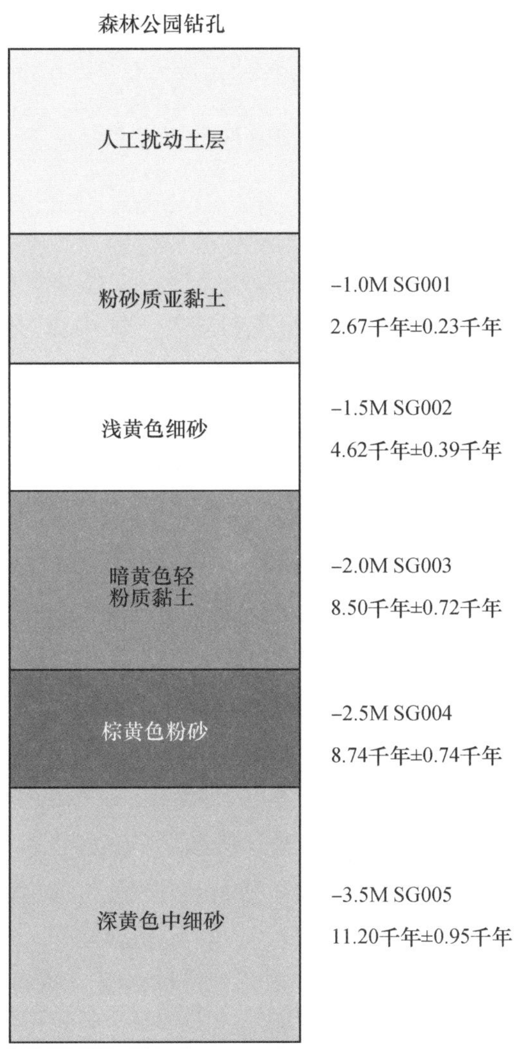

图三　黄河主泛道典型剖面图[②]

① 杨肇清：《略谈河南郑州西山发现仰韶文化古城址及其重要意义》，《史前研究》，1998年，第159页。

② 徐海亮：《郑州古代地理环境与文化探析》，科学出版社，2015年，第32页。

总之，从西山城址与黄河的关系来看，仰韶时代的西山城址北距黄河主泓甚远，此时黄河尚未到达广武山（古敖山）的北侧。城址东南虽有黄河泛道，但由于城址地势高亢，黄河泛水也不能对城址构成威胁，仰韶西山城址从北面、东南两个方向俯视黄河的汹涌波涛而安然无恙。由于西山古城址的选择巧妙地处理了与黄河主泓、泛流三者之间的相互关系，使得西山城址不仅成功地规避了黄河水患，还充分利用了泛流过后良好的湖泊环境，这是西山城址选择的又一个地理特点。

三、砾石溪水、古冯池与西山城址

陈全家先生对西山遗址中出土的动物遗存进行过系统研究，这一成果为复原仰韶西山城址周边水环境状况提供了依据。

西山城址中出土的动物骨骼鉴定种属标本共计5720件，其中软体动物类1118件，鱼类20件，爬行类18件，鸟类2件，哺乳类4563件。上述动物骨骼以哺乳动物数量最多，其次是软体动物，再次是鱼类、爬行类和鸟类。软体动物主要有斧足类和瓣鳃类两种，两种软体动物发现的数量和种类均较多。斧足类在遗迹中大量出现，可能是当时捕捞的主要对象，也是食物来源之一，斧足类软体动物有中国圆田螺和硬环棱螺两种。标本ZXH634：1（图四），壳大而薄，呈圆锥形。有6个相当膨凸的螺环，各螺环均匀增长。体螺环膨凸而宽大，其高度是壳高的5/7，壳口呈卵圆形，上端角状，轴唇不加厚，壳面有细的生长纹[①]。瓣鳃类则有珠蚌、矛蚌、丽蚌、无齿蚌和文蛤五种，其中的丽蚌和无齿蚌上有人类的加工痕迹，珠蚌的种类和数量最多，珠蚌分为杜氏珠蚌和雕饰珠蚌两种，杜氏珠蚌（Unio douglasiae）发现的标本有54件。其中左侧35件，右侧9件，最小个体数为35个。ZXH136：1，壳较小，长椭圆形。壳顶较高，突出于铰缘之上，在壳顶后有清楚的壳顶脊。壳面较凸，表面有细密的生长线。

雕饰珠蚌（Unio sculptus）发现的标本共有35件。其中左侧20件，右侧15件。最小个体数为20个。ZXH1880：2，壳较小，呈长椭圆形。壳顶低，略突出于铰缘，在壳顶后有低钝而弱的后顶脊。壳面凸度小，背、腹缘近平行，壳面有细弱的生长线[②]。

鱼类骨骼主要发现有鲶鱼和青鱼的喉齿、胸鳍和脊椎等。爬行类中华鳖发现背甲11件，肱骨1件，根据背甲的厚度分析，其死亡个体的最大重量达10公斤以上[③]。这些软体动物在西山仰韶遗址中的大量发现，说明由渔猎、家畜饲养和粟类栽培三种经济模式构成了该遗址文化发展的经济基础；而在捕捞业中，主要是容易获得的软体动物

---

① 陈全家：《郑州西山遗址出土动物遗存研究》，《考古学报》2006年第3期，第386页。

② 陈全家：《郑州西山遗址出土动物遗存研究》，《考古学报》2006年第3期，第388页。

③ 陈全家：《郑州西山遗址出土动物遗存研究》，《考古学报》2006年第3期，第390～391页。

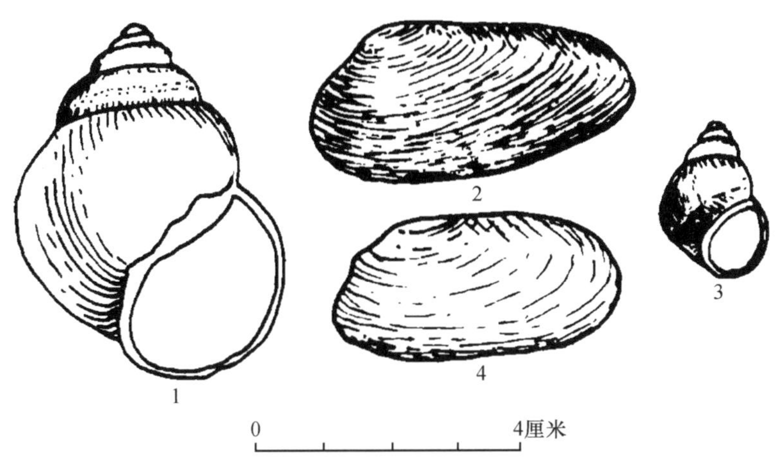

图四　西山城址出土软体动物骨骼图[①]

1. 中国圆田螺（H634：1）　2. 杜氏珠蚌（H136：1）　3. 硬环棱螺（M161：1）　4. 雕饰珠蚌（H1880：2）

类[②]。总之，遗址内出土的丽蚌、珠蚌、矛蚌、无齿蚌、田螺、鲶鱼、草鱼、中华鳖等大量淡水野生动物遗存，反映遗址周围存在着面积较为广阔的水域环境，这一水域环境对郑州仰韶西山城址的生存与繁荣起到了决定性的作用。

西山仰韶城址的南面有一条季节性河流——枯河，而遗址就坐落在枯河北岸二级阶地的南缘。按照《郑州市志》记载，枯河古称旃然河，明嘉靖年间河枯得名。源于荥阳县白杨村旃然池，今主要水源为上街区郑州铝厂排放的废水。东北流经荥阳王村、高村、广武及惠济区古荥，在保和寨北入黄河，河槽宽30米左右，河水正常流量0.2—0.3m^3/s，最大流量曾达970m^3/s（1957年）。天旱则涸，故称枯河。全长40.6公里，流域面积267平方公里[③]。现在的枯河已经干涸，但历史上枯河的水环境状况却是较为优越的，可以说，它是仰韶西山古城的生命水源。

西山遗址内出土的大量淡水野生动物遗存当与此河及其源头所在的大面积浅水湖沼有密切关系。至少在北魏以前，枯河不属于黄河支津，而应是古济水的支津。《水经注・卷七・济水》中载："济水又东，砾石溪水注之。水出荥阳城西南李泽。泽中有水，即古冯池也。《地理志》曰：荥阳县，冯池在西南是也。东北流，历敖山南。《春秋》：晋、楚之战，设伏于敖前，谓是也。迳虢亭北，池水又东北迳荥阳县北断山，东北注于济，世谓之砾石涧，即《经》所谓砾溪矣。"[④]《水经注》中所说的砾

① 陈全家：《郑州西山遗址出土动物遗存研究》，《考古学报》2006年第3期，第389页。

② 陈全家：《郑州西山遗址出土动物遗存研究》，《考古学报》2006年第3期，第417页。

③ 郑州市地方史志编纂委员会编：《郑州市志》，中州古籍出版社，1998年，第305页。

④ （北魏）郦道元原著，陈桥驿、叶光庭、叶扬译注：《水经注全译》，贵州人民出版社，1996年，第250页。

石溪水就是现在的枯河，魏晋时广武山北侧由于受黄河南摆所袭夺，已经被称为“断山”，此时古敖山上的砾石溪水即枯河的水量还相当大，它流经西山遗址及其所处“断山”的南侧后，东北向注入古济水。郦道元在谈到砾石溪水即枯河的源头时还明确说道：“（砾石溪）水出荥阳城西南李泽。泽中有水，即古冯池也。”[①]按照《水经注》中的记载，现在枯河（砾石溪水）的源头就在荥阳城西南的李泽，李泽又称古冯池，迄于北魏时仍水量丰沛，即所谓“泽中有水”。

历史上，西山古城址前流经的枯河，无论是水量还是水系归属，均发生过重大变迁。郦道元的《水经注》把砾石溪水（即今枯河）与古冯池的关系讲得清清楚楚，毫无疑问，至少在北魏以前现在枯河的源头就在荥阳城西南的古冯池一带（图五）。民国《河阴县志》中对于历史上枯河水量的变化也有记载，《河阴县志》“澶然”条下载：“明嘉靖二十三年，河枯。万历二十七年，漫泉忽涌，三泉河流渐复。未及，又枯。今谓其故道曰枯河。前清末年，胡村以下渐有浅流，今则车庄之南，已见泉水，盖几乎绕城矣。”[②]由《河阴县志》的记载来看，明代嘉靖二十三年以前枯河仍然水泉旺盛，但至嘉靖以后则水流时断时续，清朝初年，胡村以下仍有“浅流”，民国初年车庄之南也还有泉水。车庄位于胡村之西的枯河上游，民国初年，枯河上游的来水还可流到车庄，可现在车庄以东的枯河水流早已断绝。仰韶西山遗址西距车庄9.3里，距胡村4.2里，几处村寨沿枯河流域一线作东西分布，而流经西山仰韶城址前的枯河不仅水

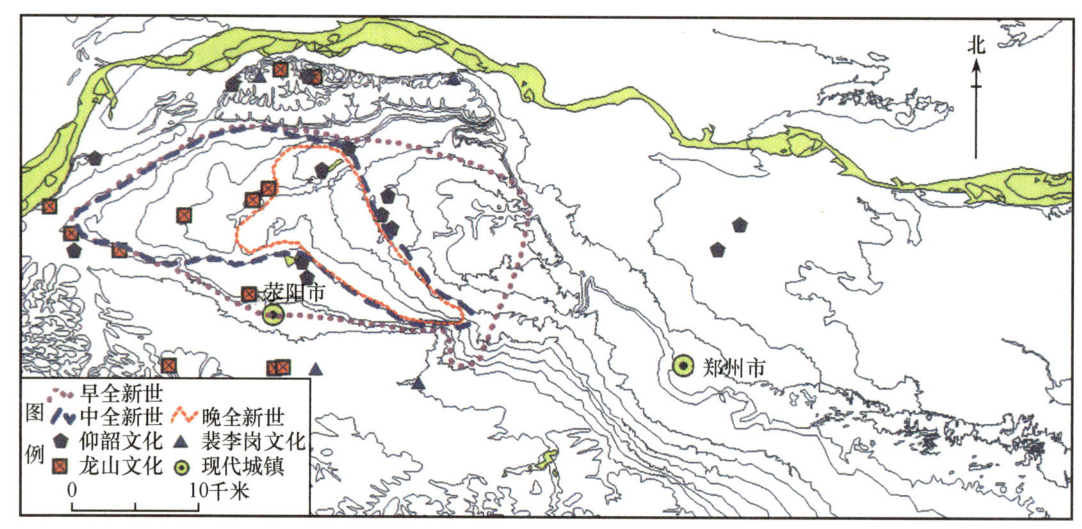

图五　荥阳地区新石器时期文化层分布与古湖关系[③]

---

① （北魏）郦道元原著，陈桥驿、叶光庭、叶扬译注：《水经注全译》，贵州人民出版社，1996年，第250页。

② 高廷璋、蒋藩：《民国河阴县志》，中州古籍出版社，2006年，第50页。

③ 于革等：《郑州地区湖泊水系沉积与环境演化研究》，科学出版社，2016年，第82页。

系归属发生了根本性的改变，由原来的古济水水系，改属现在的黄河水系，而且枯河的流量大大减少，几近干涸。现在枯河的水环境状况难以支撑西山古城的生存与发展。

由现在西山仰韶遗址向西，枯河经姚湾北、胡村北、史家沟、焦家湾、樊河、张河、车庄南折向西南，再经唐岗、青台、竖河南，过连霍高速向南，经真村、郑家阏之间，向西南止于西大村（图六）。枯河的源头现在虽仅止于西大村，但经实地考察和对其周边地区所做的古湖相沉积物测年分析，研究人员发现现在古荥镇以西的荥阳地区存在着两个湖沼中心，这两个湖沼中心源于全新世浅水湖沼的发育，一个以西张村为中心，北边在后丁村、史坊、李岗，南至罗寨、金寨、方勒寨、前袁垌一线，西边到留村，东边止于三官庙。另一个以须水镇为核心，包含后蒋寨、关帝庙、一五三医院，该湖面积稍小①。以西张村为中心的古荥镇西侧面积较大的古湖沼，就是流经西山城址南缘枯河的源头。这一全新世古湖泊的北界在陈铺头一带，沿着130—135米等高线西至薛村、安庄，南及荥阳、蒋寨、张五寨一线，估计分布面积达到390平方千米。全新世中期的湖泊北界和西界变化不大，但南界在荥阳向北退缩了5—7公里，达到大庙一带。东界向西退缩约10公里，达到大师姑以西。估计该时期的湖泊面积218平方千米。全新世晚期的湖泊集中分布在荥阳东部，西部边界在真村—大庙以东，估算湖泊分布约98平方千米②。这处面积较大的湖泊就是后世地理文献中记载的冯池或李泽。西山仰韶古城遗址距该湖泊中心区域约17公里，而与其东部边缘仅有10公里，西山遗址通过砾石溪水（今枯河）与此大湖连通，仰韶时代这一面积广大的浅水湖泊支撑了生活在西山古城中先民的渔猎经济，造就了西山古城及其周边区域的古代文明。由于西山遗址前的枯河以及与其相连通的面积广大的浅水湖泊均由嵩阴北麓出涌地面的地下泉水作为补给水源，因此，仰韶之际在西山城址周边区域应该鲜有大的水患袭扰，而浅水湖沼中生长的大量水生动物又极易捕捞，故渔猎经济便成为西山先民主要生业方式之一。

总之，西山城址西侧面积广大的浅水湖沼为西山先民的生存提供了极大的便利条件。西山城址周边优越的水环境状况成为该城址选择的又一不可或缺的地理条件，这一点对西山城址来说很重要。

① 于革等：《郑州地区湖泊水系沉积与环境演化研究》，科学出版社，2016年，第81页。

② 于革等：《郑州地区湖泊水系沉积与环境演化研究》，科学出版社，2016年，第81页。

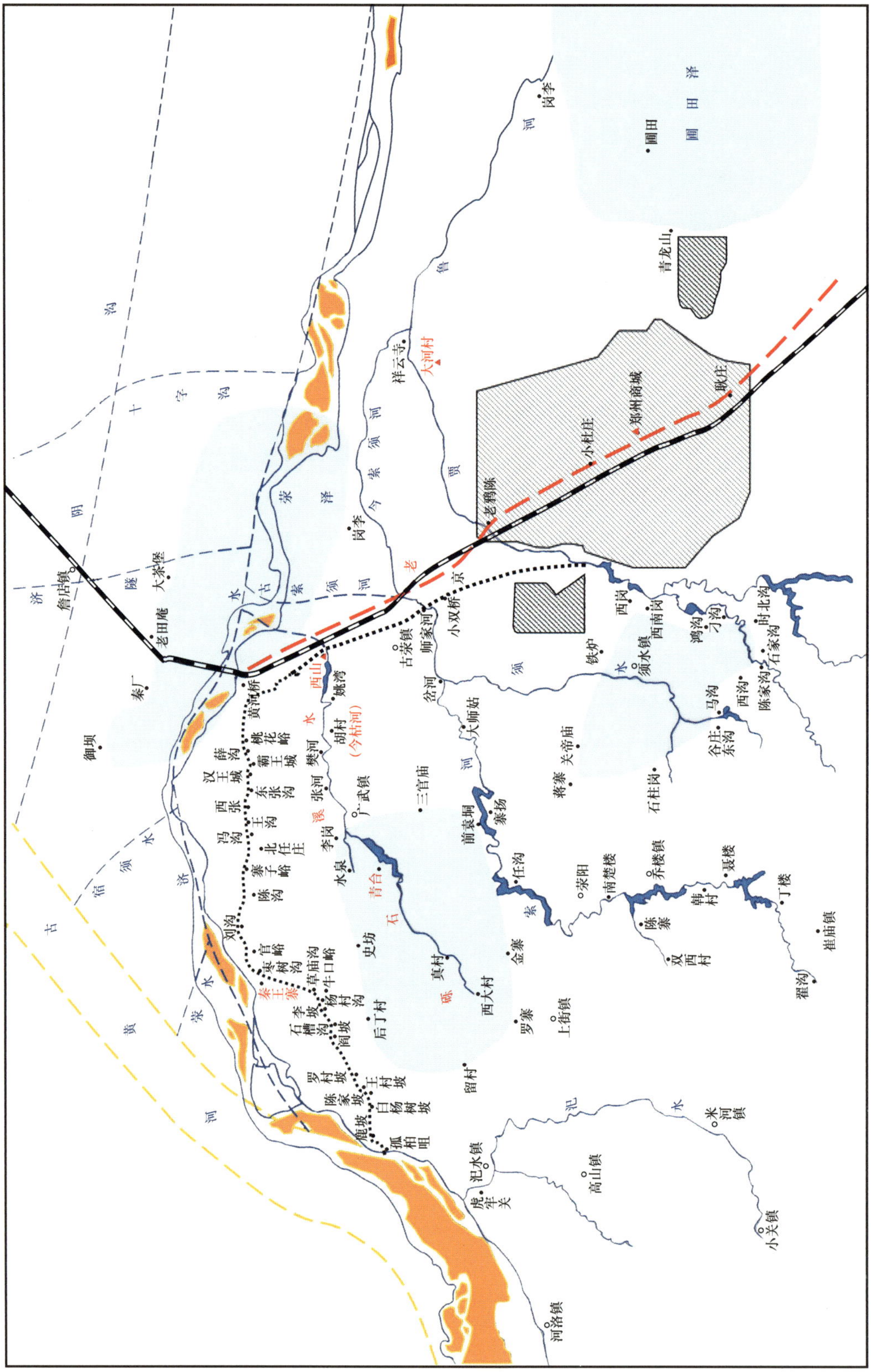

图六 郑州西山古城周边水环境示意图

第三节 地理环境与中国最早城址的选择
——以郑州仰韶西山古城为例

中原地区是中国城市起源最早的地区之一，而位于郑州市北郊的西山古城仰韶文化遗址，则是中原地区范围内考古发现最早的城址，以郑州西山古城为例，来探索中国早期城市的选址与地理环境之间的关系，对研究中国古代早期城市的起源、城址选择等问题具有重要价值。

一、中原地区仰韶时代古城的发现

1984年冬，在郑州西北郊进行考古调查时发现了西山遗址。1993—1996年，国家文物局考古领队连续三年的发掘和探索，发现了迄今我国年代最早的古城遗址——西山古城。经钻探推知，西山遗址的文化堆积以仰韶晚期文化遗存为主，各类遗迹层层相叠，打破关系错综复杂。其城址平面略呈不规则的圆形，西垣残存约60余米，北垣西段自西北角向东北方向延伸，长约60米；中段向东圆缓而折，略向外弧凸，长约120米；东段再折向东南，与西北角形状略同，残长约50米；其余地段仍在勘查之中。城垣现存保存最好的一段约3米，宽5—6米，城墙折角加宽至8米左右，西北角城垣基底宽约11米；城外壕沟宽5—7.5米，深4米。西山遗址面积约10万平方米，实际发掘面积为4700平方米，仰韶文化城堡只占遗址的一小部分，从城的西北角到东北角的宽度约185米。除发现北、西两座城门外，还清理房基120余座，窖穴、灰坑1600余座，灰沟20余条，墓葬200余座，瓮棺130多座，出土大批陶、石、骨器等人工制品及兽骨、种子等动植物遗骸①。西山古城由大型环壕和城墙组成，环壕为人工所挖，城墙用版筑法夯打而成。城内发现附设有“影壁式”防御系统的城门两座及大量建筑基址、墓葬等。西山古城建筑方法、形制结构，显示了巨大的进步和创造力，开启了中国城垣建筑规制的先河。

根据遗物、遗迹判断，西山遗址可分为三期文化遗存。其中，第一期遗存约当后岗一期文化时期；第二期遗存最为丰富，具有庙底沟文化特点，但又具明显的地方特色，即通常所谓庙底沟类型的东方变体；第三期遗存的内涵比较复杂，其主体属于秦王寨类型（即大河村类型）的仰韶文化，并出现了东方大汶口文化和南方屈家岭文

---

① 李坤：《中国大考古》，陕西师范大学出版社，2007年，第38页。

化因素。根据有关的出土遗物分析，西山古城当建于西山遗址二期早段，至三期晚段即已废弃。其绝对年代约距今4800—5300年间。郑州西山仰韶文化城址的面世，是我国史前考古的重大发现。为我们研究仰韶时代豫中地区考古学文化面貌特征、文化性质、聚落形态、社会组织、丧葬习俗、生态环境、与周边文化关系等诸多问题提供了详尽的实物资料①。

郑州西山仰韶文化城址位于郑州市北郊23公里处的邙山余脉，枯河北岸的二级阶地边缘的仰韶文化秦王寨类型聚落群的中部。它东距大河村遗址约17公里，西距青台遗址约12公里，点军台遗址约9公里，秦王寨遗址约17公里，南距后庄王遗址约6公里，陈庄遗址约15公里。还有郑州市区的须水乡白庄，沟赵乡张五寨、杜寨，金水区胜岗，古荥乡石河，以及荥阳市区的汪沟、竖河、池沟寨、陈沟、阎村、张河、杨寨北等诸多遗址相距不远。由此可知，西山城址是这一聚落群中的唯一城址，是这一地区的中心要邑，其地位一定高于诸聚落遗址②。另从宏观的中原地区的新石器文化城址的考古发现来看，除了郑州西山仰韶文化城址以外，中原地区还发现了大量仰韶文化、龙山文化的古城遗址，如郑州西山仰韶古城遗址、淅川龙山岗仰韶晚期城址、安阳后岗遗址、登封王城岗遗址、淮阳平粮台龙山文化城址、郾城郝家台遗址、辉县孟庄龙山文化城址、新密古城寨龙山文化城址、新密新砦遗址、平顶山蒲城店遗址、濮阳高城与戚城龙山文化城址、温县徐堡龙山文化城址、博爱西金城龙山文化城址。这些早期城址的出现不仅为中国城市起源、发展掀开了第一页，而且表明中国文明时代也已到来，因此，仰韶—龙山中原地区古城的出现具有重大学术意义，而且研究这些古城的选址对于我们今天城市发展有极其重要的现实价值。

二、西山古城的选址与地形的关系

从宏观的地势、地貌上来看，中原地区大致可以划分为三个地理单元。西部处于黄土高原的东南缘，中部豫西地区处于第二阶梯向第三阶梯的过渡地带，东部为广阔平坦的华北大平原；而郑州市就横跨中国第二级和第三级地貌台阶，西南部嵩山属第二级地貌台阶前缘，东部黄淮平原为第三级地貌台阶后部，山地与平原之间的低山丘陵地带，构成第二级地貌台阶向第三级地貌台阶过渡地区。就仰韶西山城址的选址特点来看，地势地貌有两个特点：一则是郑州西山古城遗址位于郑州市北郊23公里处惠济区古荥镇孙庄村西，北距黄河约4公里，遗址北依西山，为邙山余脉，山岭在遗址东侧戛然而止，恰似黄河中下游之交的脊轴；南面枯河是发源于荥阳境内的山区的一条

① 马世之：《郑州西山仰韶文化城址浅析》，《中州学刊》1997年第4期，第136～140页。
② 马世之：《郑州西山仰韶文化城址浅析》，《中州学刊》1997年第4期，第139页。

短促的季节性河流。遗址坐落在枯河北岸二级阶地的南缘。二则是，西山遗址正是坐落在延绵不绝的豫西丘陵与东南部的黄淮平原的交界点上。

从西山古城所在地区的地势运动趋势来看，处于不断郑州地区西部的地势与地貌，在晚更新世末期以来，发生了自下降而抬升的重大变化，一万多年来，它是间歇性、持续性上升而变化的。桃花峪以上的黄河河床，则呈现间歇下切，史前黄河在邙岭至洛河口一线众多的沟峪里留下高于现代常水位20米左右的淤积沙层。因此全新世的中晚期，黄河水乃至大洪水已无法再进入这一条形走廊。沿着京广铁路线，有一条太行山前的深断裂，北自北京、石家庄，经邯郸新乡、郑州，抵平顶山，它大致与中国东部地貌的第三级台阶西缘相应，在其东部是不断下沉的华北平原，其西边是不断间歇抬升的第二级台阶黄土丘陵、山地①。从地质的角度来看，我们以西山古城为坐标，对比西山古城以东和以西城市的平均海拔，也可以明显看出不断抬升的西部台地与东部相比其海拔明显偏高。若以京广铁路线为地理坐标，京广线以西是地势较高的台地，京广线以东是地势较低的平原，且京广线东西两地区的地壳活动是完全不一样的，西边基本趋势是抬升，东边的基本趋势是下降。西山古城遗址紧邻京广线，位于京广线西侧，位于抬升地区最东部的边缘，这是西山古城遗址地势、地形上的特点。

再从西山古城周边的地形来看，西山位于邙岭余脉的西山上，邙山位于郑州市西北隅，邙山的地貌主要为黄土台地和黄土丘陵，由于黄河的侧蚀和众多沟谷侵蚀作用，使得黄土丘陵形态显得异常陡峻。邙山，又称北邙，属秦岭崤山余脉中间的一段，横亘在黄河南岸、洛阳城北的黄土丘陵地带，高出黄河、洛河水面约150米。西山南有洛水，地处黄河与洛河交汇处，南北16公里，东西30公里，面积约有500平方公里，地势开阔。在邙山地表以下5—15米的土层，渗水率低、黏结性能良好、土壤坚硬密实。《山海经》等古代文献中所记载的“平逢山”即邙山。位于邙山余脉上的西山古城遗址就符合了相对于周围的地理环境地势较高的要求。

三、西山古城的选址与河流关系的分析

西山古城南临枯河，枯河古称“旃然河”，因明嘉靖年间河枯而得名，又有说其天旱则干涸，故称枯河。枯河源于荥阳市白杨村旃然池（今主要水源为上街区郑州铝厂排放的废水）。旃然河古代源自分水岭西北，承桃花河，后因地形改变，而源自柏庙寨沟、涧沟及济渎池等地，北流复折而向东，均流入汴水，在古代与鸿沟相通，如今流入黄河，即今荥阳市之索河上游。《水经注·阴沟水 汴水 获水》曰：“汳水出阴

① 徐海亮、王朝栋：《史前郑州地区黄河河流地貌与新构造活动关系初探》，《华北水利水电学院学报》2010年第6期，第102～105页。

沟于浚仪县北，阴沟即蒗荡渠也。亦言汳受旃然水，又云丹、沁乱流，于武德绝河，南入荥阳合汳，故汳兼丹水之称，河济水断，汳承旃然而东，自王贲灌大梁，水出县南而不迳其北，夏水洪泛，则是渎津通，故渠即阴沟也。”[①]汳水即汴水，汴水出自阴沟，阴沟出自旃然水，所以汴水也是出自旃然水，而汴水又流入索河。所以《水经注·济水》曰：“济水又东，索水注之。水出京县西南嵩渚山，与东关水同源分流，即古旃然水也。”[②]因此，从枯河的水系构成来看，枯河曾是汴水支流，汴水流入索河。而索河流入济水。济水的地位非常煊赫，流入黄河，河水溢出成为荥泽。后来战国的魏惠王开凿鸿沟运河，将济水、河水、泗水、汝水、淮水等连接起来，在其后秦、汉、魏晋南北朝时期，鸿沟一直是黄淮间的主要交通线路之一。所以，笔者认为，旃然河即今枯河作为鸿沟水系的三级支流，对西山古城具有重要作用是毫无疑问的。

另一方面，综观中原地区的新石器时代城址，大多位于大河支流水系地势较高的地方，这绝非偶然。例如，王城岗城址位于五渡河西岸、后岗城址位于洹河岸边、大师姑城址位于索河二级台地上等，都是位于河流的二阶地上。西山遗址之所以会大都分布在河流的二级阶地之上，是因为阶地一方面会高出河面，一方面会接近河流，这样既可以防御洪水，又方便取水。正如史念海先生所说：“新石器时代的遗址遍于全国各地，大体来说，总是邻近当地的河流湖泊，即今现在在一些遗址近旁已无水源，然由遗址的遗物来看，当地是曾经有过河流的，不过由于自然的变迁，昔日的河流已干枯和绝流。……实际上当时人们居住于河流的旁边，应当和交通问题有关。古代人们不仅注意到要在河流旁边选择住地。而且还特意选择到两河交汇的地方，正是这样的意思。”[③]因此，笔者认为西山古城城址是靠近大河的三级支流而非靠近小河流的，城址处于大河三级支流的上游地势较高的地区，这样既可以防御洪水，又方便取水。

现在的枯河是一条发源于荥阳境内山区的短促的季节性河流，但仰韶时代枯河的水环境状况与现在却大不一样。从枯河曾经的水量来看，枯河并非是一条小河，它曾是汴水支流，而历史上的汴水是一条大水。依据北京师范大学王晓岚教授等人对西山遗址环境考古研究结果，遗址南部的枯河历史上曾有两次北袭侧蚀遗址的过程，第一次在5145—3360aBP之间，侧蚀平均速率为每百年1.1米；第二次在3300—3000aBP间，枯河的北袭彻底破坏了城址的南部。在这里应该说明的是，根据王晓岚教授等人的研究成果，“当地的地貌条件是洪积成因的向东向南倾斜的宽阔平原，虽有枯河穿过，因其具有冲沟性质而无泛滥之苦，又平原的组成物质下部是更新世洪积黄土层，顶部

① （北魏）郦道元著，陈桥驿校注：《水经注校证》卷二十三《汳水》，中华书局，2007年，第555页。

② （北魏）郦道元著，陈桥驿校注：《水经注校证》卷七《济水》，中华书局，2007年，第192页。

③ 史念海：《河山集》（第一集），生活·读书·新知三联书店，1963年，第6～12页。

为全新世黄土层，很适合古代人类居住和进行旱作农业耕作活动”[①]。既然当时枯河并无泛滥之苦，那么枯河第二次北袭应该是在3300—3000aBP间，而非西山城址兴起和繁荣的仰韶时代，这样可能对我们研究古代城址与河流的关系具有普遍意义。对于小河流的理解，史念海先生说：“汾河支流釜水，现在看来不过是宽约二公尺的小河，可是却有六七十公尺的河谷，河谷两旁又是矗立着数十公尺高的河岸，可见它原来是一条大河。”[②]如今枯河东北流经荥阳王村、高村、广武及惠济区古荥，在保合寨北流入黄河，河槽宽30米左右，河水正常流量虽只有0.2—0.3秒立方米，但1957年，最大流量曾达970秒立方米。全长40.6公里，流域面积267平方公里。在这里我们认为“仰韶、龙山时代城址大多位于小河流”这一观点应值得商榷。

四、西山古城是秦王寨类型考古学文化中的区域中心

从历史地理学的角度来界定古代城市起源应具备以下两条标准：第一，遗址的内涵与城市活动的条件是否相符；第二，生产和交换情况是否成为或形成区域中心，而在这两个条件中，以后者最为重要[③]。西山城址很可能是在其地理环境下影响在某个区域内起着中心核心的焦点作用，是某个地域系统的中心，甚至是周边商业贸易的汇聚点。首先，我们来分析一下西山古城遗址周边的仰韶文化遗址，即仰韶文化中原地区的四种重要类型，其空间分布大体分为豫北安阳大司空村后岗一期、豫西陕县庙底沟、豫中秦王寨、豫西南淅川下王岗四种。从仰韶文化中原地区考古学文化差异及其空间特征而言，豫中类型位于中原地区考古学文化的中心地区，而就豫中类型而言，有数个遗址，其中尤以大河村遗址为代表。在这些遗址中郑州西山城址位于仰韶文化秦王寨类型聚落群的中心位置，在它的周边有秦王寨遗址、青台遗址、点军台遗址、后庄王遗址等。西山古城遗址东距大河村遗址约17公里，西距青台遗址约12公里，点军台遗址约9公里，秦王寨遗址约17公里，南距后庄王遗址约6公里，正处在仰韶文化豫中类型的中心。

由于处在豫中类型区域典型的秦王寨文化的中心，诸多文化遗址的分布范围内，都没有发现古城址，而只有在郑州西山发现古城遗址，这表明郑州西山遗址应是秦王寨类型文化、政治、经济、军事的中心地带。根据历史文献记载，郑州及其附近地区在古代还是祝融部落的活动区域。郑州西山古城址的发现，表明郑州地区从很早以前

---

① 王晓岚、何雨、贾铁飞，等：《距今7000年来河南郑州西山遗址古代人类生存环境》，《古地理学报》2004年第2期，第234～240页。

② 史念海：《河山集》第一集，生活·读书·新知三联书店，1963年，第10页。

③ 陈昌远、陈隆文：《郑州西山古城遗址与中国早期商业贸易》，《黄河科技大学学报》2010年第3期，第32～35页。

开始就成为中原地区的商业贸易中心。所以西山古城为中心的周边地区的商业贸易的交换都可以在以西山古城为中心的区域内的中心聚落进行，所以城址的内涵和城市活动的地理条件符合城市出现的规律。

这里有一个问题需要注意，在当时的生产力条件下，要想完成筑城这样巨大的工程是需要巨大的劳动力支持的，那么作为中心聚落自然不可能独自完成这样的任务，这就需要以城址为中心集合周边临近部落的力量来共同完成，那么，中心聚落四通八达的区位优势也促成了这一任务的实现。这样劳动力的动员在某种程度上又加强了中心聚落和周边聚落的组织关系，为中心聚落进行商业贸易活动提供了社会组织背景。西山古城居中的地理位置同时也成为周围及临近氏族集团争夺的主要目标，西山古城优越的地理条件与其兴衰变迁有着密不可分的关系。同时，西山遗址古代人类生存时期的耕作地面，“至少自7200aBP，农耕已相当普遍，也有了旱作农业。正因为有了农耕收获的物质基础，本遗址才有建筑城墙形成一定规模的聚落”[①]。由此我们认为，西山古城遗址在当时无论是从中原地区来看，还是从豫中类型的文化来看，它都已经成为一个作为生产和交换的区域中心，是一个聚落群的中心，具有中心聚落的性质。

五、小　　结

中原地区地理环境优越，先民们发现这里最适合以农耕的生产方式来为自己提供生活保障时，他们就适应并接受了它。中原地区成为中国古代最早产生城市的地区之一，这完全是由于自然环境的条件造成的。由于人类改造自然和利用自然的能力还相当低下，地理环境或者说自然环境在文化形态和文化精神的形成中起着决定性的作用。中原地区优越的地理环境是中原文化生成和发展的基础，西山古城遗址的选址就集中地体现了基本地理原则和早期城址规划的思想。

同时，我们应该看到，地理环境的选择是早期城市选址的主要因素，人们要想在一个相对合适的生态环境下进行城市选址，就必须综合考量这一地区的地理环境。西山古城及早期的中原古城的选址都与地理环境有着密不可分的关系，从地势地貌来看，西山古城位于地势较高的抬升地貌下；从与河流的关系来看，西山古城位于大河三级支流的上游；从考古学文化的区域来看，西山古城位于秦王寨文化的区域中心，也是商业交换的中心。地理环境与选址的这种互动关系影响了中国早期城址的起源。

（陈隆文与张灿硕士合著）

---

① 王晓岚、何雨、贾铁飞，等：《距今7000年来河南郑州西山遗址古代人类生存环境》，《古地理学报》2004年第2期，第234～240页。

第四节 郑州大师姑城址性质与夏商鼎革的再认识

郑州大师姑城的发现，对于夏代城市考古的研究具有重要意义。关于大师姑城的性质，学术界有不同认识。大师姑城应是夏代古观国的始封地，历史上郑州地区称管或管邑实由此而始，大师姑城址的发现对于夏商史的研究，特别是夏商交替、汤始居亳、文献中“三亳阪尹”等夏商史重大问题都有十分重要的学术价值。它为进一步研究夏代社会和中国古代文明起源提供了珍贵资料。

郑州大师姑城是2003年全国十大考古新发现之一，围绕大师姑城址的研究学术界先后形成了韦、顾说，古昆吾城说和商汤韦亳说三种不同的看法和观点。韦、顾说与商汤韦亳说是建立在汤始居亳的“亳都”在郑州商城的基础之上的；而若以古昆吾的地望在郑州大师姑，那么夏史中的“昆吾夏伯”居“昆吾之丘”的记载又无法在郑州一带落实，因此韦、顾说，古昆吾城说和商汤韦亳说三说尽管影响很大，但需要重新思考。如果从夏商关系和夏商交替年代出发，立足“汤始居亳”的亳都在今山西垣曲商城，那么郑州西北大师姑城址的性质及其在夏商之际交替变革中的意义与城址的价值等问题，则有重新认识的必要。

一、郑州大师姑城址非韦、顾说

大师姑二里头文化城址的性质问题，目前存在较大的分歧意见。

王文华先生认为：“韦、顾两地地望与大师姑遗址所在地相近。大师姑夏代城址北距黄河南岸约13公里，隔岸正对沁水入河处，距郑州市区直线距离约22公里。由此可见，大师姑夏代城址有可能为韦或顾之一。”[①]他又说：“韦，邹衡先生考证不能远至濮阳，而应在今郑州市区内……韦、顾两地地望与大师姑遗址所在地相近。”汤伐韦、顾，见于《诗经》。《诗经·商颂·长发》有：“韦、顾既伐，昆吾夏桀。”[②]在这里我们应如何理解“韦、顾既伐，昆吾夏桀”？首先，我们必须要知道，商汤始都亳应在何处？也就是说汤是从何地出发征伐夏桀的，这是我们确定韦、顾地望的前提。如果这个问题弄不清楚，那么对韦、顾的探讨自然是不能正确理解其存在的方

① 王文华：《郑州大师姑二里头文化城址发现的意义》，《中原地区文明化进程学术研讨会文集》，科学出版社，2006年，第331页。

② 李学勤主编：《十三经注疏·毛诗正义》卷二十四《长发》，北京大学出版社，1999年，第1459页。

位。由于邹衡先生认为“汤始居亳”是在郑州商城，因此《诗经·商颂·长发》所说的“韦、顾”自然要在郑州附近寻找。但在这里有一个问题必须解决，那就是夏代是在何处被灭亡的。夏究竟是在今偃师，还是在山西安邑被灭国？如果这个问题不能很好地解决，自然韦、顾的定位就存在大问题了。我们主张商汤灭夏的战争应是在山西安邑境内进行的。如果商汤始居亳在郑州，那么如何进行韦、顾与昆吾地望的考察呢？所以邹衡先生只有把韦、顾确定在郑州附近才能自圆其说。

考诸古史，古代的韦国应在今河南滑县境内。故崔述《考信录·商考信录》卷一《诗经·商颂》考曰：“按此文称‘韦、顾既伐，昆吾夏桀’。则是汤先伐韦、顾，次乃伐昆吾，最后乃伐夏也。盖汤之初国小，其力不能伐昆吾……逮至韦、顾既灭，地广兵强，已无敌于天下，然后乃伐昆吾，昆吾既灭……然后……乃伐夏耳。”[①]韦、顾联称，说明二地比较接近，因此，应将两地联系起来考察，这样才符合历史的实际。

韦即豕韦，夏代彭姓国。《路史·后纪八》曰：“夏之中兴，别封其（彭祖）孙元哲于韦，是为豕韦，迭为夏伯。”[②]豕韦的地域，在今河南省滑县一带。滑县古称白马县，县治在今滑县东18公里的固留镇白马墙。豕韦建都韦城，位于白马墙之东南。皇甫谧《帝王世纪》记载：“白马县南有韦城。”[③]《左传·襄公二十四年》杜预注：“豕韦，国名。东郡白马县东南有韦城。”[④]《水经·河水注》曰：“白马有韦乡、韦城，故津亦有韦津之称。”[⑤]《水经·济水注》云：“濮渠又东迳韦城南，即白马县之韦乡也。”[⑥]《后汉书·郡国志》载曰，东郡“白马（县）有韦乡，杜预曰：‘县东南有韦城，古豕韦氏之国’”[⑦]。隋开皇六年（586年）分白马县南境置韦城县。《元和郡县志》河南道曰：“韦城县，本汉白马县地，殷伯豕韦之国也。”[⑧]宋《太平寰宇

---

① （清）崔述：《考信录·商考信录》卷一，中华书局，1985年，第6页。

② （南宋）罗泌：《四库全书·史部·路史》卷十七，文渊阁四库全书本，上海古籍出版社，1987年，第150页。

③ 徐宗元辑：《帝王世纪辑存》，中华书局，1964年，第67页。

④ 李学勤主编：《十三经注疏·春秋左传正义》卷三十五，北京大学出版社，1999年，第1001页。

⑤ （北魏）郦道元著，陈桥驿校注：《水经注校证·河水注》卷五，中华书局，2007年，第134页。

⑥ （北魏）郦道元著，陈桥驿校注：《水经注校证·济水注》卷八，中华书局，2007年，第204页。

⑦ （南朝宋）范晔撰，（唐）李贤等注：《后汉书·郡国志》卷二十一，中华书局，1965年，第3450～3451页。

⑧ （唐）李吉甫撰，贺次君点校：《元和郡县图志》，《中国古代地理总志丛刊》卷八，中华书局，1983年，第199页。

记》曰："古殷伯豕韦之地也。"[①]《左传》云："二十四年，春，穆叔如晋。范宣子逆之。问焉……宣子曰：'昔匄之祖，自虞以上为陶唐氏，在夏为御龙氏，在商为豕韦氏。'"[②]故《汉书・韦贤传》："其谏诗曰：'肃肃我祖，国自豕韦。'"[③]陈奂《毛诗传疏》卷三十谓："今河南卫辉府滑县东南五十里有废韦城。"[④]《重修滑县志》亦云："韦城废县在滑县东南五十里。"[⑤]沈钦韩《春秋左氏传地名补注》也说："豕韦氏《续志》东郡白马有韦乡。《汇纂》《隋志》置韦城县全废为镇，今在卫辉府滑县东南五十里。"[⑥]黄盛璋先生曾做出调查认为韦城即今滑县的妹村[⑦]。《诗经・长发》中的韦即豕韦，其地在今河南滑县东南五十里，这在古今学术界已趋共识。因此马世之先生说："韦既不在今郑州市区内，因而大师姑城址不是韦城。"[⑧]马世之先生之说正确。

总之，不管今人还是近人，都认为《诗经・商颂》的韦应在河南滑县，不应在郑州。因此，大师姑城址不应是夏方国韦国之城。

大师姑城址是否为顾呢？顾，夏商时的己姓国，地望应在何处，目前有两种不同的看法：一为在河南原阳，一为在河南范县。主张河南原阳说的是王国维先生。王先生最早在《殷虚卜辞中所见地名考》中说："雇字古书作扈。《诗经・小雅・桑扈》、《左传》及《尔雅》之'九扈'，皆借雇为扈。然则《春秋》庄二十三年盟扈之扈，殆本作雇。杜预云：荥阳卷县北有扈亭（今怀庆府原武县）。"[⑨]

陈梦家《殷虚卜辞综述》根据《卜辞通纂》中743庚甲卜辞上雇、劥等地名的记载认为："雇即自雇，与劥、来相近，来即清水注所记修武县之勑丘。自沁阳至雇，是东南向向大河而行。河水注卷五'河水又东北经卷之扈亭北，春秋左传文公七年晋赵盾与诸侯盟于扈，竹书纪年晋出公十二年河水绝于扈，即于是也'。今原武县西北有扈亭故址，当郑县之北。庚甲卜辞粹300和前2.4.8并有'才雇卜'之辞而后者'才雇卜''才河卜'相次，故知雇、河皆滨河。雇为夏代的诸侯，商颂长发'韦顾既伐，

---

① （宋）乐史撰，王文楚点校：《太平寰宇记》卷九，中华书局，2007年，第163页。

② 李学勤主编：《十三经注疏・春秋左传正义》卷三十五，北京大学出版社，1999年，第1001页。

③ （汉）班固：《汉书・列传》卷七十三《韦贤传》，中华书局，1962年，第3101页。

④ 陈奂：《毛诗传疏》，商务印书馆，1933年，第79页。

⑤ 滑县地方志编纂委员会：《重修滑县志》，1986年油印本，第22页。

⑥ 《续修四库全书》编纂委员会编：《续修四库全书・经部・春秋左氏传地名补注》，上海古籍出版社，2002年，第212页。

⑦ 黄盛璋：《〈孙膑兵法・擒庞涓〉篇释地》，《文物》1977年第2期，第72～79页。

⑧ 马世之：《郑州大师姑城址性质试探》，《中原文物》2007年第3期，第27页。

⑨ 王国维：《观堂集林・观堂别集》卷一，中华书局，1959年，第624页。

昆吾、夏桀’，所伐之韦、顾皆在黄河以北的豫北地区，韦在滑县东境，而顾即世本‘有扈氏与夏同姓’之扈。雇至殷降而为伯，武丁卜辞云‘贞乎取雇白’（北京图书馆何遂藏骨）。”[①] 陈梦家先生认为韦、雇应在黄河以北的今豫北地区。李学勤先生《殷代地理简论》也说：

> □□卜在勫贞，□□八月敦□，［王］受祐？不［曹𢦏］？王過曰：“大吉。”［在］□月。萃1296（京5633）［五］
>
> 同时它也是一个田猎地区：
>
> 丁亥卜在勫贞，王步，亡灾？擒？兹御。獲犷五。 续3，30，2［五］
>
> 勫近于河，所以在勫向河行祭：
>
> □□［卜］在勫贞，其……河，叀牛？［在］□月。前2，7，6［五］
>
> 据此，雇和勫都是滨于黄河的地名。[②]

根据卜辞地名排比，李先生认为雇是滨于黄河的地名，其地近于清怀庆府，正好与王说吻合。

由于邹衡先生主张汤始居亳在郑州商城，为了调和文献上的矛盾，故邹衡先生说：“如果顾在今山东范县，则与郑亳相距太远，两地在军事上并无必然的联系。”又说：“范县说最早只见于《元和志》，缺乏更早的记载。因此，我们认为扈顾说是可信的，范县说不可取。”[③]按邹衡先生的说法，顾在范县说是唐人之论出现较晚，故不可信。但应该强调说明的是，顾在齐地之说的始论者应该是晋代的杜预。杜预注《左传》哀公二十一年曰：“秋，八月，公及齐侯、邾子盟于顾。”[④]杜预最早提出“顾，齐地。”顾，如果是在郑州，那么齐侯、邾子就要在郑州会盟了，这基本上是不可能的。因此顾应在今河南山东交界的范县才比较准确。故杨伯峻在《春秋左传注》曰：“据《读史方舆纪要》，顾即《诗·商颂》‘韦，顾既伐’之‘顾国’，在今河南范县旧治东南五十里，齐地。”[⑤]沈钦韩《春秋左氏传地名补注》：“《左传·哀二十一年》公及齐侯、邾子盟于顾。《注》顾，齐地。《一统志》顾城在曹州

---

① 陈梦家：《殷虚卜辞综述》，中华书局，1988年，第305～306页。

② 李学勤：《殷代地理简论》，科学出版社，1959年，第43页。

③ 邹衡：《夏文化分布区域内有关夏人传说的地望考》，《夏商周考古学论文集》，文物出版社，1980年，第248页。

④ 李学勤主编：《十三经注疏·春秋左传正义》卷六十，北京大学出版社，1999年，第1704页。

⑤ 杨伯峻：《春秋左传注》，中华书局，1981年，第1717页。

府范县南三十里，《通志》云，县南五十里。”[①]因此，文献上顾地的地望应在河南山东交界的今河南范县才较为准确。

我们应该强调指出，王国维、陈梦家先生把《左传》中所记的“扈”说是“雇”，可能只是强调两字在字形上相近，其实二字并没有必然的联系。杜预注：“扈，郑地，荥阳卷县西北有扈亭。”[②]其中的“扈”与“雇”在原阳两者并非同一问题，其为两地也无任何纠葛，因此，把“雇”说成是“扈”，又认为其地在郑州市境内，即《诗经·商颂》的“韦顾既伐”的“顾国”似有不妥之处。这样看来，顾国只有在今河南范县境内，而韦在河南滑县境，只有两地均在今河南省东北部地区，韦、顾两地相去才不会太远。而这一看法正与古代文献相符合，所以《元和郡县图志》卷十一《濮州·范县》条曰：“故顾城在县东二十八里，夏之顾国也。”[③]《太平寰宇记》《诗地理考》《毛诗传疏》等皆主张顾在河南范县境内。顾国不在今河南原武县，因而大师姑城址也不应是古顾国城。

二、郑州大师姑城址亦非古昆吾城

2007年马世之先生又提出大师姑城址是古昆吾城。

马世之先生认为，汤灭韦、顾、昆吾之后，接着讨伐夏桀，夏王朝遂被灭亡。从商汤伐夏进军路线来看，大师姑城址很可能就是昆吾城[④]。联系商人灭昆吾的史实，以大师姑城为昆吾城的看法可能有进一步认识的必要。

高士奇《春秋地名考略》曰：“按《国语》，祝融后八姓昆吾为夏伯矣。又曰己姓昆吾、苏、顾、温、董则夏灭之矣。韦注：昆吾祝融之孙，陆终第二子名樊，为己姓，封于昆吾。昆吾，卫，是也。昆吾、苏、顾、温、董五国皆昆吾之后，别封者莒其后。《诗·商颂》：‘韦、顾既伐，昆吾夏桀。’郑笺：‘顾、昆吾皆己姓三国，当于桀恶，汤先伐韦顾，克之昆吾。夏桀则同时诛也。’由此言之，则昆吾灭于商，与《国语》小异也。昭公四年，楚灵王曰：昔我皇祖伯父昆吾，旧许是宅。”[⑤]这里

---

① 《续修四库全书》编纂委员会编：《续修四库全书·经部·春秋左氏传地名补注》，上海古籍出版社，2002年，第239页。

② 李学勤主编：《十三经注疏·春秋左传正义》卷十九，北京大学出版社，1999年，第517页。

③ （唐）李吉甫撰，贺次军点校：《元和郡县图志》，《中国古代地理总志丛刊》卷十一，中华书局，1983年，第297页。

④ 马世之：《郑州大师姑城址性质试探》，《中原文物》2007年第3期，第45页。

⑤ 高士奇：《四库全书·经部·春秋地名考略》卷十四，文渊阁四库全书本，上海古籍出版社，1987年，第679～680页。

有一个问题，昆吾国是灭于夏，还是灭于商？高士奇《春秋地名考略》曰："二十八年，昆吾会诸侯伐商，三十一年，商自而征夏邑，克昆吾。国语谓昆吾灭于夏，而竹书谓灭于商。与商颂韦顾既伐昆吾，昆吾夏桀之说同俟考。"①根据文献来看，昆吾与夏、商均发生过冲突，但最终为商汤所灭。故《尚书·汤誓》正义引皇甫谧云："今安邑见有鸣条陌、昆吾亭，左氏以为昆吾与桀同以乙卯日亡，韦顾亦尔。故《诗》曰：'韦顾既伐，昆吾夏桀'。"②按照皇甫谧之说，昆吾与夏桀都是在乙卯日被商汤灭亡的。昆吾的居地何在？商汤是在何地灭亡昆吾的？"（安邑）县西有鸣条陌，汤伐桀战昆吾亭，《左传》昆吾与桀同日亡。"③安邑应是昆吾的最早居地，而商汤灭夏以后，昆吾余部才开始迁徙，故《竹书纪年》曰："昆吾氏迁于许。"④由此看来，是商汤从亳（山西垣曲县）出兵向西进军安邑、鸣条，灭夏灭昆吾于晋南的⑤。

安邑在今山西夏县，历史上不仅是昆吾的旧居地，而与夏联系密切，昆吾与夏在此地形成了联盟。皇甫谧《帝王世纪》曰："禹自安邑都晋阳，至桀徙都安邑。"⑥《太平寰宇记》卷四十六引为"禹或营安邑，即虞夏之两都也"⑦。郦道元《水经注·卷六》涑水曰："又西南过安邑县西。安邑，禹都也。禹娶涂山氏女，思恋本国，筑台以望之，今城南门台基犹存。"⑧杨守敬《水经注疏》曰："两汉、魏、晋，县并属河东郡；后魏改为北安邑，属河北郡。在今夏县西北十五里……又引夏静《与洛下人书》曰，安邑涂山氏台，俗谓之青台，上有禹祠。"⑨据此安邑当即古安邑，即今夏县，曾为禹都。禹从阳城迁都于此，后来桀也在此定都。《史记·秦本纪》载："十年，卫鞅为大良造，将兵围魏安邑，降之。"集解：地理志曰河东有安邑县。正义引《括地志》云："安邑故城在绛州夏县东北十五里，本夏之都。"⑩《元和郡县图

---

① 高士奇：《四库全书·经部·春秋地名考略》卷十四，文渊阁四库全书本，上海古籍出版社，1987年，第680页。

② 徐宗元辑：《帝王世纪辑存》，中华书局，1964年，第60页。

③ 徐宗元辑：《帝王世纪辑存》，中华书局，1964年，第69页。

④ 方诗铭、王修龄校注：《古本竹书纪年辑证》，上海古籍出版社，2005年，第220页。

⑤ 陈昌远：《商族起源地望发微——兼论山西垣曲商城发现的意义》，《历史研究》1987年第1期，第136～144页。"商族起源于晋南说"见陈昌远、陈隆文：《论先商文化渊源及其殷先公迁徙之历史地理考察》（上、下），《河南大学学报》（社会科学版）2002年第1、2期。

⑥ 徐宗元辑：《帝王世纪辑存》，中华书局，1964年，第52页。

⑦ （宋）乐史撰，王文楚点校：《太平寰宇记》卷四十六，中华书局，2007年，第966页。

⑧ （北魏）郦道元著，陈桥驿校注：《水经注校证》卷六，中华书局，2007年，第169页。

⑨ （北魏）郦道元著，杨守敬、熊会贞疏：《水经注疏》卷六《涑水》，江苏古籍出版社，1989年，第580～581页。

⑩ （汉）司马迁：《史记》卷五《秦本纪》，中华书局，1959年，第203页。

志·卷六》载："安邑故城在县西北十五里，夏禹所都也。"[①]而桀都亦在安邑，最后为商所灭。夏朝末年桀荒淫无道，皇甫谧《帝王世纪》说："桀淫乱，灾异并见，雨日斗射，摄提移处，五星错行，伊洛竭，彗星出，鬼哭于国，汤伐之。"[②]商汤不仅伐无道夏桀，而且作为夏族联盟的昆吾也未能逃脱。商汤与夏桀、昆吾的战役都是在安邑附近进行的。所以文献上讲："桀败于鸣条之野……鸣条亭在安邑西……安邑见有鸣条陌、昆吾亭。"[③]

应该强调说明的是，昆吾族既是夏族联盟中的重要成员，同时也是华夏族中最先开采铜矿并铸铜冶炼的部族。按《墨子·耕柱篇》中"昔者夏后开（启）使蜚廉折金于山川，而陶铸之于昆吾"[④]所说，昆吾族是夏族联盟中最擅长开采冶炼和铸造铜器的部族。昆吾族制造和冶炼铜器的技艺十分高超，至西周时仍享有盛誉，《尸子》中也有"昆吾之金"的记载[⑤]。

关于昆吾族名称的由来。王克林先生认为可能与铸器的坩埚有关。《说文》曰："壶，昆吾圜器也。"[⑥]这是一种原胎的圆底陶器，在晋西南晚期龙山文化中最为常见。由于这种胎厚的陶器能耐高温，当是溶铜的理想器皿[⑦]。昆吾族的居地，文献记载在昆吾之山，此地产铜，故《山海经·中山经》云："中次二经，济山之首……又西二百里，曰昆吾之山，其上多赤铜。"[⑧]袁珂注引郭璞云："此山出名铜，色赤如火，以之作刃，切玉如割泥也；周穆王时西戎献之，《尸子》所谓昆吾之剑也。"[⑨]又《拾遗记》卷十说："昆吾山，其下多赤金，色如火。昔黄帝伐蚩尤，陈兵于此地，掘深百丈，犹未及泉，惟见火光如星。地中多丹，炼石为铜，铜色青而利。"[⑩]因此王克林先生认为昆吾山之名是从昆吾族而来，由于昆吾世代聚居在这个地区，其地便被后人称为"昆吾之丘"了。按文献所记，昆吾不仅居于夏人故地（即所谓夏墟），而且与夏比邻，且均在"己卯"为商汤所灭。王先生据《史记·吴太伯世家》《帝王世

---

① （唐）李吉甫撰，贺次君点校：《元和郡县图志》卷六，《中国古代地理总志丛刊》，中华书局，1963年，第159页。

② 徐宗元辑：《帝王世纪辑存》，中华书局，1964年，第59页。

③ 徐宗元辑：《帝王世纪辑存》，中华书局，1964年，第60页。

④ 吴毓江撰，孙启治点校：《墨子校注》卷十一《耕柱》，中华书局，1993年，第656页。

⑤ （战国）尸佼著，（清）汪继培辑，朱雷海撰：《尸子译注》，上海古籍出版社，2006年，第1页。

⑥ （清）段玉裁注：《说文解字注》，上海古籍出版社，1981年，第370页。

⑦ 王克林：《中国古代文明与龙山文化》，《华夏文明》（第一集），北京大学出版社，1987年，第137～138页。

⑧ 袁珂校注：《山海经校注》，上海古籍出版社，1980年，第122页。

⑨ 袁珂校注：《山海经校注》，上海古籍出版社，1980年，第123页。

⑩ （晋）王嘉撰，齐治平校注：《拾遗记》卷十，中华书局，1981年，第232～233页。

家》《括地志》所载，认为昆吾之居就在山西夏县、平陆一带，这一带为夏人故地，即史籍所载的夏墟。《史记·吴太伯世家》云，周武王“乃封周章弟虞仲于周之北故夏虚”。《集解》徐广曰：“在河东大阳县。”《索隐》：“夏都安邑，虞仲都大阳之虞城，在安邑南，故曰夏虚。”[①]《帝王世纪》：“舜嫔于虞，虞城是也，亦谓吴城。”[②]其所谓夏墟吴城者，鄙见当是由昆吾山递变而来的。据《括地志》卷二：“蒲州，河东县雷首山，一名中条山……亦名吴山。”[③]吴、虞字同，音亦相通。从音韵声读考之，吴城之吴，实为昆吾字之急读。据此，则昆吾故地当即吴山所在，与上记载言“昆吾夏伯”居“昆吾之丘”，其地就在当今晋西南之夏县、平陆一带[④]。

从以上记载看来，昆吾城应在山西晋南安邑即今夏县一带。如果我们把大师姑城定为古昆吾城，那么文献资料中有关夏史与昆吾地望的记载是无法解读的。

三、郑州大师姑城址与商汤韦亳无涉

如何认识《吕氏春秋》所记的韦亳。李锋先生提出商汤灭夏后曾居于亳是学术界的共识，但此亳何在则观点不一，有山东曹县北亳说，蒙城景亳说，商丘南亳说，郑州商城郑亳说以及偃师商城西亳说等，有学者提出汤亳非一的观点还是有说服力的[⑤]。准此，则大师姑早商城址就有可能是商汤灭夏前所居的最后之亳——韦亳[⑥]。

作为郑州韦亳说的主要文献根据大体如下。

第一，是引用《吕氏春秋·具备篇》为据。“汤尝约于郼、薄矣，武王尝穷于毕、郢矣，伊尹尝居于庖厨矣，太公尝隐于钓鱼矣。贤非衰也，智非愚也，皆无其具也。”[⑦]证明商汤在灭夏前曾居于韦亳，当是历史事实，并且汤居韦亳之时与“武王尝穷于毕、郢矣，伊尹尝居于庖厨矣，太公尝隐于钓鱼矣”的情况相同的，即都是处在统一大业尚未完成之时。李教授据此认为大师姑早商城址就应该是商汤在灭夏前后所居的韦亳无疑[⑧]。其实韦亳在郑州之说并非李教授的新见，邹衡先生早在20世纪就有论

---

① （汉）司马迁：《史记》卷五，中华书局，1959年，第1446页。

② 徐宗元辑：《帝王世纪辑存》，中华书局，1964年，第44页。

③ （唐）李泰等著，贺次君辑校：《括地志辑校》，中华书局，1980年，第51页。

④ 王克林：《中国古代文明与龙山文化》，《华夏文明》（第一集），北京大学出版社，1987年，第138页。

⑤ 杜金鹏：《“偃师商城界标说”解析》，《偃师商城遗址研究》，科学出版社，2004年，第381页。

⑥ 李锋：《郑州大师姑城址商汤韦亳之我见》，《考古与文物》2007年第1期，第62页。

⑦ 张双棣等：《吕氏春秋译注》，北京大学出版社，2000年，第627页。

⑧ 李锋：《郑州大师姑城址商汤韦亳之我见》，《考古与文物》2007年第1期。

证。邹先生引《吕氏春秋·具备篇》“汤尝约于郼、薄矣”一句后指出，高注：“薄或作亳”。衡按：郼亳连称，当指一地，犹《水经·穀水注》之称“亳殷”。但此亳非指偃师，乃指郑州商城[①]。

对于《吕氏春秋》所说韦亳应如何理解？首先，我们认为它不是指《诗经·商颂·长发》中“韦顾既伐”的韦，关于此邹衡先生早已说得很清楚，“郼亳连称，当指一地”。因此，我们不能将《吕氏春秋·具备篇》中所说“汤尝约于郼、亳”中的郼、亳作为两个地名分开研究，文献中韦亳并称实是指一地而言的。既然如此，那么究竟如何理解《吕氏春秋·具备篇》中的“汤尝约于郼、亳”？《吕氏春秋·慎大览》曰：“汤立为天子，夏民大说，如得慈亲，朝不易位，农不去畴，商不变肆，亲郼如夏。”[②]高诱注：韦，读如衣。今兖州人谓殷氏皆曰衣。言桀民亲殷如夏氏也。毕沅曰：“《书·武成》：殪戎殷。”[③]《礼记·中庸》作：“壹戎衣，郑玄注曰：齐人言殷声如衣。”[④]因此，从音韵学的角度考察，衣、殷二字声本相近，故可通假。据王辉先生《古文字通假字典》载，衣与殷确有相通的音韵学证据。“衣（微影yi）读为殷（文影yin），双声，微文阴阳对转。天亡簋（又称大丰簋）：天亡又（佑）王，衣祀于王不（丕）显考文王，事喜（饎）上帝……不（丕）貄（肆）王乍赓，不（丕）克气（讫）衣王祀。沈子也簋盖：‘念自先王先公迺（乃）妹克衣，告剌（烈）成工（功）。’衣学者多读为殷。殷墟甲骨文亦有衣祀，《后·下》三四·一：‘砉自上甲衣，亡壱。七月。’《合集》一五二正：‘翌乙未勿衣奈。’衣与殷通，《尚书·康诰》：‘殪戎殷。’《礼记·中庸》：‘壹戎衣而有天下。’郑玄注：‘衣读如殷，声之误也，齐人言殷声如衣。’殷祭乃合祭。《周礼·大宗伯》：‘率五年而再殷祭，一祫一禘是也。’《礼记·曾子问》：‘服除而后殷祭。’孔颖达疏：‘殷，大也……大祭故谓之殷祭。’‘衣王’即殷王，‘讫衣王祀’乃终止殷王之祭祀，亦即终止其统治也。按裘锡圭先生说衣字用法如卒。又姚孝遂《甲骨文字诂林》按语云：‘衣’与‘卒’乃后世所分化，卜辞犹未区分。”[⑤]说明韦亳读作衣亳即殷亳应是符合古代文献的。故殷亳是指汤最初兴起的“汤亳”而言的。《吕氏春秋·慎势篇》中还有一条记载：“汤其无郼，武其无岐，贤虽十全，不能成功。”[⑥]此韦与周武王兴起的

---

① 邹衡：《夏文化分布区域内有关夏人传说的地望考》，《夏商周考古学论文集》，文物出版社，1980年，第249页。

② 张双棣等：《吕氏春秋译注》，北京大学出版社，2000年，第431页。

③ 陈奇猷校释：《吕氏春秋新校释》，上海古籍出版社，2002年，第860页。

④ 李学勤主编：《十三经注疏·礼记正义》卷五十二《中庸》，北京大学出版社，1999年，第1437页。

⑤ 王辉：《古文字通假字典》，中华书局，2008年，第651页。

⑥ 张双棣等：《吕氏春秋译注》，北京大学出版社，2000年，第568页。

岐山并称，张双棣等先生认为："郼：汤为天子前的封国。"[①]这样理解是正确的，所以从大量文献记载来看韦应是商汤灭夏前的居地殷亳，其地望应在何处？当在今山西垣曲县。此"亳"才应是灭夏前的最后一亳。如果大师姑城是韦城，即商汤灭夏所居最后一亳，那么我们又怎么理解《诗经·商颂·长发》"韦、顾既伐，昆吾夏桀"的内容呢？这岂不是自然矛盾吗！怎么能说明商汤灭夏是在伐韦、顾，昆吾的基础上建立的呢？高诱注：韦、岐，汤、武之本国[②]，古代学者已经讲得很清楚了。成汤的韦既然如同周武王的岐山，那么邹衡先生认为"则郼非郑州不可，由此可见郑州本名郼，也就是韦、顾既伐的韦"[③]的观点显然也是说不通的。"韦亳"的韦应是指山西垣曲商城城址而言的，此地应是商汤灭夏前最早的居地，同时也是汤始居亳的所在[④]。

第二，邹衡先生根据《逸周书·殷祝解》"汤放桀而复薄"；《吕氏春秋·慎大览》"伊尹奔夏三年，反报于亳"；《书序》"汤既黜夏命，复归于亳"；《殷本纪》"既丑有夏，复归于亳"；以及《左传》宣公三年"桀有昏德，鼎迁于商"等文献记载，将商汤亳都确定在二里头夏都之东的郑州商城[⑤]。近年，杜金鹏先生又在此基础上进一步指出，郑州商城是灭夏前就有汤亳的观点更具可信性[⑥]。王晖先生则是在研究大量文献的基础上，更明确地提出商汤韦亳在郑州的观点[⑦]。最近李锋教授综合上述诸位先生的看法后认为，商汤灭夏前后所居之亳在郑州一带的观点是可信的，又说如果相信郑州一带存在有商汤灭夏前后所居之亳的话，那么，此亳也应该非大师姑城址莫属[⑧]。尽管商汤韦亳在郑州的观点获得了许多学者的支持，但有一个关键性的问题上述诸多学者都采取了回避的态度，即上述学者都没有从正面解释文献中"汤居亳，与葛为邻"的问题。

"汤居亳，与葛为邻"的记载见于《孟子·滕文公下》："汤居亳，与葛为邻。葛伯放而不祀，汤使人问之曰：'何为不祀？'曰：'无以供牺牲也。'汤使遗之

---

① 张双棣等：《吕氏春秋译注》，北京大学出版社，2000年，第570页。

② 陈奇猷校释：《吕氏春秋新校释》，上海古籍出版社，2002年，第1125页。

③ 邹衡：《夏文化分布区域内有关夏人传说的地望考》，《夏商周考古学论文集》，文物出版社，1980年，第249页。

④ 陈昌远：《商族起源地望发微——兼论山西垣曲商城发现的意义》，《历史研究》1987年第1期，第136～144页。

⑤ 邹衡：《论汤都郑亳及其前后的迁徙》，《夏商周考古学论文集》，文物出版社，1980年，第191～192页。

⑥ 杜金鹏：《"偃师商城界标说"解析》，《偃师商城遗址研究》，科学出版社，2004年，第381～395页。

⑦ 王晖：《汤都偃师新考——兼说"景亳"、"郼亳"（郑亳）及"西亳"之别》，《偃师商城遗址研究》，科学出版社，2004年，第429～437页。

⑧ 李锋：《郑州大师姑城址商汤韦亳之我见》，《考古与文物》2007年第1期，第65页。

牛羊，葛伯食之，又不以祀。汤又使人问之曰：‘何为不祀？’曰：‘无以供粢盛也。’汤使亳众往为之耕，老弱馈食；葛伯率其民，要其有酒食黍稻者夺之，不授者杀之；有童子以黍肉饷。杀而夺之。《书》曰：‘葛伯仇饷。’此之谓也……汤始征，自葛载；十一征而无敌于天下。”[①]焦循在《孟子正义》一书，始终没有把汤居亳与葛为邻的事实解释清楚。其实不仅焦循，包括近代考古大家邹衡先生在内也未能例外。邹衡先生说南亳说和北亳说共同非难西亳说的一个铁证，就是西亳与葛地相距八百里，与孟轲所说的“与葛为邻”不合。今郑州距葛（今河南东部宁陵县）是近多了，但还是有四五百里，若要“使亳众往为之耕”仍然不便[②]。总之，上述诸说的持论者之所以未能很圆满地解释“汤居亳，与葛为邻”的问题，关键是汤始居亳的“亳”的地望应确定在何处。如果把“汤始居亳”的亳确定在山西垣曲县古城镇，那么不仅可以解决“与葛为邻”的问题，而且汤所伐三嵏、韦、顾、昆吾以及夏桀所处的地理位置都可以得到较为完整的解释[③]。因此，我们认为汤灭夏所居的“亳”也就是《吕氏春秋》中所说的韦亳，应当是指山西垣曲商代遗址而言的，其理由有如下四端。

首先，山西垣曲县有亳城。垣曲县有亳城的记载最早见于北宋《太平寰宇记》卷四七河东道八绛州“垣县”条：“古亳城在县西北十五里。《尚书·汤诰》‘王归自克夏，至于亳，诞告万方’，即此也。”[④]

《大明一统志》卷二十平阳府（古迹）“亳城”条从之说：“在垣曲县西北一十五里，相传汤自克夏，归于亳，即此。”[⑤]

《读史方舆纪要》卷四十一绛州垣曲县“邵城”条也说：“亳城在县西北十五里。相传汤克夏归亳，尝驻于此，因名。”[⑥]

乾隆《大清一统志》卷一五五绛州（古迹）“亳城故县”条引《寰宇记》说：“古亳城在垣县西北十五里。”又引《县志》说：“城周百四十步，今谓之下亳里。”[⑦]

---

① 李学勤主编：《十三经注疏·孟子注疏》卷第六上《滕文公章句下》，中华书局，1980年，第168～169页。

② 邹衡：《论汤都郑亳及其前后的迁徙》，《夏商周考古学论文集》，文物出版社，1980年，第200页。

③ 陈昌远：《商族起源地望发微——兼论山西垣曲商城发现的意义》，《历史研究》1987年第1期，第136～144页。

④ （宋）乐史撰，王文楚等点校：《太平寰宇记》卷四七《河东道八》，中华书局，1999年，第995页。

⑤ （明）李贤等：《大明一统志》卷二十《平阳府》，三秦出版社，1990年，第313页。

⑥ （清）顾祖禹撰，贺次君、施和金点校：《读史方舆纪要》卷四一《山西三》，中华书局，2005年，第1921页。

⑦ （清）穆彰阿，潘锡恩等纂修：《大清一统志》卷一五五《绛州》，上海古籍出版社，2008年，第96页。

其次，《孟子》“汤居亳，与葛为邻”[①]的葛地可以落实。

我们在山西垣曲县境内找到了葛城，光绪《垣曲县志》卷一，把“葛寨春耕”列为县八景之一。垣曲县葛城，最早见于《大明一统志》卷二十平阳府（古迹）“葛城”条说：“垣曲县西南五里。汤始征葛即此，俗名葛伯寨。”

《读史方舆纪要》卷四十一绛州垣曲县“邵城”条抄录《大明一统志》说：“葛城在县西南夏里，相传汤始征葛即此。俗名葛伯寨。”[②]

《山西通志》卷六十（古迹）载，绛州垣曲县有“葛城南五里，距亳城十五里。土人名葛伯寨”[③]。

清人俞正燮在《癸巳类稿·汤从先王居义》一文中说：“先王有服，不常厥邑，岂得责汤始终皆绕葛居？又今山西垣曲西北有亳城，即后周亳城县，西南有葛城，即《史记》赵成王十七年与魏惠王遇葛孽者，亳葛岂得必近宁陵。”[④]清人俞正燮之说很有启发。

值得注意，葛伯寨，俗称寨子村，今名寨里村，在古城镇西南2.5公里，当亳清河入黄河处的右岸，东距古城镇商代遗址仅约1.5公里。南距黄河岸约0.5公里，地势较平缓。若以古城镇商代城址为汤所始居之亳都，那么以亳为坐标原点寨里村即葛城就近在咫尺。古代文献上怎么能不说“与葛为邻”呢？“汤始居亳，与葛为邻”的葛只在山西垣曲葛伯寨，商汤才能够由使童子饷耕。因此，孟子所说的其说“汤居亳，与葛为邻”，完全是历史的真实记录，不必怀疑。其他任何地方都不可能落实“亳”与“葛”的空间位置关系。

再次，山西垣曲县为汤始居亳地，其说最早见北宋《集韵》卷十铎韵“亳”字条下注云：“绛州垣县西有景原亳，并西接安邑，盖汤将至桀都，于此誓众，故《春秋传》有‘景亳之命’。杜预不释景，又曰亳今偃师，非是。”[⑤]

《山西通志》卷六十（古迹）绛州垣曲县“亳城”条《韵府》亦曰：“垣曲西有亳原，汤于此誓众。”[⑥]

---

① 李学勤主编：《十三经注疏·孟子注疏》卷第六上《滕文公章句下》，中华书局，1980年，第168页。

② （清）顾祖禹撰，贺次君、施和金点校：《读史方舆纪要》卷四一，中华书局，2005年，第1921页。

③ 《四库全书·史部·地理类·山西通志》卷六十，文渊阁四库全书本，上海古籍出版社，1987年，第137页。

④ （清）俞正燮：《癸巳类稿》，商务印书馆，1957年，第25～26页。

⑤ （宋）丁度等编：《集韵》卷十，上海古籍出版社，1985年，第727页。

⑥ 《四库全书·史部·地理类·山西通志》卷六十，文渊阁四库全书本，上海古籍出版社，1987年，第137页。

亳原，最早见于《隋书·地理志》绛郡“垣”条：“后魏置邵郡及白水县，后周置邵州，改白水为亳城。开皇初郡废。大业初州废，县改为垣县，又省后魏所置清廉县及后周所置蒲原县入焉。”①

蒲、亳二字古音相通，蒲原即亳原县，白水县的设置与亳也有关系，因白古音属铎部，与蒲、亳古音相同，也都属铎部，应是可以相通的，所以白水县的设置也与汤居亳的历史有关系。在垣曲县我们可以找到汤伐夏桀的誓师处——亳原，其他地方却不可能找到这样作为化石的历史地名。

最后，考古工作者在山西垣曲县还发现了一座商代早期的城址，这座商城应该就是“汤始居亳”的亳都。邹衡先生曾将目前全国已发现的5座早商城址都列如下表1所示。

表1　5座早商城址情况

商城名称	城垣周长（约数）	城内面积（约数）
郑州商城	6960米	300万平方米
偃师尸乡沟商城	5900米	190万平方米
夏县东下冯商城	1580米	13.69万平方米
垣曲古城镇商城	1490米	12万平方米
黄陂盘龙商城	1080米	7.54万平方米

邹衡先生认为从上表可以看出，古城镇商城仅大于盘龙城商城。与东下冯商城大体相似。论城垣周长，郑州商城比它大4.6倍，尸乡沟商城大它约4倍。论城内面积，郑州商城比它大25倍，尸乡沟商城大它约16倍。规模大小相差如此悬殊，倘若古城镇商城为汤之亳都，那么与它基本同时的郑州商城和尸乡沟商城又该是商汤的何都呢？这将是难以解答的问题②。

在这里邹衡先生以城址的大小为标准来论断城址的性质，倒也提出了一个令人深思的反证。我们知道汤在灭夏以前，商族的实力并非十分雄厚，文献里有所谓“汤以七十里之亳并夏桀”之说。这反映在城址规模和大小方面，垣曲古城镇商城遗址作为灭夏前的“汤始居亳”的亳自然要大大小于取得全国政权后所建的尸乡沟商城和郑州商城，这是符合事物发展规律的。尤其是早期商亳，其规模大小等文献中有明确的记载。“汤居亳”最早应是“汤居薄”。《荀子·议兵篇》：“古者汤以薄，武王以滈（镐）。”③《管子·轻重甲》曰：“夫汤以七十里之薄，兼桀之天下，其故何

---

① （唐）魏徵等：《隋书·地理志》卷三十，中华书局，1973年，第850页。

② 邹衡：《汤都垣亳说考辨》，《夏商周考古学论文集》续集，科学出版社，1998年，第213页。

③ （清）王先谦撰，沈啸寰点校：《荀子集解》卷十《议兵篇》，中华书局，1988年，第290页。

也？”[①]可见“汤居亳”，最初应为“汤居薄”，亳地应离薄山不远，空间范围较小。《括地志辑校》卷二曰：“蒲州，河东县雷首山，一名中条山，亦名历山……亦名薄山。”[②]所以汤居薄应离薄山不远，据《山西历史地名录》记载，历山，在垣曲县东北九十里，俗称舜王坪，相传舜帝躬耕于此，海拔2321米，为本县最高峰。山上树林茂密，盛产药材。此历山，应即是薄山[③]。因此，“汤始居亳”当在晋南。

成汤以“七十里的亳”而取得天下，可以说是以弱胜强，以小获大。所以，其“始居之亳”是不能与商汤夺取天下之后修筑的偃师亳城和郑州商城相比的。这也就是垣曲商城面积和规模均较小的原因。

原来拥护郑州商城为汤灭夏前始建的李伯谦先生现在也改变了自己的看法，李先生说：“实际上冷静思考一下，便不难理解。《孟子·滕文公下》载‘汤十一征’而灭夏，在戎马倥偬之际，在没有灭掉夏王朝，没有建立自己的稳定的政权的情况下，商汤怎么可能劳师动众，经年累月地建造一个规模达16万平方公里的城池呢？即使不包括在建筑顺序上可能稍晚一些的外廓城，单就内城来说，也是不可能的。”“将考古实际和文献记载结合起来分析，我们只能说郑州商城（内城、外廓城）是汤灭夏复亳之后所建，而不能说是灭夏前始居之都。”[④]李先生所论颇有启发。

关于郑州商城庞大的工作量，考古学家有其测算。如果挖土的劳动力按3000人计算，用铜镢的1000人，用石斧的2000人，那么平均每天可挖原土500立方米。一年之内还必须会遇到雨雪不能进行工作的时候，那么每年按330个工作日计算的话，一年可挖原土方164000立方米。如果一个人挖土供给一个人向墙上面运，运土的劳力也就需要3000人。再从城墙夯打的坚固情况看，如果有3000人运土的话，至少需要有4000劳力进行平整和夯打。这样计算起来，估计当时平均就按用1000劳力经常进行工作，像建造这样大的城墙，就需要约18年的时间才能建成。如果用2000劳力经常进行工作，也需要用九年的时间才能建成。当然商代的统治阶级对奴隶的劳动不一定每天只要求工作10小时左右，或者时间要更长一些[⑤]。不仅如此，邹衡先生也认为：“以全部城墙的长、宽、高计算，郑州商城共有夯土量约87万立方米，即相当于二里头夏文化宗庙基址的40多倍。在当时的劳动条件下，若按起土、运土、夯筑1立方米需15个劳动日计算，修筑全部城墙，总共约需要1300万个劳动日。即使每天有上万个奴隶参加筑城劳

---

① 黎翔凤撰，梁运华整理：《管子校注》卷二十三《轻重甲》，中华书局，2004年，第1401页。

② （唐）李泰等著，贺次君辑校：《括地志辑校》卷二，中华书局，1980年，第51页。

③ 陈昌远：《商族起源地望发微——兼论山西垣曲商城发现的意义》，《历史研究》1987年第1期，第140页。

④ 李伯谦：《对郑州商城的再认识》，《古都郑州》2005年第4期。

⑤ 安金槐：《试论郑州商代城址——隞都》，《安金槐考古文集》，中州古籍出版社，1999年，第149～150页。

动，也需要四五年的时间才能完成。”[①]如果再加上近年来发现的外廓城，恐怕需要近10年的时间才能全部筑成。显然如此巨大的工程量，商汤灭夏前不可能完成这样规模的商城遗址的，所以我们认为郑州地区的商城不可能是商汤灭夏前的最后所居的亳都。郑州商城只能是商汤灭夏后，从山西垣曲亳都迁偃师商城（亳都）而后，为进一步控制东方，在大其亳都的范围又修建了郑州商城，即郑亳。今垣曲商城、偃师商城和郑州商城的发现正符合《尚书》所谓“三亳阪尹”之说，如此看来，我们对商汤灭夏与商都兴替的历史应重新认识。同时《尚书》“三亳阪尹”之说也可以得到落实。而三亳之中的山西垣曲商城应为北亳，偃师商城当为西亳，郑州商城为大其亳的范围，故又可称为南亳，这就是文献上所说的“三亳”。

文献上的“三亳阪尹”之说，见于《尚书·立政》。曾运乾《尚书正读》谓：“三亳者，汤旧都之民服文王者，分为三邑。其长居险，故曰阪尹。”[②]顾颉刚、刘起釪先生《尚书校释译论》说：“三亳是殷代先前的都城所在（按，有北亳、南亳、西亳）‘阪’是险要的地方，为了防止叛乱，在那里都设‘尹’防守。”[③]以三亳为商汤三座旧都之说始于汉代郑玄，三亳之中除偃师西亳没有争议外，其他亳为北亳、谷熟为南亳历史上均存在很大争议。以至于分辨不出历史进程中的原生形态和次生形态。西周武王伐纣灭商后，商的后人微子被封于今商丘（古称宋）。有些学者据此把商丘作为商人的起源地这是不恰当的，今商丘地区没有先商文化与早商文化的遗物发现，因此，把商丘称为“南亳”恐还需斟酌。除了南亳外，还有北亳即景亳。北亳在今山东曹县西北，传说汤曾在此盟会诸侯。北亳、南亳所在的区域也都未曾发现过商代遗址，同时又未见有先商文化的大量分布，因此，将其视为汤灭夏前的都城是存在疑问的。今商丘地区商代遗迹的产生大体都与西周建立后微子封宋有密切关系，微子是殷遗，封到宋即今商丘一带后，不忘其祖先，从而将商史进程中原生形态的历史事件和历史地名搬到殷商后裔的新封之地，以致后人在研究这段历史的时候，混淆了先出和晚出，原生和次生的区别，都误以为其地为亳都所在。在中国历史研究中，有很多原生形态的东西被后起的次生形态所掩盖，而它的真实的原始风貌却被遗忘，这种现象很普遍。历史研究应该还历史的本来面貌。

四、郑州大师姑城址为古观国（管国）说

大师姑城址应是方国遗址。2003年马世之先生曾来函询问大师姑城址的性质，当

① 邹衡：《试论夏文化》，《夏商周考古学论文集》，文物出版社，1980年，第179页。
② 曾运乾：《尚书正读》卷六《立政》，中华书局，1964年，第253页。
③ 顾颉刚、刘起釪：《尚书校释译论》（四），中华书局，2005年，第1679页。

时由于没有很好的思考，率尔应答认为大师姑是太康居斟寻，现在看来很不恰当，有必要进行修正。我们认为大师姑城址应为夏启之子五观的封地。《汉书·古今人表》自注："启子，昆弟五人，号五观。"[①]《国语》韦昭注也说："五观，启子，太康昆弟也。"[②]对于这个问题我们应该从郑州管城的得名谈起。

今郑州的管城，大多数学者都认为是由西周管叔的封地而命名的，那么管叔的封地到底应在何处？程平山、周军在《商周管邑地望考略》一文中明确提出：西周和春秋时期的管邑在郑州西北郊一带，商代晚期的管邑也应该在郑州西北郊一带。郑州战国城是战国管邑，而郑州商城是早商时期的管邑。郑州商城是商汤灭夏以后建立的都城，称管亳，可以简称亳[③]。这段文字说明郑州管城的起源是很早的。文献中有关"管"在郑州地区的记载大体如下。

一、《史记·管蔡世家》云："武王已克殷纣，平天下，封功臣昆弟。于是封叔鲜于管，封叔度于蔡，二人相纣子武庚禄父，治殷遗民。"《集解》引杜预说："管在荥阳京县东北。"[④]以地望求之，在今郑州一带[⑤]。

二、《汉书·地理志》河南郡中牟条下："中牟，圃田泽在西，豫州薮，有莞叔邑。"唐颜师古注曰："莞与管同。"[⑥]《后汉书·郡国志》河南尹中牟条下："有圃田泽……有管城。"[⑦]《水经·渠水注》："径管城西。故管国也，周武王以封管叔矣。"[⑧]唐李泰《括地志》云："郑州管城县外城，古管国城也，周武王弟叔鲜所封。"[⑨]郑州市旧城一带发掘出早商、战国、东汉、唐代、宋代及以后的城址。总之，汉代至唐代文献中记载的管叔邑，都是指郑州商城以及在郑州商城城墙基础上修建的战国城而言的。战国以后东汉、唐代至清代的郑州城，又都是利用郑州商城与战国城靠南部的三分之二的面积，另筑了北城墙[⑩]，因此，管邑就是战国以后至清代的郑州城。

---

① （汉）班固撰，颜师古注：《汉书·古今人表》卷二十，中华书局，1964年，第881页。

② 徐元诰撰，王树民、沈长云点校：《国语集解》，中华书局，2002年，第484页。

③ 程平山、周军：《商周管邑地望考略》，《中原文物》2000年第4期，第21页。

④ （汉）司马迁：《史记·管蔡世家》卷三五，中华书局，1959年，第1564页。

⑤ 程平山、周军：《商周管邑地望考略》，《中原文物》2000年第4期，第21页。

⑥ （汉）班固撰，（唐）颜师古注：《汉书·地理志》卷二十八，中华书局，1962年，第1555～1556页。

⑦ （南朝宋）范晔撰，（唐）李贤等注：《后汉书·郡国志》志第十九《郡国一》，中华书局，1965年，第3389页。

⑧ （北魏）郦道元著，陈桥驿校证：《水经注校证·渠水注》卷二十二，中华书局，2007年，第526页。

⑨ （唐）李泰等著，贺次君辑校：《括地志辑校》，中华书局，1980年，第174页。

⑩ 程平山、周军：《商周管邑地望考略》，《中原文物》2000年第4期，第21～22页。

三、金文中的“闌”即“管”。于省吾先生认为“闌”为管之初文，闌应读为管蔡之管，古无管字，管为后起的借字[①]。徐中舒、杨宽诸位先生也同意于先生之说，徐中舒先生认为辛未是甲子后第八日，闌屡见于殷商的铜器，其地必去殷都朝歌不远。于氏以闌为管叔之管，以声韵及地望言之，其说可信[②]。杨宽先生同意于、徐之说，认为郑州商城当是西周初期管叔受封的管国。西周初期管叔封于管，是沿用商代的旧称，并不是一个新定的国名，并认为郑州商城为商代的都城闌（管）[③]。程平山等先生根据戌嗣子鼎铭文记载，认为闌有宗庙、大（太）室，这与郑州商城情况不符。因此，郑州商城不是商代后期和周初的闌[④]。

程平山先生还根据卜辞管地的记载，如“庚辰卜贞，在官”（《甲骨文合集》1916）；又“戊戌卜，侑伐父戊，用牛于官”（《殷墟文字乙编》5321）；《仪礼·聘礼》“管人布幕于寝门外”，郑玄注“古文管作官”[⑤]等文献材料，认为郑州商城一带不是商后期和西周初年的管城，郑州商城一带不是商后期和西周初年的管城，郑州商城一带也无春秋时期的重要遗迹和遗物，说明春秋时期的管邑也不在此[⑥]。

程平山等先生又进一步提出由于郑州战国城是战国时期的管邑。商代后期、西周和春秋时期的管邑又在郑州市西北郊古荥泽附近。因此，可以判断郑州市及西北郊一带是商周时期的管邑所在，而郑州商城是早商时期的管邑[⑦]。这里有一个问题值得深入探讨，那就是既然管叔是在西周初年被封的，而此时郑州地区已经有了“管”的地名，这就说明管叔受封以前“管”地已经存在，那么殷商以前的“管邑”究竟在何地?

清代学者张调元《京澳纂闻》记：“（郑州西北郊）惟石佛集北石佛寺中有宋庆历八年幢子石刻云：奉宁军管城管乡云云。宋前以此为管乡，其地正在京县城东北，则其为古管国明矣。”[⑧]也就是说，清代学者以今郑州西北郊的石佛寺一带为古管国的所在地。比清代更早的《后汉书·郡国志》对于管国地望的定位与张调元大体一致。

---

① 于省吾：《利簋铭文考释》，《文物》1977年第8期，第12页。

② 徐中舒：《西周利簋铭文笺释》，《四川大学学报》（哲学社会科学版）1980年第2期，第93页。

③ 杨宽：《商代的别都制度》，《复旦学报》（社会科学版）1984年第1期，第85页。

④ 程平山、周军：《商周管邑地望考略》，《中原文物》2000年第4期，第22页。

⑤ 李学勤主编：《十三经注疏·仪礼注疏》卷十九《聘礼第八》，北京大学出版社，1999年，第359页。

⑥ 程平山、周军：《商周管邑地望考略》，《中原文物》2000年第4期，第22页。

⑦ 程平山、周军：《商周管邑地望考略》，《中原文物》2000年第4期，第23页。

⑧ （清）张调元撰，张惠民、陈斌校点：《张调元文集》（上）卷十二之上《郑志上》，中州古籍出版社，2004年，第392页。

《后汉书·郡国志》河南条下杜预曰：管国也，在京县东北，汉书音义曰："故，管叔邑。"[①]1986年，张松林同志又随邹衡先生去郑州西北郊考察，从洼刘遗址西北1公里的堂李遗址内采集到1件战国陶豆，豆柄上戳印文字"官"。根据古文字"官"与"管"通假，尤其是战国戳印地名之故，更可证明管城或古管国应在郑州市西北郊一带[②]。张先生又进一步指出（古管城）很可能位于洼刘东侧或西侧的河岸台地上，只能筑于贾鲁河西岸，即今柿园至五龙口之间。如果此推测不误，那么其四周分布大量西周遗存，则是以管城为中心的村落有关。对于张先生所论管国很可能位于郑州西北郊的观点，我们基本赞同。但我们想进一步说明的是，洼刘遗址对于我们寻找西周管邑地望确有很高价值，关于此，我们早已有专文说明。洼刘遗址中出土的青铜器说明洼刘西周贵族墓与陕西高家堡M4时代相近，应为西周早期武王灭殷后至成王时期的遗存；而墓主也只能定为西周管叔的直系亲属[③]。据此而论，洼刘遗址应成为我们寻找西周管邑地望的坐标。如果我们将洼刘西周贵族墓地定为西周管叔直系亲属之墓的话，那么西周管邑必距洼刘墓地不远。而大师姑城址位于索河右岸，东距西周洼刘墓15里左右，正位于西周以前管地的区划范围之内。

既然西周时期的古封国管国在今郑州市西北郊一带，那么这个位于郑州西北郊的西周管国是否是最早的"管"或"管国"呢?

郑州大师姑城址应该就是西周以前的管国所在地。根据文献来看，大师姑城是夏代启子观的封地，故《汉书·古今人表》自注："启子，昆弟五人，号五观。"[④]《国语》韦昭注也说："五观，启子，太康昆弟也……《传》曰夏有观、扈。"[⑤]所以此城应称之为"观城"。据《史记·楚世家》记载："昆吾氏，夏之时尝为侯伯，桀之时汤灭之。"[⑥]《史记·殷本纪》所说："夏桀为虐政淫荒，而诸侯昆吾氏为乱。"[⑦]商汤灭夏战争开始时"观国"与昆吾、豕、韦等均被商汤所灭。

根据考古发掘材料，大师姑城址的始建年代，各部分不尽相同，根据叠压城垣内

---

① （南朝宋）范晔撰，（唐）李贤等注：《后汉书·郡国志·河南》，中华书局，1965年，第3392页。

② 张松林、姜楠、张文霞：《西周管邑管城与管国》，《郑州文物考古与研究》，科学出版社，2003年，第1498页。

③ 张松林、姜楠、张文霞：《西周管邑管城与管国》，《郑州文物考古与研究》，科学出版社，2003年，第1499页。

④ （汉）班固撰，（唐）颜师古注：《汉书·古今人表第八》卷二十，中华书局，1964年，第881页。

⑤ 徐元诰撰，王树民、沈长云点校：《国语集解》，中华书局，2002年，第484页。

⑥ （汉）司马迁：《史记·楚世家》卷四十，中华书局，1959年，第1690页。

⑦ （汉）司马迁：《史记·殷本纪》卷三，中华书局，1959年，第95页。

外两侧的地层和城垣中出土陶器判断，该城垣最早建于二里头文化二期偏晚阶段，在二里头文化三期早晚阶段之间大规模地续建。城址的废弃年代，大约在二里头文化四期偏晚阶段和二里岗下层之间。

城址内部的二里头文化堆积以二里头文化二、三期和四期偏早阶段遗存为主，已发现有房基、墓葬、灰沟、灰坑和大量遗物。在灰沟内出土有大量陶质排水管残片，说明在该遗址中部应该存在有较大规模的建筑基址。

值得重视的是，在夯城垣和护城壕沟之间，发现了早商时期的大型环壕。早商环壕和护城壕沟平行分布，位于二里头文化护城壕沟的内侧。外侧或打破二里头文化护城壕沟，或利用该壕沟的外侧壕壁，内侧则为新挖成，并打破了叠压城墙外侧的二里头文化层。环壕内二里岗早商文化遗存丰富，初步推断其时代应在二里岗下层一、二期之间，说明早商时期这里仍是一处重要的聚落①。大师姑城址内发现多处二里岗文化取代二里头文化的暴力破坏遗存。从大师姑二里岗文化早期环壕来看，二里岗文化早期环壕“外侧或打破二里头文化护城壕沟，或利用该壕沟的外侧壕壁，内侧则为新挖，并打破了叠压城墙外侧的二里头文化地层”②。这种打破方式说明二里岗时期壕沟取代二里头时期的城壕完全是一种破坏式的更替方式。除此之外，G5及H69内的堆积也是暴力破坏后的遗存。首先，在G5内的堆积中，不仅含有大量草木灰和大量二里头文化晚期陶片、陶水管残片，而且还填埋有大量坍塌的厚达60—65厘米的原始夯土墙体。这些陶水管和原始夯土墙体应该是大型建筑的组成部分。其次，H69内的草拌泥堆积也明显是建筑的废弃遗物。上述遗迹内所堆积的遗存皆为建筑废弃遗物，尤其是原始夯土墙、陶排水管道等大型建筑物废弃堆积的现象表明，当时的城内应该是遭受到了严重的破坏，把地下陶水管道都能够折腾出来，可见其破坏规模之大、程度之深，既不像自然力破坏所致，也不像是自身拆旧建新行为所为，而应该与暴力方式有关③。以上考古发掘说明，很可能在夏代末期古观国曾被商灭亡，而商代建立后，此处仍是一处早商时期的聚落遗存。所以《国语》云：“启有五观，谓之奸子。五观盖其名也，所处之邑，其名曰观。”④观国被商灭后，一部分夏裔向北逃亡，在今濮阳地区又重新建立观国。因此，濮阳一带在战国文献中屡有观地的记载。《史记·六国年表》：“显王元年，齐威十一，伐魏取观。”⑤《史记·魏世家》：“三年，齐败我

① 郑州市文物考古研究所：《郑州大师姑（2002—2003）》，科学出版社，2004年，第275、337页。

② 郑州市文物考古研究所：《郑州大师姑（2002—2003）》，科学出版社，2004年，第275页。

③ 李锋：《郑州大师姑城址研究》，郑州大学博士学位论文，2010年，第34页。

④ 徐元浩撰，王树民、沈长云点校：《国语集解》，中华书局，2002年，第484页。

⑤ （汉）司马迁：《史记·六国年表》卷十五，中华书局，1959年，第718页。

观。”《索隐》曰：“败魏于浊津而围惠王，惠王请献观以和解。”[①]《史记·平准书》《集解》徐广曰：“观，县名也。属东郡。光武改曰卫，公国。”[②]《史记·魏世家》《集解》徐广曰：“年表曰伐魏取观。今之卫县也。”《正义》：“魏州观城县，古之观国。”[③]由此看来，《史记》中所载战国魏州观地是与郑州早商之观城有着十分密切的关系。除了魏州之观外，夏代管国在历史上的影响，并未因被商灭亡而中断。历史上，郑州地区有许多以管邑、官、管国、莞命名的地名，很多学者都以其与西周初年管叔受封于此地而得名，其实并非如此。古观国的观字古音在元部见纽，管、莞、官也同属元部见纽，因此，观、管、莞、官可以相通假，古观国也就是后来的管国、管邑的源头。郑州地区有管的地名，实应追溯于夏商之际的古观国。今郑州西北大师姑夏商城址的发现证明了这一点。

总之，郑州地区有管的地名，不应起源于西周管叔受封之际，早在夏商时期郑州西北地区就有观国了，大师姑城址的发现对于探讨夏商关系、夏商交替年代等一系列夏商周考古研究中的重大问题具有十分重要的学术价值。对于大师姑城址性质的初步认识应当符合夏商之际交替变革的历史背景。

五、从郑州大师姑城址看夏商鼎革

袁广阔先生认为，大师姑城址是为阻止商人的西进而建立的[④]。李伯谦先生也认为这可能与夏代晚期夏民族要对付从开封往郑州并将继续西进的商族的侵入有关，他说：“这座城东南距郑州市区约40华里，位置非常重要，为什么重要……从它发掘出来的东西判断，它应该是夏王朝建立在东方的一个重要的具有军事意义的城址，它的年代和二里头文化偏晚阶段相当，显然是为了防止东方来的敌人对它侵略骚扰而建立的一个城。”[⑤]

江林昌先生在以上诸说的基础上，进一步认为二里头是都城，而大师姑则是二里头都城的军事防卫重镇。有意思的是，当商灭夏建国后，商民族建立都城在“郑州商城”，又在其西向的偃师建立了一个军事重镇“偃师商城”，偃师商城显然是商人为了防止其西方二里头夏人的复仇再起而建立的。江林昌先生又认为由夏族的二里头都城及其东方军事重镇大师姑城，与商族的郑州商城都城及其西方军事重镇偃师商城有

① （汉）司马迁：《史记·魏世家》卷四十四，中华书局，1959年，第1844页。

② （汉）司马迁：《史记·平准书》卷三十，中华书局，1959年，第1425页。

③ （汉）司马迁：《史记·魏世家》卷四十四，中华书局，1959年，第1844页。

④ 袁广阔：《郑州大师姑二里头城址发现的意义》，《中国文物报》2005年3月25日第7版。

⑤ 李伯谦：《夏文化探索与中国古代文明形成》，《古代文明研究通讯》2008年第37期。

对应关系，我们仿佛可以看到当时两族紧张激烈的军事较量情景，一幅生动的历史画卷正展现在我们面前[①]。

这里应强调说明的是，如果将商汤灭夏前所居的都城确定在郑州商城，那么有一个问题是无法回避的，即郑州商城与偃师商城孰早孰晚的问题。就始建年代而言，郑州商城始建年代根本不可能早于偃师商城的始建年代。从近年的碳十四测定的结果看，这一结论已被考古学所证实[②]。更何况规模宏大的郑州商城根本就不可能建于商汤灭夏之前。基于此，则郑州商城很难与商汤灭夏前后所居之亳有任何关系。“汤始居亳”只能在垣曲商城，商族以晋南为基地，不断向东发展，始有偃师商城，也就是汤都西亳。随着商人势力的不断扩张，汤大其亳邑范围以控驭东方边地，故又有郑州商城，也就是所谓的“三亳阪尹”。因此我们似乎不能将偃师商城视为一座军事重镇。

郑州大师姑城址的发现，不仅证实了夏末古观（管）国作为夏代方国都城的存在，而且也说明大师姑城既非为防止商人西进而建，也非二里头夏都的外围军事防御重镇，它的发现从侧面再次证实了西亳为偃师商城的合理性，而郑州商城是晚于偃师商城的。所以郑州商城不应是汤始居亳的亳都，只能是大其西亳的亳都范围。我们认为商汤灭夏后，商族势力是向东发展，而不是西进，而有的先生所说大师姑城址是为阻止商人的西进而建立的说法值得进一步推敲。“汤革夏命”随着商族势力的不断扩大，商人自西向东逐步扩张。《楚辞·天问》明确指出：“成汤东巡，有莘爰极。”[③]这时汤始居亳的亳地应在今山西垣曲，而不应在商丘南谷熟镇，孙作云《天问研究》认为：“汤国都仍在亳（商丘南谷熟镇），伐莘，应该说是北伐。大概因为屈原只知道汤居西亳，而莘国在东方，故曰东巡。”[④]孙先生此说有误，按照今天的考古材料来看，如果把“汤始居亳”的亳都定在山西垣曲县，那么商人灭夏后迁西亳——偃师商城，所以才称为汤东巡。这样看来，屈原之说并未有误。

因此，大师姑城为军事重镇说应加以斟酌，其应为夏代方国都城无疑。

---

① 江林昌：《文献所见夏民族的活动范围与考古学上对夏文化的探索》，《烟台大学学报（哲学社会科学版）》2009年第3期，第96页。

② 张雪莲、仇士华、蔡莲珍：《郑州商城和偃师商城的碳十四年代分析》，《中原文物》2005年第1期，第34～41页。

③ 孙作云：《天问研究》，河南大学出版社，2008年，第273页。

④ 孙作云：《天问研究》，河南大学出版社，2008年，第274页。

第五节 商周管邑地望研究

程平山、周军二位先生在《中原文物》2000年第4期上刊发的《商周管邑地望考略》一文认为："据《汉书·地理志》、《括地志》等文献记载，周初管叔之封国在郑州旧城（即汉唐至民国时期的城址）一带。自汉唐以来，学者多信此说。"[①]"今郑州商城内，并无西周遗存的发现，说明郑州商城一带不是商后期和西周初年的管城。郑州商城一带也无春秋时期的重要遗迹和遗物，说明春秋时期的管邑也不在此。"[②]那么管邑应在何处？程、周二位先生又根据《左传》宣公十二年晋、楚邲之战，楚"次于管以待之"，"晋师在敖、鄗之间"，认为"根据《左传》记述，晋师与楚师相距不远，说明敖、管地域相邻，管地也应在古荥泽之旁。郑州西北郊一带正位于古荥泽之东部和南部，与古荥泽相邻"[③]，"根据《左传》的记载，春秋时期的管正位于郑州西北郊一带。郑州西北郊一带既发现有丰富的商代、西周、东周遗存，春秋时期的管又在此，因此，从地理沿革的角度讲，商代后期与西周时期的管也可能在此"[④]。总之，二位先生根据《左传》晋、楚邲之战，荥泽位于敖、管之间，管西与荥泽相接，距离荥泽不远推断认为管邑也应在郑州西北郊一带，此说笔者认为不妥，有可商榷之处。

一、敖山非敖都

首先程、周二位先生对《左传》宣公十二年"晋师在敖、鄗之间"[⑤]与荥泽地理位置没有搞清楚。杜预《春秋左传集解》宣公下第十一载："荥泽，在荥阳县东。"[⑥]《尚书·禹贡》："荆河惟豫州……荥波既猪。"孔颖达疏："郑（玄）云：今塞为平地，荥阳民犹谓其处为荥泽，在其县东，言在荥阳县以东也。"[⑦]由于汉荥阳县城遗

---

① 程平山、周军：《商周管邑地望考略》，《中原文物》2000年第4期，第21页。

② 程平山、周军：《商周管邑地望考略》，《中原文物》2000年第4期，第22页。

③ 程平山、周军：《商周管邑地望考略》，《中原文物》2000年第4期，第23页。

④ 程平山、周军：《商周管邑地望考略》，《中原文物》2000年第4期，第23页。

⑤ 李学勤主编：《十三经注疏·春秋左传正义》卷二十三《宣公十二年》，北京大学出版社，1999年，第643页。

⑥ （晋）杜预注：《春秋左传集解》第十一《宣公下》，上海人民出版社，1977年，第599页。

⑦ 李学勤主编：《十三经注疏·尚书正义》卷第六《禹贡》，北京大学出版社，1999年，第151～152页。

址在今郑州市西北郊的古荥阳乡一带，所以在这里应该指出，古荥泽在荥阳县东的说法是正确的。因古荥阳县就在今郑州市古荥镇，汉代荥阳县的城址至今仍然还有遗迹可寻[①]。

但如果说古荥泽在今郑州市西北郊的古荥镇一带，没有准确的地理位置可寻，这显然不正确。因纪信墓就在东距汉荥阳故城约300米处[②]，冶铁遗址就位于故城的西南，汉代的荥阳县城就在今古荥镇[③]。程、周二位先生又说："荥泽在其东则应在今石佛乡以北地区。"[④]这是可以的，但不能说"位于古荥阳西南并与古荥泽相邻的小双桥遗址，为商代中期的都城隞，证明隞在古荥阳西邻"[⑤]，这样叙述完全把古荥泽、小双桥遗址、隞都等地名位置搞错了。郑州小双桥遗址怎么能说是位于古荥阳西南呢？只能说在古荥阳东南部。有的学者认为郑州小双桥遗址是商代中期的隞都，这个问题我们暂不去追究是否正确，问题是《左传》记"晋师在敖、鄗之间"的这个敖地，并不是指商代中期的隞都，而是指敖山。如果晋师渡过黄河，已到小双桥地区，晋楚邲之战是无法进行的。敖山、鄗山本是指黄河边上的两座小山，现已被黄河冲刷，不复存在[⑥]。关于这个问题陈昌远先生在《谈敖山与隞都地望》曾有详细论述，在此不必赘述[⑦]。根据《史记·高祖本纪》曰："三年……汉王军荥阳南，筑甬道属之河，以取敖仓。"孟康云："敖，地名，在荥阳西北，山上临河有大仓。"[⑧]《括地志》曰："敖仓在郑州荥阳县西十五里，石门之东，北临汴水，南带三皇山，秦时置仓于敖山，故名敖仓云。"[⑨]《元和郡县志》也指出："广武山，在县西二十里，一名三皇山。"又说："敖山，县西十五里。春秋时晋师救郑在敖、鄗之间。敖、鄗二山名。"[⑩]王应麟《诗地理考》卷三也曰："《郡县志》敖山在郑州荥泽县西十五里，春秋时晋师在敖

---

① 尚世英主编：《中华人民共和国地名词典·河南省》，商务印书馆，1993年，第801页。

② 河南省文化厅文物杂志编辑室编：《河南省文物志选稿（第四辑）》（内部资料），河南省文化厅印刷厂，1983年，第70页。

③ 尚世英主编：《中华人民共和国地名词典·河南省》，商务印书馆，1993年，第25页；郑州市地方史志编纂委员会：《郑州市志》（第7分册），中州古籍出版社，1998年，第119页。

④ 程平山、周军：《商周管邑地望考略》，《中原文物》2000年第4期，第23页。

⑤ 程平山、周军：《商周管邑地望考略》，《中原文物》2000年第4期，第23页。

⑥ 史念海：《历史时期黄河在中游的侧蚀》，《河山集·二集》，生活·读书·新知三联书店，1981年，第146～149页。

⑦ 陈昌远：《谈敖山与隞都地望》，《中原文物》1997年第4期，第72～78页。

⑧ （汉）司马迁：《史记》卷八《高祖本纪第八》，中华书局，1982年，第372～373页。

⑨ （唐）李泰等著，贺次君辑校：《括地志辑校》卷三《郑州·荥阳县》，中华书局，1980年，第176页。

⑩ （唐）李吉甫撰，贺次君点校：《元和郡县图志》卷八《河南道四》，中华书局，1983年，第204页。

鄗之间（二山名在荥阳县西北）。”[①]明《一统志》曰：“敖山，在河阴县西北二十里，秦时敖氏筑仓于上，因以名山。”[②]根据著名历史地理学家史念海先生的考证，敖山只能是三皇山的一个支峰[③]，如果说今之邙山即古之敖山，那就不对了。今程、周二位先生把《左传》宣公十二年晋师救郑在敖、鄗之间的二山名，说成是商代中期的隞都在小双桥遗址处，那就大错特错了，敖山与隞都应是两回事，不能等同混淆。

二、古管国在今郑州市北部

《左传》宣公十二年所记管地应在何处呢？

《春秋左传》杜预注曰：“荥阳京县东北有管城，敖鄗二山在荥阳县西北。”[④]

杨伯峻《春秋左传注》曰：“敖鄗为二山名，具在今河南省荥阳县之北。”[⑤]又曰：“管在今河南郑州市。”僖公二十四年《传》杨注又曰：“管在今河南省郑州市，春秋前已绝封，属桧，桧灭属郑。宣十二年传之‘楚子次管’即此地。”[⑥]很明显杜预注荥阳京县东北的城管，就是杨伯峻先生所说的今郑州市，当为古管国地。

在这里必须搞清楚，杜预所说的“荥阳京县东北有管城”应在何处？京县就是指郑国京城，位于今荥阳东南约10公里的王寨、城角、京襄城、朱洞、红沟、南张寨一带。至今地面仍保留着断续的古代夯土城墙。京县城，文献记载是很清楚的。《水经注·济水》曰：“济水又东，索水注之，水出京县西南……又北迳京县故城西，入于旃然（即古旃然河）之水。城，故郑邑也。庄公以居弟段，号京城大叔。”[⑦]《括地志》曰：“京县城在郑州荥阳县东南二十里，郑之京邑也。”[⑧]《开封府志》也载：

---

① （宋）王应麟著，王京州、江合友点校：《诗地理考》卷三《敖》，中华书局，2011年，第270页。

② （明）李贤等：《大明一统志》卷二十六《河南布政司·开封府上》，三秦出版社，1990年，第439页。

③ 史念海：《历史时期黄河在中游的侧蚀》，《河山集·二集》，生活·读书·新知三联书店，1981年，第148页。

④ 李学勤主编：《十三经注疏·春秋左传正义》卷二十三《宣公十二年》，北京大学出版社，1999年，第643页。

⑤ 杨伯峻：《春秋左传注·宣公十二年》，中华书局，1981年，第730页。

⑥ 杨伯峻：《春秋左传注·僖公二十四年》，中华书局，1981年，第421页。

⑦ （北魏）郦道元著，陈桥驿校证：《水经注校证》卷七《济水》，中华书局，2007年，第192页。

⑧ （唐）李泰等著，贺次君辑校：《括地志辑校》卷三《郑州·荥阳县》，中华书局，1980年，第176页。

“京城在荥阳县东南二十里，郑庄公封弟段于此，《左传》所谓京城大叔是也。”《荥阳县志》还记载：“京城在县东南二十里，广袤八里，郑庄公封弟叔段于此，号京城大叔，秦属三川郡，遗址存。”据调查，京县城夯土城墙呈南北长方形，南北长约1722米，东西宽1418米，周长约6300米，春秋时期是郑国仅次于国都的第二大城市。现在故城东、西城墙有几段保存较好，最高处达7米余，宽约25米，南北城墙有几段露出地面。夯窝直径约8厘米，夯层较薄，一般厚5—12厘米。土质非常坚硬，夯层十分清晰，南墙与东北处有深沟。据《水经注·济水》：“索水又东北流，须水右入焉。水近出京城东北二里榆子沟，亦曰柰榆沟也，又或谓之为小索水。东北流，木蓼沟水注之，水上承京城南渊，世谓之车轮渊，渊水东北流谓之木蓼沟。”[①]南城墙外深沟至今仍称车轮沟，东墙已被横沟截成数段。城门在地面上已荡然无存，但西墙和北城墙、东城墙几个缺口被冲毁仍然还可以看清楚，可能还会找到城门的位置[②]。

京城在故荥阳城西南约20公里处，春秋属郑，战国属韩，秦属三川郡，汉属河南郡，汉代仍在这里置京县，今天荥阳市有京襄城地名，就是京县城的讹音。如果以此为坐标，在京县城的东北，去寻找管城遗址，那么今天郑州市北部就当为古管国。

三、西周管地地望与古管国城址的变迁

再从《左传》所记载楚围郑，郑求救于晋看，当时楚军“楚子北师次于郔”。杨伯峻《春秋左传注》曰：“郔在今郑州市北。”[③]又曰：“沈钦韩《补注》，洪亮吉《诂》，严可均《石经校文》均谓延即延津，亦即隐元年《传》之廪延，即今河南省滑县，延津作延，则此亦当作延。江永《考实》则云：十二年楚子北师次于郔，杜注‘郑北地’与此同一地也，近郔，在郑州，以地理考之，江说较合理，今从之作郔。”[④]可是杜预所注在郑北地，沈钦韩、洪亮吉、严可均谓延即延津，在郑州北。如果我们从历史地理方位求之，实属不可能。因为《左传》宣公十二年明确说：“楚子北师次郔”，然后才“次于管以待之”[⑤]，说郔应在管地之南，而且是属于郑国的

---

① （北魏）郦道元著，陈桥驿校证：《水经注校证》卷七《济水》，中华书局，2007年，第193页。

② 河南省文化厅文物杂志编辑室编：《河南省文物志选稿：第四辑》（内部资料），河南省文化厅印刷厂，1983年，第25页。

③ 杨伯峻：《春秋左传注》，中华书局，1981年，第728页。

④ 杨伯峻：《春秋左传注》，中华书局，1981年，第668～669页。

⑤ 杨伯峻：《春秋左传注》，中华书局，1981年，第730页。

领地。《左传》宣公三年曰："晋侯伐郑，及郔。"[①]说明郔应在郑国土地上。孙重恩先生认为："郔应在郑国都（今河南新郑县城）之北、管之南（今郑州之南）则是无疑的，因为楚庄王与郑国讲和之后，'将饮马于河'而北上的，且未至管地（今郑州市区）。"[②]因此，笔者认为郔应在今新郑市古城村一带，郑州市之南，当为古郔地，因之，楚师才可能从郔北上至管待之。说明管的地理位置，应在黄河之南，古城村之北，今郑州市区辖境内。

2000年5月，在郑州市石佛乡洼刘村北出土了一批精美的西周青铜器，为探寻西周古封国管地提供了珍贵的证明。

洼刘遗址位于郑州市西北郊石佛乡洼刘村北，这是1984年全国开展文物普查中发现的一处以西周遗存为主的古文化遗址，该遗址东西长400米，宽500米，文化层厚度0.2—1.6米。在这里出土的有西周早期贵族墓葬10多座，形制均为长方形竖穴土坑，还有西周早期平民墓50多座，战国墓9座及其他时期的墓葬。从1号墓出土的早期西周青铜礼器有10多件，兵器3件，车马饰和蚌、贝饰等。尤其在青铜礼器内多铸有铭文，3至7字不等，其中常见的为"余父丁宝尊彝"和族徽等。1号墓出土的青铜礼器的形制、造型或纹饰都具有明显的商代晚期的遗风，从器型上看，扁卣造型和商卣相同，可簋的双耳下出珥带有明显西周早期特征[③]。

再从纹饰上看，洼刘西周墓内铜器纹饰虽然继承商代的主题图案，但花冠龙、四瓣花纹，尤其是卣与尊的扉棱，均为西周早期风格，所以该墓与这个墓地时代定于西周早期[④]。根据这一重要发现，我们可以以此为坐标推断西周的封国管国，也应在墓地的东边不远。值得注意的是，过去在石佛乡董寨村也都有西周古墓葬[⑤]。说明古管国应在郑州市北部，古墓葬东边。按照西周古墓葬的分区特点：洛阳地区西周墓葬，在西周城的西部。庞家沟西周墓地在瀍河西岸，墓区的面积大约有25000平方米，从1964年开始已在这里清理了西周墓葬300多座[⑥]。还有北窑（瑶）村西周墓地，成周城在白马寺汉魏故城处，现已经发现西周城址，与东周增扩部分，秦代增扩部分，"今于汉魏洛阳故城遗址上发现规模较大的西周城址，尽管目前尚无根据说它即是西周初年周公

① 杨伯峻：《春秋左传注》，中华书局，1981年，第668页。

② 孙重恩：《郔地考》，《地名知识》1989年第2期。

③ 河南省文物研究所：《郑州出土精美西周青铜器——形制造型具有商代遗风为探索西周封国提供珍贵线索》，《中国文物报》2000年5月14日第1版。

④ 河南省文物研究所：《郑州出土精美西周青铜器——形制造型具有商代遗风为探索西周封国提供珍贵线索》，《中国文物报》2000年5月14日第1版。

⑤ 郑州历史文化丛书编纂委员会编：《郑州市文物志》，河南人民出版社，1999年，第181页。

⑥ 中国社会科学院考古研究所：《新中国的考古发现和研究》，文物出版社，1984年，第259页。

所筑，但至少可以证明，班固、郑玄等人所云似非主观臆测或道听途说之词”[①]。笔者认为应是西周初年周公所筑成周城。由于成周城在白马寺汉魏故城处，墓葬区则位于成周城的西部。

从以上这些墓地的分区可以看出，西周墓地大都离都城遗址不算太远。一般说都在都城的西部。从西周墓葬的分区布置规律可以推测出商周时期的管邑也可能在郑州市北部、柳林镇以南一带，也就是说在今郑州市管城区以北，当为西周春秋时的管邑。这个看法与清人著作的认识是一致的。江永《春秋地理考实》《左传》宣公十二年“管”条下曰：“《传》次于管以待之，杜注荥阳县东北有管城，《汇纂》隋置县明初省，今故城在郑州北二里。”说明隋时的管城县城应在郑州北二里。沈钦韩《左传地名补注》曰：“《水经注》不家沟水自梅山北溪东北流管城西，故管国也。《一统志》管城故城今郑州治。”由此可见，古管国的城址是有变迁的。郑州市计划生育研究室所发现的唐墓中有毛笔墨书志文共34字，“郑州管城县淳风乡开元十八年八月四日田玄祭迁葬管城乡界东南去墓壹里□□”，说明墓主先于垂拱四年（688年）葬于郑州管城县淳风乡，开元十八年（730年）后人将其迁葬于郑州管城。在这里应区别管城、管城县、管城乡三者概念，管城应是古管国地，管城县应是隋置县。而管城为商周古邑，从圃田泽在周东30里，郯城在周东十里铺，祭伯城在周东北15里，今推测周封管叔于管也应在圃田泽西北、祭城西，相距不算太远，即今黄河路一带，管城区以北。故《管城县志》载：“西周初姬鲜被封于此，称管国，周成王元年管叔因与蔡叔以武庚叛被诛，管国废除，沦为管地，直属东郡（今洛阳），秦置管县，属三川郡，西汉初年属故市侯国，隶河南郡（原三川郡），公元前112年故市侯国废，管地并入中牟县地。”[②]这个记载应是正确的。

四、商周管邑在郑州市北部旧城一带

管地作为地名，已有悠久的历史。在古文献与甲骨文中均见有管的记载。《逸周书·大匡解》卷三十七记：“惟十有三祀，王在管，管叔自作殷之监，东隅之侯，咸受赐于王，王乃旅之，以上东隅。”[③]《逸周书·文政解》卷三十八曰：“惟十有三

① 中国社会科学院考古研究所洛阳汉魏城队：《汉魏洛阳故城城垣试掘》，《考古学报》1998年第3期，第384页。

② 管城回族区史志编纂委员会编：《管城回族区志》，中州古籍出版社，1993年，第333页。

③ 黄怀信、张懋镕、田旭东：《逸周书汇校集注》，上海古籍出版社，1999年，第381～382页。

祀，王在管，管、蔡开宗循王。”[①]《甲骨文合集》1916有“庚辰卜，贞在官”[②]，《殷墟文字乙编》5321又有“戊戌卜，侑伐父戊，用牛于官”。官即管字，并不是如有的学者所说，官、管二者为古今字，而是因为官管二字古音均在原部见纽，故可以通假。所以《仪礼·聘礼》：“管人布幕于寝门外”，郑玄注：“古文管作官。”[③]从以上记载可以看出管地重要的地理位置。于省吾先生认为金文中的阑即管[④]。1976年在陕西省临潼县出土的利簋记载了武王克商的史实，其铭文曰：“武王征商，惟甲子朝，岁鼎（则）克。闻。夙有商。辛未，王在阑师，赐又史利金。用作旝公宝尊彝。”于省吾先生认为：“（阑）应读为管蔡之管。古文无管字，管为后起的借字……阑为管之初文。”[⑤]徐中舒先生认为：“辛未是甲子后第八日……其地必去殷都朝歌不远。于氏以阑为管叔之管，以声韵及地望言之，其说可信。”[⑥]

古籍的相关记载也不少。《汉书·地理志》“河南郡中牟”条下：“中牟，圃田泽在西，豫州薮，有筦叔邑。”唐颜师古注曰：“筦与官同。”[⑦]《后汉书·郡国志》“河南尹中牟”条下：“有圃田泽……有管城。”[⑧]《水经注·渠水注》：“渠水又东，不家沟水注之，水出京县东南梅山北溪……其水自溪东北流迳管城西，故管国也，周武王以封管叔矣。”[⑨]唐李泰《括地志》也说：“郑州管城县外城，古管国城也，周武王弟叔鲜所封。”[⑩]《史记·管叔世家》云：“武王已克殷纣，平天下，封功臣昆弟。于是封叔鲜于管，封叔度于蔡，二人相纣子武庚禄父，治殷遗民。”《集解》引杜预注说：“管在荥阳京县东北。”[⑪]

---

① 黄怀信、张懋镕、田旭东：《逸周书汇校集注》，上海古籍出版社，1999年，第394页。

② 胡厚宣主编：《甲骨文合集释文》，中国社会科学出版社，1995年，第135页。

③ 李学勤主编：《十三经注疏·仪礼注疏》卷十九《聘礼第八》，北京大学出版社，1999年，第359页。

④ 于省吾：《利簋铭文考释》，《文物》1977年第8期，第12页。

⑤ 于省吾：《利簋铭文考释》，《文物》1977年第8期，第12页。

⑥ 徐中舒：《西周利簋铭文笺释》，《四川大学学报》（哲学社会科学版）1980年第2期，第93页。

⑦ （汉）班固撰，（唐）颜师古注：《汉书》卷二十八上《地理志第八上》，中华书局，1962年，第1555～1556页。

⑧ （南朝宋）范晔撰，（唐）李贤等注：《后汉书》志第十九《郡国一》，中华书局，1965年，第3389页。

⑨ （北魏）郦道元著，陈桥驿校证：《水经注校证》卷二十二《渠》，中华书局，2007年，第525页。

⑩ （唐）李泰等著，贺次君辑校：《括地志辑校》卷三《郑州·管城县》，中华书局，1980年，第174页。

⑪ （汉）司马迁：《史记》卷三十五《管蔡世家第五》，中华书局，1982年，第1564页。

以上这些记载都说明管地离中牟圃田泽不远，在郑州市北部一带。1992年在河南省中医学院东里路家属院内出土的一件战国陶瓮的肩部书有一“官”（管）字[①]，虽然目前仅发现此一例，但可证明今郑州市战国时的城址就是战国时期的管邑，而西周、春秋的管邑也应离此不远，这种情况切不可忽视，它表明郑州市靠北当为商西周管邑是可能的。因为在郑州市北约25公里邙山区古荥镇郑庄村西约100米台地上，发现古文化遗存陶片灰坑墓葬与陕西周原出土的同类相似[②]，这说明郑州市北有西周文化遗址。郑州在战国时称“管”，先属韩，后属魏。《战国策·魏策》：“秦攻韩之管，魏王发兵救之。昭忌曰：‘夫秦强国也，而韩魏壤梁，不出攻则已，若出攻，非于韩也必魏也。……王若救之，夫解攻者，必韩之管也；致攻者，必魏之梁也。’魏王不听……遂救之。秦果释管而攻魏。”[③]《韩非子·有度篇》：“魏安厘王……攻韩拔管。”[④]此充分说明管在韩魏交界处，其城址可能在今郑州市区偏东部的管城回族自治区、郑县旧城及北关一带，它是利用郑州管邑城墙修筑的，而商、西周、春秋时期的管邑笔者认为应是管城回族自治区的靠北部分，因为这里有古管水在此经过，当为商周古管邑所在地。

通过以上分析可以看出，《汉书·地理志》《括地志》等文献记载商周时期管叔的封国管邑应在郑州市北部旧城（即汉唐至民国的古城址）一带，这种说法是可信的；而程、周二位先生的推测在郑州市西北一带，其根据是不充分的。

第六节　荥阳故城与周边水系

司马迁《史记·河渠书》中说：“荥阳下引河东南为鸿沟，以通宋、郑、陈、蔡、曹、卫，与济、汝、淮、泗会。”[⑤]从此中原地区形成了以鸿沟为干渠的水运交通网络，鸿沟水系的形成不仅改变了黄淮平原上的水系面貌，而且促进了中原地区水运灌溉以及城市的成长。古城荥阳作为鸿沟水系的枢纽，不仅为沟通济、汝、淮、泗发挥过重大作用，而且它的成长也受益于鸿沟水系的畅通。

---

① 河南省文物研究所编：《1992年度郑州商城宫殿区发掘收获》，《郑州商城考古新发现与研究（1985—1992）》，中州古籍出版社，1993年，第137页。

② 郑州市地方史志编纂委员会编：《郑州市志》（第7分册），中州古籍出版社，1998年，第71页。

③ （西汉）刘向集录：《战国策》卷二十五《魏四·秦攻韩之管章》，上海古籍出版社，1985年，第896～897页。

④ （清）王先慎撰，钟哲点校：《韩非子集解》卷二《有度第六》，中华书局，1998年，第32页。

⑤ （汉）司马迁：《史记》卷二十九《河渠书》，中华书局，1982年，第1407页。

《史记·河渠书》中载“荥阳下引河东南为鸿沟”[1]的荥阳，其地理位置就位于郑州市西北的惠济区古荥镇，遗址犹存，该城最早建于战国时期，至北魏城废。城址略呈南北长方形，城垣大部尚存。西墙自古荥镇西北隅南伸至纪信庙村以东，临索须河折向东至古城村又北折百米左右。东墙已被黄河冲没，仅存东南和东北两个城角，北墙自钓鱼台的东北城角西至古荥镇西北隅与西墙相连。东墙已被济水泛滥冲没，仅存东北、东南两个拐角。故城南北长约2000米，东西宽约1500米，周长约7000余米。残存城墙最高处约20米，上宽10米，基宽30米。城墙系版筑而成，层次分明，夯窝清晰。西城墙有3处缺口，当为西城门遗迹[2]。若以荥阳故城为坐标，再辅以《水经注·济水·卷七》的相关文献记载，不仅可以说明鸿沟水系与古荥阳城之间的紧密依存关系，而且荥阳故城在鸿沟水运中的枢纽地位更由此可见一斑（图七）。

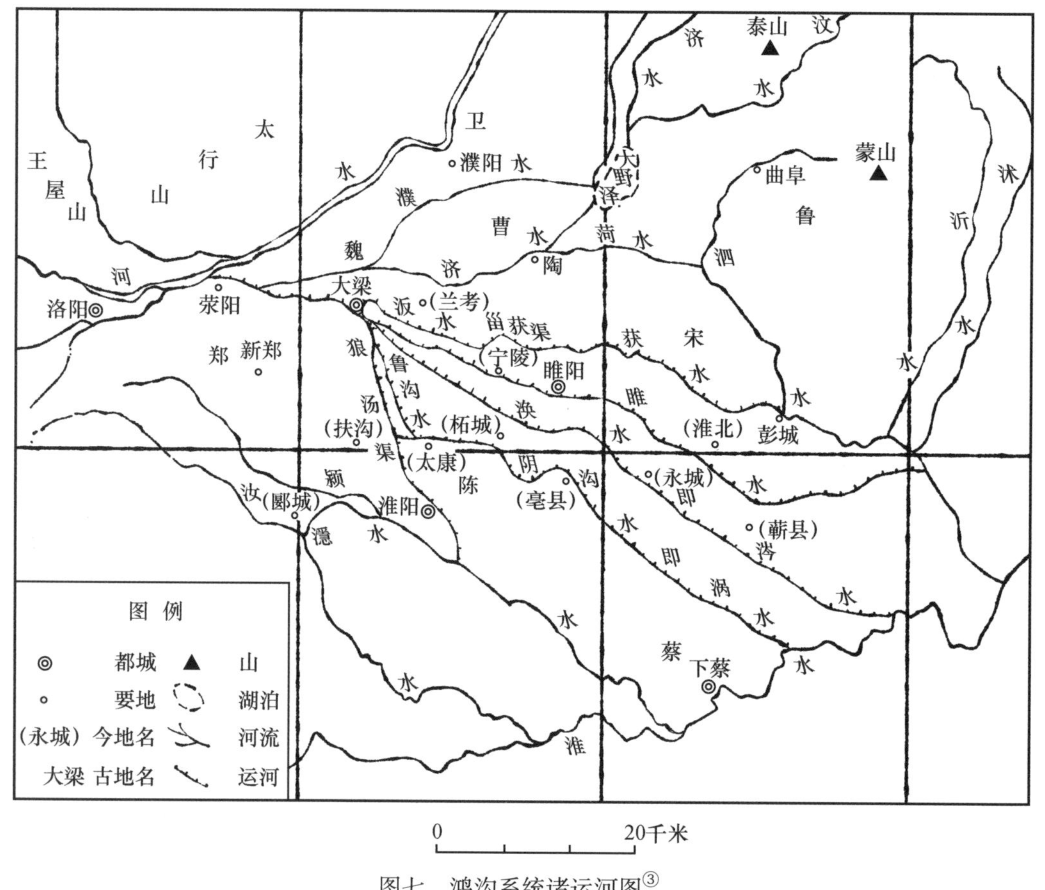

图七 鸿沟系统诸运河图[3]

---

① （汉）司马迁：《史记》卷二十九《河渠书》，中华书局，1982年，第1407页。

② 任艳、李静兰：《试论郑州地区早期运河对荥阳故城的影响》，《中共郑州市委党校学报》2012年第2期，第125页。

③ 史念海：《史念海全集·第一卷》，人民出版社，2013年，第317页。

按《水经注》所载，荥阳故城的南、东两侧有索、须水，索须水向北与济水相通，而鸿沟水系的上段与济水又是同一段河道，因此，索须水与荥阳故城北面的济水也就是鸿沟水系形成了天然联通，故《水经注·济水·卷七》载：“济水又东，索水注之，水出京县西南嵩渚山，与东关水同源分流，即古旃然水也。其水东北流，器难之水注之。《山海经》曰：少陉之山，器难之水出焉，而北流注于侵水。即此水也。其水北流迳金亭，又北迳京县故城西，入于旃然之水。城，故郑邑也。庄公以居弟段，号京城大叔。祭仲曰：京城过百雉，国之害也。城北有坛山冈。《赵世家》成侯二十年，魏献荥阳，因以为坛台冈也。其水乱流，北迳小索亭西。京相璠曰：京有小索亭。世语以为本索氏兄弟居此，故号小索者也。又为索水。索水又北迳大栅城东，晋荥阳民张卓、董迈等遭荒，鸠聚流杂保固，名为大栅坞。至太平真君八年，豫州刺史崔白，自虎牢移州治此，又东开广旧城，创制改筑焉。太和十七年，迁都洛邑，省州置郡。索水又屈而西流，与梧桐涧水合，水出西南梧桐谷，东北流注于索。斯水亦时有通塞，而不常流也。索水又北屈，东迳大索城南，春秋传曰：郑子皮劳叔向于索氏，即此城也。晋地道志所谓京有大索、小索亭。汉书京、索之间也。索水又东迳虢亭南。应劭曰：荥阳，故虢公之国也，今虢亭是矣。司马彪《郡国志》曰：县有虢亭，俗谓之平桃城。城内有大冢，名管叔冢，或亦谓之为号咷城，非也。盖号、虢字相类，字转失实也。风俗通曰：俗说高祖与项羽战于京、索，遁于薄中，羽追求之，时鸠止鸣其上，追之者以为必无人，遂得脱。及即位，异此鸠，故作鸠杖以扶老。案《广志》，楚鸠一名嗥啁，号咷之名，盖因鸠以起目焉，所未详也。索水又东北流，须水右入焉。水近出京城东北二里榆子沟，亦曰柰榆沟也，又或谓之为小索水。东北流，木蓼沟水注之，水上承京城南渊，世谓之车轮渊，渊水东北流，谓之木蓼沟。又东北入于须水。须水又东北流，于荥阳城西南北注索。索水又东迳荥阳县故城南。……索水又东流，北屈西转，北迳荥阳城东，而北流注济水。”[①]

根据《水经注》的记载，索水本源自京县西南嵩渚山，经京县故城西、小索亭西、大栅城东、大索城南汇合须水后，称索须水，其间又有器难水、梧桐涧水、须水注，索、须两水在荥阳故城西南汇合后，向东流，再在荥阳县故城的南面经过荥阳故城，然后再“北屈西转”，绕荥阳故城东向北流注济水，与济水相会。根据我们对《水经注》中索须水的考察，我们认为古代的索须水是济水或鸿沟水系的一条支津，而今天的索须水则成为贾鲁河的主要支流，淮河的三级支流。具体地讲，索河源于新密市袁庄镇龙泉寺，流经荥阳市崔庙镇竹园村石岭寨，经三仙庙、丁店、楚楼、河王等中小型水库，在中原区的大榆林村与须水汇流；全长54.8千米，流域面积333.7平方

① （北魏）郦道元著，陈桥驿校证：《水经注校证》卷七《济水》，中华书局，2007年，第192～194页。

千米。须水发源于荥阳贾峪邓湾，再经师家河、铁炉寨、马寨跨东风渠向东至马庄，从惠济区花园口镇祥云寺东南入贾鲁河，至汇合口全长35千米，流域面积137.1平方千米[①]。古今相比，索须水上源变化不大，但索、须两水汇合以后的走向与尾闾已经发生了重大变化。因此，至少在北魏以前索须水构成了荥阳故城与济水联系的一条重要水上通道。

除了索须水外，荥阳故城的西侧，还有一条古河与济水相通，这条古河就是《水经注》上的砾石溪水："济水又东，砾石溪水注之。水出荥阳城西南李泽，泽中有水，即古冯池也。《地理志》曰：荥阳县，冯池在西南是也。东北流，历敖山南。《春秋》，晋、楚之战，设伏于敖前，谓是也。迳虢亭北，池水又东北迳荥阳县北断山，东北注于济，世谓之砾石涧，即《经》所谓砾溪矣。《经》云济出其南，非也。"[②]这条砾石溪水的源头在荥阳故城西南的李泽，李泽就是《汉书·地理志》中的冯池，今考察荥阳高村镇、王村镇南张村—柏垛—新店的连霍高速路以南，直抵金寨回族乡—西大村—武庄，似在仰韶、龙山时期为一片古浅湖沼、湿地区，所谓李泽恐属其一。至少到北魏时期（甚至宋元），可能仍缺少一般人文遗址，多为荒野隙地。此地后世多为烧砖取土、挖掘深坑，也为一证[③]。按照徐海亮先生的考察，李泽与冯池的位置与郦道元《水经注》稍有出入，但李泽（冯池）应位于荥阳故城之西侧确是毫无疑问的，源自李泽的石砾溪水在经过敖山之南和荥阳县北的断山之后，向东北流最后汇入济水。构成了荥阳故城与济水的又一条水上通道。若与索须水相比，这条河道不过没有索须水近捷而已。由此来看，砾石溪水与索须水这两条河流，一西一东围绕着荥阳故城，而在荥阳故城南又兼有索须水的主干河道。就水运交通而言，荥阳故城对索须水的依存，可能要甚于砾石溪水，但无论怎样，利用济水与砾石溪水、索须水所形成的水运优势，魏晋以前，荥阳取得了中原水运的枢纽地位，这点毋庸置疑。

荥阳故城之北的济水河道应该就是鸿沟水系的上源，这是毫无疑问的。故《水经注·济水》载："济水又东过荥阳县北，曹太祖与徐荣战，不利，曹洪授马于此处也。"[④]明确说明荥阳故城北就是济水，而历史上的济水是一条连贯中原东、西的大河。荥阳故城北的一段济水河道对鸿沟水系来说非常之重要。司马迁说鸿沟引河是由荥阳开始，实际就是济水分河的地方。因为鸿沟和济水在这里所行的乃是一条河道，经过一段流程后，才正式分开。济水东流，鸿沟东南流。鸿沟这个名称可以用作某一

① 徐海亮：《郑州古代地理环境与文化探析》，科学出版社，2015年，第43～44页。

② （北魏）郦道元著，陈桥驿校证：《水经注校证》卷七《济水》，中华书局，2007年，第192页。

③ 徐海亮：《郑州古代地理环境与文化探析》，科学出版社，2015年，第63页。

④ （北魏）郦道元著，陈桥驿校证：《水经注校证》卷七《济水》，中华书局，2007年，第192页。

段水道的专名，其实却是由荥阳通往宋、郑、陈、蔡、卫诸国的几条河流的总名，可以称之为鸿沟系统。这个鸿沟系统还能够和济、汝、淮、泗四条河流联系起来，鸿沟系统内诸水包括渠水、阴沟水、汳水、获水、睢水，还有其他一些分支。整个流域所涉及的地方，则有今河南东部、山东西南部、江苏西北部和安徽的北部[①]。由此来看，至少在战国时期，荥阳故城就位于整个鸿沟水系的渠首的位置，其地位自然相当重要。通过鸿沟（济水）水系，荥阳故城及其周边水系成为中国早期黄淮平原上，特别是河、济、江、淮所构成的水运网络的渠首，因此，大大方便了这一区域与河、济、江、淮流域内其他地区的政治、经济、文化交流，改变了中原地区的水运状况，促进了这一地区城市、经济的进一步发展，荥阳故城周边水系的价值不容小视。

① 史念海：《河山集·三集》，人民出版社，1988年，第305～306页。

第四章

历史交通地理：关隘、道路与交通

第一节　夏路与轘辕古道的变迁

轘辕古道是古代河洛盆地通往黄淮平原的一条重要通路，这条古道由来已久，曾在历史上发挥过重要作用并产生重大的影响。试就轘辕古道的道路构成、地理形势与历史价值、开凿时间及其废弃原因等问题作一粗浅探讨，不当之处，敬希批评指教。

一、轘辕关与轘辕古道的道路构成

东汉末年，黄巾起义爆发，京师震动，汉灵帝诏令州郡加强防守。据《后汉书·皇甫嵩传》载"自函谷、大谷、广城、伊阙、轘辕、旋门、孟津、小平津诸关，并置都尉"[①]，以护卫京师。八关都尉的建置，说明河洛盆地四向交通可能有八条重要通道，而八关之设正是控制这些交通道路、加强洛阳防守的重要举措。所以，汉魏洛阳故城周围八关的设置正显示了河洛地区的交通状况。总的说来，周秦汉晋以来函谷关可控制京师西去之路，大谷、广城、伊阙控制自京师南去的道路，以旋门关控制

① （南朝宋）范晔撰，（唐）李贤等注：《后汉书》卷七十一《皇甫嵩朱俊列传第六十一》，中华书局，1965年，第2300页。

东进之途，以孟津、小平津控遏北上之途，而轘辕关则是洛阳东南必经之道。因此，轘辕关之设乃是因控制轘辕古道之故。今偃师市府店镇韩庄东沟村有轘辕关，是偃师市尚存的古关遗址之一，位于市区东南30公里处府店镇境内的轘辕山上。关西有崿岭口，关北尚存古道遗痕。轘辕关是东汉中平元年（184年）为防止黄巾军进攻，拱卫京都洛阳而设的八关之一。今存遗址用石灰岩垒砌，东西长14.7米，南北厚10.5米，高6.2米。正中是拱形门洞，洞高4.7米，宽3.5米。洞内关道为东西向。拱门顶有长方形关额，题刻“古轘辕关”四个楷书大字，旁题“乾隆十五年岁在庚午九月重修”。关顶有大殿，1944年毁于战火。1984年府店镇韩庄东沟村村民捐资在关顶重修了大殿，再现了昔日古关风貌[①]。

2007年夏，笔者前去考察，经由此关的道路早已无人通行，拾级而上到达关顶，关隘四周环抱巍峨的群山，唯有关东有平地一块，已被韩庄、唐窑两村村民辟为农田，其间长满了庄稼。这里的地势较四周而言是最高的，就在这群峰环绕之间的一块平地上，古轘辕关拔地而起，尤显壮观，在此处设关不仅有效地控制了轘辕古道的最高处，而且也充分地利用四周的山势特点，使关隘易守难攻，最大限度地保障了河洛盆地的安全。

若以轘辕关为界，可将轘辕古道分为西北、东南两段。轘辕关西北一段道路全在今偃师市境。偃师市境内的轘辕古道可分为北、南两道，北道的开凿比南道早，其路程虽较南道近捷，但将去还复，险要异常，故《史记》《索隐》引《十三州志》说“轘辕凡九十二曲，是险道也”[②]，轘辕之名也因此而来。轘辕古道在偃师境内的北段在唐代时屡被修整，所以《偃师县志》中说：“（轘辕古道）一在北，唐高宗屡如嵩，凿山开道如车箱，历代置关之所。”清偃师知县汤毓倬深入轘辕关的实地勘察结果也证实了这一点，故《偃师县志》载：“自《通志》沿明《一统志》之讹，《府志》襄事巩人，遂怀私削去旧说，专载入巩。余以祷雨，诣嵩山九龙潭请水，特由轘辕坂道查勘，自参驾店至萼岭口，与崿岭坂东西分路，中隔牛心峰，从东螺旋而上，有指路碑，系乾隆十五年偃师、登封同修御道所立。诘屈十二曲，中有桥，名‘通济’，驾石沟，碑亦载两邑同修，与巩全无涉。将至关，两石夹立如削，有斧凿痕，即唐高宗所开车箱道，与登封分脊，自关以下旋绕东北唐家窑、韩家庄，皆偃师村落。巩边幅尚在五里之外，并非瓯脱之地，岂可鲁柝闻邾，遂至周田晋夺！今为据实正之。纪载须准以公，非私于偃而薄于巩也。”[③]在这里汤毓倬不仅搞清了轘辕道路的

① 偃师市志编纂委员会：《偃师县志》（清·乾隆五十四年修）卷二《地理志下》，中州古籍出版社，2002年，第46页。

② （汉）司马迁：《史记》卷八《高祖本纪》，中华书局，1982年，第359页。

③ 偃师市志编纂委员会：《偃师县志》（清·乾隆五十四年修）卷二《地理志下》，中州古籍出版社，2002年，第44页。

问题，而且还批驳自《通志》《明一统志》直至《府志》中轘辕关在巩县的说法，应该是值得肯定的。

轘辕古道在偃师境内南段的形成是较晚的，这条路是经过崿岭口的山路，又有新轘辕关之称。所以当地人有“先有轘辕关、后有崿岭口”之说。故《偃师县志》载：“一在南，在今之崿岭，行人以北道幽折，林壑隐奸，多以南道轩敞为便。有轘辕关碑在崿岭口，为宋知县马仲甫佣民所凿。人便其利，刻石纪美，与《元和郡县志》所载‘萼岭坂在缑氏县东南三十七里，轘辕山坂在缑氏县东南四十里’相合。轘辕之名最古，故俗称崿岭为新轘辕关，皆在偃师境内。”[①]这里的崿岭又有崿坂之称，最早见于《晋书·地理志》，只是《晋书》所谓的崿坂在河南郡阳城县，即今登封市，可能是古今行政区划有变化的缘故，故严耕望先生《唐代交通图考》中说：“《晋书》一四《地理志》上，河南郡阳城县有鄂阪关。《通鉴》八四晋惠帝永宁元年，赵王伦闻三王起兵，使孙辅等帅兵七千自延寿关出（胡注：《晋志》河南缑氏县有延寿城。按《晋志》河南新城县有延寿关），张泓等帅兵九千自崿阪关出，司马雅等帅兵八千自皐关出以拒冏。此似为崿阪之名最早见者。又《通鉴》一五三梁武帝中大通元年，五月，魏使尔朱世隆镇虎牢，尔朱世承镇崿岅。又二二一唐肃宗乾元二年，李光弼云若守东京，‘则汜水、崿岭、龙门，皆应置兵’。《北齐书》一七《斛律金传》，‘金率众，从崿坂送米宜阳’。《新》二一四《彰义吴元济传》，董重质说元济，请‘自崿岭三日袭东都’。按《通典》一七七河南府登封县有崿岭故关。《元和志》五河南府缑氏县目，‘轘辕山在县东南四十六里’，即轘辕关所在，详前引。又云：‘鄂岭坂在县东南三十七里。《晋八王故事》曰：范阳王保于鄂坂，后于其上置关。’则鄂坂盖在轘辕关西北仅九里。故《一统志》河南府卷《山川目》轘辕山条引旧志，山在偃师县东南五十五里，一名鄂岭也。盖一条陉道，长若干里，西北段曰鄂坂，在今偃师东南五十五里；东南段曰轘辕，在登封西北二十八里也。晋阳城县在今登封县东南三十五里告成镇。故《晋志》云阳城有鄂坂关。”[②]严耕望先生所说的崿岭故关就是指轘辕关。

自宋代马仲甫凿轘辕关北段南道以来，迄于明清北段南道几经开修与扩建。清康熙五十四年（1715年），吕履恒《平治鄂岭口路碑文》中载：“……维兹鄂岭，中有其缺，古颍州之关塞，实往来之通衢，山径崎岖，仅容行人之鳞次，石磴崚嶒，莫济与马之驰驱。考王制，维（月令），有平治之文，经千百余年，曾无人焉起而修理之者，天意盖留以俟段子焉。段子名润色，山西泽州人也。贾于洛，客岁贸迁，路经其

① 偃师市志编纂委员会：《偃师县志》（清·乾隆五十四年修）卷二《地理志下》，中州古籍出版社，2002年，第44页。

② 严耕望：《唐代交通图考》第六卷《河南淮南区》，上海古籍出版社，2007年，第1839页。

地，辄发善念，慨任厥修。复有异梦惊觉。今年春，谋诸参店主人。主人纠合众善，率皆欢欣乐从，各任一职，公同一心，并立善券。……遂出囊兴工于小鄂岭口，石工云集，力役辐辏，效用者不下三百余人，因其地势，随其高下，扩狭口，平险阻……甫及五月，而一蹴告竣……山径之蹊涧，今成履道之坦坦，阔则十有余尺，长则五百余丈。外募仅百金有奇，余尽捐之己囊。……"

清光绪二十五年（1899年）春，文仲恭任洛阳府太守，尝行部屡经轘辕，悯斯民登陟之苦，复虑此道因石磴巉岩，不通轨辙，仕宦商贾之车受阻，百货无由辐辏，而洛、偃或仰粟汝、颍，运输尤为困难。遂于光绪二十八年（1902年）春，捐廉600金，派员雇工疏凿。偃师县知事潘砺庵实领其工，督工者候补典史张靖，使轘辕盘回嵩少之坂，化险为夷，民尤称便。工程于同年九月竣工后，树《清开修轘辕关路碑记》碑一通，以记其事。碑文中还歌颂了带头捐款倡修轘辕关车路的河南太守文公，勖在职官，更主动兴利除弊。民国25年（1936年）九月，蒋介石在洛阳度过50寿辰后，隔了一天，从洛阳坐汽车出发，经偃师过轘辕关到少林寺、中岳庙进行了二日游。当时偃登公路已初具规模，从偃师到登封计31公里，虽经临时整修，但他仍感到轘辕道行车之艰难，翌年命河南省建设厅，从黄河北征用民工对鄂岭口路段进行了扩修。因山高道险，施工难度大，民工伤亡颇多。扩建后，路面因石多土少，仍坎坷崎岖，形成十八弯盘旋上下，后称鄂岭口道为"十八盘"①。

新中国成立后，曾数次维修轘辕道。随着形势的发展，客货运输量增多，尤其是从洛阳到少林寺、中岳庙之游客与日俱增，大型客车尤难上下，多绕道龙门、临汝，徒增旅程。1982年5月，洛阳公路总段和偃师县有关部门兴修十八盘改线、扩修工程，1983年12月竣工，共用工日22.7万个，完成土石方21.5万立方米，修涵洞29座、长464米，桥梁2座、长72.49米，挡土墙8处、8886平方米，共投资149万元。207国道通过此路，纵穿偃师境内，结束了古轘辕坂山高道险的历史②。轘辕古道北段的变迁大体如此。

轘辕古道东南一段的道路经嵩山、阳城达于颍汝之间，而颍水之上的阳翟（今禹州市），汝水之上的汝州，均是绾毂轘辕古道南段的枢纽。自轘辕关旧址向东南不远，有偃登交界碑，自此进入到登封境内。登封古称阳城，是轘辕古道上重要的古代城邑。阳城废县，在登封县东四十里，本周之颍邑。《左传》昭元年"晋赵孟自郑还，周景王使刘定公劳赵孟于颍"，九年"晋梁丙、张趯率阴戎伐颍"。阴戎即陆浑之戎也。战国初属郑，谓之阳城……贞观三年州省，县仍属洛州，登封初改曰告成

① 偃师古都学会编：《古都偃师史话》，三秦出版社，1999年，第102页。

② 偃师古都学会编：《古都偃师史话》，三秦出版社，1999年，第102～103页。

县，神龙初复曰阳城，旋复曰告成。五代周省入登封县[①]。《晋书·地理志》中称登封为阳城，属西晋都城汉魏洛阳故城所辖王畿地区内的百县之一。八王之乱，殃及京师，河洛居民率多由古轘辕关道向东南迁徙。褚翜，字谋远，受河南尹的推举在洛阳一带做过县官。“八王之乱”爆发后，褚谋远曾招合同道，准备过江避难。他由轘辕关道南下，先移住阳城界，即今天的登封。第二年又率数千家向东南迁移，受命管理新城、梁、阳城三县的事务，这里所谓的新城、梁、阳城三县都属河南郡，新城在伊水的上游，梁在今临汝之西，汝水的南岸，阳城在今登封的东南，颍水的北岸。这说明河洛客家先祖的南迁首先是到了阳城（今登封）以南的汝颍之间。按照褚谋远的计划，这支从汉魏洛阳故城中出发的流人，是打算从汝水的柴肥口向东南，然后由汝水入淮，再由淮“将图过江”以求自保的。关于这一段史实，《晋书》卷七十七有明确的记载：“及天下鼎沸，翜招合同志，将图过江，先移住阳城界，颍川庾敳，即翜之舅也，亦忧世乱，以家付翜。翜道断，不得前。……明年，率数千家将谋东下，遇道险，不得进，因留密县。司隶校尉荀组以为参军、广威将军，复领本县，率邑人三千，督新城、梁、阳城三郡诸营事……率众进至汝水柴肥口，复阻贼。”[②]随从褚翜东去的河洛流人有数千家以上，其中还有西晋洛阳司州的最高行政首长司隶校尉荀组。所以，阳城是轘辕古道南段的必经之地。

自阳城向东南约70里，至于阳翟县（今禹州市），阳翟是汉唐颍川郡治。特别是唐中叶以后，以其地处要冲，置阳翟镇遏使。阳翟再向东南90里至许州治所长社县（今许昌）。颍水之上的阳翟（今禹州市）是绾毂轘辕古道南段的枢纽。自阳翟向东南、西南和西三个方向，分别延伸出三条道路，首先从阳翟顺颍水的方向东南下，可至许州（今许昌），若再从许州向北、东、南三面便可通达广阔的黄淮平原各地。位于告成（登封）与阳翟县之间的阳关聚是轘辕古道南段的一处重要聚落。《后汉书·光武纪》：“王莽遣王寻、王邑将兵百万到颍川，光武将数千兵，徼之于阳关”。李贤注：“聚名也。郦道元《水经注》曰‘颍水东南迳阳关聚，聚夹颍水相对。在今洛州阳翟县西北’。”[③]按《水经注疏》卷二十二的记载，颍水向东南最后汇于淮水，与今天河道差别很大。今颍河自登封县东南，迳禹州北，皆故道。古自禹州之东南下，即今渚河。东南迳临颍县，至西华县西南。今于禹州之东，夺溵水之流，迳长葛县，又东南迳许州，至西华县西南，会渚河以下为改道，曰沙河。东南迳商水

---

① （清）顾祖禹撰，贺次君、施和金点校：《读史方舆纪要》卷四十八《河南府·登封县》，中华书局，2005年，第2262～2263页。

② （唐）房玄龄等：《晋书》卷七十七《列传第四十七》，中华书局，1974年，第2031～2032页。

③ 严耕望：《唐代交通图考》第六卷《河南淮南区》，上海古籍出版社，2007年，第1871页。

县、怀宁县、沈丘县、太和县、阜阳县，至颍上县东南入淮[①]。所以，自轘辕古道经阳翟再顺颍水向东南，在古代特别是魏晋以前应是河洛平原通向黄淮大平原最便捷的通道。

其次，自阳翟向西南与方城路相接，可至南阳盆地。这条道路同时也是洛阳至南阳盆地双轨路线之一的东线。汉晋时期，这条大路尤见于史籍。东汉时，此路是王室祭祖必经之御道。东汉王朝祖考园陵——章陵（在今湖北省枣阳县），光武帝、明帝、章帝皆常祭祀。《后汉书·光武纪》：建武十一年（35年）幸章陵，并幸南阳；建武十七年（41年）夏，道出颍川、叶县至南阳；建武十八年（42年），幸章陵，并幸宜城；建武十九年秋九月，南巡，幸南阳。汉明帝永平三年（60年）帝偕皇太后幸章陵，看旧庐。永平十年（67年）明帝又南巡南阳，并幸章陵祭祖（《后汉书·明帝纪》）。汉章帝元和元年（84年）幸章陵，回銮经南阳返洛，东汉前三代共幸章陵七次，其中建武十七年的一次点明了去的路线，系经颍川（今禹县）、叶县去的。也就是轘辕、阳城、阳翟（禹县）这条线路[②]。

西晋末年永嘉之乱，洛京倾覆，河洛流人多沿此路避难至南阳宛和荆州的襄阳（今襄樊），这使襄阳一带羁留了南下的流人达十余万户之多，而且其中还有汉魏洛阳故城中皇室专养的太乐伶人。《晋书》卷六十六《刘弘传》载："太安中，张昌作乱，转使持节、南蛮校尉、荆州刺史，率前将军赵骧等讨昌，自方城至宛、新野，所向皆平。……进据襄阳。……于时流人在荆州十余万户，羁旅贫乏，多为盗贼。（刘）弘乃给其田种粮食，擢其贤才，随资叙用。时总章太乐伶人，避乱多至荆州，或劝可作乐者。弘曰：'……今主上蒙尘，吾未能展效臣节，虽有家伎，犹不宜听，况御乐哉！'乃下郡县，使安慰之，须朝廷旋返，送还本署。"[③]迁徙到荆州来的西晋皇室伶人的署衙也设在襄阳，这说明从洛阳南迁到荆襄的皇室人员应不在少数。同样的情况还见于《晋书·山简传》："及洛阳陷没，简又为贼严嶷所逼，乃迁于夏口。招纳流亡，江汉归附。……时乐府伶人避难，多奔沔汉，宴会之日，僚佐或劝奏之。简曰：'社稷倾覆，不能匡救，有晋之罪人也，何作乐之有！'因流涕慷慨，坐者咸愧焉。"[④]这样看来，西晋都城洛阳的皇室避难到荆襄已不是刘弘传中所记的孤证了，而且也说明自轘辕古道而南经方城路至南阳，再至荆襄已是当时流人南下的重要通路之一。因此在魏晋以后的许多地理著作中都是以轘辕—方城道为南阳盆地通往中

① （北魏）郦道元注，杨守敬、熊会贞疏：《水经注疏》卷二十二《颍水》，江苏古籍出版社，1989年，第1833页。

② 洛阳地区交通史志编纂委员会编：《洛阳地区交通志》，当代中国出版社，1995年，第61～62页。

③ （唐）房玄龄等：《晋书》卷六十六《刘弘传》，中华书局，1974年，第1763～1766页。

④ （唐）房玄龄等：《晋书》卷四十三《山简传》，中华书局，1974年，第1230页。

原各地的主干道路。《后汉书·郡国志》南郡襄阳下刘昭注引《荆州记》曰："襄阳旧楚之北津，从襄阳渡江，经南阳，出方关（按指方城之关），是周、郑、晋、卫之道。"[①]《太平寰宇记》卷一四五襄州下引《襄阳记》云："楚有二津，谓从襄阳渡沔，自南阳界出方城关是也。通周、郑、晋、卫之道。"[②]

在这里应进一步说明的是洛阳至南阳盆地双轨线路之一的西线，乃是位于轘辕古道之西的历史上著名的广成道。广成故道，"广成"以"广成泽"而得名，泽在今临汝镇南一带，汉建"广成苑"于此，即今温泉一带。临汝西距阳翟约120里，在汝水的上游，是绾毂广成古道的枢纽。汉灵帝中平元年又设关于此，名"广成关"，汉代帝王常校猎于此，并幸温泉就浴，以此路为御道，长106华里。唐末，黄巢转战东南，复又进军中原，由颍州（今安徽阜阳）挥师西指，进取汝州后，又袭洛阳，线路即沿原汉代御道西线北上。由汝州，经庙下、临汝镇、大安、白沙、彭婆抵洛阳。当年黄巢曾有一部将战毙于彭婆，今彭婆东陵上尚有其墓葬。《直隶汝州全志》"崇祯十四年二月，李自成破洛阳，攻汝州"，亦取此道[③]。这条路是出龙门伊阙而南的一条大道。此道经今雁翎关、宫前、三乡、韩城、赵堡、白杨、平等、白元、内埠、临汝镇、温泉、杨楼、半扎店去宝丰，在宝丰折向西南至鲁山。从鲁山向西南到南召再沿沙河支流瀼河和白河支流鸭河河谷，顺白河南下抵南阳，古称三泜路，又称三鸦路。广成道南与三鸦路相接，构成了轘辕古道以西洛阳至南阳盆地的又一条交通线。三鸦路的得名，乃因南召到鲁山段有三处要冲之地，即今云阳镇南的山梁处谓第一鸦；经北召店、皇后峪、上分水岭，谓第二鸦；平高城（今鲁山县的瀼河镇）谓第三鸦，三鸦路因此而得名。三鸦路曲折坎坷，交通远不及方城道便利。三鸦路的形成较轘辕古道而言虽是较晚的，但也可上溯至西周时期。西周，昭王、穆王为防楚北侵，特命开辟与申（今南阳市北）、吕（今南阳市西方营村）二诸侯国的通道。《史记·楚世家》载："古鸦路，南通荆、楚。夫周之盛世，申、吕方强。为周之翰，故荆楚有所惮，而不敢肆。"东汉光武帝元年（25年），大将邳彤镇守淯阳关时，为方便其与帝乡南阳的联系，曾下令加修宛洛大道。是年，刘秀遣侍中傅俊率兵三百余人到淯阳（今河南南阳市英庄乡大胡营村）迎接阴皇后及诸公主到洛阳。途经三鸦路筑有馆舍停宿，谓之"皇后城"（即今南召县皇后乡）。"驱车策驽马，游戏宛与洛"的诗句，从一

---

① （南朝宋）范晔撰，（唐）李贤等注：《后汉书》志第二十二《郡国四·荆州》，中华书局，1965年，第3481页。

② （宋）乐史撰，王文楚等点校：《太平寰宇记》卷一百四十五《山南东道四·襄州》，中华书局，2007年，第2811页。

③ 洛阳地区交通史志编纂委员会编：《洛阳地区交通志》，当代中国出版社，1995年，第63页。

个侧面反映了该路当时的兴旺景象[①]。

广成—三鸦路尽管也是一条洛阳通向南阳盆地的大道，但它在颍、汝两水的上游地区却是可以通向阳翟的。如前所述，自阳翟向西不远，便是汝州（今临汝），因此，汝州便成为阳翟以西的重要枢纽。所以，自阳翟（禹州市）向西，经郏县北、庙下到临汝镇，便成为阳翟西去的又一条大道，而这条大道正与广成—三鸦路相串通，方便了通过此路旅人的东去。所以自广成——三鸦向东，只要是想到达黄淮大平原的西缘又必须经过轘辕—方城一线，这同时也显示了洛阳—南阳双轨之一的东线在交通上的重要地位。

二、轘辕古道的地理形势与历史价值

晋代文学家左思在《三都赋》中说“河洛为王者之里”。李善注曰：“（此）言周汉皆以河洛为都邑。”[②]这是说中国历史上的周汉诸王朝皆以洛阳为王都。周汉诸王朝以洛阳为王都是与其周围优越的地理形势分不开的。洛阳所在的河洛盆地除了北面濒临滚滚黄河，以连绵的邙山作屏障外，其他东、西、南三面都为群山所环绕。西部伏牛山是秦岭山脉东延部分，其实这里更适合称为豫西山地丘陵地区，秦岭山脉山体高大，进入河南明显出现余脉特征，山势降低，山脉分岔（支），向东北和东南方向呈扇形展开。最西北的是小秦岭，系著名的西岳华山东延部分，山体高大，主脊背在2000米以上；靠南紧邻的是崤山，崤山向南为熊耳山，介于伊洛两河之间，和崤山走向一致；熊耳山东南面紧邻的是外方山，外方山向东是嵩山和箕山，它们是一孤立的块状山地。秦岭山脉在河南最南面的一条支脉为伏牛山，在各支脉中规模最大。伏牛山呈西北东南走向，到南阳盆地突然中断形成南阳盆地东北角宽阔的缺口，成为其与东部平原联系的主要通道。伏牛山脉规模巨大，山势异常高峻雄伟，1500米以上的峻峰广泛分布，成为黄河、长江、淮河的分水岭[③]。崤山、熊耳山、外方山、嵩山与伏牛山簇集在一起，不仅从东、西、南三面构成了河洛盆地的巨大屏障，而且更阻塞了河洛平原通向南方与东南的交通。绵亘不绝的伏牛山、桐柏山、外方山、大别山等诸多山脉就像巨人张开的手臂环抱着中国东部的黄淮大平原。又由于这些大山呈扇形向东展开，使得黄河以南的整个豫西、豫南地区呈现出西高东低之势，这些山脉之间不仅有独立的水系分布，而且每条大河都与群山环绕的山间盆地相错列，较大的盆地有宜

① 《南阳地区交通志》编纂委员会：《南阳地区交通志》，河南人民出版社，1995年，第43页。

② （梁）萧统编，（唐）李善注：《文选》卷四《蜀都赋》，中华书局，1977年，第75页。

③ 冯德显：《河南：一半是山地，一半是平原》，《中国国家地理》2008年第5期，第61页。

洛（宁）盆地、河洛盆地、临汝盆地和南阳盆地等，而河洛盆地和南阳盆地则是其中面积较大的。由于熊耳山、外方山、伏牛山、崤山等诸山横亘在河洛盆地和南阳盆地之间，成为中原西部地区不可逾越的天然屏障，所以欲从河洛盆地南下就不能不先向东南越过箕山、嵩山等这些相对低矮的小山到达黄淮平原的西部边缘，然后再折向黄淮平原的各个方向。

环绕在河洛盆地东部的嵩山、箕山从地质构成上来说都是单斜构造山山体。单斜构造山山体是一种以单斜构造为主导成因的山地地貌类型，突出的特征是两侧山坡不对称，岩层倾斜面所构成的山坡和缓，岩层断开面的山坡特别直立陡峭①。所以岩层倾斜面所构成的较为和缓的山坡便成为易于通行的交通孔道，轘辕古道就是利用了这样较为和缓的山坡而形成的一条著名的古道。与轘辕古道的形成有明显差异的是通往南阳盆地的诸多交通古道，以环绕南阳盆地北、东两侧的伏牛山、桐柏山而言，由于大断裂常切截山脉，使山脉中断而不连续，形成横穿山地的横谷。如伏牛山脉东南延伸到方城附近，突然被切中断，形成著名的方城缺口②。中国历史上闻名已久的方城古道就是利用了伏牛山脉断裂切截而形成的山谷。由于方城古道充分利用了山脉断裂切截后的谷道，所以使得古代来往于南阳盆地与中原之间的交通都必须通过这个隘口。而方城道的东北顶点，就恰好位于黄淮平原的东部边缘，它与从河洛盆地东南方向南下的轘辕古道相衔接，成为沟通黄淮平原东部南北交通的一条弧形通道，这条弧形通道在历史上发挥过重要作用。

轘辕古道起自河洛盆地，向东南逾嵩山至于黄淮平原西缘的颍、汝上游之间，在历史上，不仅作为河洛盆地的东南屏障发挥了拱卫洛阳的重要作用，而且还是自河洛盆地东出淮水、南下南阳盆地最为便捷的通道。河洛盆地作为都城的历史，其开端绝非仅始于西周，以轘辕古道的南段作为王都洛阳防御的屏障，其在金文中就有所反映。

周穆王时，逐渐强大的淮夷再次向西周发动军事进攻，《后汉书·东夷列传》云："徐夷僭号，乃率九夷以伐宗周，西至河上。穆王畏其方炽，乃分东方诸侯命徐偃王主之。"徐位于淮河下游泗洪地区，徐率九夷（即淮夷）向西攻打西周，其主要战场就是淮汝颍地区。《录𢦚卣》："淮夷敢伐内国，汝其以成周师氏戍于古𠂤。"《稽卣》："稽从师雍父戍于古𠂤。"古𠂤，据徐中舒先生所考，地在今河南叶县。《𢦚簋》："六月初吉乙酉，在堂𠂤，戎伐𣪘，𢦚率有司、师氏奔追御戎于棫林，博戎胡。"同时期的《𢦚方鼎》："王用肇使乃子𢦚率虎臣御淮戎。"《录簋》："伯雍父来自胡，蔑录历，赐赤金。"上述铭文提到的胡，即西周时期胡国，位于今河南郾

① 冯德显：《河南：一半是山地，一半是平原》，《中国国家地理》2008年第5期，第61页。

② 邵文杰总纂：《河南省志》第62卷，河南人民出版社，1994年，第63页。

城县（一说在郾城区西南，归姓，春秋初灭于郑，另有春秋时胡国，在阜阳市西北二里，战国时灭于楚），在穆王时西周与淮夷的战争中，它是西周的盟国。《㦚簋》中的“博戎胡”意指搏戎于胡境，戎即《㦚方鼎》中的淮戎，亦即淮夷。《史记·鲁世家》称，“淮夷、徐戎亦并兴反”，可知东方民族亦可称“戎”。堂𠂤即堂谿，在今河南西平县。棫林，《左传·襄公十六年》：“（晋）次于棫林，庚寅，伐许。”此时许国位于楚叶县地，晋从西北来，伐叶县之许先经过棫林，则此棫林离叶县必不甚远，其地不出今河南宝丰、襄城、郏县诸县之间。由此可见，西周穆王时期的军事防御线在今叶县—郾城—西平一线[①]。这里的叶县—郾城—西平正好位于淮、汝、颍上游地区，其北通过轘辕古道与河洛盆地相连，而其西面又经方城缺口、桐柏缺口与南阳盆地串通，成为洛阳东南的屏障。轘辕古道南段的汝、颍上游有失，那么从东南而来的力量便会攻入伊洛盆地，所以至西周夷厉之世，在青铜器铭文中出现了“南淮夷”的称呼。南淮夷即是由淮河两岸地区嬴偃姓诸侯国结成的军事联盟。周厉王时，南淮夷还曾一度攻入西周腹地——伊洛平原地区，其主要战场就在淮汝颍地区[②]。从这里我们可以看到轘辕古道与河洛盆地的防御关系是息息相关的。

轘辕古道作为国都洛阳东南屏障的历史地理价值，迄于汉魏隋唐之际仍未见有稍许的改变。顾祖禹《读史方舆纪要》中综述轘辕古道史事也最为详赡：“在县西南七十里。其坂有十二曲，将去复还，故名。《左传》襄公二十一年：‘晋栾盈奔楚，过周，王使诸侯出诸轘辕。’《战国策》：张仪曰：‘秦下兵三川，塞轘辕、缑氏之口。’《史记》：‘沛公伐秦，南出轘辕。汉三年从轘辕至阳城。又樊哙攻轘辕，克之。’武帝时淮南王安谋反，欲塞轘辕、伊阙之道。建武九年帝幸缑氏，登轘辕。灵帝时为河南八关之一。建安初曹操奉献帝迁许，从轘辕而东。晋怀帝永嘉二年群盗王弥自许昌入轘辕，败官军于伊北，遂逼洛阳，屯于津阳门。三年刘渊使王弥等复寇洛阳，不克，乃南出轘辕，掠豫、兖而东。四年刘聪使其子粲等犯洛阳，粲出轘辕，掠梁、陈、汝、颍间。五年刘曜、石勒等陷洛阳，勒引兵出轘辕，屯许昌。后魏永安二年元颢入洛，既而败于河桥，轻骑南走，自轘辕南出至临颍，为人所杀。唐武德二年讨王世充，王君廓攻轘辕克之，世充遣将魏隐来救，为君廓所败，遂东徇地至管城而还。四年王君廓与世充将单雄信等相持于洛口，世民援之，至轘辕，雄信等遁去。乾符元年黄巢侵逼东都，诏发兵守轘辕、伊阙、河阴、武牢。孔颖达曰：‘轘辕山在缑氏县东南三十里，道路险厄，自古为控守处。’”[③]说明轘辕古道在汉唐以前是洛阳东出淮汝颍的大门。

---

① 晏昌贵：《淮汝颍地区是先秦时期文化交流的中心》，《华夏考古》1992年第2期，第90～91页。

② 晏昌贵：《淮汝颍地区是先秦时期文化交流的中心》，《华夏考古》1992年第2期，第91页。

③ （清）顾祖禹：《读史方舆纪要》卷四十八《河南三》，中华书局，2005年，第2246页。

三、轘辕古道的开凿时间

对于轘辕古道的记载最早见于《左传·襄公二十一年》，这一年的秋天，晋国的栾盈出奔楚国，就是自今晋南过黄河，经周之洛阳，向东南沿轘辕古道南下的。《左传·襄公二十一年》载："栾盈过于周，周西鄙掠之……使司徒禁掠栾氏者，归所取焉，使候出诸轘辕。"杨注说："轘辕，山名，在河南登封县西北30里，又跨巩县西南。险道也。"[①]杨伯峻先生说在登封县西北30里之说，可能有误，按照现在行政区划来看，轘辕关实应在偃师市东南30公里府店乡境内。在这里杨伯峻先生《春秋左传注》（修订本）中所说的轘辕关就是指轘辕古道而言，这条道路的命名按照《元和郡县志》所说应该是因"道路险隘，凡十二曲，将去复还，故曰轘辕"[②]之故，而所谓的轘辕关应该是为控制这条古道而设置的一处关隘，两者不能混同。

轘辕古道是利用嵩山岩层斜面所构成的和缓山坡而开凿的一条人工通道。古书上说这条道路"状如车箱"。2007年夏，笔者曾到此路做过实地考察，看到轘辕古道道路都是由石板铺成，路面石块虽衔接高低凹凸，但仍尚称平坦；路旁一侧石壁侧立，壁上都有人工开凿痕迹，古道宽处有5—6米，窄处有3—4米，其状恰如车箱，说明这条古道乃是经过人工处理无疑。对于轘辕古道的开凿事见《汉书·武帝本纪》。元封元年，汉武帝巡游全国，至缑氏，缑氏就在轘辕古道西北不远，今偃师市境内犹有缑氏镇。武帝还经轘辕道至嵩山封禅，故《汉书·卷六》载："春正月，（武帝）行幸缑氏。诏曰：'朕用事华山，至于中岳。获驳麃，见夏后启母石。翌日，亲登嵩高，御史乘属、在庙旁吏卒咸呼万岁者三。登礼罔不答。其令祠官加增太室祠，禁无伐其草木。以山下户三百为之奉邑，名曰嵩高，独给祠，复亡所兴。'"[③]这里的嵩高就是指嵩山而言的，故文颖注曰："嵩高也，在颍川阳城县。"而汉武帝在巡游时所见的"夏后启母石"，按应劭曰："启生而母化为石。"文颖曰："在嵩高山下。"师古曰："启，夏禹子也。其母涂山氏女也。禹治洪水，通轘辕山，化为熊，谓涂山氏曰：'欲饷，闻鼓声乃来。'禹跳石，误中鼓。涂山氏往，见禹方作熊，惭而去，至嵩高山下化为石，方生启。禹曰：'归我子。'石破北方而启生。事见《淮南子》。景帝讳启，今此诏云启母，盖史追书之，非当时文。"[④]而此地广为流传的禹开轘辕道

---

① 杨伯峻：《春秋左传注》，中华书局，1981年，第1061～1062页。

② （唐）李吉甫撰，贺次君点校：《元和郡县图志》卷五《河南道一》，中华书局，1983年，第133页。

③ （汉）班固撰，（唐）颜师古注：《汉书》卷六《武帝纪》，中华书局，1962年，第190页。

④ （汉）班固撰，（唐）颜师古注：《汉书》卷六《武帝纪》，中华书局，1962年，第190页。

石裂而生启的故事显然是有文献来源的。所以《汉书》《淮南子》中关于启母化石的记载反映了轘辕古道与夏文化之间的密切关系。

轘辕古道是一条西北—东南向的古道，其西北方向应起自河洛平原，中经嵩山，东南达于颍、汝两水的上游，就其道路两端的考古学文化而言，与夏文化有密切的关系。以洛阳为中心的河洛平原毫无疑问是夏王朝活动的中心，河洛平原上发现过十分丰富的二里头文化遗存。作为夏王朝活动的中心区域，其文化遗存相对较为密集。偃师二里头遗址有完整的二里头一至四期的文化遗存，据考古发掘资料结合文献分析，偃师二里头遗址是夏墟“阳城”（此一说，也有斟鄩说——笔者注），是夏朝的政治中心。在其邻近地区的洛阳锉李遗址的第四、五期相当于二里头文化的一、二期，也就是说锉李遗址存在二里头早期遗存。伊川南寨存在二里头二、三、四期遗存，早晚两期皆有。汝州煤山存在二里头早期遗存，汝州李楼的情况与煤山类型相似，存在二里头早期遗存。如此，则可看出，在洛阳地区除了典型的二里头遗址存在二里头一至四期遗存外，其他二里头类型的遗存多属二里头早期。由此可知，洛阳及其周围地区既是夏文化的中心区域，又是夏文化鼎盛时期的所在地①。

河洛平原向东南越过嵩山，便是颍、汝两水的上游。以颍水而言，颍河上游是指发源于嵩山南麓的颍河（古称颍水），流经现今的登封市（原登封县）与禹州市（原禹县）境内长约70公里的颍河沿岸广大地区而言。颍河在流出登封市境内的丘陵峡谷间，又经过禹州市境内的浅山丘陵区向豫东大平原流去，注入淮河。在颍河上游的登封市和禹州市境内，就有不少与夏代都邑和夏人活动点地望有关的文献记载与传说②。而这里所说的禹州市虽然位于颍河之畔，但其向南不远便是汝水的上游，故颍、汝上游之地可视为一体。

对于文献中反复道及的夏代阳翟、康城与钧台等地的地望问题，目前考古学界多认为在颍、汝上游的今禹州市境内。《史记》集解徐广曰：“禹居阳城。”③《水经注》颍水条说：“颍水自堨东迳阳翟县故城北，夏禹始封于此为夏国。”④《史记·夏本纪》《正义》引《帝王世纪》曰：“禹受封为夏伯……今河南阳翟是也。”⑤《水经

① 徐燕：《豫西地区夏文化的南传路线初探》，《江汉考古》2005年第3期，第58～59页。

② 安金槐：《豫西颍河上游在探索夏文化遗存中的重要地位》，《考古与文物》1997年第3期，第54页。

③（汉）司马迁：《史记》卷一百二十九《货殖列传》，中华书局，1982年，第3269页。

④（北魏）郦道元著，陈桥驿校证：《水经注校证》卷二十二《颍水》，中华书局，2007年，第513页。

⑤（汉）司马迁：《史记》卷二《夏本纪》，中华书局，1982年，第49页。

注》颍水条又说："颍水又东出阳关，历康城南。"[①]《太平寰宇记》说："康城，《洛阳记》云：'夏少康故邑也。'"[②]《括地志》说："故康城在许州阳翟县西北三十五里。"[③]关于钧台，《左传》说："夏启有钧台之享。"杜预注："河南阳翟县南有钧台陂。"[④]《太平寰宇记》七卷引王隐《晋书·地道记》云："钧台下有陂，俗谓之钧台陂。"[⑤]《史记·夏本纪》说："迺召汤而囚之夏台。"《索隐》说："夏曰均（应为'钧'）台。"皇甫谧曰："地在阳翟是也。"[⑥]《元和郡县图志》说："钧台，在县南十五里。"[⑦]

由于颍、汝上游地区存在着大量与夏代都邑地望有关的文献记载和传说，所以这一区域一直是我们探索夏文化的重要地区。根据徐旭生先生的粗略统计："在先秦书中关于夏代并包有地名的史料大约有八十条左右；除去重复，剩下的约在七十条以内。此外在西汉人书中还保存有三十条左右，可是大多数重述先秦人所说，地名超出先秦人范围的不多。这不到百条的史料，对于我们想找夏氏族或部落活动区域的问题来说还得去掉一大部分。……对我们最有用的仅只不到三十条关于夏后氏都邑的记载，绝大部分是在左传、国语、古本竹书纪年里面……"[⑧]徐旭生先生通过对剩下来不多条的史料比较探索，觉得有两个区域应该特别注意：第一是河南中部的洛阳平原及其附近，尤其是颍水谷的上游登封、禹县地带；第二是山西西南部汾水下游（大约自霍山以南）一带。我们且抛去第二个问题不谈，仅就颍汝之间的夏文化与河洛盆地夏文化的传播而言，其间必存在一条文化播迁通路。

1975—1979年间，河南省考古研究所在安金槐先生的主持下对登封和禹州二市境内颍河上游地区进行了比较全面的、以探索夏文化遗存为目的的考古调查，这次调查的重点主要放在该地区的龙山文化中晚期遗址和二里头文化类型遗址上。在登封市境

---

① （北魏）郦道元著，陈桥驿校证：《水经注校证》卷二十二《颍水》，中华书局，2007年，第512页。

② （宋）乐史撰，王文楚等点校：《太平寰宇记》卷七《河南道七·许州·阳翟县》，中华书局，2007年，第133页。

③ （唐）李泰等著，贺次君辑校：《括地志辑校》卷三《许州·阳翟县》，中华书局，1980年，第160页。

④ 李学勤主编：《十三经注疏·春秋左传正义》卷四十二《昭公四年》，北京大学出版社，1999年，第1200页。

⑤ （宋）乐史撰，王文楚等点校：《太平寰宇记》卷七《河南道七·许州·阳翟县》，中华书局，2007年，第133页。

⑥ （汉）司马迁：《史记》卷二《夏本纪》，中华书局，1982年，第88页。

⑦ （唐）李吉甫撰，贺次君点校：《元和郡县图志》卷五《河南道一》，中华书局，1983年，第138页。

⑧ 徐旭生：《1959年夏豫西调查"夏墟"的初步报告》，《考古》1959年第11期，第593页。

内的颍河沿岸及其主要支流沿岸的初步调查中，共发现龙山文化遗址和二里头文化遗址20处，其中龙山文化中晚期遗址（有的和龙山文化早期或仰韶文化共存）计有康村遗址、杨村遗址、毕家村遗址、南城子遗址、西范店遗址、告成北沟遗址（包括有龙山文化早期）6处；龙山文化中晚期与二里头文化类型共存的遗址有小李湾遗址（原称后河遗址）、袁村遗址、李家村遗址、十字沟遗址（原称油坊头遗址）、华楼遗址、程窑遗址、王城岗遗址、西施村遗址、垌上遗址、南高马遗址10处；二里头文化类型遗址有袁桥遗址、安庙遗址、王村遗址、玉村遗址4处。又如在禹州市境内颍河沿岸和部分支流沿岸的初步调查中，共发现龙山文化遗址与二里头文化类型遗址共17处，其中龙山文化中晚期遗址（部分与龙山文化早期或仰韶文化共存）有白沙遗址、闫砦遗址、谷水河遗址、连楼遗址、沙陀遗址、谭陈遗址、胡楼遗址7处；龙山文化中晚期与二里头文化类型共存的遗址有崔庄遗址、董庄遗址、龙池遗址、下母遗址、冀寨遗址、瓦店遗址、余王遗址、王山遗址、吴湾遗址9处；二里头文化类型遗址有枣王遗址1处。

就登封、禹州二市境内颍河及其主要支流沿岸的初步调查，就发现龙山文化中晚期与二里头文化类型共存的遗址有19处之多，说明颍河上游地区的龙山文化中晚期与二里头文化类型之间的关系是相当密切的[①]。

此外在颍汝两水的上游地区还发现过登封王城岗、禹州瓦店与闫寨三处龙山文化中晚期遗址。这三处遗址分布面积较大，文化层堆积较厚，各种遗迹遗物都很丰富，特别是登封王城岗遗址，对于确定夏代早期的阳城遗址具有重要意义。《孟子·万章上》记有“禹避舜之子于阳城”。赵岐注“阳城在嵩山下”。《史记·夏本纪》集解：“禹居阳城，今颍川阳城是也。”《水经注》“颍水条”云：“（五渡水）东南流入颍水。颍水径县故城南。昔舜禅禹，禹避商均，伯益避启，并于此也，亦周公以土圭测日景处。……县南对箕山。”文献中阳城的地望和今登封东南15公里的告成镇是相吻合的。告成镇在五代时称告成县，唐以前是阳城县。这里东有石淙河，西有五渡河，北靠嵩山，南临颍水，隔河与箕山相望。顺颍水东下，经石羊关至禹县与豫东大平原相接；沿五渡河西北上，过轘辕关与伊洛河谷相连。1979年在告成镇东北的一座东周城址里，发现印有“阳城仓器”的陶豆和印有“阳城”的陶量，证明这里就是东周时期的阳城遗址，这为寻找夏初的阳城提供了线索。不仅如此，就在东周阳城遗址西边约1公里的王城岗，发现了一座东西并列的城堡遗址[②]。这座城堡遗址就是著名的登封王城岗河南龙山文化晚期城址，其年代在夏朝初期，其地望“禹都阳城”、

① 安金槐：《豫西颍河上游在探索夏文化遗存中的重要地位》，《考古与文物》1997年第3期，第56～57页。

② 杨育彬：《河南考古》，中州古籍出版社，1985年，第72～73页。

“禹居阳城”和“夏都阳城”的范围之内。城址虽小，城墙基槽夯土的夯筑方法也很原始，但这种现象正符合中国古代城垣建筑由小到大、从原始趋向成熟的发展规律。因此登封王城岗遗址的发现，尽管还不能确定是夏都阳城，但对探索夏王朝统治中心区域的文化，可算是一次突破[①]。阳城地望的确定对我们探索轘辕古道有重要意义，阳城就在今天偃师至登封轘辕古道遗迹的近旁，因而早期夏文化的传播很可能借助了这条古道（图一）。

若由颍汝两水上游轘辕古道的南段折向西南方向，经过方城隘口可以到达南阳盆地。该地区内有关二里头文化的考古材料有三处：淅川下王岗遗址、邓州市陈营遗址以及方城县八里桥遗址。南阳盆地所发现的二里头文化遗址虽然数量不多，但遗址相对典型，与偃师二里头遗址的一至四期相对照，淅川下王岗所出土的二里头文化遗址相当于二里头文化一期和三期，以三期文化遗存为主。邓州市陈营二里头文化遗存相当于二里头三、四期，其中以三期较为丰富。方城县八里桥遗址所出土的二里头文化遗存相当于二里头文化三期。由此我们不难看出，南阳地区的二里头文化遗存主要偏于晚期，前期的东西极少，考虑到洛阳地区的二里头文化是早晚两期都具备或偏于早期，因此有学者认为“南阳地区的二里头文化是洛阳地区二里头文化的发展和延续”[②]。这个意见应是正确的。

方城县八里桥遗址的材料较为完整丰富，对研究南阳地区的二里头文化具有典型意义。八里桥的遗迹中多见不规则形口、锅形底灰坑。遗物中以陶器为大宗，其中夹砂陶明显多于泥质陶，多为灰色陶，其次为黑陶，有一定数量褐陶。纹饰以绳纹居多，其他还有附加堆纹、旋纹、压窝纹、鸡冠耳、花边口、刻槽等装饰。器形以鼎、夹砂中口深腹罐、小圆腹罐、花边口沿罐、刻槽小罐、豆、爵、大口尊、盆、瓮、缸等构成器物群。这些文化特征与二里头遗址为代表的二里头文化类型相符合，因此判定其文化性质属于二里头文化。“将本遗址出土二里头文化的代表性器类如夹砂中口深腹罐、大口尊、豆与二里头遗址出土的同类陶器相比，结果与二里头三期同类遗存相近，据此推断本次发掘所获二里头文化遗存时代约相当于二里头文化三期。”[③]故此，我们认为南阳盆地的二里头文化是河洛盆地二里头文化的延续，它的出现受到了偃师二里头文化的影响，二者之间具有明显的继承性。这里应该特别指出方城八里桥遗址对于研究南阳盆地二里头文化的典型意义应该是由其特殊的地理位置决定的，此地正处在古代方城路的必经之地。《史记·越王勾践世家》曰：“夏路以左，不足以备秦。”《索隐》引刘氏云：“楚适诸夏，路出方城，人向北行，以西为左，故云夏

---

① 杨育彬：《河南考古》，中州古籍出版社，1985年，第74～75页。

② 徐燕：《豫西地区夏文化的南传路线初探》，《江汉考古》2005年第3期，第59页。

③ 徐燕：《豫西地区夏文化的南传路线初探》，《江汉考古》2005年第3期，第59～60页。

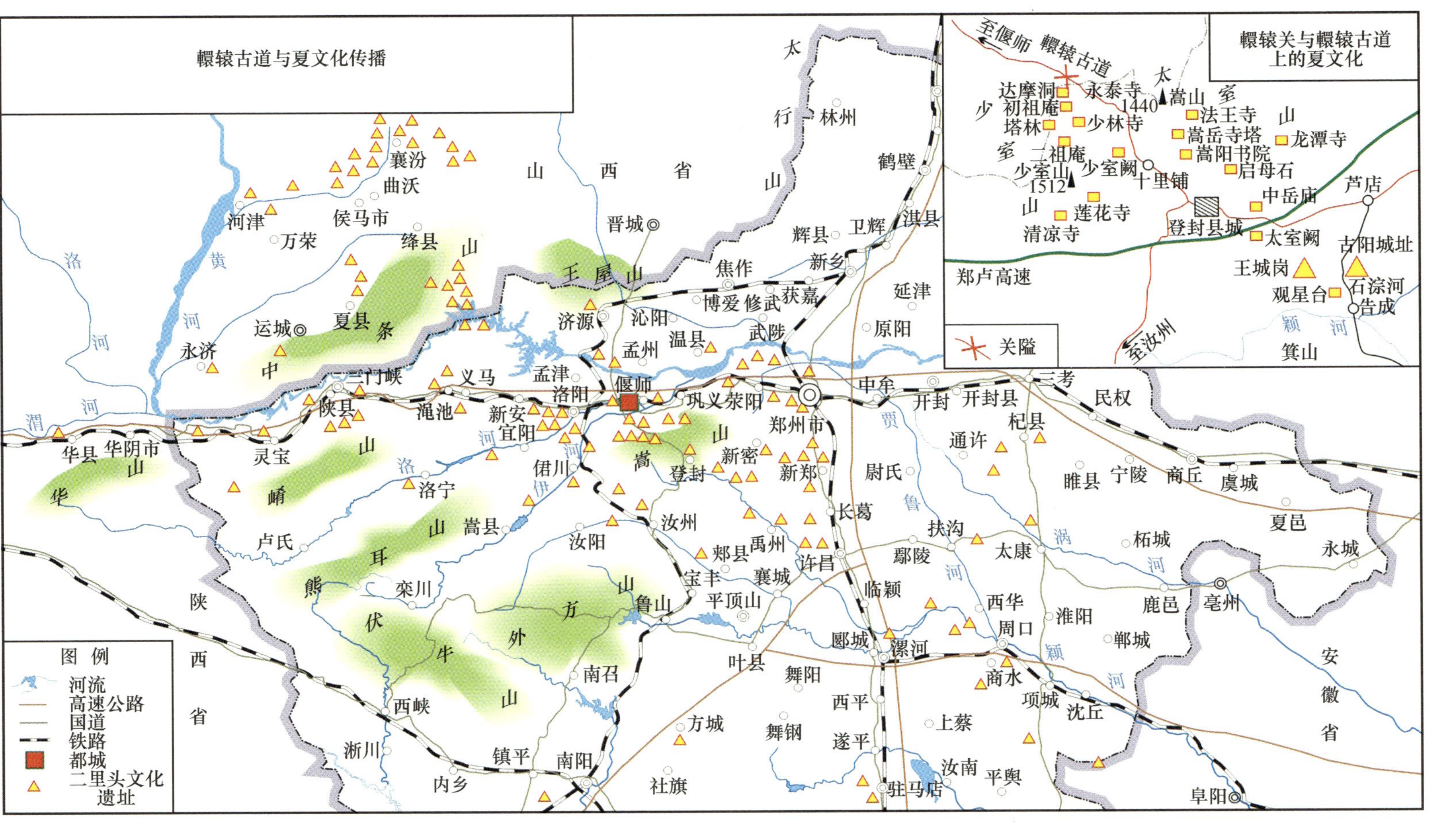

图一　轘辕古道与夏文化传播示意图

路以左。”[①]这里的夏路应该就是夏文化传播的主要道路：轘辕—方城古道。由此看来，河洛盆地为中心的夏文化是经由轘辕古道向东南汝、颍两水的上游，也就是轘辕古道的南段，然后再折向西南，由方城路（即夏路）传入到南阳盆地的。载于古代文献之中的夏路正是指轘辕—方城路而言的。

若由颍、汝两水上游轘辕古道的南段折向东南方向可至于淮河流域。以往对于二里头文化分布区域南缘的看法是：地处北纬33°的南阳、驻马店、阜阳一线，应是典型二里头文化（即二里头类型）分布区的南缘[②]。可现在随着考古资料的增加，这一观点被进一步修正。有学者认为这个范围应向南推至豫南的信阳地区，信阳三里店遗址群应该是这一地区典型的二里头文化遗存。在此地，大多堆积着一至四米厚的古代人类遗留的文化层——灰土层[③]。三里店位于淮河支流浉河南岸，与信阳市隔河相对，由于这里是丘陵，地势相对较高，历代都在此作埋葬场所，但目前发掘过的只有鲍家山和北丘两处遗址。从鲍家山和北丘两处遗址的出土文物可以看出，三里店遗址群的主要文化特征是以夹砂灰陶和泥质灰陶为主，陶质坚硬。主要器形有鬲、簋、鼎、豆、碗。纹饰以绳纹为主，还有弦纹和刻划纹。这些都符合二里头文化的特征。鬲的出现是此期的典型文化特征，鲍家山的陶片特点，是上层有鬲无鼎，下层有鼎无鬲。则说明鲍家山下层文化中鬲还没有出现，而上层有鬲出现，也符合二里头文化早晚两期的渐变情况[④]。因此，将二里头文化分布地域的南缘暂推至淮河流域的信阳地区的看法应该是可信的。

从上所论，由考古学文化所反映出来的河洛盆地、南阳盆地与淮河流域信阳地区二里头文化的典型特征来看，二里头文化的传播路线应该自河洛盆地向东南，越过嵩山，到颍、汝两水上游，然后自颍、汝两水上游向西南、东南分出两支，一支向西南通过方城隘口进入到南阳盆地；另一支则向东南顺颍、汝两水的流向最终进入到淮河流域。而这条夏文化的传播路线在颍、汝两水上游以北地区至于河洛盆地的部分，就应该是走轘辕古道。从这个意义上来说，轘辕古道的开凿时间应与夏文化相一致的，不会晚于二里头时代，还可以上推至龙山中晚期。

---

① （汉）司马迁：《史记》卷四十一《越王勾践世家》，中华书局，1982年，第1748～1750页。

② 北京大学考古系、驻马店市文物保护管理所：《河南驻马店市党楼遗址的发掘》，《考古》1996年第5期。

③ 《河南信阳三里店古文化遗址》，《文物参考资料》1954年第6期，第26页。

④ 徐燕：《豫西地区夏文化的南传路线初探》，《江汉考古》2005年第3期，第57页。

四、轘辕古道的废弃

河洛盆地作为都城的历史自夏商迄于唐宋共计有13个王朝之多，其中5处都城遗址俱已查明，即通常所说的洛阳五大都城遗址。如按年代先后排列，依次为偃师二里头遗址、偃师商城遗址、东周王城遗址、汉魏洛阳城遗址和隋唐东都洛阳城遗址。这些城址，同是沿洛河（此指改道以前的洛河，其河道与今洛河的差异，是自汉魏洛阳城至偃师商城遗址的一段，故河道在今洛河以南）营建，但并不固定于一地，而表现为伴随时代变迁而东挪西移。移动范围，自东至西可达30—35公里①。历代洛阳城址的迁移自然影响到其周围道路体系与交通重心的变化。以河洛盆地内发现的两处西周城址而言，这两处城址的选择显然是给予其附近客观环境与交通条件更多的考虑和关注。以瀍河下游两岸的雒邑成周城址和汉魏洛阳城遗址内的西周城址而言，这两处西周城址都较夏商城址靠西，地势也较高显开阔。它们在选址方面的高明之处在于，由于建城地点西迁，避免了二里头遗址、偃师商城遗址所特有的地势低下、可利用地域狭窄和易遭水患威胁等天然缺陷。从宏观上看，这两处西周城址还分别与其南15—25公里以外的山口相对，对城址附近的大环境及陆路交通给予了更多的注意。前述学者推定的雒邑成周城南对伊阙（龙门），汉魏洛阳城遗址内的西周城南对大谷，将城池建设同山川形势统一协调起来，浑然一体，使都邑显得格外雄伟壮丽。同时，又在保持伊洛河谷这一东西交通孔道的前提下，为开辟南北交通孔道，打下了良好基础②。这样的城市选址特点反映了洛阳盆地内西周城址和汉魏故城与客观环境、陆路交通之间的密切关系。

如前所述，轘辕古道沿线地区大量夏商文化遗址的发现，说明这条古道在夏商时期应该是河洛盆地通向黄淮大平原最为重要的孔道，它的形成显然与夏、商两代都城的设置偏于整个河洛盆地东部的今偃师境内有关，偃师二里头遗址位于古洛河北岸，东西约1.5公里，南北约1公里，遗址所在的高地整体作东西向带状，东达偃师商城，西逾汉魏洛阳城遗址，它即是历史文献屡屡称道的古亳坂。由现已掌握的实际资料看，二里头遗址向南、向北均未超出古亳坂的地理界限，二里头遗址内涵十分丰富。其间既有多座大型宫殿遗址，成批一般居住基址和各种手工业作坊，又有大量灰坑、窖穴和墓葬。出土遗物主要为青铜器、玉器、陶器、石器、骨角器和蚌器，还有少量漆器和卜骨，其中除生产工具、生活用具外，武器和礼器也占一定比例，制作精美的珍贵工艺品不在少数。建筑、墓葬和出土遗物所体现的种种社会对立现象，揭示了阶级和

① 段鹏琦：《洛阳古代都城城址迁移现象试析》，《考古与文物》1999年第4期，第40页。

② 段鹏琦：《洛阳古代都城城址迁移现象试析》，《考古与文物》1999年第4期，第45页。

早期国家的存在。鉴于其年代与文献中的夏代相当，二里头文化的分布范围，又在传说中夏人活动的区域，因此，对二里头文化的研究，一开始便与夏文化的探索紧密联系在一起[①]。距二里头遗址东北6公里处的偃师商城遗址，与二里头遗址同处于洛河北岸的古亳坂上。东临伊、洛汇流处，西距二里头遗址约5.5—6公里。城址大体呈长方形，南北1710米，东西（最宽处）1240米，周遭筑建夯土城垣，城外有沟濠遗迹。其南半据亳坂，地势较高，海拔120米左右，城内主要建筑大多集中于此，可分三区，而其中处于南部居中部位的建筑群，即是该城的宫殿区。约当今310国道北侧部位，有东西向古代大道一条，应是古尸乡沟之所在[②]。由于夏商时期坐落于河洛盆地的都城都位于盆地的东缘，所以选择距其不远的嵩山较为和缓的山坡作为交通的孔道，正反映了这一时期人们对这一地区地理条件的认识和利用，故经由轘辕古道东出嵩山便成为河洛盆地通向黄淮平原西缘的最为近捷、方便的通路，因此这条古道在河洛盆地都城城址未发生西移的条件下，从交通条件上来看反映了夏商都城选址与交通道路条件的密切关系。

汉魏洛阳城，在今洛阳市以东约15公里处，其前身即东周时期的成周城。成周城的规模，现已基本查明，适当汉至晋代洛阳的城中部和北部，其北界已达邙山南麓高地。另据文献记载，秦封吕不韦为洛阳十万户侯，又有扩城之举。这一连串的扩城工程，奠定了汉至晋代洛阳城的规模。据实地勘察，东汉、曹魏、西晋时期的洛阳城，平面呈不太规则的长方形，南城垣被今洛河冲毁，旧迹了无孑遗，其余三面城垣仍断断续续矗立于地面，东垣残长3895米，西垣残长3500米，北垣全长2523米。按古地貌，城区南、北两端地势较高，中部地势较低。城区南部高地与城南高地原应连为一体，当属古亳坂的组成部分；北部高地紧靠邙山南麓[③]。汉魏故城虽直对大谷关，以大谷关为南大门，但其城址仍偏于河洛盆地东缘，而没有离开今偃师市境，其西距二里头遗址仅5公里，因此汉魏晋时期的人们向东南迁移，仍以轘辕古道为最近捷的通路。

隋唐时以洛阳为东都。隋唐东都洛阳城遗址位于今洛阳市区东部、东周王城遗址东侧。此城址跨洛河而在，北距郏鄏，南对伊阙（龙门）。平面略呈方形，东、南、北三面城垣规整、端直，西城垣之洛北段较直，洛南段则明显弯曲。东城垣长7312米，南城垣长7290米，北城垣长6138米，西城垣长6776米。宫城、皇城南北毗邻，建于城区西北隅高地；其东有东城、含嘉仓城，西、北两面有夹城及诸小城围护。它们占据了洛河北岸的大部分城区。洛河以南以及洛北之宫城、皇城以外地面，则为面积

---

① 段鹏琦：《洛阳古代都城城址迁移现象试析》，《考古与文物》1999年第4期，第42页。

② 段鹏琦：《洛阳古代都城城址迁移现象试析》，《考古与文物》1999年第4期，第42页。

③ 段鹏琦：《洛阳古代都城城址迁移现象试析》，《考古与文物》1999年第4期，第43页。

广大的居民里坊和工商业区[1]。由于隋唐东都的营建，使坐落于河洛盆地的都城彻底改变了夏商时期无不靠近伊、洛二河汇流处并偏于盆地东侧的传统，而最终建于洛阳盆地的西部，且为此后历代所沿用，以至于成为现代洛阳城的基础。隋唐东都城的营建向河洛盆地的西侧迁移后，便以伊阙关为正南门，关于此《历代宅京记》有明确的记载："炀帝登北邙观伊阙曰：此龙门邪，自古何为不建都于此。苏威曰：以俟陛下。大业元年，自故都移于今所。其地周之王城，初谓之东京，改为东都。"[2]所以顾祖禹也说东京（洛阳）："城前直伊阙之口，后依邙山之塞，东出瀍水之东，西踰涧水之西，洛水贯其中，象河汉也。"[3]伴随着洛阳城址的西迁，河洛盆地中城市的重心和交通条件也发生了变化，轘辕古道不再为通向东南方向最近捷的通道，而与东都洛阳直对的伊阙道便成为自河洛盆地向南去最方便的道路。所以隋唐以后，自河洛盆地南下多取伊阙道而后再折向正东，轘辕古道也就逐渐废弃了。

第二节　虎牢关变迁蠡测

虎牢关是中原地区的古代名关，历史上虎牢关关址的设置发生过重大的变化，出现过新、旧两个虎牢关。虎牢新关遗址犹存，位于今荥阳市汜水镇西一公里大伾山南的虎牢关村，其地有碑石一通，楷书"虎牢关"三个斗字，碑高2米，宽70厘米，清雍正九年（1731年）勒石。而虎牢旧关则位于新关西北约四五里的今黄河河道之中，关址早已不复存在，两者不能相提并论。此处试对虎牢新、旧关址的兴废易徙及其与地理条件的相互关系问题作一探讨。

一、虎牢、成皋应为二城而非一城

当今学者谈及虎牢关的问题都将虎牢与成皋并论，认为虎牢关城即成皋故城。陈有忠先生认为（虎牢）秦以为关，汉乃县之，汉县之者，即于此设置成皋县，县虽曰成皋，而虎牢之名犹在。战国时虎牢已兼成皋之名，加之汉又于此置成皋县，故此，虎牢关又曰成皋关，成皋关即虎牢关也，虎牢、成皋是一关而二名。自秦置关，至明成化十七年（1481年）关废，旧虎牢作为关塞的时间长达1700余年。在此期间，除又

① 段鹏琦：《洛阳古代都城城址迁移现象试析》，《考古与文物》1999年第4期，第43页。
② （清）顾炎武：《历代宅京记》卷九《洛阳下》，中华书局，1984年，第149页。
③ （清）顾祖禹：《读史方舆纪要》卷四十八《河南府》，中华书局，2005年，第2219页。

名成皋外，关名又数次改易：唐曰武牢，五代梁复名虎牢，五代唐改名汜水，宋曰行庆，明以“原路通函谷（按函谷在崤山中），改曰古崤”[①]。陈习刚先生则认为战国秦汉时期，虎牢又称成皋。成皋一名亦来源于虢，东虢、虎牢、成皋三者字义相通。至迟在战国时，成皋一名已经出现[②]。总之，晚近学者都以虎牢关为成皋城，虎牢、成皋并为一城。

此虎牢、成皋之一城说可追溯至《清一统志》。《嘉庆重修一统志》成皋故城条下说：“成皋故城在汜水县西北，本古东虢国，后属郑为制邑，亦曰北制。《左传》隐公元年，郑庄公曰：制，岩邑也，虢叔死焉。五年，郑败燕师于北制，是也，又名虎牢。《穆天子传》：天子射猎于郑圃，有虎在乎葭中，天子将至，七萃之士高奔戎生捕虎而献之。天子命之为柙，畜之东虞，是为虎牢。《左传》庄公二十一年，郑伯定王室，王与之武公之略。自虎牢以东。襄公二年，孟献子请城虎牢以逼郑，遂城虎牢，其后为成皋。《战国策》三晋已破智氏，将分其地。段规谓韩王曰：‘分地必取成皋。’韩王曰：‘成皋石溜之地，无所用之。’段规曰：‘王用臣言，则韩必取郑。’王曰：‘善。’取成皋，至韩之取郑，果从成皋始。《史记》秦庄襄王元年，使蒙骜伐韩，韩献成皋。汉三年，汉王从荥阳走成皋。《晋书·地理志》：成皋县有关。《宋书·州郡志》：武帝北平关洛，置司州刺史治虎牢。《水经注》：河水经成皋县北，县治伾山上，萦带伾阜，岸绝峻，周高四十许丈，即虎牢也。城西北隅又有小城，周三里。《魏书·地形志》：泰常中，置北豫州治虎牢。《元和志》：开皇十八年，改成皋为汜水县；开元二十九年，自武牢城移于今理，西南至河南府一百八十里。《旧志》虎牢城在县西二里，明洪武二年，改虎牢为古崤，关置巡司戍守；成化十七年，裁。今县城即故关城，唐时所移也，成皋故城在县西大伾山上。元至大初，以河患迁治于县东十里，洪武六年，复旧治，以故县为旧城铺，今名上街镇。”[③]《清一统志》的编纂者，按照郦道元《水经注》卷五中的说法将虎牢城与成皋故城并论，认为两者应为一城，此说流布甚广，影响颇大，为后世学者所崇奉。

《清一统志》中所说的成皋故城今遗址犹存。2006年、2008年，笔者曾两次前去考察，看到成皋故城位于大伾山北，黄河之南，遗址虽高出众山，但其平如掌，其东、西、南三面重濠，唯北面有黄河啃啮其山根，其“东、西、南三面重濠，犹可

① 陈有忠：《历史上的新旧虎牢关》，《郑州大学学报》（哲学社会科学版）1986年第4期，第89～90页。

② 陈习刚：《唐五代以前虎牢、虎牢关问题考论》，《武汉交通职业学院学报》2005年第4期，第78页。

③ （清）穆彰阿等：《嘉庆重修一统志》，中华书局，1986年，第9200～9202页。

七百余丈，其深则数十丈，十数丈不等”[①]。在今成皋故城之东南，今大伾山，睡虎山之间有一峡谷，长约数里，宽不足百米，现为楼沟、关帝庙沟两村村民所居，两侧土壁夹耸，中央大路坦荡如砥，古代文献上所说的“绝成皋之口，天下不通”，笔者疑即是指此而言的。“根据关南的地理形势，实行关禁（即‘禁束道路’）并不困难，只要于大伾、睡虎二山之间简单地筑一道关墙，下辟‘门扉’，遣吏卒守之，即可‘禁末游，伺奸慝’，检查‘行人车马出入往来’。”[②]清王诜桂《修虎牢关记》中说虎牢关之西有旋门关，虎牢关之东有成皋关，而虎牢正居两关之中，其与旋门关、成皋关的位置关系符合若契，与文献记载和实际情况相一致，故咸丰十一年（1861年）《修虎牢关》载“故自春秋、战国，以逮两汉、六朝，或邑，或郡，或关，或州，并未去此而他图。即或添旋门关于西，添成皋关于东，亦以左右此城，未尝置此而不顾。古之人深知地利，用能以一城而为中州之枢”[③]。以之而论，迄今犹存的成皋故城及其东南侧的大道，就应该是春秋以来闻名于世的成皋故关和成皋古道，而不应是虎牢关。

在这里应该强调指出的是，成皋关与虎牢关不应混同，虎牢、成皋应为东、西两城而非一城，这在古代文献中亦可得到证明。《晋书》卷六十二《祖逖传》载：“时中原士庶咸谓逖当进据武牢，而反置家险厄，或谏之，不纳。逖虽内怀忧愤，而图进取不辍，营缮虎牢城，城北临黄河，西接成皋，四望甚远。逖恐南无坚垒，必为贼所袭，乃使从子汝南太守济率汝阳太守张敞、新蔡内史周闳率众筑垒。”[④]《祖逖传》中明确记载虎牢在成皋城之西。《北史》卷一《魏本纪第一》载：“夏四月丁卯，幸成皋，观武牢。而城内乏水，县绠汲河。”[⑤]《宋书》卷九十五《索虏传》又载：“郑兵与公孙表及宋兵将军、交州刺史交阯侯普幾万五千骑，复向虎牢，于城东南五里结营，分步骑自成皋开向虎牢外郭西门，德祖逆击，杀伤百余人，虏退还保营。”[⑥]按照《晋书》《北史》《宋书》之载，成皋与虎牢并非一城，而应是东、西方向的两城，

---

① 荥阳县志编纂委员会：（民国）《重修汜水县志》，荥阳县志编纂委员会总编辑室，1991年，第676～677页。

② 陈有忠：《历史上的新旧虎牢关》，《郑州大学学报》（哲学社会科学版）1986年第4期，第93页。

③ 荥阳县志编纂委员会：（民国）《重修汜水县志》，荥阳县志编纂委员会总编辑室，1991年，第675页。

④ （唐）房玄龄等撰：《晋书》卷六十二《祖逖传》，中华书局，1974年，第1697页。

⑤ （唐）李延寿撰，中华书局编辑部点校：《北史》卷一《魏本纪第一》，中华书局，1974年，第35页。

⑥ （梁）沈约撰，中华书局编辑部点校：《宋书》卷九十五《索虏传》，中华书局，1974年，第2324页。

两城相距不远，特别是《宋书·索虏传》告诉我们敌军从结营地去攻打虎牢城，要经过成皋城，虎牢位于成皋的西北，结阵之地距虎牢五里且又经过成皋，说明成皋与虎牢二城之间的距离只有数里之遥。

不仅《晋书》《北史》《宋书》等正史文献所记成皋与虎牢应为二城二地，而且从先秦文献来看虎牢与成皋两城出现的时间一先一后，说明其也应为两城。虎牢之名，史载较早。《穆天子传》："天子猎于郑国，有虎在于葭中。天子将至，七萃之士曰高奔戎请生博虎，必全之。乃生博虎而献之天子。天子命为柙，而蓄之东虢，是曰虎牢。"[①]这是虎牢之名的由来。《左传》中提到虎牢有三次，其分别在隐公五年，庄公二十一年和襄公二年。"隐公五年"载："六月，郑二公子以制人败燕师于北制。"杨注曰："北制，即虎牢。"[②]"庄公二十一年"载："郑伯享王于阙西辟，王与之武公之略，自虎牢以东。"杨注曰："王以自虎牢以东郑武公之旧土与郑厉公也。武公，郑武公，傅周平王，平王赐之地，自虎牢之东，后又失其地，今惠王复与之。……虎牢即北制。"[③]"襄公二年"载："会于戚，谋郑故也。孟献子曰：'请城虎牢以逼郑。'……遂城虎牢。郑人乃成。"杨注曰："虎牢即北制，见隐元年传并注。本属郑，为郑西北国境之险要。此时或已为晋所夺取，故能为之筑城而戍守，籍以迫郑屈服。"[④]很显然，按照《左传》的记载是先有虎牢地名，后有虎牢关城，根据《左传》襄公五年，"遂城虎牢"的记载可知，虎牢关城的始建应在春秋之时。

成皋一名则多见于《史记》《战国策》等较晚出的文献，《史记》中载成皋之名最少有14处：

1. 韩北有巩、洛、成皋之固。（《苏秦传》）

2. 下河东，取成皋，韩必入臣。（《张仪传》）

3. 塞成皋，绝上地，则韩之国分。（《张仪传》）

4. 东据成皋之险，割膏腴之壤，遂散六国之从。（《李斯传》）

5. 庄襄元，韩献成皋、巩、秦界至大梁。（《秦本纪》）

6.（同年）韩桓惠二十四，秦拔韩成皋、荥阳。（《六国表》《韩世家》）

7. 项王使曹咎守成皋。（《彭越传》）

8. 汉王从荥阳城西门出，走成皋。（《项羽本纪》）

---

① 高永旺译注：《穆天子传》卷五，中华书局，2019年，第177页。

② 杨伯峻：《春秋左传注》，中华书局，1981年，第45页。

③ 杨伯峻：《春秋左传注》，中华书局，1981年，第217页。

④ 杨伯峻：《春秋左传注》，中华书局，1981年，第922～923页。

9. 与项羽战荥阳，争成皋之口，大战七十，小战四十。（《刘敬传》）
10. 汉王坐河南宫成皋台。（《外戚世家》）
11. 吴何知反，汉将一日过成皋者四十余人。（《淮南传》）
12. 卜式为成皋令，将漕最。（《平准书》）
13. 据敖仓之粟，塞成皋之口。（《黥布传》《郦食其传》）
14. 绝成皋之口，天下不通。（《淮南传》）

钱穆案：（成皋）今河南旧汜水县西北①。这里所说的成皋都是指虎牢东南的今成皋故城和成皋古道而言的，其多与韩国史事有关，因此，虎牢与成皋当为二城而非一城。

当代学者也有将金文中郕的地望推定在成皋的。郑杰祥先生仔细考察过商汤伐桀之征战路线，认为汤伐桀所经之郕即在今河南省荥阳县（今为荥阳市）汜水镇，古成皋当在今汜水镇西北一带。成皋在古代又单称作成，西周初期的《小臣单觶》铜器铭文云："王后坂（返），克商，在成师。"郭沫若《两周金文辞大系》释云："此武王克商时器……成乃成皋，一名虎牢，在古乃军事重地。"郭说甚是，可知成皋在西周时期原称作"成"，这个地名当是沿袭夏商时期地名而来。此地东距郑州商城亳邑约40公里，西距夏都即偃师二里头遗址约50公里，它应当就是夏、商两军战于成的成地。成地是夏王朝的东方门户，形势险要，夏王桀在此一战失败，门户洞开，遂使成汤一路势如破竹，北灭温国，西灭有洛（见今本《竹书纪年》），迅速进入伊洛平原，直逼夏王朝的政治中心，兵临夏都城下，以现今发现的偃师商城为据点，经过反复斗争，终于推翻了夏王朝②。郑先生之论可备一说。

作为成的地名，吕文郁先生有过论述。周文王之子成叔武的采邑。成字《春秋》及《左传》多作"郕"，《公羊传》《穆天子传》多作"盛"，铜器铭文及《史记·管蔡世家》皆作"成"。鲍鼎说："泉文成不从邑，郕者，后起之字也。"③鲍说是也。

关于成之地望，《读史方舆纪要》及《春秋大事表》皆云在山东汶上县西北，谓即春秋时鲁国孟孙氏之采邑。而《元和郡县图志》、《太平寰宇记》十四、《路史·国名纪》五、王应麟《诗地理考》六并云东汉郕阳县为古成伯国，故城在今河南省范县南。《水经注·瓠水注》说："武王封弟叔武于成。应劭曰：其后乃迁于成之阳。"《括地志》云："濮州雷泽县……古郕伯姬姓之国……其后迁于城之阳，故曰

① 钱穆：《史记地名考》卷十四《韩地名》，商务印书馆，2001年，第716～717页。
② 郑杰祥：《商汤伐桀路线新探》，《中原文物》2007年第2期，第38页。
③ 杨伯峻：《春秋左传注》，中华书局，1981年，第39页。

城阳。”《水经注》引应劭之说及《括地志》皆云成阳为成伯后迁之地，但未晓从何处迁于成阳。《路史·国名纪》五罗苹注：“成乃周地。”《白虎通》亦云成为采地，则成之初封在王畿无疑。1975年，在陕西省岐山县董家村发现一个铜器窖藏。共出土西周铜器37件。其中有一件《成伯孙父鬲》，铭文曰：“成白孙父乍浸嬴尊鬲，子子孙孙永宝用。”成伯孙父当为成叔武的后代。庞怀清等诸位说：“成伯孙父鬲出土于岐山，说明成国最初应在畿内。”此说颇有见地。陕西省岐山县董家村一带应即成氏初封之采邑①。所以，以称为成皋恐还要慎重，似乎不应将成、成皋混为一谈。

二、虎牢旧关关址蠡测

既然虎牢关城与成皋城应为两城而非一城，那么虎牢旧关关址应该在何处？

《宋书》卷九十五《索虏传》载：“交州刺史交阯侯普幾万五千骑，复向虎牢，于城东南五里结营，分步骑自成皋开向虎牢外郭西门。”②说明宋军从结营地去攻打虎牢城，要经过成皋城，成皋城在虎牢城的东南，虎牢城位于成皋城的西北，两城做西北—东南方向排列且相距仅有数里之遥。因为两城相距较近，所以致使后世多误以成皋城为虎牢城。

《晋书》卷六十二《祖逖传》言祖逖营缮虎牢城，史实说：“（祖逖）图进取不辍，营缮虎牢城，城北临黄河，西接成皋，四望甚远，逖恐南无坚垒……乃使从子汝南太守济率汝阳太守张敞、新蔡内史周闳率众筑垒。”③此处是言祖逖恐虎牢城的南面部分不够坚固，故使人“率众筑垒”，不仅如此，《晋书》中又明确说虎牢城“西接成皋，四望甚远”，说明虎牢城位于大伾山山顶成皋故城之西应毫无疑问。可见在祖逖营缮虎牢之前，虎牢关城已经存在而且经过了修整。可今天成皋故城之下已是滔滔黄河，成皋故城的北部被黄河吞蚀了大半，成皋故城的北墙早已无处找寻了。

郦道元曾亲往大伾山顶考察。《水经注疏》卷五载：“河水又东，迳成皋大伾山下。……成皋县之故城在伾上，萦带伾阜，绝岸峻周，高四十许丈，城张翕崄，崎而不平。《春秋传》曰：制，岩邑也，虢叔死焉，即东虢也。鲁襄公二年七月，晋成公与诸侯会于戚，遂城虎牢以逼郑，求平也。盖修故耳。《穆天子传》曰：天子射鸟猎兽于郑圃，命虞人掠林，有虎在于葭中。天子将至，七萃之士高奔戎，生擒虎而献

① 吕文郁：《周代的采邑制度》，社会科学文献出版社，2006年，第84～85页。

② （梁）沈约撰，中华书局编辑部点校：《宋书》卷九十五《索虏传》，中华书局，1974年，第2324页。

③ （唐）房玄龄等撰：《晋书》卷六十二《祖逖传》，中华书局，1974年，第1697页。

之。天子命之为柙，畜之东虢，是曰虎牢矣。然则虎牢之名，自此始也。”[①]这里郦道元也误将成皋故城当作了虎牢城，将两者混为一谈，犯了不必要的错误，这种看法显然影响到了《清一统志》的作者，致使《清一统志》中也将虎牢与成皋并为一城，误人不浅。可郦道元毕竟是一位杰出的地理学家，他在误记成皋为虎牢之后，又接着说：“（成皋故城）城西北隅有小城，周三里，北面列观，临河，苕苕孤上。景明中，言之寿春，路值兹邑，升眺清远，势尽川陆，羁途游至，有伤深情。河水南对玉门，昔汉祖与滕公潜出，济于是处也。门东对临河，侧岸有土穴，魏攻宋司州刺史毛德祖于虎牢，战经二百日，不克。城惟一井，井深四十丈，山势峻峭，不容防捍，潜作地道取井。余顷因公至彼，故往寻之，其穴处犹存。”[②]根据郦贤的实地考察确凿地证明了在成皋故城西北二里仍有一城，此城周三里，曾做过宋司州刺史毛德祖的治所，此城才应是虎牢旧关城的所在。

郦道元曾“因公至此”，由道元亲历之记载，可使我们对此城有如下认识：其一，此城与成皋城相距很近，只有2里之遥，且在大伾山顶成皋故城的西北方向。今大伾山顶成皋故城的遗存犹有两处，一为吕布点将台，台高、周长约20米，下即黄河。夏秋之季，登台观望，河水翻滚，浪涛击岸，令人头晕目眩。另一处则是西南面城墙，呈拐尺形状，高约3米，南北长数十米，东西长200余米。除此二处遗址外，又有寨沟、土地庙沟两个村落，其余皆为农田，瓦砾俯拾皆是。

古城遗址因只存两处，古成皋城之大小，呈何形状，无法断定。郦道元《水经注·河水五》曰：“河水又东经大伾山下，成皋县古城（郦氏误为虎牢关城）在伾上，萦带伾阜，绝岸峻周，高四十余丈，城张翕险崎不平。”依郦氏此记，古代的成皋城是沿大伾山而修建的。今大伾山东、南长近3里，西面长约1里，北面长4里余，其中里余为向东延伸的山岭，山势狭窄，上面不可能建筑城墙，如扣除此部分，周长折合约9里，古成皋城的规模，大概不会小于这一里数。

然而，古、今大伾的面积不尽相同，古大于今，换言之，古成皋城（虎牢关城）的规模有可能超过9里。仅清代以来的情况表明，黄河河身每隔数十年就向南摆动一次，而作为阻止河水向南溃流的大伾，因为是土质山，在河水啃啮下，山壁崩塌，陷入河身，面积一次比一次缩小。20世纪20年代的文献记载说，位于山西北部的吕布点将台，不临河岸，而今河水却侵蚀其下；又吕布点将台北原先有一吕布城，到20年代

① （北魏）郦道元注，杨守敬、熊会贞疏：《水经注疏》卷五《河水》，江苏古籍出版社，1989年，第395～398页。

② （北魏）郦道元注，杨守敬、熊会贞疏：《水经注疏》卷五《河水》，江苏古籍出版社，1989年，第398～399页。

时，“已经埋没无可睹”。可见，黄河吞蚀大伾山的情况相当严重[①]。既然大伾山包括吕布点将台在内的成皋故城都已受到黄河水的啃啮，那么《水经注》中所说处于成皋故城西北二里的虎牢城，其所受到黄河的吞蚀也应甚于位于其东南的成皋故城。2006年、2008年夏，我曾两次到大伾山上的成皋故城，早已找不到这座距今成皋故城西北二里的虎牢城了。其二，《水经注》卷五所记虎牢城北有一门名玉门，对临黄河，说明道元到此之时黄河距虎牢城还有一段距离，黄河所对临之玉门曾为津渡，故汉高祖刘邦与滕公为避项羽追杀，曾由此渡河。因此，此城在交通上具有极其重要的意义。而在今成皋故城以东汜水入河之处，仍存一古渡口——玉门古渡。自今玉门渡口过河向北便是太行山东南麓的焦作温县。由玉门古渡向南溯汜水河道而行，便可到达今天的汜水镇。这玉门古渡的地名疑是与《水经注》中大伾山顶成皋虎牢城的北门玉门有关。其三，由于虎牢城交通地位十分重要，所以宋司州刺史毛德祖的州治曾设在虎牢，这使得虎牢城成为魏、宋争夺的焦点。对此问题杨守敬、熊会贞曾做辨析，《水经注疏》卷五载：“《宋书·州郡志》武帝北平关、洛，河南底定，置司州刺史，治虎牢。少帝景平初，司州复没北虏。文帝元嘉末，侨立于汝南，寻亦省废云云。是当时以治虎牢者为北司州，而侨置汝南者为南司州，《地形志》以宋明帝于南豫州之义阳郡复设之司州为南司州，故道元以刘武王所置治虎牢者为北司州也。若朱氏以此为宋，殆未审北字之义耳。且又不释同州之讹，何居？戴改北司州同。守敬按：宋本此作宋，是也。盖上云魏攻，若下云北司州，则不知何指矣。且有宋言，可称北司州，自魏言不得称北司州。况虎牢之陷，在少帝景平中，其时汝南之司州未立，并不得称北司。《元和志》魏使奚斤攻宋司州刺史毛德祖，亦此作宋司州之证。”[②]可见虎牢城作为州治所在，其战略地位是相当重要的。

将成皋、虎牢城混为一谈的看法大概应始于南北朝时期。这一时期由于中原战乱不断，行政区划变革频繁且复杂，虎牢城所在的郑州地区先后为后赵、冉魏、前燕、前秦、后秦、北魏、东魏、北齐、北周统治。其间北魏“太宗泰常八年（423年）置洛州。孝文太和十一年（487年），洛州移上洛，置北豫州于虎牢……十七年（493年）……置司州改郡守为尹。十九年（1495年）……罢北豫州置东中府于虎牢”[③]。说明虎牢城曾为北豫州治所无疑。534年后，北魏分裂为东魏和西魏，虎牢在东魏境内。按《魏书·地形志》载：“成皋郡。天平元年分荥阳置，领县二，西成皋，州郡

① 陈有忠：《历史上的新旧虎牢关》，《郑州大学学报》（哲学社会科学版），1986年第4期，第90页。

② （北魏）郦道元注，杨守敬、熊会贞疏：《水经注疏》，江苏古籍出版社，1989年，第398～399页。

③ 二十五史补编委员会编：《二十五史补编·两晋南北朝十史补编》，北京图书馆出版社，2005年，第537页。

治。”[①]说明东魏之时由于虎牢一带地位十分重要，故将其从荥阳郡中单独分出新置成皋郡，而成皋新郡州治就在西成皋。这里的西成皋就应该是虎牢城，文献上之所以将虎牢城称为西成皋城，乃是因其位于今天成皋故城之西北而名的。这与文献记载及实际位置是相吻合的。所以王仲荦先生《北周地理志》：“东魏分荥阳郡置成皋郡，治西成皋。……按荥阳郡治荥阳，成皋郡治西成皋。”[②]至北齐时，成皋县（即今成皋故城）被废，由于成皋故县被废，成皋故县之西北的西成皋便称为成皋县，所以虎牢与成皋之名遂纠葛在一起，使人难以分辨而常误将虎牢、成皋并为一城。对此王仲荦先生有过辨析：“北齐废成皋县，而改西成皋曰成皋。按魏西成皋为北豫州治所，有成皋城，即虎牢关城，是成皋废入西成皋而西成皋去西字。”[③]王先生此说应是十分中肯的。这或恐是道元之后的史家们将虎牢、成皋混为一谈的真正原因所在。

关于虎牢关城被黄河的侧蚀情况，先师史念海先生曾有过细致研究，这里引录如下：（指成皋故城）西北另有一个周围三里的小城，（此城）“北面列观临河，岧岧孤上”，显出濒河处陡岩绝壁的奇态。这个故城（即虎牢关城）自汉代设县以后，到隋代才移县治于汜水河谷中。后来到明清之际又一度改为县城，不过时间很短，前后只有三年。这次改为县城是依成皋旧址筑成的。不过前后只有三年，而又在乱离之中，当不会有什么新猷。现在高峻的山冈上又有叫做西关的地名。这应该是由汉到隋故城的旧规模。西关已近于山冈的边缘，则所谓西北的小城实无由附丽，何况这个小城周围还是三里。山冈之下，现在黄河距山麓已较远，山下既有滩地，又有公路，好像和山冈无关，其实现在山麓依然有深6米的陡岸，是黄河离开山麓，为时还不十分过久。这里所谓周围三里的小城自然是由于黄河侧蚀而崩塌于河底了[④]。从今天1：150000的郑州市地图上可以清晰地看到，黄河在西至河洛镇东至桃花峪的大伾山北侧形成一个巨大的“S”形，这个“S”形呈东西方向，其中荥阳寥峪以东至孤柏嘴以西是这个“S”形的中间部分，也是受黄河侧蚀最严重，黄河主泓南摆最剧烈的地方。黄河在这一地区从西南向东北，将其南的大伾山侧蚀掉了整个一大片，而虎牢关城的旧址就应该在今大伾山顶成皋故城西北数里处的黄河河道之中（图二）。

虎牢旧关城由于黄河侧蚀而崩塌于河底，其相关设置不得不做迁徙，今天的汜水镇就是由虎牢旧关迁置而来的。《汜水县志》卷二载：“今治城创自隋开皇二年，始命为汜水县，定其址于锦阳川东畔，后为唐人变置，至宋又复其地，仍其名，金、元因之。武宗至大元年，大水漂没，城郭宫室一空，乃迁置于锦阳川之东十里古制邑

---

① （北齐）魏收撰，中华书局编辑部点校：《魏书》卷一百六中《地形志二中·北豫州》，中华书局，1974年，第2537页。

② 王仲荦：《北周地理志》卷七《河南上》，中华书局，1980年，第637页。

③ 王仲荦：《北周地理志》卷七《河南上》，中华书局，1980年，第639页。

④ 史念海：《黄土高原历史地理研究》，黄河水利出版社，2001年，第81～83页。

图二　虎牢关旧城址位置图

之墟。”①《汜水县志》中明确说汜水县治创自隋开皇二年（582年），其址定于锦阳川东畔，锦阳川就是汜水，锦阳川之东是说汜水县城位于今荥阳市西北17公里汜水东岸之处，元朝武宗至大元年（1308年）因大水漂没，城郭宫室被毁，汜水县治不得不向东迁至古制邑之墟，即今天汜水镇之东的上街村。《汜水县志》中只记载了隋唐以后至于明清时期汜水县治的迁徙，而隋唐以前汜水县治的设置则详见于《元和郡县志》。唐李吉甫《元和郡县志》卷五汜水条下明确记载："汜水县，古东虢国，郑之制邑，汉之成皋县，一名虎牢，《穆天子传》曰：'天子猎于郑圃，有兽在葭中，七萃之士擒之以献，天子命蓄之东虞，因曰虎牢。'楚、汉之际，项羽使海春侯曹咎守此，汉王破之，咎自杀。至宋武帝北平关、洛，置司州、刺史理虎牢。魏使奚斤攻宋司州刺史毛德祖，经二十日不克，城中伤者无血，知其乏水，潜作地道，其穴犹存。隋开皇十八年，改成皋为汜水县。大业十三年，陷于王世充。武德四年讨平充，复于县理置郑州。贞观七年移郑州于管城，以县属焉。显庆二年，改属河南府，垂拱四年

① 荥阳县志编纂委员会：（民国）《重修汜水县志》，荥阳县志编纂委员会总编辑室，1991年，第48页。

改名广武县，神龙元年复为汜水。开元二十九年，自虎牢城移于今理。”[①]《元和郡县志》中明确记载唐汜水县治就是由虎牢城移置而来的。不仅如此，《元和郡县志》还说：“成皋故关，在县东南二里。”[②]这里的成皋故关应该是指今天成皋故城而言的，说成皋故关，在县东南二里，与《水经注·河水注》卷五中说成皋故城西二里有虎牢城之说是相吻合的，而《元和郡县志》中所说的“县东南二里”之县应是指汜水故县——虎牢关城而言的。虎牢关城、成皋故城一在西北，一在东南，里数、方位与郦道元《水经注》所记吻合无间，后世多以虎牢关为汜水关，其原因也就在于此。其实虎牢关、汜水关本是一回事，只不过隋唐以后因受黄河侵蚀，虎牢旧关城无法在大伾山顶存留，不得不迁徙至今汜水以北的今汜水镇，后人不明其中的变迁原委，才将一关误为两关。

旋门坂是东汉所置八关之一，大伾山虎牢关城以西又一处险要之地，设于此处的旋门关是东汉以来洛汴东西大道的重要关隘。旋门坂的地理位置按《元和郡县志》载：“旋门关，在县西南十里，即八关之一。”[③]《元和郡县志》中所说的在“县西南十里”，仍然是指大伾山顶的虎牢关城旧县而言的。之所以置关于旋门坂，目的防虎牢失守后，可凭借此处之险要形势，以捍卫洛阳。该地名尽管历史上非常闻名，地位异常重要，但有关它的具体方位，史书记载并不甚明确。陈有忠先生认为，它应该是今汜水镇西十二里的寥峪（古称寥子谷和寥子峪）。陈先生列有以下三证。

1. 刘昭《后汉书·郡国志》注：“旋门关，在成皋县西南十里。”汉之成皋县治今天大伾山古成皋城遗址，今寥峪恰好位于大伾山西南十里，与刘昭所记的旋门关位置吻合。

2.《水经注·河水五》曰：“河水又东经旋门坂北，今成皋县西大坂者也，升陟此坂可东趣成皋。”今寥峪居临黄河南岸，村东有一大坂，坡长约150米，且古为通道，直到清朝嘉庆年间，为维修此坂，方便往来交通，汜水县还豁免该村丁壮外出服差役。地形、交通之形势古今相同，古旋门关即今寥峪无疑。

3. 清乾隆《汜水县志》卷二曰：“旋门关，今峭关（西）南之峡口也。”宋陈与义《美哉亭》诗：“西出成皋关，土谷仅容驼，天挂一匹练，双岩斗嵯峨。”是古代虎牢至旋门关的道路两边皆为山谷，历史的沧桑变化，“土谷”虽已不复存在，尽化为田畴，而昔日的道路仍留有遗迹。今关帝庙沟西、大伾山西南，有一条近似灌溉渠

① （唐）李吉甫撰，贺次君点校：《元和郡县图志》卷五《河南府·汜水》，中华书局，1983年，第146页。

② （唐）李吉甫撰，贺次君点校：《元和郡县图志》卷五《河南府·汜水》，中华书局，1983年，第146页。

③ （唐）李吉甫撰，贺次君点校：《元和郡县图志》卷五《河南府·汜水》，中华书局，1983年，第146页。

道的壕沟，宽约三米，深一米左右，连绵不断，经北屯村（今汜水镇西三里）、十里铺（今汜水镇西南十里）北，当地人称之为古路沟和古路濠。又据负责汜水镇文物管理的周和平同志谈，过去壕沟两旁曾发现不少陶瓮，内装死人遗骸。这可能由于古代的山谷深邃，行人至此而亡，不便择地而葬，只好埋于谷底两旁。由此可证，此条壕沟，应即古成皋路西段遗址。古路沟的存在，更进一步证明今寥峪即古代的旋门关[①]。笔者赞同陈先生的看法。若以崩塌在黄河河道中的虎牢旧关城为坐标，向西南十里左右，正好是今天的寥峪村，也就是古旋门坂的所在。2008年夏笔者去这一带考察，经当地村民指点在寥峪村背后发现一条大坂，有数百米之长，现已铺成白色公路，这条长坂盘旋往复，宛如一条长练，穿梭在大伾山山谷之中，其北就是滚滚的黄河。寥峪古渡就在夹耸的双峰之间，新中国成立后郑州至洛阳的省级公路就是沿着寥峪村北黄河与大伾山阴的地方修筑的，直至1965年左右由于黄河南摆吞蚀了这条公路，郑洛间的省道才不得不向南推移。原来位于山下的寥峪村也不得不搬迁至山顶大路旁。若站在黄河岸边的寥峪渡口向南仰望，郑洛高速公路横空出世，飞临天中，天堑已变通途。

三、虎牢新、旧关址地选择与交通形势的变化

关隘的设置是为了控制道路，虎牢新、旧关址的选择反映了交通形势的古今差异和变迁。以虎牢旧关而言，其之所以为唐宋以前中国东西交通的咽喉是与大伾山南北地区交通形势分不开的。从地理位置上看，虎牢关并不处于豫西山区的尾部，由此向东约60里越过广武山始抵平原地区，东南约45里至荥阳方为山区与平原接合部。但无论从东、东南方向来，要想西去洛阳和关中地区的长安，都必须通过此地。原因是关南多为纵向山岭，山势高峻，岗峦绵亘不绝，在古代科学技术十分落后的情况下，要想凿出一条路径，实在太困难，也可以说是一件不可能办到的事情。而虎牢所居的大伾山，实际上是一条土阜岭，东起“汜水入河处”（今汜水镇北、口子村西七八十米），西尽“什谷”（今旧巩县东北洛口附近），横向20余里。虽有深沟巨壑，但土质坚硬，风化和雨水冲刷不易塌陷，只要略加修整，即可较长时间为通道，故古代东西方的交往，多循此山之道而行，经久不衰[②]。

由于黄河的南摆吞蚀虎牢旧关所控制的东西大道，改变了原有交通形势，虎牢旧

---

① 陈有忠：《历史上的新旧虎牢关》，《郑州大学学报》（哲学社会科学版）1986年第4期，第93页。

② 陈有忠：《历史上的新旧虎牢关》，《郑州大学学报》（哲学社会科学版）1986年第4期，第92～93页。

关所控制的道路不得不向南发生推移，形成了以虎牢新关为枢纽的新的交通形势。虎牢新关位于虎牢旧关之东南四五里的今虎牢关村。据清王诜桂《修虎牢关记》记载，咸丰十一年（1861年）冬，泗水县民人在今关帝庙沟村北别建虎牢新城，新城于1861年冬动工，经两年的修建至同治二年（1863年）修竣，虎牢新城“砌石为基，筑土为墙，墙之围也，以六十丈计；基之厚也，以三丈五尺计；高则二丈五尺，顶收一丈五尺。敌楼一，存军械，资瞭望也；水洞二，泄山水，保关墙也。皆甃以砖石，共用制钱五千一百余千”①。修好之后，虎牢新关东隔汜水河与汜水县城相距一里，向北可遥望大伾山，与成皋故城相距数里，周围有数家村落，统称为虎牢关村。民国时期，墙壁坍塌，未加修葺，1958年，断墙残垣又被拆除，遗迹不存。所存者，只有修建关城时镌刻的《虎牢关》碑。原立在西关小学校东南，“文化大革命”期间被掘倒，碑身折为两段。1984年，荥阳县政府拨专款于原树碑处西20米左右的地方建碑亭一座，将修补好的碑立于亭中。新关所留存下来的这一有价值的文物得到妥善的保存，值得庆幸②。2008年笔者到此考察，这里已辟为游览区，唯存有“古虎牢关”碑一通，碑亭已无，关碑四周皆以方砖铺地，东北方向新修有关帝庙，清代咸丰年的虎牢关城早已荡然无存了。尽管如此，虎牢新关周围的交通形势还是可以约略明了的。虎牢新关的两侧，高峰对峙，隘口险要，郑洛公路横穿虎牢关碑前大道向西南与陇海铁路交会，东南张飞寨陡崖绝壁，难以逾越，西北侧的大伾山连绵不断，除几条隘道外，多为绝壁，北临滚滚大河。而东面张飞寨与汜水河两岸，一片平地，视野开阔。郑洛公路自东向西越过汜水河，向南转了一个弯，这条通洛的要道形成于虎牢旧关被废之后，地位非常重要，五代迄于金元，开封、洛阳为东西京，虎牢新关正处于“两京腹心之间”，既能屏障开封，又可保卫洛阳，地位未有削弱，而虎牢新关的设置正是占据了这条要道的咽喉。

虎牢新关的设置从交通方面来看具有绾毂洛汴东西大路的价值。虎牢新关北靠大伾和黄河，南、东、西三面都是连绵不断的丘陵地，特别是从今上街村（曾作为汜水县治所在地）向西，明清两代的汴梁通洛驿道经由关前，新关之东北的玉门古渡又是北渡黄河的津口，而汜水河以东的汜水县城地处平衍，不能起到设险阻扰之意，所以要控制这条东西大路就不得不向西利用虎牢新关一带的地势以资控扼。虎牢新关既成，移彼就此，“成为汴洛联指臂之形”，仍是汴洛东西交通的咽喉。这时虎牢新关所控制的道路与虎牢旧关相比已有了两大变化。其一，整个东西道路向南发生位移，

① 荥阳县志编纂委员会：（民国）《重修汜水县志》，荥阳县志编纂委员会总编辑室，1991年，第676页。

② 陈有忠：《历史上的新旧虎牢关》，《郑州大学学报》（哲学社会科学版）1986年第4期，第95页。

新道不再如虎牢旧关所控制的道路那样位于离黄河河道较近的大伾山顶，而是改走今楼沟、关帝庙沟村以南的深沟巨壑。其二，虎牢旧关以西一段，即古成皋路西段也发生了重大变化。原来由旧关去巩县、洛阳，非经旋门不可。咸丰元年（1851年），河南府知府贾臻捐廉（薪俸）修交让路，西起黑石关（今巩县西南旧黑石关），东止老犍坡（今官店，在旧巩县城东25里），当时未修至虎牢。交让路何时延续至虎牢，史载不明。光绪辛丑年（1901年）秋，躲避八国联军的二宫（慈禧太后、光绪皇帝）从西安回北京，路由巩县经官店驻跸虎牢。说明至迟在此之前，交让路已通达虎牢，东西方的交通往来不再经旋门了。1908年，陇海路汴（开封）—洛（洛阳）段修成，火车从其南二里奔驶而过，铁路便为通途。因此，新关的交通往来由盛而衰，咽喉的地位随之而丧失[①]。

明清之际虎牢新关不仅仍是中州的咽喉，而且其与东北数里的黄河古渡口——玉门古渡的关系非常密切，是玉门渡口的西南屏障。玉门古渡位于虎牢新关的东北，是汜水入黄河之处，由此渡河可至河北温县，是明清黄河上的重要渡口。虎牢新关、汜水县城与玉门古渡三地互为犄角，更彰显了虎牢新关的地位，只要其中一处有失，则其他二处有不保之虞。据明清县志记载，由玉门古渡渡河南下或北上攻破汜水县城，或由汜水县城西进攻破虎牢新关的战例有三事，其分别为明末李自成的农民起义军东围汴梁、咸丰三年北伐作战的太平军与咸丰十一年攻破汜水县城的捻军。贾攀鳞《寇变记》载："流寇自甲戌由河津冰坚渡河，至乙亥正月汜城破。嗣是纵横往来，无复宁日。至辛亥入河洛，坏福藩，势益横，蹂躏荆襄，跳跃汝汉。至癸未环攻汴梁几半载，围弗解，城中卒为睢阳之守。"[②]从贾氏之文可以清楚地看到明末李自成的起义军是由北而来，在渡过玉门古渡后，又占领汜水县城，然后向东攻击开封。牛长庚《灾荒纪实》载："迨咸丰三年，粤军北来，五月二十日巳刻，至汜城盘踞数日，被清军击退，济河而北。吾村幸未被扰，从此风鹤屡警，人心不靖。颍亳之间，捻匪并起，东方一带州县，数被抢掠。及咸丰十一年八月初六日至汜城。正堂衙署，尽被烧毁。游贼入吾村者，有十数人。十一日南由三家店入巩，至十六日早晨，突折而返。是时，众皆下寨，猝不及防，人畜财物掳掠裹去者甚多。幸秋收颇丰，亦未见为甚苦。然自是以寨为家，数年无安居之日矣。"[③]牛文中记载了太平军和捻军在此地的活动情况，其中北伐太平军在汜水河口渡河北上进攻河北的战例，尤其显示了玉门古渡在沟

---

① 陈有忠：《历史上的新旧虎牢关》，《郑州大学学报》（哲学社会科学版）1986年第4期，第94～95页。

② 荥阳县志编纂委员会：（民国）《重修汜水县志》，荥阳县志编纂委员会总编辑室，1991年，第733页。

③ 荥阳县志编纂委员会：（民国）《重修汜水县志》，荥阳县志编纂委员会总编辑室，1991年，第742页。

通南北交通上的战略意义。

清咸丰三年（1853年）五月，太平天国派林凤祥、李开芳等率军北伐，十六日占中牟，十七日下郑州，十八日占荥阳，十九日到汜水，二十日到巩县。清廷大惊急命河北镇标左营游击穆奇贤率兵，自荥泽口移防汜水口（这里的汜水口就是玉门古渡）阻止太平军北进。太平军在西进途中，到处受到群众欢迎，并得到人民报告，得知巩县洛河有许多煤船停泊，所以到汜、巩后，就搜觅船只渡河。五月二十二日，开始在汜水口渡河，但因人数众多，直到二十八日尚未渡完。前段渡河较为顺利。自二十五日起因有清军托明阿和穆奇贤攻扰炮轰，秩序稍乱，摆渡迟缓。最后，大队过河北进。五月二十八日，未及渡河的太平军数千人，退守汜水县城。托明阿等又围攻汜水城，双方进行了一次激烈的战斗。二十九日，太平军放弃汜水，折回巩县，再东南而走密县[①]。这样的战例显示了虎牢新关、玉门古渡与汜水县城三地之间互为倚重的关系，同时也说明虎牢新关在陇海路未通以前，仍然处在东西交通的咽喉地位。

第三节　汜水古渡与武王伐纣进军路线

《从〈利簋〉谈有关武王伐纣的几个问题》[②]一文对武王伐纣的进军路线做了初步探索。《荀子·儒效篇》："武王之诛纣也，行之日以兵忌，东面而迎太岁，至汜而泛，至怀而坏，至共头而山隧。霍叔惧曰：'出三日而五灾至，无乃不可乎？'周公曰：'刳比干而囚箕子，飞廉、恶来知政，夫又恶有不可焉？'遂选马而进，朝食于戚，暮宿于百泉，厌旦于牧之野。"[③]《韩诗外传》称："武王伐纣，到于邢丘，轭折为三，天雨三日不休。武王心惧，召太公而问，曰：'意者纣未可伐乎？'太公对曰：'不然。轭折为三者，军当分为三也。天雨三日不休，欲洒吾兵也。'"又曰："乃修武勒兵于宁，更名邢丘曰怀宁，曰修武，行克纣于牧之野。"[④]笔者现根据这两条记载说明武王伐纣的具体进军路线。

---

① 荥阳市志编纂委员会编：《荥阳市志》卷二十九《军事》，新华出版社，1996年，第618页。

② 陈昌远：《从〈利簋〉谈有关武王伐纣的几个问题》，《河南师大学报》（社会科学版）1980年第4期，第32页。

③ （清）王先谦撰，沈啸寰、王星贤点校：《荀子集解·儒效》，中华书局，1988年，第134～136页。

④ （汉）韩婴撰，许维遹校释：《韩诗外传集释》卷三《第十三章》，中华书局，1980年，第94～95页。

一、武王伐纣从汜渡河而非孟津

“至汜而泛”（《荀子·儒效篇》）。

笔者认为武王伐纣的进军路线是从汜渡河。所谓周师从孟津渡河是属汉人之说，不足为信，可是近来仍有人沿袭这一旧说[①]，认为古代许多历史文献对此都有记载，其根据是：

1.《尚书·太誓序》曰：“惟十有一年，武王伐殷，一日戊午，师渡孟津。”

2.《尚书·太誓上》云：“惟十有三年（即武王十一年），春，大会于孟津。”

3.《尚书·太誓中》云：“惟戊午，王次于河朔。”

4.《越书》曰：“八百诸侯皆一旦会于盟津之上……欲从伐纣。”

5.《史记·周本纪》曰：武王“十一年十二月（盖用夏正，即殷正一月）戊午，师毕渡盟津，诸侯咸会”，“以东伐纣。”

6.《淮南子·览冥训》曰：“武王伐纣，渡于孟津。”[②]

应该指出《尚书序》大约是西汉时代讲授《尚书》的学者所写的，它只用几句话来简单地说明某篇文献是某人因为某事而作的，一些研究《尚书》的学者都认为：“《书序》对某些篇文献的说明显然不十分准确”，“《书序》不仅未必可靠，而且《书序》本身的含义有时也是不大清楚的。”[③]因此，仅仅根据《尚书序》来作为历史的真实根据，显然是不够确切的。而《尚书·泰誓》也没有说明是师渡孟津，只是说大会诸侯于孟津。《泰誓》三篇今已亡，汉初《尚书》唯有28篇，无《泰誓》，后得伪《泰誓》三篇，诸儒多疑之，感到：八百诸侯不召自来，不期同时，不谋同辞，在古代实属不可能。

因此，曾运乾先生认为：“此晚出古文所传之伪《泰誓》，均非孔壁真本。”[④]

---

① 《中国军事史》编写组编：《中国军事史》第2卷《兵略上》，解放军出版社，1986年，第25页；孙醒：《也谈武王伐纣的进军路线》，《河南大学学报》（哲学社会科学版）1987年第4期，第51页。

② 孙醒：《也谈武王伐纣的进军路线》，《河南大学学报》（哲学社会科学版）1987年第4期，第51页。

③ 马雍：《〈尚书〉史话》，中华书局，1982年，第81、83页。

④ 曾运乾：《尚书正读》，中华书局，1964年，第122页。

不足为信。至于《越书》，也同样说“会于孟津”“欲从伐纣”。说明周师并未渡孟津，已伐纣。《史记·周本纪》和《淮南子》所记师渡孟津，仅是汉人之说[①]。值得注意的是，《淮南子》也有周师从汜渡河之说，《淮南子·兵略训》曰：“武王伐纣，东面而迎岁，至汜而水，至共头而坠。”[②]

从汉代直到现在的一些论著，大都采用周师渡孟津之说，可是对武王伐纣的进军路线这一关键性问题从没有论及，所以有学者曾指出：九年，武王曾观兵于孟津，诸侯皆曰可伐，而武王没有出兵，其主要原因是由于孟津渡口河身较窄，水流湍急，风大没有渡过黄河，并不是什么“女（汝）未知天命，未可，乃还师归”，所以第二次才从汜渡河[③]。

“至汜而泛”，杨倞注曰：“汜，水名，谓至汜而适遇水泛涨。”[④]于省吾先生说：“汜有南汜、东汜、西汜之别，卢氏所据者为南汜。《左》僖三十年《传》‘秦军汜南’，杜注‘此东汜也。在荥阳中牟县南。’《左》成四年《传》，‘取汜祭’，杜注‘汜祭郑地，成皋县东有汜水’；《正义》，‘杜注荥阳中牟县有东汜，襄城县有南汜，知此汜祭非彼二汜，而以成皋县东有汜水者，以《传》为晋伐郑，取汜祭，既为晋人所取，当是郑之西北界，即今之汜水也。’”又说：“东汜水在今中牟县南，久湮，南汜水在今襄城县南，均去大河甚远，惟西汜水北流入河，西距雒汭甚近。由西汜水北渡河抵怀亦相符合，然则周师所至必西汜水也。”[⑤]

可是有的论者对《荀子·儒效篇》“至汜而泛”的“汜”是否就是汜水的“汜”提出怀疑，认为“汜”是“河”字传讹而来的[⑥]。如果把《括地志》三卷“汜水”的“汜”改为“河”，那上下文意怎么能解释得通呢？注意“其源重发，而东南流为汜水”。根据贺次君先生《括地志辑校》，按上下文意“汜”应订正为“泲”。“兖水出怀州王屋县北十里王屋山顶崖下，石泉渟不流，其深不测，既见而伏，至济源县西北二里平地其源重发，而东南流为泲（汜）水。《史记·夏本纪》‘道（导）兖水

---

① 伪《古文尚书·武成》的伪《孔传》也记：“……武王以正月三日行自周，往征伐商，二十八日渡孟津。”可是《汉书·律历志》曰：“武王始发……戊午，度于孟津，孟津去周九百里，师行三十里，故三十一日而度。”二说矛盾，它说明皆为推测臆断，不足为据。所以渡孟津之说乃汉唐间人未加深考而来。

② 何宁：《淮南子集释·兵略训》，中华书局，1998年，第1065页。

③ 陈昌远：《从〈利簋〉谈有关武王伐纣的几个问题》，《河南师大学报》（社会科学版）1980年第4期，第32页。

④ （清）王先谦撰，沈啸寰、王星贤点校：《荀子集解·儒效》，中华书局，1988年，第135页。

⑤ 于省吾：《武王伐纣行程考》，《禹贡》1937年第1、2、3合期，第62～63页。

⑥ 孙醒：《也谈武王伐纣的进军路线》，《河南大学学报》（哲学社会科学版）1987年第4期，第52页。

东为济'《正义》引。按兖水无汜水之名，'汜'当作'泲'形近致误。今据《水经》济水注改。"[①]古济水上游称为兖水，出怀州王屋山顶崖下，向东南流后称为济（泲）水。

主张"汜"为"河"的学者为考订"汜"为"河"之传讹而来，同时又引《水经注·济水》云："（济水出河东垣）县东王屋山，为沇水。……孔安国曰：'泉源为沇，流去为济。'……今济水重源，出温（城）西北平地，水有二源。……济水又东迳原城南，东合北水，乱流东南注，分为二水。一水东南流，俗谓之为衍水，即沇水（也）……南流注于溴……溴水又南注于河也"。《读史方舆纪要》也记载：济水（即沇水）"在县（温县）南，自济源县流入，经县西南虢公台下，又南注于河"。其他如《温县志》《汜水县志》亦有如此的记载，从而断定认为《括地志》所载兖水至温县东南而流为"汜水"的"汜"应订正为"河"[②]。在这里应当指出的是，"注于河"与"为汜（泲水）"，一个"为"，一个"注"，一字之差，含义绝对不同，文章怎能相混淆呢?

有的认为武王伐纣，从汜渡河，"是不符合历史实际的"，"缺乏根据的"[③]。我曾举出三条材料来证实从汜渡河是符合历史实际的。《吕氏春秋·贵因篇》所记载武王伐纣曾至鲔水，"武王至鲔水，殷使胶鬲候周师，武王见之。胶鬲曰：'西伯将何之？无欺我也。'武王曰：'不子欺，将之殷也。'胶鬲曰：'朅至？'武王曰：'将以甲子至殷郊，子以是报矣。'胶鬲行。天雨，日夜不休，武王疾行不辍。军师皆谏曰：'卒病，请休之。'武王曰：'吾已令胶鬲以甲子之期报其主矣。今甲子不至，是令胶鬲不信也。胶鬲不信也，其主必杀之。吾疾行以救胶鬲之死也。'武王果以甲子至殷郊"[④]。《吕氏春秋》是与《荀子·儒效篇》《韩诗外传》所记武王伐纣"出三日而五灾至"，"天雨三日不休"是一致的，同时说明甲子日赶到的原因。这与《利簋》所记"珷征商，隹（唯）甲子朝，岁鼎，克闻（昏）夙又（有）商"[⑤]是相符的。武王伐纣至鲔水，据《水经注·河水》曰："又东过巩县北。"郦道元注《水经》曰："县北有山临河，谓之崟原丘。其下有穴，谓之巩穴。言潜通淮浦，北达于

---

① （唐）李泰等著，贺次君辑校：《括地志辑校·怀州·王屋县》，中华书局，1980年，第82页。

② 孙醒：《也谈武王伐纣的进军路线》，《河南大学学报》（哲学社会科学版）1987年第4期，第52页。

③ 孙醒：《也谈武王伐纣的进军路线》，《河南大学学报》（哲学社会科学版）1987年第4期，第52～53页。

④ （秦）吕不韦编，许维遹集释，梁运华整理：《吕氏春秋集释·贵因》，中华书局，2009年，第387～388页。

⑤ 张政烺：《〈利簋〉释文》，《考古》1978年第1期，第58页。

河。直穴有渚，谓之鲔渚。成公子安《大河赋》曰：‘鳣鲤王鲔，春暮来游。’《周礼》：‘春荐鲔。然非时及佗处则无。故河自鲔穴已上，又兼鲔称。’《吕氏春秋》称：‘武王伐纣至鲔水，纣使胶鬲候周师，即是处矣。’”[①]由此可见，武王伐纣是从孟津向东趋过偃师、巩县而从汜渡河。《吕氏春秋》所记武王伐纣至鲔水，是有关武王伐纣从汜渡河至关重要的材料，其他二条材料是偃师与扣马镇名称的由来、含义问题，只是作为旁证，在此不赘述[②]。

二、怀与邢丘应为两地而非一地

“到于邢丘”（《韩诗外传》）。“至怀而坏”（《荀子》）。

“邢丘”与“怀”在什么地方？有的论者提出：“由孟津渡河，东向邢丘，只有六七十里，比汜水渡河至邢丘要近得多。”从而提出“怀”就是“邢丘”。所据《荀子》杨倞注曰：“怀，地名。《书》曰：覃、怀底绩。孔安国曰：覃、怀，近河地名。”那么，覃怀之地究竟位于何处呢？唐代孔颖达在《尚书正义》疏曰：“《地理志》：河内郡有怀县，在河之北。盖覃怀二字共为一地。故云近河，地名。”而河内郡的怀县又在何地呢？据《水经注·沁水》云：沁水“又东过邢丘。《韩诗外传》曰：武王伐纣，到邢丘，更名邢丘曰怀。春秋时，赤狄伐晋围怀是也。王莽以为河内，故河内郡治也”。可见河内郡的怀县位于古邢丘。由此可知，《荀子》所谓“至怀而坏”的“怀”，即邢丘，非为武陟县西的古怀城[③]。

把古怀与邢丘混淆在一起，邢丘与怀应是风马牛不相及的两个地名。

我们承认《荀子·儒效篇》所说“至怀而坏”的怀是古怀地，应在今河南武陟县的古怀城。《荀子》杨倞注曰：“怀，地名。《书》曰覃怀底绩，孔安国曰覃怀近河地名，谓至汜而适遇水泛涨，至怀又河水泛溢也。”[④]“覃怀者凡有三说：一以覃怀共为一地之名；二为覃乃状况之词，沃壤平衍之意；三则云覃即导字。”[⑤]可是金履祥《通鉴前编》云：“覃，大也；怀，地名。太行为河北脊，其山脊诸州皆山险，至太

---

① （北魏）郦道元撰，陈桥驿校证：《水经注校证·河水》，中华书局，2007年，第129页。

② 陈昌远：《从〈利簋〉谈有关武王伐纣的几个问题》，《河南师大学报》（社会科学版）1980年第4期，第33页。

③ 孙醒：《也谈武王代纣的进军路线》，《河南大学学报》（哲学社会科学版）1987年第4期，第52～53页。

④ （清）王先谦撰，沈啸寰、王星贤点校：《荀子集解》卷四《儒效篇》，中华书局，1988年，第135页。

⑤ 郭豫才：《覃怀考》，《禹贡》1935年第6期，第12页。

行山尽头始平广，田皆腴美，俗称小江南，古所谓覃怀也。”[①]其义解释甚确，此类似记载见《汉书·地理志》所记河内郡的怀县，河内郡的郡治所在，在大河之北。故《水经·河水》注曰：“又东迳怀县南，济水故道之所入，与成皋分河。”[②]这个怀县就是河内郡的郡治，这是毋庸怀疑的。如果将此怀县说成是古邢丘，那就错了。因为河内郡的郡治是在今河南武陟县西的古怀城，即古之覃怀地，绝对不是古邢丘。杨守敬在《水经注图》中就绘的是两个地方。《元和郡县志》卷十六曰：“武陟县，本汉怀县地。”“故怀城，在县西十一里。两汉河内郡并理之，晋移郡理野王。”[③]《大清一统志》又曰：“怀县故城，在武陟县西南。《禹贡》：覃怀底绩。孔安国传：覃怀，近河地名，郑元曰：怀，即河内怀县。《左传》隐公十一年：王与郑田有怀，后属晋。《史记》：赵成侯四年，魏败我怀；又魏安釐王九年，秦拔我怀；汉置怀县为河内郡治，后汉建武元年，幸怀；晋建兴后，不复为郡治，东魏改属武德郡；隋大业初，省入安昌；唐武德初复置，属怀州；贞观元年，省入武陟。《括地志》：怀县故城，在怀州武陟县西十一里。”[④]今据县地名办公室工作者调查，怀县故城其治所当在今武陟县城土城村附近。

由上可知古怀县，为河内郡治，并不是古邢丘。由《韩诗外传》所记“更名邢丘曰怀”，也就说明当时武王伐纣至“怀”与“邢丘”应是两个地名。故《左传》宣公六年曰：“赤狄伐晋，围怀及邢丘。”[⑤]那么“邢丘”的地理位置在何处呢？《史记·魏世家》曰：“秦固有怀、茅、邢丘。”《集解》徐广曰：“在平皋。”《正义》曰《括地志》云：“平皋故城在怀州武德县东南二十里，本邢丘邑也，以其在河之皋地也。”[⑥]由上可知，邢丘邑，即汉置平皋县。故《清一统志》曰：“平皋故城，在温县东，本晋邢邱邑。《左传》宣公六年，赤狄伐晋围邢邱。注：今河内平皋县，战国属魏，《史记》：秦昭襄王四十一年，攻魏取邢邱。《汉书·地理志》：河内郡平皋。注：应劭曰：晋号曰邢邱，以其在河之皋，处势平夷，故曰平皋。后汉、晋因之，东魏改属武德郡，北齐废。《括地志》：平皋故城，在武德县东南二十里。《寰宇记》：平皋城，在武德县西。《府志》：平皋城在温县东二十里，邢城在平皋东

---

① （宋）金履祥：《通鉴前编》，文渊阁《四库全书》本。

② （北魏）郦道元撰，陈桥驿校证：《水经注校证·河水》，中华书局，2007年，第130页。

③ （唐）李吉甫撰，贺次君点校：《元和郡县图志·河北道一·怀州》，中华书局，1983年，第445页。

④ （清）穆彰阿、潘锡恩等纂修：《大清一统志·河南统部·怀庆府二·古迹》，上海古籍出版社，2008年，第185页。

⑤ 杨伯峻：《春秋左传注·宣公六年》，中华书局，1981年，第688页。

⑥ （汉）司马迁：《史记·魏世家》，中华书局，1959年，第1858～1859页。

北隅。”[①]

杨伯峻《春秋左传注》宣公六年注也说：“邢丘即今河南温县东二十里之平皋故城，怀与邢丘仅相近。”[②]王国维先生认为：“邢邱即邢虚，犹言商邱殷虚，祖乙所迁。”“《尚书序》：‘祖乙迁于耿。’《史记·殷本纪》作‘邢’”，“当即此地”，其“地近河内怀”，“正滨大河，故祖乙圮于此也”[③]。

从上可知，平皋城即古之邢丘，应在今河南温县东二十里，即今之北平皋村[④]。在今温县东南北平皋村外围尚存古垣周长四千余米，从夯土内包含物和附近地层可以看出城墙曾屡经修补，据考古工作者判断，其始建期或可早到春秋之时。在城内东南部，有一高出周围地面3—4米，现存面积约380米×390米的大台地，台周边被破坏的断崖上，到处可以见到东周至汉代的陶片，发现数十件有陶文“邢公”。可知邢公乃晋国封于邢地而后称公者。此邢为晋国地名，这是毫无疑问的。其遗址所在地既是台地，亦可谓之土丘，《史记·魏世家》《正义》引《括地志》谓“以其在河之皋地”。其在春秋时曰邢，故合而曰邢丘，这样看来晋国“地近河内怀”之“邢丘”，就是在今河南温县城东的北平皋村，考古材料与史书记载正相符合更证实这一点[⑤]。

“怀”与“邢丘”既然是两个地名。古怀，绝对不是春秋之邢丘。邢丘在汜水北，古怀在邢丘东面。从汜水渡河对岸就是邢丘，只有近廿里地。如果从孟津沿河东向到邢丘，那就远了。该论者还质问既然“怀”是邢丘，武王伐纣怎么能由汜水渡河西向邢丘呢？这样，岂不南辕北辙[⑥]？在这里他根本没有搞清楚邢丘的地理位置在何处，怎么由汜水渡河西向邢丘，武王伐纣从汜水渡河北上邢丘，东向怀，是里程最近、最方便的交通线。那种认为周师只有从孟津渡河，才能到邢丘，是符合其进军路线、里程最近的说法，是站不住脚的。

---

① （清）穆彰阿、潘锡恩等纂修：《大清一统志·河南统部·怀庆府二·古迹》，上海古籍出版社，2008年，第186页。

② 杨伯峻：《春秋左传注·宣公六年》，中华书局，1981年，第688页。

③ 王国维：《观堂集林·说耿》，中华书局，1961年，第523页。

④ 据清同治十一年平皋寨纪事碑记：我平皋之名其来甚古，寨西南新扩一庄也叫平皋，所以分西南的庄叫南平皋，北边的寨为北平皋。

⑤ 邹衡：《晋豫鄂三省考古调查简报》，《文物》1982年第7期，第7～8页。

⑥ 孙醒：《也谈武王伐纣的进军路线》，《河南大学学报》（哲学社会科学版）1987年第4期，第52页。

三、周师北上共山头

“勒兵于宁”（《韩诗外传》）。

武王伐纣率领的周师，从汜水渡河北上邢丘（今河南温县北平皋村），然后东向至怀县（今河南武陟县城西土城村），至怀后继续北上宁（今河南修武县）。而修武之名在历史上命名较早，武陟县得名较晚。《隋书·地理志》曰：“开皇十六年析置武陟。”[①]修武之名与武王伐纣经过此有关系。《水经注》之《清水注》曰：“应劭《地理风俗记》云：河内，殷国也，周名之为南阳。又曰：晋始启南阳。今南阳城是也。秦始皇改曰修武。徐广、王隐并言始皇改。瓒注《汉书》云：案韩非书，秦昭王越赵长平，西伐修武。时秦未兼天下，修武之名久矣。余案《韩诗外传》言，武王伐纣，勒兵于宁，更名宁曰修武矣。”[②]修武，商时为宁邑。修武之名实与武王伐纣经过此为纪念武王有关。

《修武县志》记载：修武县有待王、承恩镇。《修武县志》又曰：文案村“在县东南八里，相传武王载木主东征文案奉安于此”[③]。由此可知武王伐纣进军路线是由南向北到待王镇而后至共头的。

“至共头而山隧”（《荀子·儒効》）。唐杨倞《荀子》注曰：“共，河内县名。共头，盖共县之山名。隧，谓山石崩摧也。隧，读为坠。”[④]顾炎武曰：“《左传》：‘郑太叔出奔共。’注：‘共国，今汲郡共县。’……《唐书·地理志》：‘卫州共城县。武德元年，置共州。’即今卫辉府辉县。”[⑤]

《吕氏春秋·诚廉篇》曰：“又使保召公就微子开于共头之下。”毕沅注曰：“共头即共首，山名，在汉之河内共县。”[⑥]《庄子·让王篇》曰：“故许由娱于颍阳而共伯得乎共首。”郭象注曰：“共山之首。共丘山，今在河内共县西。鲁连子云，

---

① （唐）魏徵等撰，中华书局编辑部点校：《隋书·地理志》，中华书局，1973年，第848页。

② （北魏）郦道元撰，陈桥驿校证：《水经注校证·清水》，中华书局，2007年，第223～224页。

③ （民国）焦封桐修，（民国）萧国桢纂：《修武县志·舆地·里甲》，成文出版社有限公司，1976年，第183页。

④ （清）王先谦撰，沈啸寰、王星贤点校：《荀子集解·儒效》，中华书局，1988年，第135页。

⑤ （清）顾炎武撰，黄汝成集释，栾保群、吕宗力点校：《日知录集释·共和》，上海古籍出版社，2006年，第1441页。

⑥ （秦）吕不韦编，许维遹集释，梁运华整理：《吕氏春秋集释·诚廉》，中华书局，2009年，第267页。

共伯后归于国，得意共山之首。”[①]王念孙《读书杂志》卷十也谓“共头即共首”[②]。《辉县县志》曰：“共山，在方山东南，名共山首，一名共头，俗呼为共山头。因卫世子共伯封地得名，相传共伯葬此。”其名实与共工氏相关[③]。《大清一统志》曰：“共山在辉县北九里。”[④]顾颉刚先生也谓共山：“在今河南省辉县北九里，亦谓之九峰山，为苏门山之别阜。”[⑤]今辉县东北，方山东南还有共山头水库，其共山犹在。说明当时武王伐纣的军队企图从辉县东北进军朝歌，可是周师到共头后，山石崩摧不能前进，于是折回百泉，绕辉县，从南进军牧野。周师急于想摧毁殷纣王的统治，克服前进道路上所遇到的一切困难，遂选马而进，并没有停顿进军朝歌。

四、牧野在今新乡市牧野村北一带

“厌旦于牧之野”（《荀子·儒效篇》）。

唐杨倞《荀子》注曰：“厌，掩也。夜掩于旦，谓未明已前也。”[⑥]厌旦即黎明到达牧野。“牧野”究竟在何地，有的说牧野不是地名，是指邑郊之外谓之牧野，有的说是牧地之野。到底历史上有名的牧野大战的战场在何地？相当于今天什么地方？这是牧野大战非常重要的问题。

探讨牧野战场在何地，其中讨论纣都朝歌距离牧野多少里，这是一个关键性问题。有的讨论牧之野在商都朝歌多少里时，引用《水经注》云：清水“又东县过汲北……清水又东迳石梁下……与仓水合………其水东南流，潜行地下，又东南复出，俗谓之雹水，东南《郡国志》曰：朝歌县南（十七里）有牧野”。由此可知，牧之野距朝歌县南十七里[⑦]。到底在朝歌县南什么地方，没有具体回答。以上所引用的《水经注》有几点需得说明，如“又东县过汲北”，应为“又东过汲县北”，这句话是郦道

① （清）郭庆藩撰，王孝鱼点校：《庄子集释·让王》，中华书局，1961年，第983～984页。

② （清）王念孙撰，窦秀艳、周明亮点校：《读书杂志》第四册，凤凰出版社，2021年，第1483页。

③ 陈昌远：《从〈利簋〉谈有关武王伐纣的几个问题》，《河南师大学报》（社会科学版）1980年第4期，第34页。

④ （清）穆彰阿、潘锡恩等纂修：《（嘉庆）大清一统志·河南统部·卫辉府一·山川》，上海古籍出版社，2008年，第133页。

⑤ 顾颉刚：《史林杂识》三十八《共和》，中华书局，1963年，第206页。

⑥ （清）王先谦撰，沈啸寰、王星贤点校：《荀子集解》卷四《儒效篇》，中华书局，1988年，第136页。

⑦ 孙醒：《也谈武王伐纣的进军路线》，《河南大学学报》（哲学社会科学版）1987年第4期，第55～56页。

元所注《水经》的内容，《水经》是三国时人桑钦所写[①]。因此，引用时不能作为《水经注》的内容来引："清水又东迳石梁下……与仓水合……其水东南流，潜行地下，又东南复出，俗谓之雹水，东南《郡国志》曰：朝歌县南（十七里）有牧野。"[②]这是郦道元注《水经》的内容，"东南《郡国志》曰朝歌县南（十七里）有牧野"。其"东南以下应有删节号……才是（《郡国志》）朝歌县南（十七里）有牧野"。可是《郡国志》曰朝歌县南（十七里）有牧野。查阅几种有关《水经注》的版本，都没有十七里的内容，因此，它不应是郦道元注《水经》的内容，而袁山松《郡国志》现在所辑的版本也没有十七里的内容，看来是有的论者加上的，不加说明放在引文内这是不恰当的。

牧野，到底相当于今何地？一般都认为在朝歌或淇县之南。袁山松《郡国志》曰："朝歌南有牧野。"[③]清《一统志》曰牧野"在淇县南"。《通鉴地理今释》说牧野在"纣之南郊，在今河南淇县南"。这些书只是说明在淇县南，朝歌南，到底在何地？没有具体的说明。具体说明距朝歌多少里，有以下的记载。

《后汉书·郡国志》曰："朝歌，纣所都居，南有牧野。"刘昭注："去县十七里。"[④]

《后汉书》没有志，梁刘昭给《后汉书》作注，把司马彪《续汉书》的志抽出来加以注释，补入《后汉书》作注。因此，刘昭注，是晚出，今有的论者采用，不足为信。

其次《尚书·牧誓》孔传曰：牧野"纣近郊三十里地名牧"[⑤]。《通典·州郡》曰："牧野之地，即纣都近郊三十里，即此也。"[⑥]这说明牧野离纣都30里。

其实早于刘昭、孔传的是东汉许慎《说文解字》曰："坶，朝歌南七十里地。《周书》曰：武王与纣战于坶野。"[⑦]坶即牧。这是牧野离纣都朝歌南70里的说法。朱熹《诗集传》也采用此说。《诗经·大雅·大明》曰："矢于牧野。"[⑧]朱熹《诗集

① 对《水经》是谁著的问题，有争论，今采用旧说。

② （北魏）郦道元撰，陈桥驿校证：《水经注校证·清水》，中华书局，2007年，第227页。

③ （清）王谟辑：《汉唐地理书钞》，中华书局，1961年，第135页。

④ （南朝宋）范晔撰，（唐）李贤等注：《后汉书·郡国志一·河内郡》，中华书局，1965年，第3395、3397页。

⑤ （汉）孔安国传，（唐）孔颖达正义，黄怀信整理：《尚书正义·牧誓》，上海古籍出版社，2007年，第419页。

⑥ （唐）杜佑撰，王文锦等点校：《通典·州郡八·汲郡》，中华书局，1988年，第4695页。

⑦ （汉）许慎撰，（清）段玉裁注：《说文解字注·十三篇下·土部》，上海古籍出版社，1981年，第683页。

⑧ 李学勤主编：《十三经注疏·毛诗正义》卷十六《大明》，北京大学出版社，1999年，第975页。

传》曰："牧野在朝歌南七十里。"[①]许慎的说法比较可信。他是河南人，对河南地理了解。宋人夏僎撰《尚书详解》予以肯定。而陆德明《音义》引《说文》作坶野，云："地名，在朝歌南七十里，又似专属商郊地名。"[②]在宋人这个论断里，透露出牧野这个地名的形成。本来"牧野"不是一个地名，这是肯定的。《尔雅·释地》曰："邑外谓之郊，郊外谓之牧，牧外谓之野。"[③]故《尚书·牧誓》曰武王伐纣，"王朝至于商郊牧野，乃誓"[④]。应读为商郊，牧野。指商邑外的四周，自郊至牧而野。由于历史上武王伐纣的战争是在殷都南70里的牧野发生的。所以，经过这次战争之后，这个战场也就成为一个固定地名，称为牧野，成为商郊地名。这个商郊地名应在何地呢？它距朝歌城南七十里，今新乡市牧野村北一带。

据《括地志》记载："卫州（今河南汲县）城，故老云周武王伐纣至于商郊牧野，乃筑此城。"[⑤]此说明商郊牧野是在卫州城附近，今汲县城南一带，统统被称为商郊牧野。《括地志》又说："纣都朝歌在卫州东北七十三里朝歌故城是也。本妹邑，殷王武丁始都之。"[⑥]此条材料又说明卫州（今河南汲县）离纣都朝歌（今河南淇县）只有73里。如果这个数字是可以肯定的，那么武王伐纣牧野大战应在离卫州（今河南汲县）城不远之处。今新乡市是隋开皇六年（586年）析获嘉县新乐城和汲县新中乡置县曰新乡。今新乡市郊牧村正是属于汲县之新中乡，其范围很广，有东牧村、西牧村、新牧村，牧村乡包括27个生产大队，属新乡市郊区。靠北正是当年牧野之战的战场。故《新乡县志》指出："牧野在县东北八里，即古牧野，武王伐纣陈师之地，今太公庙尚存。"[⑦]今值得注意这里的一些村名，围绕着武王伐纣大战牧野这一中心形成许多地名，牧村的西南有古龙岗（今杨岗）、古风岗（今茹岗）、古龟岗（今畅岗）统称"三岗"。传说当年武王伐纣，王后和姜子牙兵临牧野时，便分别驻扎在这三个村落。周军已到，殷纣王仓皇起兵迎战，率领商军十七（一说七十）万，南下至牧村东北扎下营寨，后称"御寨"（今御河）。周武王前锋军队在北帐门（今北张门）随

---

① （宋）朱熹集注，赵长征点校：《诗集传》，中华书局，2011年，第238页。

② （汉）孔安国传，（唐）孔颖达正义，黄怀信整理：《尚书正义·牧誓》，上海古籍出版社，2007年，第418页。

③ 李学勤主编：《十三经注疏·尔雅注疏》卷七《释地》，北京大学出版社，1999年，第196页。

④ （汉）孔安国传，（唐）孔颖达正义，黄怀信整理：《尚书正义·牧誓》，上海古籍出版社，2007年，第419页。

⑤ （唐）李泰等撰，贺次君辑校：《括地志辑校·卫州》，中华书局，1980年，第87页。

⑥ （唐）李泰等撰，贺次君辑校：《括地志辑校·卫州》，中华书局，1980年，第87页。

⑦ （清）赵开元纂修：《新乡县志·名迹上·牧野春耕》，成文出版有限公司，1976年，第679页。

后大军驻南帐门（今南张门）。殷纣王在牧野大战战败溃逃后，周武王将所俘商军中的顽固将领，押到共国（今辉县）杀掉，故现今新乡、辉县交界处留下“斩将屯”的村名。周武王姜子牙继续挥军北上，在凤凰山前分兵两路围逼朝歌，分兵处今有“分将池”的村名为证①。这些从地名学上值得注意研究，它为我们寻找牧野大战的战场提供重要线索。

有的论者提出如果说今之新乡市东北的牧野一带，是当年武王与纣交战处，那么，武王“勒兵于宁”为什么不从宁地挥戈东向，直指汲县新中乡之牧野，反而舍近求远，由宁地率军北上共山头？难道周军能从共山头回师西向百泉，旋由百泉南下辉县城，然后才至汲县新中乡之牧野吗？②要回答上述问题，必须对该地区的地理形势要有所了解。

当时周武王伐纣的军队，既然从汜水渡河北上到邢丘，然后东向至怀，到怀后又继续北上。这时武王的军队并没有由怀东向朝歌，那是因为古代的黄河是从今天的武陟县境内向北流③，如果从怀东向朝歌，那就必然还要渡一次黄河，这对进军是非常不利的，所以周师至怀后只有北行。北行至宁（今河南修武县），周师在宁修整后仍然继续北上共头，这就是为什么武王的军队“勒兵于宁”后，并没有从宁地挥戈东向，直指汲县的新中乡之牧野，反而舍近求远，由宁地率军北上共山头的原因。

武王伐纣进军的目标是纣都朝歌，并不是汲县的新中乡牧野。既然是这样，所以周师北上共山头，企图从共山头向纣都朝歌进军。为什么没有从宁地挥戈东向进军纣都朝歌呢？那是因为从宁（今河南修武）东向牧野，其间有许多小河，行军很不方便，如现在新乡市西边的合河村这个地名，就是因为有几条河在此汇合而得名。加之这个地区的地形，沟岗很多，洼地也很多，尤其是武王伐纣时“天雨，日夜不休”④，遇上雨天，山洪暴发，在这地区行军是极不方便。所以这时周师北上共山头，避开难进的路程，准备从共山头东向直接进军纣都朝歌。可是到共山头后，荀子说：“至共头而山隧。”⑤并不是什么山石崩摧，而是因为山路不平，车行实在难走。在那里著名的山有九山，“在辉县北十里”，“孤峰耸出，俯视群山”；有方山，“在辉县东

---

① 阎正：《牧野大战究竟在何处？》，《地名知识》1981年第3期，第17页。

② 孙醒：《也谈武王伐纣的进军路线》，《河南大学学报》（哲学社会科学版）1987年第4期，第56页。

③ 岑仲勉：《黄河变迁史》，人民出版社，1957年，附图三《东周河徙以前黄河的大势》。

④ （秦）吕不韦编，许维遹集释，梁运华整理：《吕氏春秋集释·贵因》，中华书局，2009年，第388页。

⑤ （清）王先谦撰，沈啸寰、王星贤点校：《荀子集解·儒效》，中华书局，1988年，第135页。

北”；黑麓山，“在辉县东北五十里”，“两崖壁立，直逼霄汉”[①]，交通极不方便，所以由共山头直至朝歌其间都是山地丘陵地区，一般高度都在200至500米，有的高达875米。但从百泉以下是属于华北大平原的一部分。当时周师到共山头后，由于地理上山路阻断，武王并没有了解清楚，所以周师不得不旋转百泉，从辉县南部南下到牧野，然后北上朝歌。可是有论者提出：《左传》襄公二十三年所记齐侯攻晋，就是由朝歌经过孟门，登太行，进军晋国。武断地认为古代从朝歌到孟门是古代的军事交通要道，那么，在商周之际，此古道岂能不通？所以武王伐纣大概是沿这条古道由共山头进军牧之野的[②]。试问，如果在古代由共山头至朝歌有古道，在商周之际是畅通的，那么为什么周师，从东到共山头后，又何必西向回到百泉，然后才直达牧野呢？这种军事行动又作何解释呢？

我们说从朝歌到共山头在商周之际并没有什么古道，如果有古道畅通，春秋时齐桓公伐白狄到西河，不会“悬车束马”[③]逾太行前途的。

由于纣都朝歌的地理位置，东边是黄河，西边是太行山丘陵地区，中间是属于华北大平原的开阔地带，而牧野正是纣都朝歌的南大门口，所以周武王伐纣的军队“果以甲子至殷郊。殷已先陈矣”[④]。殷纣王早已在那里摆好阵势等候周武王军队的到来。如果按有的论者认为在邻殷都朝歌南17里，在那里是没有办法摆好阵势等候周武王军队的，这个仗也是没有办法打的。正是由于周师从百泉南下很快到达牧野，这时殷纣王早已摆好阵势，在那里等候，所以在历史上才发生有名的牧野大战。由于殷纣王不得人心，前途倒戈，纣军失败，无法可守，“甲子日，纣兵败。纣走，入登鹿台，衣其宝玉衣，赴火而死”[⑤]。

① （清）穆彰阿、潘锡恩等纂修：《（嘉庆）大清一统志·河南统部·卫辉府一·山川》，上海古籍出版社，2008年，第133页。

② 孙醒：《也谈武王伐纣的进军路线》，《河南大学学报》（哲学社会科学版）1987年第4期，第56页。

③ （春秋）左丘明撰，徐元诰集解，王树民、沈长云点校：《国语集解·齐语》，中华书局，2002年，第234页。

④ （秦）吕不韦编，许维遹集释，梁运华整理：《吕氏春秋集释·贵因》，中华书局，2009年，第388页。

⑤ （汉）司马迁：《史记·殷本纪》，中华书局，1959年，第108页。

第四节　黄河水患与郑、汴间交通道路的形成
——以黄河中、下游分界地区（郑、汴间）为对象

众所周知，黄河中、下游的分界处在郑州桃花峪，自桃花峪向东的郑州—开封河段位于黄河中游下界和下游之首的右岸，地理位置十分独特。郑州与开封市之间的中牟县是黄河向东流经的右岸首个县城，由于黄河北距中牟县城50华里，且河道在郑汴之间东西蜿蜒90余华里，因此在黄河中、下游右岸的决溢中，这一地区总是首当其冲。自金元迄于明清，此区域内的黄河水患不断加剧，使地理环境发生了根本性的变化，在此基础上形成的城市聚落与交通道路的格局一直影响到了今天。本文试以郑州、开封间黄河中、下游分界地区的交通道路为研究对象，探讨水患与黄河流域交通道路的相互关系。

一、明清以来黄河中、下游分界地区（郑、汴间）的黄河水患

金元以来，黄河南徙，黄河郑汴间河段由于地处中、下游之交，其北部失去了邙山的屏障，左右冲击，每逢洪水往往冲毁大堤，造成泛滥之灾，其在郑汴间的中牟为害之烈触目惊心。中牟旧志中记载了金元以后迄于当代黄河在郑汴间决口泛滥的情况大体如表1①。

表1　金元以后郑汴间黄河泛滥情况表

朝代	年份	灾情纪要
元	至元二十三年（1286年）	河决开封、中牟，15个州县被淹
	至元二十七年（1290年）	黄河决口，淤东流一支，存南流一支
	泰定二年（1325年）五月	河决汴梁，灾及中牟等15个州县
	元统元年（1333年）	黄河大溢，波及中牟
	至正四年（1344年）	黄河决口，田禾尽没
	至正二十三年（1363年）十月	黄河决口，中牟、开封15处被淹
	至正二十七年（1367年）	黄河决口，田园庐舍尽没

① 河南省中牟县地方志编纂委员会编：《中牟县志》，生活·读书·新知三联书店，1999年，第113～115页。

续表

朝代	年份	灾情纪要
明	洪武十四年（1381年）七月	黄河决口，中牟、祥符等县被淹，历时三年
	洪武十五年（1382年）	黄河决口，漫及中牟、陈州等11个县
	洪武二十五年（1392年）七月	黄河溢，淹田庐无数
	洪武二十五年（1392年）	河决阳武，漫中牟11州县
	宣德元年（1426年）	黄河溢中牟等11州县，漫浸田庐无数
	宣德六年（1431年）	黄河溢，中牟、祥符等八个县淹及5200顷
	正统十三年（1448年）	黄河决口，水淹朱固等村
	天顺五年（1461年）	黄河南徙，水淹中牟，县城及西北里保淹浸217顷56亩
	弘治二年（1489年）	黄河决口，淹中牟等三处，历时二年
	弘治六年（1493年）	黄河漫溢，县城被淹
	嘉靖九年（1530年）	黄河漫溢，城西田禾尽没
	嘉靖三十八年（1559年）六月	黄河决口，水漫县城，沙没民田，淹死居民甚多
	崇祯五年（1632年）六月	黄河决口，水入城内，淹没田禾无数，为时一年
	崇祯六年（1633年）	河决，水淹城数日始落
清	顺治四年（1647年）	黄河水决，伤稼
	康熙元年（1662年）六月	黄河决口黄练集，县城西、北、南三面皆水，城垣多处倒塌。黄河水道南移，黄练集改在北岸，划归阳武县
	雍正元年（1723年）六月	黄河决口中牟十里店、娄家庄，在刘集南入贾鲁河，为时一年，淹十多县
	雍正元年（1723年）九月	黄河决口郑州来童寨，冲决中牟杨桥官堤，县城四面皆水，田禾尽没，贾鲁河被淤，航运中断。黄河一年两决，中牟西北地区良田大半变成沙碱地
	雍正十一年（1733年）	黄河一年两决，县西北良田变沙碱
	乾隆二十六年（1761年）七月	杨桥决口60余丈，田禾尽没
	嘉庆二十四年（1819年）七月	河溢中牟十里店，又决于青谷堆
	道光二十三年（1843年）六月	黄河决口九堡，溃堤360余丈，洪水所经之处，沙深盈丈，县东北沃土尽成不毛之地，县西北尽成沙碱荒滩
	道光二十五年（1845年）	黄河决口荥泽，经郑州东北至中牟，大溜夹城而过，14个里尽成泽国。至咸丰元年始合龙
	同治五年（1866年）六月	黄河决口荥泽，大溜抵中牟，东西田禾尽没
	光绪十三年（1887年）	郑工石桥决口，中牟县城西北隅水深丈余，距城堞三尺。全城除十字口外，余皆水深数尺到丈余，浅处架桥，深处行舟，房屋倒塌，城外东、北、西三面沃土变黄沙，光绪十五年合龙
民国	二十七年（1938年）6月2—9日	国民党政府扒开赵口、花园口，中牟289个村庄50万亩土地、14万人民受灾。淹死饿死1.6万多人，逃荒要饭在外7万多人，县城除丁字口一片外，全部淹没

据不完全统计，若从明代洪武十四年（1381年）到民国二十七年（1938年），蒋介石扒开中牟赵口与郑州花园口的557年中，中牟县被黄河水患达31次，平均每18年一遇[①]。因此，频繁的黄河水患不仅摧毁了郑汴间原有的城市、聚落以及交通道路格局，而且在新的地理条件下所形成的城市、交通道路格局又都与黄河水患存在必然的联系。

二、水患与黄河中、下游分界地区（郑、汴间）的地理环境

黄河水患对于今天郑、汴间地貌的塑造和形成起到了决定性的作用，现以郑汴间唯一的县级行政区划中牟县的地貌为例说明之。

中牟县县境北中部受黄河、贾鲁河冲积影响，南部受伏牛山余脉影响，基本地势是西高东低，南北高、中间低的槽状地带；南部岗垄起伏，北中部沿运粮河、贾鲁河形成自西北向东南略显倾斜平缓的两大扇形槽状地带；南端自马陵岗至马河上源形成自西南向东北的分水岭。南部的张庄乡湛庄村北的红土井为全县最高点，海拔154米；东南的韩寺乡胡辛庄村东为最低点，海拔73米；相对高差81米，从老庙岗、祥云寺、红土井、马陵岗一线向东逐渐降低，坡降为1/100—1/600，到郑庵乡台前村以东以北，八岗乡张堂村以东，黄店乡袁家村以北以东，坡降减为1/1000—1/2000。西北部由黄河堤向南，直到东南部县界，是黄河久泛故道，地势略呈槽状，紧靠黄河的万滩乡杨桥村，海拔84米，县城海拔78.1米，到县东南界海拔73米，坡降为1/1000到1/2000[②]。据此，中牟全县的地貌大致可分为河漫滩，黄泛平原，沙丘、沙垄、沙地和硬岗沙地四种类型，这四种地貌类型大都与黄河的冲积泛滥有密切关系，而在此基础上所形成的地理环境则制约了区域内聚落、城市和交通道路的选择与分布（图三）。

首先，郑汴间中牟县境内的河漫滩地主要分布在今中牟县城以北的地区，也就是黄河堤防以南到贾鲁河滩区及黄河南北堤防之间，宽约10公里的区域。后者平均海拔87米，主河槽以南为嫩滩、二滩和老滩三种阶地。由于泥沙不断沉积，河床不断增高，致使嫩滩与二滩分界线不很明显，当黄河水达到4500立方米/秒时，就要浸滩，并出现坍塌现象。老滩虽比二滩高2.5米，但洪水达到14000立方米/秒时，就有漫老滩的可能。贾鲁河滩面积约6万余亩，海拔76—79米，由于上源各支流及引黄淤灌，带入大量泥沙，河床逐渐增高，使原排水能力500立方米/秒降到70立方米/秒，因而上游如降

① 袁敬廉、沙鑫鉴：《中牟与黄河》，《中牟史志资料》1985年第4期，第184页。

② 河南省中牟县地方志编纂委员会编：《中牟县志》，生活·读书·新知三联书店，1999年，第85页。

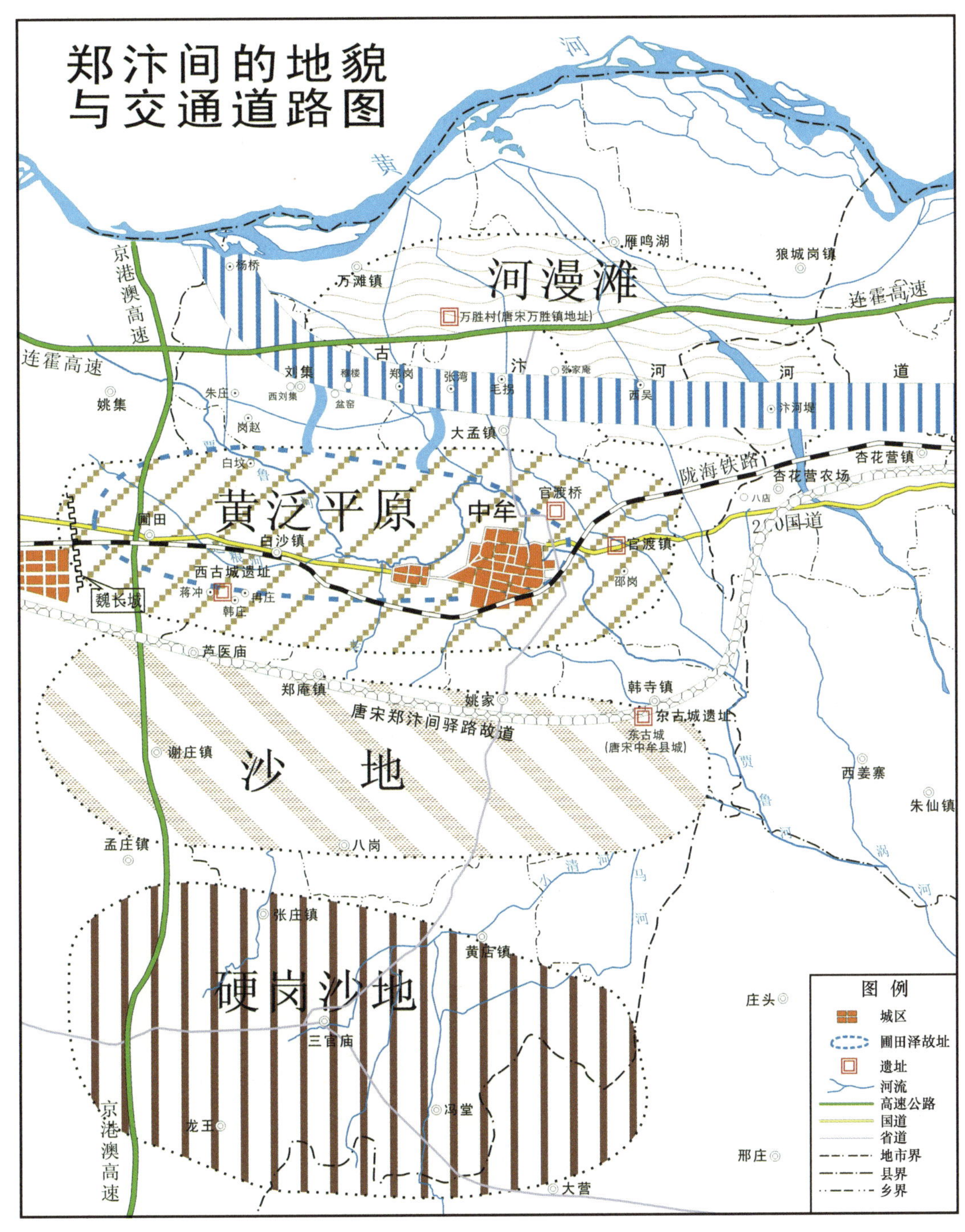

图三　郑汴间的地貌与交通道路图

大雨或中雨，就要出现河水漫滩现象[①]。不仅如此，这一地区由于濒临黄河较近，最先受到黄河、贾鲁河的冲淤，在部分漫滩区域中又形成了两大沼泽区，第一沼泽区为中牟县北的沼泽带，此带主要分布在狼城岗、万滩、东漳三个乡南部，大孟、刘集乡北部，西起万滩、刘集之间，东接开封县境，东西长约40多里，南北宽三四里到10多里的槽形地带，由于多次受到黄水冲刷和黄水侧渗的影响，形成断断续续的沼泽地带，长期积水。沼泽边缘是盐碱荒滩，杂草丛生，鸟兽出没，一片荒凉景象，中牟称“北大荒”。新中国成立后在党和政府领导下，开渠排水，引黄灌溉，已成为中牟县主要水稻产区。但仍有水草丛生的沼泽地16583亩（其中有水面积2300亩）[②]。第二沼泽区是中牟县城东北的东漳—韩庄沼泽带，此沼泽是从东漳向东南延伸，经小店到韩庄以北，长约20里，宽1—3里的狭长地带，在黄水多次冲刷和漫浸之下，积水成片，沼泽连绵，芦苇、蒲草一望无际[③]。在现代筑路工程技术没有普及的古代，要通过今中牟县城以北的河漫滩地和沼泽地带建筑城市或修筑道路，是难以想象的，因此，这一地区内并不具备筑城或修路的地理条件。

其次，今中牟县城以南的地区也不具备筑城或修路的地理条件。距今中牟县城南13公里左右，即从今芦医庙、郑庵、姚家、韩寺镇向南至中牟县南境分布着沙丘、沙垄、沙地和硬岗沙地两种地貌类型，其中沙丘、沙垄、沙地地貌主要分布在姚家、郑庵、仓寨和芦医庙、八岗、黄店乡北部，刁家乡南部、西部一带，因黄河带来的流沙经过多年强大风力搬运，堆积成沙丘、沙垄，多呈东北—西南走向或西北—东南走向（因县内多刮东北、西北风），相对高度3—7米，最长的岗王沙垄长达12.3公里。而硬岗沙地则主要分布在三官庙、冯堂乡和八岗、张庄、谢庄、黄店乡南部。属豫西丘陵向豫东平原延伸的尾部，长期侵蚀，形成倾斜平原，经流水切割，形成南北条状沟壑，海拔105—154米，相对高差49米，岗坡起伏十分明显。岗垄两侧多有沙土分布[④]。很显然，中牟县城的南部地区由于广泛分布着沙丘、沙垄、沙地和硬岗沙地两种地貌，因此，这样的地貌形态对城市区域内聚落和交通路线选择也存在相当大的制约作用。

除了上述三种地貌类型外，中牟县境内以今中牟县城为中心，东西20余里包括贾鲁河右岸的区域，其范围主要介于北部河漫滩（包括沼泽带）和南部沙丘、沙垄、沙

---

① 河南省中牟县地方志编纂委员会编：《中牟县志》，生活·读书·新知三联书店，1999年，第86页。

② 河南省中牟县地方志编纂委员会编：《中牟县志》，生活·读书·新知三联书店，1999年，1999年，第96页。

③ 河南省中牟县地方志编纂委员会编：《中牟县志》，生活·读书·新知三联书店，1999年，第96页。

④ 河南省中牟县地方志编纂委员会编：《中牟县志》，生活·读书·新知三联书店，1999年，第86页。

地地貌之间，该地区是由黄河、贾鲁河不断泛滥而成的黄泛平原，其地势较为平坦，呈现出东西修长、南北狭窄的特点，其地貌条件与其他区域相比相对优越。因此，成为黄河水患之后城址和交通路线选择的最佳区域。

在这里应该强调说明的是今中牟县境内的黄泛平原，是在古代圃田泽的故址范围内淤积而成的，其区域范围与古代圃田泽的范围大致吻合。

北魏迄于唐宋以来对于圃田泽地理位置的记述，主要见于郦道元的《水经注》和唐代李吉甫《元和郡县志》。据郦道元《水经注》记载，圃田泽在中牟县西，西限长城，东极官渡，北佩渠水，东西40许里，南北20许里[①]。这是郦道元对圃田泽位置的最早记载。唐代李吉甫的《元和郡县志》中也说圃田泽："一名原圃，县西北七里。其泽东西五十里，南北二十六里，西限长城，东极官渡。"[②]从旧志的记载来看，圃田泽东、西两面的界限是很清楚的，也就是东边的官渡，西边的长城，官渡与长城应是我们确定圃田泽东西范围的重要坐标。这里的长城应该是指战国青龙山魏长城而言的，战国青龙山魏长城位于郑州东圃田乡李南岗村东岗，青龙山实为一圆形土岗，高约40米，系由带沙性的黄黏土分层夯筑而成，夯层厚8—12厘米，夯窝较平，包含遗物甚少。由此向东南有高低不一的山岗10余个，至潮河边，又沿河向西南方向，和史料记载的圃田泽西魏长城的位置相符，应为魏长城遗址[③]。其大体范围应在今郑州经济开发区以东不远。而圃田泽的东界在官渡一带，官渡又名官渡台，俗称中牟台，是历史上官渡之战的战场之一。东汉末年，袁绍、曹操在此地隔渠水对峙，后来曹操击败了强大的袁绍。按照《元和郡县志》的记载，官渡台在唐代的中牟县城北12里[④]，也就是今天的中牟县以东官渡镇西北一带，这里迄今仍有官渡桥等地名。若以长城、官渡两地做一连线，那么东西40—50里、南北10—20里的范围都应在古代圃田泽的范围之内。因此，包括今中牟县城在内，今陇海铁路郑汴段，310、220国道郑汴段都应是利用了圃田泽淤平后形成的黄泛平原。在圃田泽没有淤平之前，中牟县城与通过县城的东西交通大道不在今天的位置。

三、黄泛平原与郑汴间的交通路线

据《中牟县志》载，郑汴间的交通城市与公路"系县建设科组织民工于1935年以县城为中心，沿旧驿道线路向东、西两端分别修建。县境路段全长41公里"。《县

① （北魏）郦道元著，陈桥驿校证：《水经注校证》，中华书局，2007年，第525～526页。

② （唐）李吉甫撰，贺次君点校：《元和郡县图志·卷八》，中华书局，1983年，第206页。

③ 郑州历史文化丛书编纂委员会编：《郑州市文物志》，河南人民出版社，1999年，第154页。

④ （唐）李吉甫撰，贺次君点校：《元和郡县图志·卷八》，中华书局，1983年，第207页。

志》中所说的旧驿道应该是指明清驿道而言的[①]。而陇海铁路在郑汴间横贯中牟县境中部，东起韩庄镇车站东、西至南寺车站西大雍庄铁桥，长34.4公里。也就是说郑汴间的陆路交通路线无论是公路还是铁路都是以中牟县城为中心，向东、西两端延伸。

今天的中牟县城修建较晚，其兴废也有相当的变迁。按《大清一统志》的记载，今中牟县城，其始建于明天顺五年（1461年），经成化、崇祯年重修。明末中牟县城实行坊街制，计有十七坊六街四巷。清代县城虽屡遭水患，但经多次修整。乾隆十五年经过整修的中牟县城周长九里三十六步，东西长三里，南北宽一里半。设四门，东曰朝阳，西曰镇平，南曰迎旭，北曰拱辰。民国二十七年（1938年），国民党军队扒开黄河花园口，大流直冲县城，黄水从城西分南北两股围城而过，冲毁城墙三分之一，其中北门、东门的城门及城楼均被冲毁，城内房屋几乎全部倒塌，全城仅余丁字口地势较高的一片孤岛。后又经日军多次洗劫，幸存居民十有八九逃往他乡，县城到处是残垣断壁[②]。1948年10月中牟解放，中牟县人民政府迁至县城至今，历史上的中牟县城虽历经多次水患破坏，但自明初建成以后城址未发生大的迁移，就在今中牟县城一带，这一史事是毫无疑义的。因此以中牟县城为中心的东、西交通路线的出现不应该早于中牟县城的修建。

在这里应该强调说明的是，明代中牟县城的修建主要利用了圃田泽淤平后所形成的黄泛平原，而中牟境内黄泛平原的最终出现是在明末清初之际，这一时间与以中牟县城为中心的东、西大道的形成是相吻合的。顾祖禹《读史方舆纪要》“圃田泽”条下记载了此时的湖面盈缩情况。《读史方舆纪要》记载：“圃田泽在县西北七里，《周礼·职方》：豫州薮曰圃田。《史记》：魏公子无忌曰：秦七攻魏，五入囿中，边城尽拔。刘伯庄曰：囿读圃，即圃田泽，中多产麻黄，《诗》所谓东有甫草也。东西五十里，南北二十六里，西限长城，东极官渡，高者可耕，洼者成汇。今为泽者八，若东泽、西泽之类，为陂者三十六，若大灰、小灰之类，其实一圃田泽耳。”[③]顾祖禹《读史方舆纪要》虽然记载泽面东西50里，南北26里，但其中已有变迁：高者可耕，洼者成汇，今为泽者八，为陂者三十六。这说明圃田泽到清代已有很大的变化，已被分割为大小不等的八个泽面和三十六陂，已经露出泽面的还可以耕田。到了清代泽面积显然是缩小了。《大清一统志》记圃田泽虽然仍是“西限长城，东极官渡”，但“东西四十余里，南北二百里许，中有沙岗，上下二十四浦，津疏迳通，渊潭相

---

① 河南省中牟县地方志编纂委员会编：《中牟县志》，生活·读书·新知三联书店，1999年，第437～438页。

② 河南省中牟县地方志编纂委员会编：《中牟县志》，生活·读书·新知三联书店，1999年，第419页。

③ （清）顾祖禹：《读史方舆纪要·卷四十七》，中华书局，2005年，第2163页。

接，各有名焉”[①]。这说明明清代圃田泽已经在缩小，中间已形成许多沙岗。乾隆《郑州志》曰：“圃田泽在州东三十里……东西五十里，南北二十六里，西限长城，东极官渡，高者可耕，洼者成汇，今为泽者八，若东泽、西泽之类，为陂者三十有六，若大灰、小灰之类，其实一圃田泽耳。”[②]乾隆十九年（1754年）《中牟县志》也载：“（圃田泽）高者出而可耕，下者散而成汇，今为泽者八，为陂者三十有六，实圃田一泽之所分也。”[③]说明圃田泽是在缩小，到清朝乾隆时代，已经缩小成为“东西十里，南北二十六里”。大概到清代中叶，圃田泽就不复存在了，只存其名，有些地方虽还能见其低洼地面，但已没有任何水域面积可供研究。圃田泽泽面的不断缩小，为这一地区城址和交通道路的出现提供了可能。

就今天中牟县境内古代城址的分布而言，也可证明明代中牟县城的修建利用了圃田泽淤平后的黄泛平原。在距今中牟县城西南、东南分别有西古城和东古城两处遗址。西古城遗址又称圃田故城，位于今中牟县城西南约30里的芦医庙乡蒋冲村与白沙乡古城村之间，城址基本呈正方形，东西长1500米，南北宽1400米。夯层清晰，南门在刘家岗，北门在西古城，东门在韩庄西，西门在蒋冲村西。城外发现古墓群和灰坑，《太平寰宇记》载，后周武帝保定五年（565年），中牟移县治于此，称圃田故城[④]。从圃田故城的位置来看，它应该位于古代圃田泽的西南，其西北不远就是圃田泽的故址。在今中牟县城东南11公里中牟至刁家公路西侧又有东古城遗址，此城南临韩寺乡东古城村，民国时残垣高约10米，长约500米。城址平面呈长方形，南北长近600米，东西宽约420米。夯土城墙高8米，基宽30米。西北、东北城角保存完好，其中西北角最大，高15米。城外亦发现有古墓群。城内出土有板瓦、筒瓦、铜镞、刀及布币、陶罐、汉五铢钱[⑤]。有的学者认为此城是始建于春秋的箜篌城，或恐不确，我个人认为，此城很可能是唐宋中牟县城的所在。

从上述两座明清以前中牟县境内古城的地理位置来看，至少在唐宋时期，经过中牟县城的古代陆路交通应该位于今中牟县城以南约10里的芦医庙、郑庵镇、姚家、韩寺镇一线，而不在今天的位置。明清以后，中牟县城及相关的交通道路之所以向北推移主要是唐宋时中牟县城所在的芦医庙、郑庵镇、姚家、韩寺镇一线，常受东北风、西北风的影响，从黄河泛滥后所带来的流沙经过常年强大风力搬运、堆积，在上述地区形成东北—西南走向或西北—东南走向的沙丘、沙垄地形，这些沙垄、沙丘相对高

① （清）穆彰阿、潘锡恩等：《大清一统志·卷一八六》，上海古籍出版社，2008年，第751页。

② （清）张钺修，（清）毛如诜纂：《（乾隆）郑州志》，乾隆十三年刻本。

③ （清）孙和相修，（清）王廷宣纂：《（乾隆）中牟县志》，乾隆十九年刻本。

④ （宋）乐史：《太平寰宇记·卷二》，中华书局，2007年，第27页。

⑤ 河南省文物局编：《河南文物》，文心出版社，2008年，第582～583页。

度3—7米；而其南的三官庙、冯堂乡和八岗、张庄、谢庄、黄店乡南部一带又多南北条状沟壑，相对高差49米，岗坡起伏明显，环境条件更加恶劣，因此明清以后的中牟县城不得不向北转移至古代圃田泽的东南缘，以充分利用圃田泽淤平后所形成的地势较平坦、居行条件较为优越的黄泛平原。

明清以后的中牟县城利用了圃田泽淤平后的黄泛平原，该城就建在圃田泽故址的东南边缘，明代正德十年（1515年）《中牟县志》所绘《明泽陂图》证明了这一点。此图显示明代中牟县城的南北地区分布着数量不等、大大小小的众多泽陂，这些泽陂实际上就是圃田泽尚未被完全淤平之际，陆陆续续形成的小片洼地，这些小片洼地经过长期的冲积演变，逐渐变成平原，但地势仍然比较低。每逢大雨，一时排泄不及就潴水成泽。雨过天晴，积水排完，仍可耕种。有许多村庄就是以地势命名的，如三官庙乡的坡刘、坡董、郑庵乡的螺蛳湖、坡刘，八岗乡滹沱张，芦医庙乡八里湾，张庄乡的前吕坡、后吕坡，刁家乡的水沱寨，黄店乡的水西村等[①]。而残存的尚未被黄河水患完全淤平的圃田泽正位于中牟县城的西北不远，而在圃田泽以东与其相连通的蓼泽、时家陂、大汉陂、大人陂、白顶陂、老雅沟、白墓陂、港梢陂、桑家陂等泽陂离中牟县城则更为近捷。这说明在圃田泽故址范围内，中牟县城所在的东南边缘成为平原和陆地的时间要早于圃田泽的西北边缘，从成陆的空间演变过程来看西北晚于东南。由于圃田泽的西北边缘最晚成为平原，因此在今天G30高速公路与陇海铁路310、220国道郑汴段交叉口附近地区仍有很多与圃田有关的地名，这与圃田泽在这一带最后消失有密切关系。

在这里还应强调说明的是，除了黄河水患以外，滩头河、老丈八沟河对于中牟境内黄泛平原的形成也起到了相当的作用。根据正德十年《明泽陂图》所绘，圃田泽通过滩头河与中牟县城东南的马长陂、稻畦陂相连通，从滩头河与明代中牟县城的位置关系来推测，滩头河很可能就是今天的贾鲁河（图四）。今日之贾鲁河，属淮河流域颍河水系。其上源有三：西流出自密县北部山区圣水峪，中流出自郑郊三李村西之冰泉、温泉，东流出自九仙庙泉。三流在郑郊尖岗村汇集后，合京、索、须、金四水，经郑州北郊东流入中牟，再经开封县、尉氏、扶沟、西华，至周口市汇入颍河，全长246公里，总流域面积5896平方公里。河自大吴村南进入中牟后，蜿蜒曲折东流，经白坟、后潘庄、孔庄折向北去，至大衡庄转向东行，又至北三官庙折向南，再至县城东关向东南流去，经东十里铺、陈桥、时寨向南至瓦灰郭村东出县境。境内河长52.3公里，流域面积1092平方公里，占全县总面积的78.04%。沿河汇入较大的支流八条，左岸有：石沟、大孟沟、水溃沟；右岸有：七里河、老丈八沟、堤里小青河、丈八沟、

① 河南省中牟县地方志编纂委员会编：《中牟县志》，生活·读书·新知三联书店，1999年，第96页。

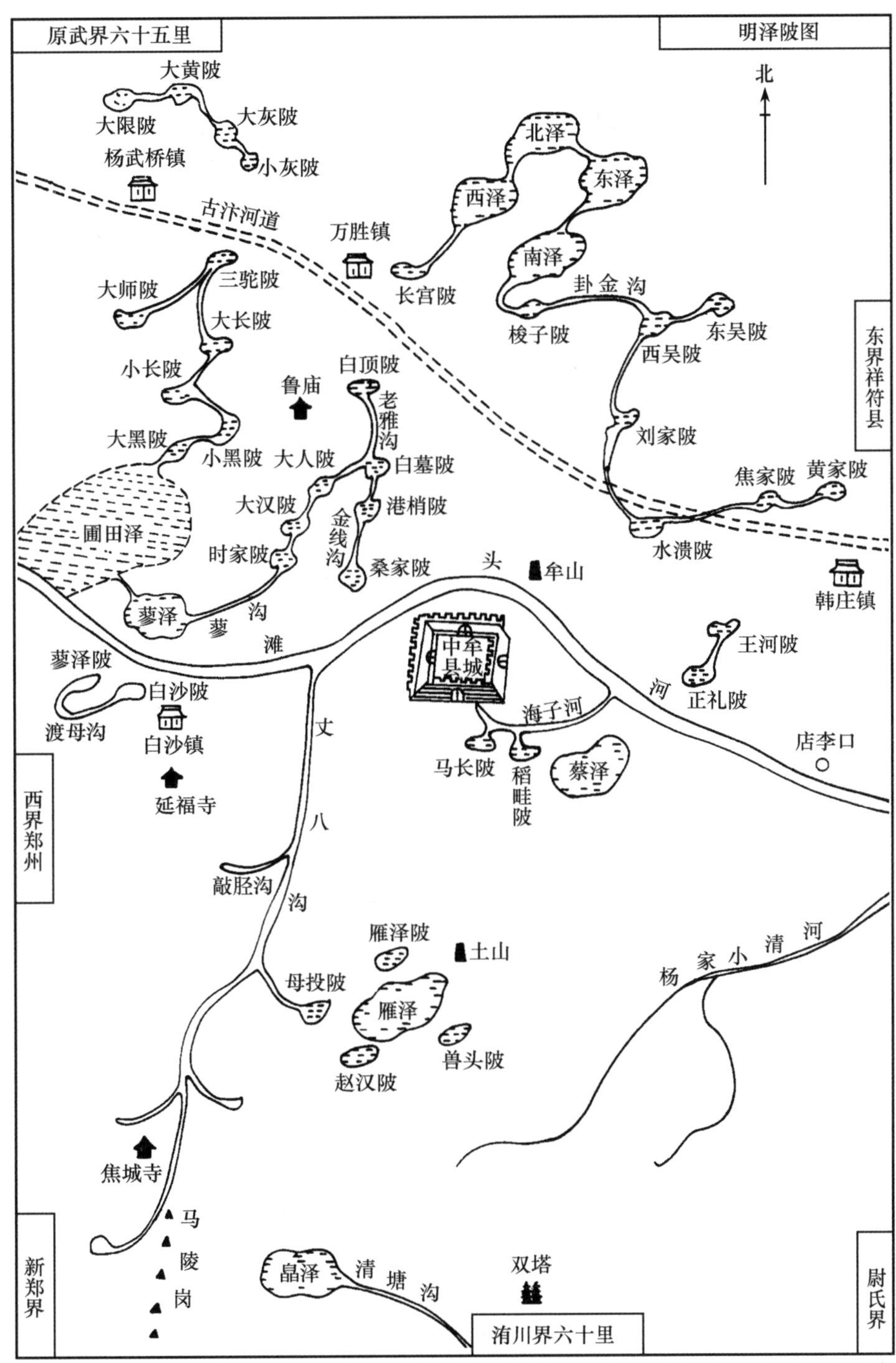
原武界六十五里
明泽陂图
北
大黄陂
大限陂
大灰陂
小灰陂
杨武桥镇
古汴河道
万胜镇
北泽
西泽
东泽
南泽
长宫陂
卦金沟
梭子陂
东吴陂
西吴陂
东界祥符县
大师陂
三驼陂
大长陂
小长陂
鲁庙
白顶陂
老雅沟
大黑陂
小黑陂
大人陂
白墓陂
刘家陂
焦家陂
黄家陂
大汉陂
港梢陂
金线沟
圃田泽
时家陂
桑家陂
头
牟山
水溃陂
韩庄镇
蓼泽
蓼
沟
滩
中牟县城
王河陂
蓼泽陂
白沙陂
渡母沟
白沙镇
丈
海子河
河
正礼陂
店李口
马长陂
稻畦陂
蔡泽
延福寺
西界郑州
八
敲胫沟
沟
雁泽陂
土山
母投陂
雁泽
兽头陂
赵汉陂
杨家小清河
焦城寺
马陵岗
新郑界
畠泽
清塘沟
双塔
洧川界六十里
尉氏界

图四　明代中牟县泽陂图

小清河[①]。贾鲁河水大之时，常出现主流出槽漫溢，沿河支流顶托倒灌，以致淹没滩区，造成淤灌。贾鲁河在中牟县城之北流经圃田泽的旧址，在这一段变迁尤著，贾鲁河河身由城北到城南，再到城北有数次巨变。每次淤灌，都会加速圃田泽的消亡。

特别是1938年黄泛之后，贾鲁河河道溃不成形，仅河滩面积即达6万余亩。老丈八沟河，早在秦汉时期即为北通圃田泽注入汴水的河道，明代时其河道犹存，即由马陵岗向北，经焦城寺，过母投陂、敲胫沟再向北，在中牟县城之西注入滩头河（即今贾鲁河）。若以今天的地理位置相比较，老丈八沟河大致发源于今张庄镇北的吕陂、袁庄、火神庙、坡张、河西一带，而后向北经大庄、占扬，在中牟县城西马顶堡东注入贾鲁河。老丈八河虽属季节性河道，但其流向是自北向南，其流域内地形是由丘陵—沙区—平原洼地的过渡地带，上、下游高差很大，每遇洪水，即出现上游急流冲刷，中游挟沙、坍塌，下游淤积、满溢的现象。黄河、贾鲁河、老丈八沟河对于淤平圃田泽，塑造郑汴间新的黄泛平原起到了决定性的作用。

由于明清以后，以中牟县城为中心的交通路线都选址于圃田泽淤平后的黄泛平原上，而这一新生成的黄泛平原面积的大小显然会受到圃田泽范围的制约。而这样的地理条件对于经过中牟县城的各种交通道路的影响也是显而易见的。以公路交通而言，310、220国道郑汴路段在郑州以东，经青龙山东北、圃田、唐庄、小孙庄、小雍庄、大雍庄、前程、白沙镇、堤刘、二十里铺、十里铺，至中牟县城；两条公路在中牟县城北经北环路、小孙庄、小周庄、冉庄、官渡镇、板桥、潘庙，再向东进入开封县杏花营。就铁路而言，陇海铁路自郑州向东经赵庄、李南岗、青龙山、袁庄、占李、毕虎、占杨、六里岗至中牟县城南，再由中牟县城南向东经冉庄、仓寨、韩庄镇进入开封杏花营。在西起青龙山（也就是魏长城）东至官渡镇（也就是官渡）东西四十余里，南北十余里的狭小空间内，公路线与铁路线一南一北，几乎平行设置，两条交通路线最近处距离还不到一公里。不仅如此，陇海铁路郑汴段与310、220国道郑汴公路段在中牟县城东的冉庄形成了一个十字交叉，陇海铁路郑汴段在冉庄以东斜向东北经北宋庄、李庄、仓寨、韩庄镇南后，进入开封杏花营境内。而310、220国道郑汴路却自冉庄向东经官渡镇，再进入开封境内。公路线在官渡镇以东又与铁路线大体平行，且两者相距最远不过3—4华里，只是铁路与公路位置与冉庄以西完全相反，两者一北一南而已。也就是说无论陇海铁路郑汴段，还是310、220国道郑开段两者在西起青龙山，东至官渡镇的区域内，都没偏离太远，铁路与公路选线大体平行且相距很近，形成这样的道路特点主要原因就是受黄河、贾鲁河、丈八沟河冲积所形成的黄泛平原其本身呈现出东西长、南北狭的地理特征，而在此区域内筑城、修路可以充分利用黄泛平原地势平坦的地理条件，在古代其工程难度较中牟境内的其他地区为易。因此，明清以来，以中牟县城为中心的东、西交通线多选择在圃田泽旧址。

---

① 崔景新：《中牟河道变迁与现状》，《中牟史志资料》1985年第4期，第181页。

第五节　水溃遗迹与隋唐大运河通济渠郑州——开封段古河道

水溃遗迹是近年来隋唐大运河通济渠段（即汴河）最新考古发现之一。水溃遗迹位于古代中原地区著名湖泊——圃田泽范围之内。圃田泽是隋唐大运河郑州—开封段用于调节水量的天然水柜。水溃遗迹对于研究隋唐大运河通济渠（即汴河）河道有较为重要的价值。该遗迹的发现证明唐宋汴河河道应在其北20华里左右，而水溃遗迹东侧的古河道应为明清贾鲁河故道。

隋唐至宋，东亚大陆太行山以东的黄淮海平原上，存在着一套完整的水运体系。这一套水运体系，以洛阳和开封为中心，包括东北走向的永济渠和东南走向的通济渠、邗沟、江南运河；而其中的通济渠则贯穿了黄淮平原的腹地，沟通了东亚大陆中部区域的东西往来，其交通价值尤为显著。通济渠在战国时代为鸿沟中的汳水或蒗荡渠，汉魏又称渠水或汴渠，大业元年三月经隋炀帝修整始有通济渠之名。通济渠“自（洛阳）西苑引谷、洛水达于河，自（郑州北）板渚引河通于淮”[①]。也就是说今天洛阳至郑州、开封间的通济渠诸段，不仅是隋唐大运河的重要组成部分，而且是运河系统中的引水枢纽区域，地理位置十分重要。

由唐入宋，通济渠又兼汴河之名，其在国家政治、经济生活中的作用进一步加强，宋人张洎说：“唯汴水横亘中国，首承大河，漕引江、湖，利尽南海，半天下之财赋，并山泽之百货，悉由此路而进。”[②]汴河成为北宋王朝的生命线和立国根基。此时的通济渠（或汴河）可以分为三段：西段起自东都洛阳西苑，引谷水、洛水，东循阳渠故道由洛水注入黄河；中段自洛口到板渚，是利用黄河的自然河流；东段起自板渚，引黄河水走汴渠故道，注入淮水[③]。而历史上郑州以东、开封以西地区的隋唐大运河正处在通济渠（或汴河）中段之尾和东段之首的衔接区域，对于今天的运河申遗工作具有十分重要的研究价值和学术意义。

为配合大运河申遗工作，郑州市文物考古研究院组建了隋唐大运河考古队，于2010—2011年对郑州段大运河沿线进行全面调查，并在工作方法上进行了改进，在采取传统考古调查、勘探和试掘等手段的基础上，结合人类学的有关调查方法，对运河

---

①　（唐）魏徵等：《隋书·炀帝纪》，中华书局，1973年，第63页。

②　（元）脱脱等：《宋史·河渠志三》，中华书局，1977年，第2321页。

③　潘镛：《隋唐时期的运河和漕运》，三秦出版社，1987年，第29页。

沿线文化遗产进行了立体扫描，获取了大量的实物资料和民间传说[①]。根据顾万发、汪松枝二位先生执笔的《隋唐大运河郑州段调查——洛口仓、惠济桥段河道、水溃等遗迹是这次调查重要收获》一文所载，巩义市洛口仓、郑州市惠济桥段河道和中牟县水溃遗迹三处遗址成为这次运河调查最新、最重要的收获，而其中的水溃遗迹——我们认为与唐宋时期通济渠（或汴河）故道关系密切，是研究隋唐大运河极具价值的遗产资源。试就水溃遗迹的相关问题作一探讨，不当之处，敬希批评指教。

一、水溃遗迹的发现及其文献依据

水溃遗迹位于中牟县官渡镇西北水溃村附近。水溃村属中牟县官渡镇辖下的一个普通行政村，周边地势阔平。该村东北距开封城40余里，西南距中牟县城约10里，地理位置处在郑州、开封之间。

2011年初，郑州市文物考古研究院在配合郑州交通重点工程建设管理中心郑汴物流通道工程中，对位于中牟县官渡镇水溃村西北约500米处的一段运河遗迹进行发掘，并对周边进行了详细的调查和勘探。由于地下水位较高，勘探和发掘难度较大，在发掘过程中采取了降水方法，向下发掘至7.5米，发现深灰色淤积层，出土有少量宋元时期的陶片、瓷片等。结合发掘的地层剖面，在周边近30平方公里范围分布着一处呈东西向的沼泽地。而在发掘区以西部分，在勘探中发现一些奇特现象，每间隔三四百米，青灰色淤积土层总会出现约一百米的断档，而这近百米内堆积着较为纯净的黄褐色土层，在这百米土层过后再次出现青灰色淤积土层，这种断档的黄褐色土层共发现有三四段。这些现象表明此处应是用于调节水量的大型水利设施，即“水柜”。据当地群众介绍，在发掘区东北部不远处郑开大道与长青路交叉口南部，2007年修建长青路时在西侧取土曾挖出一个带有铁链的铁锚，铁锚出土位置距地表6—7米，结合该区域地层堆积情况，应属宋元时期。而铁锚的发现也印证这里曾行驶过大型船舶。同时，结合勘探、发掘和文献记载，对中牟段大运河做了详细的调查，并基本搞清其走向[②]。发掘者根据勘探过程中地层里出现的“青灰色淤积土层与黄褐色土层”交替存在的“奇特现象”，认为此处“应是用于调节水量的大型水利设施”，即“水柜”的看法，应该说是正确和中肯的，但可能是囿于篇幅所限，发掘者并未对此“奇特现象”和问题作更深入的探讨，殊为可惜。

---

① 顾万发、汪松枝：《隋唐大运河郑州段调查——洛口仓、惠济桥段河道、水溃等遗迹是这次调查重要收获》，《中国文物报》2012年4月27日第8版。

② 顾万发、汪松枝：《隋唐大运河郑州段调查——洛口仓、惠济桥段河道、水溃等遗迹是这次调查重要收获》，《中国文物报》2012年4月27日第8版。

以水溃遗迹为“调节水量的水柜”的结论应该是可信的。关于通济渠（汴河）上“水柜”的记载见于《宋史·河渠志》，据载：“三月，辙又乞‘令汴口以东州县，各具水匮所占顷亩，每岁有无除放二税，仍具水匮可与不可废罢，如决不可废，当如何给还民田，以免怨望’。八月辛亥，辙又言‘昨朝旨令都水监差官，具括中牟、管城等县水匮，元浸压者几何，见今积水所占几何，退出顷亩几何。凡退出之地，皆还本主。水占者，以官地还之；无田可还，即给元直。圣恩深厚，弃利与民，所存甚远。然臣闻水所占地，至今无可对还，而退出之田，亦以迫近水匮，为雨水浸淫，未得耕凿’。知郑州岑象求近奏称‘自宋用臣兴置水匮以来，元未曾取以灌注，清汴水流自足，不废漕运。乞尽废水匮，以便失业之民’。十月，遂罢水匮。”[①]从文献记载来看，水柜之设主要是充分利用汴河沿岸的湖泊陂塘，以其蓄泄之水来调剂汴渠中的水量，而水柜设置也主要分布在郑州附近汴河渠首和开封以西的中牟、管城两县，这是由于历史上中牟、管城两县存在着大面积的天然湖泊陂塘之故。水柜之设首先由宋用臣创置，水柜之修建大大便利了汴河上的漕运，所以“清汴水流自足，不废漕运”，取得了明显的成效。既然以耕地和农田作为水柜蓄泄洪水之用，则不免有“失业之民”，因此，苏辙于元祐元年（1086年）三月上书哲宗要求罢废汴河水柜，朝廷也竟采纳了苏辙的建议，并于该年十月废去了中牟、管城等县的水柜设施，还田于耕，得到了暂时的物质利益。

失去水柜调节的汴河，河道往往浅涩难行，漕运因之受到严重影响。到绍圣四年（1097年），杨琰、贾种民等大臣又纷纷上书要求恢复水柜的设置。《宋史·河渠志》载：“四年闰二月，杨琰乞依元丰例，减放洛水入京西界大白龙坑及三十六陂，充水匮以助汴河行运。诏贾种民同琰相度合占顷亩，及所用功力以闻。五月乙亥，都提举汴河堤岸贾种民言：‘元丰改汴口为洛口，名汴河为清汴者，凡以取水于洛也。复匮清水，以备浅涩而助行流。元祐间，却于黄河拨口，分引浑水，令自汱上流入洛口，比之清洛，难以调节。乞依元丰已修狭河身丈尺深浅，检计物力，以复清汴，立限修浚，通放洛水。及依旧置洛斗门，通放西河官私舟船。’从之。”[②]这一次恢复水柜先是杨琰请“依元丰例，减放洛水入京西界大白龙坑及三十六陂，充水柜以助汴河行运”，从文献中所记“洛水入京西界大白龙坑及三十六陂”的分布地点来看，这些水柜大体都分布在今巩义、郑州西的古洛口一带，既然洛口一带的水柜都已恢复，那么中牟、管城两县间的水柜，依元丰旧制，也应在恢复之列。水柜在汴河上的废除与再置前后仅有11年。

水柜并非拦河蓄水，而是充分利用河旁自然湖泊和水系筑塘蓄水。水柜之设，遍

---

① （元）脱脱等：《宋史·河渠志四》，中华书局，1977年，第2330页。

② （元）脱脱等：《宋史·河渠志四》，中华书局，1977年，第2334页。

及郑州、开封之间汴河沿岸各段，其水利功用因区域差异各有特点。因此，北宋汴河沿岸的水柜其功能主要是调节水量，确保航道畅通。建于板渚以西的水柜，其功能主要是减少汴河中的泥沙，汴河的水源引自黄河，黄河中有大量泥沙，为解决泥沙问题虽采用多种技术措施仍不能常保航道畅通。北宋后期，汴渠成为地上河，水位日渐升高。为保证国家运输干线的功能，在元丰二年（1079年）兴建了清汴工程。工程以洛水为主要水源，堵塞洛口，使其不入黄河，开长51里的引水渠接汴渠，并堵塞汴口，使黄河水不入渠。在引水渠上，沿途接纳汜水、索水等小河来水；在引水渠与黄河之间做积水塘，渗取黄河水和原堤两旁沟湖陂泺积水，作为水源补给。采用这些方法，使汴渠成为一条以清水为源的河流，改变了泥沙造成的不利影响[①]。而在板渚以东至开封之间的汴河两岸，水柜的设置主要在利用运河两岸的湖泊洼地，在其周边筑堤蓄积地面坡水和泉水。运河水浅时放水入运，运河水大时放水入水柜，特别是运河发生洪水时可泄洪水入水柜蓄存，待运河缺水时回注接济。据考，北宋郑州、管城、中牟沿岸的汴河上建有36座水柜，平时蓄水以备汴河缺水时济运[②]。而这一区域中最大、最著名的水柜当数圃田泽。《隋唐大运河郑州段调查——洛口仓、惠济桥段河道、水溃等遗迹是这次调查重要收获》报告中说"在（水溃遗迹）周边近30平方公里范围分布着一处呈东西向的沼泽地"，这片面积广大的沼泽地极有可能是汴河沿岸蓄水济运水柜的湖相沉积，由此看来，顾万发、汪松枝二位先生执笔的《隋唐大运河郑州段调查——洛口仓、惠济桥段河道、水溃等遗迹是这次调查重要收获》报告中所说的"结合发掘的地层剖面，在周边近30平方公里范围分布着一处呈东西向的沼泽地。而在发掘区以西部分，在勘探中发现一些奇特现象，每间隔三四百米，青灰色淤积土层总会出现约一百米的断档，而这近百米内堆积着较为纯净的黄褐色土层，在这百米土层过后再次出现青灰色淤积土层，这种断档的黄褐色土层共发现有三、四段。这些现象表明此处应是用于调节水量的大型水利设施，即'水柜'"[③]的看法，应该有所修正，也就是说考古工作人员所发现的"青灰色淤积土层与纯净的黄褐色土层"相伴出现的"奇特现象"，并非水柜本身，而报告中所谓"在周边近30平方公里范围内分布着一处呈东西向的沼泽地"才应该是水柜本身所在。水溃遗迹的发现地位于今天中牟县官渡镇水溃村西北500米，周边方圆5公里区域内的地层下都有湖泊沉积，故其应为汴河沿岸蓄水济运的水柜遗迹无疑。

---

① 郑连第主编：《中国水利百科全书·水利史分册》，中国水利水电出版社，2004年，第188～189页。

② 郑连第主编：《中国水利百科全书·水利史分册》，中国水利水电出版社，2004年，第201页。

③ 顾万发、汪松枝：《隋唐大运河郑州段调查——洛口仓、惠济桥段河道、水溃等遗迹是这次调查重要收获》，《中国文物报》2012年4月27日第8版。

水溃村的村名始于何时？县志失载，但以汉语语言学的角度来考察，在豫东方言中柜和溃是很容易混读的，这种现象在语言学中被称作“送气与不送气的混读”，水柜之柜在方言发音中本来是不送气的，而溃在发音中却是送气的，水柜讹读水溃实际上是混淆了豫东方言发音时送气与不送气的关系，这在中古汉语中是很常见的语言现象。如在方言中把不送气的“捕”读为送气，把不送气的“族”读为送气，把不送气的“造”读为送气，把不送气的“泊”读为送气等[①]。水柜讹读为水溃就是其中一例，由此看来，今天水溃村及其周边地区在唐宋时期应是汴西诸多水柜所在地之一。

二、圃田泽与水溃遗迹性质

唐宋汴河沿岸尽管水柜数量众多，但面积最大者当推中牟的圃田泽。早在战国时代的鸿沟水系中，圃田泽就已经作为汳水的水柜，发挥调节鸿沟水系水量的作用。鸿沟又称大沟，战国时代由魏国开凿。鸿沟运河之所以必须借助圃田泽作为蓄水库，是因为它选择的线路与黄河构成“丁”字形，坡降较大，不易防洪的缘故。魏惠王二十九年（公元前341年），魏国被秦、齐、赵三国打败，这就迫使魏国以中原地区为主要活动场所。中原虽是当时全国经济文化最发达和交通最便利的地区，可是，淮水以北、泗水以西的大平原，其地形是由北向南倾斜，流经这块平原上的河流均作西北—东南向，不是东入泗水，就是南注淮水。由于地形坡降较大，雨量有限，这些河流的常流量较小，自然也就降低了它们的通航能力。魏国既然迁都大梁，要在中原地区扩展自己的势力，就必须适应这种自然地理形势，开凿运河，既能使它们互相贯通，形成一个完整的水运交通网，又能为它们提供丰富的水源。就在军事失利的第三年，又引圃田泽水东流，把大沟运河伸延到大梁城北……鸿沟的水源来自黄河，又有圃田泽进行调节，水量充沛，因而与它相通的各自然河流的面貌大为改观，通航能力也大大提高了[②]。而唐宋时期的通济渠（或汴渠）正是在利用并改造战国鸿沟水系中汳水、获水的基础上形成的，这条运河在以后的中国历史进程中成为沟通黄淮平原交通的大动脉，为维护封建国家的统一发挥了重大作用。

圃田泽作为水柜发挥了调蓄隋唐大运河通济渠段水量的功能，这从历史上圃田泽湖面的盈缩变化可以得到证明。对于圃田泽水域面积记载最为详细的是《水经·渠水注》：“郑之有原圃，犹秦之有具圃。泽在中牟县西，西限长城，东极官渡，北佩渠水，东西四十许里，南北二十许里。中有沙冈，上下二十四浦，津流径通，渊潭相接，各有名焉。有大渐、小渐、大灰、小灰、义鲁、练秋、大白杨、小白杨、散吓、禺

① 承郑州大学文学院王东教授赐教，特表感谢。

② 马正林：《正林行集》，光明日报出版社，2005年，第334页。

中、羊圈、大鹄、小鹄、龙泽、密罗、大哀、小哀、大长、小长、大缩、小缩、伯丘、大盖、牛眠等浦，水盛则北注，渠溢则南播。”[①]郦道元所记魏晋时期圃田泽的面积是东西四十里许、南北二十里许，这条材料应该是我们研究圃田泽水域盈缩的依据。

唐宋时期，圃田泽的水面较魏晋时有所扩大。《元和郡县图志·卷八》载：“圃田泽，一名原圃，县西北七里。其泽东西五十里，南北二十六里，西限长城，东极官渡。上承郑州管城县界曹家陂。又溢而北流，为二十四陂，小鹄、大鹄、小斩、大斩、小灰、大灰之类是也。”[②] 这时泽的面积东西是五十里，南北二十六里，圃田泽的面积显然有所扩大。宋代《太平寰宇记·卷二》载：“圃田泽，一名原圃，在县西北七里。其泽东西五十里，南北二十六里，西限长城，东极官渡。”[③]宋代圃田泽的面积与唐代相当，较之魏晋有了扩大。这些记载应该说是可信的。唐宋时代圃田泽水面面积有所扩大的原因，很可能与汴河的水量调节作用有密切的关系。如前所述，汴河（通济渠）就是《水经注》中的渠水，无论渠水还是后来的汴河之水都是取自黄河，其水量自然十分丰富。不仅如此，北宋时宋人又以汴口（汴河入河之口）和洛水入河之口距离不远，洛水和黄河相比泥沙更少，所以又将洛水引入汴河，从此汴河就有了清汴的名称了[④]。洛水的引入自然又增加了汴河的水量，而郑州、开封之间北宋时又兴修了诸多水柜等水利设施以保存水资源，因此，汴河东去，在万胜镇之南与圃田泽相串通，这不仅造就了万胜镇的繁华，而且使圃田泽的水体也有所增加[⑤]。这时的圃田泽作为汴河沿岸最大的水柜，与周边其他水柜相配套，充分发挥了古代水柜回注接济、蓄泄来水的水利功能，并与其北面的汴河形成了往复径通的水流循环，既大量保存了可贵的水资源，又调节了汴河的航运用水。

明清以后，圃田泽的泽面已呈现萎缩之势。明末顾祖禹《读史方舆纪要》“圃田泽”条下也记载了此时的湖面盈缩情况。《读史方舆纪要》记载：“圃田泽，在县西北七里……中多产麻黄，《诗》所谓东有甫草也。东西五十里，南北二十六里，西限长城，东极官渡，高者可耕，洼者成汇。今为泽者八，若东泽、西泽之类；为陂者三十六，若大灰、小灰之类，其实一圃田泽耳。”[⑥]顾祖禹《读史方舆纪要》虽然记载泽面东西五十里，南北二十六里，但其中已有变迁：此时泽中已有陆地形成，且高者可耕，洼者成汇，今为泽者八，为陂者三十六。这说明圃田泽到清代已有很大的变

---

① （北魏）郦道元撰，（清）杨守敬等疏：《水经注疏》，江苏古籍出版社，1989年，第1871～1872页。

② （唐）李吉甫：《元和郡县图志·卷八》，中华书局，1983年，第206～207页。

③ （宋）乐史：《太平寰宇记·卷二》，中华书局，2007年，第28页。

④ 史念海：《中国的运河》，陕西人民出版社，1988年，第230页。

⑤ 陈隆文：《郑州历史地理研究》，中国社会科学出版社，2011年，第122页。

⑥ （清）顾祖禹：《读史方舆纪要》，中华书局，2005年，第2163页。

化，已分割为大小不等的八个泽面和三十六个陂，已经露出泽面的土地还可以耕田[①]。

到了清代，圃田泽面积显然是缩小了。《大清一统志》记圃田泽虽然仍是“西限长城，东极官渡”，但“东西四十余里，南北二百里许，中有沙岗，上下二十四浦，津疏迳通，渊谭相接，各有名焉”[②]。这说明清代圃田泽已经在缩小，中间已形成许多沙岗。乾隆《郑州志》曰：“圃田泽在州东三十里……东西五十里，南北二十六里，西限长城，东极官渡，高者可耕，洼者成汇，今为泽者八，若东泽、西泽之类，为陂者三十有六，若大灰、小灰之类，其实一圃田泽耳。”[③]乾隆十九年《中牟县志》也载：“（圃田泽）高者出而可耕，下者散而成汇，今为泽者八，为陂者三十六，实圃田一泽所分也。”[④]说明圃田泽是在缩小，到清朝乾隆时期，已经缩小成为“东西五十里，南北二十六里”。大概到清代中叶，圃田泽就不复存在了。只存其名，已没有任何水域可供研究。圃田泽的旱涸大概应在清代中后期，其变迁原因我已有专文讨论，此处不赘述。时至今日，原来圃田泽旧址范围内部都已被农田、道路、村落所取代，其中的环境变迁是相当大的。

应该进一步说明的是，在水溃遗迹发掘过程中，考古工作人员结合地层剖面认为“在（水溃遗迹）周边近30平方公里范围分布着一处呈东西向的沼泽地”[⑤]，这一结论从考古地层学的角度印证了唐宋时期汴河南岸水柜面积的广大。这一处近30平方公里的东西向沼泽地的范围及具体空间位置，发掘者未作详细的说明，但我以为此处面积广大的沼泽地存在两种可能：若此沼泽地的分布在今官渡镇水溃遗迹以西，那么毫无疑问它应该是圃田泽的湖泊沉积；而若此沼泽地分布在今官渡镇水溃遗迹以东，那么它很可能就是文献中所记萑苻泽的遗存，关于此问题将有专文论述，此不赘言。

魏晋迄于明清的地理学文献对于圃田泽的四至范围记载较为清楚。

北魏《水经注》：“（圃田泽）泽在中牟县西，西限长城，东极官渡，北佩渠水，东西四十许里，南北二十许里。”[⑥]

唐《元和郡县图志·卷八》：“圃田泽，一名原圃，其泽东西五十里，南北

---

① 陈隆文：《郑州历史地理研究》，中国社会科学出版社，2011年，第124页。

② （清）穆彰阿、潘锡恩等：《大清一统志·卷一八六》，上海古籍出版社，2008年，第751页。

③ （清）张钺修，（清）毛如诜纂：《（乾隆）郑州志》，乾隆十三年刻本。

④ （清）孙和相修，（清）王廷宣纂：《（乾隆）中牟县志》，乾隆十九年刻本。

⑤ 顾万发、汪松枝：《隋唐大运河郑州段调查——洛口仓、惠济桥段河道、水溃等遗迹是这次调查重要收获》，《中国文物报》2012年4月27日第8版。

⑥ （北魏）郦道元撰，（清）杨守敬等疏：《水经注疏》，江苏古籍出版社，1989年，第1871页。

二十六里，西限长城，东极官渡。”①

宋《太平寰宇记·卷二》：“圃田泽，一名原圃，在县西北七里。其泽东西五十里，南北二十六里，西限长城，东极官渡。”②

清《大清一统志》古圃田泽条下记：“（泽）在中牟县西……西限长城，东极官渡。”③

根据以上文献所记圃田泽的范围来看，我们把圃田泽的位置初步推定在以今天中牟县城之西北的贾鲁河右、左两岸为中心，北至大孟镇南北地区，南不过西古城村—东古城村一线以南，西至青龙山魏长城一线，东至官渡镇以西，这一区域内应该是圃田泽水盛之时的最大范围④。在这里应强调指出的是，自魏晋至明清的地理文献在谈到圃田泽东部的界限时都是以官渡为坐标的，即所谓“东极官渡”，也就是说圃田泽向东不会超过官渡一带。今中牟县城东不足10里，即为官渡镇的所在。官渡镇的周边地区（特别是西北方向）保存了大量以官渡为地名的历史遗迹。《元和郡县图志·卷八》“官渡台”条下载：“官渡台，俗号中牟台，亦名曹公台，在县北一十二里。曹操破袁绍于此。”⑤《太平寰宇记·卷二》“中牟台”条下载：“中牟台，在县北十二里。一名官渡台，又名曹公台。故基在河南，是为官渡城。即曹公与袁绍相持于此。”⑥这座官渡台，实际上是一座古城的遗存，清朝中叶“遗台犹存”，《大清一统志》中将其称为官渡城⑦。而水溃遗迹发现于中牟县官渡镇西北水溃村西北500米，如果以水溃遗迹为坐标，自水溃遗迹向西应该是圃田泽的中心区域，自水溃遗迹向东南就是今天的官渡镇，而历史上以官渡为地名的主要遗存大致都分布在水溃遗迹的东南方向，因此，包括今天水溃遗迹所在区域应属唐宋圃田泽的东南边缘，水溃遗迹离文献中圃田泽的东岸——“东极官渡”的界限不会太远，这一点对于我们认识水溃遗迹的性质非常重要。

《水经注》载：“渠水自河与济乱流……历中牟县之圃田泽……泽在中牟县西，西限长城，东极官渡，北佩渠水……浦水盛则北注，渠溢则南播。”⑧ 魏晋的渠水就是后来的隋唐大运河通济渠（汴渠）段，这条渠水流经中牟县的圃田泽，圃田泽与渠

---

① （唐）李吉甫：《元和郡县图志·卷八》，中华书局，1983年，第207页。

② （宋）乐史：《太平寰宇记·卷二》，中华书局，2007年，第28页。

③ （清）穆彰阿、潘锡恩等：《大清一统志·卷一八六》，上海古籍出版社，2008年，第751页。

④ 陈隆文：《郑州历史地理研究》，中国社会科学出版社，2011年，第121页。

⑤ （唐）李吉甫：《元和郡县图志·卷八》，中华书局，1983年，第207页。

⑥ （宋）乐史：《太平寰宇记·卷二》，中华书局，2007年，第28页。

⑦ （清）穆彰阿、潘锡恩等纂修：《大清一统志·卷一八七》，上海古籍出版社，2008年，第758页。

⑧ （北魏）郦道元著，陈桥驿校证：《水经注校证》，中华书局，2007年，第525～526页。

水连接在一起，河渠相通、深潭相接，水涨时圃田泽水就向北流注，渠水满溢就向南边的圃田泽宣泄。因为通济渠（汴渠）是从黄河中分出的，故其水量大小变化不定，存在着流量不均的问题，这一状况至唐宋时仍未有改变，所以汴河沿岸水灾频繁，影响到了汴河的航运。就《宋史·本纪》《宋史·五行志》二篇中关于汴河泛决的材料而言，北宋一代汴河泛决共22次，其中除两次不知月份、一次在二月外，其余19次皆泛决于六至九月，可知其洪水期与今日黄河一样，也集中在夏秋之际。汴河洪峰来势也十分猛烈[①]。《宋史·河渠志三》中记有汴水决浚仪县，宋太宗亲往塞口之事："淳化二年六月，汴水决浚仪县。帝乘步辇出乾元门，宰相、枢密迎谒。帝曰：'东京养甲兵数十万，居人百万家，天下转漕，仰给在此一渠水，朕安得不顾。'车驾入泥淖中，行百余步，从臣震恐。殿前都指挥使戴兴叩头恳请回驭，遂捧辇出泥淖中。诏兴督步卒数千塞之。日未旰，水势遂定。帝始就次，太官进膳。亲王近臣皆泥泞沾衣。"[②]此次汴河决口使太宗的步辇陷入泥淖之中，太宗、亲王近臣都"泥泞沾衣"。大中祥符二年八月，汴河涨溢，冲毁了自开封到郑州的道路，交通为之阻塞[③]。总之，汴渠虽然有圃田泽作为水柜调节其来水，但仍不免有水患之忧。

为调控航运水量，唐宋汴河主河道及水柜周边附近采用过许多当时较为先进的水工技术。以元丰二年的清汴工程而言，清汴工程是当时各种先进水工技术的综合利用：在水源工程上采用水柜（索水等小河上游建有36个小型山区水库）、玲珑坝（用石块堆成的透水坝，以渗取黄河水）；在防洪工程中采用了堤防（在清汴引水渠两岸）、埽工（在与引水渠平行的黄河岸边）、水础溢流坝（在原洛河入黄河口，平日壅水入引水渠，洛水来量过大时由坝顶溢流入黄河）、泄水斗门（泄水闸，设在原汴渠上，当洪水威胁汴京时预先开闸分水）；在通航工程中采用了复闸（古代船闸，建在清汴与黄河间被截断的汜水上）；在河道整治方面采用了束水（用柴木结构束窄一些河段的河床）、锯牙（挑水短坝系列）、木岸（全河上共做60里）和水闸（每100里一座，原汴渠多泥沙时不用闸，清汴工程中可用其节制水流）[④]。这些工程技术措施都是围绕取水、泥沙处理、防洪、延长通航时间四个方面展开的[⑤]，其中的泄水坝，在今天看来就是水工建筑上的排水闸，此类排水闸主要用于排泄洪涝渍水，又称排涝闸。通常设在洪涝地区向江河排水的出口处。灌溉渠道上的排水闸用来排除灌溉渠道内多

① 邹逸麟：《椿庐史地论稿》，天津古籍出版社，2005年，第89页。

② （元）脱脱等：《宋史·河渠志三》，中华书局，1977年，第2317～2318页。

③ （元）脱脱等：《宋史·河渠志三》，中华书局，1977年，第2321页。

④ 谷兆祺主编：《中国水资源、水利、水处理与防洪全书》，中国环境科学出版社，1999年，第450页。

⑤ 谷兆祺主编：《中国水资源、水利、水处理与防洪全书》，中国环境科学出版社，1999年，第449页。

余的水量，如洪水期排除渠系集水面积内的洪水，一般称为泄水闸。一般排水闸常建于排水渠道末端的江河堤防上。当堤外河水位高于堤内水位时，关闸挡水；当堤外江河水位低于堤内涝水位时，开闸排水，减免农田遭受洪涝灾害；当堤内农田有蓄水灌溉要求时，根据需要可关闸蓄水或从外河引水，因此排水闸常具有双向挡水和双向过流的特点①。水渍遗迹的位置正处在“东极官渡”的圃田泽的东岸，排水渠道建在这一地区对于向地势较低的东南方向排泄汴河、圃田泽的洪水有着十分便利的条件。而土料则是古代水利工程中应用最多的材料。俗话说“水来土掩”，形象地说明了土是控制水流运动的主要水工建筑材料，这是古代的情况。但并不是随处取土和堆土都能达到控制水流的目的，各种土都有它特定的物理学性质，只有用适合建筑土工建筑物的土料，并采用适宜的设计和施工技术修建，它才能发挥土工建筑物挡水的作用②。由于单独一种土往往有某种缺陷，水工实践中常以两种或三种土掺和使用。其中的两合土为黏土与沙土的混合体，有塑性，能搓成直径1—3毫米的土条，一般均经过自然风化及耕作，土质松散易挖，色褐或黄③。而三合土则用石灰、沙、黄土拌和而成，筑堤有较好的效果，也可用于构筑石堤、水闸等。沙是石灰浆中的骨料，有沙骨料支撑，灰浆易于接触空气而迅速凝聚，同时也可减轻灰浆凝聚，体积收缩时出现裂缝。石灰浆则起到胶结作用。这是由于石灰浆（氧化钙）接触空气后，吸收二氧化碳，而凝固为碳酸钙，从而增强灰浆凝结后的力学强度④。清代末年在永定河河工研究所的教学讲义中，归纳前代河工著作的有关记载，详细介绍了三合土在修建建筑物地基、制作灰浆以及用作石土建筑灌溉等方面的广泛应用。其中，用以构筑石堤、水闸、坝工、桥梁地基的称作灰步土。灰步土施工是堆敷三合土一尺，夯筑至七寸乃实。用石灰、沙土和糯米汁拌和所成之灰浆，用作砌石的黏合剂⑤。今水渍遗迹中，每间隔三四百米，青灰色淤积土层总会出现约一百米的断档，而这近百米内堆积着较为纯净的黄褐色土层，在这百米黄褐色土层过后再次出现青灰色淤积土层，这种断档的黄褐色土层共发现有三四段⑥。在考古发掘中，工作人员只发现有青灰色的淤积土、黄褐色土两种土料，而没有砌石，此两种土料笔者未亲眼目见，故不敢妄言，但根据报告中所说这两种土料的色状特点，将其推测为水工建筑的两合土或三合土可能问题不是太大。因

① 李珍照主编：《中国水利百科全书·水工建筑物分册》，中国水利水电出版社，2004年，第292页。

② 周魁一：《中国科学技术史·水利卷》，科学出版社，2002年，第80页。

③ 水利部黄河水利委员会编：《黄河河防词典》，黄河水利出版社，1995年，第251页。

④ 周魁一：《中国科学技术史·水利卷》，科学出版社，2002年，第81页。

⑤ 周魁一：《中国科学技术史·水利卷》，科学出版社，2002年，第82页。

⑥ 顾万发、汪松枝：《隋唐大运河郑州段调查——洛口仓、惠济桥段河道、水渍等遗迹是这次调查重要收获》，《中国文物报》2012年4月27日第8版。

此，我们初步断定水溃遗迹中所出现的这两种土料很可能就是建在圃田泽东岸类似于今天排水闸一类水工建筑物的土料遗存。如果此推测不误，那么在圃田泽东岸作为汴河“水柜”的排水闸或排水通道，很可能就位于今天水溃遗迹的周边地区。

三、唐宋汴河河道蠡测与水溃村古河道

顾万发、汪松枝二位先生执笔的《隋唐大运河郑州段调查——洛口仓、惠济桥段河道、水溃等遗迹是这次调查重要收获》报告中认为在（今水溃村）发掘区东北部不远处郑开大道与长青路交叉口南部，2007年修建长青路时在西侧取土曾挖出一个带有铁链的铁锚，铁锚出土位置距地表6—7米，结合该区域地层堆积情况，应属宋元时期。而铁锚的发现也印证这里曾行驶过大型船舶。同时，结合勘探、发掘和文献记载，对中牟段大运河作了详细的调查，并基本搞清其走向[①]。可能是限于篇幅，报告中并未将中牟段大运河的具体走向讲清楚，只是说在水溃遗迹“发掘区东北部长青路西侧发现过铁锚”，“应属宋元时期”。我先后两次到水溃一带做过实地考察，结合文献确认在水溃遗迹的南北地区，确实存在一条或者几条未被我们完全认识的古河道，而其中一条古河道大致位于今水溃遗迹的东侧，距今天贾鲁河河道向东3—5里，河道作西北—东南走向，具体地讲其河道走向可能是由水溃遗迹向东南，经官渡镇东北，在板桥附近穿过310国道，经前於、魏寨之间，至今店李口后，再向南达于开封县朱仙镇。这条古河道是否就是唐宋时期汴河的主河道，的确应给予深入研究。

隋唐大运河汴河段自板渚以东进入开封城的河道走向迄今未有明确的考古发掘结论。近年来，为配合大运河申遗，虽在此区域内做了一定的工作，但要彻底搞清这一段运河的河道走向，恐还须结合文献资料做更进一步的工作。为解决这一问题，近年来我在此区域内进行了多次野外调查，初步推定，若以今天万胜村为坐标，经今天连霍高速以南，至于岗吴、西刘集、盆窑、穆楼、郑岗、湾张、毛拐、张家庵、西吴一线南北地区应该就是隋唐大运河通济渠（汴河）段河道所经之地[②]（图五）。而今天水溃遗迹东北古河道的发现，对于印证隋唐大运河汴河段河道的具体方位确有非常重要的价值。

探寻隋唐大运河通济渠郑州—开封段的河道走向《宋史·河渠志三》有一条非常重要的文献材料未引起我们的足够重视。宋仁宗天圣六年，“勾当汴口康德舆言：‘行视阳武桥、万胜镇，宜存斗门。其梁固斗门三宜废去，祥符界北岸请为别窦，分

① 顾万发、汪松枝：《隋唐大运河郑州段调查——洛口仓、惠济桥段河道、水溃等遗迹是这次调查重要收获》，《中国文物报》2012年4月27日第8版。

② 陈隆文：《郑州历史地理研究》，中国社会科学出版社，2011年，第209页。

减溢流。’……悉从其请”[①]。在这里，康德舆提到了汴河沿线上的三处地名：阳武桥、万胜镇、斗门，这三处地名对于我们确定汴河河道位置至为关键。

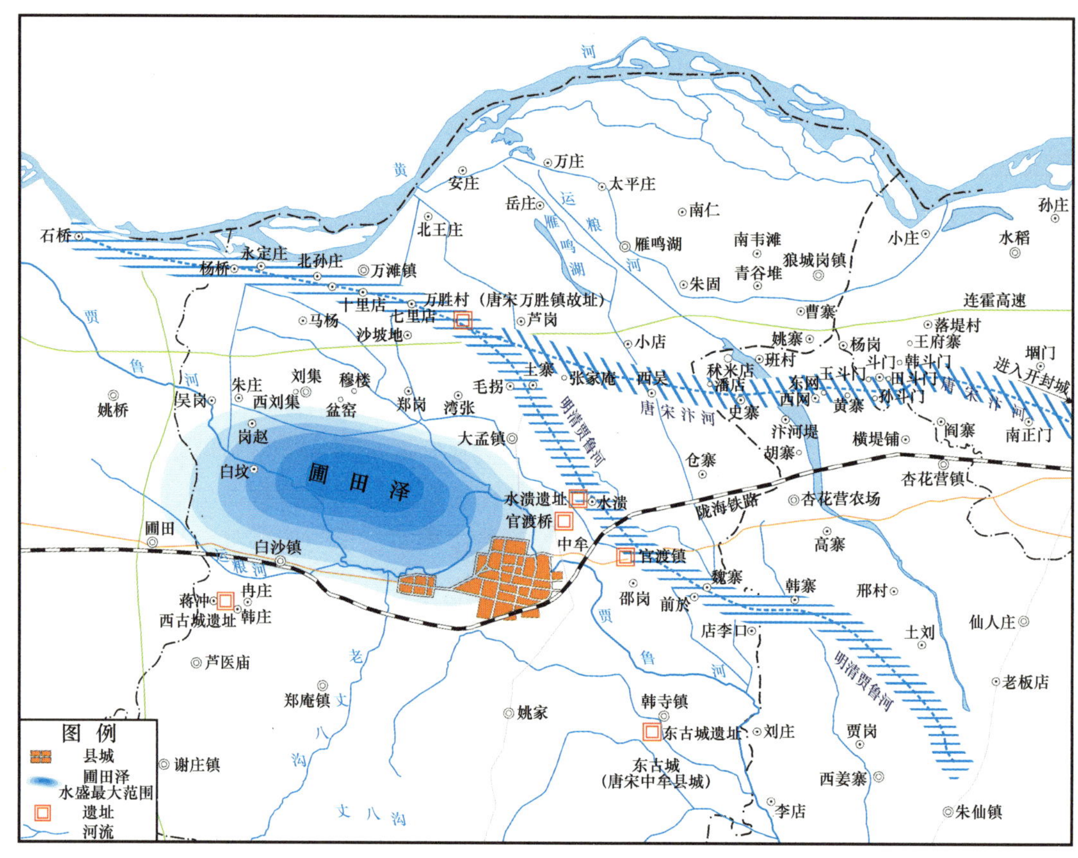

图五　水溃遗址与唐宋汴河、明清贾鲁河河道图[②]

阳武桥位于唐阳武县境，《元和郡县图志》载阳武县与管城、荥阳、荥泽、原武、新郑、中牟县同为郑州所辖，其县内“有汴渠，一名蒗宕渠，今名通济渠，西南自荥泽、管城二县界流入”[③]。唐阳武县有汴河的史实至宋代仍可得到证明。《太平寰宇记》“阳武县”条下记：（阳武县有）“蒗荡渠，即汴河之别名，一名通济渠”[④]。而“阳武故城，在县东南二十八里。高齐文宣天保七年移理汴水南一里”[⑤]。这里的阳武故城是汉代的原武故城，唐宋时的黄河河道就位于其北25里，高齐天保七年阳武县

① （元）脱脱等：《宋史·河渠志三》，中华书局，1977年，第2322页。

② 河南省科学院地理研究所张丽萍制图。

③ （唐）李吉甫：《元和郡县图志·卷八》，中华书局，1983年，第205页。

④ （宋）乐史：《太平寰宇记·卷二》，中华书局，2007年，第27页。

⑤ （宋）乐史：《太平寰宇记·卷二》，中华书局，2007年，第27页。

城设在汴水南一里之地。文献中所谓的阳武桥正是汴河上通往阳武县北的一座重要桥梁，后来被简称为杨桥。今中牟县西北万滩镇西约12里、黄河大堤南岸不足1里有杨桥村，杨桥村附近地区应该就是唐宋阳武桥的所在。由于黄河的南摆，唐宋时的阳武县城已被黄河河道所夺占，而唐宋汴河河道就位于今天黄河南堤南不足1里的杨桥村一带。

万胜镇，位于北宋东京开封西北约60里，是汴河上的重镇。顾祖禹《读史方舆纪要》记："万胜镇，在圃田泽之北。亦曰万胜寨。唐长庆二年宣武军乱，命韩充为宣武帅，充自滑州入境，军于万胜。光启三年秦宗权将卢瑭军万胜，夹汴口为梁，以绝汴州运路，朱全忠袭取之。后唐同光四年帝幸关东，至万胜镇，闻李嗣源入汴，遂还。宋景德二年，开封府言：'万胜镇先置斗门以减河水，今汴河分注浊水入广济河，堙塞不利。'帝以斗门本泄京、索河，泛流入汴，不便壅塞，命高置斗门。胡氏曰：'万胜镇在中牟，东距大梁不过数十里。'"[①]宋都东京西有五门，从北而南数，最北边称咸丰水门，又名西北水门，是金水河入城之门；次曰固子门；再次曰万胜门，即通往万胜镇的城门；此万胜门之南不远就是西水门，即汴河上水门，亦即汴河入城门，包括南北两岸的陆行门大通和宣泽；最南之门曰新郑门，又称顺天门。从万胜门与汴渠入城的水门来看，两者一北一南与万胜镇、汴渠的走向是相吻合的，说明今岗吴—西吴一线北就应是金元以前汴河在郑汴间的故道[②]。今天中牟县北部黄河大堤南15里有万胜村，应该就是唐宋万胜镇所在区域，村北有一条古河道，问诸村民都称之为"汴洛河"，这条古河道很可能就是唐宋汴河的遗迹。

若自万胜村向东，越过今天连霍高速公路略向东南，经中牟西吴、小店之间即进入到开封境内，在开封县西潘店、史寨、西网、东网、黄寨、孙斗门之北地区，很可能就是唐宋汴河的河道，而这一推测与拙著《郑州历史地理研究》中的结论大体一致。在现代水工建筑中，斗门是指灌溉渠系中的配水渠首部为斗渠时的进水口门。而中国古代也曾把运河上建的闸门以及堤、堰上所设的放水闸门称斗门。斗门建于干、支渠的堤岸，多采用涵洞式，以90°的分水角引水，进口设有控制闸门，其布置形式如分水闸中的对称布置。斗门的材料多用砖、石及混凝土，有些引水流量很小的渠道采用陶瓦管进入渠堤作为引水的斗门[③]。也就是说唐宋汴河的主河道上建有相当数量的进、出水闸门，这些闸门统称为斗门。在万胜镇附近的汴河干堤上创置斗门的记载，《宋史·河渠志》中有如下三次记载。

真宗景德二年六月，"开封府言：'京西沿汴万胜镇，先置斗门，以减河水，今

---

① （清）顾祖禹：《读史方舆纪要》，中华书局，2005年，第2164页。

② 陈隆文：《郑州历史地理研究》，中国社会科学出版社，2011年，第209页。

③ 李珍照主编：《中国水利百科全书·水工建筑物分册》，中国水利水电出版社，2004年，第296～297页。

汴河分注浊水入广济河，堙塞不利。’帝曰：‘此斗门本李继源所造，屡询利害，以为始因京、索河遇雨即泛流入汴，遂置斗门，以便通泄。若遽壅塞，复虑决溢。’因令多用巨石，高置斗门，水虽甚大，而余波亦可减去”①。

仁宗天圣六年，“康德舆言：‘行视阳武桥、万胜镇，宜存斗门。其梁固斗门三宜废去，祥符界北岸请为别窦，分减溢流’”②。

元丰六年，“十月，都提举司言：‘汴水增涨，京西四斗门不能分减，致开决堤岸。今近京惟孔固斗门可以泄水下入黄河；若孙贾斗门虽可泄入广济，然下尾窄狭，不能尽吞。宜于万胜镇旧减水河、汴河北岸修立斗门，开淘旧河，创开生河一道，下合入刁马河，役夫一万三千六百四十三人，一月毕工。’诏从其请，仍作二年开修”③。

总之，万胜镇附近建有多处斗门的记载，从侧面印证了汴河主河道就应该位于此区域内的史实。在今万胜村东40余里开封县西部有斗门村的地名，斗门村南北不远还有韩斗门、王斗门、田斗门、孙斗门等与汴河水工工程相关的地名，其数量与文献所载大致吻合。而距孙斗门村西不足10里又有汴河堤的地名，因此，我以为这一区域当是唐宋汴河主河道所经之地。总之，板渚以东的汴河河道极有可能自唐宋管城（今郑州市老城区）东北，沿今黄河大堤南岸经石桥，进入到中牟县杨桥村一带，自杨桥村向东经永定庄、小朱庄、北孙庄、娄庄北、十里店、七里店到万胜村，从万胜村略偏东南走向，在芦岗南，毛拐、土寨之北越过今连霍高速公路向东；再经小店、秫米店、姚寨、杨岗、王府寨以南，西吴、潘店、史寨、西网、东网、孙斗门之北地区向东至今开封县西斗门村，自斗门村再向东约16里的开封堌门村南、南正门村北进入唐宋汴梁城。

今天的水溃遗迹北距杨桥—万胜村—斗门村一线的唐宋汴河故道约有22里之遥，处在圃田泽的东岸，如果唐宋汴河是从万胜镇（村）向东南至于水溃的，那么其间就要经过杨佰胜、土寨、岳吴庄、大吕、阎堂等地，这样就绕行了至少22里。更有疑问的是，如果汴河经由水溃进入宋都开封，那么就必须再由水溃向东北绕行30里至于斗门村后，再折向东南约16里，才能在今天南正门村与堌门村之间进入到宋都开封城中，唯此才能与文献记载的汴河河道相吻合，而这样的绕行前后迂回多达70里之遥，现实中恐难以成立。况且在隋炀帝开通济渠（即汴渠）以前，运河多依自然河道而行，迂回曲折不可避免。鉴于这样的曲折，隋炀帝曾对开封城以西的汴河进行了裁弯取直，因而也大大缩减了通航里程，故《太平寰宇记》“通济渠”条下载：“通济

① （元）脱脱等：《宋史·河渠志四》，中华书局，1977年，第2339页。
② （元）脱脱等：《宋史·河渠志三》，中华书局，1977年，第2322页。
③ （元）脱脱等：《宋史·河渠志三》，中华书局，1977年，第2329页。

渠，在县南二里。隋大业元年以汴水迂曲，回复稍难，自大梁城西南凿渠引汴水入，号通济渠。”[①]由此看来，大梁城以西的通济渠（或汴渠）河道都是经过工程技术处理的顺直型河道而非弯曲型自然航道。因此，水溃遗迹并非位于通济渠主河道上，其北距汴河河道还有相当的距离，水溃村东侧的西北—东南的古河道也并非隋唐通济渠的旧道，唐宋汴河的故道应位于水溃遗迹北约20里，即今天杨桥—万胜村—斗门村一线。

第六节　河南大运河经济带的历史与未来发展战略

一、河南大运河的历史地位与价值

河南大运河又称中原大运河，她处在东亚大陆水上运输的核心与枢纽，在中国的历史进程中发挥过重大政治、经济与文化作用。

中国古代最早的系统运河网形成于河南。公元前360年（魏惠王十年），魏国在黄河以南开凿运河——鸿沟（又称大沟）。大沟运河大致从今河南原阳县北引河南行横过济水，注入圃田泽。圃田泽在今中牟县境内，东西三十六里许，南北十八里许，是鸿沟运河的蓄水库。后来，魏国又引圃田泽水东流至大梁城（今开封市）北，并继之从大梁城东向南开渠，“以通宋（今商丘市）、郑（今新郑市）、陈（今淮阳区）、蔡（今上蔡县）、曹（今山东菏泽定陶区）、卫（今河南淇县）”[②]之间。鸿沟的疏凿，使东亚大陆核心腹地的诸多城市得以沟通，大大地加强了城市之间的联系，推动了区域的发展。不仅如此，战国鸿沟的凿成，使黄淮平原上出现了以鸿沟为基础，以自然河流为分支的完整的运河网——鸿沟系统运河（图六）。从鸿沟运河还分出了汳水、睢水、涡水等支流，其中汳水从今开封市北分出后，东至徐州市北入泗水，其下游又称获水。睢水从今开封市祥符区西北分出后，东南行至江苏宿迁市西入泗水；涡水从开封市祥符区西南分出后，经今安徽亳州市北，至安徽怀远东入淮水。鸿沟水系中的这几条主要支流在当时为国家的统一发挥过重要作用，特别是汳水，东汉又称汴渠，成为沟通黄河与淮河流域水上交通的大动脉，对维护封建国家统一，推动黄河、淮河和长江流域经济文化发展发挥过重大作用。

在隋唐时期形成的沟通东亚大陆主要富庶经济区的运河网络中，主干河道位于今河南境内的通济渠与永济渠线路最长、作用重大、影响最深，今河南境内的通济渠、

① （宋）乐史：《太平寰宇记·卷一》，中华书局，2007年，第5页。
② （汉）司马迁：《史记·河渠书》，中华书局，1959年，第1407页。

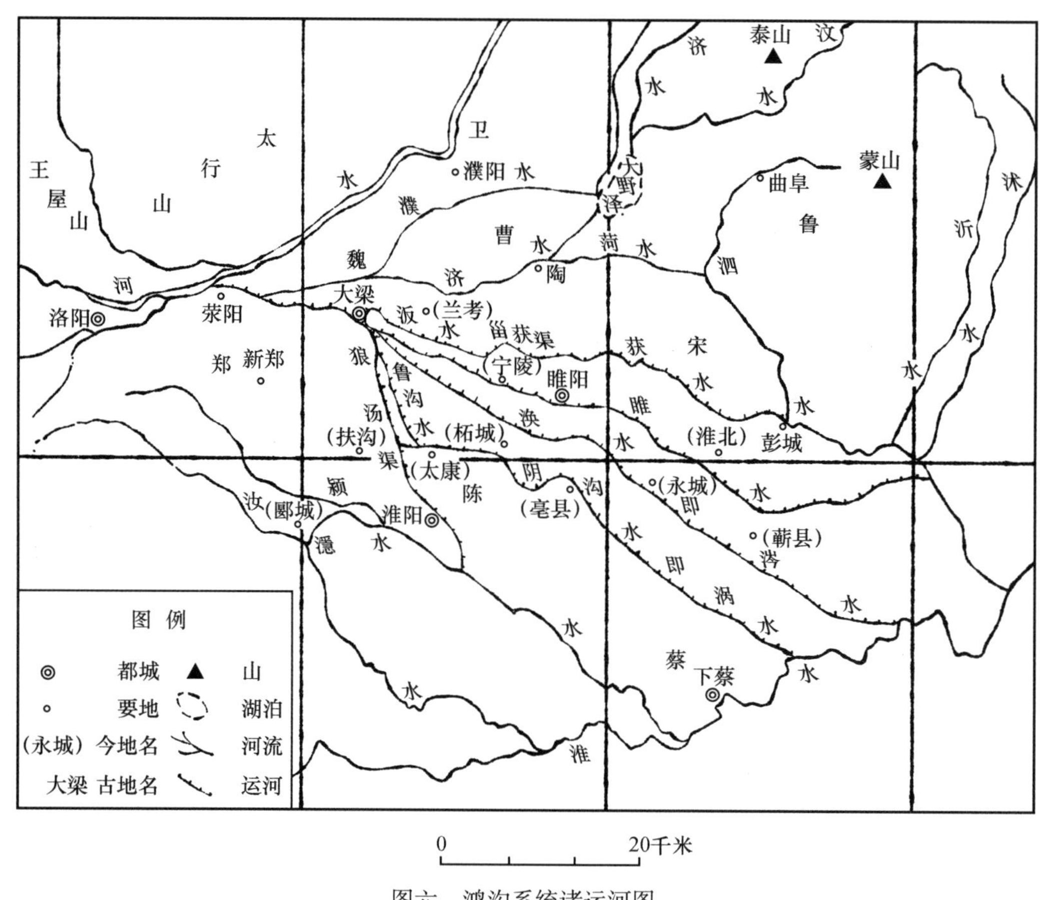

图六　鸿沟系统诸运河图

（引自史念海《中国的运河》）

永济渠河段构成了隋唐大运河网络体系中的核心与枢纽。605年（隋大业元年），隋炀帝开通通济渠。通济渠从洛阳西苑引谷、洛水入河后，又从板渚（今荥阳市汜水镇东北）引黄河水入东汉汴渠，至开封近郊后，通济渠与汴分流，折向东南，寻睢水河道，经杞县、睢县、宁陵、宿州、灵璧等地在江苏盱眙之北注入淮河。通济渠打通了黄河与淮河直接连通的水道。隋朝大业四年（608年），隋炀帝在黄河以北开凿永济渠，这条运河是从今天沁水下游，即今河南武陟县沁水左岸向东北开渠，至今河南淇县境又利用曹操所开的白沟（即今卫河）而至今河北馆陶、清河、德州、沧州、静海，最后到达蓟城（今北京市区）。蓟城是永济渠的终点。永济渠的开通连接了黄河流域与海河流域的水上交通，永济渠渠首段利用了沁河河道与黄河河道交汇的自然特点，然后在河南武陟沁河左岸分水东北流，再与海河流域最南境支流——卫河相接，显示了运河选线的科学性，今天武陟境内的孟姜女河就是隋唐大运河沁水故道的遗存。永济渠的开通使黄河、海河两大流域密切地联系在一起。隋唐大运河水运网络中的通济渠、永济渠都是从今郑州、焦作之间的黄河中向东南、东北两大方向分出的，因此，这一区域毫无疑问就是隋唐大运河完整水运体系中的核心与枢纽地区，这一点应该引起我们的高度关注。

元代时定都大都（今北京），统一王朝的国都北移，但富庶的经济区仍在长江流域。经元、明、清三代的努力，终于形成了沟通东亚大陆南北的大运河（图七）。河南大运河的部分河段及相关水系仍然是元、明、清京杭大运河不可或缺的重要组成部分。为充分利用河南卫河水系及其水运条件，全线贯通京杭大运河，1289年元政府从须城县安山西南开渠，由寿张西北至临清，引汶绝济（大清河）而达御河，此段运河长250里，称会通河（图八）。会通河凿成标志着：京杭大运河杭州至通州间的水路全线贯通。会通河的主干南从山东省东平县十里铺村入河南濮阳市台前县，向北经沙

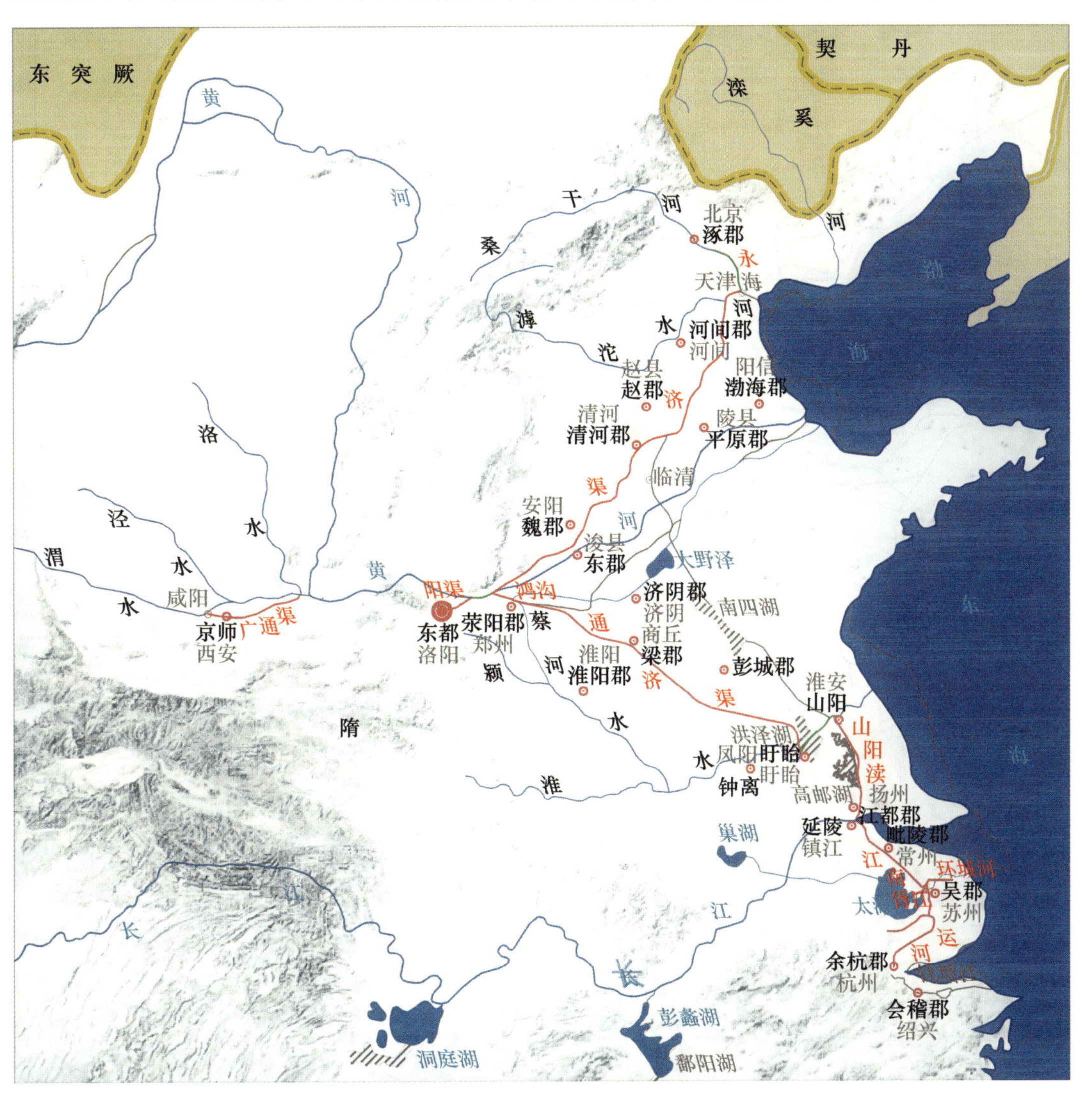

图七　隋代大运河示意图

（引自王育民《中国历史地理概论》）

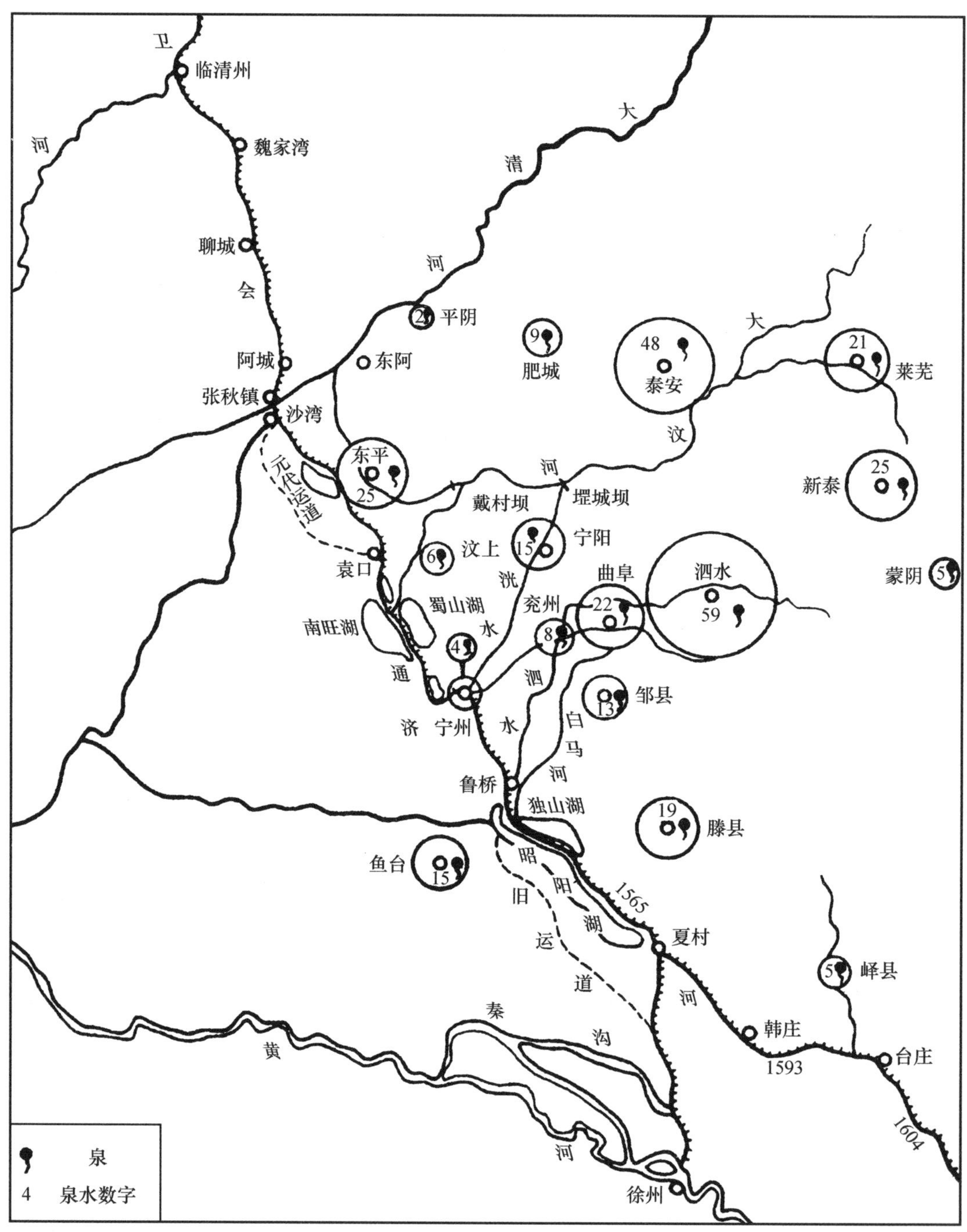

图八　会通河示意图

（引自王育民《中国历史地理概论》）

湾村北流，复入山东省阳谷县张秋镇，沿途流经台前县夹河乡的林坝、姜庄、田湾、孙堤、沈堤、沙湾、大坝、前夹河、后夹河、八里庙和吴坝乡的堤头、董庄等村庄，会通河在河南濮阳市台前县境内的流程约10公里。由此来看，元、明、清三代的京杭大运河并没有离开河南。不仅如此，源出河南辉县苏门山的卫河，在明清两代称为卫漕。卫漕既是整个卫河的称谓，也是京杭大运河临清与天津之间河段的称谓。卫河经过河南新乡、汲县、浚县、内黄至今河北馆陶，东北至临清与京杭大运河中会通河相交，再历德州、青县北达天津。京杭大运河会通河段的开凿就是要充分利用卫河的水源条件与河道走势，因此，没有源于河南的卫河便不会有京杭大运河系统中的会通河及其以下河段。

因此，河南大运河中的水系构成对于京杭大运河而言，是不可或缺的组成部分，没有河南水系与水运就没有京杭大运河会通河至天津一段，这是河南大运河对于京杭大运河不可磨灭的贡献。

总之，河南大运河在中国运河发展史上具有重要地位与价值。中国古代最早的系统运河网络不仅形成于河南，而且河南大运河在隋唐大运河完整体系中处于核心与枢纽。即便是在元、明、清三代，京杭大运河的主要河道不仅没有离开过河南，而且河南的水系与水运助力了京杭大运河的全线贯通与最终形成，这是我们对河南大运河历史地位的基本认识。

二、河南大运河经济带的发展战略

黄河上、中游处在西北干旱半干旱区，下游处在半湿润半干旱的暖温带，这一流域特征与地处亚热带的长江流域相比，降水量与径流量均明显低于长江流域，水量不足是制约黄河航运发展的根本因素。我们虽然难以培养出像长江经济带一样的黄河经济带，但是如果利用河南境内黄河干流两侧作放射状分流的淮河、海河水系及长江支流水系，以发展河南内河航运为突破口，培养壮大河南大运河经济带，同样可以助推黄河流域高质量发展，并用以弥补黄河经济带缺失的不足。这应是今天我们发展河南大运河经济带的根本目的所在。

由于河南全境地处东亚大陆的中心，发展运河经济带具有独特优势。全区各河流中流域面积在100平方公里以上的有494条，其中100—1000平方公里的有432条，1000—5000平方公里的有44条，5000—10000平方公里的有8条，10000平方公里以上的有10条，这些河流分属于黄河、淮河、长江和海河四大水系[①]。古代劳动人民正是利用

① 河南省地方史志编纂委员会编纂：《河南省志·水利志》，河南人民出版社，1994年，第9～10页。

了中原四大水系中的不同干支河流的自然优势，再将它们经过人工的连缀，在河南建成了一套完整的水运网络，这一套完整的水运网络实现了中原人民通江达海的梦想，并且这一自然优势迄今犹存。

具体地讲，在河南的古代水运网络中，向北利用海河水系的支流卫河，经过曹魏起自白沟、中经隋唐永济渠、宋代御河、明清卫河的经营，河南与环渤海地区连成了一体；在河南的西南方向，由于南阳地处长江、淮河、黄河三大水系交汇处，其不仅是联系关中、巴蜀、关东、江南几大基本经济区的陆路交通枢纽，而且也是“长江水系支流伸入中原腹地最远的地区”，其水运航程为“中国古代南北天然水运航线之最长最盛者”。该时期，南阳盆地境内主要河流有白河、唐河、丹河、湍河等，历史上这些河流都可以通航，有的还发挥过重要历史作用①。因此，利用南阳地区的唐白河均汇入长江水系支流汉水的河川特点，河南可与长江中游武汉等重要经济区连接在一起。而在河南南部、东南部，则又有淮河干流及其南、北诸支流，利用河南境内淮河流域由南而北的干支河系特点，不仅可充分利用淮河干流及淮南支流，更可利用贾鲁河、洪汝河、沙颍河、涡河、浍河、沱河等淮北支流发展水运，更重要的是，淮河干流在入洪泽湖后，向东又与中国南北大动脉京杭大运河连为一体，这样，沿京杭运河北上可至山东半岛西部，而顺运河而南逾长江则可与中国最发达的经济区——长江下游三角洲相联系。这将是未来河南大运河航运发展的战略布局所在。

总之，借助中原水系及其与周边河湖水系关系，地处内陆腹地的河南，在历史上不仅创造了通江达海的奇迹，而且在未来的发展过程中，利用中原水网特点及优势，不仅仍然可以续写通江达海的历史遗篇，还能够进一步发展河南的外向型经济，为中部崛起作出更大的贡献并助推黄河流域的高质量发展。

---

① 李瑞、冰河：《南阳地缘交通古今变迁及其对城市发展的影响》，《地域研究与开发》2014年第1期，第149页。

第五章

历史文化地理：黄帝文化与黄河文化

第一节　黄帝淳化虫蛾与双槐树牙雕蚕

一、引　　言

自瑞典人安特生首次在河南渑池发现仰韶文化遗址，并据其文化内涵对此种考古学文化进行命名后，历经一个世纪的不断发掘，仰韶文化不仅已成为黄河中游地区新石器时代考古学文化的重要代表，而且越来越多的考古学家和历史学家都倾向于认为其所处的时代是可以和历史文献记载，特别是与司马迁在《史记·五帝本纪》中所记载的五帝时代相对应的。“时播百谷草木，淳化鸟兽虫蛾”是司马迁在《史记·五帝本纪》中对仰韶文化时期两大经济成就的概括。仰韶文化的分布范围是以河南、陕西和晋南为中心，向四周扩展，西至甘肃的河西走廊，东到山东的西南部，南抵湖北的汉水流域，北达河北的中部和内蒙古的河套一带。这与文献记载的炎黄文化的分布区域大体一致。据^{14}C测定年代的结果，仰韶文化的年代大致为距今7000年至4700年，本身延续2300多年，与炎黄文化的时代和延续的时间也基本相同①。在这一时期里，黄河中游地区的农业较裴李岗文化时期又有了许多新的进步，李昌韬先生指出在仰韶文化

① 张松林主编，郑州市文物考古研究所编著：《郑州文物与考古研究（一）》，科学出版社，2003年，第1209页。

遗址中普遍发现了许多与农业发展有关的资料，其中农业生产工具有石铲、石斧、石刀、石镰、骨铲、角锄、蚌刀、蚌镰等；粮食加工工具有石杵、石臼和少数石磨盘、石磨棒等；还发现一些粮食，如粟、稻、高粱、莲籽和菜籽等[①]。因此，司马迁在《史记·五帝本纪》中所说黄帝时代已能“播百谷草木”的记载应该是指该时期黄河中游地区农业的发展和进步而言的，这一点应该不会有太大的疑问。现在的问题是，仰韶文化时期农业的发展可以用文献中黄帝“时播百谷草木”作诠释，而《五帝本纪》中记载的属于黄帝时代、可与发展农业相提并论的另一项历史功绩，即“淳化鸟兽虫蛾”又该如何认识？这确是一个值得深入探讨和研究的问题。

二、释　虫　蛾

《史记》开宗明义的第一篇就是《五帝本纪》，在《史记·五帝本纪》中司马迁追述了上古黄帝、颛顼、帝喾、帝尧与虞舜五位圣王的事迹，而黄帝则位列五帝之首。《史记·五帝本纪》中称道黄帝少时“生而神灵，弱而能言，幼而徇齐，长而敦敏，成而聪明”[②]，作为帝王，黄帝又能“顺天地之纪、幽明之占，死生之说，存亡之难。时播百谷草木，淳化鸟兽虫蛾，旁罗日月星辰水波土石金玉，劳勤心力耳目，节用水火材物。有土德之瑞，故号黄帝”[③]。在司马迁看来，“时播百谷草木，淳化鸟兽虫蛾”毫无疑问是黄帝时代的两大经济贡献。如前所述，黄帝“时播百谷草木”可与裴李岗文化、仰韶文化以来农业发展的考古学资料相印证，但黄帝“淳化鸟兽虫蛾”却不易为当今世人所理解。按《索隐》：“蛾，音牛绮反，一作‘豸’。（豸）言淳化广被及之。”《正义》：“蛾，音鱼起反，又音豸，豸音直氏反。蚁，蚍蜉也。《尔雅》曰‘有足曰虫，无足曰豸’。”[④]唐代司马贞、张守节均依《尔雅》之说将黄帝淳化之“虫蛾”解释成有足的虫或无足的豸，现在看来这种解释并不准确。黄帝为什么要“淳化虫蛾”并广泛地普及它，历代的注释家都未清楚地阐释。

黄帝淳化之“虫蛾”中的蛾，按《尔雅·卷九》说：“蛾，罗。蚕蛾。蛾，音娥。疏，蛾，罗。释曰，此即蚕蛹所变者也。《说文》云，蛾，罗也。”[⑤]《说文·卷廿六》：“蛾，作𧖣，蚕化飞虫。从虫，我声。䖸，或从虫。”《段注》：“蚕吐丝则

① 张松林主编，郑州市文物考古研究所编著：《郑州文物考古与研究（一）》，科学出版社，2003年，第1209页。

② （汉）司马迁：《史记·五帝本纪》，中华书局，1959年，第1页。

③ （汉）司马迁：《史记·五帝本纪》，中华书局，1959年，第6页。

④ （汉）司马迁：《史记·五帝本纪》，中华书局，1959年，第9页。

⑤ 李学勤主编：《十三经注疏·尔雅注疏》，北京大学出版社，1999年，第288页。

成蛹于茧中，蛹复化而为虫，与虫部之蛾罗主谓螘（蚁）者截然不同。”[①]由此可见，蛾是由蚕化变而成的飞蛾。由此而论，《史记·五帝本纪》中黄帝所淳化的虫蛾不应是他物，而是指蚕蛾而言的，而其中的虫很可能就是指可以吐丝并且最终转化成蛹的家蚕。

甲骨卜辞中无“蚕”字，但有“虫”字，“虫”字的字形如图一所示，共七种。

对于此字的释读，张政烺先生《释它示》主张读为“它”，认为“它”与“虫”初为一字，至《说文》才误分为两字。徐中舒先生《甲骨文字典》中认为：形至金文渐省讹为（沈子簋）、（师遽方彝），为《说文》它字篆文所本。故虫、它初为一字而《说文》误分形。又：它，虫也，从虫而长，象曲垂尾形。上古艸居患它，故相问无它乎。，它或从虫[②]。如果将卜辞中的虫字形与河姆渡遗址中出土牙雕小盅的蚕纹作一比较就会发现，卜辞中所释的虫（或它）与蚕形十分相仿，而所谓的虫或它，实际上最初很可能就是指蚕虫而言的。河姆渡遗址第二期发掘报告中载有牙雕小盅一件，标本T244③：71（图二）。平面呈椭圆形，制作精细。中空作长方形。圜底。口沿处钻有对称的两个小圆孔，孔壁有清晰可见的罗纹。外壁雕刻编织纹和蚕纹图案一圈。外口径4.8、高2.4厘米[③]。

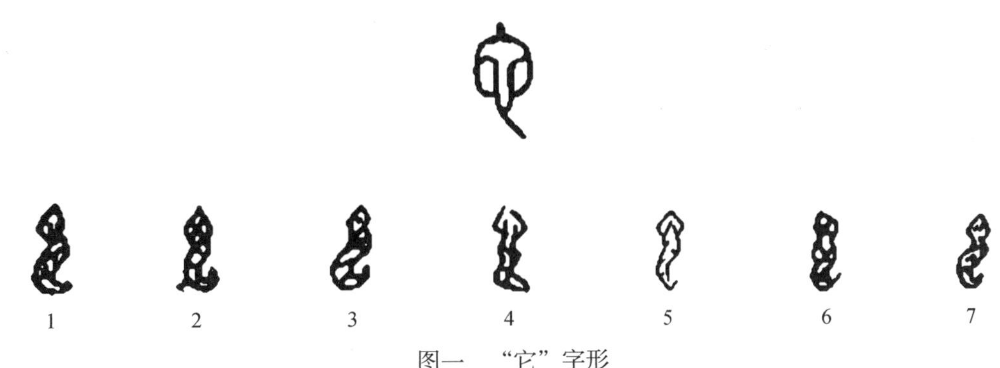

图一　“它”字形

1. 一期《合集》10062　2. 一期《合集》10063　3. 一期《合集》14353　4. 一期《合集》10060　5. 一期《合集》14354　6. 一期《合集》10065　7. 二期《合集》6.66.3

在这个牙雕小盅器的外壁上，编织纹与蚕纹共同组成的图像反映的正是蚕与丝织相互依赖的含义，而其上所绘蚕形与卜辞中的虫（或它）并无太大区别，几乎完全一致。由此来看，将卜辞中的它或虫释为蚕也是合理的。因此，徐中舒先生《甲骨文

---

① （东汉）许慎著，汤可敬撰：《说文解字今释》，岳麓书社，1997年，第1930页。

② 徐中舒主编：《甲骨文字典》，四川辞书出版社，1989年，第1430页。

③ 河姆渡遗址考古队：《浙江河姆渡遗址第二期发掘的主要收获》，《文物》1980年第5期，第7页。

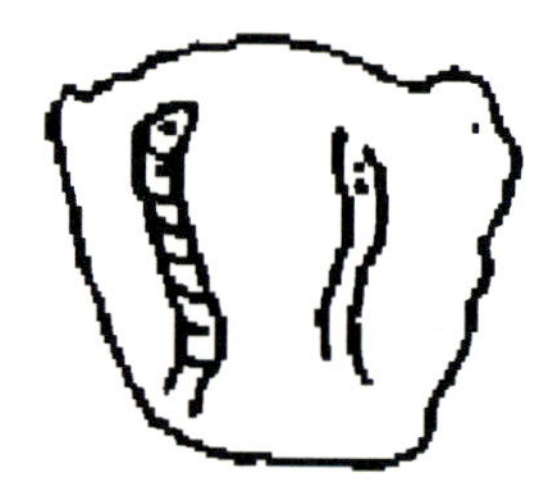

图二 新石器时代河姆渡文化牙雕小盅[①]

字典》在解释虫或它的构字意义时也引证了胡厚宣先生的旧说，认为它字形，象蛇之头、身、尾形。其单划之、为《说文》虫字篆文所本；其双钩之旧释为蚕[②]。康殷先生《文字源流浅说》中对“蚕”“蜀”等字的释读也说明了这个问题。康氏《文字源流浅说》中说：“蚕、辰字形为、。甲，胡厚宣释蠶，象蠶形。愚以为即等辰字之初文，蠶本桑树害虫，后人变害为利，盖初民称此类‘毛虫’皆为‘辰’。今人尚称蛴螬为‘地蠶’，辰、蠶古声也相同。”[③]汉字中的“蜀”字的起源也与蚕虫有关，“蜀，、甲，概用目久视小虫形以表示这是人们饲养、照料的昆虫。蠶或蠶的一种，疑亦的异文。后省作、、，甲，释蜀。乃人目，是虫形之省。先秦作，篆作，又加虫以为补充说明。《说文》‘葵中蚕也’。讹为，与讹为同，蠶、蜀二字古声较近，在语源上较近”[④]。从蚕、蛇、它、蜀、虫等字的起源与讹变来看，我们的祖先对虫类的认识有一个分化的过程，古人将蚕、蛇等混同为虫，盖因缺少动物分类知识，但是古人区分虫类的标准却是此物是否有益于人类，只有可以益于人类的虫类才会被饲养和照料，所以《史记·五帝本纪》中所谓黄帝“淳化鸟兽虫蛾”的功绩很可能指在这一时期，我们的祖先已经可以饲养、照料对他们有益的昆虫，这种能有益于人类的“虫蛾”很可能是针对发明家蚕养殖而言的，从这个意义上讲，《史记·五帝本纪》中的虫蛾当是蚕蛾之义。

三、释 淳 化

家蚕（Bombyx mori L.）在生物分类学上是一个公认的物种，它是中华民族的祖先

① 郭廉夫、丁涛、诸葛铠：《中国纹样辞典》，天津教育出版社，1998年，第83页。
② 徐中舒主编：《甲骨文字典》，四川辞书出版社，1989年，第1430页。
③ 康殷：《文字源流浅说》，荣宝斋，1979年，第286页。
④ 康殷：《文字源流浅说》，荣宝斋，1979年，第287页。

经长期驯化和饲养野蚕（Bombyx mandarina Moore）演变而来的，家蚕与野蚕已经是两个非常不同的物种，所以人驯化和饲养家蚕并使之与野蚕彻底分离，不仅是中华民族在人类文明史上伟大的发明与创造，同时也是我们祖先的一项突出成就[①]。这里所谓的发明家蚕应该包括两个方面的意义：第一，既包括发明饲养家蚕的技术；第二，也包括发明了家蚕本身。发明家蚕本身是指驯化古代野蚕取得成功，家蚕形成；而发明饲养家蚕的技术则是指形成一套养蚕的技术措施，两者虽然相互区别，但又相互联系，相辅相成。但发明饲养技术是在发明家蚕饲养实施以后逐步积累起来的[②]。郭郛先生依据考古资料中仰韶文化期蚕及丝绢遗存的测定结果，进一步认为山西夏县西阴村蚕茧等文化遗物约在距今6080年至5600年前，浙江吴兴钱山漾的蚕绢片、丝带等距今为5288 ± 135年，而河北正定南杨庄仰韶期文化遗址出土的陶蚕蛹的时间为距今5400 ± 70年。由这些有关年代的数据看来，可以认为，中国家蚕的起源时间当在5500年前[③]。而这一时段正与《史记·五帝本纪》中记载的黄帝时代相对应。因此，笔者认为距今5500年前中华民族的祖先在山西、河南等黄河中游地区就已经基本完成了蚕的驯化工作，这一结论主要是依据我们目前所获得的三件重要的蚕文化遗物而确定的。这三件仰韶时代的蚕文化遗物分别为：第一，山西夏县西阴村人类文化遗址中有个半割裂的茧壳；第二，浙江吴兴钱山漾文化遗物中有蚕的绢片和丝带、丝线等；第三，山西芮城、河北正定南杨庄文化遗址有陶蚕蛹的出现，蛹体上的胸腹线纹说明先民已对蚕的形态是相当熟悉的。以上三件皆发生在我国仰韶文化期的遗址中。这不是偶然的巧合，是可以说明我国家蚕起源的文物实证[④]。

但应进一步强调说明的是，除了上述三种仰韶时代的蚕文化遗物外，郑州荥阳青台、汪沟遗址中也出土有相当数量的纺织遗物，其中荥阳青台遗址中纺织遗物最为丰富。在青台遗址的4座瓮棺内发现纤维纺织遗物，从而将人们对中国新石器时代纺织技术的起源、纺织业的发展，以及当时服饰状况的认识等提高到一个新的高度。从青台遗址瓮棺内出土的纺织物来看，当时的纺织技术已进入成熟阶段，纺织物已被氏族成员普遍使用，并且还被埋入瓮棺内。在出土纺织物的同时，青台遗址还出土有数百件的陶纺轮、石纺轮、陶刀、石刀、蚌刀、骨匕、骨锥、骨针、陶坠、石坠等，其中一

---

① 郭郛：《从河北省正定南杨庄出土的陶蚕蛹试论我国家蚕的起源问题》，《农业考古》1987年第1期，第302页。

② 魏东：《试论家蚕形成的年代及其历史过程》，《农业考古》1983年第1期，第250页。

③ 郭郛：《从河北省正定南杨庄出土的陶蚕蛹试论我国家蚕的起源问题》，《农业考古》1987年第1期，第307页。

④ 郭郛：《从河北省正定南杨庄出土的陶蚕蛹试论我国家蚕的起源问题》，《农业考古》1987年第1期，第308页。

件陶纺轮出土时孔内插有一段骨簪[1]。联系仰韶遗址中诸多纺织遗存的出土，笔者把家蚕的发明推定在仰韶时代中晚期的黄河流域应该是有考古资料作证明的，这同时也是《史记·五帝本纪》中黄帝“淳化虫蛾”的时代背景。

《史记·五帝本纪》中不仅说黄帝“时播百谷草木”，而且还强调黄帝时代有“淳化鸟兽虫蛾”之举。由于历代的注释家对“淳化”一词含义的解释多语焉不详，以至于后世很难明了其中真正的意义。这里的“化”指变化，殆无疑义，那么“淳”又如何解释？《王力古汉语字典》中在“淳”下分别列有质朴、敦厚；成对、大，通醇，浇灌、浸渍；纯等六意，其中第六意认为“淳”可与“纯”相通，有“不杂”之意。此意项“淳”字做以下解释：

> 淳通“纯”。布匹宽度。《集韵》：“淳，布帛辐广也。或作敦、綧，通作纯。”《周礼·天官内宰》：“出其度、量、淳、制。”郑玄注：“故书淳为敦，杜子春读敦为纯，纯谓辐广也。”《释文》：“淳，刘诸允反。”（同源字）淳、醇、纯。三字上古同音，都是禅母文部。“醇”多指酒不薄，但也可指道德、学问的纯正（如“醇儒”）和色彩的纯正（如“醇犠牲”）。“纯”有“不杂”之义，在此意义上和“淳”同源，古代亦可通用，如“纯粹”亦可作“淳粹”。故三字同源。[2]

从蚕的家养过程来看，家蚕是由野蚕经过人工驯化家养而成，现在的家蚕同野蚕在形态特征、生活习性、发育性能、生理机能、适应环境能力、生殖、行为等方面已各有其特征，虽然它们雌雄蛾子相遇时仍可交配产出后代。但家蚕经过几千年人工的饲养驯化已完全适应室内的生活，在人工条件下已能繁衍后代，人对蚕的生活习性等已基本了解清楚，蚕已经驯化而不离开人所安排的条件他去，这就是所谓家化（domestication）过程。从动物的家化过程来看，大型动物的家化当在农业生产和畜牧业开始之后，唯中型动物如狗的家化较早，可能在一万四千年至六千年之前[3]。故《五帝本纪》在追叙仰韶时代黄帝部落经济成就时，先言“播百谷草木”发展农业，再次言“淳化鸟兽虫蛾”培育养殖与畜牧业，这是有一定道理的。由此来看，桑蚕家化则极有可能在5500年前的仰韶时代中、晚期就已经完成了。有学者通过比较考古发现桑茧大小的差异，明确认为在5500年前家蚕驯化选育过程中，蚕茧由小变大，蚕茧的长

① 张松林主编，郑州市文物考古研究所编著：《郑州文物与考古研究（一）》，科学出版社，2003年，第134页。

② 王力主编：《王力古汉语字典》，中华书局，2000年，第594页。

③ 郭郛：《从河北省正定南杨庄出土的陶蚕蛹试论我国家蚕的起源问题》，《农业考古》1987年第1期，第308页。

径由1.52厘米发展到4厘米以上，茧宽由0.71厘米选育成2厘米左右，蚕茧大小的历史演化方式基本上呈椭圆圈型式（图三），这可以说它是中国无数劳动人民经历数千年辛勤的成果[①]。也就是说，在距今5500年左右的黄河流域，我们的祖先就已经完成了桑蚕的家化工作，桑蚕通过人工饲养驯化不仅能完全适应室内生活，而且在人工条件下也能繁衍后代，桑蚕不再离开人类为它安排的条件他去，被“淳化”成能为人类服务的家蚕虫蛾了。

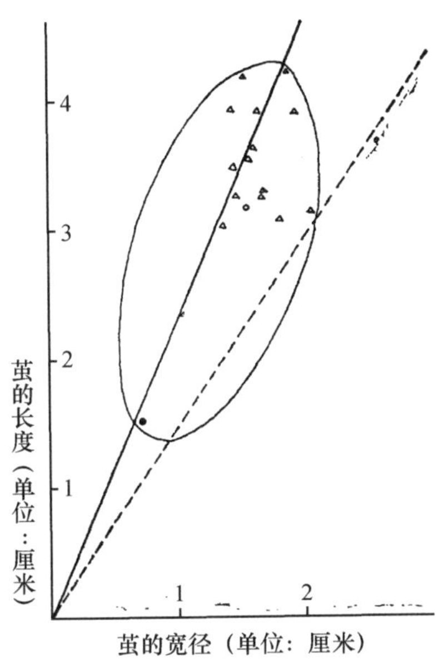

图三　中国家蚕茧经五千年人工选育后，蚕茧大小的进化方式的椭圆圈型式[②]

家蚕起源应该有一个漫长的发展过程，大体经历了认识野生绢丝、利用野生茧丝到驯化野蚕三个阶段，我们的祖先首先在野外观察到生长在桑树上的许多野蚕，然后通过采集野外蚕茧作纺织原料，当然蚕蛹也可以作为“美味佳馔”的食品，等到织绸技术逐步发展起来后，仅仅从野外采集天然的产品便不能满足人们的需要，于是我们的祖先便将桑蚕带到自己居住的地方，利用附近的或栽种的桑叶养蚕，这样逐步了解蚕的生活习性，逐步掌握缀丝织绸的技术。在野蚕驯化过程中，我们的祖先更要面对桑蚕为害的灾难。这里的桑蚕就是指野蚕而言的，时至今日，生物学界仍将桑蚕视为野蚕，称作野生绢丝虫，这种桑蚕的特性仍是食害桑叶的害虫，其英文名称为Bombyx mandarina Moore，与我们祖先所饲养的家蚕Bombyx mori L.在生物物种上完全不同。

① 郭郛：《从河北省正定南杨庄出土的陶蚕蛹试论我国家蚕的起源问题》，《农业考古》1987年第1期，第307～308页。

② 郭郛：《从河北省正定南杨庄出土的陶蚕蛹试论我国家蚕的起源问题》，《农业考古》1987年第1期，第309页。

蚕学家杨希哲先生曾经记叙过他所目睹的野蚕或桑蚕为害的情景。

20世纪30年代，杨先生在中央大学区立劳农学院读书时，曾看到约小于桑蚕体5倍的桑螨，满山遍野（的桑螨）把农民的桑树叶子吃得只剩叶脉，但仅营结花生米形状大小的金黄茧子（图四）。这种桑螨泛滥成灾的情况，如果在古代华北、冀鲁平原桑林里，自生态平衡的观点，出现了大量桑蚕，必然会把桑林桑枝的桑叶食害尽尽，并会马上威胁到当时作为人民食物的桑葚，引起人类与桑蚕的生存斗争。所以他认为中国桑蚕发展史是在史前文化发展漫长的时间内形成的。人民初食桑葚，继食蚕蛹。北京猿人时代，华北已知用火，故华北人类学会烧食蚕蛹，烧动植物熟食，已无问题。利用茧壳缫丝转向人工驯养，是从人类与桑蚕斗争过程中，人类变害为宝的人工驯养，缫丝织绸才逐步形成当时蚕桑业[①]。

图四　野蚕三种[②]

总之，在距今5500年左右的黄帝时代，我们的祖先通过“淳化虫蛾”即发明家蚕，不仅以人工选择育种的方式获得了丝多茧大的家蚕，而且还能有效地避免了野蚕（桑蚕）为害所带来的各种灾祸，使家蚕的繁衍生存更有益于人类，这一独特的贡献被后世史学家追叙为“淳化虫蛾”，而推其究竟，“淳化虫蛾”之真实的涵义乃在于我们的祖先通过长时间的观察和了解鳞翅目蝶蛾和幼虫的生活习性，逐渐开始了对野生蚕丝的利用。由于这种生活在桑树上的野蚕对人类生活具有重大的利用价值，因此，在距今5000年左右的仰韶时代，我们的祖先力图通过人工的驯化，去除野生桑蚕为害人类的野性，而且在此基础上培育成功了一个新的茧丝虫种——家蚕，并由此形成了一整套饲养家蚕、培植桑树的技术措施。家蚕的驯化成功在古人看来，不仅创造化育了一个新的蚕种，而且这个新的蚕种完全异于野蚕，且与野蚕或桑蚕相比较，其性状纯正，能够完全有益于人类，故曰“淳化”。

---

① 杨希哲、蒋同庆、傅锡山：《家蚕与桑蚕（野）一些数量形质的比较与进化》，《蚕学通讯》1984年第2期，第56页。

② 夏征农主编：《辞海·生物学分册》，上海辞书出版社，1987年，第828页。

四、双槐树出土中国最早家蚕牙雕

巩义双槐树遗址位于黄河、伊洛河交汇处，该遗址不仅是一处距今5300年前后的特大型聚落，同时也是目前所知仰韶文化晚期阶段中原地区最大的中心遗存。双槐树遗址已确认总面积117万多平方米，目前共发掘3500多平方米，发现仰韶文化时期大型环壕3条、公共墓地3处，以及1处大型房址分布区、4处窑址和13处器物丰富或特殊的祭祀坑，出土包括仰韶文化晚期完整的精美彩陶及与丝绸制作工艺相关的骨针、石刀、纺轮等在内的丰富遗物。特别是出土牙雕蚕，其造型与现代家蚕极为相似，顾万发研究员认为此牙雕蚕是中国目前发现的时代最早的蚕雕艺术品，对丝绸起源及相关手工业发展等研究意义重大①。总之，双槐树遗址中出土的牙雕蚕不仅对于我们重新认识家蚕形成的时代与地域背景有重要价值，而且更有助于我们以考古文物资料为证据，重新理解《史记・五帝本纪》黄帝“淳化鸟兽虫蛾”的真实含义。

巩义双槐树仰韶遗址中所出土的牙雕蚕毫无疑问应是家蚕的形象，此牙雕蚕长6.4厘米，宽不足1厘米，厚0.1厘米，由野猪獠牙雕刻而成。主持双槐树遗址发掘的顾万发研究员推测古人雕刻的是一只处于吐丝阶段的家蚕。对这一推测，笔者表示赞同。但笔者还想补充说明的是，从野蚕与家蚕的形度和运动方式的变化方面也可以证明双槐树仰韶遗址中的牙雕蚕就是家蚕的原型。

野蚕（或桑蚕）在形态上的主要特征是暗色斑，在运动方式上运动激烈、行为活泼、动作幅度较大，尤其是在行进时，腹背弓起幅度较大且十分剧烈。而家蚕恰恰相反，其腹、背的弓起伏度不仅较小而且较为平直，这是因被人类“淳化”后所致，双槐树仰韶遗址中出土的牙雕蚕完全符合家蚕的形态生物性特点，该蚕雕的背部仅微微凸起，头昂尾翘，呈绷紧的“C”形姿态，仿佛正在向前行走，但其腹、背仅有微微凸起，显示其性情较为平和温顺（图五）。古人选用野猪獠牙为材质雕刻此家蚕形象是颇费匠心的，因为野猪獠牙材质基本透明，这一特点正好符合蚕吐丝阶段体态透明的生物特征，而牙雕蚕的一侧是牙的原始表面，则是因为吐丝阶段的蚕体发黄所致。家蚕的这一自然特性也完全异于野蚕（或桑蚕）形态上所具有的特征。自仰韶时代以下，至于殷周之际，家蚕的形象在文物中已完全成熟（图六）。殷代出土的玉蚕和殷周青铜器上的蚕纹都表明殷代家养的蚕与现代家蚕几乎是完全一样了，殷墟出土的玉蚕，呈白色，体躯分为七节，长约3.3厘米。

---

①　桂娟、李文哲：《河南巩义双槐树遗址出土五千年前牙雕蚕——见证丝绸之源》，新华网2019年4月25日。

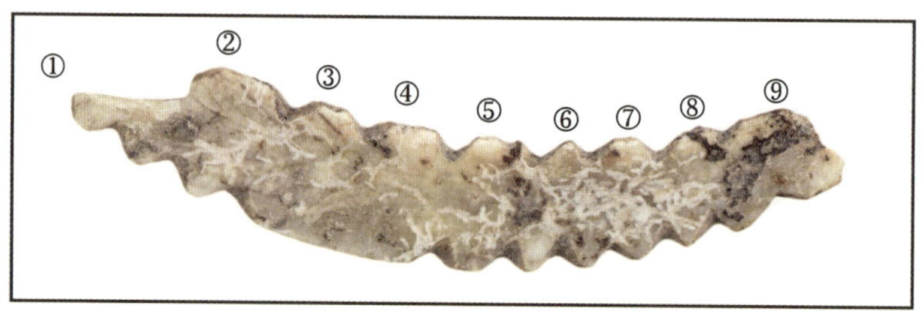

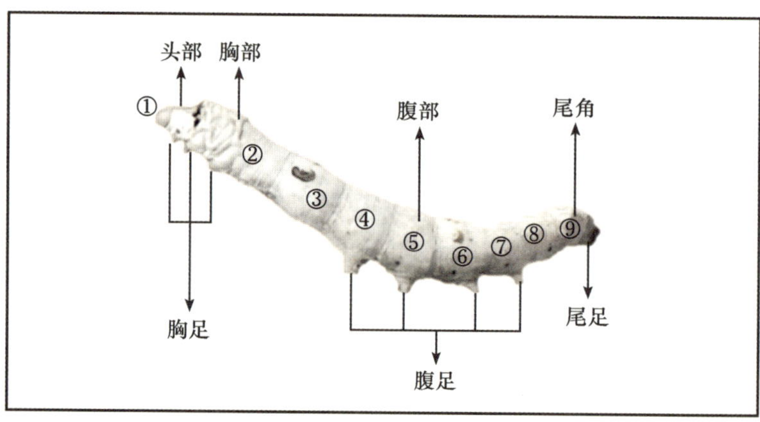

图五 河南巩义双槐树遗址出土的牙雕蚕与现代家蚕的比对图①

1

2

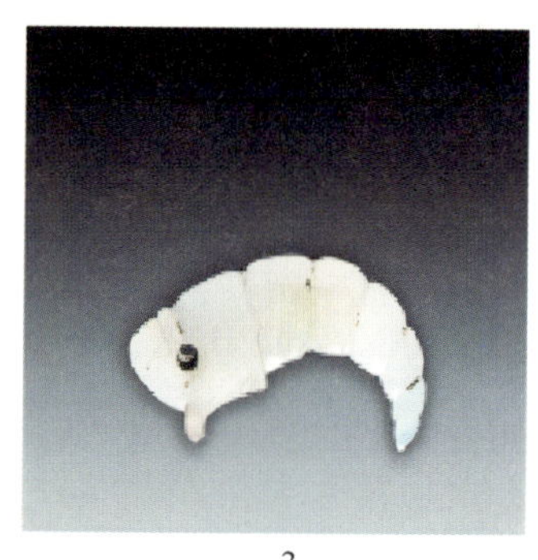
3

图六 中国国家博物馆所藏玉器②

1、3. 玉蚕佩 2. 玉蚕

比殷墟稍晚的西周墓葬出土的玉蚕有四种，最小的1厘米，最大的4厘米，有的还雕刻成化蛹前的形态，反映了家养的蚕从小到大的发育过程。殷周青铜器上的蚕纹则清楚地把蚕分为头、胸、腹三部分。胸部一对眼状斑纹大而突出，腹部两对半月斑纹

① 据《河南巩义双槐树遗址出土牙雕蚕》改绘，《大众考古》2017年第11期，第97页。

② 参见中国国家博物馆官方网站。

与现代家蚕已完全一致，其运动方式更是和野蚕有着明显的区别[①]。这些文物遗存从一个侧面说明了家蚕的进化是一个长期的过程，自仰韶中晚期家蚕淳化发明殆至于殷商之际，家蚕的文物形态已完全成熟了，因此，我们把家蚕发明的源头追溯至仰韶黄帝时代应不太为过，其说可有文献资料与文物实证作为证据。

再联系到《史记·五帝本纪》中黄帝“淳化虫蛾”的记载，笔者认为双槐树仰韶遗址中新发现的牙雕蚕不仅应该是我们迄今为止见到的最早的家蚕牙雕，而且它的出土进一步证明早在5500至5000年前的仰韶文化时期，在黄河中游地区生活的祖先们就已经完成了野蚕家化的创造性工作，而这一创造性的工作早在两千年前就已经被司马迁记载在《史记·五帝本纪》之中了。

五、与荥阳青台遗址出土丝织品的比较

青台遗址位于荥阳市广武镇青台村东侧的漫坡土岗上，以青台遗址为中心的数十平方公里内，新石器时代遗存十分丰富，而青台遗址是其中规模最大、遗存最为丰富的一处聚落遗址[②]（图七）。在青台遗址的4座瓮棺葬内发现了一批碳化纺织物，从窖穴内又出土了碳化麻绳等重要遗物，青台遗址距巩义双槐树遗址仅30公里，两处遗址的时代同属仰韶文化中、晚期（图八）。我们把青台遗址出土的碳化纺织物与双槐树牙雕蚕联系起来考察，那么仰韶时代中、晚期郑州地区纺织技术的发展及这一区域在文明起源时代的重要意义与价值则不言而喻。

在青台遗址中除出土大量陶、石、骨、角、蚌及玉质遗物外，还在4座婴幼儿瓮棺葬内出土一批纤维纺织遗物，窖穴内出土有绳索遗存。其中，出土纤维纺织遗物的瓮棺内婴儿仰身直肢，头向正北。由于陶棺扣合紧密，除底部有少量进水痕和微量浮土外，未见其他淤积物。出土时骨骼保存完整，腿骨与脚骨上均黏附有部分褐灰色炭化纺织物碎片及块状织物结块。骨架两侧还有少量灰白色粟粒状炭化物。已经炭化的丝织物残片和黏附于头骨上的残迹，经上海市纺织科学研究院鉴定，具有丝纤维光泽、单纤维排列平行、无捻度等特征。虽然纺织物炭化严重，仅能从单根丝纤维的剖面予以鉴定，但已足以证明它是新石器时代的桑蚕织物[③]。青台遗址中出土的桑蚕织物在制作工艺技术方面具有以下三方面特征。

---

① 魏东：《试论家蚕形成的年代及其历史过程》，《农业考古》1983年第1期，第251页。

② 张松林主编，郑州市文物考古研究所编著：《郑州文物考古与研究（一）》，科学出版社，2003年，第128页。

③ 张松林主编，郑州市文物考古研究所编著：《郑州文物考古与研究（一）》，科学出版社，2003年，第1336页。

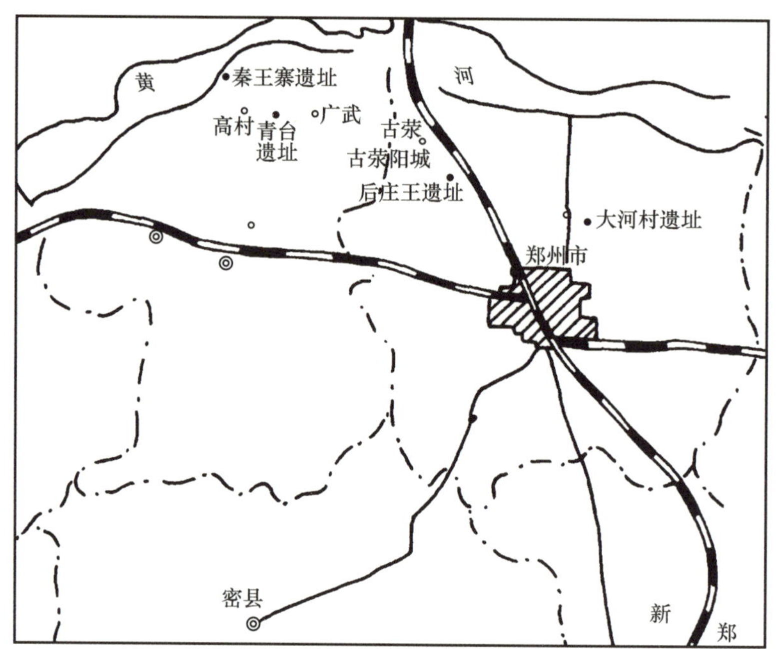

图七　青台遗址位置示意图①

图八　巩义双槐树遗址远眺（由西南向东北）

① 张松林主编，郑州市文物考古研究所编著：《郑州文物考古与研究（一）》，科学出版社，2003年，第116页。

首先，研究人员从出土丝织品上的经纬丝截面图观察分析，它是用蚕茧进行多粒缫制加工的长丝，这在黄河流域是最早的实物。因为单茧丝强力低，无法进行织造，只有将多粒蚕丝合为丝束才有足够的强力，这是织帛的首要条件。从蚕茧上理绪抽丝成为并合的生丝在古籍中称为“治丝”或制丝。其过程一般是将蚕茧放在大口陶罐中，经过水煮，使丝胶与丝脱离，就能将多根茧丝合并抽拉出来，这就成为长长的生丝。丝的粗细根据茧的数量而定。青台遗址出土的纱和罗的经纬丝已有三种规格，丝的投影宽度实测为0.2毫米、0.3毫米和0.4毫米。由此可见，仰韶文化时期的先民已能利用温水溶解丝胶，进行多粒蚕茧的合并抽丝，以适应制帛时做经丝和纬丝的生产工艺技术①。

其次，青台遗址出土的丝织品说明在仰韶时代中、晚期，黄河流域的先民不仅已经开始使用织机，而且可以织出织造工艺较为复杂的绞经罗。经上海市纺织科学研究院鉴定后，已确认为平纹组织的纨（纱）、绞经组织的罗的实物。青台遗址最重要的发现是浅绛色罗。罗的特征是质地轻薄、稀疏、丝缕纤细。经丝的基本组织是左右经互相绞缠后呈椒孔的丝织物，即“椒孔曰罗”②。

从纺织技术的角度来看，生产这种丝织物是必须用原始织机来完成的。这种原始织机已有绕制片经纱的轴（辊），交经纱按单数和双数排列上下两片，即通常讲的可开成上下交织的织口，将纬纱引入织口内，再进行打紧纬纱。当第二次上下交换两片经纱成织口，再次进行引纬和打纬后，就形成了平纹交织物。罗的织法是左经和右经互相绞缠成织口，通入纬纱。然后左右经交换位置进行绞缠，再次引入纬纱，这就是最基本的两经绞罗（图九）。左右经丝绞纬的组织点固定不易滑动，孔眼大小不易变化。这种绞经罗的织作方法与平纹纱的组织不同，织时也比较复杂，织绞经罗比平纹纱要求高，产量也低得多。这种罗织物，很显然是原始织造工艺技术上的重大进步③。

最后，青台遗址出土的浅绛色罗，是迄今史前考古发掘中时代最早、唯一带有色泽的丝织物，这一发现说明青台遗址的先民们已具备了一定程度的炼染工艺技术。青台遗址出土浅绛色罗是怎样着色加工的呢？由于实物残片面积小，数量少，又呈炭化状态，故难以做出确切的判定。现仅就其织物残片表面情况和折断下来的经纬线残段进行观察。第一，其表面的丝胶残留甚少；第二，单茧丝纤维间呈分离半松散状态。据此，初步认为罗织物在上色之前，已经过水冻或煮炼的脱胶工序。脱胶后便于上色

① 张松林主编，郑州市文物考古研究所编著：《郑州文物考古与研究（一）》，科学出版社，2003年，第1337～1338页。

② 张松林主编，郑州市文物考古研究所编著：《郑州文物考古与研究（一）》，科学出版社，2003年，第1338页。

③ 张松林主编，郑州市文物考古研究所编著：《郑州文物考古与研究（一）》，科学出版社，2003年，第1338～1339页。

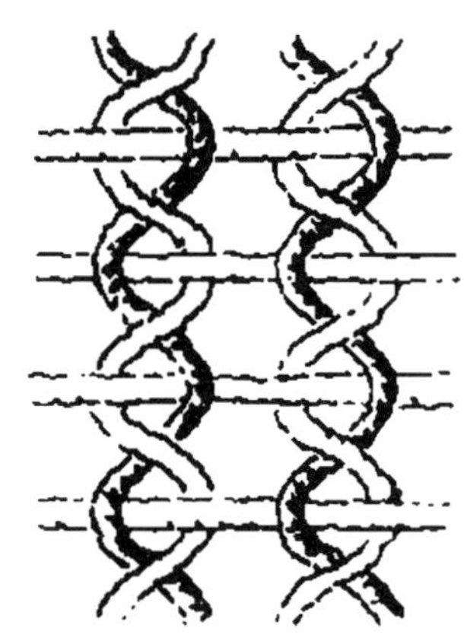

图九 青台遗址M164出土的浅绛色罗与绞经结构[①]

并能提高织物与色彩结合的牢度。这个工序，古代称为湅（炼）丝、湅（炼）帛[②]。

研究人员认为青台遗址出土的浅绛色罗是否应用碱性物质和紫外线的作用进行炼帛，有待进一步研究，但沤麻、煮葛、抽丝并使用草木灰温水炼帛的技术确是可能存在的。青台遗址中首次发现的浅绛色罗实物对我们认识新石器时代黄河流域丝织品炼染工艺的发展水平具有重要价值。

青台遗址中桑蚕织物所反映出的丝织品制作工艺的完整性与进步性，使我们对这一时期黄河流域丝织业的发展水平有了进一步的认识。青台遗址中纺织品的相对年代属于仰韶文化中、晚期遗存[③]，这一时期与出土牙雕蚕的双槐树遗址时代大致相同，且两处遗址同在黄河南岸，一在巩义市境，一在荥阳市境，彼此相邻且直线距离仅有30公里。联系与双槐树遗址时代大致相同的青台遗址中的丝织品及其工艺特征与制作技术，我们很难想象在纺织技术已进入成熟阶段，纺织物已被氏族成员普遍使用的仰韶时代中、晚期，黄河流域的先民们还停留在依靠野蚕而非家蚕饲养才能获取原料的纺织业初始发展阶段。因此，在仰韶时代的中、晚期，黄河流域的家蚕饲养技术很可能已经成熟，由于家蚕饲养业已起源且规模不断扩大，才为这一时期黄河流域华夏民族纺织业的发展与技术的进步提供了必需的物质基础与原料支撑。巩义双槐树牙雕家蚕的出土再次证明了这一点。

---

① 张松林主编，郑州市文物考古研究所编著：《郑州文物考古与研究（一）》，科学出版社，2003年，第1338页。

② 张松林主编，郑州市文物考古研究所编著：《郑州文物考古与研究（一）》，科学出版社，2003年，第1339页。

③ 张松林主编，郑州市文物考古研究所编著：《郑州文物考古与研究（一）》，科学出版社，2003年，第133～134页。

第二节　黄帝居轩辕丘地望考辨

黄帝居轩辕丘之说见于《史记·五帝本纪》，司马迁不仅在《史记·五帝本纪》正文中说："黄帝居轩辕丘，而娶于西陵之女。"①而且唐代司马贞在《索隐》中也对"黄帝居轩辕丘"的记载给予注释。在《史记·五帝本纪》开篇句首"黄帝者，少典之子，姓公孙，名曰轩辕。生而神灵，弱而能言，幼而徇齐，长而敦敏，成而聪明"②。司马贞《索隐》引皇甫谧云："黄帝生于寿丘，长于姬水，因以为姓。居轩辕之丘，因以为名，又以为号。"③《史记·五帝本纪》正文及注释中所记载的黄帝所居之轩辕丘应在何处？值得深入研究。

一、对文献中有关黄帝记载的认识

在20世纪受古史辨学派的影响，我们普遍地认为黄帝及其时代由于没有文字记载只能被视为传说，现在看来这一倾向是有其局限的。不能否认记载五帝时代的文献都是源自后代学者的追述，他们的资料来源可能是世代的口耳相传，口耳相传难免会出现一些不确切或互相抵牾的说法，甚至加入些虚幻的神话，这是世界任何民族都曾经历的社会阶段，可以说这是各个民族的共性④。但我们不能因为史料中出现了互相抵牾或某些不确之处，就彻底否定这一历史时代和社会发展阶段。

古籍中的黄帝及其事迹不仅散见于《国语》《左传》《逸周书》《古本竹书纪年》《今本竹书纪年》《山海经》《世本》《穆天子传》《庄子》《尸子》《吕氏春秋》等先秦文献，而且到了汉代《大戴礼记》《新书》《淮南子》《史记》《汉书》《白虎通》《论衡》《列仙传》等著作中对于黄帝及其时代的记载就更为丰富了。特别是司马迁在撰著《史记·五帝本纪》时，对他所见到的有关黄帝及其时代的文献记载不仅做了认真的梳理，而且还做了一番田野调查的文献印证工作，他说："学者多称五帝，尚矣。然《尚书》独载尧以来；而百家言黄帝，其文不雅驯，荐绅先生难言之。孔子所传宰予问《五帝德》及《帝系姓》，儒者或不传。余尝西至空桐，北过涿鹿，东渐于海，南浮江淮矣，至长老皆各往往称黄帝、尧、舜之处，风教固殊焉，

---

① （汉）司马迁：《史记·五帝本纪》，中华书局，1959年，第10页。
② （汉）司马迁：《史记·五帝本纪》，中华书局，1959年，第1页。
③ （汉）司马迁：《史记·五帝本纪》，中华书局，1959年，第2页。
④ 许顺湛：《五帝时代研究》，中州古籍出版社，2005年，第1页。

总之不离古文者近是。予观《春秋》、《国语》，其发明《五帝德》、《帝系姓》章矣，顾弟弗深考，其所表见皆不虚。《书》缺有间矣，其轶乃时时见于他说。非好学深思，心知其意，固难为浅见寡闻道也。余并论次，择其言尤雅者，故著为本纪书首。"[①]司马迁在"西至空桐""北过涿鹿""东渐于海""南浮江淮"的广泛区域内作了学术考察后，得出的结论是这些区域内虽然存在着巨大的文化差异，即所谓"风教固殊"，但"不离古文者近是"。意思是凡有关黄帝的事迹与古代文献的记载基本是一致的，所以司马迁认同孔子所传宰予问《五帝德》及《帝系姓》中的记载。

徐中舒先生对于司马迁的这一番文献调查与整理工作评价颇高，徐先生认为司马迁整理的（五帝）系统是相当有根据的。司马迁所据的"古文"是战国时代六国流传下来的资料，是保存了古代人民对于过去的酋长各据一方及其互相次第代立的史传。这些传说的次第，经过战国的史学家们根据当时人民渴望统一的要求，从他们生活在私有制社会形成的父子世及观念出发而整齐划一的，司马迁就是以这种观念而评定选用他认为是"雅驯"又"不离古文"的资料，抛弃了汉代流传的对于黄帝的许多"不雅驯"的传说，而著成《五帝本纪》[②]。由此看来，文献中包括黄帝在内的有关五帝时代的记载是有其依据的。黄帝之名在西周前期就以"人王"的身份出现在古代文献之中了[③]。《逸周书·尝麦》篇云："赤帝大慑，乃说于黄帝，执蚩尤，杀之于中冀。"《逸周书·尝麦》篇中的文字很多地方类似西周较早的金文，李学勤先生认为此篇很可能是穆王初年的作品[④]。西周以降至战国青铜器铭文中又出现过"黄帝"的名号。齐侯因資镦是战国齐威王未称王之前所作之器，陈侯因資镦铭文中的陈侯因就是陈侯午之子齐威王，陈侯因資镦所作时间当在公元前375年左右[⑤]，其铭明确说黄帝是田齐的高祖。王晖先生结合徐中舒、郭沫若两位先生的释读重新断句后，隶定该器铭文如下：

> 唯正六月癸未，陈侯因資曰：皇考孝武趄（桓）公恭哉！大慕（谟）克成。其惟因資扬皇考，邵（昭）緟（緟）高祖黄啻（帝），侎嗣趄（桓）、文，朝昏（问）诸侯，合（答）扬厥德。诸侯寅荐吉金，用作孝武趄（桓）

---

① （汉）司马迁：《史记·五帝本纪》，中华书局，1959年，第46页。

② 徐中舒：《先秦史论稿》，巴蜀书社，1992年，第16页。

③ 王晖：《古史传说时代新探》，科学出版社，2009年，第7页。

④ 李学勤：《〈尝麦〉篇研究》，《当代学者自选文库·李学勤卷》，安徽教育出版社，1999年，第572～575页。

⑤ 徐中舒：《徐中舒历史论文选辑》，中华书局，1998年，第425～434页。

公祭器镦，以登以尝，保有齐邦，世万子孙永为典用。[①]

齐威王明确地称黄帝为其“高祖”。徐中舒先生认为陈侯因资镦“高祖黄帝”一语之解释，是古史中一重要问题（图一〇、图一一）。此新材料之发现，不啻对久已休战之古史论辩，又投下一个引火之弹。今日讨论古史问题，史料当然不够。此“高祖黄帝”之铭辞，虽为地下发现之新史料，但仍只能视为作器时代，即战国初期流行于齐地之传说。丁山先生此文似认黄帝为确有其人。我们对此问题，虽然不能作最后的评判；但丁山先生谓：“古帝王世系，必渊源有自，绝非晚周诸子所得凭空虚构。”则实为不可摇撼之说。商、周以前的古史，大概都可认为传说。传说中固有许多错误、重复、分化、演变种种；但传说总有若干史实为素地，绝不能凭空虚构[②]。这一见解对于我们今天认识和理解黄帝及其时代仍有重要意义。今天从考古学角度看，我们对于

图一〇　陈侯因資镦铭文[③]

图一一　铭文中“高祖黄啻（帝）”

① 王晖：《古史传说时代新探》，科学出版社，2009年，第5页。

② 徐中舒：《徐中舒历史论文选辑》，中华书局，1998年，第444～445页。

③ 中国社会科学院考古研究所编：《殷周金文集成修订增补本·第4册》，中华书局，2007年，第3025页。

黄帝、炎帝的传统已可以获得新的理解。这就是不少学者所指出的，古史传说从伏羲、神农到炎帝、黄帝，表现了中华文明萌芽、发展和形成的过程。这一过程是中华民族起源、发展、壮大历史进程中不可或缺的一环。《史记·五帝本纪》以黄帝为首，内中所记载的许多黄帝功业，已表现出早期文明的特点。而这些文献记载，已大多能得到考古学的印证。因此，黄帝可以说是中华文明形成的一种标志[①]。因此，文献中对于黄帝及其事迹的记载不能全部否定。

二、轩辕丘的地理特征

《史记·五帝本纪》曰："黄帝者，少典之子，姓公孙，名曰轩辕。"《索隐》引："皇甫谧云'黄帝生于寿丘，长于姬水，因以为姓。居轩辕之丘，因以为名，又以为号'。"[②]在谈到黄帝的婚姻时，《史记·五帝本纪》中又说："黄帝居轩辕之丘，而娶于西陵之女，是为嫘祖。"[③]

按照《史记》以及《索隐》的记载，黄帝名轩辕是因其居于轩辕丘之故。黄帝居轩辕丘，不仅见载于《史记·五帝本纪》的正文，而且唐代司马贞的《索隐》也有明确记载，这就为我们保留了有关黄帝活动范围及区域的珍贵史料。据《说文》曰："居，蹲也"，段注："处居也"[④]。因古人有坐有跪，有蹲有箕，踞、跪与坐皆膝著于席。《史记·封禅书》曰"昔三代之居皆在河洛之间"[⑤]，"居"在此有建国立都的含义，而所谓"三代之居皆在河洛之间"则说明夏、商、周三代王朝都建都在河洛之地，河洛一带是夏、商、周王朝活动的中心区域。而《史记·五帝本纪》中"黄帝居轩辕丘"的记载，则不仅说明黄帝曾以轩辕丘为都，而且轩辕丘一带也应是黄帝部族活动的中心区域所在。

轩辕丘在何处？其在地貌上有什么特征？这是我们探讨"黄帝居轩辕丘"地望必须首先解决的问题。轩辕丘中"丘"又作邱（丘），《说文通训定声》曰："土之高也，非人所为也。从北，从一一，地也。人居在丘南，故从北，中邦之居，在崐崘东

---

① 李学勤：《缙云与黄帝文化（专家笔谈）》，《轩辕黄帝与缙云仙都》，浙江人民出版社，2001年，第286页。

② （汉）司马迁：《史记·五帝本纪》，中华书局，1959年，第1～2页。

③ （汉）司马迁：《史记·五帝本纪》，中华书局，1959年，第10页。

④ （东汉）许慎撰，（清）段玉裁注：《说文解字注·尸部》，上海古籍出版社，1981年，第399页。

⑤ （汉）司马迁：《史记·封禅书》，中华书局，1959年，第1371页。

南，会意兼指事。”又曰：“四方高，中央下，为丘。”[①]《风俗通义》云：“尧遭洪水，万民皆山栖巢居，以避其害，禹决江疏河，民乃下丘，营度爽垲之场而邑落之，故丘之字，二人立一之上，一者地也，四方高，中央下，像形也。”[②]《尔雅·释丘》引《说文》曰：“土之高也，非人所为也。从北，从一。一，地也。人居在丘南，故从北。中邦之居在崐崘东南。一曰：四方高，中央下为丘，象形。此下云：‘非人为之丘’，注曰：‘地自然生’，又云：‘天下有名丘五，三在河南’。”[③]从古人对丘的地形地貌特征认识来看，丘这种地貌并非人造之设，而应为自然形成的原始地貌，它的基本特征是：四周高，中央低，人居其间。从这个意义上看，“黄帝居轩辕丘”应该是指黄帝族团或部落活动的基本空间区域而言的，这一区域范围不会过分狭小。《史记·孔子世家》记载：“鲁襄公二十二年而孔子生。生而首上圩顶，故因名曰丘云。”所谓“圩顶”，《史记·索隐》云：“圩音乌。顶音鼎。圩顶言顶上窳也，故孔子顶如反宇。反宇者，若屋宇之反，中低而四傍高也。”[④]今新密市白寨镇、岳村镇、刘寨镇、大隗镇、苟堂镇以东，新郑市梅山、龙湖镇以南，新郑市辛店镇至市区以北的这片区域，地处低山丘陵区，为嵩山东伸余脉所绵亘，地势西北高，东南低，北、西、南三面环山，中间丘谷相间，流经其间的主要河流有溱洧两水，溱洧两水相交合后再从北向东南流。在此区域范围内的山脉从北部、西部、南部汇集后形成群山三面环绕之势，而中央与东南部平坦如坻，沿溱洧两水有小块平原，最符合文献中“丘”的地貌特征。因此，《史记·五帝本纪》中“黄帝居轩辕丘”之地很可能就是指此区域范围而言的。

三、文献中古轩辕丘地望

有关黄帝在轩辕丘这一区域内的主要活动，按《史记·五帝本纪》正文以及《索隐》所记大致有二。第一，《史记·五帝本纪》载：“黄帝居轩辕之丘，而娶于西陵之女，是为嫘祖。”[⑤]《索隐》注曰：“（黄帝）‘号有熊’者，以其本是有熊国君之子故也。亦号轩辕氏。”黄帝“有土德之瑞，土色黄，故称黄帝……以黄帝为五帝

---

① （清）朱骏声：《说文通训定声·颐部》，中华书局，1984年，第201页。

② （汉）应劭撰，王利器校注：《风俗通义校注·山泽》，中华书局，1981年，第469页。

③ 李学勤主编：《十三经注疏·尔雅注疏》卷七《释丘》，北京大学出版社，1999年，第201～206页。

④ （汉）司马迁：《史记·孔子世家》，中华书局，1959年，第1905～1906页。

⑤ （汉）司马迁：《史记·五帝本纪》，中华书局，1959年，第10页。

之首”[1]。黄帝有土德之瑞，为有熊国君之子，在轩辕丘，黄帝完成了与嫘祖部落的联姻。第二，在轩辕丘一带建国立都，以有熊为国号，实现了有熊国的初步发展。故《集解》引皇甫谧曰：“（黄帝）受国于有熊，居轩辕之丘，故因以为名，又以为号。《山海经》曰：‘在穷山之际，西射之南。’”[2]《史记·五帝本纪》还说：“自黄帝至舜、禹，皆同姓而异其国号，以章明德。故黄帝为有熊。”[3]因此，黄帝族的初步发展壮大是在轩辕丘一带开始并完成的。

黄帝在轩辕丘建国立都，并以有熊为国号很可能是后世学者对黄帝建立国家这一历史功绩的追述。黄帝号有熊盖因其族团或部落以熊为图腾，熊与龙古音相近，不仅说明黄帝部落是以龙为图腾的民族，即古老华夏族的前身，而且有熊作有龙，也是后世对上古有圣德帝王的称颂。长沙子弹库战国楚帛书乙篇：“曰（粤）故（古）□能雹虘，出自□霆，凥（居）于[illegible]□。”能字原作[illegible]，商承祚释嬴，严一萍、唐健垣连能上一字读为“黄熊”，黄熊是伏羲（雹虘）之号。《礼记·月令》：“其帝太皞，其神句芒。”孔颖达疏引《帝王世纪》云：“太皞氏庖牺氏，风姓也，母曰华胥。遂人之世有大人之迹，出于雷泽之中，华胥履之生庖牺于成纪，蛇首人身，有圣德，为百王先。帝出于震，未有所因，故位在东，主春象日之明，是称太皞，一号有熊氏。”《左传·召公七年》：“其神化为黄熊，以入于羽渊。”《论衡·无形》“黄熊”作“黄龙”[4]。由此来看，有熊一词很可能是对上古圣德帝王的尊号。在上古时代被认为有圣德的帝王可能不止有黄帝一人，但司马迁用他自己的观念评定并选用了保存在史传中割据一方、次第代立的上古酋长时代的史料，把“有熊”的名号仅仅用来称颂黄帝一人，这从一个侧面反映了司马迁所整理的黄帝及其事迹是费了一番苦心的。

既然黄帝“受国于有熊，居轩辕之丘”，那么建国与立都的区域范围应该不会仅局限于一座孤立的城邑。从考古学上讲，黄帝时代大致可与仰韶文化对应，下限或可延伸至龙山早期。而在文献中，轩辕丘范围内的古文化遗址与聚落又多集中分布于新郑、新密两市交界的南北区域。其中，新郑境内的，如小乔乡（今改名为龙湖镇）有沙窝李裴李岗文化遗址，面积约2万平方米；高坡岩仰韶遗址，面积约3万平方米；古城仰韶遗址，面积约1万平方米；龙山文化遗址有大司遗址，面积约7.5万平方米；于砦遗址，面积约2万平方米；商代文化遗址有二里岗遗址，面积约2万平方米；春秋时的有孙庄遗址、山东乔遗址和侯庄遗址。郭店乡有岗时裴李岗文化遗址，面积约1万平方米。新村乡有裴李岗文化遗址，面积约2万平方米；王垌仰韶遗址，面积约2万平方

① （汉）司马迁：《史记·五帝本纪》，中华书局，1959年，第1～2页。

② （汉）司马迁：《史记·五帝本纪》，中华书局，1959年，第10页。

③ （汉）司马迁：《史记·五帝本纪》，中华书局，1959年，第45页。

④ 王辉：《古文字通假字典》，中华书局，2008年，第344页。

米；金钟寨龙山遗址，面积约10万平方米；望京楼商代文化遗址，面积约5万平方米。辛店乡有西土桥裴李岗文化遗址，面积约2万平方米；南李庄仰韶文化遗址，面积约1万平方米；人和西南场遗址，属于仰韶和龙山文化遗址，面积约1万平方米；人和龙山遗址，面积11万平方米。属于新密境内的遗址，如曲梁乡有张湾裴李岗文化遗址，面积不详；古城寨遗址，仰韶、龙山、二里头、商代文化均有，面积约30万平方米；程庄仰韶至龙山文化遗址，面积3.2万平方米；杨庄遗址也属仰韶、龙山文化并存，面积约10万平方米；马家村龙山文化遗址，面积约7.5万平方米；五虎庙龙山文化遗址，面积约30万平方米；曲梁商代遗址，面积约22万平方米。刘寨乡杨家阏有裴李岗文化遗址，面积约5000平方米；王嘴裴李岗文化遗址，面积约2万平方米；苏沟龙山文化遗址，面积1.76万平方米；新寨龙山文化遗址，面积约70万平方米，遗址中南部有二里头文化遗存。大隗乡的洪山庙龙山文化遗址，面积约22万平方米；张庄西周遗址，面积约10万平方米[①]。许顺湛先生据此认为新郑市龙湖镇、郭店镇、新村镇、辛店镇；新密市曲梁镇、刘寨镇、大隗镇七个乡镇应该在轩辕丘范围之内，对此观点，我们表示同意。这一看法与我们据文献所记轩辕丘的地貌特征而推定的轩辕丘的区域范围与地望所在大致吻合。这个区域内有许多规模较大的仰韶中、晚期或龙山早期的遗址，如新密刘寨镇新寨遗址、曲梁镇古城寨遗址，新郑观音寺镇唐户遗址、黄帝口遗址都是值得深入研究的古文化遗址。

我们之所以将今天新密市白寨镇、岳村镇、刘寨镇、大隗镇、苟堂镇以东，新郑市梅山、龙湖镇以南，新郑市辛店镇至市区以北的区域推定为古轩辕丘的基本范围，除了这一区域北、西、南三面地形较高，中间低平的地形地貌特征外，后世文献中对古轩辕丘位置的记载也证明了这一点。

《大清一统志·卷一八七》“轩辕丘”条下载：“轩辕丘，在新郑县西北故城。《史记》：黄帝居轩辕之丘。《后汉书·郡国志·河南尹》：新郑黄帝之所都。《通典》：新郑，祝融之墟，黄帝都于有熊，亦在此也。”[②]乾隆《新郑县志·沿革考》中也记载“轩辕丘，新郑古有熊氏之国，黄帝生此，因名”[③]。清代的地方志中都明确记载，轩辕丘是在清代新郑县城（即今新郑市）的西北一带。除了《大清一统志》、乾隆《新郑县志》中的记载外，顺治《新郑县志》对于黄帝所居有熊之国——轩辕丘的记载是：“有熊氏国也……溱洧襟带于前，梅泰环拱于后。”[④]梅山、泰山为两山，泰山在梅山东南，顺治本《新郑县志》中所说轩辕丘的北界是“梅泰环拱于后”，而

① 许顺湛：《五帝时代研究》，中州古籍出版社，2005年，第59页。

② （清）穆彰阿、潘锡恩等：《大清一统志·卷一八七》，上海古籍出版社，2008年，第759页。

③ （清）黄本诚：《（乾隆）新郑县志》，乾隆四十一年刻本。

④ （清）冯嗣京：《（顺治）新郑县志》，顺治十六年刻本。

《大清一统志·卷一八六》“梅山”条下载：“梅山在郑州西南三十五里，与新郑县接界。《左传·襄公十八年》：楚蒍子冯、公子格率锐师右回梅山，侵郑东北。杜预注：在荥阳、密县东北。《元和志》：山在管城县西南三十里。《旧志》：峰峦尖秀，峭拔数十丈，西北麓有深涧，涧中有洞，洞前泉水极甘。山东南有峰，高广多云气，俗称为泰山。三面皆断崖绝壁，惟东南隅叠石为磴道。”[①]有关黄帝在泰山一带的活动，《韩非子·十过篇》中记：“昔者黄帝合鬼神于西泰山之上，驾象车而六蛟龙，毕方并辖，蚩尤居前，风伯进扫，雨师洒道。”[②]这里的“西泰山”即为新郑龙湖镇（旧小乔乡）的泰山，它位于梅山的东南，因太、泰古音是相通的，都属于月部透纽。今新郑市龙湖镇政府西南4.5公里处泰山北坡仍有泰山村地名，由此来看，轩辕丘的北界在今新密、新郑两市北梅山、泰山一线之南应该没有太大问题。根据乾隆四十一年《新郑县志》中所载的新郑县疆域图来看，图中所绘古城、古郑墟、旧县墟、泰山等遗迹均在清代新郑县城（今新郑市老城区）以北，今新密市、新郑市交界处一带，由此来看，旧志中所记“梅泰环拱于后”的轩辕丘北界可以落实了（图一二）。

不仅如此，在今新密市南超化镇、大隗镇向东至新郑市辛店镇以及新郑市老城区一线，古代文献中多记有与黄帝部落活动密切相关的古地名。《庄子·徐无鬼》中记述黄帝携七圣求见大隗于具茨山的故事。《汉书·地理志》《抱朴子》《太平寰宇记》等书都有黄帝拜华盖童子于具茨山的记载。《中华人民共和国地名辞典》说：“具茨山，在河南省中部，密县、禹州市、登封、新郑4县、市交界处。”长40千米，平均宽12千米，共有30多个山峰。康熙版《密县志》称：“具茨山，是密县南列诸山名称的总称，每个山峰均有特名。”另外还有以大隗命名的大隗山。《庄子·在宥》中有黄帝问道广成子于空同山（或作崆峒山），在新密市境内亦有此山名，大隗镇观寨村有庙址和碑记。新密刘寨乡有黄帝宫（俗名云岩宫），有唐代独孤及《风后八阵图记》碑记。其附近有以黄帝臣命名的力牧台。新郑、新密有以黄帝臣命名的大鸿山、风后岭、常先口。除此之外，还有黄帝口、黄帝御花园、轩辕庙、嫘祖庙、轩辕门等许多与黄帝有关的传说[③]。新密、新郑两市南部的这些与黄帝活动有关的历史地名，为我们确定古轩辕丘的南部界限提供了基本依据，而这一界限与旧志所记“溱洧襟带于前”的南界又可大致吻合，这就是我们对黄帝居轩辕丘地望的大致看法。

---

① （清）穆彰阿、潘锡恩等：《大清一统志·卷一八六》，上海古籍出版社，2008年，第740页。

② （清）王先慎撰，钟哲点校：《韩非子集解·十过第十》，中华书局，1998年，第65页。

③ 许顺湛：《五帝时代研究》，中州古籍出版社，2005年，第58～59页。

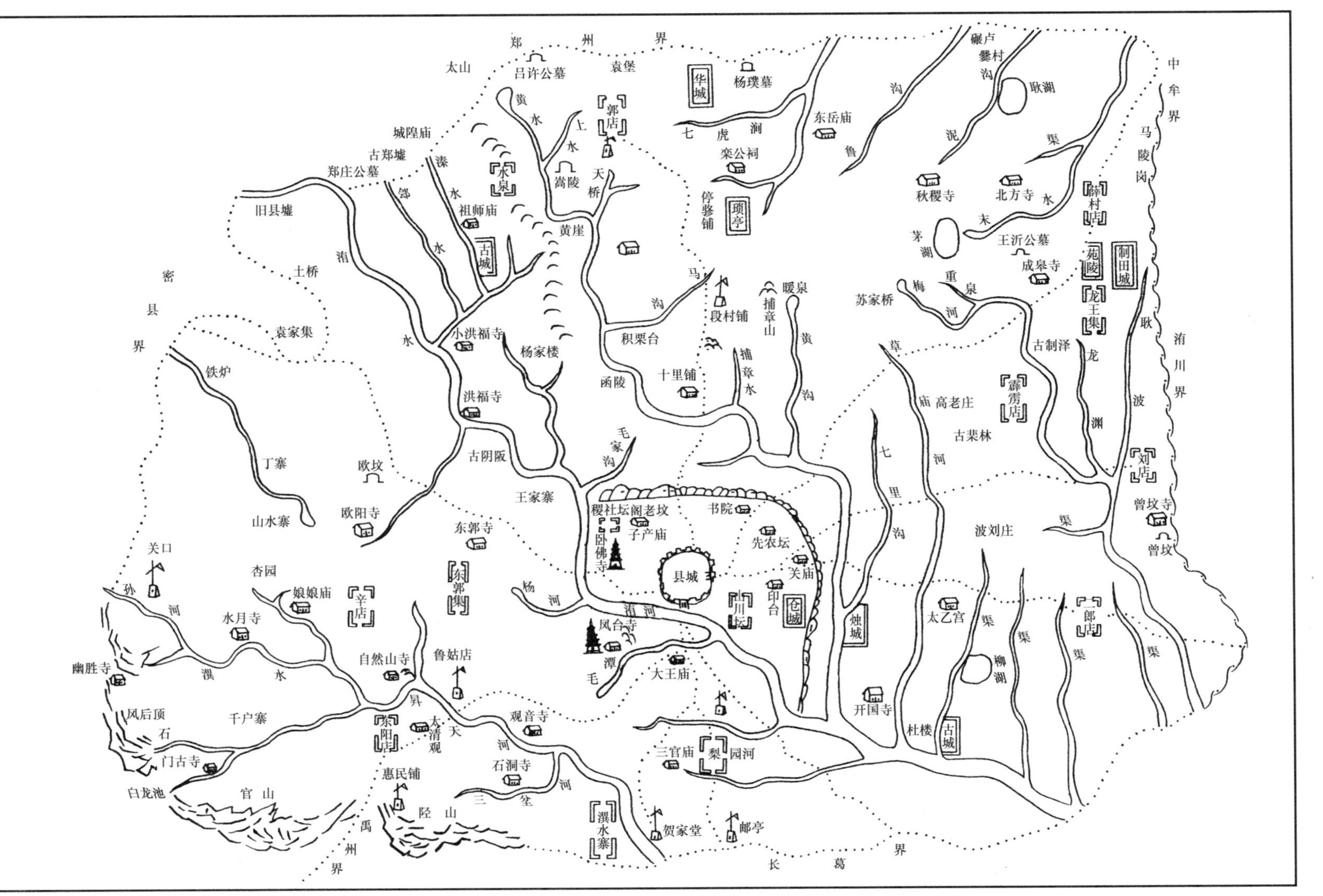

图一二　据乾隆四十一年《新郑县志》改绘的新郑县疆域图①

① 新郑市地方史志编纂委员会整理：《新郑县志（标注本）》，1997年，第40页。

第三节 始祖黄帝祭祀三题

一、徐旭生先生对陕西黄陵的质疑

许嘉璐先生提出把新郑黄帝故里拜祭上升为国家拜祭，这一建议很有价值，其意义非常重大。许先生还提出在拜祭中，还要处理与陕西黄帝陵和湖北随州炎帝故里拜祭的关系，这些建议都是切合实际的。而从上述河南、陕西、湖北三地对人文始祖的拜祭源流来看，陕西黄帝陵的拜祭显然要晚出许多。据《史记·五帝本纪》载："黄帝崩，葬桥山。其孙昌意之子高阳立，是为帝颛顼也。"[①]《集解》引《皇览》曰："黄帝冢在上郡桥山。"可是《索引》引《地理志》说："桥山在阳周县，山有黄帝冢也。"《正义》引《括地志》云："黄帝陵在宁州罗川县东八十里子午山。《地理志》云：'上郡阳周县桥山南有黄帝冢。'"阳周，隋改为罗川。《尔雅》云："山锐而高曰桥也。"[②]从文献记载来看，陕北地区的黄帝冢在汉代阳周县境内。对文献中所记汉代阳周县的黄帝陵，著名考古学家徐旭生先生在《中国古史的传说时代》一书中曾提出自己的见解。徐先生说："桥山，近代的书全说它在今黄陵县（旧中部县）境内，实则北宋以前书全说它在汉阳周县境内。阳周约在今子长县境内，在黄陵县北偏东数百里。"[③]徐旭生先生对今天黄陵县的黄帝冢提出了令人深思的质疑，在徐先生看来，文献中所记载北宋以前的桥山黄帝冢应该在汉代阳周县境，而非今天的黄陵县。

《汉书·地理志》中的阳周县在唐代称为真宁县。《元和郡县图志》曰："真宁县，本汉阳周县地属，上郡。"[④]所以班固《汉书·地理志》上郡条下载："阳周，桥山在南，有黄帝冢。莽曰上陵畤。"这是《汉书·地理志》中对黄帝陵位置最准确的记载[⑤]。《元和郡县图志·卷三》宁州子午山条下载："子午山，亦曰桥山，在县东八十里，黄帝陵在山上，即群臣葬衣冠之处。"[⑥]《史记》曰："（汉武帝）乃遂北巡朔方……还祭黄帝冢桥山……上曰：'吾闻黄帝不死，今有冢，何也？'或对曰：

① （汉）司马迁：《史记·五帝本纪》，中华书局，1959年，第10页。
② （汉）司马迁：《史记·五帝本纪》，中华书局，1959年，第11页。
③ 徐旭生：《中国古史的传说时代》，广西师范大学出版社，2003年，第48页。
④ （唐）李吉甫：《元和郡县图志·卷三》，中华书局，1983年，第65页。
⑤ （汉）班固：《汉书·地理志》，中华书局，1962年，第1617页。
⑥ （唐）李吉甫：《元和郡县图志·卷三》，中华书局，1983年，第65页。

‘黄帝已仙上天，群臣葬其衣冠。’”[①]对于汉武帝所到桥山的地理位置，贺次君先生有所考证。贺先生认为：“子午山亦曰桥山。今按《史记·五帝本纪》正义引《括地志》：‘黄帝陵在宁州罗川县东八十里子午山。’[②]《地理志》云上郡县阳周县南桥山有黄帝冢。此盖沿《括地志》，以后魏侨置之阳周当汉上郡阳周。后魏阳周，隋改罗川，唐初因之，后又名真宁，其地于汉属右冯翊翟道县，汉上郡更在其东北，桥山及黄帝陵疑不在此。”贺先生《考证》云：“盖以子午山有桥山之名，遂误指此为汉阳周县。”[③]由此看来，汉代桥山黄帝陵的准确位置在唐代已经成为一个似是而非的问题了。而从《元和郡县图志》也明确记载汉代桥山之黄帝陵也仅为衣冠冢而已。因此要想证实今天陕西黄陵县境内的黄帝陵一定就是汉代时建制，恐还需更多证据支撑。徐旭生先生六十年前的质疑是有根据的。

二、庙祭还是冢祭

许嘉璐先生提出在中国传统文化中，历代黄帝对祖先的祭祀都是“拜庙不拜陵”。“特别是进入周代以后，先祖拜祭都是在宗庙中进行，这就解决了新郑黄帝故里拜祖和陕西黄陵拜祭的关系。因此我建议，黄帝拜祭既要有国家的公祭，也可以有地方的公祭，还要允许有私祭，例如旅外华侨可以在家举行家族祭祀等等。”[④]许嘉璐先生之说是经过深思熟虑的。“拜庙不拜陵”之说不仅符合中国古代特别是先秦礼制文化遗规，而且具有现实价值和时代特点。

先秦文献对所有祭祀祖先的处所，一律称为庙或宗庙。原来宗庙和族墓，显然分造在两地，宗庙都建筑在统治者所居住的都城里，《左传·庄公二十八年》说：“凡邑有宗庙先君之主曰都，无曰邑。”[⑤]墓葬在野外，有宗族集体安葬的墓地，有所谓“公墓”。宗庙不仅是祭祀祖宗和宗族内部举行礼仪的处所，而且是政治上举行重大典礼的地方。例如举行朝觐之礼和聘礼，策命大臣，发布赏赐，颁行重大决策，都必须在庙堂上进行。因此宗庙必须造在都城里。到战国时代，由于社会发生变革，君主集权的政体出现，政治上重要典礼都移到朝廷举行，重大决策都在朝廷上宣布，宗庙在礼制中的地位下降，有些国家的君王的宗庙如同西汉一样建到了陵园附近，但是始

---

① （汉）司马迁：《史记·孝武本纪》，中华书局，1959年，第472～473页。

② （汉）司马迁：《史记·五帝本纪》，中华书局，1959年，第11页。

③ （唐）李吉甫：《元和郡县图志·卷三》，中华书局，1983年，第84页。

④ 许嘉璐：《把祭拜黄帝上升为国家级拜祭》，《光明日报》2015年9月7日第16版。

⑤ 李学勤主编：《春秋左传正义》，北京大学出版社，1999年，第291页。

终没有把宗庙和陵墓合为一体[①]。因此，古人祭祀祖先必须在宗庙举行，祭祖的庄严大礼是不可能随便移到墓地举行的。我们今天的墓祭礼俗从起源时间来看最早是春秋战国之际开始的，此时的陵祭或冢祭仅是宗庙祭祀的补充。根据礼书记载，在严格实行宗法制度的贵族组织内部，只有在宗子离开本国的特殊情况下，庶子无爵者因为身份低下，不能到宗庙祭祀，才不得已在墓旁临时设坛祭祀。《礼记·曾子问》记载，曾子问曰："宗子去在他国，庶子无爵者而居者，可以祭乎？"孔子曰："望墓而为坛以时祭（郑玄注：不祭于庙，无爵者贱，远避正主），若宗子死，告于墓而后祭于家。"[②]由此可见，在墓旁设坛祭祀要比在宗庙祭祀低一等，是宗子出国的时候庶子无爵者临时采用的办法，用以代替宗庙按时的祭祀。如果宗子在国外死去，这套临时办法就得取消[③]。至秦汉之际，"上冢""上墓"的称呼较为盛行，所谓"上冢""上墓"指在墓前祭扫。西汉时期的"上冢"礼俗，常常是夫妻一同到祖坟吊祭。到西汉晚期，上冢的礼俗更加风行，而且常常被官僚、豪族利用来作为会集宗族、故人、官吏的地方[④]。至东汉初期，在上冢礼俗基础上形成的上陵礼才被汉明帝固定并推广搬到皇帝陵园中来举行，用作会集公卿百官、地方官吏以及亲属而加强团结的一种重要手段[⑤]。对此赵翼《陔余丛考·卷三十二·墓祭》[⑥]有过论述，此处不再赘述。由此看来，陵墓的祭祀是从东汉明帝举行的上陵礼开始的[⑦]。这同时也是古代所谓"古不墓祭，（祭）皆设于庙"的由来[⑧]。因此黄帝祭拜，非庙礼不能体现华夏历史文明的传承创新；非庙礼不能彰显全体炎黄子孙对人文始祖的由衷敬仰；非庙礼不能凝聚和团结四海之内的中华儿女！

三、始祖黄帝祭拜地点的确定

至于黄帝祭拜地点的选择，至少要符合三个条件：第一，应是文献中黄帝都城的所在地，有都城就会有宗庙；第二，迄今仍有大量的黄帝文化遗迹或遗存；第三，黄帝时代以来这一区域在中华民族发展、壮大过程中起到过非同一般的凝聚作用，是具

① 杨宽：《中国古代陵寝制度史》，上海人民出版社，2008年，第170页。

② 李学勤主编：《礼记正义》，北京大学出版社，1999年，第608页。

③ 杨宽：《先秦史十讲》，复旦大学出版社，2006年，第308页。

④ 杨宽：《中国古代陵寝制度史》，上海人民出版社，2008年，第118～119页。

⑤ 杨宽：《中国古代陵寝制度史》，上海人民出版社，2008年，第121页。

⑥ （清）赵翼：《陔余丛考·卷三十二·墓祭》，河北人民出版社，1990年，第556～557页。

⑦ 杨宽：《中国古代陵寝制度史》，上海人民出版社，2008年，第106页。

⑧ （梁）沈约：《宋书·卷十六》，中华书局，1974年，第445页。

有核心地位的区域。

关于黄帝都有熊，历史文献记载是非常清楚的。《史记·五帝本纪》集解引皇甫谧曰："有熊，今河南新郑是也。"[①]《续汉书·郡国志》注引皇甫谧说："古有郑国，黄帝所都。"[②]《水经注》引《帝王世纪》说："有熊氏之墟，黄帝之所都也。郑氏徙居之，故曰新郑矣。"[③]黄帝所都的古河南新郑其地望在今郑州市新郑、新密之间。以今新郑、新密交界区域为中心，周边地区黄帝文化遗迹众多。以新密市而言，新密50处黄帝文化资源主要分布在南部具茨山、云牙黄帝宫，北部摩旗山，中部大隗镇、新密市区、牛店镇，东部古城寨几大区域之内，其中古城寨遗址是龙山文化时期带有都邑性质的古城址，已被确定为"国家级文物保护单位"和"中华文明探源工程"，大量资料证明此城就是黄帝古都轩辕丘。以新郑而言，新郑境内的黄帝遗迹也颇引人注目，今新郑老城北关外有黄帝故里，创建年代不详，现存建筑为清代重修。故里大门前40米有明代砖桥1座，桥东侧有篆书"轩辕桥"三字。另有清代康熙五十四年"轩辕故里"碑，乾隆二十九年《重修轩辕故里大殿碑记》等数通。在新郑具茨山主峰风后岭山顶还有轩辕庙，门北侧石碣有"皇明降庆四年三月"字样，新郑所存的黄帝遗迹还有在全国其他地方不多见的明代建筑。作为一种文化现象，新密、新郑的黄帝故里遗迹与遗存早已深深地植根于人民心中，并深刻地影响着全体炎黄子孙。

河南郑州市新密、新郑之间的大量黄帝文化遗存，毫无疑问与历史上这一区域内的黄帝及其部落的活动有密切关系。李学勤先生认为黄帝的（活动）区域比较清楚，传说他都于新郑。黄帝亦称有熊氏，新郑号称为有熊氏之墟，也就是黄帝居处的故址。这个地点刚好在中原的中央，所以黄帝可以代表中原地区是很清楚的。《本纪》说他"东至于海，登丸山，及岱宗；西至于空桐，登鸡头；南至于江，登熊、湘；北逐荤粥，合符釜山，而邑于涿鹿之阿"[④]。其活动的范围即以中原为轴心[⑤]。在这里应该强调说明的是，自黄帝时代以来迄于唐宋，中原地区在中华民族发展壮大和中国古代历史的进程中发挥过核心作用，这一作用是祖国境内的其他区域所无法取代的，正因为此，中国早期的夏、商、周国家和最早的华夏族都诞生于此区域之中，中原地区乃是中华文明和中华民族的根脉所在。李学勤先生在20 世纪 80 年代就曾指出："中原地区在文化史上的重要地位，本为众所熟知，但中原和周围地区又有密不可分的联系。我国从来就是个疆土辽阔的多民族国家，辉煌灿烂的古代文化，为国内各民族所共同创造。关于中原以外地区文化的新认识，使我们不得不考虑一个关键性的问题：

① （汉）司马迁：《史记·五帝本纪》，中华书局，1959年，第2页。

② 钱林书：《续汉书郡国志汇释》，安徽教育出版社，2007年，第22页。

③ （北魏）郦道元著，陈桥驿校证：《水经注校证》，中华书局，2007年，第520页。

④ （汉）司马迁：《史记·五帝本纪》，中华书局，1959年，第6页。

⑤ 李学勤：《走出疑古时代》，辽宁大学出版社，1997年，第42页。

黄河流域的中原地区，究竟还能不能称为中国文明的摇篮？我认为对这个问题的答复应该是肯定的。尽管我们对各地的文化发展有了新的估计，必须认识到，中原在我国古代文明的形成和发展历程中，仍有不同于其他地区的特殊作用。这是由于当文明产生萌长的时期，中原地区是政治、经济以及文化的中心枢纽。”[①]因此，今天祭拜始祖黄帝的地点应该选择在中原地区，唯其如此才能够凝聚海内外全体炎黄子孙，这是由中华民族历史发展所决定的。

1973年考古工作者在长沙马王堆三号汉墓发现了一批距今2100多年的古帛书，共12万字，其中有古佚书4种，《十大经》是其中之一。《十大经》不见于著录，著作时代当在战国，全书除结论外，共 14篇，其中有9篇记述黄帝其臣下力牧、阉冉、果童、太山之稽（大山稽）等的对话或活动，其中就有黄帝立中央四达以成天下之主的记载。《十大经》记有“黄帝四面”的史料，说：“昔者黄宗（帝）质（主）始好信，作自为象，方四面，傅一心。四达自中，前参后参，左参（望）右参，践立（位）履参，是以能为天下宗。”[②]高亨先生认为这是说，黄帝主持政治，喜好访问，他给自己造了一个木象（或陶俑），四张脸各向一方，附属于一心。由内心凭八目以认识四边的事物，观察前、后、左、右。这个象，在于提示他本人要多方面地观察事物。黄帝上朝就位，总是屡次不断地观察，所以他能成为天下的宗主[③]。由此可见，天下宗主立都行政必处天下之中的思想，其起源是相当久远的，长沙马王堆三号汉墓中“黄帝四面，四达自中”史料的发现，侧面反映了中原地区在中国早期文明产生和民族萌长时期发挥过枢纽和核心的作用，而这一作用迄今仍发挥着深刻的影响。

第四节 嫘 祖 考

《史记·五帝本纪》曰：“黄帝居轩辕之丘，而娶于西陵之女，是为嫘祖。”又说：“嫘祖为黄帝正妃。”《索隐》曰：“皇甫谧云：‘元妃，西陵氏女，曰累祖’。”[④]在金文中常见“嫘”字形，容庚先生《金文编》中收录了此字[⑤]：

---

① 李学勤：《三代文明研究》，商务印书馆，2011年，第275～276页。

② 马王堆汉墓帛书整理小组：《长沙马王堆汉墓出土〈老子〉乙本卷前古佚书释文》，《文物》1974年第10期，第35～36页。

③ 高亨、董治安：《〈十大经〉初论》，《历史研究》1975年第1期，第90页。

④ （汉）司马迁：《史记·五帝本纪》，中华书局，1959年，第10页。

⑤ 容庚：《金文编》，中华书局，1985年，第812页。

容庚先生说：“（此字）《说文》‘所无，汗简，以此为侄字’。”[①]黄锡全先生说：“，稣甫人匜之，齐萦姬盘之，刘心源考释为⿰女畺，认为，‘⿰女畺为姪古文’（奇觚8.30），省作（妊壶）。右下宜形变化如同宜字作（令簋），（秦公簋），变作（宜戈）、（侯盟）、（说文古文）、（三体石经）。郑珍误以为此形是‘改至从叠声’，别俗。”[②]

可是陈直先生《史记新证》明确指出此字应是嫘祖合文。“直按，《窓斋集古录》卷十六……‘有稣甫人作徐⿰女畺妃妃媵匜’。又《扩古录金文》一之三……‘有⿰女畺妊作安壶’。”孙诒让《古籀余论》云：“⿰女畺字疑为嫘祖二字合文。知传说之黄帝元妃嫘祖，事或有征。”[③] 陈直先生对此说表示赞同态度。我认为：“此字从女，从田，象累卵之形，因为从田之字，壨、累、诔、雷、纍都是相通的，古音均在微部来纽，所以嫘祖之嫘，下面从田、从系，也表示嫘祖是发明养蚕、取丝之人。后来演变为累，为劳累之累。在汉简、石碑作此形，不从女，还从田表示种桑，取丝。所以后来嫘祖之后就成为累氏，写成此形。”纍氏，《风俗通义》佚文曰：“嫘祖之后或称纍氏，谨按《左传》：晋七舆大夫有纍虎。”[④]且，为祖的省形。孙诒让《古籀余论》曰：“，当为且，即祖之借字。”[⑤]又曰：“此且则当为祖之假字。”[⑥]此说甚确。这样看来稣甫人中的嫘应释为嫘祖之嫘。以后省去女旁，就成为嫘祖之后，也就是累氏。

现将几段铭文抄录于后。

苏甫人作嫘妃襄媵得胜回朝（图一三）

苏甫人匜作嫘妃襄媵匜。（图一四，见《殷周金文集成》）

---

① 黄锡全：《汗简注释》，武汉大学出版社，1993年，第43页。

② （清）郑珍：《汗简笺正》，《丛书集成续编》第70册，新文丰出版公司，1989年，第179页。

③ 陈直：《史记新证》，天津人民出版社，1979年，第1页。

④ （汉）应劭撰，吴树平校释：《风俗通义校释》，天津人民出版社，1980年，第503页。

⑤ （清）孙诒让：《古籀拾遗·古籀余论》，中华书局，1989年，第20页。

⑥ （清）孙诒让：《古籀拾遗·古籀余论》，中华书局，1989年，第26页。

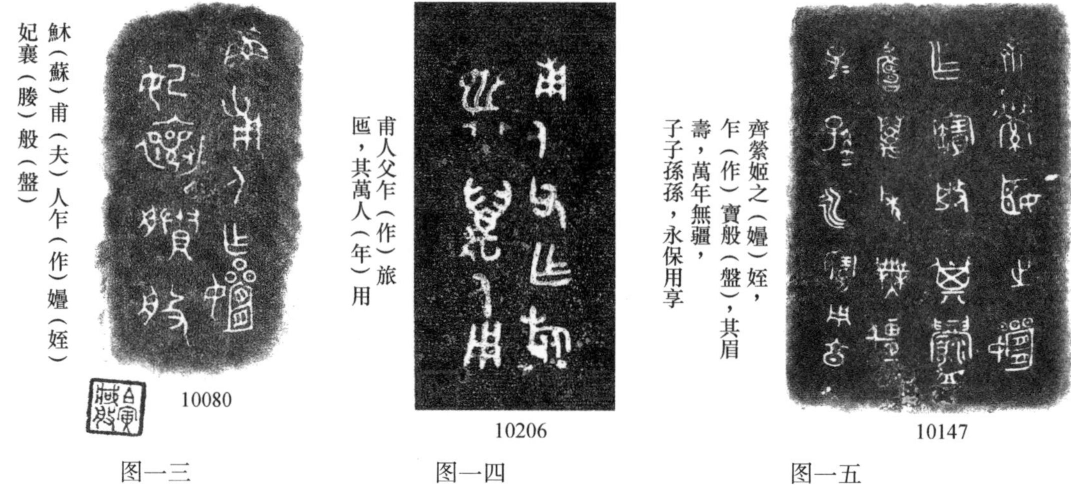

图一三　　图一四　　图一五

这是苏国青铜器中嫘祖的合文，此种用法起源甚早，大概应在西周早期，《尔雅·释言》曰："送也。"①谓嫁女的财物相赠这是苏国为其嫘妃送嫁的器物。而齐萦姬盘（图一五）、嫘任壶应是不同变形的累字，时间应是较晚的字（图一五）。

从以上嫘字字形可以看出，文献中所记嫘祖养蚕取丝应是史实，嫘祖之后又称累氏，这在金文中有反映，这些古文字资料更使我们相信司马迁在《五帝本纪》中记载的嫘祖应是可信的。

第五节　有关嫘祖文化研究中的几个问题

河南省西平县炎黄文化研究会邀请我们参加西平县嫘祖文化研讨会，非常感谢。在这里我们想谈一谈对嫘祖文化研究的一些看法，不当之处，请批评指正。

一、不能轻易否定古文献

汉代司马迁《史记·五帝本纪》记载了关于黄帝、颛顼、帝喾、尧和舜时期的历史，对于这个时期学术界称为五帝时代或传说时代。司马迁《五帝本纪》所记载的历史内容是信史还是传说，一直是考古学界与历史学界争论的热点。有的学者认为，黄帝妻"嫘祖发明养蚕一说决不是事实"。还认为，"到了宋元时代，在古农书（蚕

① 李学勤主编：《十三经注疏·尔雅注疏》，北京大学出版社，1999年，第62页。

书）中，奉‘嫘祖’为蚕神说才逐见风行”[①]。从而否定了《史记·五帝本纪》中的记载，这是我们不敢苟同的。

如何看待司马迁《五帝本纪》的记载？国学大师王国维先生在《古史新证》一书中早就说：“研究中国古史为最纠纷之问题上古之事，传说与史实混而不分，史实之中，固不免有所缘饰与传说无异，而传说之中、亦往往有史实为之素地，二者不易区别，此世界各国之所同也。”[②]

徐中舒先生从师王国维，他更明确地提出：“司马迁写《史记》时，根据他当时能够见到的史料，已经深深感到百家言黄帝‘其文不雅训，荐绅先生难言之’，他采取了谨严的科学的态度：‘择其言尤雅者’，选择那些比较可靠的史料，编撰了《五帝本纪》。”[③]他又说：“司马迁整理的《史记·五帝本纪》系统是有相当根据的。他所据的‘古文’是战国时代六国流传下来的资料，是保存了古代人民对于过去的酋长各据一方及其互相次第代立的史传。……抛弃了汉代流传的对于黄帝的许多‘不雅驯’的传说，而著成《五帝本纪》。”[④]2005年11月23—25日，由河南博物院联合中国社会科学院古代文明研究中心、河南省文物考古研究所共同举办的“文明探源——考古与历史的整合”学术研讨会上，与会代表普遍认为：“五帝时代值得重视，至少包含不少史影。对古史文献的记载，要加以甄别和整理，正确的态度是不可轻信，也不要轻易全盘否定。要科学和理性地看待五帝本身和五帝之间的关系。对五帝时代的提法，大多学者持肯定的态度。”[⑤]

以上实际表明，对司马迁所写的《五帝本纪》，我们不能采取轻易否定的态度。

二、黄帝与嫘祖初期活动地望

司马迁《五帝本纪》曰：“黄帝者，少典之子，姓公孙，名曰轩辕。……黄帝居轩辕之丘，而娶于西陵之女，是为嫘祖。嫘祖为黄帝正妃，生二子，其后皆有天下，其一曰玄嚣，是为青阳。青阳降居江水，其二曰昌意，降居若水。”[⑥]《史记·集解》

---

① 周匡明：《养蚕起源问题的研究》，《农业考古》1982年第1期，第133页。

② 王国维：《古史新证——王国维最后的讲义》，清华大学出版社，1994年，第1页。

③ 徐中舒、唐嘉弘：《〈山海经〉和“黄帝”》，《〈山海经〉新探》，四川省社会科学院出版社，1986年，第97页。

④ 徐中舒：《先秦史论稿》，巴蜀书社，1992年，第16页。

⑤ 张得水：《“文明探源：考古与历史的整合”学术研讨会综述》，《中原文物》2006年第1期，第14页。

⑥ （汉）司马迁：《史记·五帝本纪》，中华书局，1959年，第1～10页。

曰，“谯周曰：有熊国君，少典之子也”。皇甫谧曰：“有熊，今河南新郑是也。”《索隐》曰：“少典者，诸侯国号，非人名也。”[①]皇甫谧在《帝王世纪》曰，黄帝“受国于有熊，居轩辕之丘，故因以为名，又以为号”。又说：“（黄帝）有圣德，授国于有熊，郑也。”“古有郑国，黄帝之所都。”“新郑，古有熊国，黄帝之所都。”“或言（新郑）县故有熊氏之墟，黄帝之所都也，郑氏徙居之，故曰新郑矣。”[②]乾隆二十九年《大清一统志·卷一八七》明确记载：“轩辕邱，在新郑县西北故城，《史记》黄帝居轩辕之丘，《后汉书·郡国志》河南尹新郑黄帝之所都。《通典》新郑，祝融之墟，黄帝，都于有熊，亦在此也。”[③]在这里文献记载明确表明，黄帝故里应在新郑，这是毫无疑问的。《山海经·西山经》曾记载有黄帝活动曰：“黄帝，乃取峚山之玉荣。”袁珂《山海经校注》曰：“郭璞云，‘峚’音密。郝懿行云，‘郭注《穆天子传》及李善注《南都赋》《天台山赋》引此经俱作密山，盖峚、密古字通也’。”[④]密山即今新密，与新郑相邻，今新密、新郑两市毗邻地区有大量黄帝活动的遗迹和传说，说明黄帝居有熊（今新郑）并不是虚传，是有一定事实根据的。

黄帝初期活动的地望我们既已搞清楚，现在需要考察的是西陵氏嫘祖的西陵应在何处?

西陵，《史记·正义》曰：“西陵，国名也。”[⑤]此国系指古代氏族部落。其地望在何处？有多种说法。一说在湖北黄冈市西北，二说在湖北浠水，三说在湖北宜昌市，四说在四川茂陵县，五说在河南西平县，六说在四川盐亭。上述诸说基本上可以概括为湖北说、四川说、河南说。我们认为河南说比较可靠。

《史记·五帝本纪》明确记载：“黄帝居轩辕之丘，而娶西陵之女，是为嫘祖。”“生二子，其后皆有天下，其一曰玄嚣，是为青阳，青阳降居江水，其二曰昌意，降居若水。”[⑥]根据《大戴礼记解诂》卷七，《帝系》第六十三记载：“黄帝居轩辕之丘，娶于西陵氏之子，谓之嫘祖氏，产青阳及昌意。青阳降居泜水，昌意降居若水。”聘珍谓：“泜水即江水也。”[⑦]此江水，有的学者把他说成是长江，所以认为西陵氏应在四川。可是此江并非长江之专称，应是指古淮水。淮水，古也称江水。《左

---

① （汉）司马迁：《史记·五帝本纪》，中华书局，1959年，第2页。

② 徐宗元辑：《帝王世纪辑存》，中华书局，1964年，第19页。

③ （清）穆彰阿、潘锡恩等：《大清一统志·卷一八七》，上海古籍出版社，2008年，第759页。

④ （清）袁珂校注：《山海经校注》，巴蜀书社，1993年，第48～49页。

⑤ （汉）司马迁：《史记·五帝本纪》，中华书局，1959年，第10页。

⑥ （汉）司马迁：《史记·五帝本纪》，中华书局，1959年，第10页。

⑦ （清）王聘珍撰，王文锦点校：《大戴礼记解诂》，中华书局，1983年，第127页。

传·哀公元年》记："春，楚子围蔡，报拍举也……蔡人男女以辨，使疆于江、汝之间而还。"杜预注曰："楚欲使蔡徙国在江水之北，汝水之南，求田以自安也。"[①]杨伯峻先生《春秋左传注》认为此江应是指长江，我们认为很不恰当。关于此问题，石泉先生已有详细的考证，在此不再赘述[②]。所以这里的江应是指现在的淮河。在古代淮水流域，曾有一个江国。《史记·正义》引《括地志》云："安阳故城在豫州新息县西南八十里。应劭云古江国也。《地理志》亦云安阳古江国也。"[③]安阳县，西汉置，治所在今河南正阳县西南，至隋始废，唐代属新息县。新息县即今息县。距息县西南40里有江国故城，在今河南正阳县大林乡涂店东北，江国故城址平面呈长方形，面积17.5平方米。传世及新中国成立后曾出土有众多江国青铜器，可为佐证。值得注意的是，江国城分为新、旧两城，安阳故城即江国的新城与涂店东北之江国城相距约300米。当地群众称为"四十亩大地处"。

江水即是淮河，那么若水应在何处？有的学者认为在四川境内，恐不当。我们同意孙华先生的说法，若水即汝水。汝水是古淮河的一个重要支流。汝、若音同属日母，当属鱼部韵，若属铎部韵，铎读方鱼郁之入声，鱼铎二部本可以对转。"《庄子·渔父》'吾语汝'，《人间世》又作'吾语若'，若汝在上古音俱通，汝水即若水。"关于此，马世之先生均有过论述，此不再赘述[④]。钱穆先生在《史记地名考》一书中认为，"《六国表》明云，鄢：西陵，不得在江夏"[⑤]。这是正确的。但钱穆先生又说："此西陵当近丹水，今淅川县境。黄帝娶西陵氏女，或此也。"[⑥]此说不很恰当。从《史记·六国表》看鄢，西陵应是指西平。鄢就是今天的鄢陵，又叫阴陵。《战国策·卷六·秦四》曰："顷襄王二十年，秦白起拔楚西陵，或拔鄢、郢、夷陵，烧先王之墓。"程恩泽曰："案宋楚世家……徐广曰，（西陵）属江夏。汉志江夏郡有西陵县，在今黄州府黄冈县二里。《水经注》以为即白起所拔之西陵，正义引《括地志》主之，非也。"[⑦]此西陵，我们认为应是指今河南西平县的西陵。因为西陵与鄢陵相邻，它与东陵的方位相对称。东陵，见《史记·夏本纪》曰："过九江，至于东陵。"《集解》孔安国曰："东陵，地名。"钱穆在《史记地名考》中曰："《汉志》庐江郡金兰，西北有东陵乡，淮水所出。"《尚书》"江水过九江，至于

---

① 杨伯峻：《春秋左传注》，中华书局，1981年，第1604页。

② 石泉：《古文献中的"江"不是长江的专称》，《关于"江"和"长江"在历史上名称与地望的变化问题》，《古代荆楚地理新探·续集》，武汉大学出版社，2013年，第51～74页。

③ （汉）司马迁：《史记·五帝本纪》，中华书局，1959年，第11页。

④ 马世之：《马世之学术文集》，大象出版社，2017年，第301页。

⑤ 钱穆：《史记地名考》，商务印书馆，2001年，第551页。

⑥ 钱穆：《史记地名考》，商务印书馆，2001年，第551页。

⑦ 诸祖耿：《战国策集注汇考》，凤凰出版社，2008年，第377页。

东陵者也，西南流，水积为湖”[①]。虽然他没有说明其具体位置，钱玷则谓大苏山即东陵，今商城县东南五十里。它与西陵的位置是相对称的。东陵、西陵名称正符合黄淮平原的地理特征。所谓陵，《尔雅注疏》卷七曰：“大阜曰陵。”《疏》：“如陵，陵丘。”注：“陵，大阜也。”释曰：“丘形如大阜者名陵丘。”[②]说明陵是黄淮平原比较高的地形。西平为西陵之说正符合该地地理特征。西平西部为伏牛山余脉，有陵丘地，所以《水经注·潕水》云：“汉曰西平，其西吕墟，即西陵亭也，西陵平夷，故曰西平。”[③]那么战国时期的西陵又为何改称西平？现在看来《汉书·地理志》汝南郡在西平属汉时置县一说可能有误。因为在武威汉简中有“河平元年，汝南西陵县昌里”的记载[④]。《人民政协报》2000年10月23日发表西北师大李并成先生的文章《武威王杖简与汉代尊老扶弱制度》一文记述了1959—1981年，甘肃省武威先后出土了木鸠杖四根，王杖诏令简枚36枚[⑤]。其中“河平”简称是汉成帝的年号，说明汝南郡的西平此时还是被称为西陵。到公元9年王莽下令变法改制，在这次改制中才将“西陵”改为“新亭”。王莽不到15年政权就垮台了。“新亭”之名随之废止。最近在汝南郡郡治平舆县古城村发现一批封泥群，有西平封泥为“东汉汝南封国状况提供了确切材料”。此说明西平之名，应始于东汉[⑥]。所以《后汉书·郡国志》才有西平县的记载：“西平（有铁），有柏亭，故柏国。”[⑦]因此，我们认为西平县的设置是在东汉时期，而不应在西汉。王莽时改西陵为新亭，后改为西平。这段行政区划的变迁说明古之西陵国应是在今河南西平县，西汉为西陵县地。古之西陵，当为嫘祖故里，应无问题。

三、嫘祖养蚕取丝问题

嫘祖，是以发明养蚕取丝而著称于世的。关于此说法，有的先生认为是很晚出的传说记载，“发明养蚕一说决不是事实”，又说“到了宋元时代，在古农书（蚕书）中，奉‘嫘祖’为蚕神说才逐见风行”[⑧]，此说值得研究。

首先嫘祖见于金文，陈直曰：“《窓斋集古录》卷十六，二十五页，有穌甫人

---

① 钱穆：《史记地名考》，商务印书馆，2001年，第110页。

② 李学勤主编：《十三经注疏·尔雅注疏》，北京大学出版社，1999年，第197~206页。

③ （北魏）郦道元著，陈桥驿校证：《水经注校证》，中华书局，2007年，第734页。

④ 甘肃省文物工作队、甘肃省博物馆编：《汉简研究文集》，甘肃人民出版社，1984年，第60页。

⑤ 李并成：《武威王杖简与汉代尊老扶弱制度》，《人民政协报》2000年10月23日第4版。

⑥ 孙慰祖：《汉汝南郡新见封泥群史征》，《中国文物报》2006年9月22日第7版。

⑦ （南朝宋）范晔：《后汉书·郡国志》，中华书局，1965年，第3424页。

⑧ 周匡明：《养蚕起源问题的研究》，《农业考古》1982年第1期，第133页。

作‘嫘妃妃媵节匜’，又《扩古录金文》一之三、三十三页，有‘嫘妊作安壶’，孙诒让《古籀余论》云‘嫘字疑为嫘祖’二字合文，知传说之黄帝元妃嫘祖，事或有征。”[①] 嫘祖养蚕取丝一说是否在宋代才盛行起来呢？皇甫谧《帝王世纪》说：“黄帝垂衣而天下治。”“黄帝垂衣裳”又说“黄帝始去皮服，为上衣以象天也”[②]。对于黄帝“垂衣裳而天下治”如何解释。孔颖达曰：“黄帝已上，衣鸟兽之皮，其后人多兽少，事或穷乏，故以丝、麻、布、帛，而制衣裳，使民得宜也。”[③]（见《农桑辑要》注）这里已明确提出黄帝时代应是以丝麻布帛而制衣裳的时代。古书虽然没有说明养蚕是黄帝之妻嫘祖，但是在罗泌《路史》里引《淮南子·蚕经》中说：“西陵氏劝蚕稼，亲蚕始此。”[④]此书被认为是宋人伪书不可靠。《中国农学书录》（1964年版）的第53页《淮南子·蚕经》中引有此条[⑤]。《授时通考》卷七十二所引《淮南子》第4条，《蚕经》云：“黄帝元妃西陵氏始蚕，盖黄帝制作衣裳，因此始也。”[⑥]（第1647页）我们认为《淮南子·蚕经》不太可能是宋人伪托的书。因为我们知道，在现今保存的《淮南子》一书中有佚文，其中在《淮南子》中已有养蚕之事的记载。《淮南子·泰族训》卷二十曰：“原蚕一岁再收，非不利也，然而王法禁之者，为其残桑也。”[⑦]这条材料说明《淮南子·蚕经》是可能存在的，最早的汉人氾胜之《蚕经》已经佚失，自然《淮南子·蚕经》一书到后来可能也都佚失不存在了。从蚕史研究的成果来看这是完全可能的。北京图书馆主编的《中国古农书联合目录》著录现存的古蚕书专著有120种，是以东汉王景撰的《蚕织法》为最早。《旧唐书·经籍志》和《新唐书·艺文志》中均著录有《蚕经》一种，但未载撰者姓氏。这些蚕书大概早就失传。可是，有的先生认为《淮南王·蚕经》既不见北宋以前的书目，又不为北宋以前的人所转引，所以肯定此书乃北宋时代所写而伪托于刘安的[⑧]。此推断似乎有些武断。如果此书是伪书，那么北宋人伪托刘安写《蚕书》的动机又是什么呢？对其原委说明不清，这恐怕难以使人信服。

唐朝杜佑《通典》卷四十六谈道：“汉皇后蚕于东郊。其仪：春桑生，而皇后亲桑于苑中。蚕室养蚕千薄以上，祀以中牢羊豕。祭蚕神（日）［曰］苑窳妇人、寓

---

① 陈直：《史记新证》，天津人民出版社，1979年，第1页。

② 徐宗元辑：《帝王世纪辑存》，中华书局，1964年，第20页。

③ （元）司农司编：《农桑辑要校注》，中华书局，2014年，第2页。

④ （宋）罗泌：《路史·后纪五》，《四部备要·史部》排印本，中华书局，1936年，第87页。

⑤ 王毓瑚：《中国农学书录》，农业出版社，1964年，第53页。

⑥ （清）鄂尔泰、张廷玉等纂：《授时通考》卷七十二，中华书局，1956年，第1647页。

⑦ 何宁：《淮南子集释》，中华书局，1998年，第1431～1432页。

⑧ 章楷：《我国的古蚕书》，《中国农史》1982年第2期，第90页。

氏公主，凡二神。群臣妾从桑还，献于茧馆，皆赐从桑者丝。皇后自行。寙音以主反。”又说：“后汉皇后四月，帅公卿列侯夫蚕。”“祀无蚕，礼以少牢。”[①]又说“北齐为蚕坊于京城北之西，去皇宫十八里外。”又说：“每岁季春，谷雨后吉日，使公卿以一太牢祠先蚕黄帝轩辕氏于坛上，无配，如祀先农。”这里古人在祭黄帝蚕桑时，却没有提到西陵氏嫘祖。可是按“后周制，皇后乘翠辂，率六宫三妃、三妭、御媛、御婉、三公夫人、三孤内子至蚕所，以一少牢亲进，祭奠先蚕西陵氏神”[②]。在这里虽然没有直接提到黄帝妻嫘祖，但毫无疑问已奉西陵氏为蚕神。很明显这是宋以前供奉西陵氏嫘祖为蚕神的史实。这一点是毋庸置疑的。所以《通典》卷四十六又说唐代“皇后张氏：并有事于先蚕。其仪备《开元礼》”[③]。这不是偶然的。

其实这种祭蚕神的仪礼，在汉代就有了。《后汉书·礼仪上》曰：“是月，皇后帅公卿诸侯夫人蚕，祠先蚕，礼以少牢。”刘昭注曰：“《汉旧仪》曰：春桑生而皇后视［亲］桑于菀中。蚕室养蚕千薄以上。祠以中牢羊豕，（今）（祭）蚕神曰苑窳妇人，寓氏公主、凡二神。……晋后祠先蚕，先蚕坛高一丈，方二丈，为四出陛，陛广五尺，在采桑坛之东南。”[④]这些事实在元代《农桑辑要》中也有反映。《农桑辑要》卷一曰：“汉制，祭‘蚕神’，曰‘苑窳妇人’、‘寓氏公主’。”又说“北齐，先‘蚕’，祠黄帝轩辕氏……如先农礼，后周……祭先蚕西陵氏。”[⑤]

不仅如此，对于蚕神祭祀之史实起源或可追溯至殷商之际。所以胡厚宣先生说：“殷代蚕有蚕神，称蚕示，或与[illegible]示同祭，或与[illegible]示同祭，或与上甲同祭，乃被崇拜为远古神灵之一。”[⑥]此蚕神虽没有明确提为嫘祖，但中国是世界上养蚕织丝最发达的国家，对蚕神的祭祀应具有悠久的历史。

四、西平嫘祖与中国蚕桑的起源

西陵氏嫘祖发明种桑养蚕，西平与中国蚕桑的起源有密切关系，关于此在古史中可以找到一些证据。

1.《水经注·潕水》说：“（潕水）又东过西平县北。”“又东过郾县南，又

---

① （唐）杜佑：《通典·卷四十六》，中华书局，1988年，第1288页。
② （唐）杜佑：《通典·卷四十六》，中华书局，1988年，第1289～1290页。
③ （唐）杜佑：《通典·卷四十六》，中华书局，1988年，第1291页。
④ （汉）班固：《后汉书·礼仪上》，中华书局，1965年，第3110页。
⑤ （元）司农司编：《农桑辑要校注》，中华书局，2014年，第2页。
⑥ 胡厚宣：《殷代的蚕桑和丝织》，《文物》1972年第11期，第6页。

东过定颖县北，东入于汝。”[①]潕水即舞水，古汝水支流，故道在今河南舞阳和西平县境。值得注意的是，舞字写法与丝绸有密切关系。舞字隶作形在甲骨文中作如下数形[②]。

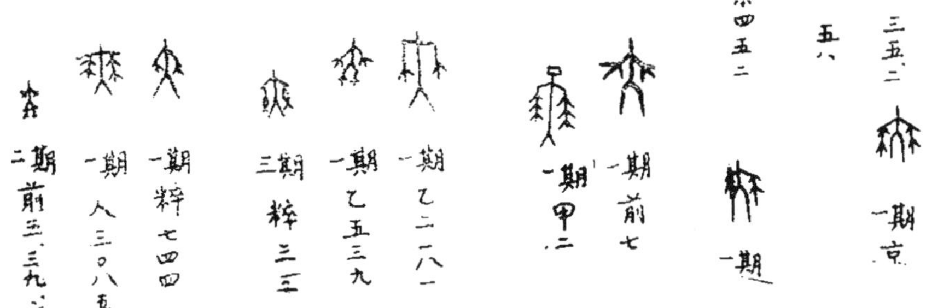

徐中舒先生说：“象人两手执物而舞之形，为舞字初文。《说文》：‘舞、乐也。用足相背。从舛、无声。’”[③]舞字若像人两手执物而舞，那所执是何物？徐先生没有解释。过去有人认为是执牛尾，这与农业民族的习俗不相符合，我们认为应是手执丝绸之类的东西。《甲骨文字典》中徐中舒先生解释：“从舞形从，所会意不明。疑为舞之异构。”又说：“疑为用于祭祀之舞乐。”[④]其实舞字的本意应是手执丝物。表示桑叶，战国时期青铜器的采桑图就作此形（图一六）。

现将甲骨文中有关蚕、桑、丝、帛等象形字意，摹录如下。

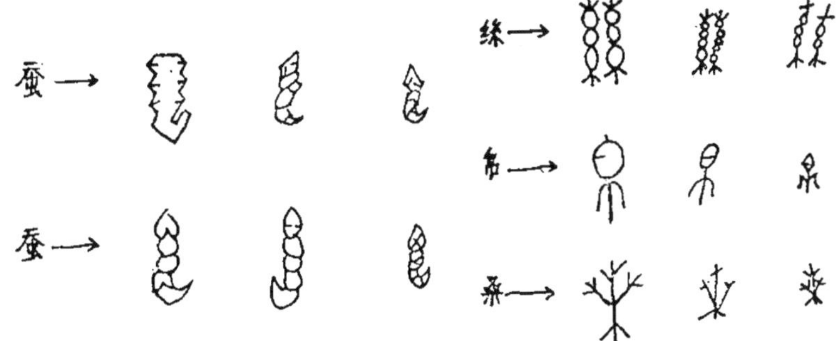

从此上诸形可以看出应为丝的简形，帛从形。离西平不远的许昌的许就作鄦。古代的鄦国即许国，在今河南许昌市东[⑤]。鄦与许相通，是假借字。舞水是汝水支流流经西平而得名，其得名与西平为嫘祖故乡发明养蚕织绸丝有关，这是很明显的。

---

① （北魏）郦道元著，陈桥驿校证：《水经注校证》，中华书局，2007年，第733～734页。

② 徐中舒主编：《甲骨文字典》，四川辞书出版社，1989年，第630页。

③ 徐中舒主编：《甲骨文字典》，四川辞书出版社，1989年，第630。

④ 徐中舒主编：《甲骨文字典》，四川辞书出版社，1989年，第630～631页。

⑤ 史为乐主编：《中国历史地名大辞典》，中国社会科学出版社，2005年，第2798页。

图一六　战国铜器上的采桑图[①]

1. 故宫藏宴乐射猎采桑纹铜壶　2. 辉县琉璃阁出土采桑纹铜壶盖

2. 现代昆虫学家大都认为家蚕是从野蚕发展而来的，现已有大量证据证明野蚕是家蚕的直接祖先，但对家蚕系统分化却有不同的观点。许多学者赞同多化性分化最早，家蚕有多个起源中心的说法。根据昆虫学家研究，野桑蚕在我国东、西、南、北部分有代表性的地区，产地包括：①杭州野桑蚕；②周至野桑蚕；③安康野桑蚕；④重庆野桑蚕；⑤武汉野桑蚕；⑥合肥野桑蚕；⑦镇江野桑蚕；⑧浒关野桑蚕；⑨吴江野桑蚕；⑩许昌野桑蚕；⑪沈阳野桑蚕。这11个具有地域代表性的中国野桑蚕中陕西—四川—重庆一带的野桑蚕遗传背景较为复杂，而且遗传距离也部分表现为：野桑蚕以陕西为中心向其他地区辐射[②]。西平县处在野桑蚕向家蚕的辐射区内，其附近的许昌地区就是中国11个具有地域代表性的家蚕起源地之一，所以科学研究的成果，也从一个侧面证明西平可能是中国家蚕养殖的起源地之一。

3. 由古西陵向西南，进入伏牛山余脉蜘蛛山，此山属低山地区，海拔520.8米左右。相传嫘祖就是从蜘蛛织网中受到启发，发明利用蚕茧抽丝织布成衣，后来为纪念嫘祖的丰功伟绩，蜘蛛山被人们称为始祖峰。在蜘蛛山顶，有一座始建年月无考的庙宇。原庙有正殿三间和东西厢房，现还保存有石礅、碑座、残碑、残砖瓦等遗物。相传是人们纪念嫘祖发明养蚕而建，因此称为始祖庙。在1949年以前每年的阴历四月十三日，当地人民举办传统的嫘祖庙会，追思嫘祖养蚕的功绩。在西平县境内的师灵岗、五沟营镇、专探乡、吕店乡、出山镇和西平县城分别有多处嫘祖庙或娘娘庙，这些与嫘祖文化密切相关的历史遗迹，应注意保护。这是研究嫘祖文化的重要历史见证。关于此，谢文华、高蔚先生有过论述，不再赘述。

---

① 夏鼐：《我国古代蚕、桑、丝、绸的历史》，《考古》1972年第2期，第15页。

② 鲁成、余红仕、向仲怀：《基于RAPD分析的中国野桑蚕和家蚕遗传多样性和系统发育关系研究》，《昆虫学报》2002年第2期，第199～202页。

五、考古发掘证明在我国养蚕有悠久的历史

养蚕织丝在我国具有悠久的历史，1926年在山西夏县西阴村发掘的仰韶文化遗址，据说发现了一个“半割”的蚕茧，“那割的部分是极平直”[①]。许多学者都认为这是我国养蚕业出现的证据。但夏鼐先生认为是很靠不住的，大概是后世混入的东西。并进一步强调认为我们不能根据这个靠不住的“孤证”，来判定仰韶文化有养蚕业[②]。1921年安特生在锦西沙锅屯红山文化遗址中又发现大理石制成的蚕形饰，日人石英一郎在《桑蚕起源》一文中确认为是石蚕。现存的红山文化的玉蚕已达6件之多[③]。

1982年，在巴林右旗那日斯台新石器时代红山文化遗址中出土了4件真玉雕琢的玉蚕和1件巴林石雕琢的石蚕[④]。1958年在浙江吴兴县钱山漾遗址发现距今4710 ± 100年的绢片、丝带，经鉴定认为是家蚕丝织成[⑤]。20世纪70年代，在山西芮城县西王村发现新石器时代的陶蛹[⑥]。

20世纪80年代，在北京市平谷县上宅、河北省正定县南杨庄、陕西省神木县石峁和辽宁省锦西沙锅屯新石器时代遗址都发现陶蚕蛹或玉蚕。其中南杨庄发现的两件陶蚕蛹长2厘米，宽、高均0.8厘米，属于仰韶文化时期。由此可见，在五六千年前史前先民已经掌握植桑、养蚕、缫丝的技术[⑦]。在这里还应强调说明的是，1980年、1981年在河北正定南杨庄仰韶文化遗址中出土两件陶蚕蛹，其中一件经中国科学院动物研究所昆虫学家鉴定系家蚕蚕蛹[⑧]。此外在河南淅川下王岗遗址曾出土有陶蚕[⑨]。郑州大河村

---

① 李济：《西阴村史前的遗存（1927）》，《李济文集·卷二》，上海人民出版社，2006年，第178页。

② 夏鼐：《我国古代蚕、桑、丝、绸的历史》，《考古》1972年第2期，第13页。

③ 张永江：《论红山诸文化反映的原始宗教信仰》，《世界宗教研究》1995年第3期，第119页。

④ 吴岚、钱德海：《尚玉习俗与蚕文化》，《内蒙古文物考古》2000年第2期，第104页。

⑤ 浙江省文物管理委员会：《吴兴钱山漾遗址第一、二次发掘报告》，《考古学报》1960年第2期，第86～90页。

⑥ 中国科学院考古研究所山西工作队：《山西芮城东庄村和西王村遗址的发掘》，《考古学报》1973年第1期，第57页。

⑦ 郭郛：《从河北省正定南杨庄出土的陶蚕蛹试论我国家蚕的起源问题》，《农业考古》1987年第1期，第302页。

⑧ 唐云明：《浅述河北纺织业上的几项考古发现》，《中国纺织科技资料》（第五集），北京纺织科学研究所，1981年，第51页。

⑨ 河南省文物研究所、长江流域规划办公室考古队河南分队：《淅川下王岗》，文物出版社，1989年，第51页。

遗址出土的彩陶中也有蚕形图案[①]（原报告中称为"昆虫纹"）。在荥阳青台仰韶文化遗址瓮棺葬中发现有纺织品标本，经上海纺织科学院鉴定，这些织物不仅有用麻织的布，而且还有用蚕丝织的帛和罗[②]。根据以上考古材料的研究，有的学者认为中国家蚕的起源时间当在5500年前[③]。这个推论应该是正确的。而这一时代正属仰韶文化时期，黄帝妻嫘祖发明养蚕织丝的事实并非虚有。许多蚕史专家都认为，中国家蚕起源于黄河中游这一中华民族的发祥地[④]。这就更进一步证实中国养蚕丝织应产生于仰韶文化的黄帝时代。这个结论应该说是可靠的。

第六节　黄河文化的历史定位

一、黄河文化的概念

文化是个歧义纷呈的概念，对文化概念内涵与外延的认识虽不尽一致，但我们把人类创造的物质文明和精神文明的总和视为文化概念的核心内涵，应该不会有太大问题，而在这一前提下，黄河文化是指黄河流域人民在长期历史发展进程中所创造的物质文明和精神文明的总和，它不仅包括这一区域的社会生产力发展水平等经济内容，而且还包括生活在这一流域人民的社会规范、生活方式、精神面貌和价值取向，也就是说黄河文化是指黄河流域人民创造的物质文明成就与精神生活的内容、方式和特征的总和。

黄河向称"四渎之宗"，发源于青海巴颜喀拉山北麓，向东流经青海、四川、甘肃、宁夏、内蒙古、陕西、山西、河南、山东九省（自治区），沿途汇积大小支流数百，劈开崇山峻岭，冲越峰谷层峦，奔流入海，黄河流域约占国土总面积的十二分之一，在漫长的历史进程中，黄河流域人民不仅创造了辉煌的物质财富和精神文明，而且还以黄河文化为内核构筑起中华文明的文化体系，黄河与黄河文化为中华民族的形成和发展作出了巨大的贡献。

---

① 郑州市博物馆：《郑州大河村遗址发掘报告》，《考古学报》1979年第3期，第324～325页。

② 郑州市文物考古研究所：《荥阳青台遗址出土纺织物的报告》，《中原文物》1999年第3期，第8页。

③ 郭郛：《从河北省正定南杨庄出土的陶蚕蛹试论我国家蚕的起源问题》，《农业考古》1987年第1期，第307页。

④ 段佑云：《家蚕起源于黄河中游中华民族发祥地》，《蚕业科学》1983年第3期，第50页。

二、黄河文化与中国早期国家的诞生

黄河文化起源甚早，她是在黄河流域孕育生长起来的旱地农业文化。距今8000—7000年新石器时代中期的考古学文化——裴李岗文化应是其重要代表之一，裴李岗文化首先发现于新郑裴李岗村。裴李岗文化遗址中，发现有房址、灰坑、陶窑、墓葬等；遗物有斧、铲、镰、石磨盘、磨棒、三足陶器、炭化粟、炭化枣核、炭化核桃壳以及猪、羊等动物的遗骨。新郑大枣闻名于世，人类栽培这种果树也已八千多年。三足陶器是中原地区的代表性器物，袋形三空足的陶鬲，一直使用到商周时期。陶窑的出现，说明陶器制作已走出原始阶段。应特别指出的是，在裴李岗文化的农业中，呈现出了一套完整的生产过程。就是说，从砍伐树木到翻土播种，从收割到脱粒，体现了一套完整的程序。这种现象在同时期的各文化中占了领先的位置。这一时期，黄河流域上、中、下游与裴李岗文化年代大致相当的考古学文化还有老官台文化、磁山文化和北辛文化，其中发现有聚落遗址，炭化粟粒、黍、油菜籽，磨制石器等，黄河流域农业的产生，使东亚大陆的史前社会发生了重大变化，可以说黄河流域的先民们最早进入到定居的农耕阶段，他们在黄河流域，特别是黄河中、下游地区不仅创造了高度发达的农业文化，而且也培育了黄河文化的萌芽。

裴李岗文化之后，黄河流域仰韶文化庙底沟期对周边地区的文化产生过重大影响，此后黄河流域的古代社会发生了明显的分化。直到龙山时代，黄河流域南北地区的燕山辽河流域和长江中、下游的史前文化相继步入低谷，黄河上游甘肃、青海地区的史前文化也放缓了脚步，只有黄河中、下游以中原为核心的史前文化则进入到了快速发展时期，在这一时期内中原地区逐渐发展成为东亚大陆文化的核心区域。黄河中、下游流域龙山时代形成的文化成果为夏、商、周三代早期国家的诞生奠定了坚实的文化基础，成为夏、商、周三代文明的源头。龙山时代之后不久，在黄河中、下游地区诞生了中国历史上最早的国家形态和中华民族的雏形——华夏族。司马迁在《史记·货殖列传》中说："昔唐人都河东，殷人都河内，周人都河南。"又说："夫三河在天下之中，若鼎足，王者所更居也。"[①]这里所谓"三河"就是指今天流经山西、河南境内的黄河中、下游地区。河东位于今山西南部，襄汾陶寺遗址早期约早出夏代一二百年，或当传说中尧、舜、禹时期，陶寺中、晚期已在夏代纪年范围之内，此时正是早期国家形成阶段。河内即今太行山东南麓为古黄河所环绕的地区，历史上为商人的主要活动区域。河南指晋、豫两省黄河以南，周公在此营雒邑、成周与王城，是周人活动的主要区域。河东、河南、河内三个区域既成相对独立区域，又以黄河相连

① （汉）司马迁：《史记·货殖列传》，中华书局，1959年，第3262～3263页。

接，为当时“天下之中”“王者所更居”之地。夏、商、周三代王朝的更替与发展壮大都没有离开过古老的黄河流域，从这个角度看，夏、商、周三代中国早期国家的诞生不仅是黄河与黄河文化的馈赠，同时也把中国历史与中华民族的发展推进到了新的阶段。

三、黄河文化的历史性成就

从秦汉至宋代，黄河流域的古代文化不仅达到了中国历史时期的顶峰，而且在世界范围内也居于领先地位，并逐渐发展成为中国封建时代文化的代表。这一时期的黄河文化形态多姿多彩，文化内容丰富厚重，并蕴涵着巨大的创造力。这一时期，黄河文化在物质与精神层面的创造成就主要体现在以下三个方面。

首先，以黄河流域为核心地区建立起数个强大的专制主义中央集权的统一王朝，取得了诸如文景之治、贞观之治、开元盛世等众多为人称道的封建盛世，推行了均田制、租庸调制、三省六部制、科举制等制度创新体系，封建国家的治理能力较前代有极大提高，并达到了前所未有的高度。

其次，由于勇于吸收异质文化，黄河文化不断更新创造并被赋予生命的活力。历史上黄河文化对异质文化的吸纳、更新、创造并非一帆风顺，这一过程曾经历了巨大的痛苦与曲折。在势如潮涌、形同波澜的历史长河中，黄河文化经历了魏晋永嘉的丧乱，两宋与辽金元的纷争对峙，蒙元南下改朝换代的血腥杀戮，经历了一次次严峻的考验，黄河文化的覆盖面不仅北播西移而且还南传东扩，其影响力遍及整个东亚大陆。在这一过程中，黄河文化不仅保有一以贯之的文化统绪，而且从西域文化、印度文化、中亚西亚文化、海洋文化摄取营养和新文化的因子，增强了活力。黄河文化的自信在于她能兼容并包摄取外来文化营养，并创造性地吸纳为自己前进的力量。

最后，中华民族共同体不断壮大并巩固。从中华民族的发展历程来看，黄河流域及其文化在中华民族形成和发展过程中始终发挥着核心和凝聚作用。中华民族所生存的地域环境，虽然呈现多种不同的地区经济特征，但各个布局互相补充、互相依赖，这种以经济文化相互需求为主的趋向，使中国各民族之间产生了一种不可抗拒的凝聚力。一方面，高度发达的黄河流域经济、文化，向周边地区扩散、辐射，推动边疆同步又不平衡地发展；另一方面，多元区域的不平衡发展，又反复汇聚于黄河流域及其文化之中，激励黄河流域及其文化的发展。这种相互推动，加速了中华民族共同体和中国整体经济文化的形成。而且，从中国历史发展过程来看，统一与民族融合是中国历史发展的总趋势，中华各民族之间的融合一次比一次扩大与巩固，以黄河文化为核心的中华民族共同体不断壮大并日益巩固。

总之，在这一时期，黄河流域的生产力水平不仅达到了前所未有的高度，包括社会规范、生活方式、风俗习惯、精神面貌和价值取向在内的黄河文化的基本内涵，通过各种形式融入不断壮大且巩固的中华民族的心理结构之中，并逐渐成为中华民族精神与性格的核心部分，黄河文化是中华民族文化传统中的核心与主干。从这个意义上说，黄河文化绝非一般的地域性文化，黄河文化对中国国家形态的出现和发展，中华文明的塑造，多元一体中华民族的形成与壮大发挥了不可替代的核心作用。黄河文化不仅抚育了中华民族，而且引领了中国历史发展的潮流和方向，这是我们对黄河文化历史定位的基本判断。

四、黄河文化的新生

明清以后黄河文化出现了迟滞与衰落，究其原因多与政治倒退、战乱、生态环境的破坏、思想僵化保守等因素相关，特别是鸦片战争以后，伴随着西方帝国主义军事侵略而渗透进来的西方文化，使黄河文化再次面临严峻挑战。以黄河文化为代表的中国传统文化与西方文化的矛盾冲突也构成中国近代史的一条主线，有识之士一直在探索一条使黄河文化再生和复兴的新路，直到1978年十一届三中全会开启了全面改革，改革开放成为时代的主旋律，这一伟大的变革为黄河文化走向再生创造了全新的社会政治环境，古老的黄河文化又面临着新的发展机遇。可以期待，在改革开放的新时代里，一个继承了黄河传统文化基因，同时又努力学习、吸收世界优秀文化成果的新文化体系，将会在不远的将来重新展现在古老的东方，黄河文化即将步入历史的新阶段，并将承担起更加艰巨与伟大的历史使命。

第七节　中原与儒家思想的形成

一、周公在洛邑“制礼作乐”奠定了儒家思想的基础

周公生活于殷周政治交替之际，他一生历经了西周文王、武王、成王三代。周公既是西周奴隶制王朝的开国元勋之一，又是稳定完善西周政权和政治体制的重要政治家，同时他还提出了许多宝贵政治哲学思想。这些思想超过前人，影响后世，并为孔孟等儒家学派所继承。因此，周公被认为是中国历史上的第一位大政治家、大思想

家[①]。在夏、商两代已有的政治成果的基础上，周公通过“制礼作乐”完成了对西周政治文化的改造，极大地推进了西周政治文化和政治思想的发展。影响中国社会深远的儒家思想就是建立在周公所开创的西周政治文化基础之上的。孔子曾说：“周监于二代，郁郁乎文哉！吾从周。”[②]无论是孔子，还是以后的孟子、荀子无不推崇和追怀周公，而周公在洛邑的“制礼作乐”则毫无疑问奠定了儒家思想的基础。

在周武王灭商的过程中，周公作为武王之“辅翼”发挥过重大作用，故《史记·鲁周公世家》说：“及武王即位，旦常辅翼武王，用事居多。”[③]但克殷后不久武王即病亡，周公拒绝了武王要周公继承王位的提议而是“摄行政当国”，辅助幼小的周成王。按照文献的记载，周公摄政以来“一年救乱，二年克殷，三年践奄，四年建侯卫，五年营成周，六年制礼作乐，七年致政于成王”[④]。关于周公摄政期间对西周初年政治稳定所发挥的重大作用，《史记·周本纪》中也有记载：“成王少，周初定天下，周公恐诸侯畔周，公乃摄行政当国。管叔、蔡叔群弟疑周公，与武庚作乱，畔周。周公奉成王命，伐诛武庚、管叔，放蔡叔。以微子开代殷后，国于宋。颇收殷余民，以封武王少弟封为卫康叔。晋唐叔得嘉谷，献之成王，成王以归周公于兵所。周公受禾东土，鲁天子之命。初，管、蔡畔周，周公讨之，三年而毕定，故初作大诰，次作微子之命，次归禾，次嘉禾，次康诰、酒诰、梓材，其事在周公之篇。周公行政七年，成王长，周公反政成王，北面就群臣之位。”[⑤]按《史记·周本纪》所说“救乱”应是指周公“摄行政当国”而言，“克殷”是平定了殷遗武庚与管叔、蔡叔的叛乱；“践奄”则是消灭了奄、徐夷、淮夷、蒲姑等东夷族的叛乱；“建侯卫”则是周公首创分封制，将自己的可靠力量分封于各个战略位置重要的区域，以达到藩屏周室、控制全国的目的。

除了上述救乱、克殷、践奄、建侯卫以外，周公对于西周政治新格局的最终形成和夏商以后中国传统政治文化的全面总结也作出了重大贡献。其中最为典型的就是“营成周”，并在成周“制礼作乐”。《史记·周本纪》载：“成王在丰，使召公复营洛邑，如武王之意。周公复卜申视，卒营筑，居九鼎焉。曰：‘此天下之中，四方入贡道里均。’作召诰、洛诰。成王既迁殷遗民，周公以王命告，作多士、无佚。”[⑥]司马迁记载得很清楚，早在武王时期，周初的政治家就考虑在中原地区洛邑兴建新都

---

① 詹子庆：《周公——我国古代第一位大政治家、大思想家》，《东北师大学报》（哲学社会科学版）1984年第1期，第106页。

② 杨伯峻译注：《论语译注》，中华书局，2009年，第28页。

③ （汉）司马迁：《史记·鲁周公世家》，中华书局，1959年，第1515页。

④ （清）孙星衍：《尚书今古文注疏》，中华书局，2004年，第393页。

⑤ （汉）司马迁：《史记·周本纪》，中华书局，1959年，第132页。

⑥ （汉）司马迁：《史记·周本纪》，中华书局，1959年，第133页。

的问题，周武王对此问题的思虑甚至达到了夜不能寐的程度。到周公时开始在“天下之中，四方入贡道里均”的中原河洛一带营建新都。由此看来，成周洛邑自成王五年开始兴建，自七年周公“又复卜审视”。《尚书》中的《召诰》《洛诰》《多士》都是这段时间的作品。成周的营建对于周朝统一大业的完成和西周政治新格局的最终形成具有重大意义。杨宽先生认为东都成周的营建至少有以下四个方面的价值：第一，建设成周是为了居住许多周贵族，并集中迁移殷贵族到成周东郊，以便加强监督、管理和利用，从而巩固新建的周朝政权。第二，成周建成以后，东西两都并立，两都的京畿连成一片，形成统治四方的政治中心，巩固了全国的统一。第三，成周成为征收四方贡赋的中心，粮食财物积储的中心，从而成为全国经济的中心。第四，成周是举行四方诸侯及贵族“殷礼”的地点，“殷礼”是集合内外群臣大会见和对上帝、祖先大献祭的礼仪，具有对群臣奖励、督促与考核的作用[①]。杨宽先生特别强调，成周洛邑是周代举行群臣大会见和共同大献祭的“衣祭”或“殷礼”的所在地。自从成王在成周“肇称殷礼”以后，成周便成为举行殷礼的主要地点，都由主持东都政务的辅佐大臣主持。当周公奉命为“四辅”，开始主持东都政务时，就曾举行这种殷礼[②]。成周洛邑营缮完成，周公便在新邑开始“制礼作乐”。即所谓“五年营成周，六年制礼作乐”。根据现存文献资料来看，周公“制礼作乐”是在中原的成周洛邑完成的。《尚书·大传》曰：“周公营洛，以观天下之心，于是四方诸侯，率其群党，各攻位于其庭。周公曰：‘示之以力役，且犹至，况导之以礼乐乎！’然后敢作礼乐。”[③]这说明周公“制礼作乐”是在合天下诸侯营建洛邑之后。除此之外，《尚书·洛诰》中的记载明确告诉我们周公在新都洛邑“制礼作乐”，不仅是他个人对西周新政权的重大贡献，而且“制礼作乐”本身也是奉周成王之命所为。《洛诰》主要记载周公与成王的对话，周成王在新都洛邑营建完成之后，请周公继续居洛、治理东方并完成“制礼作乐”的大事。（周成）王曰：“公，予小子其退，即辟于周，命公后。四方迪乱未定，于宗礼亦未克敉，公功，迪将其后，监我士师工，诞保文武受民，乱为四辅。”王曰：“公定，予往已。公功肃将祇欢，公无困哉！我惟无斁其康事，公勿替刑，四方其世享！”这段话的意思是，成王说：“周公啊！我就要返回，在宗周镐京亲政，请您留守洛邑。现在四方没有完全治理好，宗人主持的礼仪也没有完成，您的大功还未告成，您还要继续监督我们的百官大臣，安定好文王武王从上帝那儿接受的臣民，统率周朝的辅佐大臣们。”“周公啊！您留下吧，我要回去了，您要迅速恭敬地努力主持大政，您不要再拒绝我了，我只有不懈怠地学习政务，您只有不废弃大法，主持

---

① 杨宽：《西周史》，上海人民出版社，1999年，第540～546页。

② 杨宽：《西周史》，上海人民出版社，1999年，第547页。

③ （清）孙星衍：《尚书今古文注疏》，中华书局，2004年，第356页。

政务，四方民众才会世世代代地朝享我们。”[①]曾运乾在《尚书正读》认为此节“成王在洛，受摄政复辟之命。欲即大位于周，命周公留后监师制礼之言也”[②]。由此看来，周公在新都洛邑“制礼作乐”，用新的制度规范肯定和完善了西周初年刚刚建立起来的统治秩序，此举不但标志着西周的国家体制走上了正轨，上层建筑初步完善，也标志着我国的早期国家上了一个新台阶[③]。

关于周公“制礼作乐”的具体内容，有的学者认为就周礼而言，概括来讲，它应该包括三个层次的内容：其一是“礼义”。其中礼是对人们社会行为的规范，主要靠内力而不是外来的强制，在这种前提下，诸如忠、孝、仁、义等成为礼的重要标准。周礼是周代宗法的基础，在宗法制度下，“尊尊”和“亲亲”是两条根本原则，然而，周礼更重“亲亲”，而后及于“尊尊”。先父慈与子孝，而后及于君仁与臣忠。由孝推及忠，由人伦推及君臣，周礼的这种特质应该说是由周公奠基而成的[④]。其二是礼仪或礼节。这是关于礼的具体的制度规定，是礼的物质方面。周代的礼乐制度可大体分为吉、凶、军、宾、嘉五大方面，细分之，有所谓“经礼三百，曲礼三千”之说，真可谓“繁文缛礼”。大而至于政治、军事，小而至于衣冠、陈设，无不有义[⑤]。第三个层面是礼俗。礼起于俗，但礼并不能等同于俗，礼俗本身也有两个层面：一是对于前代旧礼的因循，二是周人本身的社会风俗与道德习惯[⑥]。杨朝明先生从礼义、礼仪或礼节、礼俗三个方面分析了周公“制礼作乐”的具体内容，但我们想强调说明的是周公“制礼作乐”对于西周以后中国古代社会意识形态的影响及决定性作用，恐非仅从上述三个方面能阐释清楚的。

周公在成周洛邑的“制礼作乐”应是一项创新的制度，在这一过程中，周公采撷前代政治文化的合理成分，并对现行制度中不合时宜的因素进行了变革和创新，从而把“礼”“乐”这一套制度进行综合整理、升华，推广到政治生活中去，形成一种制度，被固定下来，以适应周初王权政治形势发展的需要。在“制礼作乐”的过程中周公经过了艰苦的思考。《孟子·离娄下》说：“周公思兼三王，以施四事；其有不合者，仰而思之，夜以继日；幸而得之，坐以待旦。”[⑦]意思是：周公在“制礼作乐”中想要兼学夏、商、周三代君王的善政，其中如有不适合当时情况的周公便夜以

---

① 李民、王健：《尚书译注》，上海古籍出版社，2004年，第300～302页。

② 曾运乾：《尚书正读》，中华书局，1964年，第208页。

③ 郭绍林：《周公在洛阳制礼作乐是儒学的开山之举》，《洛阳师范学院学报》2013年第10期，第20页。

④ 杨朝明：《周公事迹研究》，中州古籍出版社，2002年，第158页。

⑤ 杨朝明：《周公事迹研究》，中州古籍出版社，2002年，第159页。

⑥ 杨朝明：《周公事迹研究》，中州古籍出版社，2002年，第160页。

⑦ 杨伯峻译注：《孟子译注》，中华书局，1960年，第176页。

继日思考，等思考周全了，到天亮时便马上付诸实行。周公“制礼作乐”的核心就是明尊卑、贵贱，达到“尊者事尊，卑者事卑”[①]地位等级的差别。《大戴礼记》曰：“古者圣王明义，以别贵贱，以序尊卑，以体上下，然后民知尊君敬上，而忠顺之行备矣。”[②]《大戴礼记》又曰：“王者天太祖，诸侯不敢怀，大夫士有常宗，所以别贵始，德之本也。郊止天子，社止诸侯，道及士大夫，所以别尊卑。”[③]从而达到其巩固统治的目的。故《礼记·王制篇》又曰：“司徒修六礼以节民性，明七教以兴民德。”[④]《周礼·地官·大司徒》曰：“一曰以祀礼教敬，则民不苟。二曰以阳礼教让，则民不争。三曰以阴礼教亲，则民不怨。四曰以乐礼教和，则民不乖。五曰以仪辨等，则民不越。”[⑤]《礼记·曲礼》也从道德仁义、风俗辩讼、君臣上下、师生关系等方面进行了阐释，这都说明周公“制礼作乐”的内容之丰富。周公所制定的这一套礼乐制度其应用范围是非常广泛的，涉及政治、经济、军事、文化各个方面，几乎囊括所有的意识形态。所以周礼在周代是“经国家、定社稷、序民人”[⑥]的政治制度，是从上到下都必须恪守、一切政治活动都必须遵循的根本大法。因此，周公“制礼作乐”是在全社会范围内，树立了意识形态和行为方式的新准则，而周公“制礼作乐”的真正意义，则是把礼仪制度推广到政治社会生活中去，把礼乐作为社会各项活动和道德行为的准则，用这些规定去规范教育广大人民，为巩固其周初的政治服务。因此，周公是起着总结、开拓、创新、改造的作用的[⑦]。不仅如此，周公在洛阳的“制礼作乐”不仅使中华礼乐文化粲然齐备，而且还在以后的历史发展进程中成为中国古代国家和社会的制度性规定，影响并主导了整个国家的政治生活和社会习俗，这一点我们不能忽视。

二、周公思想对孔孟儒家学派的影响

包括周公思想在内的西周初年政治文化对后世孔孟儒家思想的形成产生了重大影响，孔孟等儒家学派的思想家从周公这里吸取了西周政治文化的思想营养，并最终创立了中华民族思想和文化核心——儒家学说。因此，从某种意义上说，没有周公在洛

---

① （清）王聘珍撰，王文锦点校：《大戴礼记解诂》，中华书局，1983年，第17页。
② （清）王聘珍撰，王文锦点校：《大戴礼记解诂》，中华书局，1983年，第225页。
③ （清）王聘珍撰，王文锦点校：《大戴礼记解诂》，中华书局，1983年，第17页。
④ （清）孙希旦：《礼记集解》，中华书局，1989年，第361页。
⑤ 李学勤主编：《十三经注疏·周礼注疏》，北京大学出版社，1999年，第246页。
⑥ 杨伯峻：《春秋左传注》，中华书局，1981年，第76页。
⑦ 陈昌远：《陈昌远学术文集》，军事谊文出版社，2012年，第293页。

邑的“制礼作乐”，便不会有儒家思想的产生，周公当然是儒家学说的奠基人，“制礼作乐”是儒家学说的开山之举，河洛大地是儒家学说的发源地[①]。

周公思想和西周初年的政治文化对儒家学派的孔子和孟子的影响几乎是决定性的。按《史记·孔子世家》所载，孔子生于鲁昌平乡陬邑[②]。杨伯峻先生《论语译注》中说孔子所生的鲁昌平乡陬邑就是今天山东省曲阜市东南十里的西邹集[③]。孟子也是邹人，按照《孟子·尽心下》的说法：孟子与孔子“近圣人之居若此其甚也”[④]，意思是孟子的家乡离孔子的家乡是非常近的，也就是说孔孟都生长在春秋鲁国。

西周初年受封于鲁国的正是周公及其后裔伯禽，这在《左传》定公四年中有较明确的记载：“昔武王克商，成王定之，选建明德，以藩屏周……分鲁公以大路、大旗……因商奄之民，命以《伯禽》而封于少皞之虚（墟）。”[⑤]《诗·鲁颂·閟宫》：“王曰叔父，建尔元子，俾侯于鲁。大启尔宇，为周室辅。乃命鲁公，俾侯于东，锡之山川，土田附庸。”[⑥]《史记·周本纪》：“（武王）封弟周公旦于曲阜，曰鲁。”[⑦]《管蔡世家》：“武王已克殷纣，平天下，封功臣昆弟。于是……封叔旦于鲁而相周，为周公。”[⑧]《鲁周公世家》：“封周公旦于少昊之虚曲阜，是为鲁公。周公不就封，留佐武王……而使其子伯禽代就封于鲁。”[⑨]

因此，综合各种文献来看，西周初年周公先受封于河南鲁山，鲁山之地应在今河南平顶山市鲁山县境内，后周公子伯禽以“周公后”又徙封于山东曲阜。故《说苑·至公》中记载，南宫边子曾对鲁穆公说：“周公卜居曲阜，其命龟曰：作邑乎山之阳。贤则茂昌，不贤则速亡。”这里的“山”乃指泰山，“山之阳”即泰山之南。如果《说苑》的说法可信，那么被封于曲阜者虽为伯禽，但城址的选择还是周公卜定的[⑩]。《左传》文公十八年借季文子之口记载了周公“制礼作乐”的史实：“先君周公制礼曰：‘则以观德，德以处事，事以度功，功以事民。’作誓命曰：‘毁则为贼，掩贼为常，窃贿为盗，盗器为奸。主藏之名，赖奸之用，为大凶德，有常无赦，在九

---

① 郭绍林：《周公在洛阳制礼作乐是儒学的开山之举》，《洛阳师范学院学报》2013年第10期，第21页。

② （汉）司马迁：《史记·孔子世家》，中华书局，1959年，第1905页。

③ 杨伯峻译注：《论语译注》，中华书局，2009年，第28页。

④ 杨伯峻译注：《孟子译注》，中华书局，1960年，第320页。

⑤ 杨伯峻：《春秋左传注》，中华书局，1981年，第1536～1537页。

⑥ 李学勤主编：《十三经注疏·毛诗正义》，北京大学出版社，1999年，第1412页。

⑦ （汉）司马迁：《史记·周本纪》，中华书局，1959年，第127页。

⑧ （汉）司马迁：《史记·管蔡世家》，中华书局，1959年，第1564页。

⑨ （汉）司马迁：《史记·鲁周公世家》，中华书局，1959年，第1515～1518页。

⑩ 杨朝明：《周公事迹研究》，中州古籍出版社，2002年，第181页。

刑不忘。’”季文子是鲁之世家子，鲁为周公子伯禽的封国，季文子生活在春秋之时，距西周初年很近，这应该是可信的事实[①]。不仅如此，《左传》定公四年还记有鲁国初封时的“礼乐”盛况：“分鲁公以大路、大旂，夏后氏之璜，封父之繁弱，殷民六族：条氏、徐氏、萧氏、索氏、长勺氏、尾勺氏，使帅其宗氏，辑其分族，将其丑类，以法则周公。用即命于周，是使之职事于鲁，以昭周公之明德。分之土田陪敦，祝、宗、卜、史，备物、典策，官司、彝器，因商奄之民，命以《伯禽》而封于少皞之虚。”[②]由此看来，鲁国受封与其他诸侯受封，其政治地位完全不同。鲁国受封时拥有“夏后之璜”，按《礼记·明堂位》所说“大璜……天子之器”[③]，“夏后之璜”应该是夏代王室的重宝，是其他封建国家所不易得到的礼器。因此，《礼记·明堂位》说：“凡四代之服、器、官，鲁兼用之，是故鲁，王礼也，天下传之久矣。”[④]这说明受封后的鲁国是周礼和周文化传承的中心所在，所谓“周礼尽在鲁”即指此而言。作为宗周礼乐文明嫡传的鲁国，与它的近邻齐国在以后的国家发展方向和道路上是完全不同的，鲁国遵循西周传统，齐国则“举贤而上功”，于是历史上遂有“齐一变至于鲁，鲁一变至于道”的概况。“道”也就是宗周的礼乐文明，以德、礼为主的周公之道，世代相传，春秋末期遂有孔子以仁、礼为内容的儒家思想。宗周—春秋；周公—孔子，构成长期以来儒家思想的完整体系，齐、晋之地是为法家思想摇篮。儒礼与法家之法相互渗透。周书《吕刑》即把威仪与刑法作为一体，因之鲁国实为宗周文化之正统，而齐、晋为其“小宗”，“周礼尽在鲁矣”，道出当时的真实情况[⑤]。因此，就整个儒家学派的源流来看，西周初年，周公在河洛地区的“制礼作乐”为春秋孔子创建儒家学派提供了基本资料，并规定了儒家未来的发展方向，而孔子汲取了周公与西周初年以来的中国文化营养，创立了儒家学派并成为儒家思想的集大成者；到了战国时代，孟子继承周公、孔子的政治主张，又有更多发挥和阐释，使儒家学说的内容更加丰富并不断发展成为中华民族思想和文化的核心和主干。因此，儒家思想与文化的源头在中原河洛大地，西周初年，周公在成周洛邑的“制礼作乐”对儒家思想的产生和儒家学派的形成起到了决定作用。

---

① 杨朝明：《周公事迹研究》，中州古籍出版社，2002年，第158页。

② 杨伯峻：《春秋左传注》，中华书局，1981年，第1536～1537页。

③ （清）孙希旦：《礼记集解》，中华书局，1989年，第853页。

④ （清）孙希旦：《礼记集解》，中华书局，1989年，第857页。

⑤ 杨向奎：《宗周社会与礼乐文明》，人民出版社，1992年，第279页。

三、孔孟对周公“制礼作乐”的追怀及其文化意义

包括孔孟在内的儒家学派对周公及其在成周洛邑“制礼作乐”的文化创新都极为推崇。如果将西周初年周公在成周洛邑的“制礼作乐”视为儒学的源头，那么春秋战国时期孔、孟等儒家学派的代表，在这一时期对于周公及其文化创造的追怀，则赋予了洛邑“制礼作乐”更深刻的文化和思想意义。

春秋战国时期，已是“礼崩乐坏”的时代，“弑君三十六，亡国五十二，诸侯奔走不得保其社稷者不可胜数”[①]。在这种“礼崩乐坏”之时，孔孟仍然醉心于“祖述尧舜，宪章文武”。朱熹《四书章句集注》说：“祖述者，远宗其道。宪章者，近守其法。”[②] 这里的“文武”或言“周文”，实则指周公之“制作”[③]。孔子年轻时以知“礼”而著称，他“入太庙，每事问”[④]。这里的太庙就是周公庙。太祖周公是鲁国的开国受封之君，太祖之庙即是太庙，孔子到了周公庙中每做一事都要发问是否合礼仪。因此有人便说孔子不懂礼。孔子听到这话后便说：“这才是礼呀。”[⑤] 孔子把周文王看作西周政治文化的代表，又把自己作为文王、周公的继承人，孔子在匡地（今河南长垣县西南十五里）被拘禁起来，他自信地说：“周文王死了以后，周代的礼乐文化不都体现在我身上吗？上天若是想要消灭这种文化，那我也不可能掌握这种文化了；上天若是不要消灭这种文化，那么匡人又能把我怎么样呢？”（“子畏于匡，曰：‘文王既没，文不在兹乎？天之将丧斯文也，后死者不得与于斯文也；天之未丧斯文也，匡人其如予何？’”[⑥]）孔子十分自信地把自己视作西周政治文化的继承人。孔子认为夏、商、周三代的圣王都是能够直道而行的人，因此是值得称赞和仿效的，故《论语·卫灵公》说，子曰：“吾之于人也，谁毁谁誉？如有所誉者，其有所试矣。斯民也，三代之所以直道而行也。”[⑦] 在礼崩乐坏的时代，孔子一直主张恢复西周初年的“文武周公”之政，他说：“如有用我者，吾其为东周乎！”[⑧] 意思是假若有人用我，我将使文武周公之道在东方复兴。他还说：“周朝的礼仪制度是以夏、商两代为依据，然后制定的，多么丰富多彩呀！我主张周朝的（礼仪制度）。”（子

---

① （汉）司马迁：《史记·太史公自序》，中华书局，1959年，第3297页。

② （宋）朱熹：《四书章句集注》，中华书局，1983年，第37页。

③ 陈续前：《礼：从周公到孔子》，《孔子研究》2009年第4期，第38页。

④ 杨伯峻译注：《论语译注》，中华书局，2009年，第28页。

⑤ 杨伯峻译注：《论语译注》，中华书局，2009年，第28页。

⑥ 杨伯峻译注：《论语译注》，中华书局，2009年，第87页。

⑦ 杨伯峻译注：《论语译注》，中华书局，2009年，第165页。

⑧ 杨伯峻译注：《论语译注》，中华书局，2009年，第180页。

曰：“周监于二代，郁郁乎文哉！吾从周。”[①]）孔子晚年多病，身体状况不断下降，当感到自己的不断衰老时，他感叹说：“甚矣吾衰也！久矣吾不复梦见周公。”意思是我衰老得多么厉害呀！我好长时间没有梦见周公了[②]。在孔子的弟子子贡看来，孔子一生汲汲于文武周公之道。孔子是文武周公之道在人间的继承者。“文武之道，未坠于地，在人。贤者识其大者，不贤者识其小者。莫不有文武之道焉。夫子焉不学？而亦何常师之有？”[③]并欲以之挽世衰于既倒，其伟大情怀所致，深深纯化了周公之礼，使其臻于华夏文化空前的高度[④]。

战国时期的孟子继承了春秋孔子的思想主张并在其基础上有所发展。孟子推崇孔子，他认为孔子是“圣之时者也。孔子之谓集大成”[⑤]。他还说：“圣人之于民，亦类也。出乎其类，拔乎其萃，自生民以来，未有盛于孔子也。”[⑥]孟子自认为是孔子的忠实信徒，依他个人所说：“乃所愿，则学孔子也。”[⑦]孟子出生时，孔子已经故去了将近一百年，孔子的弟子也已无活在人间者，对于孔子的学说，孟子曾云：“予未得为孔子徒也，予私淑诸人也。”其中“私淑”从孟子的介绍中可知未必为名士或孔子的嫡系子孙。在《荀子·非十二子篇》把子思与孟轲列为同派，因此孟子学说可知是出于子思的。至于《史记·孟荀列传》说孟子“受业子思之门人”，这也是合理的[⑧]。在《孟子》一书中，尧、舜、汤、文、武、周公至于孔子的“圣人”传统显然是一脉相承，而且一代胜过一代，到孔子是最盛的，所以孟子说：“由尧舜至于汤，五百有余岁；若禹、皋陶，则见而知之；若汤，则闻而知之。由汤至于文王，五百有余岁，若伊尹、莱朱，则见而知之；若文王，则闻而知之。由文王至于孔子，五百有余岁，若太公望、散宜生，则见而知之；若孔子，则闻而知之。由孔子而来至于今，百有余岁，去圣人之世若此其未远也，近圣人之居若此其甚也，然而无有乎尔，则亦无有乎而。”[⑨]这是儒家“道统”的最早表述。唐代大文学家韩愈在《原道》中更是说：“尧以是传之舜，舜以是传之禹，禹以是传之汤，汤以是传之文、武、周公，文、武、周公传之孔子，孔子传之孟轲。”[⑩]很显然在后世的儒家看来，孔孟的“道统”应是继

---

① 杨伯峻译注：《论语译注》，中华书局，2009年，第28页。
② 杨伯峻译注：《论语译注》，中华书局，2009年，第66页。
③ 杨伯峻译注：《论语译注》，中华书局，2009年，第201页。
④ 陈续前：《礼：从周公到孔子》，《孔子研究》2009年第4期，第38页。
⑤ 杨伯峻译注：《孟子译注》，中华书局，1960年，第215页。
⑥ 杨伯峻译注：《孟子译注》，中华书局，1960年，第58页。
⑦ 杨伯峻译注：《孟子译注》，中华书局，1960年，第9页。
⑧ 杨伯峻译注：《孟子译注》，中华书局，1960年，第1～2页。
⑨ 杨伯峻译注：《孟子译注》，中华书局，1960年，第320页。
⑩ （唐）韩愈著，刘真伦、岳珍校注：《韩愈文集汇校笺注》，中华书局，2010年，第4页。

承文、武和周公而来。战国时代的孟子不仅尊孔而且也崇敬追怀文王、武王和周公。《孟子》书中提到周文王35次，周武王10次，周公18次，其中常将周公与周文王、武王并称，《孟子·公孙丑上》说："以文王之德，百年而后崩，犹未洽于天下，武王、周公继之，然后大行。"[①]意思是周文王的寿命和德行都很长，但是他推行德政还未能周遍于天下，武王、周公继承了他的事业，之后才大大推进了王道。在孟子眼中，周公是一位知错能改的君子，"周公之过，不亦宜乎？且古之君子，过则改之；今之君子，过则顺之。古之君子，其过也，如日月之食，民皆见之；及其更也，民皆仰之。今之君子，岂徒顺之，又从为之辞"[②]。周公这样的圣人也会犯错误，但有了过错就随即改正，当他改正的时候老百姓都会个个抬头仰望，孟子坚信西周初年周公在成周洛邑"制礼作乐"的文化贡献，《孟子·离娄下》中说："周公思兼三王，以施四事；其有不合者，仰而思之，夜以继日；幸而得之，坐以待旦。"意思是周公在"制礼作乐"时想要兼学夏、商、周三代的君王，来实践禹、汤、文王、武王所行的勋业；如果有不合于当日情况的，抬着头思考，白天想不好，夜里接着想；侥幸地想通了，便坐着等待天亮（马上付诸实行）[③]。在"圣王不作，诸侯放恣，处士横议"的战国之际，孟子认为"邪说诬民，充塞仁义"。因此，他主张端正人心、消灭邪说，反对偏激的行为。《孟子·滕文公下》说："昔者禹抑洪水而平天下，周公兼夷狄，驱猛兽而百姓宁；孔子成《春秋》而乱臣贼子惧。诗云：'戎狄是膺，荆舒是惩，则莫我敢承。'无父无君，是周公所膺也。我亦欲正人心，息邪说，距诐行，放淫辞，以承三圣者；岂好辩哉？予不得已也。能言距杨、墨者，圣人之徒也。"[④]在这里孟子以"圣人门徒"自居，立志继承大禹、周公、孔子三位圣人的事业，体现了孟子"舍我其谁"的高度社会责任感。

春秋战国以后，孔孟儒家学派对周公"制礼作乐"和西周初年文、武时代政治文化的追怀和推崇具有重要的文化意义。

《史记·老子韩非列传》记载了孔子到成周洛邑向老子"问礼"之事，老子当时是"周守藏室之史"，索隐说："藏室史，周藏书室之史也。"[⑤]老子掌握并管理着西周以来藏于洛邑的王室典籍，孔子到中原河洛"适周""问礼"于老子，很明显具有文化上的寻根意义。

在洛邑的"问礼"对孔子来说收获和感慨是颇为丰赡的。"洛阳问礼"不仅能够使孔子在周公"制礼作乐"的起源地真正地感受了西周以降的礼乐文明的遗迹，而且

① 杨伯峻译注：《孟子译注》，中华书局，1960年，第51页。
② 杨伯峻译注：《孟子译注》，中华书局，1960年，第92页。
③ 杨伯峻译注：《孟子译注》，中华书局，1960年，第176～177页。
④ 杨伯峻译注：《孟子译注》，中华书局，1960年，第141～142页。
⑤ （汉）司马迁：《史记·老子韩非列传》，中华书局，1959年，第2140页。

河洛之行和与老子对礼的讨论，使孔子发出了“龙，吾不能知其乘风云而上天。吾今日见老子，其犹龙邪”[①]这一由衷敬佩。有的学者认为孔子晚年删诗定礼，整理六经，正是基于他“吾从周”的文化使命感。《史记·孔子世家》记载孔子“删诗定礼”时说：“古者诗三千余篇，及至孔子，去其重，取可施于礼义，上采契后稷，中述殷周之盛，至幽厉之缺，始于衽席，故曰‘关雎之乱以为风始，鹿鸣为小雅始，文王为大雅始，清庙为颂始’。三百五篇孔子皆弦歌之，以求合韶武雅颂之音。礼乐自此可得而述，以备王道，成六艺。”[②]

在删诗定礼的过程中，孔子以强烈的使命感力图在“道术为天下裂”的社会困境中，以西周初年“礼乐之明”为核心，重新凝聚起一种新的文化体系。故《史记·孔子世家》又说：“孔子之时，周室微而礼乐废，诗书缺。追迹三代之礼，序书传，上纪唐虞之际，下至秦缪，编次其事。曰：‘夏礼吾能言之，杞不足征也。殷礼吾能言之，宋不足征也。足，则吾能征之矣。’观殷夏所损益，曰：‘后虽百世可知也，以一文一质。周监二代，郁郁乎文哉。吾从周。’故书传、礼记自孔氏。”[③]由此而见，在春秋战国之际，孔子的“洛阳问礼”使得儒学吸纳了邹鲁、河洛文化并以新面目出现，具有邹鲁儒学文化溯源的意义。在“道术为天下裂”的历史背景下，孔子及传承者担当着河洛文化与邹鲁文化构建的责任，而“删诗成礼”成为河洛文化发展演变的重要历史转折点。孔子之后的儒学实际上是邹鲁文化和河洛文化的结合的产物，是河洛文化的一种新的历史形态，儒学也由此确立了其后两千年中国主流意识形态的主导地位[④]。因而中原河洛大地同样是中国儒家思想的起源地和开山处。

第八节　洛学的传播与宋明理学的学派建构

一、洛学的出现与宋明理学的初步形成

宋明理学又有“新儒学”或“宋明道学”之称，作为独占中国封建社会后期政治思想领域近千年的哲学体系，在中国古代思想史和社会历史进程中产生过深刻而广泛的影响。宋明理学不仅是中国封建社会晚期占统治地位和具有核心价值的思想体系，

① （汉）司马迁：《史记·老子韩非列传》，中华书局，1959年，第2140页。

② （汉）司马迁：《史记·老子韩非列传》，中华书局，1959年，第1936～1937页。

③ （汉）司马迁：《史记·老子韩非列传》，中华书局，1959年，第1935～1936页。

④ 郭树伟：《“洛阳问礼”与邹鲁儒学文化寻根谫论》，《中原文化研究》2015年第2期，第30页。

而且还影响到了朝鲜、越南、日本等国，因此有的学者认为宋明理学是近世东亚文明的共同体现[①]。宋明理学或“新儒学”的主干是北宋时期由程颢、程颐兄弟在中原河洛大地创立的洛学，洛学的出现标志着宋明理学或“新儒学”这一影响中国封建社会晚期达千年之久的正统思想的初步形成。

中国历史上的传统经学发展曾经历过两次大的改造，第一次是秦汉时期儒学与阴阳学的结合，其大师是西汉的董仲舒；第二次是两宋时期儒学与佛学的结合，其代表人物是北宋的“二程”和南宋的朱熹。“作为儒学的一种理论形态的理学，它的形成有多种社会的、政治的因素或条件，但就理学产生的思想发展逻辑来说，有一个支撑点是最重要的，那就是改造、超越经学，疑经变古是宋代经学的基本特色，也是理学产生的思想前提，北宋庆历之际，重新诠释儒家经典的新经学在儒学思想家那里就被作为一项振兴儒学的伟大事业提出来的。”[②]因此，在北宋庆历之际，开始有诸多力图从不同的角度和侧面重新诠释儒家经典的学派，“其中有王安石所创的新学，张载所创关学，周敦颐所倡濂学和‘二程’所创洛学。他们都是既谈性与天道，又谈伦理纲常和道德修养的哲学家；都有一套比较完整的从自然观到道德修养论的理论体系；在改造神学化的旧儒学的过程中，都有积极的贡献。但真正完成历史所提出的使命，创立一套能把自然观、认识论、伦理观、道德观等有机地联系在一起，并为封建统治秩序进行新论证的哲学体系的，却只有‘二程’一家”[③]。

“二程”即指程颢、程颐兄弟。程颢（1032—1085），字伯淳，号明道；程颐（1033—1107），字正叔，号伊川。按照《宋史·道学传》的记载，程氏兄弟“世居中山，后从开封徙河南”[④]，这里的河南指今河南洛阳。程氏兄弟从开封徙洛阳，长期在河洛一带授徒讲学，创立的学派遂称洛学。程颢、程颐的著作经后人整理为《二程全书》，近由中华书局出版为《二程集》，“二程”的洛学思想都会集于此。洛学经程门弟子的传播后来发展为宋明理学的主干。“二程”的洛学观点，比较集中地反映于天理论、泛神论、格物致知论、人性论、理欲论和圣人观。这“六论（观）”构成了一个比较完整的理学思想体系，成为宋明理学的典型形态[⑤]。而在“二程”洛学的完整思想体系中，天理论则无疑是其全部思想体系的基石和最大特色，天理论在“二程”的学说中是具有开创价值的思想，正如程颢所说：“吾学虽有所受，天理二字却是自家体贴出来。”“二程”认为天理的起点并不难测。“二程”首先通过对自然现象的观察，如“天地之化”“名山大川何以能兴云致雨”“陨霜何以不杀叶”“扶沟

① 陈来：《宋明理学》，辽宁教育出版社，1991年，第423页。
② 范立舟：《张岂之先生与宋明理学史研究》，《学术界》2009年第3期，第228页。
③ 姚瀛艇：《宋代文化史》，河南大学出版社，1992年，第188页。
④ （元）脱脱等：《宋史·道学传一》，中华书局，1977年，第12713页。
⑤ 徐远和：《洛学源流》，齐鲁书社，1987年，第67页。

水皆咸”，冬至后“每遇至后则倍寒”等自然现象中得出了“一物须有一理”的认识，由于“一物有一理”，那么很自然“万物皆有理”，既然“万物皆有理”，于是，“理”就成了千差万别的“事物”的共性，“理”就从“万物”中游离出来。再进一步，他们又吸取了华严宗的“理事说”，提出“天下只有一个理”的命题。把这个从“万物”中游离出来的“理”涂抹成不以人们意志为转移、不受时间空间限制，永恒存在的精神本体，这就是“天理”①。“二程”又用“天理”去统摄人类社会，则人类社会中“父子君臣，天下之理，无所逃于天地之间”。而作为个人的人怎样才能做到智理？“二程”认为“才尽性即是智理，知性即是知天”②。什么是“性”？“仁、义、礼、智、信五者，性也。仁者，全体；四者，支者。仁，体也。义，宜也。礼，别也。智，知也。信，实也。”③“仁者公也，人此者也；义者宜也，权量轻重之极；礼者别也；知者知也；信者有此者也。万物皆有性，此五常性也。”④在“二程”看来，“仁义礼智信”这五常之性不仅是人的社会本性，而且是人性的内涵，是人所固有的本志，由此“二程”把人的道德规范纳入到人性的内涵中了。因此，理便成为人类社会的最高准则，而在自然界和人类社会的背后都有一个天理，即所谓“万物皆只是一个天理”⑤。“二程”从本体论的高度论证了封建社会父子君臣统治秩序的合理性，为封建伦理纲常奠定了坚实的哲学基础。

尽管“二程”主张从“万物一体”的角度来看待人，他们也认为人与作为动植物的“物”存在着不同。首先，人有其自然属性。“二程”说：“世之人务穷天地万物之理，不知反之一身，五脏六腑毛发筋骨之所存，鲜或知之。善学者，取诸身而已，自一身以观天地。”⑥“二程”用人体的生理结构和生理条件的特征来揭示和说明人的自然属性。其次，“二程”还特别指出人与动物的根本区别在于“人有天理”。“人之所以为人者，以有天理也。天理之不存，则与禽兽何异矣。”⑦又说：“君子所以异于禽兽者，以有仁义之性也。”⑧“仁义之性”，不仅是“二程”区别“人”与“禽兽”的标准，而且程颢把达到这个最高境界的“人”，叫作“仁者”。“仁者，以天地万物为一体，莫非己也。认得为己，何所不至？”⑨“仁者，浑然与物同

① 姚瀛艇：《宋代文化史》，河南大学出版社，1992年，第200页。
② （宋）程颢、程颐：《二程集》，中华书局，2004年，第208页。
③ （宋）程颢、程颐：《二程集》，中华书局，2004年，第14页。
④ （宋）程颢、程颐：：《二程集》，中华书局，2004年，第105页。
⑤ （宋）程颢、程颐：《二程集》，中华书局，2004年，第30页。
⑥ （宋）程颢、程颐：《二程集》，中华书局，2004年，第411页。
⑦ （宋）程颢、程颐：《二程集》，中华书局，2004年，第1272页。
⑧ （宋）程颢、程颐：《二程集》，中华书局，2004年，第323页。
⑨ （宋）程颢、程颐：《二程集》，中华书局，2004年，第15页。

体。……此道与物无对，大不足以名之，天地之用皆我之用。孟子言‘万物皆备于我’，须反身而诚，乃为大乐。”[①]“二程”看来，“仁”是一种“万物皆备于我”的崇高精神境界，人达到了这种境界，就会与宇宙万物融合为一体，即所谓“以天地万物为一体”“浑然与物同体”。人做到了这一点，“天地之用，皆我所用”。程颢认为，仁者能与人同、与物同、与道同；仁者还能一天人、廓然大公、从容自得，其乐融融。那么怎样才能够达到“仁者”的理想人格和人生境界？“二程”认为，人如果能做到“本于孝悌”且“通于和乐”就能够成为“浑然与物同体”的仁者。程颐说：“性命孝弟只是一统的事，就孝弟中便可尽性知命。”[②]在程颐看来，性命孝悌本是一回事，如果以性命为本，孝悌为末，以孝悌入于性命就能够由末入本，把握住“尽性知命”的关键。程颐还认为“通于礼乐”，不仅能“穷神知化”，而且还是达到理想人格的途径。盈宇宙间，一事一物，一处一地，都体现着“序”与“和”，都体现着“礼”和“乐”。说到底，“礼”和“乐”体现了天地之序与天地之和。所以“通于礼乐”，就能参天地之化育，也就是“穷神知化”了[③]。经过小程的论证，孝、悌、礼、乐这些察人伦的日常庶物便成为通向理想人格的具体途径和修养方法。因此，在“二程”的体系里，有两个飞跃。一个飞跃是“一物须有一理”→“天下只有一个理”→“父子君臣，天下之定理”。这个飞跃是从理论上沟通“物”“我”，沟通“庶物”“人伦”。另一个飞跃是“本于孝悌，通于礼乐”→“尽性至命，穷神知化”→“浑然与物同体”。这个飞跃，从实践上沟通“我”“物”，沟通“人伦”“庶物”。这两个飞跃，就是“二程”由“宇宙论”过渡到“伦理观”的桥梁。有了这两座桥梁，“二程”就解决了邢昺、范仲淹、王安石、张载、周敦颐所不曾解决的问题。从此以后，宇宙观和伦理观才不再截为两截；自然的“天”与有意志的“天”并存的矛盾才得到解决；伦理纲常才得到哲理的论证[④]。“二程”洛学的出现使11世纪后的中国儒学进入到了一个新阶段，并达到了新高度。洛学在南宋经朱熹的进一步发展，形成了更为系统的“程朱理学”，成为统治宋、元、明、清思想界数百年之久的封建正统思想。

以洛学为主题而形成的宋明理学发源于河洛地区，因此河洛地区便成为南宋以后洛学传播、扩散的中心。时至今日，河洛地区仍保存着与“二程”理学有关的诸多文物遗址。“二程”故里位于今河南嵩县县城东北15公里的田湖镇程村，这里背依耙楼山，面临伊水。北宋大观元年（1107年）程颐去世后于“二程”故里始建庙立祠，

① （宋）程颢、程颐：《二程集》，中华书局，2004年，第16～17页。
② （宋）程颢、程颐：《二程集》，中华书局，2004年，第225页。
③ 姚瀛艇主编：《宋代文化史》，河南大学出版社，1992年，第202页。
④ 姚瀛艇主编：《宋代文化史》，河南大学出版社，1992年，第203页。

以示纪念。明代景泰六年（1455年）按曲阜颜子祠规制在“二程”故里敕修“二程”祠，明清以后不断修葺。现嵩县田湖镇程村“二程”祠总面积约为4400平方米，布局为五进大院。一进为“棂星门”，东西坊门分别题额为“道接子舆”“学贯濂溪”。“子舆”即孟子；“濂溪”即周敦颐，是“二程”的老师，也是北宋理学的奠基人之一。二进为“诚敬门”，其东有“春风亭”，取“如坐春风”之意。相传“二程”讲学时，其弟子兴趣盎然，如坐春风。其西为“立雪阁”，广为流传的“程门立雪”的故事就发生在这里。三进为“道学堂”，是祠内的中心建筑，其门匾额为康熙皇帝御书“学达性天”四字。其两侧为两庑门，分别题额“和风甘雨”“烈日秋霜”，内有南宋教育家、哲学家朱熹亲书的“二程”的89名弟子姓名石碣。四进为“礼门”。五进为“启贤堂”，两侧各有讲堂一座。祠堂内有程颢、程颐塑像和宋、元、明、清碑碣25块①。除“二程”故里之外，“二程”墓园位于伊川县城西1.5公里的白虎山下，这里是程氏家族墓地，“二程”卒后随祖茔而葬，墓地由程墓、程祠两大部分组成，坐北向南，程祠在前，程墓在后。东西长205米，南北宽138.8米，占地40余亩。这里有古柏537株，苍劲挺拔，肃穆幽静。墓地西北隅，呈“品”字形排列三冢，上为“二程”之父程珦墓，左为程颢墓，右为程颐墓，墓前均竖有高四米的墓碑。祠院两侧分别为明宣德，清康熙、乾隆、嘉庆年间所立的重修碑四通。祠院正殿三间，东西厢房各三间，卷棚三间。神道两侧有石翁仲、石狮、石羊等，排列整齐，形象生动，皆为明代雕刻。1984年以来，河南省政府连续拨款数万元，伊川县政府又投资近20万元，重修“二程”墓园，对围墙进行砌筑加固，增设山门一道，使其面貌焕然一新②。

书院是中国古代一种教育组织形式，它具有教学、藏书、供祀等特点。“二程”为传播理学思想在中原地区创立了书院制度，阐明学术见解，讲求身心修养，培养实用人才，传播理学思想和主张，这些书院较为著名的有程颢在扶沟创建的明道书院，程颐在洛阳鸣皋镇创建的鸣皋书院，以及今嵩山南麓登封市北的嵩阳书院，这些书院的创建为传播洛学思想发挥了不可替代的作用。宋神宗元丰元年（1078年）（杨时《明道先生年谱》谓熙宁八年，即公元1075年）至三年（1080年），程颢知扶沟，程颐亦曾同住，当时兄弟正以倡明道学为己任。程颢设庠序，聚邑人子弟教之，召游酢来职学事，并建书院收授门徒，曾于公署后筑亭游息。后人称明道书院。当时从学者有游酢、谢良佐、吕大忠、吕大钧、吕大临等③。

鸣皋书院在洛阳城南鸣皋镇，因《诗经》“鹤鸣九皋，声闻于天”而得名。程颐就文彦博所赠庄园建立书院，有宅基十亩，正房五间为讲堂，东西厢房各三间，是弟

---

① 徐金星主编：《河洛通览》，中州古籍出版社，2008年，第248页。

② 徐金星主编：《河洛通览》，中州古籍出版社，2008年，第139～140页。

③ 苗春德主编：《宋代教育》，河南大学出版社，1992年，第93页。

子居住的地方。大门一间，匾曰“伊皋书院”。粮地十顷，以赡养生徒。自程颐建立书院，到他逝世的20多年间，他除被任命为崇政殿说书和被送往涪州编管外，经常来往于洛阳和鸣皋之间，长期在鸣皋书院著书讲学①。

嵩阳书院在嵩山南麓今登封市北五里处。程珦提举崇福宫是在1069年，“二程”随父至任所，当时程颢37岁，程颐36岁，都已步入了中年，思想也都渐趋成熟。嵩阳书院和崇福宫相隔不远，他们就讲学于嵩阳书院，并在这里潜心研究学问，使得嵩阳书院成为理学的策源地和重要传播中心②。“二程”在嵩阳书院讲学，天下学子慕名而来甚多，而游酢、杨时则是其中的代表人物，特别是杨时先从程颢获天人之学和天道性理之真传，深得程颢赏识，程颢“每言杨君会得最容易，独以大宾敬先生”。及杨时学成归乡，程颢谓坐客曰：“吾道南矣。”程颢死，杨时又师事程颐，杨时被后世尊为“道南第一人”“南渡洛学大宗”“程氏正宗”③。杨时之下，经罗从彦、李侗至朱熹，朱熹兼容濂、洛、关诸学，使洛学在南方扎下根，成为宋代理学的集大成者，宋明理学的学派建构由此展开。

二、洛学的南传与宋明理学的学派建构

作为宋代主流的学术思潮，“二程”创立的洛学在北宋末年和南宋以后得以广泛传播，形成了宋代理学的诸多学派，并最终确立了程朱理学、陆王心学、事功之学的三大学术体系，而其中的程朱理学最终发展成为中国封建社会后期的官方正统哲学，并走出国门，影响了东南亚文明。因此，洛学的南传是中国文化的一大转机，奠定了中国封建社会后期文化昌盛的基础④。

按照传统的观点，“二程”以下由其弟子或续传弟子建构的诸多理学学派主要有吕大临在陕西传播的“二程”洛学；谯定在四川涪陵传播洛学，形成了涪陵学派；谢良佐、胡安国、胡宏父子和张栻在湖南传播洛学，形成了著名的湖湘学派；在福建有杨时、罗从彦、李侗、朱熹传播“二程”洛学，至朱熹为集大成者，是谓闽学；在浙江，以婺州（今金华）为中心，由吕希哲、吕希纯、吕好问、吕切问、吕本中、吕大器、林之奇、吕祖谦传播“二程”之学，这一派注重史学研究，被称为“中原文献学”，其中吕祖谦是集大成者；在永嘉（今温州），有周行已、郑伯熊、薛季宣、陈博良等，这一派至叶适集其大成，是谓洛学别派的事功之学，又有永嘉学派之称；在

① 苗春德主编：《宋代教育》，河南大学出版社，1992年，第94页。

② 常松木：《天地之中散记》，河南文艺出版社，2012年，第87页。

③ 常松木：《天地之中散记》，河南文艺出版社，2012年，第89页。

④ 刘京菊：《“吾道南矣！”——道南学派之考辨》，《孔子研究》2008年第2期，第75页。

江苏有王蘋传播洛学，是谓吴学派，这一派主要继承程颢的学术思想，故与赣学有密切关系。而在江西，开创陆王心学的先驱陆九渊虽无严格的师承关系，但陆九渊受吴王蘋和上蔡谢良佐的思想影响较大，而王蘋、谢良佐之学则直接承自程颢之心学。陆九渊讲学于江南西路之贵溪（今江西贵溪）象山书院，故有江西陆子学派之称，这些学派都在洛学的基础上发挥创造，他们的学说至封建社会后期成为中国哲学史上不可或缺的内容。现将上述诸学派中影响较大者与洛学的渊源关系分述如下。

洛学与四川理学。四川理学，即是指以巴蜀地域为中心的理学思想。从四川理学思想特质上看，包含了整个宋明理学的几乎所有思想特征，即以儒家思想为核心，融合佛教的思辨哲学，道家的宇宙生成论，着意于义理的探讨和性理的研究，形成了具有高度思辨特征的不同思想理论体系，为封建纲常提供了理论基础，为封建道德实践作了系统论证。不仅如此，从四川理学与宋明理学的相互关系上看，四川理学思想的形成和发展演变及其思想特点，既直接受到理学中主流思想的影响，同时又对理学主流思想的形成和发展及其演变起了积极的推动作用[①]。四川理学的兴起、发展与洛学关系密不可分。南宋魏了翁谈到濂洛理学在四川初传时的情景时说："元公（周敦颐）官巴川，纯宫（程颢）、正公（程颐）侍亲入蜀，张少公（张戬，为张载弟）出宰金堂，蜀之人士于是数君子皆未尝不得从焉。今言河南之学者，指《易传》为成书，而尝闻成都之隐者，其后卒成于涪陵之北岩。蜀人之笃信其说，如范太史（祖禹）大徒高弟，如谯天授（定）、谢持正（湜）皆班班可考。"[②]魏了翁是四川"理学的正宗"，朱熹的《伊洛渊源录》就是由魏氏带回蜀中并广泛传播的，魏氏文中所说的蜀地理学的三位开创人物有：范祖禹、谯定和谢湜。谯定和谢湜均是理学大师程颐之弟子。谯定，字天授，涪州乐温县（今四川涪陵）人，四川理学涪陵学派的开创人。《宋史·谯定传》载：谯定"少喜学佛，析其理归于儒……定一日至汴，闻伊川程颢讲道于洛，洁衣往见，弃其学而学焉。遂得闻精义，造诣愈至，浩然而归。其后颐贬涪，实定之乡也……"[③]说明谯定是在洛阳拜见程颐并以之为师的。谢湜也是"小程子之高弟"，谢湜是四川金堂人，撰有《春秋义》24卷，后从程颐学《易》，著有《易论》12卷，可惜已佚。范祖禹虽非程门弟子，但其思想显示受"二程"影响很深，他称道程颢是"真学者之师"："盖自孟子没而《中庸》之学不传，后世之士不循其本而用心于末，故不可与入尧、舜之道。先生以独智自得，去圣人千有余岁，发其关

① 余光贵：《四川理学及其特点》，《四川大学学报》（哲学社会科学版）1998年第3期，第26页。

② （南宋）魏了翁：《鹤山集》卷四十二《简州四先生祠堂记》，《四库全书》（集部）影印本，上海古籍出版社，1987年，第12页。

③ （元）脱脱等：《宋史·谯定传》，中华书局，1977年，第13460～13461页。

键，直睹堂奥，一天地之理，尽事物之变。”[①]程颢殁后，范祖禹撰《祭明道文》推服洛学，完全肯定程颢直承孔孟的道统地位。

南宋以后，魏了翁还在四川提倡和传播洛学，使四川理学达到了鼎盛的局面。魏了翁培养了一批理学名家，形成了鹤山学派，王万、史守、程掌、吴泳、史绳祖、游似、高斯得、牟子才是其中的代表人物，他们为确立程朱理学在四川的学术统治地位作出了积极的贡献，并促成了宋代蜀学的鼎盛和繁荣。

洛学与浙江理学。浙江境内钱塘江旧称“浙江”，今浙江在北宋时为两浙路辖境，南宋时析置为两浙东路和两浙西路，以温州永嘉（今温州）和婺州（今金华）为东、西中心形成了洛学的重要分支——浙学。两宋时期的婺州即现在的金华地区，南宋婺州地区的理学由吕祖谦开其端绪。吕祖谦、朱熹和张栻是中国思想史上重要的理学家，南宋时有“东南三贤”之称，按照《宋史·儒林传四》载：“吕祖谦字伯恭，尚书右丞好问之孙也。自其祖始居婺州。祖谦之学本之家庭，有中原文献之传。长从林之奇，汪应辰、胡宪游，既又友张栻、朱熹，讲索益精。”[②]《宋史》中称吕祖谦“学本之家庭，有中原文献之传”，这里的“中原文献”的内涵既包括有形的图籍、金石等文化载体，也包括朝廷的典章、制度、家法等政治层面的凭依，更包括无形的学术文化精神。这种界定，更契合宋代历史文化语境中“中原文献南传”的本意[③]。而吕祖谦在“文献”之前又强调“中原”二字可能有两个方面的原因：一方面因为中原长期作为政治、经济、文化中心，贤者辈出，学术文化积淀很深，一向被视为中华文明的根蒂和命脉；另一方面，北宋时期，作为主流学术文化思想的新儒学——道学形成于此，出现了许多有成就的道学家。当然也包含着他们不忘故国的文人情怀，表明中原虽丧，而斯文不坠。因此，在南渡的士大夫中，有不少人不自觉地充当了“中原文献”的传承者[④]，其中吕祖谦家族的贡献尤为突出。吕祖谦的先祖吕夷简、吕公著在北宋时皆位至宰相，一百多年间，吕氏家族世代簪缨，处在文化的中心，而宋室南渡之后，吕祖谦的伯族——西垣公吕本中是洛学的传播关键人物，按照吕祖谦《祭林宗丞文》说：“昔我伯祖西垣公，躬受中原文献之传，载之而南……逾岭入闽，而先生与二李伯仲实来，一见意合，遂定师生之分。于是嵩洛关辅诸儒之源流靡不讲，庆历、元祐群叟之本末靡不咨。”[⑤]林宗丞，即《宋史》中的林之奇，林之奇本是吕本

① （南宋）朱熹编：《河南程氏遗书》（附录），商务印书馆，1935年，第366页。

② （元）脱脱等：《宋史·儒林传四》，中华书局，1977年，第12872页。

③ 王建生：《吕祖谦的中原文献南传之功》，《浙江师范大学学报》（社会科学版）2015年第3期，第45页。

④ 韩酉山：《吕本中与“中原文献之传”》，《江淮论坛》2009年第3期，第88页。

⑤ （南宋）吕祖谦撰，黄灵庚、吴战垒主编：《吕祖谦全集》第1册，浙江古籍出版社，2008年，第133页。

中的弟子、吕祖谦的业师。吕祖谦说他的伯祖吕本中是从祖上"躬受"流传下的"中原文献"，这些文献中有"嵩洛关辅诸儒之源流"和"庆历、元祐群叟之本末"，也就是说吕氏家族不仅熟悉儒家经典和关洛"二程"、张载的学说源流，而且熟悉庆历、元祐群贤事迹和朝章典故，而吕祖谦本人也以"关洛之学"为宗，故《宋史·儒林传》称："祖谦学以关、洛为宗，而旁稽载籍，不见涯涘。心平气和，不立崖异，一时英伟卓荦之士皆归心焉。少卞急，一日，诵孔子言'躬自厚而薄责于人'，忽觉平时忿懥涣然冰释。朱熹尝言'学如伯恭方是能变化气质'。其所讲画，将以开物成务，既卧病，而任重道远之意不衰。居家之政，皆可为后世法。"[①]吕祖谦在金华城中主持丽泽书院，制定规约，授徒传授，丽泽书院成为传播婺学的基地，对后世产生了深远的影响。

两宋时期的永嘉即今天的温州。南宋时的温州下辖乐清（今乐清）、永嘉（今温州）、平阳（今平阳）、瑞安（今瑞安）四县，而宋代永嘉学派则是指以永嘉为中心形成的地域性学术流派，永嘉学派在南宋时期是与朱熹的闽地理学，陆九渊的赣地心学鼎足而立的三大学派。永嘉学派集大成者是叶适。《宋史·儒林传四》载："叶适，字正则，温州永嘉人。为文藻思英发。"[②]叶适晚年居住城南水心村，故有水心先生之称。叶适生活在绍兴至嘉定年间（1150—1223年），此时永嘉学派的学术思想已相当成熟，在叶适之前的北宋中期，温州便有王开祖等人在乡里设书院，以儒学传授生徒。宋神宗元丰年间（1078—1085年），温州有周行己、许景衡、刘安节、刘安上、沈躬行、赵霄、戴述、蒋元中、张辉九人在开封太学读书，世称"元丰九先生"。九人之中有周行己、许景衡等六人都是程门弟子，赵霄、张辉、蒋元中皆私淑洛学。周行己，字恭叔，永嘉县人；许景衡，字少伊，瑞安人；刘安上，字元礼，永嘉人。周、许、刘三人对南宋永嘉学派的崛起都有启蒙作用，特别是周行己，被认为是"永嘉学问所从出也"。大约是在元祐二年（1087年）八月以后或五年（1090年）四月左右去洛阳从程颐受业的[③]，返乡后主持浮沚书院讲学，授徒达八九年之久，对浙江教育贡献尤多，周行己之下有郑伯熊、郑伯英和郑伯谦。郑伯熊在南宋初年首刻"二程"遗书于福建。"三郑"之下的薛季宣是洛学的再传或三传弟子，薛季宣虽然开始以事功来剖析义理，并在这一过程中对洛学有所扬弃，薛季宣教导学生研究田赋、兵制、地形、水利等关系国计民生的实用之学，反对空谈义理的学风，在薛季宣的倡导下永嘉学后来发展成为著名的事功学派。薛季宣的学术师承袁溉。袁溉，字道洁，乃是程颐的弟子。袁溉"自六经百氏，下至博弈，小数、方术、兵书，无所不

---

① （元）脱脱等：《宋史·儒林传四》，中华书局，1977年，第12874页。

② （元）脱脱等：《宋史·儒林传四》，中华书局，1977年，第12889页。

③ 周梦江：《洛学与永嘉学派》，《中州学刊》1985年第5期，第57页。

通”[①]，而薛季宣的事功之学显然是“得道洁之传”[②]，而薛氏自己又有所创造。由于薛季宣一生倡导事功之学，所以有学者认为此时的永嘉学派已由洛学的分支开始向洛学（以及以后朱熹的道学）的对立面转化了[③]。但无论怎样永嘉学派的源头在“二程”的洛学是毫无疑问的。

薛季宣与永嘉学派集大成者叶适之间有陈傅良。《宋史·儒林传四》载：“陈傅良字君举，温州瑞安人，初患科举程文之弊，思出其说为文章，自成一家，人争传诵，从者云合，由是其文擅当世。当是时，永嘉郑伯熊、薛季宣皆以学行闻，而伯熊于古人经制治法，讨论尤精，傅良皆师事之，而得季宣之学为多。”[④]在永嘉事功学派的传承中，陈傅良是一位承前启后的人物，他三十六岁登进士科，在此之前执教于永嘉城南茶院书塾，其中弟子众多，而叶适是最为优秀者，叶适在《宝谟阁待制中书舍人陈公墓志铭》中说：“初讲城南茶院时……（公）心思挺出……奇意芽甲，新语懋长。士苏醒起立……皆相号召，雷动从之……余亦陪公游四十年，教余勤矣。”[⑤]大约少年时叶适就从陈傅良学，一直将陈傅良推为前辈。据周梦江先生考证，叶陈一生交好，彼此赏识。叶适《上执政荐士书》推荐国内贤德之士三十四人，以陈傅良为首。而陈氏于绍熙五年（1194年）辞免实录院同修撰时，也举荐叶适自代[⑥]。由此看来，永嘉事功学派由周行己等元丰九先生始，经郑氏兄弟，再到薛季宣、陈傅良，最终由叶适集其大成。永嘉学派倡导事功，很多观点虽与程朱理学相颉颃，但其洛学别支的渊缘却是一目了然的。

洛学与江西理学。南宋江西理学又称江西陆学，就是指陆九渊心学而言的。陆九渊的心学以“二程”洛学，特别是程颢的心学思想为渊源，因此也是南宋理学的重要派别。在“二程”建构的洛学体系中，“理”是世界万物的本原和最高范畴，“二程”特别是程颢在建构哲学本体论时，提出了“心是理，理是心”的命题。程颢的心学在经谢良佐、王蘋、张九成、林光朝的传绪，至陆九渊而集大成。在陆九渊的哲学体系里，“心”是具有根源意义的最高哲学范畴。陆九渊的思想在明代由王阳明发扬光大，形成著名的陆王心学。清代学者全祖望在《宋元学案》中曾明确指出了自程颢以后心学的发展趋势：“程门自谢上蔡以后，王信伯、林竹轩，张无垢至于林艾轩，

---

① （清）黄宗羲著，（清）黄百家辑，（清）全祖望修定，（清）王梓材等校定：《宋元学案》，中华书局，1986年，第319页。

② （清）黄宗羲著，（清）黄百家辑，（清）全祖望修定，（清）王梓材等校定：《宋元学案》，中华书局，1986年，第321页。

③ 周梦江：《洛学与永嘉学派》，《中州学刊》1985年第5期，第59页。

④ （元）脱脱等：《宋史·儒林传四》，中华书局，1977年，第12886页。

⑤ 刘公纯、王孝鱼、李哲夫点校：《叶适集》，中华书局，1961年，第298～301页。

⑥ 周梦江：《叶适师友考略》，《温州师院学报》（哲学社会科学版）1990年第1期，第73页。

皆其前茅，及象山而大成，而其宗传亦最广。”[①]全祖望所说的程门以后的谢上蔡是指谢良佐。谢良佐，字显道，今河南上蔡人，“与游酢、吕大临、杨时在程门号四先生”[②]。王信伯即王蘋，张无垢即张九成，林艾轩即林光朝。从思想发展的逻辑来看，张九成在程颢到陆九渊的心学形成过程中，起着中间环节的作用。张九成青年时期是杨时的弟子，杨时师事程颢多年，也受其心学思想的影响，所以这种心学思想也影响到了张九成。张九成提出了“心即理，理即心，内而一念，外而万事，微而万物，皆会归在此，出入在此”的思想，是程颢心学思想的总概括和总扩展[③]。程颢的心学路向，经谢、王、张、林的传绪到陆九渊便成为一套完整的理论系统，陆九渊把“心”作为宇宙万事的根源，他说“心即理”，把“心”与“理”等同起来。陆九渊认为：“盖心，一心也；理，一理也。至当归一，精义无二，此心此理，实不容有二。”[④]这就是说，一切人的心只是一个心，一切物的理只是一个理。“一”是最根本的，心与理是统一的、同一的，心与理具有同等地位，故谓心即理。可以看出，程颢说“心是理，理是心”；张九成说“心即理，理即心”；陆九渊说的“心即理”，这种学脉上的传承是显而易见的[⑤]。陆九渊家族是在“五代末避乱居抚州之金溪”，抚州宋代时属江南路，抚州金溪就是今天抚州市金溪县。金溪县境内有应天山，应天山山形若象，古有象山之称。陆九渊在象山上建精舍而居，四方学者又以陆九渊象山精舍为中心，在其周围依山而筑结庐自居各有名目。此时是陆九渊讲学最盛的时期，象山精舍规模庞大，后来成为江西传播理学的主要基地，与岳麓书院、白鹿洞书院、丽泽书院并称为南宋四大书院，江西抚州金溪也因之成为南宋理学传绪的重镇。

洛学与湖南理学。南宋时期，“二程”洛学南传于今湖南境内兴起了一个著名的地域性学术流派，历史上称为湖湘学派，又有湖湘学者、湖南学、湖南一派等别称。湖湘学派的代表人物其实并非湖南人，胡安国、胡寅、胡宏一家是福建人，而其集大成者张栻则是四川人，但他们以湖南衡麓（衡山）、岳麓（长沙）为中心传绪道学，在历史上产生了重要影响。南宋后期理学家真德秀所述的“二程”洛学与湖湘的学术渊源关系甚为明确：“二程”之学……上蔡谢良佐传之武夷胡氏（胡安国），胡氏传其子五峰（胡宏），五峰传之南轩张氏（张栻），此又一派也。谢良佐是程门四大弟子之一，他的学术思想影响了湖湘学派，从学统看，胡安国上宗“二程”，尤其是“程颐之学”，下接“程门高弟”谢、杨、游，尤其是谢良佐；从师承看，胡安国

---

① （清）黄宗羲著，（清）黄百家辑，（清）全祖望修定，（清）王梓材等校定：《宋元学案》，中华书局，1986年，第20～21页。

② （元）脱脱等：《宋史·道学传二》，中华书局，1977年，第12732页。

③ 卢连章：《论洛学在南方的传承》，《中州学刊》2004年第5期，第144页。

④ （南宋）陆九渊：《陆象山全集》，中国书店，1992年，第3页。

⑤ 卢连章：《论程颢心学思想的传承》，《天中学刊》2003年第1期，第92页。

与谢、杨、游之间是师友关系[①]。而湖湘学派的历史发展大体可分三个阶段，首先是湖湘学派的形成与奠基阶段。这个阶段的时限恰恰是南宋初的绍兴年间（1131—1162年）。自南宋建炎四年（1130年）胡安国率儿子、弟子们辟地隐居湖南湘潭县碧泉一带创办书堂讲学开始，至绍兴三十一年（1161年）胡宏去世为止，共历时三十年之久，这一段时间正是湖湘学派奠基并取得相当规模发展的时期[②]。第二阶段是湖湘学派扩展和正宗化阶段。这个阶段是从南宋乾道初年（1165年）张栻创办城南书院、主讲岳麓书院起，至淳熙七年（1180年）张栻逝世为止。这段时间恰恰是理学史上的“乾淳之盛”时期。南宋初年一度较为沉寂的理学思潮到了乾道年间得到了蓬勃的发展，著名的理学家、理学学派到处涌现。在理学思潮蓬勃发展的大背景之下，湖湘学派也得到进一步的扩展，并开始向正宗理学思想演化[③]。这个阶段大约持续了15年左右。第三阶段是湖湘学派分化时期。淳熙七年（1180年）张栻逝世至南宋末年，南宋湖湘学派已不能作为一个独立的学派与其他学派并存，离析之势加剧，学术地位日渐下降。在湖湘学派发展衰落的过程中，位于湖南省湘潭县隐山附近的碧泉书院和长沙岳麓山下的岳麓书院曾成为湖湘学派思想传绪的重镇，而湘潭（今湘潭）和潭州（今长沙）也因之成为受湖湘学影响的中心地区。

南宋高宗建炎三年（1129年）冬，胡安国父子来到湖南湘潭隐山碧泉，胡氏父子于此读书讲学，遂有书院之设。湘潭旧治西百里许有隐山，为衡山余脉，山下有泉，泉水湛蓝澄碧，天光云影，泉水盘桓，碧泉书院就在碧泉左前方10米处，依今天的地理名称作参照，在射埠西5公里稍远，与射埠、锦石大致呈正三角形，如今原址虽在，但书院早已是“人间城郭”了[④]。宋高宗绍兴年间，胡安国过世，其子胡宏继承父业，继续教授门徒，碧泉书院的规模和影响不断扩大。胡宏实际主教碧泉书院的时间应该是绍兴十一年（1141年）至三十一年（1161年）。在主教期间，胡宏确立了知行并重、体用合一的教育原则，在重视心性修养的基础上，注重培养学者们的经世致用的实践本领，奠定了湖湘学派的基本格调[⑤]。后来所谓胡氏父子在南岳衡山“卒开湖湘学统”也是指此而言。

湖湘之学在张栻主持岳麓书院后达到了鼎盛阶段，湘潭之北的潭州（长沙）成为理学传播和扩散的一个中心区域。张栻本是胡宏在碧泉书院执教时的弟子。胡宏于

---

① 侯外庐、邱汉生、张岂之主编：《宋明理学史》，人民出版社，2005年，第227页。

② 朱汉民：《湖湘学派史论》，湖南大学出版社，2004年，第33页。

③ 朱汉民：《湖湘学派史论》，湖南大学出版社，2004年，第36页。

④ 王立新：《湖湘学派与核心湖湘文化——并及湘潭碧泉、隐山湖湘文化资源》，《湘潭大学社会科学学报》2003年第1期，第22～23页。

⑤ 王立新：《湖湘学派与核心湖湘文化——并及湘潭碧泉、隐山湖湘文化资源》，《湘潭大学社会科学学报》2003年第1期，第23页。

绍兴末年辞世，乾道年间，刘珙知潭州，重修岳麓书院，聘张栻为主教，湖湘学者纷纷北上长沙，岳麓书院从此成为湖湘学派新的活动中心。张栻等将碧泉书院的教育原则和优良学风带到了岳麓书院，从这个意义上说，岳麓书院正是碧泉书院的延续和发展。岳麓书院在湖南地区乃至全国教育发展史中占有极其重要的地位，培养了一代又一代各方面的杰出人才，推动了中国近古历史的发展①。张栻是推动湖湘之学发展的关键性人物，在继承胡宏思想的基础上，对胡宏思想有所修正和发展。他率先揭示出胡宏哲学以性为本的理论实质，并在继承和发展胡宏性学中成为湖湘学者的当然领袖和集大成者，推动了湖湘学术发展到鼎盛阶段②。张栻之后，南宋湖湘之学遂趋衰落。

洛学与福建理学。南宋时期，“二程”洛学南传于今福建境内，兴起了又一个著名的地域性学术流派闽学。朱熹是闽学的代表，所以闽学又有朱子学之称。按照现代学者的考证，朱熹一生中将近七十年活动于福建各地，他生于南剑的尤溪（今尤溪县），长于建州的建瓯，成家于崇安的五夫、武夷，立业于建阳的云谷、考亭，在闽南和闽东也有短时期的活动。此外，朱熹还在浙江、江西、湖南、安徽生活约三年③。也就是说朱熹主要是在今福建北部地区从事其闽学的学术工作。朱熹的闽学不仅继承和发展了“二程”的洛学，而且把孔孟以来一脉相承的儒学推进到了一个新的高度，因此，“二程”奠基于前，朱熹集大成于后的程朱理学，便成为宋明理学的主干。朱熹在“二程”洛学的基础上，把理气论、心性论、格物致知论等熔铸成一个精致的具有完备理论形态的理学思想体系，其影响中国封建社会长达八百年之久，对于中国古代哲学和思想的发展作出了巨大贡献。

“二程”洛学向朱熹闽学的演变过程中，杨时、罗从彦和李侗号称“南剑三先生”，为洛学在闽地的传播作出了贡献，在“二程”后学中，杨时阐扬洛学，对于洛学在南方地区的传播发挥过重要作用。杨时为南剑将乐人，即今天福建将乐，先师程颢，再师程颐，著名的“吾道南矣”与“程门立雪”即是杨时在程门求学时留下的佳话。按《宋史·道学传二》载：“杨时字中立，南剑将乐人。幼颖异，能属文。稍长，潜心经史。熙宁九年，中进士第。时河南程颢与弟颐讲孔、孟绝学于熙、丰之际，河、洛之士翕然师之。时调官不赴，以师礼见颢于颍昌，相得甚欢。其归也，颢目送之曰：‘吾道南矣。’四年而颢死，时闻之，设位哭寝门，而以书赴告同学者。至是，又见程颐于洛，时盖年四十矣。一日见颐，颐偶瞑坐，时与游酢侍立不去，颐既觉，则门外雪深一尺矣。”④杨时南渡常以洛学正宗传人自居，他在弘扬洛学方面主

① 王立新：《湖湘学派与核心湖湘文化——并及湘潭碧泉、隐山湖湘文化资源》，《湘潭大学社会科学学报》2003年第1期，第23页。

② 向世陵：《性学传承与胡、张之间》，《求索》1999年第5期，第79页。

③ 高令印：《朱熹事迹考》，上海人民出版社，1987年，第84页。

④ （元）脱脱等：《宋史·道学传二》，中华书局，1977年，第12738页。

要做了三件事：首先是编辑了“二程”语录。在杨时看来“二程”语录传之广泛，但其间颇有失真之处，从洛学正宗的角度出发，深感有必要正本清源，否则“斯文将泯灭而无传”[①]。他以极强烈的责任，将“二程”语录整理成《粹言》十篇，后收入《二程全书》。其次，校正《伊川易传》。《伊川易传》乃程颐之力作，程颐在时未曾流布，经杨时校正的《伊川易传》流传甚广，后来被定为科举教材，影响深远。最后，杨时还在“二程”学说的基础上，发展了“二程”的理气论、心性论和格物致知论。在杨时所构建的理学思想体系中有很深的洛学印记，享有“南渡洛学大宗”的盛誉。以杨时为鼻祖的闽学，实质上是洛学的延伸和发展。由杨时倡始的闽学至朱熹方才完成，杨时实为沟通“二程”与朱熹的中介人物[②]。

罗从彦乃是南剑州沙县人，即今福州沙县人，他与杨时有师生之谊。《宋史·道学传二》载：“罗从彦字仲素，南剑人。以累举恩为惠州博罗县主簿。闻同郡杨时得河南程氏学，慨然慕之，及时为萧山令，遂徒步往学焉。时熟察之，乃喜曰：‘惟从彦可与言道。’于是日益以亲，时弟子千余人，无及从彦者。从彦初见时三日，即惊汗浃背，曰：‘不至是，几虚过一生矣。’尝与时讲《易》，至《乾》九四爻，云：‘伊川说甚善。’从彦即鬻田走洛，见颐问之，颐反覆以告，从彦谢曰：‘闻之龟山具是矣。’乃归卒业。”[③]从《宋史·罗从彦》的记载来看，罗从彦曾鬻田裹粮赴河洛向程颐请教，但后来又归于杨时门下。罗从彦是杨时弟子中的佼佼者，从彦在杨时门下既有“不至是，几虚过一生”的感慨，亦有“尽得龟山不传之秘”的收获。罗从彦的弟子李侗，字愿中，南剑州剑浦人，即今天福建南平人，年二十四岁，“闻郡人罗从彦得河、洛之学，遂以书谒之”[④]。李侗拜罗从彦为师习河洛之学缘于对洛学道统和罗氏道德学问的仰慕。李侗在拜师文中说：“侗闻之，天下有三本焉，父生之，师教之，君治之，阙其一则本不立。古之圣贤莫不有师，其肄业之勤惰，涉道之浅深，求益之先后，若存若亡，其详不可得而考。惟洙、泗之间，七十二弟子之徒，议论问答，具在方册，有足稽焉，是得夫子而益明矣。孟氏之后，道失其传，枝分派别，自立门户，天下真儒不复见于世。其聚徒成群，所以相传授者，句读文义而已尔，谓之熄焉可也。其惟先生服膺龟山先生之讲席有年矣，况尝及伊川先生之门，得不传之道于千五百年之后，性明而修，行完而洁，扩之以广大，体之以仁恕，精深微妙，各极其至，汉、唐诸儒无近似者。”[⑤]在李侗的孟子之后圣贤之道失传，“天下真儒不复见世”，而罗从彦得“二程”真传于龟山先生，这里的龟山先生是指罗从彦的老师杨

① （清）王梓材、（清）冯云濠编撰：《宋元学案补遗》，中华书局，2012年，第1734页。
② 徐远和：《洛学源流》，齐鲁书社，1987年，第226页。
③ （元）脱脱等：《宋史·道学传二》，中华书局，1977年，第12743页。
④ （元）脱脱等：《宋史·道学传二》，中华书局，1977年，第12745页。
⑤ （元）脱脱等：《宋史·道学传二》，中华书局，1977年，第12745～12746页。

时。在李侗看来，罗从彦是继“二程”之下儒家道统的继承者，而李侗自己，则“愿受业于门下，以求安身之要”。这说明李侗在青年时代就立下了弘扬河洛道统的志向[①]。当时，吏部员外郎朱松与李侗同在罗从彦门下，朱松“雅重侗，遣子熹从学，熹卒得起传”[②]。闽学集大成者——朱熹就出自李侗门下。由此看来，杨时将洛学传到福建，经罗从彦、李侗加以传承、发挥，逐步形成了一个新的学派——闽学。闽学的最大代表朱熹也在李侗门下被培养出来了。洛学的闽学化乃是洛学在自身发展过程中逐渐积累起来的一种必然趋势[③]。

第九节　中原学研究与历史区域分析法

建构中原学的学科体系必须引入多学科的理论与方法，其中地理学的研究方法尤不可忽视。地理学研究的核心是区域，以历史区域分析方法比较中原及周边区域的历史价值是中原学研究不能回避的理论问题。与周边其他区域相比，中原地区在中国古代国家起源、发展与中华民族形成过程中发挥过核心作用，是中国古代文明起源的核心地区。

一、问题的提出：中原学建构需要多学科的理论与方法

早在2005年，李庚香先生就提出了“文化形象再造”“建设文化河南”等发展河南文化的新思路。经过长期的思考与酝酿，2016年，李先生在《打造“中原学”一流学科，奋力建设思想河南——从中原发展哲学的视角考察》一文中正式提出建设“中原学”的构想，指出：要提升河南的文化软实力，实现创新驱动发展，加快河南现代化建设进程，必须高度重视哲学社会科学的发展，构建“中原学”、打造思想河南[④]。在谈到构建“中原学”的意义时，李先生特别强调：构建“中原学”的重要意义在于其有助于振兴河南文化、重塑河南形象，也有利于提炼出新时代的“中原文化精神”、引领未来河南经济社会建设的潮流。如何建设“中原学”？李先生对“中原学”的空间范围、研究内容和研究群体及目标作了明确的规定，指出：“中原学”在

① 徐远和：《洛学源流》，齐鲁书社，1987年，第294页。

② （元）脱脱等：《宋史·道学传二》，中华书局，1977年，第12748页。

③ 徐远和：《洛学源流》，齐鲁书社，1987年，第299页。

④ 李庚香：《打造“中原学”一流学科，奋力建设思想河南——从中原发展哲学的视角考察》，《河南社会科学》2016年第6期，第7页。

地域上主要以河南为中心、兼顾广义上的中原地区，内容以“中原文化”为对象；研究主体包括河南乃至全国所有的中原文化研究学者，并将这些分散在各个学科内的学者整合成为一个以“中原学”为统领的研究群体，形成“中原学”研究的高端团队；而建设“中原学”不仅仅是继承和发扬中原优秀传统文化，更主要的是以创造现代中国文化为指向，凝练中原文化精神，满足人民日益增长的精神文化生活需要，引领中原经济社会的持续发展，最终建设一个具有“中原特色、时代风貌”的“中原学”[①]。在这里，李先生特别指出了构建“中原学”的地域范围、研究内容、研究主体和学科追求及其特色。李先生还强调指出：在中原学的构建过程中，要将各个学科中研究中原文化的学者整合成为一个以“中原学”研究为纽带的研究群体，“中原学”研究之所以要整合不同学科背景的专家共同参与，这与“中原学”研究涉及较为宽广的领域密切相关。“中原学”的研究对象主要分为古（古代传统文化）、今（当代经济社会发展）、人（人物）、文（文献典籍）四类，涉及历史、政治、经济、文化、社会、生态等多个学科领域，这必然要求我们加紧融合历史学、经济学、政治学、法学、哲学、社会学、民族学、人类学、宗教学、新闻学、心理学等多学科建设支撑“中原学”发展的综合学科体系[②]。这项工作对于推进未来中原学的发展具有重要意义和价值。

2017年，张新斌先生在详尽阐释了中原学研究基本概念的前提下，又对中原学研究的主要内容做出了高度概括，他认为中原学的研究内容包括两个大的方面：一方面要重点研究中原丰富的历史文化积淀，主要是解决传承和发展优秀传统文化的历史问题；另一方面将新时代中原经济社会发展面临的主要问题作为关注点，主要是助力中原崛起与振兴河南的现实问题。中原（河南）是中国社会发展的集中体现，如何保持其经济社会快速、可持续地发展，真正解决“三农”问题的办法有哪些，丰厚的文化资源怎样才能得到深入挖掘与弘扬，提升庞大的人力资源素质的途径是什么，优越的区位条件向振兴河南强大助推力转化的突破口在哪里等，这些问题的解决在全国都具有典型的示范效应[③]。从张先生概括的中原学的主要内容来看，中原学研究不仅需要具有历史、考古、哲学、文学等学科背景的学者的积极参与，而且其研究对象由于还涉及当前和未来中原经济社会发展过程中所面临的诸多问题，因此还迫切地需要引入除历史、考古、哲学、文学以外其他人文社会科学的研究方法与学科理论，这样才能够构建起真正意义上的中原学。可以说，只有把中原学研究纳入现有的科学的学科体系

---

① 李庚香：《打造“中原学”一流学科，奋力建设思想河南——从中原发展哲学的视角考察》，《河南社会科学》2016年第6期，第7页。

② 李庚香：《打造“中原学”一流学科，奋力建设思想河南——从中原发展哲学的视角考察》，《河南社会科学》2016年第6期，第8页。

③ 张新斌：《中原学探论》，《河南社会科学》2017年第10期，第120页。

之中，并在此发展方向下引入多学科的研究理论与方法，才能够深入探索中原学的学科架构，丰富、完善中原学的学科体系。因此，无论是构建中原学的现实需要抑或中原学研究本身的内容规定，都迫切需要引入多学科的理论与方法，以实现中原文化的创造性转化和发展，构建“中原学”与当代河南经济社会发展之间良性的互惠体系。

二、地理学的核心：区域地理学与区域分析法

地理学以人类生产生活所处的地理环境为主要研究对象，区域性是其显著的学科特点之一。地理学的这种区域性特征，即指不同区域的自然和人文景观之间的差异，导致某一地理要素在此地呈现出的规律在彼地并不完全适用，故而在区域地理研究中不仅要剖析不同区域内部结构（各种成分之间、各部分之间）的差异和各要素的相互关系及其在区域系统中的作用，而且还要研究不同区域之间彼此的联系，以及发展过程中的相互制约关系。在地理学区域性研究中，区域的内部结构与不同区域之间的关系是两个重要的方面。要将这两个方面有机统一于同一个研究过程中。很多学者都将区域地理研究视为“地理学研究的核心”[①]。区域地理学不仅是地理学的重要分支之一，而且还要求必须对特定区域进行实地考察，并借鉴地理学各分支学科和其他相关学科的学科理论、研究方法和成果，通过对区域内各要素之间相互关系的分析，以此来揭示区域自身的特点、区域之间的差异和联系。区域地理研究伴随着整个地理学的发展而发展，甚至可以说地理学就是在区域地理基础上发展起来的[②]。中国古代区域地理学以对区域的文字描述为主，《禹贡》《管子·地员》《山海经》《元和郡县图志》和历代正史中的《地理志》《河渠志》《食货志》等都可以视为区域地理学的著作。

近代地理学是第一次产业革命的产物，并伴随着工业社会和信息社会的先后到来而逐渐发展成为现代地理学。近代地理学的形成以A.洪堡《宇宙》和C.李特尔《地学通论》两部地理著作为重要标志，洪堡和李特尔二人都对区域学研究的近代化作出了突出的贡献。在1799年到1804年间，洪堡前往拉丁美洲进行了实地考察，之后撰写出《新大陆热带地区旅行记》（三十卷）一书，这是首部以拉丁美洲为研究对象的区域地理著作。在这部书中洪堡运用比较方法综合研究了当地自然景观和人文景观的区域特征。而李特尔提出了区域的概念和区域差异的观点，认为人地关系存在统一性或一致性，但却寓于地理多样性之中，这也引出了地理学中的系统地理学（即部门地理

---

① 中国大百科全书总编辑委员会《地理学》编辑委员会：《中国大百科全书·地理学》，中国大百科全书出版社，1990年，第4页。

② 李剑波：《试论地理学的核心——区域地理学》，《南京师大学报》（自然科学版）1988年第2期，第94页。

学）和区域地理学两个基本分支。从中我们可以看到二人都非常重视区域地理的研究，但洪堡关注的是系统自然地理学，而李特尔则侧重于区域人文地理。从19世纪后期至20世纪中期，随着地理学科的分化，区域地理学受到更多的重视，越来越多学者从事区域地理的研究。在法国，P. 白兰士等地理学家进行了区域地理研究，撰写出了《世界地理》等著作；而德国地理学家A. 赫特纳所做的区域分异研究，认为区域是自然景观与人文景观的结合；美国学者R. 哈特向继承了赫特纳的观点，他在《地理学的性质》与《地理学性质的透视》两部书中指出：地理学是研究地球表层的地域分异特征的学科，系统地理学是其起点，区域地理学则是它的终点。在当时，区域地理研究盛行，产生了许多研究区域地理的著作，涉及全球绝大多数地区[①]。20世纪中期以后，随着科学技术的飞速发展，地理学也不断进步，兴起了一场呼唤学科创新、重构研究理论框架、引入计量方法、重视总结规律的运动。在这场运动中，地理学者们的研究重点从分析区域的地理差异转移到了研究区域空间系统与空间联系上来，他们借鉴数学研究中以模型为基础的逻辑演绎法，通过对地理景观进行定量分析，来揭示其空间秩序及内在的规律性。在地理学的“计量革命”中，地理学家在研究中概括出一些区域地理的基本概念和原理，并创造性地提出了中心地概念、重力模式、扩散理论和区域鉴别等一系列的理论学说，从而使更加系统和精确的专题性的区域研究日益成为地理学研究的主流[②]。在区域地理学的发展历程中，不同的研究观念与研究方法虽层出不穷，但可概括为以下两个层次。

1. 传统的文字描述与阐释

传统的文字描述与阐释在中国古代区域地理学中有着悠久的传统。作为中国最早以“地理”命名的地理著作，《汉书·地理志》以叙述西汉末疆域政区设置情况为主，依据各地的不同特点，分别记录当地的山川形势、水利设施建设、官营工矿生产、重要关塞位置、著名的祠庙、历史古迹等的分布情况。据统计，其中载录有盐官36处、铁官48处，反映出当时官营盐、铁生产的分布与规模；记有水道和陂、泽、湖、池等300余处，对所记水道则多在发源地所在县条中详述其源头和流向，对较大河流还附记其所纳支流及其行经里程长短。历代其他正史的《地理志》中也都有相似的记载，这些数据为我们了解古今河道的变迁情况，提供了较为可靠的历史依据[③]。作为

---

① 中国大百科全书总编辑委员会《地理学》编辑委员会：《中国大百科全书·地理学》，中国大百科全书出版社，1990年，第82～83页。

② 熊梅：《地理学区域研究与区域历史地理学的取向》，《地理科学进展》2013年第8期，第1297页。

③ 中国大百科全书总编辑委员会《地理学》编辑委员会：《中国大百科全书·地理学》，中国大百科全书出版社，1990年，第192页。

世界近代地理学的奠基人，A. 洪堡和李特尔都对区域地理学中区域特征文字描述与阐释的方法作过论述。他们都认为：地理学是描述、研究存在于地球表面特定时空中的事物或事件的，区域是地理学研究最基本的范畴，它的目标是实现关于区域地理现象的感性认识上升到对地理规律的理性归纳。

19世纪下半叶，德国的两位地理学家李希霍芬和赫特纳又对地理学的基本任务进一步作了更为具体的阐发和发展。李希霍芬将地理学研究的主要目标界定为：明确区域内不同地理景观相互之间的关系。而赫特纳则认为：地理学的基本任务是辨认区域之间的差异，主要方法是区域之间的相互比较，借此来突出区域空间的独特性。他还提出了一个描述区域地理特征的所谓“区域地理样板”（scheme of chorology），这个“样板”主要包括区域的地理位置、地质地貌、气候、植被、自然资源、开发过程、人口分布、经济结构、交通条件和行政区划等方面，研究主要是采用实证主义的证实法和区域地志式的综合表述方式①。迄今为止，文字描述的传统方法仍是区域地理学研究最重要的分析方法，这种研究方法的核心价值在于：文字描述是把经过分析和综合后的区域主要特征和主要联系呈现给读者的必要手段。在“记述”过程中必须选取区域全部事物中最具代表性的区域特征加以概括和描述，其所利用的“记述”资料必须反映出最新的科学成就。

2. 新的分析和综合方法

有学者通过对区域地理学的新方法进行系统归纳后，总结出新的分析和综合方法至少应包括以下数种：航空摄影、雷达和红外线成像、卫星图像等技术方法，数学方法，空间分析、生态分析、区域综合分析和系统方法等。这些方法是当前区域研究的主要方法②，而其中的空间分析、生态分析与区域综合分析是区域研究不可或缺的重要手段和支撑。

空间分析主要用于研究同一地理现象分布特征及其在不同空间中发生的变异，其程序是：首先，从地图出发，在地图上认真分析地理事物空间分布存在的变异特征；其次，结合自然的和人为的诸因素，探讨造成这种空间变异的原因；最后，结合现实与未来技术的发展，指出实现在区域内合理分布的途径③。生态分析是对人类变量和环境变量之间的联系进行研究的，主要用于研究一个特定的“均质区域”（homogeneous

① 熊梅：《地理学区域研究与区域历史地理学的取向》，《地理科学进展》2013年第8期，第1297页。

② 李剑波：《试论地理学的核心——区域地理学》，《南京师大学报》（自然科学版）1988年第2期，第98～100页。

③ 李剑波：《试论地理学的核心——区域地理学》，《南京师大学报》（自然科学版）1988年第2期，第99页。

region）空间内人与环境关系的问题，具体有两种方法：一是在地图或航空相片上分析一个区域的人文和自然景观及其地理形态特征，力求明晰各个要素及它们之间的相互关系；另一种方法是研究区域内人地关系变化的历史过程[①]。由此看来，区域地理学的空间分析与生态分析方法在具体研究实践中是有所侧重的，空间分析主要用于对区域差异的分析，而生态分析则涉及人与地理环境的生态系统，其研究侧重于人地关系系统。区域地理学主要就是研究人文景观与自然景观两大系统的结构与相互作用的，二者结合在一起就是人地关系的区域系统。因此，生态分析研究在区域地理学中是不可或缺的。

近年在方兴未艾的中原学研究中已有学者敏锐地指出，解决中原学人地关系的基本问题，应该成为中原学学科体系建设的一部分。张新斌先生在《中原学探论》一文中认为，中原地区生态环境的变迁、人群兴起的原因、文明的演进、聚落发展的规律和人地关系及可持续发展等都属于中原学关注的基本议题[②]。张先生明确将“生态研究”和“人地关系与可持续发展”列为中原学建设中应着力解决的主要问题。对于用生态分析的方法解决中原学中的人地关系问题，此处暂不拟讨论，但要强调说明的是作为区域地理学重要研究方法的区域（或空间）分析法与生态分析法对于阐释和说明中原地区的区域价值以及中原学学科体系的构建毫无疑问有着不可替代的作用。因此，区域分析与生态分析对中原学学科体系的构建应是不可或缺的区域地理学的研究方法，这两种研究方法之最大价值在于能够完成中原学与地理学核心问题的结合，在未来中原学的研究中必须引起我们的关注。

从研究内容上来看，中原学研究内容分为古、今、人、文四大基本领域[③]。在这四大研究领域之中，除了当代经济社会发展以外，中原学还要涉及古代中原地位阐释与古代中原文化的研究，而在中原学有关历史地位问题的研究中，区域历史地理学及其历史区域分析应是中原学研究不可或缺的手段与方法。区域历史地理学主要是研究历史时期某一特定地区内的环境特征、区域差异、区域与区域的关系、人类活动干预对其发展的影响及其变化规律等问题的地理学分支学科[④]。区域历史地理学以历史区域分析法为主要分析方法，其关注对象在于人地关系、区域分异和区际联系。它与区域地理学有类似的研究对象，即关注重点都在于人与环境之间的关系，二者的不同之处在于研究时段的前、后差异，但二者又能够形成良好的时间延续和空间互补，共同构成

---

① 李剑波：《试论地理学的核心——区域地理学》，《南京师大学报》（自然科学版）1988年第2期，第99页。

② 张新斌：《中原学探论》，《河南社会科学》2017年第10期，第123页。

③ 李庚香：《打造“中原学”一流学科，奋力建设思想河南——从中原发展哲学的视角考察》，《河南社会科学》2016年第6期，第1～16页。

④ 孙进己：《东北亚研究——东北亚历史地理研究》，中州古籍出版社，1994年，第7～12页。

地理学在不同时空内研究对象的重要内容[①]。历史区域分析法引入古代中原及其历史文化的研究，对中原学学科体系的构建应是一项颇有价值的学术探索。

三、中原学与历史区域分析法：古代中原与周边区域的差异性比较

"中原"的范围有狭义和广义之别。狭义的"中原"仅指现在的河南省，而"中原"广义上主要是指黄河中下游的陕西、山西、河北、河南、山东等广大地区。而就"中原学"而言，李庚香先生特别指出"中原"的地理范围主要指狭义上的中原（即河南），其原因在于只有河南全境都处于中原文化圈之内，能够代表中原和中原文化[②]。当然"中原学"也不仅限于河南，要包括广义上的中原其他地区[③]。无论区域空间的广、狭，单就中原学的地域范围而言，我们研究的中原区域在今天可以被划为中国当代15个地域文化区之一。

有学者在阐述中国地域文化分布格局的演变历史，分析各个地域在文化上的地理特征之后，进一步指出当代中国15个地域文化区，其中黄河流域有青藏文化区、草原文化区、秦晋文化区、中原文化区、齐鲁文化区、燕赵文化区，长江流域也有巴蜀文化区、荆楚文化区、两淮文化区、吴越文化区，珠江流域有岭南文化区和云贵文化区，其他还有闽台文化区、关东文化区、西域文化区。包括中原文化在内的中国当代的这15种地域文化与文化空间都受到地理环境的制约。因为各地区人群的生产方式、社会风俗、心理特征、民族传统和社会组织形态等方面都有着不同程度的差异，形成了区域特征鲜明、多元并存的地域文化格局[④]。自然环境是造成区域文化差异的重要原因。在这个问题上我们必须注意两个方面的问题：一方面，需要明确的是"区域"既是地理学研究的目标，同时其又可作为地理学的研究对象本身。区域地理学的理论要求从具体研究最终上升到能够从总体上把握地球表层系统，并进一步探讨其发展变化中的规律。而在这一理论前提下的区域分析方法必须通过研究具体的地理区域来获得地理变化的总体规律。因为个体是整体中的个体，整体是个体集合基础上的整体。地球表层系统就是由无数个具体的"区域地理系统"所组成的，因而地理变化整体规律

---

① 熊梅：《地理学区域研究与区域历史地理学的取向》，《地理科学进展》2013年第8期，第1298页。

② 李庚香：《中原文化精神》，河南文艺出版社，2007年，第2页。

③ 李庚香：《打造"中原学"一流学科，奋力建设思想河南——从中原发展哲学的视角考察》，《河南社会科学》2016年第6期，第7页。

④ 李慕寒、沈守兵：《试论中国地域文化的地理特征》，《人文地理》1996年第1期，第8～9页。

的归纳必须首先对具体的区域地理进行基础研究，再对多个区域研究的结果进行归纳总结得出。这正如我们通过对中国地域文化分布总体格局的研究，获得了中国地域文化根据其地理环境与演变历史的差异可以划分为15个地域文化区的认识。而中原文化是中国当代15个区域文化之一。对于区域差异的总体考察是区域分析研究法的第一步和基础。另一方面，任何区域都具有完整的特异性。这里所说的完整性，在地理学上又称作统一性，即指从某种研究方法和研究视野的角度来观察，该区域应成为一完整的地理单元，这一完整的地理单元与其他区域之间相比较具有区域的差异性，这种区域的差异性建立在区域的内在性质上。

区域分析法要求我们既不能忽视地理组合体和地理体系的存在，也要考虑区域是具有完整特异性的区域，两者必须兼顾。事实上，地理区域的特异性只是相对于地理体系总体或者相邻的其他区域而言，这种特异性并不是要割裂区域与总体或其他区域之间的联系。任何一种地理景观的存在都不可能是孤立的，只有把它放在一个更大的体系内，明确了它在体系中的位置，才能理解它的特异性。当然，要全面弄清一个区域的特异性，不仅要把它放在地理体系总体中去观察，还必须掌握它与毗邻区域之间的空间联系。这两方面的要求就决定了区域地理研究的核心内容：①区域内的各种地理景观及其内在实质（包括其中的因果关系）的观察、分析，即区域的个性研究；②区域在体系中的位置及其与其他区域之间的相互关系，亦即对空间组合与空间联系的研究[①]。我们以此分析方法才能从地理学的角度科学地阐释古代中原与其周边区域的区域差异，从而正确认识古代中原在国史上的核心地位。

中原及其文化虽与燕赵、秦晋、齐鲁、荆楚、巴蜀、两淮、吴越、闽台、岭南、云贵、关东、草原、西域、青藏区域及其文化同属地域性文化，但与周边区域及文化相比，中原及其文化的特异性，即与其他区域及其文化之间的差异性是十分显著的。这一特异性虽根植于区域本身，在中国历史发展进程与中华民族共同体形成过程中所发挥的作用却是完全不同的。从区域差异的角度分析中国历史进程中的区域性内容使我们认识到：中国疆域辽阔，各地区之间经济、政治、文化的发展有先后、快慢之差，道路有曲、直之别，发展水平有高、低之异，这实际上就表明了中国历史的发展并不是人们习惯性认为的是一条单线演进的轨迹，而是每个区域都有自己独特的发展脉络——不同区域在历史发展的起点、走向与经过的阶段等方面都有可能存在根本性的差别，即它们的发展道路不是同一条道路上的曲折或分歧，而是根本不同的，即存在着“历史道路的区域差异”[②]。而就中原地区而言，可以肯定地说，在从新石器时代

---

① 鲁西奇：《历史地理研究中的“区域”问题》，《武汉大学学报》（哲学社会科学版）1996年第6期，第83页。

② 鲁西奇：《中国历史发展的五条区域性道路》，《学术月刊》2011年第2期，第120页。

至于金元以前，中原地区长期都处于历史舞台的中央，这一核心区域在中国历史进程中发挥了引领中国历史发展潮流的重大作用，其核心地位与价值使这一地区在历史上的重要性远远高于周边其他地区。

中国文化的肇始从考古学上观察始于新石器时代。考古学上的新石器时代是从旧石器时代晚期起，经由中石器时代延续发展下来的[①]。在此期间东亚大陆上形成了若干个区域文化，这些文化区域奠定了中国远古文化的基本格局，这些区域文化受到强烈的不平衡规律支配，就存在着发展速度的快慢、水平的高低之分，发展呈现出不平衡状况。佟柱臣先生将中国境内的新石器时代考古学文化划分为七个中心区：黄河流域有马家窑文化系统、半坡文化系统、庙底沟文化系统和大汶口文化系统，长江流域有河姆渡文化系统、马家浜文化系统、屈家岭文化系统。这些文化系统中心是后来各地部族文化产生的历史条件，也是我国新石器时代文化发展面貌的主要反映[②]。后来，严文明先生也对中国新石器时代文化区做了区分，他划分出中原、山东、燕辽、甘青、江浙、长江中游六大文化区。这一区域划分与佟先生所划分的七大文化区在地域上有的重合、有的相异，严文明先生划分的中原文化区实际上包括佟先生所称的豫西、晋南的庙底沟文化系统中心和渭河流域的半坡文化系统中心。所不同的是，严文明先生另将辽河与大凌河流域发展起来的兴隆洼文化—红山文化—小河沿文化进行区分，做了一个独立的文化区。佟、严二位先生的文化区划虽有细微的差异，但总的区域原则与数量变化不大。

新石器时代的区域文化奠定了后来中国区域文化的基本格局和发展走向。如果从整体上来考察新石器时代中国境内的区域文化的总体特征，我们就会得出以下两点重要的认识：首先，各个区域文化系统都有自己的内涵和个性，相互之间是不能拼合的，相邻的文化系统之间虽会看到相互影响的痕迹，但它们还是完全不同的独立发展的文化系统；其次，各文化系统都有自己明确的分布区域，一个地域内往往只存在一个文化系统，并不会同时存在其他文化系统，因而可以说文化系统的中心就是居住在这个中心的部族文化的反映，亦即居住在该地域内某一部族所创造的物质文化。因此，佟柱臣先生强调指出：中国从旧石器时代晚期开始，中经中石器时代，到新石器时代的发展是连续不间断的。这种连续发展是在我国辽阔的土地上广泛开展的，因而进入新石器时代后，经过长期的孕育，在一些“各自具备特点”的地区就形成了多个文化系统中心。这些文化系统中心是前一阶段若干部族文化连续发展的结果。所以说，多中心并行发展既是我国新石器时代文化发展的实际，也是当时文化发展的规

---

① 李伯谦、陈星灿主编：《中国考古学经典精读》，高等教育出版社，2019年，第90页。

② 李伯谦、陈星灿主编：《中国考古学经典精读》，高等教育出版社，2019年，第92页。

律[①]。在这里，佟先生所说的“具有各自特点的若干文化系统中心”实际上就是不同的地理环境条件下所形成的不同特点的区域文化，正是不同地域背景下连续发展的若干部族创造的文化系统，在以后的历史演进中才形成了多元一体的中华文化和中华民族共同体，这一点恐怕不能否认。我们之所以要对新石器时代中国境内的区域考古学文化进行全面的考察，目的就是要从总体上综合地研究这一时期内各区域内文化的起源、分布与演变的地域发展规律，在比较的基础上对不同地域背景下所孕育生长的不同的地域文化及发展特点从空间上有一个较为完整的、总体的认识，这一要求是历史区域分析法的基本内容。

但对历史区域的分析仅有总体考察还远远不够，因为总体离不开个体，地理变化的总体规律必须通过具体的地理区域才可以表现出来。只有把一个区域放在地理系统的总体中去考察才能进一步深入阐释该区域与其他区域之间的差异性，而对区域之间的差异性即个性、区域在地理体系中的位置及其与相邻区域之间的空间关系的研究才是阐释证明该区域价值最有力的证据。

严文明先生把中国的新石器文化的分布格局比作“一个巨大的重瓣花朵”，分为多个不同的层次。其中中原地区的各文化类型可以看作第一个层次，而其周围的五个文化区是第二层次，处于最外层的其他地区，如闽台的昙石山文化和大坌坑文化、岭南的石峡文化以及云南宾川白羊村、西藏昌都卡若、黑龙江新开流和昂昂溪、内蒙古至新疆等地区广泛分布的细石器文化等，可以算作第三层次。这三个层次就像一个巨大的花朵，其中第一层次的中原文化区是花心，第二层次的五个文化区是花瓣，第三层次的文化则相当于呵护、映衬花朵的绿叶。各个文化区都有自己的特色，但相互之间又有不同程度的联系，第二、三层次的文化都围绕在中原文化区的周围，中原文化区是中国新石器时代文化的核心[②]。新石器时代文化区的分布特征表明中国史前文化格局是一种具有多层次的向心结构，文明的起源与国家的形成最先发生在中原地区，之后是周边的第二层次文化区，第三层即最边缘的各文化区进入文明的时间最晚[③]。同其他区域相比较，中原地区引领了当时文化发展的潮流，走在了其他区域的前列，这一区域的独特价值在于它处在当时诸多文化区域的核心地位。

中原地区与其他区域之间也存在着广泛的文化互动。几十年来的史前考古使我们认识到两个问题：一方面，中原地区仰韶文化中发展出的一种饰回旋勾连纹或花瓣纹的彩陶盆不仅在整个黄河中下游地区广泛存在，而且在长江中下游地区同期的文化遗存中也发现过同类产品；另一方面，汉江地区屈家岭文化中形成的蛋壳彩陶杯等也曾

① 李伯谦、陈星灿主编：《中国考古学经典精读》，高等教育出版社，2019年，第106页。

② 李伯谦、陈星灿主编：《中国考古学经典精读》，高等教育出版社，2019年，第340～341页。

③ 李伯谦、陈星灿主编：《中国考古学经典精读》，高等教育出版社，2019年，第342页。

在中原仰韶文化遗址中发现过。这样的例子还有很多，这些考古发现与古史传说中上古时期各部落集团相互之间的人口迁徙、经济交往乃至战争的记述是相呼应的[①]。若我们将中国新石器时代各文化区内的生产力水平加以比较的话，就会发现这些区域之间存在着明显的差异，各个区域生产力发展水平并不一致，其中中原地区的生产力发展毫无疑问是水平最高的，这一点可以从铜器的使用上说明。佟柱臣先生在比较新石器时代诸多文化区域生产力发展水平之后强调指出：在当时各个文化区中，发展最快、水平最高的依然是位于豫西、晋南的庙底沟文化系统，该文化系统中属于王湾三期的许多遗址中就发现了铜器。譬如在登封王城岗的灰坑中就已发现了残铜片，在郑州董砦出土的指甲大小的方铜片，牛砦也发现了冶炼铜器的迹象。这些都有力地证明了中原地区在王湾三期已经出现了人工冶炼铜器，生产力有了新的提高。就当时各地区文化发展水平比较而言，居前三位的依次是二里头文化、良渚文化和石峡文化，而半山类型、马厂类型、石棚山类型、于家村遗址等均居于末位，这些类型尚处于绚丽多彩的彩陶文化阶段，与二里头文化所达到的青铜文化阶段，显然相差一截[②]。二里头文化在时间上与古史中所记载的夏代纪年（公元前21—前16世纪）大体吻合，基本上可以视为夏文化的代表，因此，二里头文化也被认为是探索中国古代文明起源的主要对象，中原地区二里头时代的文明成果为商、周所继承，使得中原地区成为夏、商、周早期国家诞生和发展之地，其核心区域之地位远非其他区域所能及。

总之，在中国早期国家与中华民族的起源、发展的历史过程中，中原地区发挥过核心作用，其历史作用与地位非周边区域可比。我们把中原学与地理学，特别是区域历史地理学相联系，不仅有助于构建中原学的学科体系，而且还可以深入阐释中原在中国历史进程中的价值，这对于深化中原学研究是必不可少的。

---

① 李伯谦、陈星灿主编：《中国考古学经典精读》，高等教育出版社，2019年，第340页。

② 李伯谦、陈星灿主编：《中国考古学经典精读》，高等教育出版社，2019年，第110页。